国家出版基金项目
NATIONAL PUBLICATION FOUNDATION

中国出版通史简编

中国新闻出版研究院　组编
本书编写组　编写

中国书籍出版社
China Book Press

图书在版编目（CIP）数据

中国出版通史简编 / 中国新闻出版研究院组编. —北京：中国书籍出版社，2013.9
ISBN 978-7-5068-3749-1

Ⅰ.①中… Ⅱ.①中… Ⅲ.①出版工作—文化史—中国 Ⅳ.①G239.29

中国版本图书馆 CIP 数据核字（2013）第 218105 号

中国出版通史简编

中国新闻出版研究院　组编
本书编写组　编写

责任编辑	钱　浩　陈德勇
特约编辑	闫利军
责任印制	孙马飞　马　芝
封面设计	嘉玮文化
出版发行	中国书籍出版社
地　　址	北京市丰台区三路居路 97 号（邮编：100073）
电　　话	（010）52257143（总编室）　（010）52257153（发行部）
电子邮箱	chinabp@vip.sina.com
经　　销	全国新华书店
印　　刷	盛天行健
开　　本	710 毫米×1000 毫米　1/16
字　　数	800 千字
印　　张	39.5
版　　次	2013 年 9 月第 1 版　2013 年 9 月第 1 次印刷
书　　号	ISBN 978-7-5068-3749-1
定　　价	168.00 元

版权所有　翻印必究

《中国出版通史》

编辑委员会

总 顾 问	石宗源　柳斌杰
顾　　问	王　益　王仿子　宋木文　宋原放　刘　杲　吉少甫 高　斯　戴　逸
主　　任	石　峰
副 主 任	余　敏　郝振省（常务）　肖东发　李致忠　王建辉
成　　员	方厚枢　王余光　王建辉　史金波　叶再生　刘光裕 朱赛虹　余　敏　吴道弘　李致忠　李瑞良　宋应离 杨德炎　汪家熔　肖东发　邵益文　周少川　郑士德 郝振省　徐学林　曹　之　傅璇琮　缪咏禾　蔡学俭 潘吉星　戴文葆　魏玉山　黄润华
办公室主任	魏玉山
副 主 任	丘　淙　刘拥军　徐焕生
成　　员	刘兰肖　周建新　李文娟

《中国出版通史》
分卷作者名单

先秦两汉卷	肖东发　等
魏晋南北朝卷	周少川　等
隋唐五代卷	曹　之
宋辽西夏金元卷	李致忠
明代卷	缪咏禾
清代卷（上）	朱赛虹　曹凤祥　刘兰肖
清代卷（下）	汪家熔
民国卷	王余光　吴永贵
中华人民共和国卷	方厚枢　魏玉山

《中国出版通史简编》编辑委员会

主　任　　郝振省
成　员　　（以姓氏笔画为序）
　　　　　王　平　刘兰肖　刘拥军
　　　　　李致忠　肖东发　郝振省
　　　　　游　翔　魏玉山

《中国出版通史简编》出版工作委员会

主　任　　王　平
成　员　　（以姓氏笔画为序）
　　　　　王　平　牛翠宇　孙马飞
　　　　　李国永　孟怡平　武雅彬
　　　　　钱　浩　游　翔

《中国出版通史简编》
编写组成员

王　平　乔继堂　侯书生
游　翔　贺原平　钱　浩

出版前言

"中国出版通史"是由中国新闻出版研究院（原中国出版科学研究所）主持的一项研究课题，也是国家社科基金重点项目，集中了全国出版史、文化史领域的一流专家、学者，历时8年完成。该项目对绵延五千年的中国出版历史进行了深入、细致、系统的研究，获得了诸多理论上的突破，取得了显著的学术进展，其最终研究成果，汇集成《中国出版通史》一书，于2008年12月由中国书籍出版社正式出版，成为我国出版文化界、历史学界和学术界的一件盛事。

《中国出版通史》一共有九卷，近400万字，内附历史图片800余幅，是迄今为止我国篇幅最长、规模最大的中国出版史著作。这本书的内容非常丰富，它系统描述了我国出版事业形成、发展的历史条件和具体过程，记述了我国历史上有重大贡献的编辑家、出版家在文化创造、文化积累、文化传播方面的业绩，梳理了各种类型重要典籍的编纂出版过程和社会文化意义，探索并总结了出版事业发生、发展的一般规律和典型形态，揭示了编辑出版活动在中国历史文化的形成与传承中所发挥的重要作用，展示了灿烂辉煌的中国出版文化及其对世界文化、世界文明的伟大贡献。

《中国出版通史》九卷本出版以后，受到了社会各界的普遍好评，在文化学术界、出版界产生了较大的反响，得到了专家学者的肯定和认可，在广大普通读者中也产生了一定影响。2009年2月26日，新闻出版总署专门召开了《中国出版通史》出版座谈会，与会领导和专家学者纷纷发言，对该书给予了很高的评价。时任全国人大常委会副委员长、著名语言学家许嘉璐先生对《中国出版通史》赞赏有加，他认为这部书"是开创性的，给中国五千年的文明史填补了空白"，"影响已经超出了出版界，超出了学术界"。时任新闻出版总署署长柳斌杰指出，"《中国出版通史》的出版，是当代出版史学工作者对国家的重大贡献"。一些热心读者和专家学者还给作者和出版社来信来电，对该书的学术价值和文化社会意义给予充分肯定。当然也有专家学者在深入研读该书后，对书中的一些观点和内容提出了商榷意见。我们对九卷本《中国出版通史》所获得的良好评价和广泛影响深感欣慰。

《中国出版通史》具有传承出版文化、弘扬民族精神的特殊功能。对于这样一项重要的科研成果，理应让更多的人，特别是青年读者了解、分享，以发挥更大的教育、引导作用。不过，《中国出版通史》九卷本篇幅过大，专业性也比较强，普通读者，尤其是青少年读者接受起来有一定困难，这就在很大程度上影响了其核心内容的传播，使其潜在的文化功能难以得到充分的发挥。

正是考虑到这个情况，我们征得各位原作者的同意，决定以九卷本《中国出版通史》为基础，编纂《中国出版通史简编》，并制作相关的多媒体光盘。与九卷本《中国出版通史》相比，《中国出版通史简编》篇幅大为缩减，并尽量采用通俗语言表述，以期将《中国出版通史》的主要内容、基本思想、主体结构集中呈现出来，而相关的多媒体光盘则运用音频和视频等多种手段，形象展示中国出版历史的丰富内涵，文本更为精炼，形式生动活泼。这样处理，目的就是便于让普通读者，特别是广大青少年了解祖国辉煌的出版文化传统，汲取渗透在中国出版历史中的精神营养，增强民族自尊心和自豪感，从而能以一种更加从容的态度，面对全球化时代的价值危机和文化挑战，确立并坚守自己的核心价值观和文化观，也可以让更多的人分享《中国出版通史》的学术资源，领略中国出版史研究的理论和现实意义。

需要说明的是，《中国出版通史简编》的编撰和多媒体光盘的制作，并不仅仅是对九卷本《中国出版通史》的简单缩减，而是一次新的创作，除在结构和文字方面做了许多调整、提炼和修改，还对近年来出版史研究的新成果进行了总结和吸纳，从而丰富了《中国出版通史》的解释体系，深化了《中国出版通史》的学术内涵。

总之，我们是本着科学、严谨、适度、创新的原则来编纂《中国出版通史简编》和制作多媒体光盘的，我们希望通过我们的努力，能在九卷本《中国出版通史》的坚实基础上，打造出一部文字简明、内容翔实、结构合理的《中国出版通史》普及版本，让更多的读者了解中国出版的辉煌历史，认识中国出版文化的深刻内涵，感受中国出版文化的独特魅力。

《中国出版通史简编》编辑委员会
2013年9月

目　录

第一章　中华文明的形成与中国出版的萌芽 (1)
　第一节　汉字的产生 (1)
　第二节　原始图书典籍和原始编辑活动 (4)
　第三节　春秋战国时期的编辑出版活动 (9)
　第四节　先秦著名图书编撰家 (18)

第二章　秦汉：中国出版的发端 (22)
　第一节　秦朝短暂的出版活动 (22)
　第二节　两汉出版的历史背景与整体特征 (26)
　第三节　两汉时期的图书编校与出版活动 (40)
　第四节　两汉时期的图书流通与贸易活动 (50)
　第五节　两汉时期编辑出版的图书 (59)
　第六节　造纸术的发明与改进 (73)
　第七节　两汉著名图书编撰家 (79)

第三章　魏晋南北朝的出版 (88)
　第一节　魏晋南北朝出版事业的发展概况 (88)
　第二节　魏晋南北朝的图书收集整理和出版 (94)
　第三节　魏晋南北朝的图书编撰和出版 (104)
　第四节　魏晋南北朝出版事业的重要人物和事迹 (116)
　第五节　魏晋南北朝出版物的材料和形制 (122)
　第六节　魏晋南北朝图书出版的相关技术 (124)
　第七节　魏晋南北朝的图书流通和管理 (132)

第四章　隋唐五代的出版 (139)
　第一节　隋代出版简述 (139)

第二节　唐代出版的历史背景 ………………………………………… (148)
第三节　唐代的图书编撰 ……………………………………………… (153)
第四节　唐代雕版印刷术的发明 ……………………………………… (170)
第五节　唐代图书出版 ………………………………………………… (179)
第六节　唐代佛经翻译、编撰与出版 ………………………………… (185)
第七节　唐代图书流通 ………………………………………………… (190)
第八节　五代十国出版 ………………………………………………… (195)

第五章　宋、辽、西夏、金出版事业的勃兴 ………………………… (201)

第一节　宋代的政治、经济、军事、文化政策 ……………………… (201)
第二节　宋代的官方编修与繁荣的私人撰述 ………………………… (203)
第三节　宋代的出版机构与出版概况 ………………………………… (210)
第四节　宋代的重要出版家及其出版事迹 …………………………… (218)
第五节　宋代出版图书的主要内容及出版思想 ……………………… (224)
第六节　宋代出版图书的装帧艺术 …………………………………… (229)
第七节　宋代出版物的发行流通 ……………………………………… (232)
第八节　宋代朝廷对图书出版流通的管理 …………………………… (234)
第九节　雕版印刷术的高度成熟与活字印刷术的发明 ……………… (236)
第十节　辽、西夏、金出版事业概况 ………………………………… (240)

第六章　元代出版事业的继兴 …………………………………………… (255)

第一节　元代的政治、经济、军事、文化政策 ……………………… (255)
第二节　元代的官方编修机构与编修活动 …………………………… (257)
第三节　元代的私人撰述 ……………………………………………… (259)
第四节　元代的官方出版机构与出版概况 …………………………… (261)
第五节　元代的民间出版 ……………………………………………… (263)
第六节　元代出版图书的装帧艺术 …………………………………… (265)
第七节　元代出版物的发行流通 ……………………………………… (268)
第八节　元代朝廷对图书出版流通的管理 …………………………… (270)
第九节　元代对出版印刷技术的推进 ………………………………… (271)

第七章　明代出版的繁荣 ………………………………………………… (273)

第一节　明代出版事业概况 …………………………………………… (273)
第二节　官府编撰的图书 ……………………………………………… (279)
第三节　私家的编撰 …………………………………………………… (290)

第四节 书坊的编纂 (307)
第五节 明代的出版机构 (313)
第六节 明代著名出版家 (323)
第七节 明代与东西方国家的出版交流 (328)
第八节 明代出版物的装帧与印制 (334)
第九节 明代图书的经营、流通和收藏 (337)
第十节 明代出版和明代社会 (344)

第八章 清代前期出版 (348)
第一节 清前期出版业发展的社会背景 (348)
第二节 清前期中央官署的图书编纂 (354)
第三节 清前期官署出版机构及其出版概况 (358)
第四节 清前期民间图书编纂与著述 (363)
第五节 清前期民间出版活动 (368)
第六节 清代前期印刷技术的发展 (373)
第七节 清前期图书装帧艺术 (377)
第八节 清前期对图书出版流通的管理 (381)
第九节 清前期少数民族文字书籍的出版 (385)

第九章 清代后期出版 (400)
第一节 经世之学的视角转换 (400)
第二节 同光间地方官刻 (404)
第三节 近代印刷技术和纸 (409)
第四节 在华教会和外国人的出版活动 (414)
第五节 新出版的开始 (417)
第六节 晚清出版物 (423)
第七节 传统出版物的式微 (435)
第八节 新式出版物的发行 (438)

第十章 民国出版 (440)
第一节 民国出版业的形成 (440)
第二节 民国出版业的发展 (449)
第三节 民国出版业的兴盛 (459)
第四节 民国出版业的艰难历程 (471)
第五节 出版法律与出版管理 (475)

第六节　出版经营活动 ……………………………………………… (485)
第七节　著名出版家 ………………………………………………… (499)
第八节　出版与社会文化 …………………………………………… (505)
第九节　教科书、丛书、工具书与儿童读物的出版 ……………… (513)
第十节　学术著作的出版 …………………………………………… (522)
第十一节　中国共产党领导的出版事业 …………………………… (525)

第十一章　新中国的出版事业 …………………………………… (534)
第一节　新中国出版事业的建立和发展 …………………………… (534)
第二节　"文化大革命"时期的出版事业 …………………………… (552)
第三节　拨乱反正时期的出版事业 ………………………………… (570)
第四节　改革发展时期的出版业 …………………………………… (578)
第五节　出版法规建设 ……………………………………………… (596)
第六节　出版教育与出版科研工作 ………………………………… (601)
第七节　出版社团的建立与发展 …………………………………… (607)
第八节　港澳台地区的出版业 ……………………………………… (610)

参考文献要目 ……………………………………………………… (617)

第一章 中华文明的形成与中国出版的萌芽

出版是人类文明活动的重要内容。一方面，不同的古代文明孕育了不同的出版历史活动；另一方面，不同的出版历史活动又促进了各自文明的发展，不断地推动着文明的进步与流传。中国古代出版活动就是在中华文明形成以后开始萌芽和发展起来的。离开了中华古代文明沃土的滋润和早期中国传播活动的发展，中国古代出版活动不可能发芽、成长和结果。追溯中国出版活动的起源，必须从中华文明的起源和早期传播活动的发展说起。

第一节 汉字的产生

在中华早期文明成果中，与出版关系最为密切的是汉字的诞生。文字的产生是人类由野蛮时代进入文明时代的重要标志。文字的产生也是出版活动产生的重要条件之一。在文字产生之前，人类主要通过口口相传的言语表达情感，传递特有的信息。由于口语的局限性，人类早期的诸多事件无法传播于后世，只能通过集体无意识传递人类某些朦胧的、零碎的共有记忆和经验。文字以其超越时空限制的特性成为人类文明的基石。书写符号的出现直接为编辑活动的产生创造了条件，并由此改变了人类历史。所以，研究中国出版史，首先要从汉字的产生讲起。

汉字的产生是一个十分漫长的历史过程，在文字产生前，大体经历了"有声无言"、"有言无文"两个时期。在语言和实物的基础上，又经结绳记事、契刻和图画三个阶段，方才产生汉字。

（1）结绳记事

就是用绳子打成结来帮助记忆。这是世界上许多民族都利用过的一种方法。我国的古书上有许多"上古结绳而治"的记载。例如《周易·系辞下传》云："上古结绳而治，后世圣人易之以书契，百官以治，万民以察。"明确指出在文字产生以前，人们通过结绳帮助记忆。《庄子·胠箧》中说："昔者……民结绳用之。"唐孔颖达《周易注疏》："结绳者，郑康成注云：事大大其绳，事小小其绳。义或然也。"唐李鼎祚《周易集解》中也说："古者无文字，其有约誓之事，事大大其绳，事小小其绳，绳之多少，随物众寡，各执以相考，亦足以相治也。"可见，我们的祖先确实使用过结绳记事的方法。直至现代，结绳的方法在我国边远地区的一些少数民族中还有使用。

（2）契刻

就是在竹、木、陶等材料上刻各种记号用以记事，帮助记忆。这也是古代广泛使用过的方法。古时双方订约时，把两块木片合拢起来，在上面刻画记号，双方各执一块，以帮助记忆，并有符信之意。东晋梅赜所献的《古文尚书·序》称："古者伏羲氏之王天下也，始画八卦，造书契，以代结绳之政，由是文籍生焉。"这是说在结绳记事之后，由八卦、书契代替结绳之政，然后文籍产生了。《魏书》、《隋书》等古代史书中还记录了当时我国一些少数民族使用书契的情况，说这些少数民族"无文字，刻木记契"。直至近代，某些少数民族仍有采用这种方法的。云南省博物馆曾收藏有佤族的一根传代木刻，木头两侧刻有许多缺口，每一缺口代表着一件事情，以刻口深浅表示事情的大小。

契刻同结绳一样，基本是备忘用的，留下的只是代表一件事情的符号，而不是语言符号。它只能唤起对某种事情的回忆或想象，而不能表达抽象的思想和概念，只能记事而不能达意，所以它虽然有着帮助记忆的作用，但还不是知识的具体记录，某一部分用之既久，约定俗成，让更多的人都能理解后，便可演变为指事文字。

（3）图画

由于劳动和生活的需要，上古人常把所观察到的与自己生活有密切关系的事物画在所居住的洞穴的石壁上。起初，这些记事的图画是非常生动、逼真的。如想要人知道所说的是鹿，就精心地画一头鹿。有时，还画几件东西来表示一件事情。时间长了，当人们习惯了这种图画之后，就不画得那么复杂、细致了，只要用几根线条勾勒个大概轮廓，把原来画的复杂的图画，简化成一定的图案符号，人们见到这个符号也就知道它所代表的是什么了。这样，图画就逐渐脱离了对具体事物的描绘，变成事物的一般意义的代表，可以拿它所代表的事物的名称来称呼它。这样一来，图画就和语言相结合而成为交流思想的工具了，由此形成了原始的图画文字或图形文字。

大部分学者都认为，对文字形成最有影响的，可能是图画符号（也有人称为图画文字）。我国许多民族的文字中仍保存着图画记事的痕迹。而图画符号的进一步发展，就可能转变为象形文字。由图画符号演变为象形文字，有一个循序渐进、由量变到质变的过程。正如唐兰先生在《中国文字学》中所说："文字本于图画，最初的文字是可以读出来的图画，但图画却不一定能读。后来，文字跟图画渐渐分歧，差别逐渐显著，文字不再是图画的，而是书写的。"而"书写的技术，不需要逼真的描绘，只要把特点写出来，大致不错，使人能认识就够了"[①]。这就是原始的文字。

---

① 唐兰：《中国文字学》，上海古籍出版社，2001年版，第55页。

(4) 仓颉造字的传说

我国古代的结绳、契刻和图画符号等记事方法为汉字的产生奠定了一定的基础。那么汉字究竟是怎样产生的呢？关于这一问题，中国历史上有一个流传甚久的仓颉造字的传说。成书于战国时期的《世本·作篇》说："黄帝使仓颉作书。"《荀子》、《韩非子》、《吕氏春秋》、李斯的《仓颉篇》、《淮南子》、《论衡》等书中都有仓颉造字的记载。说得最为具体的当数东汉许慎的《说文解字·序》：

> 黄帝之史仓颉，见鸟兽蹄迒之迹，知分理之可相别异也，初造书契。百工以乂，万品以察。……仓颉之初作书，盖依类象形，故谓之文。其后形声相益，即谓之字。文者，物象之本。字者，言孳乳而寖多也，著于竹帛谓之书。

这段文字是汉代人对传说中的仓颉所处的时代及其所任职务、受何启示而创造文字的描述，还描述了他发明文字的方法和步骤，反映了当时人们对"文"、"字"、"书"这几个基本概念的认识及所下的定义，同时也说明了文字产生后的意义和作用。

但这毕竟是历史传说，文字是人类社会某一发展阶段上的必然产物，它是人类在生产实践中发明的，是在很长时间内，由许多人逐渐创造积累起来的，而非一人独创。中国的早期文字，无论是甲骨文还是金文，都有许多异体字。也就是说，同一个字有几种甚至十几种不同的写法，如果是仓颉一个人发明，他为什么要给自己和别人制造这么多麻烦？

仓颉画像

而在汉字产生之前，书写汉字的工具就已产生。清朝人罗颀在《物原》一书中说："虞舜造笔，以漆书于简。"这种说法基本上是可信的。西安半坡陶文中的好几种图案，如人面纹、游鱼图案、米字形纹饰，是用笔或类似的工具描绘上去的，其笔触清晰可见。1959年山东大汶口发现的陶文，有契刻和书写两种，说明当时已经使用笔和契刻类的书写工具了。只是当时的书写工具可能是极其简陋的。书写工具的出现和丰富，为汉字的产生提供了一定的物质条件，并在以后的文献著录和复制中起着越来越重要的作用。

汉字的出现和汉字书写工具的具备，为此后的著述、编辑、出版活动提供了基本的物质条件。

第二节 原始图书典籍和原始编辑活动

一、原始图书典籍的出现

所谓原始的图书典籍是指正式图书产生以前的文字记录，或者说是档案文书材料。它们虽然不是正式的图书，但又确是当时人某种活动的忠实记录，不是杂乱无章的文字显现，已经具备了图书的某些要素，也可以说是早期出版物的萌芽状态。

公元前2070年到公元前1600年，是中国历史上第一个王朝——夏王朝时期。根据古代典籍中所保存的有关夏王朝的资料，结合出土的甲骨文献，我们可以得出这样一个推论，在夏这一历史时期，已经基本完成了由文字到文献这一历史性的转变，夏代末年是我国原始图书典籍产生的萌芽阶段，已经初步具备了出版活动的部分要素。

从公元前1600年商王朝建立到公元前771年西周灭亡，为我国历史上著名的商周文明时期。商周时期，人们开始在甲骨、青铜、玉石乃至竹木上书写文字，记载知识，从而形成了甲骨文书、青铜器铭文、玉石刻辞、竹木简牍等文献形式。

所谓甲骨，系指龟甲和兽骨。契刻在这些龟甲和兽骨上的文字，就称为甲骨文或甲骨文书。甲骨是商周时期的一种重要文字载体。

商周时期的甲骨文书从本质上讲是一种文书档案，不同于后世的图书。但是从其记载的内容和装订的形式来看，它们已经具备了正式图书的部分要素。这表现在：（1）有被传播的知识信息；（2）有用来记录知识的信息符号；（3）有记载文字、图像信号的物质载体；（4）甲骨文的"书写"有基本的生产技术和工艺。所以，我们可以将其看成是我国古代的一种原始图书典籍。在对甲骨的整治、书写、收藏和验证过程中，已经具备了一定的编辑要素，可以将其看成是正式图书出现之前的文书档案编辑工作，所以我们称之为原始的编辑活动。

商周时期，与甲骨文同时的文字还有青铜器铭文和玉石刻辞等，相对应的载体形式则是青铜器、玉器和石头等。

甲骨文拓片

与甲骨文相比，青铜器铭文的篇幅大为增加，记事内容更为丰富，用途也更为广泛，部分铭文已是有意识地要人阅读，因而传播范围更为广泛。所以说，青铜器铭文所起的书籍作用更加明显。

我国将石头作为文字载体的历史也是非常早的。玉石刻辞在商周时期也有发现。《墨子·明鬼下》中就说："又恐后世子孙不能知也，故书之竹帛，传遗后世子孙。或恐其腐蠹绝灭，后世子孙不得而记，故琢之盘盂，镂之金石，以重之。"石头易得，又不会"腐蠹"，可以长久保存，所以在石头上刻字也很流行。依内容和传播目的来看，也可将其称为原始的图书典籍。

除了甲骨、青铜器、玉石等文字载体之外，商周时期还可能有竹木简牍。目前我们所能见到的最早的竹木简牍是战国时代的实物，但是我们推测与殷墟甲骨同时甚至更早的夏代也有竹木简牍，只不过早已朽烂难以见到罢了。

竹木简牍流行的时间长达数千年，简牍制度是我国最早的书籍制度，因此其影响也极为深刻和长远。与甲骨、金石相比，竹木的优点十分明显：一是取材容易，满山遍野，价廉易得；二是整治刮削工艺简单，方便书写修改；三是可连缀成册，使容量加大，可以书写长篇宏论，既便于文化普及又利于学术发展，这在中国文化发展史上是十分重要的。

直到今天，图书的计量单位仍称"册"，文章的计量单位仍称"篇"，许多从竹从片从木的字都与书籍有关，如籍、簿、笔、符、笺、笈、籀、版、牒、牍、本、札、检、楬、椠、椠。还有不少词汇和成语也反映了竹木简牍的深远影响，如尺牍、三尺法、版图、检署、杀青、汗青及罄竹难书、入木三分、学富五车、汗牛充栋、连篇累牍、断简残编、韦编三绝、怀铅提椠等。在从古至今的出版印刷史上，由"版"和"本"组成的词汇更是举不胜举。

在相当长的一个时期，中国的书籍都是由上至下书写，从右到左排列，这种行文格式就是来源于简策。备用的简放在左侧，左手拿来，右手书写，写好的简顺手推向右侧，因而形成从右到左的编纂顺序，相沿成习。

与竹简相关的是笔墨的出现。《庄子·田子方》记载："宋元君将画图，众史皆至，受揖而立；舐笔和墨，在外者半。"可见这个时候笔墨已很常见，成为日用品，在此前的商代应该有笔墨出现了。已经发现的甲骨文，有不少就是用墨书写的。代表笔字的"聿"，已经在甲骨文中多次出现。

二、原始编辑活动的出现

人类社会的发展离不开传播活动的推动。人类传播活动的本质是对社会信息的交流与分享，而这种活动必须借助一定的符号、通过有形的形式得以实现。编辑活动正是对符号的组织、建构，对无形精神文明的"有形化"活动。编辑活动的发展与人类文明进程息息相关。"编辑"的原始意义是收集简册并按照一定的次序排列，编连成书。编辑活动是一种创造性文化活动，在古代常常是著作方式的一种，有别于现代意义上的编辑活动。在商周时期，已经出现了甲骨文书、青铜器铭文等原始典籍。在这些原始典籍的形成过程中，已经凝结了人们的编辑活动。只不过这种活动还不是后世正式的编辑活动，而是一种编辑活动的原始形态，所以我们称之为原始的编辑活动。编辑与出版活动紧密相连，有了原始的编辑活动，就有了原始的出版活动。

商周时期已经出现了原始的编辑活动，具体表现在以下几个方面：

1. 大多数甲骨文是先写后刻的，刻写的过程其实就是编辑排版的过程

虽然我们现在发现的绝大多数甲骨文都是契刻而成的，但在有些龟甲的内面，却发现了以笔蘸朱砂或墨写成的文字。根据钱存训先生的统计，这样的例子至少有20个。1929年，考古工作者曾在殷墟发掘出三片兽骨，上面有未契刻完毕的书写文字。这个发现说明，甲骨文极有可能是先以笔墨书写、"排版"并核对无误后，才加以契刻的。此外经过学者的考证，毛笔的应用是在商周时代以前。"商代的卜辞，看得出是先用毛笔写好，再刻在甲骨上的。有几片公元前1400—1200年间的牛骨上，更有以毛笔和墨汁书写而未契刻的文字"。在甲骨文和金文中，表示"笔"的象形字很清楚地显示在右手握着一管饱蘸墨汁或笔毛分散的笔。用毛笔事先在即将契刻的甲骨上书写、排版，是编辑组织活动的具体体现，在本质上与今天的编辑活动并无区别。

2. 甲骨文已经有了基本的编排原则

有学者经过分析、考证后认为："甲骨卜辞的文字书写和契刻，已经十分注意版面的编排，其编排的基本规则是对称交流，既可上下对，也可左右对，还可内外对，又可交叉对。……这种对称的编码规则是同殷商人阴阳相对、相反相成的思想观念和二进位的数理逻辑思维方式分不开的。……甲骨文版面的审美性与其编辑思维的科学性是一致的。……中国的编辑出版史应该从甲骨文化时代开始讲起。"①

3. "习刻"的发现也证明了编辑活动的存在

"习刻"指的是在编辑过程中，因刻写错误而遗弃的甲骨，或是原始编辑练习契刻、排版的遗物。曾经有不少的习刻被发现。另外还发现了一片刻有两个干支表的甲骨，上面的干支表刻写得干净漂亮，下面的则歪歪扭扭，显然是师傅在教徒弟甲骨的刻画技法。

4. 甲骨文的内容丰富，并不局限于卜辞

甲骨文大致分为两类：贞卜文和记事文，贞卜文占多数。但是这并不意味着没有其他类型的甲骨文。况且，卜辞本身也是需要编辑的。卜辞以外的甲骨类型多种多样，一些文字已经颇具文学意味，突破了单一的实用目的。

通过编辑的组织活动，甲骨文这一原始的典籍在形式上也趋于稳定。甲骨文内容的

---

① 王振铎、王刘纯：《由甲骨版本探编辑出版之源》，《编辑之友》2001年第3期。

相对狭窄说明了编辑选择活动的存在，因为当时的龟甲主要是各小国从南方进贡而来的，数量有限，不可能事无巨细统统加以记录，贞卜作为要事成为记录的重点。

三、早期史官与原始的编辑出版活动

我国早期的图书与史官的联系十分密切，这也是中国文化的一大特色。

在甲骨文、金文和早期典籍中，"史"字出现的频率相当高。如卜辞中就有"贞，令我史步"、"才南土，告史"、"方祸象取乎御史"、"利令、佳太史察令"等。作为职官，三代之际，史也有人数增多、分工更细的发展过程。如夏代的太史令，殷商的史、太史、内史、贞人、卿史、作册，周代的大史、小史、内史、外史、左史、右史等。究竟"史"为何意？作为职官，其职责包括哪些方面呢？

在甲骨文和金文中，"史"是个象形字，象征右手持物，至于所持为何物，则有许多解释，有说是简策；有说是官府的书籍；有说是笔；有说是弓钻，为钻灼卜骨之用。这些解释尽管有异，但有一个共同点，就是都与文字和图书有关。

据《周礼》、《礼记》等书所记，大史掌建邦之六典，小史掌邦国之志、贵族世系及礼仪等事，内史掌书王命，外史掌书外令、掌四方之志、掌三皇五帝之书，左史记行动，右史记言语（此见《礼记·玉藻》。《汉书·艺文志》作"左史记言，右史记事"）。由此可见，史官是当时最博学的人，也是掌管图书档案之专职人员。他们既要记录帝王言行和军国大事，又要从事宗教祭祀占卜活动，还要兼管奉法决狱事务，甚至还要到民间去采风，收集诗歌和音乐，回来后进行整理加工。他们积累掌握了大量文字资料，修史编书的重任自然落在他们身上。可以说史官是最早参与图书编辑或编纂活动的人。

传说中造字的仓颉就是黄帝的史官，一定程度上这也是历史真实的反映。在我国早期文献中还常常有史官逃往他国，并把图书典籍带走的记载。《吕氏春秋》记载了夏太史令终古在夏桀不听其哭谏后，携图法出奔如商；殷内史向挚，见纣王迷乱，载其图法出亡之周。太史公司马迁在《史记·自序》中也说他的祖先曾世袭掌管周室典籍。公元前7世纪中叶，"司马氏去周适晋"。这些历史记载由于出自史官之手，所以站在史官立场上，斥责统治者迷惑淫乱。这种逃亡大都有携带图书情报弃暗投明的性质。在朝代交替之际，更显示出图书典籍在统治者争权夺位斗争中的重要性，也说明图书档案的编纂保管者——史官举足轻重。

四、原始编辑出版活动的特点

夏、商、西周时期的原始编辑活动虽然粗疏、简单，但已经具有一些较为明显的特点，并对后世的编辑出版活动产生了一定的影响。

1. 以纵向传播为主，与祭祀活动紧密联系

一是人鬼间的传播。《墨子·明鬼下》中说："古者圣王必以鬼神为其务，其务鬼

神厚矣。又恐后世子孙不能知也，故书之竹帛，传遗后世子孙。或恐其腐蠹绝灭，后世子孙不得而记，故琢之盘盂，镂之金石，以重之。"殷商是一个以神为本的神权统治时代。《礼记·表记》说："殷人尊神，率民以事神，先鬼而后礼。"尊神事鬼、崇信上帝鬼神、迷信巫祝贞卜之术，正是商代社会的特点。在商代，神权巫术与王权十分紧密地结合在一起，事奉鬼神是商王室的首要任务，"率民以事神，先鬼而后礼"是商文化的主要表征，而实际是借助"率民以事神"来取得对商民和其他方国的有效统治。《礼记·祭义》说："昔者圣人建阴阳天地之情，立以为《易》。易抱龟南面，天子卷冕北面，虽有明知之心，必进断其志焉，示不敢专，以尊天也。"可见天子处理朝政时，尽管有十分明确的打算，但是不敢独断专行，要以龟甲占卜来听取神鬼的心意、看法。人们设想鬼神都是识字的，因而在祭祀中以文字代替口头祷告。而祷告所用的字句必须是精心组织、并要附着在一定的载体之上的，于是就产生了对编辑出版活动的原始需求。虽然我们认为鬼神并不存在，但考虑到人鬼交通在原始初民心目中及原始社会中的重要地位，我们应当视其为"合法"的传播活动。

二是现世与后世间的传播。这同样是出于对文化的敬畏。由于识字的人不多（多为贵族和巫、觋），所以横向传播极不发达。除了人鬼交通外，对后世的传播就构成了原始传播活动的另一主要分支。《墨子·兼爱下》中说："何以知先圣六王之亲行也？子墨子曰：'吾非与之并世同时，亲闻其声，见其色也，以其所书于竹帛，镂于金石，琢于盘盂，传遗后世子孙者知之。'"墨子并未提及甲骨文，可能是他未能亲见实物之故。

2. 审美意识开始出现

考古发现证明，原始人类已经有了对美的追求，有了装饰自己的欲望。在距今两万年左右的水洞沟遗址就发现了一件用鸵鸟蛋壳穿孔刺成的装饰品，四周边缘有磨平的痕迹。而到了商代，"女人脸上涂朱；头饰极为复杂，左右两鬓或额间的头巾上缀一绿松石砌成的圆形物；头发中间束一骨圈；发上戴雕纹嵌绿松石的象牙梳；又簪骨制或玉制的笄，小的一两只，多的几十只；笄头雕各式各样的（现已发现四五十种）兽头和花纹；她的头饰比头还高"①。从中可以看出，此时古人已有了明确的审美意识；而且当时的制骨技术已相当发达，制作甲骨应已不存在技术上的障碍。将这种审美意识用于文字记录，便使得甲骨和青铜器上的许多文字呈现出对称、整齐的分布格局，使得甲骨文和金文的排列顺序和内容逐渐趋于规范。在内容上，也出现了富于文学意味的文辞。可以说，不论是在内容上，还是在形式上，甲骨文的作者都已经表现出了鲜明的审美意识。

---

① 张荫麟：《中国史纲》，上海古籍出版社，1999年版，第5页。

3. 原始编辑活动多属统治集团政治行为

不少巫祝贞人出身的官吏，都已达到首辅大臣的重要职位，如巫咸、巫贤等。"史"作为人鬼交通的中介者，理所当然地成为统治集团的一员，其活动明显地带有国家政治的色彩。出于对文化的，其实是对鬼神的敬畏，这一时期，人们给原始编辑者以很高的地位。由于一切重大政治与社会活动对占卜活动的依赖，编辑活动在当时已成为统治集团政治活动的一个重要组成部分，编辑者亦成为统治集团的重要成员。

这一时期的出版活动固然非常的原始，但它为以后出版活动的成熟打下了坚实的物质和思想基础，是出版历史进程中不可跨越的一个重要阶段。

第三节 春秋战国时期的编辑出版活动

春秋战国是中国历史上一个风云激荡的时期。伴随着文化的繁荣，出版活动也到了一个关键的发展阶段，竹木简牍的广泛使用与王官之学的下移互为表里，构成了这一时期出版活动的基本格局和整体面貌。

一、春秋战国时期的出版环境

任何事物的发展都离不开它背后的文化背景与时代精神，属于文化层面的出版活动，更多地受到时代文化背景与社会潮流的影响，并反过来对社会发展产生影响。我们在春秋战国时代的竹木简牍与人本主义之间，依然可以看到这样的关系。

这一时期，出版活动的发展主要得益于宽松的社会政治环境和经济的逐步繁荣。社会政治环境的宽松则源于土地私有制的确立、宗法制度的破产，以及由此引起的天下大变、群雄并起的局面。井田制与宗法制度是维系西周以来静止的、封闭的社会文化环境的主要政治、经济手段，以土地公有和血缘关系为纽带，维护社会的稳定。土地制度的转变一方面促进了经济的发展，另一方面又使人们获得了较大的人身自由，这些都为学术的普及、士阶层的出现，最后到出版的发展做着铺垫。宗法制度的破产更是撕破了社会表面那层温情脉脉的面纱，各个诸侯国之间的竞争，导致知识的被重视，然后就带来了出版的繁荣。

春秋战国时期的社会主要具有以下特点：

1. 井田制向土地私有制转变以及宗法制度的瓦解

土地制度的转变是春秋战国时期社会巨变的一个最重要的缘由。井田制是商朝与西周时期，按照一定的亩数规整划分耕地的一种土地制度。在这种制度下，土地归国家所有而不能成为私人财产。

进入春秋战国以后，由于王室力量的削弱、诸侯势力的增强以及生产力的进一步发展，逐渐有贵族利用农民的剩余劳动力开垦私田，出现了"私肥于公"的现象。到商鞅时，更是"废井田，开阡陌"，"任民所耕，不限多少"，确立了土地私有制。"这是一个根本性的大变化，因为它动摇了殷、周奴隶制社会的经济基础"。[①] 进而在政治、经济、社会风气、思想等领域引起了一系列巨大的变化，为学术下移与出版的快速发展奠定了经济基础。

土地私有制出现的直接后果是宗法制度的解体，首先表现为周王室对分封国的控制能力大大减弱，诸侯国之间也开始不断因土地与人口资源的利益冲突而形成对峙相攻的局面。其次表现为"社"的私有化，即各国国君将"社"赠送给他国或赏赐给本国贵族作为他们的采邑。第三，国君的位置由原来的有序继承变为无序竞争，礼法的约束逐渐开始失效，实力的分化日益明显。鲁国就曾经出现了大夫季氏的家臣阳虎一度专鲁国之政的情况，即所谓的"陪臣执国命"。

2. 工商业的发展

工商业的发展加强了文化的交流与传播，也使得一部分人有充足的时间与物力以学术为业，从而必然促进了出版业的发展。在物质材料与人才培养方面，工商业的兴起与学校教育一样，对出版业的发展功不可没。这一时期工商业得到了前所未有的发展，工商业的繁荣主要表现在都市的兴起、商人的活跃和"工商食官制"的打破几个方面。

都市的兴起是工商业繁荣的首要条件之一。春秋战国时期，诸侯国都城已经颇具规模，为工商业的繁荣奠定了物质基础。如齐国的临淄，居民有七万户，吴国的都城，方圆数十里，城门十多座，城市规模均相当可观。

这一时期出现了许多著名的商人，我们在《左传》、《战国策》、《史记·货殖列传》等文献中经常可以见到他们忙碌的身影，如越之范蠡、郑之弦高、周之白圭、赵之卓氏、梁之孔氏、鲁之猗顿、邯郸之郭纵等，都是当时的豪商巨贾。大约公元前5世纪后半期，新兴的商人就已经在秦国夺取了政权。手工业的分工也更加明显，孟子就说："一人之身，而百工之所为备"，荀子也说："北海则有……然而中国得而畜使之；南海则有……然而中国得而财之；东海则有……然而中国得而衣食之；西海则有……然而中国得而用之。故泽人足乎木，山人足乎鱼，农夫不斫削、不陶冶而足械用，工贾不耕田而足菽粟。"

与"学在官府"一样，春秋时代的手工业也以官府手工业为主，实行"工商食官"制。《国语·晋语四》"工商食官"韦昭注："工，百工。……食官，官廪之。"就是说手工业者由官府来供养。《国语·齐语》记载："处工就官府。"就是说手工业由官府直接控制。到春秋后期，这种"工商食官"制逐渐被打破，私人作坊开始出现。

---

① 嵇文甫：《春秋战国思想史话》，中国青年出版社，1958年版，第10页。

3. 王室势力的衰弱与大国争霸

公元前770年，周平王在秦襄公、晋文侯、郑武公、卫武公的护送下迁都洛邑后，国力日衰，在公元前770—前707年间主要依靠晋国与郑国的力量才勉强维持着天子的尊严，所谓"我周之东迁，晋、郑焉依"①。到春秋初年，全国已经是四分五裂，见于《左传》的大小国家达到140多个。四周的夷狄逐渐强大，不断入侵中原，"南夷与北夷交，中国不绝若线"②。诸侯国受到夷狄的侵袭时，往往要向邻国求救，周天子已经失去保护属国的能力，反倒要依赖属国之间的相互制衡才能获得有限的生存空间。

王室衰弱的同时，诸侯国势力不断增强，最后终于无视"共主"周天子的存在，开始相互攻伐，甚至向周王室发难。春秋后期铁制农具的普遍使用，带来了生产关系的变化和社会制度的变革。一些诸侯国适应这种新情况，实行政治改革，打击旧贵族，发展生产力，以求富国强兵，从此开始了"礼堕而修耕战"、"以富兼人"、"以力兼人"（《荀子·议兵》）的新局面。诸侯国之间不断争霸，战事连年。

4. 阶级关系的变化及士阶层的壮大

土地兼并的愈演愈烈、战争的频仍、社会的动荡、务实作风的盛行使这一时期的阶级关系发生了急剧变化，各个阶层都希望抓住这一难得的历史机遇来改变自己的命运，对社会结构进行重新洗牌。阶级力量对比发生的变化主要表现为传统贵族的没落、新兴地主阶级的兴起以及士阶层的崛起。

土地所有制的改变造成了爵位等级的紊乱。这时的周天子其实已经沦为诸侯霸主的附庸，传统的等级关系已经从上层开始打破，"王臣公，公臣大夫"的等级从属关系已经大打折扣了。加上新兴地主及商人的兴起、奴隶纷纷逃亡、手工业者先后起义、"国人"不断暴动，原来西周宝塔式的统治等级——天子、诸侯、卿大夫、士、庶人、工商、皂隶的地位发生了变化。殷商、西周那种"礼乐征伐自天子出"的时代一去不再，大夫、庶士、家臣等社会的边缘阶层崛起，成为社会的中心，政出大夫、陪臣执掌国命、士人奔走天下固不为奇，甚至平民也可因军功而暴发凌上，真可谓"高岸为谷，深谷为陵"。

殷商西周时，士是贵族的最低等级，由卿大夫给予食地，地位仅高于平民和奴隶。到春秋战国时代，士作为一个阶层，其影响愈来愈大，并为公卿大夫所借重。齐桓公等春秋霸主都以招贤纳士著称，战国时公卿大夫更竞相争取士人，形成所谓"养士"之风。最著名的"养士"贵族是齐国的孟尝君、赵国的平原君、魏国的信陵君、楚国的春申君，"四公子"门下豢养食客数千，多为精于某种技艺的士人。而士的向背，确乎

---

① 《左传·隐公六年》。
② 《公羊传·僖公四年》。

关系列国盛衰，故有士"入楚楚重，出齐齐轻，为赵赵完，畔魏魏伤"① 之说。

5. 社会思潮与礼乐制度的变迁

殷商的文化精神主要表现为"重鬼尚巫"的天道观；西周表现为"尊天敬德"，处于一个转折时期；春秋战国时期则进一步摆脱了殷商的神权巫风虚置神格，注重民意，"重民轻神"的人道观成为这一历史阶段主要的文化精神与社会思潮。《尚书》、《诗经》、《国语》、《左传》等许多先秦文献中都有这种思潮的具体体现。

春秋时代"礼坏乐崩"，西周的礼仪制度被打破，"吉、凶、宾、军、嘉"五礼均已起了巨大变化。周郑交质、齐楚窥鼎，原来天子、诸侯、大夫、士的等级被颠倒，下级僭越上级礼制的情况普遍发生。已经出土的西周有铭文的青铜器，周王室和王室大臣所制作的占了绝大多数，属于诸侯国的为数甚少。然而到了春秋战国时期，这一情况发生了变化，出土的王室、王臣的礼器非常少，取而代之的是各诸侯国、卿大夫甚至他们的家臣私自铸造的器物。考古发掘出的地下遗址和丧葬礼俗说明，"礼坏乐崩"一是表现为旧礼制的废止，二是表现为礼制的下移，即使用者身份等级界限的打破。

二、出版活动的发展

春秋战国时期激烈的社会变革在文化上反映为诸多原创性、奠基性作品的出现与流布，出版活动得到前所未有的大发展，各类图书的撰写、编辑、收藏活动普遍展开。竹木简牍和帛书的普遍应用，进一步加速了图书的传播。文献的考辨活动出现，史书、诸子书、科技书籍等的出现标志着图书类型的不断丰富。已经有了编辑家和初步的编辑思想和出版标准。这些都表明这一时期出版活动已经摆脱了商周时期的原始形态，开始了新的发展。《诗》、《书》、《易》、《春秋》及"三传"的编辑活动，诸子学说的编辑与传播，《考工记》等科技书籍的出现，表明文献编辑是这一时期编辑出版的特点。春秋时期出版活动的标志性事件是孔子的编辑活动，战国时期出版活动的标志性事件则是百家著作的蜂起与传播。

1. 诸子学说的编辑与传播

春秋战国时代，战乱不已，五霸、七国相与争雄，政治形势可谓风云激荡。出于对社会现实的强烈关注与参与意识，当时许多思想家和政治家从各自的立场出发，著书立说，纵论天下大事，形成了百家争鸣的生动活泼局面。为国家利益计，励精图治的各国君主和知识阶层都非常重视民意向背和舆论指向，这就为文化的繁荣与出版的发展营造了良好氛围。

面对乱世，先秦诸子有不同的思想建树。儒家希望通过恢复周朝礼仪制度来使国家

---

① 《论衡·效力篇》。

达到统一安定的状态。其代表文献有《论语》、《孟子》、《荀子》等。《论语》是孔子弟子作的关于孔子对弟子的答问记录。孔子去世后，由其弟子及再传弟子编辑，用400多个"子曰"辗转传述、记录整理成书。《孟子》一书由孟子与弟子共同编撰而成，语录体，各篇之间没有必然的逻辑联系。《荀子》一书32篇，大部分为荀子自作。

道家主要文献有《老子》、《庄子》。道家创始人为老子，姓李名耳，字伯阳，一说即老聃，楚国苦县厉乡曲仁里人，曾任周"守藏室之吏"（管理藏书的史官）。另一代表人物为庄子，曾当过漆园史，但"其学无所不窥"。道家在政治上宣传无为，主张小国寡民，思想中有丰富的辩证法因素。

法家主张以刑法治理国家，同时还应该加强国君的权势。代表作品是《管子》、《韩非子》。杂家是较晚出现的一个学派，其观点"兼儒、墨，合名、法"而不主一家。杂家虽只是集合众说，兼收并蓄，然而通过采集各家言论，贯彻其政治意图和学术主张，也自成一家。此派集大成之作是《吕氏春秋》，由秦相国吕不韦组织宾客集体撰写。

2. 《考工记》等科技书籍的出现

在秦汉以前，我国的科学技术比较发达，有关著作也应不少。目前可见的最早科技著作是《考工记》。《考工记》是春秋末期齐人编著的一部独特的科技类著作，可以称得上我国第一部手工业百科全书，书中主要记述了有关百工之事，分为攻木之工、攻金之工、攻皮之工、设色之工、刮摩之工、抟埴之工六个部分，分别对车舆、宫室、兵器以及礼乐诸器的制作作了详细记载，是研究中国古代科学技术的重要文献。

《黄帝内经》是先秦最重要的医学书籍，首见于《汉书·艺文志》著录，大约成书于战国至西汉间，分为《素问》、《灵枢》两部分，共18卷，162篇，约14万字。它托名于"黄帝"，实则是古代许多医学家的劳动成果，是祖国医学中最宝贵、最光辉的遗产。全书以问答的形式写成。《黄帝内经》全面系统地论述了祖国医学对于解剖、生理、病理、药理、诊断、针灸、治疗等各方面的见解，对临床实践从理、法、方、药各个方面进行了阐述，确立了祖国医学的指导思想和治疗原则。同时，也涉及当时天文、物候、历法、哲学等方面的知识，内容十分丰富。它的产生，标志着我国医学的发展进入了新的历史阶段。

《山海经》是一部内容丰富、风貌独特的古代著作，可以称为古代的一部百科全书。它包含了历史、地理、宗教、生物、水利、民族、神话、医学、矿产等许多方面的内容。

此外，《墨子》一书中也保存了大量的科技成果以及资料，被许多人看做是先秦的一部科技著作。

3. 文献的编辑整理

春秋战国时期，著书立说之风盛行，学者们首先遇到的是对前代的文献如何继承和利用的问题。但经过数百年的辗转传抄，抄写在竹木上的文字难免不发生散失错乱，不仅文字需要校正，内容上的错误也需加以考辨。

早在西周末期，就已经出现了文献校勘活动。我国历史上可考的最早的校雠家是西周末东周初年的宋国大夫正考父。正考父为孔子的七世祖，他的先世原是商王朝的贵族，后来有几代就在宋国做高官。《国语·鲁语下》："昔正考父校商之名《颂》十二篇于周大师，以《那》为首。"在"毛诗""《商颂》谱"及"《那》小序"中也有类似记载。经正考父校雠编辑的12篇《商颂》至孔子时只保存了5篇，现收录于《诗经》中。

清代学者段玉裁说，校书之事"始于孔子子夏"。他认为我国真正的校书活动，开始于孔子和子夏。相传子夏以授徒为业，其在讲授历史文献时，对文献的校雠、考据就成为一件非常现实的事情。子夏提倡校书要"择善而从"，不泥古，不迷信，对文本中的差错应该有所发现和改正。据《吕氏春秋·察传》载："子夏之晋，过卫，有读史记者，曰：'晋师三豕涉河。'子夏曰：'非也，是己亥也。夫己与三相近，豕与亥相似。'至于晋而问之，则曰'晋师己亥涉河'也。"己亥本是干支纪日，在先秦的古文字中，"己"与"三"、"亥"与"豕"形体相近，易致混淆。卫人所读史记（即史书），就是把"己亥"误作"三豕"的误本。子夏通晓文字形体及史书记日体例，故能发现问题而加以校正。然而他又不满足于此，到晋国后，又进一步考察史实，准确无误，始成定论。这一事例，是我国校雠史上以灵活性见长的"活校法"的最早记载。

春秋末至战国初期，诸子书基本上都是先师去世后，由其弟子及再传弟子编辑而成的，其内容一般都是弟子对先师言谈的记录，为语录型著作。如《论语》，每章几乎都是以"子曰"开始的。这种语录型著作每句话即为一章，章与章之间不相连贯，并无必然联系，每篇也没有一个固定的主题。其分篇是由于竹简的长度不够，并非人为的归纳，因而其篇目往往以文章开始的几个字命名，并不能概括其内容。

到了战国初期和中期，诸子书基本上仍是先师去世后由其弟子编辑成书。较初期不同的是，在编辑成书之前，诸子已将自己的言论进行了初步加工，这就使得每篇的内容颇具连贯性，已不像初期那样只是只言片语了。如《孟子》，其《梁惠王》篇共由23章组成，每章都是通过互相问答对某个问题进行透彻的分析。但这时分篇似乎仍然只是限于长度，而未进行有意识的归纳，因而篇名仍暂用每篇开始的几个字。

到战国中后期，诸子大多在生前即将其作品以篇为单位进行编辑传播，待去世后再由其弟子将单行的篇什编辑成书，其性质颇似于后世编纂的大全集。如《韩非子》，据《史记·老子韩非列传》："非见韩之削弱，数以书谏韩王，韩王不能用。……故作《孤愤》、《五蠹》、《内外储》、《说林》、《说难》十馀万言。……人或传其书至秦。秦王见《孤愤》、《五蠹》之书……"由于以篇为单位独立传播，因而一篇往往只有一个主题，整个篇章都围绕这一主题展开论述。同时开始对篇加以归纳，归纳出的主题词便是这一篇的篇名。

在战国诸子书中普遍存在着伪作问题，几乎每一部子书都或多或少有伪作窜入。从这一现象可以看出，当时的书籍编辑并不是一次性完成的，而是在传播过程中被传抄者不断地进行编辑，因为诸子书的最初编辑者几乎都是其弟子，他们不可能将与先师观点相悖的文章编入先师的著作中。伪作的窜入很可能是有意识进行的，其目的可能是将自己的观点放到别家学派的经典内，以便将来辩论时对自己有利。大约到战国中期以后，伪作开始由个别篇章的窜入演变为整书的作伪。如《山海经》一书，托名为夏禹及伯益所撰，经学者考证，其实是战国中期以后秦以前的人，综合《庄子》、《列子》、《离骚》等书，加以扩充而成。

4. 编辑出版的特点

如果说商周是编辑出版的萌芽时期，那么春秋战国可以说是编辑出版的自觉期。编辑出版活动随着文化的勃兴与普及，从自发走向自觉，开始真正走上中国的历史舞台，并发挥出强大的文化感染力，担负起推动历史进步和维系文化传承的重任。这一时期编辑出版的特点主要表现在务实的编辑目的、初步的编辑标准、觉醒的编辑意识、编辑活动走向民间四个方面。

①**务实的编辑目的**

一方面，春秋战国时期的社会动荡不安，变革激烈，社会情势纷繁芜杂；另一方面，这一时期的思想文化也发生了剧变，传统的宗教迷信思想被打破，人本主义得到提倡与发展。面对乱世，许多政治家、思想家、学问家纷纷从社会现实出发，探讨治国之策，寻求发展大计。这就使得这一时期的编辑出版活动带有鲜明的务实作风，有明确的现实的目的在其中。

孔子在整理前世文献时，就反映出他希望通过恢复周礼达到社会大治、国家一统的理想，以及对鬼神等虚幻世界的忽视，对平民、对现实生活的热切关注。关于如何为政、如何王天下的问题，孔子多有论述。如孔子说"为政以德，譬如北辰，居其所而众星共之"时，就是在讲如何王天下的哲学。孔子希望通过重新诠释《诗》、《书》、《春秋》等经典，肯定和弘扬传统观念的人文价值，并以此作为精神的原动力，来建立符合人道精神的理想王国。《吕氏春秋》也是本着这一务实思想进行编写的。

②**初步的编辑标准**

编辑标准在这一时期初步形成，"简其语，齐其句，谐其言"就是此时编辑活动的一个准则。为了实现长治久安，当时的统治者推出了一整套采诗制度，由专人到民间选择、收集资料，然后将收集到的民歌民谣加以分类、选择，用整齐、谐律的文字表达出来，有的还配以音乐。为了便于记忆，编辑人员还将这些原始资料编成韵语。通过编辑加工，这些早期的文学作品就更易于在不识字的民众中传播，而听者也会有一种美的享受。不仅诗歌，先秦诸子的散文同样是用词准确，文字凝练，结构严谨，容量丰富，令后人难望其项背。这一方面是因为他们的书写受到已有的诗歌形式的影响，另一方面书写材料的难得和书籍制作程序的复杂也在客观上促成了这种编辑标准的产生。由此可见，当时传媒技术的落后既是文化发展的一大瓶颈，也是形成当时文化特色的重要因素之一。

③觉醒的编辑意识

编辑意识的觉醒表现在编辑活动的逐步独立与编辑主体性的发挥。

这一时期私人著述丰富，编辑作为著述方式之一种，竹帛作为这一时期的主要传媒形态，对古代文化的整合、传承起到了巨大作用。《论语》、《孟子》、《老子》等诸子百家书籍，多是由其弟子集体汇集编辑而成。整理、编辑老师的思想已经成为这一时期文化创造的主要方式。另外，编辑而成的书籍成为不同于公文传递的第二条信息传播通道，编辑出版在现实生活中的作用增加，并打破了官府对知识的垄断。至此，编辑终于获得了独立性，传媒也逐步摆脱了政府公文以及政治教化的狭小圈子，开始向民间渗透，编辑出版活动的影响力逐步加强。

商周时期，编辑对统治阶层的依附造成了编辑主体性的缺失与编辑人格的不健全。到春秋战国时期，编辑主体性得到张扬，对独立文化品格的追求得到肯定。以史官为例，当时，各个诸侯国的太史均为周天子所分派，而不臣于诸侯。如《春秋》记载"晋赵盾弑其君"，"齐崔杼弑其君"，史官称"其君"而不称"君"，且秉笔直书，甚至不惜为此献出生命。

④编辑活动走向民间

编辑活动走向民间，一方面表现为官府对编辑活动的垄断被打破，私人著述、编辑活动频繁；另一方面表现为藏书现象的大量出现。此时各个学派的弟子往往会把先师的思想、理论通过著述编辑的方式保存下来，这就使编辑活动与学术传播走向民间，而这一时期藏书活动的大量出现也是编辑出版活动繁盛的直接结果。首先，编辑活动向民间的转移是与周代的"嫡长继承制"紧密相连的。嫡长继承制把君主庶子的后裔逐渐推向社会下层，这有助于平民地位的提高。其次，传播工具的革新、传媒形态的演进造成了诸子百家时代学术的繁荣和文化向民间的渗透。

总之，春秋战国时期的编辑出版活动已经走出了萌芽状态与自发时期，具有了自觉的编辑出版意识，编辑出版的逐步独立对中国文化的传承与革新开始显示出强大的动力，编辑出版标准的初步形成、编辑主体性的发挥、书籍的出现同时昭示着出版活动的核心要素已经初具规模，编辑出版活动已经开始真正产生。

三、战国时代的简牍及其形制

这一时期出版物的形制以"简牍制度"为主，竹木简牍是主要的知识载体。竹木简牍，就是把文字写在经过整治的竹片和木板上，一根竹片称"简"，将许多根简编连在一起称"策"（册），合称简策。加工后没有写字的木片称"版"，写了字的称"牍"，细一些的木条称"木简"，木质的合称"版牍"，竹木合称为"简牍"。

在造纸术发明以前，竹木简牍的通行时间最长，使用范围最广，而且已形成较为固定的书籍制度，对后世也有深远的影响。春秋战国时期，孔子编辑六经，诸子百家著书立说，都是写在简策上的。汉代造纸术发明后，还有很长一段时间是竹简、帛书与纸并行。简牍使用应有两千年之久，但其盛行时期是公元前8世纪到公元2世纪，约1 000年的时间。

简牍制度是我国最早的成熟的书籍制度，对后世出版物有着深远影响。目前国内出土的竹简中，最早为战国竹简。

没有书写文字的简牍有自己独特的名称：用来制作木牍的半成品叫做"椠"；没有写字的简牍则称为"札"或者"两行"；制作木牍的材料叫做"方"、"板"或"版"。《仪礼·聘礼》"百名以下者书于方"，贾疏云："是一书之于方，若今之祝板，不假连编之策，一板书尽，故言方板也。"简牍一般在一面或者正反两面书写，但是也有多面的，叫做"柧"或者"觚"，《说文解字》释为"棱"，《急就篇》卷一"急就奇觚与众异"师古注："觚者……其形或六面，或八面，皆可书。"

简牍可以重复使用。书写新内容之前，要用刀刮掉原有的字迹，被削去的木片，叫做"柹"，多有出土。因记录内容、使用材料、书写习惯等方面的差异，简牍的长度有不同规格。一般长度为14—88厘米，用于书写典籍和文书的简牍一般在23—28厘米之间，尤以23厘米者为常见。以出土的战国简牍为例，长沙五里牌楚简长13.2厘米，长沙仰天湖楚简长22厘米，江陵纪南城楚简长64厘米，江陵包山楚简长62—72.6厘米，曾侯乙简长度为70—72厘米。

编连方法亦不同。有的是先编连竹简再写字，这种竹简编绳处上下两个字的距离一般较大，这是因为在书写的时候要避开绳子；有的是书写完毕以后，再以绳子进行编连，由于写字的时候没有为绳子预留空间，所以不少字会被绳子遮盖。这两种竹简都有所发现。

在简牍上，除了文字以外，还发现了多种符号，其作用大致相当于今天的标点符号和编辑符号，对文字的表达功能起到辅助和强化的作用。按照大致的分类，这些符号有句读符号、重叠符、界隔符、提示符、勾校符等等。从这些符号可以判断当时的编辑工作已经趋于规范，有了自己的一套符号体系。

不少简牍的上下端留有空白，分别称为"天头"、"地脚"，和今天的出版物非常相似。如果竹简是以两道绳子编连，那么一般不留天地；三道以上绳子编连，则一般都留出空白。有些简牍中还有局部空白的现象，主要是为了特定目的而人为地设置的，如底稿、原稿空出人名、时间等等。一些简牍还会分栏书写，对后世的纸质媒体版式也有影响。如果不小心写错了，则有两种解决方法，其一是削去错字，在原位置重新书写；其二则是以墨涂去错别字，在下面继续书写。

第四节　先秦著名图书编撰家

一、孔子

孔子（公元前551—前479），名丘，字仲尼。鲁国陬邑（今山东曲阜）人。我国古代著名的思想家、教育家。他首开私人讲学之风，主张"有教无类"、"因材施教"。孔子先世是宋国贵族，后逃到鲁国。宋是商的后代，鲁是周公的旧封地，两国都保存了较多的商周文化典籍。孔子对这些文献进行了搜集和整理，并以此为教材进行讲学。当时流传的主要文献典籍有六种，即《易》、《诗》、《书》、《礼》、《乐》、《春秋》，称为六艺，后世又称为"六经"。"六经"虽然早于孔子出版，但孔子对它们进行了述、删、订、编等不同程度的编辑工作。

春秋末年，由于王室衰微、诸侯纷争，传统典籍不再受到重视，开始渐渐散佚。到孔子46岁的时候（公元前506年），《左传》里已经见不到列国公卿赋《诗》的记载了。而孔子对周礼极为推崇，希望通过恢复周礼实现世界的和平与统一，所以他就着手对这些典籍进行整理、编排，并传授给弟子。

孔子整理文献有他的指导思想，即三个准绳："一个是'述而不作'，保持原来的文辞；一个是'不语怪、力、乱、神'（《论语·述而》），删去芜杂妄诞的篇章；一个是'攻（治）乎异端（杂学），斯害也已'（《为政》），排斥一切反中庸之道的议论。"由此可见，孔子整理文献，是反映其以"仁"为中心的哲学思想的一个重要方面。

《诗》、《书》、《易》等中华元典最早产生于周朝的王宫内，即"学在官府"，是周朝教育贵族子弟与进行文化统治的工具。如作为商周王室文献汇编的《书》，多出自史官手笔，是由王室文化官员汇编成册的；《诗》是"行人"等文化官员所采集，由太师乐官编次而成；《易》的卦画符号和解释经文，也成于西周。但是"学在官府"的西周是一个典籍的集体制作阶段，编辑活动在那时还处于自发时期，进入晚周以后，当"士"逐渐摆脱了相对于王室的附庸地位，赢得个体自觉以后，中华元典才开始了由文化专门家带着学派意识加工整理、阐释发扬的新阶段，而孔子及其弟子的编辑活动就是那个时代的代表。

孔子行教图（拓片）

孔子在对"六经"进行整理的过程中，虽然宣称"述而不作，信而好古"，但也不可避免地注入了自己的哲学思想。孔子说自己"述而不作"，并不意味着对原本典籍一字不改，而是说在传述历史的时候坚持实事求是、尊重事实，不去篡改、歪曲历史。其思想通过叙述形式体现出来。孔子的编辑活动具有以下鲜明特点：

一是有明确的编辑意图。孔子进行编辑活动的主要目的，是希望通过恢复、发扬备受冷落的"周礼"，进而加强周王室的统治，改变"礼坏乐崩"、战乱不断的社会现实，既要宣传自己的政治观点与哲学理念，又要继承优秀的传统文化，为实现自己理想中的大同社会服务。这一思想贯穿了孔子的整个编辑活动。例如孔子编选《诗经》的一个重要原则，就是"取可施于礼义"① 者。在编写《春秋》时，他主张"为尊者讳、为亲者讳、为贤者讳"②，按自己的主观意向"笔则笔，削则削"，在客观叙事的形式下隐寓褒贬，从而达到"成《春秋》而乱臣贼子惧"③ 的效果。

二是充满理性的编辑思想。《论语·述而》载"子不语怪、力、乱、神"，即对他没有见过的超自然现象，以及他自己无从探究、无法理解的事物尽量不去提及。在编辑过程中他也是这样，如《春秋》中有这样一段记载：鲁庄公七年"夏四月辛卯，夜，恒星不见。夜中，星陨如雨"。据《公羊传》讲，鲁《春秋》原文是"雨星，不及地尺而复"。即陨星下落如雨，离地一尺而又返回。由于事涉怪诞，故孔子编辑《春秋》时不予记载，只将"雨星"改成"星陨如雨"以结尾。类似的编辑处理体现了孔子对理性的追求，是一种先进的编辑思想。

三是科学的编辑方法。孔子在长期的编辑实践中，总结出一些较为科学的编辑方法，即多闻阙疑，无征不信。

孔子认为，在对古文献的编辑过程中应持怀疑态度。他曾说过："吾犹及史之阙文也，有马者，借人乘之。今亡矣夫！"④ 就是说对于史书的阙文要存疑，留给别人思考，不要凭主观臆测独断妄改。在实践中他正是这样做的，如《春秋》是鲁国史书，其中阙误较多，记事时不书月、不书日往往有之。孔子整理时一仍其旧，而不轻改。

孔子不仅主张多闻阙疑，而且还主张无征不信。《论语·八佾》载："子曰：夏礼，吾能言之，杞不足征也；殷礼，吾能言之，宋不足征也。文献不足故也，足，则吾能征之矣。"对这句话历来有不同的解释，宋人杨简解释为："孔子自知自信故自能言，但无文策可证，无贤献能证。"⑤ 也即在编辑时必须注重考证，如果没有客观证据，即使主观上再自信也不能下笔。在实践中孔子也是这么做的，从《仪礼》及《礼记》中有关他的言行上可以看出，他编的、讲的全是周礼，由于夏礼、商礼文献不足，虽然他能

---

① 《史记·孔子世家》。
② 《公羊传·闵公元年》。
③ 《孟子·滕文公下》。
④ 《论语·卫灵公》。
⑤ 《慈湖遗书》卷十。

言,但终未编辑成书。

孔子虽然出生于编辑出版活动的初始阶段,但由于其卓越的编辑实践以及对后世编辑工作的影响,他是无愧于中国最早的大编辑家的称号的。

二、吕不韦

《史记·吕不韦列传》云:"吕不韦者,阳翟大贾人也。往来贩贱卖贵,家累千金。"吕不韦通过帮助秦庄襄王登上帝位而成为秦国丞相,权倾一时。其召集门客编写的巨著《吕氏春秋》是杂家的代表作品,该书集中了上千人的智慧,代表了秦国当时最高的学术水平。《吕氏春秋》的编辑特点主要体现在:

1. 有明确、务实的编辑意图

《史记·秦始皇本纪》云:"吕不韦为相,封十万户,号曰文信侯。招致宾客游士,欲以并天下。"该书编撰的目的是"欲以并天下",是对如何治理国家进行的一种探索,是对当时务实疾虚的社会风气的反映。作者虽然博采众家,但主要目的只有一个,那就是为秦国的政治现实、社会进步服务。

2. 兼收并蓄,集众家之长

该书兼诸子之说而有之,超越了传统的门户之见,这在当时是十分难得的。在该书160篇文章中,发挥法家学说的有43篇,儒家学说有26篇,道家学说17篇,兵家学说16篇,墨家和纵横家各10篇,名家学说有5篇,农家学说有4篇,小说家有1篇,还有几篇学派观点不明显,法家学说占上风。这些数据大致符合秦国学术界各派的消长情况。由于没有强行进行人为的统一,百家学说在各自篇章中依然保持着独立性,使得该书具有战国末期各派学说资料汇编的性质。

3. 有所取舍,形成了新的思想体系

该书材料丰富,但不乏系统性,一方面全面地反映了各派学术观点,另一方面又没有变成眉目不清的"大杂烩",可以看出该书的实际主编者是一位颇有见识的学者。在编选数千食客所写的文章时,一个主导的标准就是秦国特有的务实精神,如不是简单地排斥名家言论,但反对不切实际的诡辩;收录不少墨家的学说,但不取它的鬼神之说;引用庄子、列子的宇宙观,却不采用他们那种荒诞无稽的说法。也就是说采取现实主义的态度编选文稿,不尚空言,反映编者的编纂态度是相当严肃认真的。

4. 编排有序,体系严谨

《吕氏春秋》是将许多学说的文章编在一起,编辑体例非常整齐而有系统,结构完整,各篇字数大体均衡,这在先秦诸子书中是十分可贵的。全书分八览、六论、十二

纪，总共26卷；每览各有8篇，每论各有6篇，每纪各有5篇，合计160篇。有人认为，从此书的情况分析，有可能当时为此组织了专门的编辑班子，负责将众多宾客按各自学派的观点撰写的文章经过集体讨论，然后进行筛选、归类，特别是它成功地使用两级分目法，为此后大部头书籍的编辑提供了技术上的重要参考和保证。《吕氏春秋》达到了战国时期书籍编辑的最高水平。它标志着书籍编辑正在走向成熟。

第二章　秦汉：中国出版的发端

第一节　秦朝短暂的出版活动

公元前221年，秦始皇吞并六国，一统四海，从而结束了漫长的诸侯割据的战国时代，中国历史上第一个大一统的中央集权制国家由此诞生。秦始皇统一六合、振策宇内后面临的最大问题，就是如何经营和巩固自己得来不易的庞大帝国。为此，秦始皇强力推行以统一文字为核心的文化政策，为出版活动的发展奠定了基础，同时又刻意奉行法家治国理念，禁绝诗文，以吏为师，对出版事业的发展造成很大损害。

一、统一文字

秦朝建立后，国土幅员辽阔，文化交流增多，但各地文字形体的差异对政令畅通和文化融合形成了巨大阻碍。

各国文字的差异与春秋战国时期社会的剧烈变化紧密相关。尤其是战国时期，随着社会阶层的剧烈变化，文字的应用愈加广泛，文字的应用者也从上层社会逐渐扩散至民间，因此文字的形体发生了剧烈的变化，这种变化主要表现在俗体字的迅速发展上。

六国文字形体上最显著的特点之一是俗体字大量出现，并成为文字使用的主流，这主要是由于文字使用频率的提高与使用范围的扩大。特点之二是六国之间的文字在形体上也有巨大差异。其实这种差异早在春秋时期已经有所体现，至战国时期表现更著。这种情况不仅不利于六国间的文化交流，亦不利于六国与秦国之间的文化融合。"故一则治，异则乱；一则安，异则危"①，所以秦始皇在行政方面开始实行郡县制，在文化上则统一文字。

秦始皇命令李斯主持文字的统一工作。李斯的工作以周朝的大篆为基础，借鉴齐鲁等地通用的蝌蚪文笔画简洁的优点，在大篆的基础上创制出了一种形体匀圆齐整、笔画简略的"秦篆"，又叫"小篆"。

作为官方的规范文字，小篆颁布全国，得到广泛的推行与使用。为此，李斯编写了

---

① 《吕氏春秋·审分览·不二》。

《仓颉篇》，赵高编写了《爱历篇》，胡毋敬编写了《博学篇》等识字课本，作为推广小篆的教材。直到汉朝初年，这些书籍仍然是儿童的启蒙读物。与此同时，狱吏程邈得罪入狱后，经过潜心创造，创制了一种更加简便的字体，将小篆圆转的笔画变得方正，字形趋于扁平，书写更为流畅，因为这种字体在狱官审问犯人（徒隶）的时候常常使用，所以被称为隶书。

秦朝文字统一工作的顺利开展，一方面是因为它符合时代发展的需要，切合社会的呼声，另一方面是由于秦朝严厉的法制，使得文字统一工作迅速展开并卓有成效。文字统一以后，就不能再随意书写了，如果乱写，弄不好会受到惩罚的。

秦始皇统一文字的意义非常重大，这不仅有助于消除广阔帝国领域内文化交流的阻碍，

秦始皇像

还有助于整个中华帝国的政治统一，对民族认同感、国家认同感的形成功不可没。对于出版而言，其意义主要在于扩大了书籍的流通范围，使得出版能更为有效地对社会产生大的影响。

二、"焚书坑儒"与秦朝文化政策

秦始皇主要是依靠法家而不是儒家来完成自己的帝国大业的，所以其治国策略就体现出了明显的法家思想。公元前213年，秦始皇在咸阳大宴群臣，席间，博士淳于越又提出"事不师古而能长久者，非所闻也"，主张分封皇子功臣为诸侯，法先王，学古法。丞相李斯针锋相对地指出，"五帝不相复，三代不相袭"，政治制度的不同源于时代的发展变化，所以"三代之事，何足法也？"李斯痛斥儒生"不师今而学古，以非当世，惑乱黔首"，建议秦始皇下令焚书。

秦始皇采纳李斯这一建议，一场文化浩劫不可避免地发生了。应当明确的是，秦始皇并没有下令焚烧所有书籍，《诗》、《书》、百家语仅仅是禁止私藏，博士仍然可以拥有这些文献典籍（秦始皇时有博士70人）；医药、卜筮、种树等实用的科技类图书则被保存了下来；秦国的历史著作（秦记）也没有被烧毁，所以才会有司马迁的抱怨："独有秦记，又不载日月，其文略不具。"[①]

秦始皇的"焚书"政策无疑给出版活动造成了不小的负面影响，但它到底对出版

---

① 《史记·六国年表》。

活动造成多大的损失是一个很难准确回答的问题。颁布"焚书令"的时间是公元前213年,但是至前208年李斯死亡时秦国已经摇摇欲坠,朝廷根本没有精力去料理这些事情。也就是说,"焚书令"的认真施行也许仅有五年的时间而已。其对文献的损害也许远远不如公元前206年项羽焚毁咸阳秦的宫殿造成的损害。

但无论如何,秦始皇的焚书之举还是贻害无穷的,至少体现在两个方面:

首先,这是对愚民政策以及与之相配套的文化专制主义的肯定,是一种野蛮的反文化行为,虽然不是人类历史上的第一次,却影响颇大,消极作用很明显。

其次,焚书事件造成了文化传承的断裂,使得大量古代典籍面目全非,乃至到汉代出现了大量的伪书,一种书籍又往往有多种版本,使人们不知所从,造成了学术思想上的混乱局面。

三、秦朝的编辑出版活动

1. 秦代刻石

商周时期的铜器铭文受到文学发展规律的制约,同时在金属器皿上刻字较为不易,且所载篇幅也不可能太长。到了秦代,石头成为秦政府宣扬政绩、铭记历史的重要载体,在石头上刻字不仅容易,而且可以承载较长的文章,所以其为后世所提供的历史记录也更为丰富。南宋学者郑樵说:"三代而上,惟勒鼎彝。秦人始大其制而用石鼓,始皇欲详其文而用丰碑。自秦迄今,惟用石刻。"[①] 迄今所能见到的最早秦刻为唐初发现于陕西凤翔的"石鼓文",文字刻于十个石鼓之上,内容为秦国君臣田猎游乐之事,故又称"猎碣"。石鼓文字体为大篆,制作时代有文公、穆公、襄公、献公诸说法。石鼓文发现之后,历代学者对其展开深入研究,韩愈、韦应物等曾对文字加以考释,终因"辞严意密读难晓"而"嗟予好古生苦晚,对此涕泪双滂沱"[②]。

秦王朝建立以后,秦始皇与秦二世在国内四处巡游,并且常常刻石纪念。据《史记·秦始皇本纪》记载,在公元前219至公元前211年,秦始皇共有七次立碑。秦二世于公元前210年巡行全国,并在秦始皇所立的石碑上补刻文字。它们的文字结构除略有变异外,每行12字,每节6行,有72字,每节押一个韵。秦二世所刻的补记存13行84字,字体为小篆。碑文的内容大都是对秦始皇文治武功的赞美。这些石刻文字被司马迁收入《史记》,开创了以石刻文字作为史料的先河。可以说,石刻在当时已经具备出版物的功能了。

2. 图书编辑

图书编辑出版与教育始终保持极为密切的联系。早在公元前7—前8世纪,我国就

---

① 《通志·金石略·金石序》。
② 韩愈《石鼓歌》。

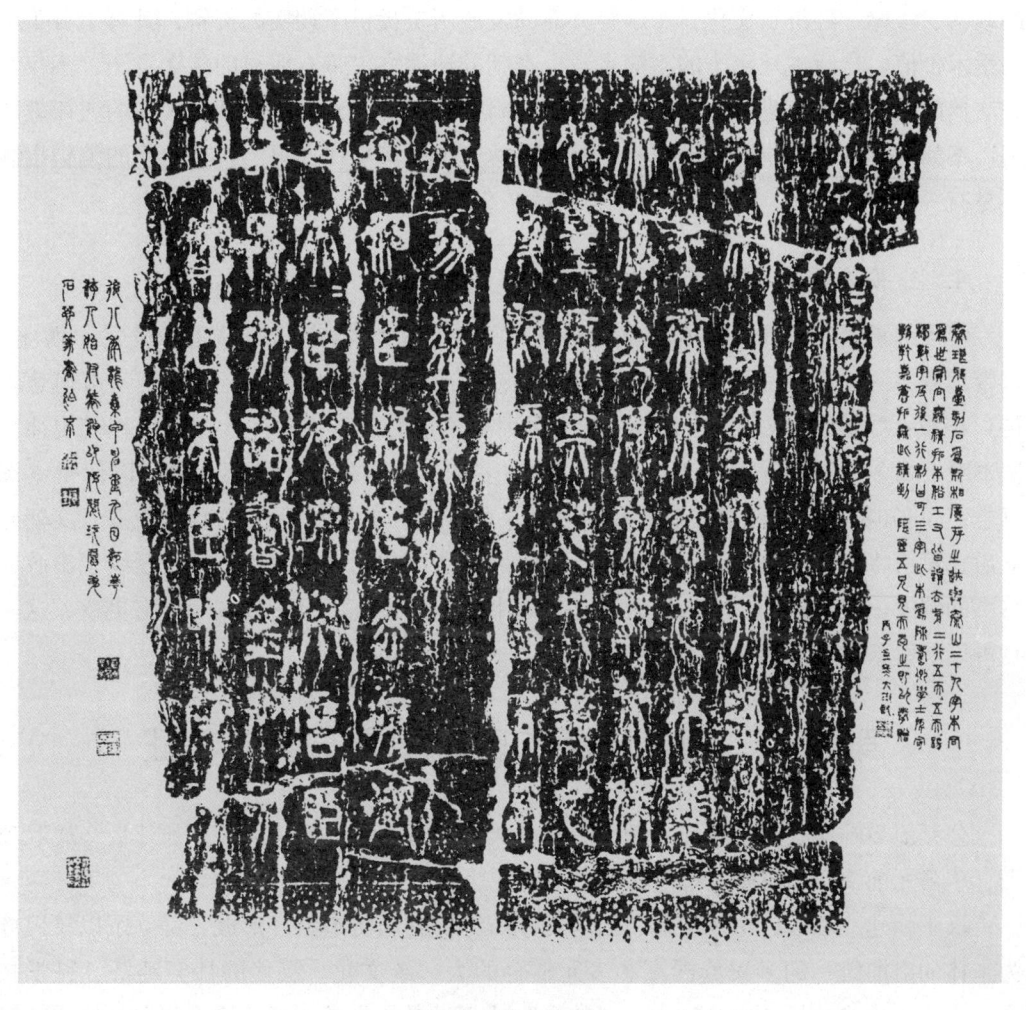

秦代琅邪台刻石拓本

有了供学童诵读的识字课本，即周宣王时的太史籀用大篆编写的《史籀篇》。这也可以称为我国有史记载以来最早的教科书。

秦始皇时期，为了统一全国文字，进行了我国历史上第一次汉字的定型和规范化工作，将籀文简化，创作小篆，并参照《史籀篇》着手编写统一的识字课本。由丞相李斯作《仓颉篇》七章，车府令赵高作《爰历篇》六章，太史令胡毋敬作《博学篇》七章，都用小篆书写，向全国颁布。《史籀篇》因此废读。

3. 简牍文献

秦朝的严刑峻法的一个必然产物是法律文书的数量急剧增加。1975年，考古工作者在湖北省云梦县睡虎地秦墓中发现大量竹简，这些竹简长23.1—27.8厘米，宽0.5—0.8厘米，内文为墨书秦篆，写于战国晚期及秦始皇时期。其内容主要是秦朝时的法律制度、行政文书、医学著作以及关于吉凶时日的占书，为研究中国书法、秦帝国的政治、法律、经济、文化、医学等方面的发展历史提供了翔实的资料,具有十分重要的学术价值。从睡虎地出土的秦简来看,秦朝的法律文书带有明显的传播意图,不仅有对法典的引用,也有进一步的说明,甚至还附有经典的案例。这非常像现在的法律教科书。秦朝的其他编辑出版活动虽然不是很发达,但是其法律文书、科技著作的编辑出版还是有一定成绩的。

4. 图书收藏

秦代继承了春秋战国时期的藏书传统,政府设立"石室"以藏书,设立"博士"以管理藏书。始皇帝虽然明令禁止私家藏书,但政府藏书并未废止。《汉书·萧何曹参传》记载:"沛公至咸阳,诸将皆争走金帛财物之府分之,何独先入收秦丞相御史律令图书臧(藏)之。沛公具知天下厄塞,户口多少,强弱处,民所疾苦者,以何得秦图书也。"可知秦代的丞相御史有收藏律令图书的职能,并可见秦代藏书之丰富。汉朝建立后,萧何将秦代藏书收藏于石渠阁,并以之作为汉代的藏书机构,就是延续了秦政府藏书的制度。秦代以前,文人及官员已有以书殉葬的传统,至秦代这一风俗更盛,这一点可以从秦墓中陆续出土的秦代简牍看出。

第二节 两汉出版的历史背景与整体特征

公元前206年,刘邦攻克咸阳,秦朝覆灭。经过4年的楚汉战争,刘邦最终战胜项羽,于公元前202年称帝,国号汉。

汉王朝建立以后,继承秦制,沿着秦朝所开辟的历史道路,形成、确立了以汉民族为主体的空前统一的多民族国家和多元整合的大一统文化。汉代的社会经济、科学技术、文化艺术都达到了很高的水平,在当时处于世界的先进行列。汉王朝以其雄浑的气象和非凡的成就奠定了汉民族在世界历史上的声威和地位。从中国历史与文化的总体发展来看,两汉乃是一个承前启后继往开来的时代。

在这样的历史大背景下,两汉时期的出版事业取得了辉煌灿烂的成就。朝廷重视图书的搜集和整理工作,建立专门的图书编校机构,多次组织学者从事大规模的图书编校和整理工作。先秦以来的图书典籍在汉代得到了系统的整理和广泛的传播。著名的图书编撰家不胜枚举,编辑修撰了大量的传世经典,成为我国历史上的第二个著作高峰。许多学者提出了影响数千年的编辑和著述思想。劳动人民在长期的劳动实践中,发明和改进了造纸术,极大地推动了出版事业的发展。这是中国先民对世界文明的重要贡献。图书贸易活动在这一时期也逐渐开展起来,出现了从事书籍买卖活动的书肆、槐市。出版活动开始集著述、编辑、复制和流通为一体,正式成为一个完整的文化系统。汉代在我国出版史上居于承前启后的重要地位。

一、汉代的政治、经济、文化概况

两汉时期正处于我国封建社会发展的上升阶段，但也如所有王朝一样，经历了兴起、发展、衰亡的过程。汉代的政治制度在很多方面都继承了秦制，最为重要的有两项：一是职官制度采用了秦制。皇帝掌握最高权力，实行专制统治；二是同样实行郡县制，作为全国基本的政区体制。以对居民实行编制为基础，郡辖县，县辖乡、里，而最基层的组织则是编户齐民的什伍。郡守、县令都由皇帝直接任免，实行上计制度，上报户口、垦田、赋税的统计数字，作为对郡县长官成绩的考核。郡县制保证了朝廷政策法令在全国范围内施行，对巩固国家的统一发挥了很大的作用。

两汉时期整个社会的生产力也得到了很大的提高。社会经济比起前代都有了很大的发展。铁制农具已普遍使用，牛耕得到大规模的推广，耕作技术有显著改进，大规模的水利工程在各地兴修。手工业生产门类众多，冶铁、陶瓷等手工业生产取得新的成就。绚丽多彩的丝绸、精致轻巧的漆器等，都达到很高的水平。商业和交通比起以前更为发达。西域和南方得到了更多的开发。东汉豪强地主经营的田庄以农业为主，兼营畜牧业、手工业和商业，具有自给自足的经济特点。

西汉武帝时"罢黜百家，独尊儒术"，将儒家经典立为官学，确立了儒家思想的统治地位，形成了解释和发挥儒家经典的专门学问——经学。经学在汉代极为兴盛，是汉代学术思想发展的主干，产生了董仲舒、刘歆、许慎、马融、郑玄等经学大师。东汉著名的思想家王充积数年之力，撰成《论衡》一书。他在哲学问题上跳出经学的圈子，批判今文经和谶纬的弊病，否定了经学的唯心主义体系，阐发了唯物主义的思想。

源于巫术、神仙方术的道教在西汉后期形成，东汉时逐渐兴盛，形成太平道和五斗米道两大派别。道教徒开始编撰道教典籍。道教思想开始在社会上广泛传播，并在东汉末年的黄巾起义中发挥了很大作用。起源于古印度的佛教于西汉末年经丝绸之路传入中土。东汉时开始译佛经、立佛寺，佛教传播渐广，对中国文化产生了深远的影响。

汉代是我国史学大发展的时代。太史公司马迁对史书的撰写提出了"究天人之际，通古今之变，成一家之言"的要求，并付诸实践，编修了我国历史上第一部纪传体通史《史记》，成为后世封建正史的范例。东汉班固所撰《汉书》，是我国第一部完整的断代史，使纪传体的体例更为完备，在文学史上也有很高的地位。两汉时期的著名史学著作还有赵晔的《吴越春秋》和佚名的《越绝书》，这两部书开后代地方志之先河。此外，还有《东观汉记》和《汉纪》两部著作。

汉代文学在辞赋、散文、诗歌方面都取得了丰硕的成就。辞赋是散、骈兼用，"铺采摛文，体物写志"[①]的一种文体，为汉代"一代之文学"。著名的辞赋家有司马相如、东方朔、班固、张衡等。代表作有《子虚赋》、《两都赋》等。汉代诗歌以乐府民歌成

---

① 《文心雕龙·诠赋》。

就最高,出现了很多脍炙人口的佳篇名作。长篇叙事诗《孔雀东南飞》是其中最杰出的代表。此外还有《十五从军行》、《陌上桑》、《上邪》等名篇。东汉时期出现的文人五言诗《古诗十九首》达到了很高的艺术水平,被称为"五言之冠冕"①。这些都是我国文学宝库中极有价值的遗产。汉代散文在中国文学史上具有很高的地位,除了司马迁以外,贾谊、晁错、刘向、王充等人的散文都非常著名。

汉代的绘画题材丰富,艺术风格多种多样,以写实为主,有很高的艺术价值。长沙马王堆汉墓出土的帛画,画面分为上中下三个部分,分别表现天上、人间和地下的情景,描绘细致,色彩绚烂,极为珍贵。汉代的雕刻技术也达到了较高水平,技法简练,古朴浑厚,气势雄伟,很能体现汉代的时代精神。汉代的乐舞百戏比过去更为丰富多彩,从西域和中亚诸国传入了琵琶、箜篌等乐器,创造了不少新声乐曲。汉代还出现了傀儡戏,传统的角抵和跳丸之戏,至此又增加了许多新内容,大大丰富了人们的娱乐生活。

汉代的科学技术取得了辉煌的成就,它与高度发展的封建经济相辉映,使中国站在当时世界文明古国的前列。西汉时,劳动人民在长期的生产实践中发明了用废旧麻料制成植物纤维纸,东汉的蔡伦改进造纸技术,扩大原料来源,制造出质量较好的植物纤维纸,人称"蔡侯纸",并逐渐取代竹帛成为主要的书写材料。这是中国成为文明古国的重要标志之一。

汉代的天文学成就斐然,西汉时就有了世界上最早的关于太阳黑子和新星的记录。汉人还从星辰运行中推算出一年的二十四节气,其名称和顺序与后世通行的完全符合。东汉张衡创制了世界上第一台观测地震的地动仪。他撰写的有关天体结构的著作《灵宪》一书正确地阐述了一些天文现象。天文学的发展,使历法修订成为可能,汉武帝时组织学者修"太初历"。西汉末年,刘歆对"太初历"作了系统的解释,并调整为"三统历",这是中国第一部记载完整的历法。

汉代的数学研究也进入了一个新的时期,最晚到汉武帝时期,出现了我国第一部算学著作《周髀算经》。大概在东汉和帝时期,《九章算术》编定,它的出现,标志着中国古代数学完整体系的形成。

中国医学的完整体系,也是在秦汉时期建立起来的。西汉时最后编定的《黄帝内经》一书,是中国最早的一部医书。东汉出现的《神农本草经》,是我国第一部完整的药物学和植物分类学著作。汉代名医张仲景撰《伤寒杂病论》,奠定了中医辨证施治的基础。华佗在世界上最先施用全身药物麻醉以进行大手术,并提倡"五禽之戏"。

两汉时期,农学已成为一门专门的学科。出现了《氾胜之书》、《四民月令》等优秀的农学著作。

---

① 《文心雕龙·明诗》。

二、两汉的文化政策及其对出版活动的影响

出版事业属于文化事业一部分,在中央集权制的封建王朝,出版事业的发展趋势与时代特征往往与统治者的文化政策息息相关。两汉 400 余年间,统治者所实施的各种文化政策,均对当时的出版事业产生了一定的影响。

1. 从提倡黄老到独尊儒术

西汉初年,经过战乱的摧残,社会经济、文化一片萧条,百废待兴。为此,统治者采取了清静无为,与民休息的统治策略,使社会经济很快得到恢复。在文化政策上,汉代君臣鉴于秦朝覆亡的教训,改用宽松的态度。道家"历记成败存亡祸福古今之道,然后知秉要执本,清虚以自守,卑弱以自持"①,所以比较适应农民战争后的政治形势,适合恢复生产、稳定封建秩序的需要。因此,道家的黄老无为思想为汉初统治者所提倡,在思想领域占据支配地位。西汉初年的统治者都把黄老之言当作"君人南面之术"加以利用。黄老思想笼罩朝野,当时许多重要的人物多好黄老,编著了一批有影响力的著作。

汉初实行黄老之治而有辉煌的成就,但也潜伏了不少社会问题:一是匈奴不断侵扰,和亲政策并不能保证边境的安全。二是诸侯王骄恣,中央政府并不能有效控制。三是社会因土地兼并而造成贫富不均,富人田连阡陌,穷人则贫无立锥之地。这种"枝强干弱"的局面是统治者不愿意看到的,无为而治已不再适应经济、政治的需要了。

时势的发展要求统治者改变统治思想,大一统的国家也迫切地需要文化思想上的大一统,文化专制成为一种必然的趋势。在这一历史转折时期,儒家学说对封建统治的益处逐渐为统治集团所认识。在汉初儒学的发展过程中,董仲舒起到了很关键的作用。他对战国时期的原始儒学进行了改造,把战国以来各家学说以及儒家各派在孔子名义下、在春秋公羊学名义下统一起来。他大力推举大一统、君权神授、天人相副、改制更化等思想。"经董仲舒这个巨大的加工,向来被看作'不达时宜,好是古非今'的儒学,一变乎而成为'霸王道杂之',合于汉家制度的儒学了。"②

汉武帝建元元年(公元前 140 年),董仲舒在举贤良对策中站在儒家的立场上,从《春秋》大一统的观点出发,论证了儒学在封建统治中应居独一无二的地位,并建议汉武帝"推明孔氏,抑黜百家"。

同年,汉武帝采纳丞相卫绾之议,罢黜"治申、商、韩非、苏秦、张仪之言"的贤良。建元五年(公元前 136 年),武帝罢黜百家,专立五经博士。所谓"五经"即被儒家奉为传习经典的《诗》、《书》、《礼》、《易》、《春秋》。于是,除个别情况外,儒家经学以外的百家之学失去了官学中的合法地位,而五经博士成为独占官学的权威。这

---

① 《汉书·艺文志》。
② 范文澜:《中国通史简编》修订本第二编,人民出版社,1964 年版,第 111-112 页。

就是历史上著名的"罢黜百家，独尊儒术"。从此，儒家经典逐渐成为学者们的主要教材，儒家学说成为占统治地位的思想，并成为此后两千余年封建文化的统治思想。

应该指出的是，汉武帝在"罢黜百家，独尊儒术"的过程中，并未禁绝其他学术思想的发展。在实际的统治过程中，还"悉延（引）百端之学"，在承认儒家思想的权威性的基础上，把各学派分层次地加以兼用。汉宣帝曾说"汉家自有制度，本以霸王道杂之"，就说明了儒法并用的统治策略。因此，百家学说并未在汉代受到毁灭性的打击，有些学说甚至还得到了一定的发展。这是汉代与秦代在文化政策上很不同的一点。

"罢黜百家，独尊儒术"的文化政策的确立标志着西汉思想文化大一统局面的确立。从此以后，"尊经崇儒"就成为汉代的基本文化路线。东汉光武中兴，崇儒之风比起西汉有过之而无不及。光武帝少时，曾往长安受《尚书》，通大义。重建东汉政权后，礼遇儒生，雅好经典，经常与公卿郎将讲论经理。此后的明帝、章帝都继承了这一传统，明帝曾亲自主讲儒经，"诸儒执经问难于前"、"听者盖以万计"。章帝曾亲临白虎观主持今古文经两派进行学术辩论，事后由班固执笔撰成《白虎通德论》四卷（简称《白虎通义》）。统治者的极力提倡，对儒学的发展和兴盛起到了关键的作用。因此，解释、传授、研究儒家经典的学说——经学在汉代得到了空前的发展。经学成为两汉时期学术思想的主干，其他思想学说的发展，也都要纳入到经学的研究体系中去。

2. 教育事业的繁荣

汉代是中国封建社会教育制度基本轮廓的初步形成时期，在中国教育发展史上占有极其重要的地位。汉代的教育分为官学和私学两大系统。官学分为中央官学和地方官学两种。中央官学最重要的是以传授儒家经典为主的太学。在东汉还设有宫邸学和鸿都门学。地方官学主要是指郡国学。汉代的官学制度，奠定了以后中国封建官学发展的基本格局。私学按其程度可分为书馆和经馆两类。

①太学

元朔五年（公元前124年），汉武帝根据董仲舒"兴太学，置明师，以养天下之士"的建议，在长安城外设立太学，置五经博士与博士弟子员。这标志着以经学教育为基本内容的中国封建教育制度的正式确立。太学的设立是汉武帝实施"独尊儒术"政策的重要举措之一。随着经学的不断发展，太学的规模也在不断扩大。博士弟子员在武帝时仅有50人，昭帝时增至100人，宣帝时200人。成帝末，增弟子至3 000人。汉末，太学大盛，增至30 000余人。

汉代太学并无一定的修业年限，毕业考试，按成绩高低分别授予一定的官职，其方法主要是"设科射策"，大致相当于现在的抽签考试。中第者一般授予文学掌故、太子舍人、郎中、郡国文学等闲散之职，以后再补为中央或地方的实职官吏。

②鸿都门学和宫邸学的建立

鸿都门学创设于东汉灵帝光和元年（178年），因校址位于洛阳的鸿都门而得名。

鸿都门学是东汉党争的产物，也与汉灵帝的个人爱好有密切关系。汉末宦官集团政治势力膨胀，太学生站在官僚集团一边与宦官集团展开斗争。宦官集团便投灵帝所好，怂恿灵帝办鸿都门学，利用教育培养拥护自己的知识分子。鸿都门学在性质上属于一种研究文学艺术的专门学校，主要是招收文学艺术人才，专以尺牍、词赋、字画作为教学和研究内容，毕业后多封以高官厚禄。

汉代的宫邸学有两种类型：一是政府专为皇室及贵族子弟创办的贵胄学校；一是以宫人为教育对象的宫廷学校。

东汉永平九年（公元66年），明帝"为四姓小侯开立学校，置《五经》师"，史称"四姓小侯学"。所谓四姓是指外戚樊氏、阴氏、郭氏、马氏四家，因非列侯，故称小侯。后来又扩大招生，不限于四姓子弟，其他贵族子弟也可以入学修业。当时匈奴也曾遣派子弟来此求学。安帝邓太后临朝施政时又于元初六年（119年）设立了另一所贵胄学校，诏征"济北、河间王子男女年五岁以上四十馀人，又邓氏亲近子孙三十馀人"入学修业，并为年幼者置配师保，邓太后亲自驾临监视，给予特殊待遇。

以宫人为教育对象的宫廷学校是宫邸学的另一种类型。邓太后入宫后尝从曹大家受经书、天文、算学，说明宫中早有延师施教的实事。她临政后，"诏中官近臣于东观受读经传，以教授宫人，左右习诵，朝夕济济"，使东观这一校书场所同时具有宫廷学校的职能。

③地方官学的兴起

汉代的地方官学又称郡国学校，创始于汉景帝末年。汉武帝即位后，令天下郡国均立郡国学校。此后，各地方官纷纷在自己的治内设立学校，地方官学便逐渐兴盛起来。汉元帝时开始在各郡国设置五经百石卒吏，实行对地方官学的管理。汉平帝时颁布地方官学制度，下令郡国以下的各级行政单位都设立学校，郡国学校普遍设立。及至东汉，地方官学发展更为繁荣，班固《两都赋》有"四海之内，学校如林，庠序盈门"的句子，描述了地方教育发展的盛况。

④私学的昌盛与类型

中国古代的私学教育有着悠久的历史。春秋末期孔、墨两家，冲破"学在官府"的限制，首开私人讲学之风；战国时百家争鸣，私学更盛。秦代颁挟书律，以禁私学，但仍然禁而不绝。汉代私学发展则更加繁荣，秦汉之际至汉武帝元朔五年近百年间，汉代教育全赖私学以维持；官学制度建立以后，私学未见削弱，反而与官学相互补充；东汉私学更为昌盛，规模甚至超过官学，有的私学入门弟子与著录弟子达万人之众。实为汉代学校教育发展一大特色。就教学程度和内容而言，汉代私学又分为书馆、乡塾、经馆三类，初步形成了体系。

从以上的叙述中可以看出，两汉时期的教育具有三大特点：一是突出教育为政治服务，最高统治者一直把兴办教育当作一项重要的国策来抓，培养的人才也主要是为封建统治服务的；二是官学和私学并行发展，相辅相成，均取得了很高的成就；三是教育内容以经学为主，并不旁涉杂学。除此而外，在两汉经学教育中存在着一个显著的特点，即重视师法家法。汉代经师各以师法、家法教授，保证了经学的继承性，为后人研究他们的学术渊流及承继关系提供了便利条件。同时，对儒家各派的定向发展也起了一定的作用。但严守师法、家法，各欲成一家之言，弄得枝叶蔓延，门户日深，遂造成"经有数家，家有数说"，章句繁琐的现象。

3. 积极开拓中外文化交流

西汉政权经六七十年的发展后，进入了汉武帝统治时期。汉武帝通过战争，南收两越，北逐匈奴，开西南夷，平西羌，西臣大宛，东定朝鲜，疆域空前广阔。这时的西汉王朝，经济繁荣、文化发达，不仅成为当时东亚国力最强盛的国家，而且也是当时世界上数一数二的强盛大国。积极开拓中外文化交流也是两汉时期的一项重要文化政策。

①汉朝与朝鲜、日本的交流

据考证，朝鲜与中国很早就有交流。公元前7世纪中国就出现了"朝鲜"这个名词。当时两地商人频繁来往，中国的先进文化也开始传入了古朝鲜。汉初，燕人卫满在朝鲜立国，统治着朝鲜半岛的西北部分。至汉武帝时候，为断匈奴"左臂"，汉发动了对卫氏王朝的战争。汉武帝元封三年（公元前108年），朝鲜相参使人杀其王卫右渠来降。汉武帝遂在当地设立了乐浪、临屯、真番、玄菟四郡，将其纳入中国版图。从此，汉字和儒家思想开始传入朝鲜境内。汉昭帝时，废真番、临屯二郡，又置乐浪东部都尉。汉朝对朝鲜半岛的开拓既有利于汉民族先进文化的传播，又有利于中朝两地的商业交流。从此，中国的政治、经济、文化对朝鲜都产生了巨大的影响。

汉武帝在朝鲜设立郡治，极大地便利了汉朝与日本的交往。当时的日本境内分立百余小国，通过乐浪得与中国接触。及至东汉建武中元二年（57年），倭奴国奉贡朝贺，"使人自称大夫，倭国之极南界也。光武赐以印绶"。继而东汉政府又与日本伊都国建交。汉字与汉文化也于这一时期传入日本境内。

②汉朝与越南的关系

秦朝统治时期，赵佗为龙川县令，汉初割据岭南诸郡称王，传国五世。汉武帝元鼎五年（公元前112年），南越相吕嘉和其弟叛乱，杀死力主归汉的南越王、太后及汉使者。元鼎六年（公元前111年），汉武帝派兵攻破南越国国都，平灭叛乱。遂在南越设南海、苍梧、郁林、合浦、交阯、九真、日南、珠崖、儋耳9郡。其中交阯郡治所在今越南河内市。从此以后直到10世纪中叶，约有1 000年以上的岁月这一地区都在中国的版图之内。汉朝的先进文化和生产技术开始传入越南境内。

这一时期，还开辟了以合浦港为起点、连接东南亚和印度半岛的海外航线。该航线是汉朝"海上丝绸之路"的主要干线，合浦港成为当时重要的对外贸易商港。

③汉朝与中亚诸国的交流

西汉以来，玉门关和阳关以西的地方，被称为西域。西域境内以天山为界，分为南北二部，南部为塔里木盆地，北部为准噶尔盆地。西汉初年，西域共有36国。与西域相邻的中亚诸国，以大宛（今乌兹别克斯坦共和国境内）、大月氏（今阿富汗境内）、安息国（今伊朗）和康居（今中亚撒马尔罕）较为强盛。汉武帝建元三年（公元前138年），张骞奉命领百余人出使大月氏，历时13年，于武帝元朔三年（公元前126年）返回长安。武帝元狩四年（公元前119年），张骞再次奉命，以中郎将的身份率领300余人，至乌孙国，他又派出许多"副使"分别到大宛、康居、大月氏、大夏、安息、条支、黎轩（约在今土耳其境内，或说是罗马帝国）等国，于元鼎二年（公元前115年）回到长安。史称"张骞通西域"。张骞的西行，传播了汉朝的文化，并获得了大量前所未闻的西域资料，所以司马迁把此行称为"凿空"。从此以后，西域和中亚各国的使臣纷纷来访。张骞两次出使西域，拓宽了中原与西北、西南边疆地区乃至中亚诸国的经济文化交流渠道，形成了驰名中外的丝绸之路。随着丝绸之路的开拓和发展，中西方经济文化开始了频繁的交往。西域和中亚诸国的葡萄、石榴、苜蓿、胡豆、胡麻、良马、各种奇珍异兽陆续传入中原。中原地区则向西域和中亚诸国输送了大量的丝织品和金属工具，并把铸铁、凿井的技术传入西域。这种频繁的经济、文化交流，丰富了中原汉人的物质生活和精神生活，也促进了西域和中亚诸国社会的进步。

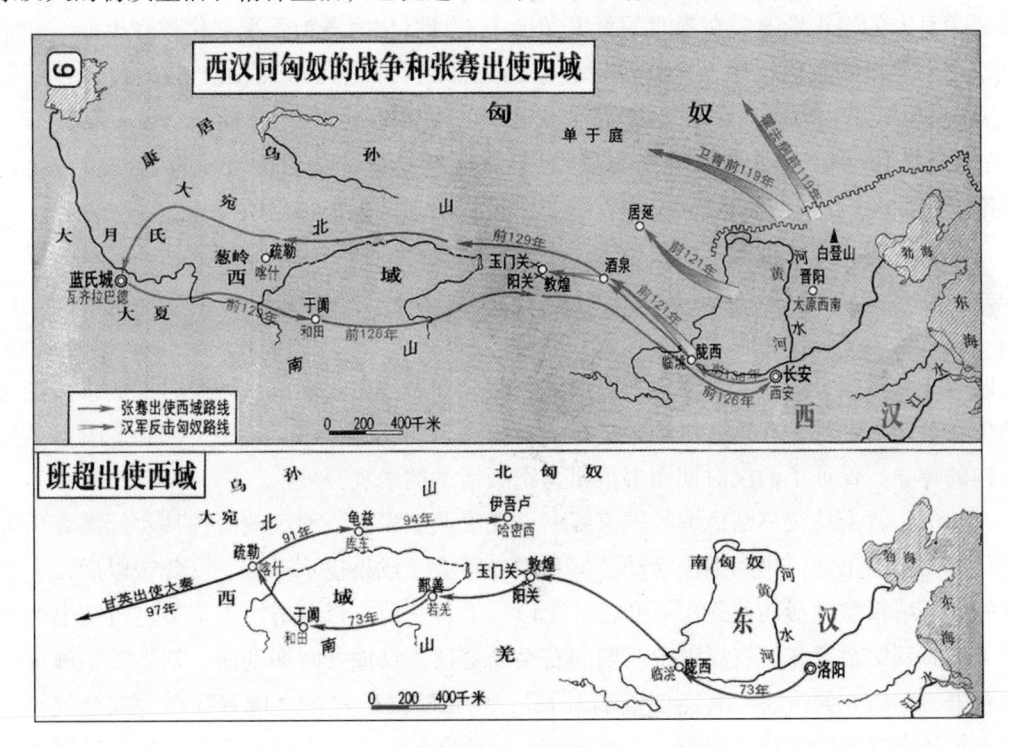

张骞、班超出使西域图

④中国与印度的交流

秦汉时，中国与印度（时称身毒、天竺）就已经有所交往。"现在世界各国称中国为 China，是由古代印度梵文 Cina，Chinas，阿拉伯文 Cyn 或 Sin，拉丁文 Thin，Thinas 演变而来，都是'秦'的译音。印度古时亦称中国为震旦，'震'即秦，'旦'即斯坦，即秦地的意思"①。这一时期，汉朝与古印度交流中的一件大事是佛教开始传入中国。

公元前6—前5世纪，佛教由释迦牟尼在古印度境内创立，以后开始在古印度及今尼泊尔、巴基斯坦境内流传，又向南传入斯里兰卡、印度支那半岛等地，向北传入中亚细亚。西汉末年，佛教和佛教艺术经丝绸之路传入中原。东汉明帝时开始遣使求佛，从此，中原便开始了大规模的译经活动，对中国文化产生了很大的影响。

4. 两汉文化政策对出版事业的影响

"尊经崇儒"、发展教育和积极开展对外文化交流等文化措施的施行，促进了汉代文化的长足发展，也对出版事业产生了深刻而全面的影响。从整体上看，其影响表现在五个方面。

①政府重视图书的编校与出版工作

自汉武帝"罢黜百家，独尊儒术"以后，儒家思想由原来的思想流派之一，一跃而成为官方的意识形态。在当时的百家学说中，只有儒家最为重视文化教育事业，非常推崇图书典籍的教化作用，尤其是把儒家的几部经典推上了至高无上的地位，正所谓"说天者莫辩乎《易》，说事者莫辩乎《书》，说体者莫辩乎《礼》，说志者莫辩乎《诗》，说理者莫辩乎《春秋》"②。这种思想就必然会对统治者的文化举措产生一定的影响。因此，两汉时期的最高统治者都非常重视图书的编校与出版工作。

首先，建立了一批图书编校机构，组织学者在其中从事编辑和著述活动。从西汉初年到东汉灭亡，两汉政府建立的图书编校机构有天禄、石渠、麒麟、石室、延阁、广内、太常、太史、博士、太卜、理官、辟雍、东观、兰台、仁寿阁、宣明殿、鸿都、秘书监等。数量多，规模大，同时具有典藏、编校和著述三大职能。两汉时期的很多图书编校和著述活动都是在这些机构中进行，最为著名的就是"著述东观"。众多图书编校机构的建立，保证了两汉时期图书编辑与出版活动的顺利开展。

其次，政府持续不断地编校国家藏书。在汉武帝以前，西汉政府曾从实际需要出发进行过几次图书的征集和编校活动，但规模都不大，成果也不显著。汉武帝以后，大规模的图书编辑整理活动便逐次展开，几乎以后的每一位皇帝都曾组织官员进行图书的编校工作。其中最著名的有汉宣帝时期的石渠阁会议，汉成帝时期刘向、刘歆父子整理国家藏书，东汉光武帝时"宣布图谶于天下"，章帝时又仿宣帝之例召开白虎观会议，东汉末年又在蔡邕的主持下刊刻"熹平石经"。编校次数多，整理规模大，是两汉图书编校活动的两大特点。这些编校活动具有很明确的政治目的和很高的学术价值，在当时乃

---

① 武伯伦：《西安历史述略》，陕西人民出版社，1979年版，第99页。
② 《扬子·法言·寡见》。

至后世都产生了深远的影响。

②经学著作成为两汉出版物的核心

儒家学说取得独尊地位以后，儒家所遵奉的《诗》、《书》、《礼》、《易》、《春秋》五部典籍也被奉为"经"，对这五部经书的诠释和发挥则为经学。经学是汉代直至清代的官方哲学。两汉文化学术的一个鲜明特征就是经学的高度发达与繁荣，表现在图书编纂与出版事业上，就是经学著作的大量涌现，其最终结果就是解经之作愈演愈繁。具体表现在数目庞大，名目繁多，篇幅冗长，内容烦琐。

仅以数量为例，《汉书·艺文志》的著录情况就颇能说明这一问题。《汉书·艺文志》"六艺略"著录的西汉时期的经学著作就有 93 家，3 000 余篇，具体言之：《易》之传有 13 家，294 篇；《书》之传 9 家，凡 412 篇；《诗》之传 6 家，416 卷；《礼》之传 13 家，555 篇；《乐》之传 6 家，165 篇；《春秋》之传 23 家，948 篇；《论语》之传 12 家，229 篇；《孝经》之传 11 家，59 篇。其数目约占《汉书·艺文志》著录图书总数的四分之一。除此而外，民间肯定还有很多名不见经传的经学著作。东汉一朝的崇儒之风更加兴盛，经学著作当更为可观，如果再把这部分著作计算在内的话，数目当会更多。这种情况与先秦时期诸子百家"百花齐放"局面形成了鲜明的对比。当然，由于汉武帝在独尊儒术的同时，并未禁绝其他学说的传授，所以，其他学派的著作在这一时期仍能得以流传。从出版物内容来看，这一时期体现出了"儒学为主，众学为辅"的基本格局。随着时代的发展，经学著作一枝独秀，其他学说逐渐萎缩已成为历史的必然。

③图书编校以儒家思想为指导和准绳

这首先体现在政府特别重视儒家经典的编次和整理活动上。受到今古文经学之争的影响，为了"正五经异同"，避免"章句之徒，破坏大体"，从而维护儒家思想的权威地位，自武帝以后，国家组织的图书编校工作的重点几乎都放在了对经学著作的审定和整理上。

其次，还表现在对所有图书进行整理时，以儒家思想为指导和准绳。两汉政府历来重视对图书的搜集、整理，在编辑整理过程中是有明确的指导思想的，那就是以经过改造的儒家思想为准绳，对群书进行"雠校汉家法"式的整理。刘向、刘歆父子整理国家藏书在评定诸家思想时，基本是以儒家思想为标准。东汉前期的历次整理群书，也基本遵循了这一原则。

第三，这一原则还对当时学者编撰图书的编辑思想产生了很大的影响。如司马迁撰《史记》要上承《春秋》，褒贬皆"折中于夫子"；班固撰《汉书》，坚持"唯圣人之道然后尽心"的正宗之学；许慎也因为"五经传说臧否不同"而撰写《五经异议》。从汉代其他学者的著作中，基本上都能看出汉代经学思想的影响。

④教育事业与编辑出版事业相辅而行

教育事业与编辑出版事业的关系非常密切。两汉教育的兴盛对编辑出版事业的影响也是非常明显的。首先，教育事业的繁荣使文化人大量增加，普遍提高了全社会的文化水平。儒生中的优秀者出而著书，使两汉时的出版物大量增加，从而出现了中国古代的第二次著述高峰。同时，教育质量的提高，使其中的优秀人才有可能对汉代以前的著作进行高水平的注解、阐发、编辑和整理。如刘向、刘歆父子整理国家藏书就是一个典型的例子。

此外，读书人增多，增加了对图书的需求量。从最基础的书馆教育到最高层次的太学教育，教材都是不可缺少的教学工具。这就对教材的编写提出了新的要求，因此，像《仓颉篇》、《凡将篇》、《急就篇》、《元尚篇》等图书才会应运而生。随着教育规模的不断扩大，整个教育界对图书的种类、载体、复制技术和流通途径都提出了新的要求，这在一定程度上催生了造纸术的发明以及书肆的产生，从而促进了图书流通与贸易事业的大发展。

⑤中外图书出版交流活动渐次开展

两汉时期大一统的文化格局与对外交流的文化政策也对出版事业产生了很大的影响，图书的出版与交流又在各民族以及中外文化的交流中起到了十分重要的作用。两汉统一时间近四百年，四方开拓，国威远播，形成了多元一体的大一统文化格局。这使得汉文化广布天下，既扩大了汉文化对周边地区和国家的影响与渗透，又引入了异质文化，充实和丰富了汉文化的内涵。文化交流的一个重要途径就是图书的流通与贸易。从西汉末年开始，通过丝绸之路，印度的佛经开始被译介到中原，使中国古代出版物中多了佛经一大门类。而中原的图书典籍也会随着汉文化的广泛流传流布周边地区和国家。从此以后，中外出版事业的交流活动便蓬勃地发展起来。

三、两汉出版的整体特征

从整体上看，两汉时期的出版事业有以下七个方面比较突出的历史特征：

1. 既与经济、政治、文化事业的发展紧密相关，亦有相对独立的演进特征

两汉时期出版事业的发展脉络与两汉历史的发展历程基本一致，如从汉高祖到汉景帝的60余年间，是西汉由草创走向初步繁荣的历史时期，这一时期也是出版事业的恢复和草创阶段。又如西汉与东汉末年的两次战乱，都是政治、经济和文化走向全面衰败的历史时期，图书出版事业也在这两次战乱中遭到了极大的毁坏，呈现出一片萧条景象。这说明，经济、政治、文化等因素所造就的历史环境从宏观上决定着出版事业的发展情况。但是，作为文化发展历程中的一个子系统，出版历史同样有其自身相对独立的演进特征。如西汉武、昭、宣三代为西汉的全盛时期，经济、政治、文化、军事、科技在这一时期都达到了鼎盛时期，但出版事业并未在此时呈现出全面繁荣的景象，而是在随后的元、成、哀、平时期达到了全面繁荣，而这一时期的西汉却不可避免地走向了衰败。又如东汉从和帝到灵帝的百年间，国势逐渐衰微，但图书出版事业却持续发展，并于桓、灵之世达到鼎盛时期。通观中国出版历史，可以看出，这样的历史特征是具有一定的普遍性的，只是在不同的历史时期具体的表征方式有所不同。

2. 从事出版活动的主体是政府，民间的编辑出版活动逐步壮大

两汉时期大型的图书编校、出版活动基本上都由政府组织，从西汉初年组织功臣编撰群书到西汉末年刘向、刘歆父子整理国家藏书，再从东汉初年光武帝征召天下遗书、宣布图谶于天下的举措到东汉末年蔡邕主持刊刻"熹平石经"，政府组织学者官员大规模编校、出版图书的举措一脉相承。与此同时，两汉政府还不断增建和完善国家编校典藏图书机构与制度，为图书的编辑、整理和出版工作提供了很好的物质基础和制度保证。正是由于从朝廷到地方政府的普遍重视，才使两汉时期的图书出版事业能够持续不断地发展，并取得异常辉煌的成就。这一时期，与政府的出版活动相比，民间的著述与出版活动尚处于初步勃兴时期，以莽新政府为界，西汉时期民间的图书编校、出版活动成绩并无可观之处。即便是董仲舒著《春秋繁露》、司马迁撰《史记》这样具有私撰性质的著述活动，也主要是依托政府藏书修撰而成，其著述目的也主要是为西汉政权服务，所以这类著述活动兼有官修私撰的性质。东汉后，由于私学的兴盛和学风的改变，民间学者、文人的著述活动逐渐增多，也涌现出了一批优秀的成果。学术与政论著作方面，王充的《论衡》，许慎的《说文解字》，王符的《潜夫论》，马融、郑玄等人的解经之作，均为其中的典范之作。文学方面，东汉时期，文人五言诗也取得了极高的成就，东汉末年出现的《古诗十九首》，就是民间无名文人优秀作品的结晶。

但不容否认的是，民间学者的著述活动并非严格意义上的出版活动，因为个人编著的图书更多的是一种编撰活动，虽然学者们都有将图书"传之其人"、流布天下的主观愿望，但在实际过程中由于流通渠道和方式的落后，这一愿望往往很难得到实现。与之相比，政府则可以动用庞大的人力、物力将编定的图书广布天下，从而构成完整的出版活动，如东汉初年光武帝"宣布图谶于天下"，东汉末年刊刻"熹平石经"，都是规模很大的出版活动。所以，我们可以这样认为，两汉时期从事出版活动的主体既有政府，又有民间的文人与学者，两条线索并行发展，互为补益，但出版事业的成就则主要是由政府取得的。

3. 编辑出版活动具有很强的政治意图和文化追求，体现出浓厚的政治性与学术性

两汉时期的出版活动与政治统治、学术研究紧密相关，政治实用性较强，学术文化品位较高，商业性没有后世那么明显。历届政府在组织人员编辑、出版图书时，其主要目的都是为自身的政治统治服务，所以十分重视出版物的政治性、思想性，对商品性则考虑不多。有时是为时下具体的政治举措服务，如西汉初年组织群臣编订礼仪、历书、律书；有时是为统一学术思想和意识形态，如西汉宣帝时期的"石渠阁会议"、东汉的"白虎观会议"都带有"雠校汉家法"的政治意图。又如东汉末年刊刻"熹平石经"，

表面上看是为了平定今古文学派之间长期的论争，其实质则是为了巩固东汉政权的统治。从民间学者与文人的著述与编辑活动来看，其目的虽然多种多样，但将著述视为终生大事，力图服务当时的政治统治与学术发展，则是基本的特征。如司马迁修撰《史记》、班固编修《汉书》、许慎撰《说文解字》、马融与郑玄遍注群经，均能体现这样的特征。当时的学者与文人是把著述看成一种异常严肃的事情的，他们在修撰图书时，想得更多的是经世致用与传之后世，对图书的商品性基本不作考虑，故能精雕细琢，精益求精。正因如此，两汉时期的私人著作在思想、学术方面均能取得很高的成就，成为历代文人学者著述之典范。这也是两汉时期为何出现那么多优秀出版物的重要原因之一。

4. 出版物的商品属性逐步凸现，产生书肆、槐市和佣书，图书贸易活动趋于初步繁荣

出版物政治性、学术性、思想性的突出，并不意味着全部抹杀其商品性，相反，与先秦时期的图书出版活动相比，两汉时期的图书已开始体现出较强的商品性，图书贸易活动开始出现并得到了一定的发展。西汉后期，由于经济、教育与著述事业的发展，在都城长安开始出现售卖书籍的专门商店——书肆。进入东汉以后，书肆得到了进一步的发展，史书中记载有很多学者少年时因为家贫，到书肆中读书成才的故事。书肆的出现和发展，标志着我国图书贸易事业的正式展开，在出版史上具有十分重要的意义。在王莽统治时期，在长安太学出现了我国最早的书籍集市——槐市。槐市存在的时间虽然十分短暂，但在一定程度上却反映了西汉图书贸易事业已初具规模。

西汉后期，随着文化教育事业的发展，人们对图书的需求日益增多。在这种情况下，出现了专门从事图书抄录的职业——佣书。抄书人或自抄自卖，或专门为官府和私人抄录图书以谋生，客观上促进了图书的流通与知识的普及。"佣书"的出现，也能充分说明此时的图书贸易事业已经广泛开展起来，出版物的商品性已经比较明显了。

5. 图书数量大量增加，内容更加拓宽，形制最终固定

据有关专家统计，我国西汉及西汉以前的总著作部数为1 033部，总著作卷数为13 029卷，平均每百年出现著作138部。东汉总著作部数1 100部，2 900卷，平均每百年出现著作564部，每百年的增长率为309%。由于著述繁多，存佚情况复杂，实际数量比上述统计数量要更多。由此可见，仅从出版物的数量及其增长率来看，两汉时期的著作数量是非常庞大的，堪称我国古代著述的一大高峰期。

从内容上来看，两汉时期的图书内容得到了进一步的拓展，在哲学、文学、历史、科学技术、艺术、天文、宗教等各个知识领域，都出现了一大批代表性的出版物。出版物的门类较为齐备，内容异常丰富。而且在著述体裁方面具有很多开创性的成果，如司马迁开创的纪传体史书体裁，许慎编撰的辞书体裁，郑玄的注经格式，都具有发凡起例的典范作用，奠定了此后正史、辞书、经学著作的基本格式。在出版物的形制上，两汉时期的出版物制度主要为卷轴制，从制作到装帧都已经具备一套比较固定的程序和制

度。图书的目录、篇章、序跋等结构也基本固定下来，后世虽有变革，但总不出其范围。

6. 文字载体丰富多样，发明并改进造纸术，在中国乃至世界出版史上具有里程碑的意义

两汉时期的出版物载体仍以传统的竹木、缣帛为主，间或会有金石，因其特征不同，用途会有很大的不同。这一时期值得大书而特书的是造纸术的发明与改进。近年来的多项考古发现表明：西汉时期，我国的劳动人民便在长期的生产实践中发明了植物纤维纸，并初步用于书写。东汉和帝时期，蔡伦总结前人经验，改进造纸技术，并扩大了造纸所用的原料，不仅提高了纸张的生产效率，而且降低了造纸的成本，使纸张更便于使用。从此以后，纸张逐步推广和普及起来，极大地促进了图书的复制、流通和文化知识的广泛传播。造纸术的发明，是图书载体的重大变革，标志着中国出版史开始进入一个新的历史阶段。它同印刷术、火药、指南针一起被称为中国古代的四大发明，是中国古代劳动人民为世界文明作出的一项重要贡献。造纸术的发明和改进，是中国乃至世界出版史上一件具有里程碑意义的大事。

应该注意的是，由于客观条件的限制，纸张在两汉时期并没有得到广泛应用，这一时期的图书载体仍以竹木和缣帛为主，纸张在东晋时期才得到了广泛的应用。但这毕竟不能抹杀造纸术发明的伟大意义。所以说，两汉时期是中国图书载体多元并存的过渡时期，也是发生革命性变化的重要历史时期。

7. 产生了一批优秀图书编辑家，编撰了大量经典的传世之作

据《全唐诗》、《先秦汉魏南北朝诗》、《全上古三代秦汉三国六朝文》、《全唐文》、《中国丛书综录》等书统计，我国先秦时期的著作者有246人，而汉代多达931人（笔者按：当然，其中并非所有的著作者都曾编撰过图书）。当代学者曹之总结两汉时期最有代表性的图书编撰家为36位，如刘安、董仲舒、司马迁、刘向、刘歆、扬雄、班固、许慎、郑玄、蔡邕等，无一不是中国出版史上非常优秀的图书编辑家。他们有的整理注解前人图书，编订目录，如刘向、刘歆父子整理国家藏书，班固著作东观，郑玄以一己之力，遍注群经；有的贯通古今，发凡起例，开创新体，成为后世典范，如刘安组织门客修撰图书、司马迁著作《史记》、许慎编写《说文解字》，等等。他们在长期的著述和编辑活动中，总结出了许多宝贵的编辑思想和经验，如刘向、刘歆父子整理群书的步骤与方法，司马迁的编辑思想与技巧，许慎编写辞书的意图与方法，至今仍值得我们学习和借鉴。还有他们的精神与人格魅力，影响后世无数文人学者，至今仍在焕发着历史的光辉。由于这些优秀作者、编辑家和出版家的智慧创作与辛勤劳作，两汉时期出现了一大批非常优秀的传世之作，《淮南子》、《史记》、《汉书》、《东观汉记》、《法言》、《论衡》、《说文解字》、《古诗十九首》等等，无不是中华典籍中的经典著作。所有这些都对后世产生了十分深远的影响，成为中国出版史上一笔宝贵的财富！

第三节 两汉时期的图书编校与出版活动

一、两汉图书典藏与编校机构

两汉统治者十分重视图书的搜求、典藏和编校工作，设有专管官员及专门的图书典藏与编校机构，并建立了一套管理制度，加强政府对国家图书事业的控制。相较于周秦时期的图书典藏与编校制度，两汉时期显得更为完备，这也标志着我国的图书出版事业进入了一个新的发展阶段。

汉代图书典藏与编校机构的设置和管理制度的建立，是随着国家藏书的大量聚集而逐步完善的。两汉时期的图书载体主要是竹木简牍与缣帛，体积很大，因而典藏机构众多，规模也比较庞大。据《宋书·百官志》、阮孝绪《七录序》和《三辅黄图》诸书记载，西汉时期的图书典藏与编纂机构内有天禄阁、石渠阁、麒麟阁、石室、延阁、广内等处，外则有太常、太史、博士、太卜和理官等处。《后汉书》中诸篇记载表明东汉的政府典藏与编纂机构有辟雍、东观、兰台、石室、仁寿阁、宣明殿及鸿都等处。其中，石室与兰台自西汉延存至东汉。

1. 石渠、天禄、麒麟三阁

三阁均为西汉时宫中图书典藏与编校机构。三阁的设立在中国藏书史和图书编辑出版史上具有十分重要的意义。在此之前，商、周至秦代各王朝尽管都设有藏书与校书处，但或者比较简陋，或者利用已有的建筑，像西汉三阁这样专门设计建造的图书典藏与编纂机构，在中国历史上还是第一次。因此，"石渠"、"天禄"以后便成了皇家藏书之别称，直到清乾隆时期，尚有《石渠宝笈》、《天禄琳琅书目》之称谓，足见其影响之大。

更为重要的是，三阁不仅是图书的典藏机构，而且是西汉编校图书和学术研究的机构，兼有"处贤才"之功能。西汉的很多学者都曾在这里查阅资料或编校图书。

从一定意义上讲，石渠阁、天禄阁、麒麟阁还是西汉时期非常重要的图书之源，众多的图书在这里得到系统的整理，然后通过传抄复制等方式流传到民间，既普及了知识，又促进了图书的流通。

2. 石室

石室为两汉皇家典藏图书之机构，秦时已有，汉代因袭之。石室建于皇家宗庙之中，主要用以收藏重要档案文献及谶纬之类图书。以石砌成，取其牢固之义。

3. 延阁、广内、秘府

延阁、广内、秘府三个机构都是西汉中后期兴建的内廷藏书机构，一般外廷官吏不得入内。《汉书·艺文志》所说民间收集来的"诸子传说,皆充秘府",即指这三处。都是随着藏书量的增多而增建的,其规模和地位显然不能和石渠、天禄、麒麟三阁以及石室相比。相关记载也比较少。《文选》李善意注引刘歆《七略》云:"外则有太常、太史、博士之藏,内则有延阁、广内、秘室之府。"其中,秘府的地位较高,所以后代称宫中藏书为"秘书"、"中书"、"内书"或"中秘书"。

4. 太常、太史、博士、太卜

上述四处俱为西汉政府典藏图书之所,所藏图书大抵都与政府部门的职能相关,主要供"文史星祝"及太学生们使用。太常之名,景帝中元六年(公元前144年)始定,为汉九卿之一,掌宗庙礼仪,兼掌选试博士。太史、太卜皆为太常属官,博士也归太常卿兼管,所以上述四处说到底都可归之太常名下。太史属下官吏甚多,如太史令史,掌记瑞应、灾异之事;灵台待诏,掌星日天象、钟律之事,所以太史藏书范围应有上述内容。此外,太祝、太宰等机构也可能藏有图书。

5. 兰台

兰台是两汉宫内藏书及编撰图书之处,在西汉时为典藏御史台藏书之所,由御史中丞掌管。《汉书·百官公卿表上》载:"御史大夫……有两丞,秩千石。一曰中丞,在殿中兰台,掌图籍秘书,外督部刺史。"后世因称御史台为兰台。又设兰台令史六人,他们除负责收藏图书外,还要负责监察劾奏百官。进入东汉后,兰台成为最主要的藏书、校书及编纂国史的机构。

6. 东观

东观建于明帝时期(58—75年),位处南宫。先时,东汉官府图书多藏于石室、兰台,后来聚集渐多,无以处置,于是新建东观及仁寿阁,用以入藏新收之书。其中,东观又是主要的收藏处。章帝以后,东观的地位逐渐重要起来,并取代兰台,成为东汉一朝国家藏书、校书及编纂国史的最主要机构。东观作为东汉重要的校书著述之所,集中进行了以下两方面的工作:一是校定国家藏书。官府藏书制度建立后,东汉王朝依西汉故事,不断派员清理校点图书。章帝、安帝、顺帝、灵帝时期,都曾组织人员在东观整理、校定国家藏书,而且规模都比较大,成果也比较丰富。二是研究著述。东汉的著名学者如班固、贾逵、傅毅、刘珍、蔡邕、曹褒、崔寔、边韶、延笃等,都曾先后在南宫东观尽心著述,史称"著作东观"。东观除了提供图书秘籍资料之外,官府还在人员编制、财粮供给方面,作出了妥善安排。

二、两汉的图书聚散与编校活动

1. 萧何收集秦籍与群臣编定图书

早在西汉政权建立之前,就已经出现了零星的图书搜集工作。公元前206年,刘邦军队攻入咸阳,萧何便注意收集秦朝中央政府的藏书,史载当时"诸将皆争走金帛财物之府分之,何独先入收秦丞相御史律令图书藏之"。这里所说的图书既有图书,又有地图档案等文献。萧何的远见卓识使得这部分图书档案免遭项羽的焚毁,使秦朝为数不多的图书典籍得以保全。后来,这部分图书对刘邦夺取天下也起到了一定的指导作用。据《史记·萧相国世家》载:"汉王所以具知天下厄塞,户口多少,强弱之处,民所疾苦者,以何具得秦图书也。"这部分图书就成为西汉政府藏书的基础,也是西汉建国以后制定政策、法律和朝仪、礼法的参考依据。

西汉政权建立以后,民生凋敝,社会不够稳定,统治者的当务之急是如何恢复经济,发展生产力,稳定新生的政权,所以还无暇顾及文教事业。但是,为了统治的需要,汉高祖也开始组织文臣武将编撰、整理法律、兵法和仪礼方面的图书,令"萧何次律令,韩信申军法,张苍为章程,叔孙通定礼仪"①。萧何在收集的秦朝藏书的基础上,"取其宜于时者",制订出汉初的法律章程——《九章律》,在中国的法制史上具有重要的地位。韩信和张良对春秋战国以来的兵书进行了系统的整理,据《汉书·艺文志》所载,他们大量搜集兵书,共得182家,经删选、编次,最终定著为35家。张苍为西汉制定律历,"著书十八篇,言阴阳律历事"。叔孙通率领鲁国儒生,参照古礼及秦朝礼仪,编出了汉初的朝仪礼法,是为《汉仪》十二篇。由此可见,这一时期的图书编撰活动有两个显著特点:一是多由名臣名将主持编撰,二是主要根据统治者的现实需要进行,实用性很强,主要集中在法律、兵法、朝廷礼仪方面。1972年山东银雀山汉墓出土的西汉前期的竹简文献及1973年长沙马王堆3号汉墓出土的西汉前期的帛书文献,皆不见经书,多为兵家、法家和道家之书,有力地印证了当时图书编辑整理活动的重点之所在。由于这些图书主要为统治者服务,所以其流通范围也受到了很大的限制。因此,汉高祖时期的图书编撰、整理活动还不成规模和系统,其方法也较为简略,不成体系。

2. 废除挟书之律与征召天下遗书

汉高祖去世后,太子刘盈继位,继续执行休养生息政策,社会经济逐渐得到恢复,到了吕后执政时,"天下晏然。刑罚罕用,罪人是希。民务稼穑,衣食滋殖"②。在经济恢复的基础上,文化事业也得到了一定的发展。汉惠帝四年(公元前191年),正式废

---

① 《史记·太史公自序》。
② 《史记·吕太后本纪》。

除了自秦以来执行了20多年的挟书律，开始允许民间著书、藏书和讲学。挟书律的废除是西汉图书编辑出版历史上的一件大事。首先，这一政策的实施在政策上为汉初文化和出版事业的发展繁荣扫清了障碍，保证和促进了图书的正常生产和流通。挟书律从公元前213年颁布，到公元前191年废除，其间先秦典籍遭到了严重的破坏，很多文献全凭民间收藏和少数儒生的记诵得以保存。如果挟书律还继续实行下去的话，很多先秦时期的图书典籍就有可能永远消失，这也会极大地影响西汉时期的图书生产和流通。史载挟书律废除以后，"文学彬彬稍进，《诗》、《书》往往间出"①，正说明了其积极的意义。其次，挟书律的废除为西汉学者研讨学术问题创造了相对宽松的环境，这在一定程度上促进了汉代文化学术的繁荣发展，其意义是非同寻常的。《隋书·经籍志》谓："惠帝除挟书之律，儒家始以其业行于民间。"不唯儒家学说如此，诸子百家之学在这一政策的保护下也得到了发展。文化学术的发展又反过来促进了图书编辑出版事业的进一步发展。

汉惠帝之后，文、景二帝都是较有作为的皇帝，在他们统治期间，全国呈现出一派和平繁荣的景象，史称"文景之治"。文、景二帝开始有意识地征集天下遗书，"诸子百家语"都在征召的范围内，儒家经典也开始受到重视。挟书律废除以后，一部分儒家著作通过儒生的口述得到流传和整理。在这种情况下，文帝开始派人学习整理儒家经传。他派晁错到山东从伏生受《尚书》，得今文《尚书》29篇。此后，他又为《诗》、《论语》、《孝经》、《孟子》、《尔雅》置博士。这在一定意义上也是对先秦以来的儒家经典的收集和整理。在皇帝的征召下，民间也开始向朝廷献书。《汉书·艺文志》载："六国之君，魏文侯最为好古。孝文时，得其乐人窦公，献其书，乃《周官·大宗伯》之《大司乐》章也。"这是西汉民间向朝廷献书的最早记载。到景帝时，文化事业开始兴旺。史载当时"天下众书往往颇出，皆诸子传说，犹广立于学官，为置博士"②。这说明朝廷征召、整理图书的措施已初见成效，国家藏书也已略具规模。

3. 藩王的征书与编书活动

西汉前期，除了中央政府征集和编校图书以外，各地的藩王也纷纷仿效朝廷征集先秦旧籍，并组织门客整理、编撰图书。他们的征集和编校活动与中央遥相呼应，互为补充，为西汉的图书编辑出版活动作出了很大的贡献。其中最为有名的是河间献王刘德和淮南王刘安。

刘德乃景帝之子，雅好儒学，在其封地广立学官，大兴儒学之风，征集来的图书数量相当多，其规模几乎与当时的中央政府藏书不相上下。他还组织学者对这些用重金征集的"古文先秦旧书"进行了编次整理，因此当时很多图书都率先出自他的封国，影响非常大。这可以说是汉初以来第一次对儒家经典进行的比较有规模的系统整理。

---

① 《史记·太史公自序》。
② 《汉书·刘歆传》。

与河间献王不同，淮南王刘安所征集的图书以先秦诸子百家为主，其中又以黄老之学居多，所以史称他"亦好书，所招致率多浮辩"。他不仅对这些图书进行了整理，还在此基础上组织门客，撰文立说，使淮南一地成为南方有名的文化中心。他主持编撰了《淮南鸿烈》、《淮南中篇》、《离骚传》、《颂德》、《长安都国颂》等书。在这些图书的编撰过程中，刘安承担了主编的角色，颇类似于吕不韦组织门客撰修《吕氏春秋》之例。就其编书之多和质量之高而言，刘安堪称是西汉初年最为优秀的图书编辑家。

4. 古文经书的发现

西汉前期，儒家经书主要依靠秦时博士的口头传授得以保存，这些经书经汉人用隶书写定以后，是为今文经书。与此同时，民间也不断发现用古文写定的经书，如汉景帝之子鲁恭王刘馀就从孔子宅壁中发掘出古文《尚书》、《礼记》、《春秋》、《论语》、《孝经》等。这些经书在文字、篇章等方面都与今文经书有很大的区别，是为古文经书。古文经书的发现，丰富了汉代的图书典籍，繁荣了当时的学术文化，也导致了此后今古文经学之间的长期论争。

5. 建藏书之策，置写书之官

至武帝时，由于先世的努力和积累，国家藏书已具备一定的规模，但由于统治者长期以黄老学说治理国家，对文教事业不甚重视，认识不到图书编辑整理工作的重要性。文景之时，虽有征集，但对搜集来的图书基本上都没有进行过系统的整理。时间一长，就出现了"礼坏乐崩，书缺简脱"的现象。对此，汉武帝采取了一系列举措。他一方面继承前代皇帝的做法，继续广征天下遗书，令丞相公孙弘"大会天下之书"，主持其事。具体的做法是"命天下计书，先上太史，副上丞相"①。不仅规模浩大，而且征集活动已经程序化，比起前代的零星征集活动已有很大的进步。在这一政策的号召下，从皇亲到民间，纷纷将藏书献归朝廷。西汉政府的藏书量由此大为增加，于是"外则有太常、太史、博士之藏，内则有延阁、广内、秘室之府"②，"遗文古事，靡不毕臻"③，颇有盛世之气象。另一方面，武帝还"建藏书之策，置写书之官，下及诸子传说，皆充秘府"④，建立专门的藏书机构，并设置了专职的图书管理官员。这些措施的实施，为西汉的图书征集和编辑活动奠定了坚实的基础。

6. 石渠阁会议

汉武帝之后的昭帝、宣帝都继承了武帝的图书政策，屡次进行图书征集和编校活

---

① 《隋书·经籍志一》。
② 《汉书·艺文志》。
③ 《隋书·经籍志二》。
④ 《汉书·艺文志》。

动。自武帝以后，儒家学说在思想领域开始占据绝对统治地位。由于经学家法和师法的不同，对同一部经书就会产生不同的解说。加之大量古文经书的出现，导致经学形成古、今文两派，师承和解说都相去甚远。这就难免会让学者不知所从，对统治者的统治也非常不利。在这种情况下，汉宣帝刘询便亲自出面审定经义，主持整理经书，召开了著名的石渠阁会议。

石渠阁会议是中国历史上第一次由皇帝亲临裁决，对五经义理进行公开评论的官方学术会议，其意义十分重大。会议先由诸儒"讲五经异同"，然后由皇帝作出裁决，对经义加以取舍，最后定于一尊。这标志着皇权对学术和思想统治的确立。从这次会议的目的、过程和结果来看，石渠阁会议其实也是由最高统治者出面对西汉建国以来所有儒家经传进行的一次编辑整理活动。它的确起到了"正五经异同"的作用，并对后世的统治者产生了很大的影响。

7. 刘向等人的图书征集与编校活动

从公元前48年至公元8年，西汉国势逐渐衰微。政治腐败，外戚专权，阶级矛盾空前激化。但在图书的征集和编校方面却取得了前所未有的成就。这一方面是有前代的长期积累作基础，另一方面是由于汉成帝采取了大规模征集和编校图书的举措。这一时期是西汉图书编校事业的繁荣与鼎盛时期。

从汉初以来，历代统治者都重视图书的征集工作，对图书也有零星的编次整理，但都不成系统。为了进一步网罗天下典籍，汉成帝便派谒者陈农出使四方，"求遗书于天下"。这是史料记载中西汉政府最后一次大规模的征集图书。这样，国家藏书就空前地丰富起来。图书数量的空前增加，客观上要求由政府出面对国家藏书进行一次全面的整理。此外，皇权的衰微也迫切地需要用"汉家制度"统一思想和学说，而儒家学术经过长期的发展，也需要进行一次彻底而全面的整理。

正是在这种情况下，汉成帝于河平三年（公元前26年）诏令由著名学者刘向统领，组织专家学者对国家收藏的图书进行一次大规模的整理。这次整理活动共经20余年，当时的很多著名学者都参加了这次活动。他们不仅对所有的图书进行了校雠，还为每本书写了书目提要，并编创了我国古代第一部系统的综合性图书目录。这是我国历史上第一次由政府组织进行的古籍整理工作，在中国编辑出版史上具有重大意义。

刘向、刘歆父子不仅亲自编辑校对图书，而且还承担了主编的责任。其中六艺、诸子、诗赋三类由刘向亲自主持。据考证，参加编辑校雠工作的，还有杜参、房凤、王龚、苏竟、卜圭、富参、萧望之、扬雄等学者，这些人都是当时的博学之士，在各自专业内都是当时最好的学者专家，他们的参加是这次图书编辑整理工作取得巨大成功的重要因素。各位专家学者整理完每本书后，都由刘向"条其篇目，撮其指意，录而奏之"①，切实承担了主编的责任。刘向等人校书从河平三年（公元前26年）始，到建平二年（公元前5年）止，前后共进行了21年之久。其间刘向于建平元年（公元前6年）去世，由其子刘歆继承父业，主持完成此项工作。共计整理了596家13 269卷，无论就其规模之大，还是方法之完善而言，都是空前的，对后世产生了难以估量的巨大影响。

8. 莽新时期的图书搜集与编校活动

西汉末年，王室大权旁落，外戚掌握着统治实权。政治腐败，农民起义此起彼伏。在这种情况下，王莽执掌朝政。居摄三年（初始元年，8年），王莽自立为帝，改国号为新。从这一年直到公元25年东汉政权建立，西汉的图书征集和编校活动在达到短暂的极盛期后，遭到了毁灭性的破坏。

王莽执政伊始，为了笼络知识分子，也比较重视文教事业。当时在各郡县普遍设立学官，将博士名额扩大5倍，并征召天下通古文今文经学及天文、历算、兵法、文字、医学、药学等各方面的"异能之士"来京师讲学，"前后至者千数"。他还立古文经《毛诗》、《逸礼》、《尚书》、《周礼》为学官，设置博士，并将太学生名额增至上万人。随着太学生的急剧增多，王莽于平帝元始四年（4年）在长安东郊大兴土木，扩建太学，能容纳万人以上。为了适应太学生的读书需要，还在太学附近设立了书籍集市——槐市。槐市的出现标志着我国古代的出版活动已开始走向成熟。由于一系列有利于文教事业的政策和措施的实施，图书出版事业就在西汉图书出版事业高度繁荣的基础上达到短暂的极盛期。

但是，好景不长，由于王莽改制的失败，致使天下震荡，社会动乱加剧，农民暴动风起云涌。地皇四年（23年），王莽政权在绿林、赤眉等农民起义军的打击下崩溃。首都长安等地经历浩劫，宫室市里被烧，宗庙园陵被掘，民饥相食，死者无数。西汉一代历经200余年积聚起来的图书典籍被焚毁殆尽，出现不久的槐市也如昙花一现般被荡为废墟。

三、东汉的图书聚散与编校活动

1. 宣布图谶于天下

西汉末年，在王莽的提倡下，谶纬之学盛行于世。刘秀在平定天下的过程中，也利用图谶造势。因此，等他即位以后，就十分崇信谶纬，并且利用谶纬来决定一些纷争和犹豫不决的事。甚至用人行政，也要以是否通谶纬之学为重要标准。为了维护自己的统治，他还命人整理图谶书籍，删去为王莽制造舆论的内容，编定为81篇，并于他去世

---

① 《汉书·艺文志》。

的前一年,即建武中元元年(公元56年)"宣布图谶于天下"。其中包括河图、洛书45篇,七纬36篇。这就意味着使谶纬书籍定型化,并且用政治和法律的权力来维持谶纬神学的尊严。从图书出版的角度来讲,则是一次政府的出版活动,出版物就是谶纬书籍。这次活动可以说是拉开了东汉图书出版事业的序幕。

谶纬之学的兴盛,对东汉的图书编辑出版事业产生了很大的影响。从形式上说,谶纬图书是东汉一代特有的出版物;从数量上讲,其泛滥程度可想而知;从思想内容上讲,诸儒不仅对谶纬图书自身"骋驰穿凿",而且还以其为标准正定五经章句,被后人批评为"妖妄"而"乱中庸之典",对其他出版物的内容也大有影响。究其兴盛的根源,主要在于东汉初期几位皇帝的大力提倡和广为宣布。

2. 召开白虎观会议

汉章帝依西汉宣帝石渠阁故事,亲到白虎观,大会群儒讲论五经异同,并以皇帝的名义制成定论,对儒家经传进行了又一次全面系统的整理和裁决。这就是著名的白虎观经学会议。

参加这次会议的共有数十人,其中最著名的经学家有丁鸿、成封、桓郁、楼望、贾逵、李育、班固等。《后汉书·儒林列传上》亦曰:"建初中,大会诸儒于白虎观,考详同异,连月乃罢。肃宗亲临称制,如石渠故事,顾命史臣,著为通义。"会议结束以后,章帝令班固根据诸臣的议奏撰集为《白虎通义》。从这次会议召开的时间之久和参加人数之多来看,其规模远盛于之前的石渠阁会议。

章帝召开这次会议的目的首在减省章句,纠正经学繁琐的弊病;其次也是最主要的目的在于"共正经义",改变"章句之徒,破坏大体"的现象。从这次会议的结果《白虎通义》的内容来看,这两个目的都已基本达到。《白虎通义》又称《白虎通德论》、《白虎通》等,这是中国文化史上一部十分重要的著作。《白虎通义》以简明精确的语言集中论述了43个专题,几乎包括了封建社会从思想到制度的上层建筑的全部内容,"围绕着君臣、父子、夫妻这个封建伦常的核心,对今文经学和谶纬之学进行全面的总结,同时又博采众说,把各家各派能发挥的封建宗法思想提炼成为一部简明扼要的经学法典,在一定程度上实现了'共正经义'的目的,初步实现了经学的统一"①。

白虎观会议是继宣帝石渠阁会议之后由皇帝亲自出面对儒家经传进行的一次更大规模的整理活动,它对此后的儒家经传图书的编撰出版产生了很大的影响,在东汉图书编校史中具有十分重要的地位。

3. 继续不断地"雠校汉家法"

东汉中后期的执政者普遍重视图书事业,持续几代都进行了大规模的图书整理和编

---

① 吴雁南、秦学颀、李禹阶主编:《中国经学史》,福建人民出版社,2001年版,128页。

校工作。关于政府组织人员编校国家藏书的记载屡屡见于史书之中。安帝即位后，邓太后临朝听政，十分重视图书的编校工作，曾组织五十余人，于东观编校"传记"之书。安帝之后，顺帝永和元年（136年），又诏命侍中屯骑校尉伏无忌"与议郎黄景校定中书五经、诸子百家、艺术"等图书。元嘉中（151—153年），桓帝复诏伏无忌、黄景、崔寔等共撰《东观汉记》。灵帝建宁三年（170年），著名学者蔡邕受任郎中，"校书东观"。以后又主持刊刻"熹平石经"。

这一时期的图书整理和编校活动，多是对国家藏书的全面整理，涉及面甚广。与前期相比，并不局限于儒家经传之文，除了五经文字以外，还有诸子百家、传记、艺术等图书。这是图书大量增加和学术发展的必然要求。而且，这些编校活动的目的也比较明确，除了"整齐脱误，是正文字"以外，还带有"雠校家法"的目的，即看经文的文字和内容，是否符合东汉政府的政治思想。反映了这一时期的图书编校活动的政治色彩更加浓厚。

4. 刊刻"熹平石经"

自和帝以后，东汉经学开始走向衰微。其表现之一就是不依章句，不尊师法，致使经学错乱，典籍散落。

在这种情况下，东汉中期几代皇帝虽对经传之书进行了持续不断的整理，但所起到的效果并不大，经学错乱、典籍散落的现象并没有得到改变，反而愈演愈烈。由于今、古文经学之间争论更加激烈，又加以谶纬之学的泛滥，以致"经有数家，家有数说，章句多者或乃百馀万言，学徒劳而少功，后生疑而莫正"[①]。这样，由政府出面对儒家经典再次进行大规模的整理校正，就成为势在必然之事。熹平四年（175年），蔡邕向汉灵帝提出了校正经书、刊刻于石的奏请。

石经因始刻于熹平四年（175年），故称熹平石经，至光和六年（183年）刻成，历时9年，共刻7部经典于46块石碑之上，有《周易》、《鲁诗》、《尚书》、《仪礼》、《春秋》、《公羊传》、《论语》。字体一律采用今文隶书，故又谓"一体石经"、"一字石经"。

"熹平石经"的刊刻，具有十分重要的意义，这不仅是政府对儒家经典的一次大规模校正活动，也是一次大规模的政府编辑出版活动，无论在内容上还是在形式上都产生了巨大的影响。

首先，"熹平石经"的刊刻是印刷术发明前的一种图书编辑出版工作，它是东汉图书编辑出版活动繁荣发展的重要标志之一。从出版的概念考察，"熹平石经"的刊刻已基本具备了出版活动的三要素：选编作品、传抄复制、广泛传播，只不过表现形式有所不同而已。从石经自身的内容和形式来说，也已基本具备图书的要素，而且是一部很有

---

① 《后汉书·郑玄传》。

权威性的儒家经典丛书。只不过载体材料是石头，不同于以往的竹木简牍与此后的纸张，它是一种"刻在石头上的书"，是一种形制比较特殊的出版物。"熹平石经"的刊刻与当时民间学者马融、郑玄等人的编辑整理活动相映成辉，标志着东汉图书编辑出版活动繁荣时期的到来。

其次，订误正伪，平息纷争，为读书人提供了标准本教材，在经学史和教育史上占有极为重要的地位。东汉政府校正经书，是为了统一思想扼制弊端，维护儒家经典的权威性和规范性。采用当时盛行的刻石方式，又有其展示性和永久性。铭刻于石，公之于众，既不易再被改篡，又能广为众人阅读摹写，立石者更希望其传之久远。"熹平石经"也在一定程度上达到了刻石者的预期目的，后生学者，都以石经为权威的儒家经典著作。由于熹平石经是政府立于官学的儒家经典的官定本，它的颁布，很快平息了当时极为激烈的纷争，对几部重要经典进行了一次较为认真彻底的订误正伪工作，这在儒风渐衰、章句渐疏、弊陋多端、文字多谬的东汉末年，无疑是非常及时地保证了儒家经典的准确性。不仅当时的太学博士在传经时要以碑校对、防止疏漏，而且较大范围地满足了广大读书人的迫切需求。就是在石碑毁损后，残碑拓片也发挥了校误订伪的作用。所以说熹平石经在中国经学史和中国教育史中的地位和作用是极为重要的。

第三，"熹平石经"开我国历代石经刊刻之先河，促使了我国古代石经书籍林的形成。在印刷术发明之前的写本时代，立石经作标准，是校正错讹、整齐脱误、促进图书流通的好办法。自熹平石经以后，历代仿效者不绝如缕。

第四，从技术角度讲，"熹平石经"的刊刻间接影响了雕版印刷术的发明。一般都认为，启发雕版印刷术的主要技术有二：一是石刻的捶拓技术，一是印玺的钤印技术。而"熹平石经"的刊刻在很大程度上促使了捶拓方法的发明，所以说石经对印刷术的发明也有间接的影响。

此外，"熹平石经"在中国书法史上还具有很高的地位。作为当时的官方巨制，"熹平石经"主要由蔡邕书丹。其字方圆兼备，刚柔相济，雍容典雅，集汉隶之大成，不但在当时被奉为书法的典范，而且流风所及，极深至远。

5. 民间学者遍注群经

这一时期，除政府的努力外，民间也涌现出了大量的儒学大师，他们遍参诸家，整理注解儒家经书，产生了一大批著名的解经之作。这是民间学者对东汉以来儒家经传之作进行的系统整理，与东汉政府的编校活动互为补益，共同促进了经学图书编辑事业的繁荣。

东汉时期，在学术界占据统治地位的是今文经学，古文经学一直未能列入学官。随着今文经学的日渐衰落，古文经学却日益兴盛。所以东汉著名的儒学大师，基本都是古文经学家。这一时期的注经活动的参与者也主要以古文经学家为主。其中比较有名的是许慎、马融、服虔、卢植、郑玄等人。今文经学家中只有何休一人值得称述。

马融是东汉后期著名的古文经大师，著述十分丰富。他以精博之学，先后为《孝经》、《论语》、《诗》、《易》、"三礼"、《尚书》、《列女传》、《老子》、《淮南子》、《离骚》等书作注。可见他涉猎的范围并不局限于儒家经典。马融注解经书，固守古文经门户，不用今文经学，壁垒分明。马融的撰述，标志着东汉古文经学达到了完全成熟的境地。

何休是东汉末年的今文经学大师。他以今文经学之义注解群经，又亲撰著作，批驳古文经学之非。在何休的所有著述中，以《春秋公羊解诂》最为有名，他在本书中归纳《春秋》的文例为"五始、三科、九旨、七等、六辅、二赞"。他又从"所见"、"所闻"、"所传闻"中引出"三世"之说，对后世今文经学家的影响很大。何休的撰述，是对东汉今文经学的总结和提高，在经学编撰史上占有很重要的地位。

东汉经学的集大成者为郑玄，他综合今古文经学的学说，遍注群经，并形成了一套完整的校勘整理准则，成为后世取法的典范。今古文经学在学术上的长期纷争，经过他的努力而趋于融合。

总体来说，经过政府和民间学者的共同努力，汉代四百多年的经学著述在东汉后期得以全面清点和整理。这既是学风趋于融合的表现，同时也是长期整理、编校儒家经传的必然结果。

第四节　两汉时期的图书流通与贸易活动

先秦时期，很少有图书买卖的记载，图书贸易活动尚未萌芽，而图书的商品性也无从体现。进入两汉时期以后，情况发生了根本性的变化。两汉时期的图书流通与贸易途径多种多样，互为补益，在中国古代出版史上具有承前启后的重要地位。这一时期，图书的商品性逐渐凸现，书籍买卖活动也渐次开展起来，书籍逐渐以商品形式进入社会流通领域，终于在西汉末年出现了买卖书籍的专门场所：书肆和槐市。随着图书出版事业的进一步发展，书肆在东汉得到了进一步的发展。与此同时，社会上也逐渐出现了依靠传抄复制图书来谋生的专门职业：佣书。这些既是两汉图书出版事业长期发展的必然产物，也反过来促进了两汉图书的生产和流通。

一、图书商品贸易的萌芽

秦始皇焚书和长期的战乱使国家与民间藏书遭受了严重的破坏。西汉政权建立不久，就重视图书的收集和编校工作。尤其是自汉惠帝解除挟书禁令之后，朝廷和地方藩王的征书活动便逐渐展开，图书贸易也在征书活动中渐露萌芽。汉景帝时，河间献王刘德"从民得善书，必为好写与之，留其真，加金帛赐以招之"[①]。此外，"汉时有李氏得

[①] 《汉书·河间献王刘德传》。

《周官》。盖《周官》，周公所制官政之法，上于河间献王，独阙《冬官》一篇。献王购以千金不得"①。这是西汉时期地方藩王用重金向民间购求图书的最早记载。一方献书，一方赐以金帛，这说明图书的商品性已在一定程度上得到了承认。汉武帝时期，广开献书之路，"大收天下篇籍"，献书者由朝廷赐赠金帛。有时甚至还以帝王之尊求购图书。"上（汉武帝）行幸河东，尝亡书三箧，诏问莫能知，唯安世识之，具作其事。后购求得书，以相校无所遗失"②。这些都是早期统治者以金帛奖励购求书籍之事，尚不属于纯粹商品交换的范围，但已孕育着图书出版业进入商品流通的萌芽。武帝以后，朝廷征召图书的活动并未中断，汉成帝时期，还曾派谒者陈农出使四方，访求天下遗书。东汉政府建立以后，光武帝也曾"诏求亡佚，购募以金"，大规模地搜求天下遗书。通过这种征求方式，民间流通的图书汇集成国家藏书，政府又在此基础上组织人员进行编次校正，整理后的图书又通过各种方式流传民间，这对于传播普及文化知识具有十分重要的促进作用。而这种由民间到政府，再由政府到民间的循环过程也就成为两汉时期图书流通的重要模式。

二、书肆的出现与发展

1. 书肆产生的时间和历史因缘

两汉时期图书贸易正式开展起来的标志是书肆的出现。西汉扬雄在他所著的《法言·吾子》中写道："好书而不要诸仲尼，书肆也。"

《法言》一书写定于汉哀帝时期（公元前6—公元前1年），由此可以断定我国的书肆最晚应出现于汉成帝时期的长安城中。书肆的出现并非偶然，而是经历了一个从无到有、从小到大、从少到多的发展过程。它的出现是有一定的历史因缘的。

首先，西汉城市商业的繁荣发展催生了售书行业的产生。

西汉实行重本抑末的政策，限制商人。但是，由于商业是最为方便快捷的致富途径，正如当时俗语所说："用贫求富农不如工，工不如商，刺绣文不如倚市门"③，所以商人用各种手段逃避限制，法令近于一纸空文。随着时间的推移，商人的势力蒸蒸日上，从事商业的人与日俱增，这在一定程度上促进了西汉商业的繁荣发展。

汉武帝时期，国家开始重视商业，认识到商品流通的重要性，"商不出则宝货绝，……宝货绝则财用乏"④，于是"开关梁，弛山泽之禁，是以富商大贾周流天下，交易之物莫不通，得其所欲"⑤。当时全国已形成若干经济区域，每个区域都有大的商业都

---

① 《隋书·经籍志》。
② 《汉书·张安世传》。
③ 《史记·货殖列传》。
④ 《盐铁论·本议》。
⑤ 《史记·货殖列传》。

市。都城长安是全国的政治、经济、文化中心，也是全国最繁华、最富庶的商业城市，《汉书·食货志上》载，汉武帝时"京师之钱累百巨万，贯朽而不可校；太仓之粟陈陈相因，充溢露积于外，腐败不可食"。长安是关中的交换中心，户80 000余，口246 000，周围65里，有9市、16桥、12门。其中，9市是专门从事商业经营的场所，均在长安城北部，以洛城门外的杜门大道为界，道东设3市，为东市；道西设6市，为西市，凡4里为一市。在每个市中，商人都列肆经营，如《汉书·食货志上》所云："开肆市以通之。"并设有专人管理、监督商品的交易活动。在这种商业繁荣的大背景下，书肆作为一种行业率先出现在长安也就成为必然。

除了长安以外，全国著名的大城市还有洛阳、邯郸、临淄、成都等。这些城市的经济、文化、教育事业都很发达，都是区域性的中心城市，继长安之后，也有可能出现书肆。

其次，西汉教育事业的兴旺发达，使人们对图书的需求日益增多。这是书肆产生的客观要求。

自汉武帝设立太学以后，就从中央到地方建立起一整套的封建官学教育系统，教育事业逐日繁盛。官学而外，西汉的私学也比较发达，儒学大师自办私学，讲学授徒，蔚然成风。这样就在西汉末年出现了"传业者寖盛，支叶蕃滋"、"大师众至千馀人"①的局面。教育事业的繁荣发展大大刺激了官方和民间对图书的需求。不难想见，当时使用和购求儒家经传的人比比皆是。教育事业的持续发展培养拓展了图书市场，现实的客观需求召唤着书肆的产生。

第三，图书数量的增多为书肆贩卖书籍提供了货源，这是书肆得以产生的现实基础。

西汉初期以来，国家就多次征集天下图书，并组织人员编次整理国家藏书。经过百余年的努力，取得了"书积如丘山"的良好效果。国家藏书的数量、质量都十分可观。此外，西汉时期的很多学者也从事著述，使得图书编纂领域不断扩大，著述数量迅速增多。流行于西汉时期的图书数量，仅《汉书·艺文志》就著录596家，13 269卷。这些图书通过传抄复制的方式流传到民间，进入流通领域，从而为图书贸易的产生创造了一个重要的先决条件：货源。一方面社会上对图书的需求量很大，一方面图书的货源充足，这两方面因素的结合便导致了书肆的产生。

在上述因素的共同促进下，书肆便出现在西汉后期的长安城中。历史文献中关于西汉末年书肆的记载并不多，这也说明，此时书肆虽然已经产生，但尚处于零星分布状态，还不是很普遍。进入东汉以后，情况就发生了很大的改观。

2. 书肆在东汉的进一步发展和特点

汉光武帝中兴不久，商业逐步繁荣，尤以都城洛阳最为发达。洛阳城内，"牛马车

---

① 《汉书·儒林传赞》。

舆，填塞道路，游手为巧，充盈都邑……商邑翼翼，四方是极"①。文教事业也随之蓬勃兴起，班固《东都赋》说"四海之内，学校如林，庠序盈门"，虽不免有所夸张，但也能反映当时文教事业兴盛，识字人口增多的现实情况。光武中年以后，"干戈稍戢，专事经学，自是其风世笃焉。其服儒衣，称先王，游庠序，聚横塾者，盖布之于邦域矣。若乃经生所处，不远万里之路，精庐暂建，赢粮动有千百，其耆名高义开门受徒者，编牒不下万人"②。东汉孝质帝本初元年（146年），仅游太学者便有"三万馀生"。民间教育事业已较普及，一个书馆"小童百人以上"。至于民间经师"著录"的生徒，少者数百，多者数千，有的达万人。随着商业的繁荣和文化教育的发展，为适应需要，城市里的书肆已不是个别的了。

书肆的大量出现，促进了图书的流通和利用。历史文献就记载着不少生徒到书肆上去看书和买书。如《后汉书·王充传》："充少孤，乡里称孝。后到京师，受业太学，师事扶风班彪。好博览而不守章句。家贫无书，常游洛阳市肆，阅所卖书，一见辄能诵忆，遂博通众流百家之言。"王充生于光武帝建武三年（27年），约卒于和帝九年（97年），从这段记载里可以了解东汉前期的书肆情况。东汉末年的史学家荀悦（148—209），年轻时也因"家贫无书，每之人间，所见篇牍，一览多能诵记。性沉静，美姿容，尤好著述"③。又如桓帝时期（147—167年）任尚书郎的山东宁阳人刘梁，"宗室子孙，而少孤贫，卖书于市以自资"④。

从以上的记载中我们可以看出，两汉时期的书肆有以下三方面的特点：一是多出现在商业比较繁荣、文教事业比较发达的城市中，西汉如长安，东汉如洛阳都是书肆的集中之地；二是由民间书贩组成，以谋取利润为目的，销售的书籍品种丰富，既卖儒家典籍，又卖诸子各家的书籍，这说明书肆已具备了一定的商品经营色彩，只要有货源和需求，什么书都可以陈列于市；三是经营方法灵活，敞开售书，允许自由阅览，既可招揽读者，又利于贫困知识分子求知自学的需要，客观上起着当时还不存在的公共图书馆的作用，因而受到社会上各类读者的欢迎。总之，书肆是民间教育事业普及和文化学术思想发展的产物，也是商品生产和交换不断发展的必然结果。书肆的产生和发展标志着我国图书贸易事业的正式开展，在出版史上具有十分重要的意义。

三、我国最早出现的书籍集市——槐市

西汉末年（1—8年）和王莽的新朝时期（9—23年），中央太学规模不断扩大，太学生的数量也空前增多。在这种环境下，在长安太学附近出现了我国最早的书籍集市。

西汉末年，王莽执政。出于夺取政权的需要，他采取了一系列网罗知识分子的措

---

① 《潜夫论·浮侈篇》。
② 《后汉书·儒林列传下》。
③ 《后汉书·荀悦传》。
④ 《后汉书·刘梁传》。

施。平帝元始四年（4年），王莽奏立明堂、辟雍（天子所设之大学）、灵台；为学者筑舍万区；立《乐经》；益博士员，经各5人；"征天下通一艺、教授十一人以上，及有逸礼、古书、天文、图谶、钟律、月令、兵法、史籀文字，通知其意者，皆诣公车。网罗天下异能之士，前后至者千数"。众多士人和太学生的聚集，扩大了对书籍的需求。于是，在太学近旁形成了包括买卖书籍在内的综合性贸易集市——"槐市"。

设槐市既是王莽文教政策的措施之一，也是太学事业发展的直接结果。与民间贩卖者经营的书肆不同，槐市有自身鲜明的特点：一是定期举行，集市每半月一次；二是参与主体身份比较集中，都是长安太学生；三是买卖物品并不局限于图书，而是包括了"笙磬乐器"以及各地特产等物品；四是有交往论学的功能，所谓"雍容揖让，侃侃訚訚，或论议槐下"；五是受到政府的直接影响和监督，政府设有专门的机构管理槐市。总之，槐市并非是纯粹的商业交易市场，无论从哪个角度来看，都有着十分浓郁的文化气息。就这样，成千上万读书人云集在一起，一方面进行了学术思想交流，一方面买卖"经传书记"等物品，不仅对当时的官方教育起了积极作用，更促进了图书流通和贸易的发展。

槐市的盛况并没有存在很长时间，更始元年（23年），刘玄所部攻陷长安，王莽政权崩溃，长安太学在战乱中解散，槐市也随之消失。虽然它仅仅存在了20多年，但在历史上的影响却十分深远。后代文人学士吟诗作赋，经常提到槐市，将其作为一种文化的象征加以吟颂。北周文学家庾信有诗云："璧池寒水落，学市旧槐疏。"南朝梁萧统作《讲学碑》提到："晬玉容而经槐市。"唐代著名诗人卢照邻、骆宾王、刘禹锡等人的诗篇中都曾提到槐市。

四、图书传抄复制者——"佣书"

在雕版印刷术发明以前，所有的书籍全靠人工抄写，抄写复制过程既是书籍生产过程的继续，也是书籍流通的表现方式。抄写复制是两汉图书传播和流通中普遍使用的方式。汉武帝时期曾置写书之官，其工作就是抄录复制图书。河间献王刘德、淮南王刘安在用重金购求天下遗书的同时，也曾让佣书人为他们抄写复制。此后刘向、刘歆父子等人整理国家藏书时，最后也曾抄录成几种复本。在对图书需求渐增的情况下，很有可能出现以传抄复制图书为职业的人。只不过文献中对西汉时期的佣书人鲜有记载。

及至东汉，由于读书人的需求日增，从事抄书之业的人也日渐增多，抄录图书成为一种足以谋生的专门职业，史称"佣书"。东汉一代，因传抄图书而成名者大有人在。东汉名将班超早年就曾以佣书为业，"投笔从戎"的典故就出自他的佣书故事。

随着社会对书籍的需求日益增加，书籍的商品流通不断扩大，抄书逐渐成为专业，人数也不断增加，为市场提供的书籍也越来越多。当时的书贩受到商业利润的刺激，还经常携带图书"远出荒郊"，前往儒生聚集的地方销售，以至形成书市。《后汉书·张楷传》记载，名儒张楷，字公超，"通《严氏春秋》、《古文尚书》，门徒常百人。宾客慕之，自父党凤儒，偕造门焉。车马填街，徒从无所止，黄门及贵戚之家，皆起舍巷次，以候过客往来之利。楷疾其如此，辄徙避之。……隐居弘农山中，学者随之，所居成市，后华阴山南遂有公超市"。可以推测，由于居住在"公超市"周围的人多是学者，所以市场上书肆肯定不少。后世的庾信曾言，"遂使王充阅书之处，远出荒郊"，就反映了当时都市之外的"荒郊"书肆众多的情况。

从事"佣书"事业的人大都出身贫寒，但都有一定的书法和文词基础知识。他们为了谋生，或受雇于官府，或在市场上代人抄写书籍，或在家抄写后直接在市场上销售。为数众多的抄书人的"佣书"活动，提高了当时图书的再生产能力，在很大程度上促进了图书流通和贸易事业的发展，在文化知识的传播方面作出了重要的贡献。又佣书活动是手写复制书籍的出版现象，其写书不是为了自己研习，而是为了销售获利，以求生计。这与后来出版者已无本质的区别。所以佣书人的出现，应视为古代图书出版的一大进步，对图书出版业的发展有着不可忽视的作用。

当然，抄录图书毕竟是一种效率比较低的图书复制方式，加之两汉时期图书主要以竹木简牍为载体，携带和收藏多有不便。这些因素都限制了图书流通和贸易的进一步发展。所以，虽然两汉时期已经出现书肆、槐市以及佣书，但复制技术的落后使得图书的流通还是十分缓慢和有限。出版事业的进一步发展迫切需要发明一种高效率的复制技术。

五、图书的其他流通方式

除了上述商品性较强的图书流通方式以外，两汉时期的图书流通方式还有口耳相传、师徒授受、征召天下、皇帝赐赠、颁行天下、宣示公众、互相借阅等方式。与书肆、槐市买卖相比，这些流通途径基本没有商品色彩，但在图书的传播和知识的普及方面也功不可没。

1. 口耳相传与师徒授受

口耳相传是一种原始的知识传播形式，在特定的历史条件下，它还是一种图书流通的重要方式。经过秦始皇的焚书和秦末的农民战争，先秦典籍亡佚情况十分严重。大量的图书文献只能靠口耳相传得以保存。事实上，《五经》之中，除《周易》是占卜之书，未遭禁绝之外，其他几部经书都靠秦代学者的记诵和口授才得以保存和流传。如《尚书》在汉代的流传主要归功于伏生的记诵。《公羊传》一书，从子夏到公羊寿，共历五世，都是通过口耳相传，最后才"著于竹帛"。

先秦典籍（尤其是儒家经籍）在从秦朝到汉代的流传过程中，基本上都经历了一个由口耳相传到最终写定于竹帛的过程，这其实也是书籍还原的过程。在这个还原过程中，还带有后学的附益和完善。

进入汉代以后，口耳相传仍是一种非常重要的图书流通方式，具体的表现就是师徒之间的口授。汉代经学发达,经学大师"众至千馀人"。无论是官学还是私学的传授,都是以经师的口授为主。弟子在学习过程中,要进行"写录"。当时的师徒授受过程包括了口耳相传和记录整理两个环节。在当时的社会环境和生产条件下,师徒之间的传授其实就意味着经学著作的传承流播,虽然传授的结果并不一定直接表现为图书。另外,汉代经学传授的一个很重要的特点就是重视师法和家法,师之所传,弟子不敢有一字之出入。经师去世以后,门徒往往会聚集一起,将先师生前的言行编辑整理成书。如东汉末年的经学大师郑玄去世后,其门人子弟"相与撰玄答诸弟子问《五经》,依《论语》作《郑志》八篇"①。这其实也是口耳相传的结果。

2. 征召天下与皇帝赐赠

汉代在建国不久就开始向民间征集图书,持续时间很长。有时是以免费的形式收集,有时会"加金帛赐以招之",方式不外乎这两种。这种做法为历代统治者所仿效。这是图书从下至上的一种流通方式。

赐赠即帝王把书籍赏赐给臣民,与朝廷向民间征召图书不同,这是一种自上而下的流通方式。在两汉时期,图书制作不易,统治者又特别看重图书的作用,所以在赐赠图书方面很谨慎。西汉时期,很少有皇帝向大臣赏赐图书的记载。

进入东汉以后,这种情况有所变化。《后汉书》多次记载皇帝赐赠图书的事例。如《后汉书·窦融传》载,光武帝赐窦融"以外属图及太史公《五宗》、《外戚世家》、《魏其侯列传》"。窦融为外戚世家,光武帝所赐,都与其家世有关,有一定的关联性。此后的明帝因王景治理黄河"功业有成,乃赐景《山海经》、《河渠书》、《禹贡图》及钱帛衣物"。章帝时,曾赐刘苍以"秘书、列仙图、道术秘方",以示恩宠。这些赐赠活动的流通范围比较狭小,仅限于帝王与臣下,但也不排除臣下得到图书后广泛流传的可能性。赐赠的图书数量也十分有限,从内容上看,多与被赐者的身份、职业和爱好有关。虽然与西汉相比,东汉帝王在这一方面要大方得多,但与后世相比,仍显得十分有限。总之,两汉时期,朝廷征集者多,赐赠者少,从图书流通的角度来看,则反映了当时图书的珍贵和流通量的稀少。

3. 颁行天下,宣示公众

这其实是政府正式发行图书的活动。两汉统治者十分重视图书的教化作用。他们在征集图书的同时,也对图书进行了持续不断的编次整理。他们还选择有利于自身统治的图书予以公布颁行,从理论上证明其统治的合法化。如东汉光武帝即位以后,令大臣编辑整理谶纬图书,并将编辑成型的图书宣布天下。这种图书流布方式有似于后世的图书发行工作。另外,两汉时期今古文之争十分激烈,经学派别甚多,纷争迭起,解说不

---

① 《后汉书·郑玄传》。

同,"正五经异同"一直是统治者所关注的工作。为了一劳永逸地解决问题,统治者便采用颁行定本的方式来平息纷争。这就是东汉末年刊刻"熹平石经"的举措。"熹平石经"的刊刻是东汉末年一次大规模的出版活动,同时也是政府向天下颁行定本的活动。应该说,这也是一种很重要的图书流通方式。

六、中外图书出版交流活动

两汉时期,中外文化交流广泛开展,当时的汉政府与朝鲜、日本、越南、中亚诸国都有广泛的交流。随着文化的广泛传播,中外图书出版交流也逐渐开展起来。这一时期中外图书出版交流活动中最重要的事件是佛教的传入与佛经的译介。

佛教是世界三大宗教之一,产生于公元前6世纪—前5世纪古印度北部及中部的恒河流域,其创始人为位于今尼泊尔境内的迦毗罗卫国王子乔达摩·悉达多,即释迦牟尼。佛教创立后,开始在古印度及今尼泊尔、巴基斯坦境内流传,以后向南传入斯里兰卡、印度支那半岛等地,向北传入中亚细亚,经丝绸之路传入中国。

佛教于西汉末年即已传入中国。但初时规模很小,影响非常有限。佛教的大规模传入始于东汉明帝时。佛教传入中土初期,主要为帝王贵族所信奉,并且把佛当成一种祭祀,近于神仙方术。后来逐渐开始以京城洛阳为中心,广泛流传民间各地,波及河南、陕西、山东、江苏、安徽、浙江、江西、广东诸省。而佛教的传播,又是与讲经、译经等活动紧密联系在一起的。随着佛教在中国的广泛传播,佛经的翻译逐渐被传教者所重视。所以说,佛教传入的一个直接结果就是佛经数量的增多和佛经翻译事业的逐步繁荣。

东汉初期,佛经汉译大概只有口授的《浮屠经》与《四十二章经》。其中以后者最为有名。虽然关于《四十二章经》的译者,学术界迄今尚无定论。但此书在东汉时即已译出,则是不争的事实。从《四十二章经》的内容看,它并不是一部独立的佛经,而是辑录、抄撮小乘佛教基本经典《阿含经》要点而成的,俗称"经济抄"。《四十二章经》由42段不长的佛经组成,内容主要阐述早期佛教的基本教义,认为人生短促,世界变化无常,只有抓紧修道,抛弃各种欲念,才能求得解脱,获取阿罗汉道。《四十二章经》神话成分较多,说法也有相互矛盾之处。尽管如此,它还是标志着佛、法、僧的初步完备。由于这是第一部正式汉译的佛经,具有不可比拟的影响,因而颇受后世重视。

东汉后期,尤其是桓帝、灵帝时期,许多印度及西域僧人相继来到中国,以洛阳为中心,从事佛教传播与佛经的翻译工作,译出了大量的佛教典籍。据《开元释教录》统计,此期共译出佛经292部,395卷。著名的翻译者有安息人安世高、安玄,月氏人支娄迦谶、支曜,天竺人竺佛朔,康居人康巨、康孟详等,其中尤以安世高和支娄迦谶的成果最丰,成就最高。

安世高,名清,被认为是佛经汉译的创始人。原为安息国太子,博学多识,"外国典籍，及七曜五行，医方异术，乃至鸟兽之声，无不综达"①；笃信佛教，持戒甚严，经常讲经说法。当轮到即王位的时候，他让位给叔父，出家修道。他精研阿毗昙，修习禅定，游化西域各地，于汉桓帝建和二年（148 年），辗转来到中国洛阳，不久即通晓华语。那时佛教传入中国内地已有相当长的时期，在宫廷内和社会上都有一些信徒。安世高就为他们译出有关止观法门的种种经论。到汉灵帝建宁年间（168—172 年），译事大致结束。随后，他游历了江南的豫章、浔阳、会稽等地，后来各地就流传有关于他的神奇故事。他晚年的踪迹不详，在华活动前后约 30 年。

  安世高在华译出的佛典，因为当时没有记载，确切的部数已不可考。晋代道安编纂的《众经目录》，列举所见过的安世高译本，加以著录，共有 35 部、41 卷。南朝梁时慧皎著《高僧传》中记载安世高所译佛经数目为 39 部。其后历经散失，现存 22 部、26 卷。主要内容是小乘佛教的基本教义和修行方法。安世高的汉译佛典在内容和形式上都很有特色。就内容说，他能很纯粹地译述出他所专精的一切。譬如，译籍的范围始终不出声闻乘，而又有目的地从大部《阿含经》中选择一些经典，且都是和止观法门有联系的。至于译文形式，因为他通晓华语，所以其译文能将原意比较准确地传达出来，做到"义理明析，文字允正，辩而不华，质而不野"，在佛教史上很有影响。

  支娄迦谶，又作支谶，是第一个把佛教大乘般若学传入汉地的僧人。支谶原是月氏人，通晓汉语，学问广博，"操行纯深，性度开敏。禀持法戒，以精勤著称。讽诵群经，志存宣法"②。他于汉桓帝建和元年（147 年）来到洛阳。其译经年代集中在灵帝光和、中平年间（178—189 年），比安世高稍迟。支谶所译佛经究竟有几种，因当时无记载，很难确定。晋代道安著述经录时见到的写本，年代可考的只三种：一、《般若道行经》10 卷（光和二年，即 179 年译）。二、《般若三昧经》2 卷（现存本 3 卷，译年同上）。三、《首楞严经》2 卷（中平二年，即 185 年译）。其中《首楞严经》一种，现已缺佚。同时还有《阿阇世王经》、《宝积经》等十余部佛经。从内容上看，支谶所译佛经基本上都属于佛典，是大乘佛教典籍在中土翻译的开始。其译文比较顺畅，但有时为了保全原本的面目，往往多用音译，译文过于简略，以致好多义理都使人难以彻底了解。

  在这个时期，一些中国本土信奉佛教的知识分子，如严佛调、孟元士、张少安、子碧、孙和等也都参与或部分参与了译经工作，不过，他们大多居于配角地位，或笔受记录，或提供译经资金、场所和各种生活用品等。总体来说，东汉时期的译经活动有以下几方面的特点：

  ①译经工作处于初级的开创阶段，虽然成绩可观，但尚未形成系统，比较零散，不够全面；

  ②译经人员以外来僧人为主，中国僧人或居士只担任辅助工作；

---

① 慧皎：《高僧传》卷一。
② 慧皎：《高僧传》卷一。

③译经工作以洛阳为中心，遍及全国各地；
④翻译技巧尚在摸索之中，多以直译、音译为主，无法保证所译经书的质量；
⑤译经著作中，以翻译作品为主，尚未见到注疏和研究佛经的著作。

两汉时期总共译出多少佛经，当时并无明文记载。以《开元释教录》的著录为基准的话，两汉时期的汉译佛经很可能有200多部。加上当时已传入中土，但尚未翻译成汉文的佛经，两汉时期的佛经数量已是相当可观的了。

佛经的传入和佛经翻译事业的开展，使中国古代出版物中多了佛经一大门类，开启了中外图书出版交流活动的大门，促进了我国图书出版事业的发展。随着中外文化交流的进一步发展，中原的图书典籍也会随着汉文化的广泛流传流布周边地区和国家。从此以后，中外图书出版事业的交流活动便蓬勃发展起来。

第五节 两汉时期编辑出版的图书

两汉时期是一个文化整合、汇通的伟大时代，也是中华文化发展史上的一座高峰，对后世的发展产生了极为深远的影响。这种繁荣气象表现在图书出版事业方面，就是图书数量大幅度增多，编纂领域不断扩大，优秀著作大量涌现。

西汉末年刘歆编纂的国家藏书目录《七略》，共分6大类，38小类，634家，总共著录图书13 397篇，图45卷。班固《汉书·艺文志》沿袭《七略》，把图书分为六艺、诸子、诗赋、兵书、数术、方技等六类，范围涉及人文、社会科学和自然科学的许多领域。根据这些记载可知先秦与西汉时期的著作总数应为13 000余卷，数量相当可观。从《汉书·艺文志》之著录情况看，西汉时期编辑出版的图书种类仍有"百花齐放"的气象。

清代姚振宗撰《后汉艺文志》4卷，将东汉一代图书分为经、史、子、集四部，后附佛、道二录，实为六大部。共著录东汉图书1 100余部，2 900卷。考虑到图书的亡佚等因素，东汉时期的图书数量很可能不止这个数目。从《后汉艺文志》著录中可以看出，东汉一代的图书，在数量和内容上都比西汉丰富，并且有以下特点：（1）经书数量急剧增加，这是东汉经学大盛在图书目录上的直接反映；（2）史书大量出现，且种类增多；（3）佛学书籍产生。这是前所未有的一类图书，是新学科产生的结果。

根据图书目录记载，两汉时期编辑出版的图书至少有2 200余部，16 000余卷。考虑到图书亡佚等原因，实际图书数量要远多于这个数字。

前人图书目录中所著录的两汉时期的图书可大致分为三类：一是先秦时期已写定的图书，但大多数都经过两汉学者的编辑整理；二是汉代人对先秦古籍（尤其是儒、道两家图书）的注解阐释之作；三是汉代时人的其他著作。从数量上讲，后二者远远大于第一类；从内容上讲，后二者中有相当多的图书都具有"发凡起例"的开拓性质。所以说两汉时期编辑出版的图书兼有总结前代和开启后世的两重功能，确实具有继往开来之特征。这充分体现了两汉时期文化学术事业的高度发展和繁荣，同时也印证了两汉时期的图书编撰、出版活动的繁荣景象。

一、经学出版物

两汉学术主流是经学。自汉武帝"罢黜百家，独尊儒术"，儒家思想由原来的思想流派之一，一跃而为官方意识形态，儒家的《诗》、《书》、《礼》、《易》和《春秋》等五部典籍也被奉为"经"，对这五部经书的诠释、发挥和议论则为经学。

两汉时期文化学术发展史上的一个鲜明特征就是经学的高度发达与繁荣，表现在图书编纂与出版事业上，就是经学著作的大量涌现。

经学著作的大量出现是与当时的文化政策与学术风尚紧密相关的。汉武帝接受董仲舒的建议，在中央设太学，置五经博士，招收博士弟子员，传授儒家经典。博士弟子员中学习优秀者可以直接进入仕途。政府将学术研讨与仕途紧密结合起来，实质上就是利用学术大开利禄之途。这样，天下便靡然风向，趋之若鹜，攻读经学。正所谓"传业者浸盛，支叶蕃滋，一经说至百余万言，大师众至千余人，盖禄利之路然也"。这样就势必导致解经之作愈来愈多，也愈演愈繁。

两汉时期的经学分今文与古文两派。西汉初年，儒家经典经过秦始皇"焚书坑儒"之后受到很大损失，当时极少存世。西汉初年，废除挟书律之时，秦代的博士还有的活在世上，经典的大部分内容依靠他们的记忆记录流传下来。由于这些经典是用当时流行的隶字记录下来的，故称作"今文经"。此外，还有一些经过秦代"书同文"的改革和后来篆文隶书化的改写而用隶书写定的经书，均归为"今文经"。西汉立于官学者均为"今文经"。其学术特点，主要是申明"五经"大义，探讨发掘经书中蕴含的深奥道理，而对于经文本身的章节、字句的考订，却很少下工夫。其流弊表现为牵强附会或借题发挥，往往使人不得要领。而且，从业者都比较保守，一味讲究遵循"师法"，缺乏创见。

古文经大致上指以篆文和六国古文写的古文经书，其来源也是多方面的，或征求于民间，或发现于墙壁，其面貌比较接近先秦旧籍。古文经书的代表是"鲁壁藏书"。汉武帝时，鲁恭王刘馀扩展自己的宫殿，拆毁了孔子故居。结果在其夹墙内发现了一批用先秦古文（时称蝌蚪文）写定的《尚书》、《礼记》等儒家经典，这些藏书即被称为"古文经"。它们与当时流传的今文经在篇章、文字上都有较大出入，这就成为今、古文两个流派相争的导火线。王莽时期，刘歆宣称他发现了古文《春秋左氏传》、《礼》（《逸礼》）39篇、《尚书》（古文《尚书》）16篇，并上书皇帝，要求把这些书也立于学官，并与反对此议的博士进行了激烈的辩论。这场论战之后，经学中便正式形成了今文经与古文经两个流派。"古文经学"从考订文字入手，以此来探讨经文的本意，删定错讹之处。其学术特点是注重经书的文字训诂和名物制度的考订，进而解释经文的真正含义。但由于局限于繁琐的字句考订，反而受到经文的拘束，不切于实用。

两汉时期，官方比较推崇今文经学，官方学术机构基本上是被今文家把持。古文经学多在民间流传，立于官学的机会很少，但在学术上，古文经并没有被压服消亡，在私学中很有势力。今文经学独盛于西汉，衰败于东汉中期。古文经学则于东汉崛起，涌现出了一大批学识渊博的学者。两派长期相争，各执一端，势成水火，成为中国古代学术史上一件著名的学术公案。但不论两派争论的焦点如何，一个不能否认的客观事实就是：在长期的纷争中，陈说己见，批驳对方的最好方法就是著书立说。所以说，两汉时期今古文经学的长期争论也是促进经学繁荣、促使经学著作大量产生的重要因素之一。

两汉经学著作数目庞大，今天我们无法对两汉经学著作进行精确的统计，仅据《汉书·艺文志》所载，其中"六艺略"著录的西汉时期的经学著作就有93家，3 000余篇，具体言之：《易》之传有13家，294篇；《书》之传9家，412篇；《诗》之传6家，416篇；《礼》之传13家，555篇；《乐》6家，165篇；《春秋》23家，948篇；《论语》12家，229篇；《孝经》11家，59篇。其数目约占《汉书·艺文志》著录图书总数的四分之一。除此而外，民间肯定还有很多名不见经传的经学著作。

两汉经学著作的名目十分繁杂，略举其端，则有"传"、"内传"、"外传"、"故"、"解故"、"解诂"、"说"、"说义"、"记"、"章句"、"注"、"笺"、"释"、"解"、"解说"、"条例"、"训旨"、"同异"、"训诂"、"微"、"通论"、"异义"等等，不一而足。其名目虽然繁多，但其内容都不脱对儒学经典的传注解释。可见当时学者在经学著作的名目上是如何大做文章的。

两汉经学著作的另外一个特征是篇幅冗长，内容繁琐，引申演绎和牵强附会的成分很多。当时学者对经典的传注解说之作，动辄可达数十万言。如桓谭《新论》所记："秦近君能说《尧典》，篇目两字之说，至十馀万言。说'曰若稽古'三万言。"周防"撰《尚书杂记》三十二篇，四十万言"①。景鸾"著述凡五十馀万言"②。郑玄所注"凡百馀万言"③。真可谓是叠床架屋，达到了无以复加的地步。

王莽时期，为了改变经学著作繁琐冗沓、废话连篇的状况，开始有意识地删节"五经"章句。但即便是经过删节的著作，字数仍然很多。光武帝即位后，也曾颁布诏书，以"五经章句烦多，议欲减省"④，但未见其果。东汉时期的很多著名学者也力图跳出章句之学的藩篱，博综兼览，兼通数家。一些博士弟子员也不为师法、家法所拘囿，对章句进行删减。如桓荣从朱普受《欧阳尚书》四十万言，因其繁复，删减为二十二万，其子桓郁又在此基础上删定为十二万。虽然如此，东汉一代，终未能改变经学著作内容繁琐的局面。

---

① 《后汉书·周防传》。
② 《后汉书·景鸾传》。
③ 《后汉书·郑玄传》。
④ 《后汉书·章帝纪》。

东汉画像石讲经图

二、谶纬图书

从广义上说来，汉代学者的经学著作还包括谶纬图书，因为这类图书也是围绕着儒家经典而产生的。但由于其"妖妄，乱中庸之典"，迷信与神学色彩十分浓厚，又属于特殊时代的产物，因此历来学者都不将谶纬图书划归一般意义上的解经之作，而是将其看成一个特殊的图书类型。

谶纬图书有图有书，故又有"图书"、"图纬"、"图谶"、"符命"、"谶记"等名称。其最早产生于先秦时期，后至董仲舒以阴阳五行学和祥瑞灾异演说《公羊春秋》，撰《春秋繁露》，就已开西汉谶纬之学的先河。后来，随着持续不断的社会政治危机加深，时局动荡不安，谶纬图书遂风靡一时。西汉哀平之世，王莽利用谶纬图书为其夺取西汉政权大造声势，直接导致了谶纬图书的泛滥。

王莽即皇帝位以后，便"遣五威将王奇等十二人班《符命》四十二篇于天下，德祥五事，符命二十五，福应十二，凡四十二篇。……其文尔雅依托，皆为作说，大归言莽当代汉有天下云"①。经过这次整理，此前流行的一些零星的谶语，便汇成篇籍，流布天下。

东汉开国皇帝刘秀也深好谶纬之学，在他起兵平定天下时，就利用谶纬符命粉饰其政权的合法性。他因图谶兴起，即位以后，就特别崇信谶纬，并且利用谶纬来决定一些纷争和犹豫不决的事。他先后命学者薛汉、尹敏等人校订图谶，删去为王莽制造舆论的内容，并于中元元年（公元56年），"宣布图谶于天下"。在他的提倡下，东汉研习谶纬之学便形成一股风气，盛极一时。

不仅如此，东汉王朝，以通"七纬"者为内学，通"五经"者为外学，政府和学者都以内学为重，并尊为"秘经"，具有神学正宗的权威性。凡是善于附会图谶的就能加官进爵，反对图谶的就会贬黜得罪。范晔评价说："桓谭以不善谶流亡，郑兴以逊辞仅免，贾逵能附会文致，最差贵显。世主以此论学，悲矣哉！"②

所以，终东汉之世，整个社会文化与学术思潮都在谶纬的笼罩之下。当时的经学家，不论今文学家还是古文学家，都与谶纬有着密切的关系，有的还为之作注。

谶纬图书的根本宗旨是为统治者政权的合法性提供神学意义上的理论支持，虚妄迷信的色彩十分浓厚，其学术和思想价值远不如一般的经学著作。但由于其内容相当庞杂，"纯驳互见，未可一概诋之"。《中国经学史》一书总结说：

既有宇宙生成演化的哲学思想，也有完整的三皇五帝系统、感生受命的传说及王朝的演进和序代，举凡儒家经义、礼乐制度、天官星历、灾异感应、谶语符命、驱鬼镇邪、神仙方术，乃至天文地理、风土人情、科技知识、文字训诂，无所不包。它把哲学与宗教、科学与迷信杂糅在一起，既有精致深刻的理性，又有卑劣粗俗的伪造，光怪陆离，无奇不有。③

自西汉末年以后，谶纬图书的数目甚多，当时的人们往往称有"八十一篇"，地位甚高，在社会上也广泛流传，但《汉书·艺文志》中并没有著录一篇。清人俞正燮《癸巳类稿·纬书论》认为这是"纬在太史，不在秘书"的缘故。谶纬图书在两汉时期的兴盛发达，在中国历史上是绝无仅有的现象。诸多的因素决定了它是一定历史时期的产物。从图书出版史的角度来看，谶纬图书当是两汉时期最具时代特色的出版物。

谶纬图书在魏晋以后，往往被历代野心家利用，作为篡夺政权、改朝换代的工具。正因为图谶很容易成为窃国篡权的工具，所以夺取政权之后的帝王，都深知其中弊病。为了防止再有人故伎重演，魏晋以后，历代帝王都严厉禁绝谶纬之学。

隋唐以后，谶纬图书便大量散失，谶纬之学也几乎成为绝学。

---

① 《汉书·王莽传》。
② 《后汉书·郑范陈贾张列传》。
③ 吴雁南、秦学颀、李禹阶主编：《中国经学史》，福建人民出版社，2001年版，95页。

三、两汉时人的代表性哲学与政治学著作

两汉学者撰写的哲学与政治学图书为数不少,但流传下来的十分有限,其中比较重要的有淮南王刘安主持编撰的《淮南子》、陆贾的《新语》、贾谊的《新书》、董仲舒的《春秋繁露》、桓宽的《盐铁论》、扬雄的《太玄》、桓谭的《新论》、班固受命整理的《白虎通义》、王符的《潜夫论》、王充的《论衡》、荀悦的《申鉴》等。下面重点介绍几种。

1.《春秋繁露》

西汉董仲舒著,是汉代儒学非常重要的一部著作。全书17卷,82篇,7万余字。董仲舒(公元前170—前104),西汉武帝时期著名的大儒,著述颇丰,多为春秋经注疏之作。早年钻研《公羊春秋》和阴阳五行学说,阐述了以"天"为核心的哲学和社会政治、伦理、教育观点,并建议汉武帝"罢黜百家,独尊儒术"。《春秋繁露》是董仲舒集中阐述其儒学思想的著作。

《春秋繁露》可分为两个主要部分。第一部分包括第1—17篇,第17篇相当于跋。全书推重公羊学,阐发"尊王攘夷,春秋大一统"的宗旨,并杂凑阴阳五行学说,对自然和人事作各种牵强的比附。他以《公羊春秋》为依据,将先秦以来的宗教神学天道观和阴阳五行说结合起来,又吸收了法家、道家、阴阳家的思想,建立了一个新的思想体系,即"天人感应"论的神秘主义体系,包括"三纲"、"五常"、"三统"、"性三品"等伦理学说,为加强封建中央统治提供理论依据。其理论主要有"天人合一"、"天人相副"说,春秋大一统说,改制更化说,并主张"道之大原出于天,天不变,道亦不变"。董仲舒在《春秋繁露》中阐发的学说基本上是用阴阳五行学来重新解释儒家经典,他的思想既把皇权神秘化了,又把先秦以来的儒家思想改造了。

2.《盐铁论》

《盐铁论》是西汉一部记述盐铁会议的重要典籍。撰者桓宽,汝南(今河南汝南)人,字次公,对《公羊春秋》颇有研究。他知识渊博,学贯古今,又善于写作。他利用盐铁会议的记录,加以组织整理,即"推衍"和"增广",编写成数万字的《盐铁论》,打算借此阐发国家治乱兴衰的道理,成一家之言。早在汉武帝时,西汉朝廷为了削弱地方割据势力,增加财政收入,抗击匈奴的攻掠,巩固中央集权,曾经实行盐铁官营、榷酤、平准、均输以及统一币制等一系列重大财政、经济政策,但由于与下层官僚和中小商人的利益发生矛盾,给百姓生活带来困难,于是在昭帝始元六年(公元前81年),朝廷以问民间所疾苦为由,召集各地推荐的贤良、文学等60余人到长安举行会议,就盐铁官营等政策与这些政策的主要制定、执行者御史大夫桑弘羊及其僚属进行辩论。双方以盐铁官营等政策是否应当继续执行为辩论主题,兼论其他经济、政治、军

事、外交、文化等各方面的问题。这就是著名的盐铁会议。会议结果，废除了全国酒类专卖和关内铁官。到宣帝时，桓宽根据盐铁会议的官方记录，加以推衍整理，增广条目，写成《盐铁论》一书。全书约6万字，分10卷60篇，各篇立标题，但内容仍互相连贯。自第1篇至第41篇是写盐铁会议的正式辩论，自第42篇至第59篇是写会议后的余谈，最后一篇"杂论"是全书的后记。全书用对话文体，以生动的语言真实地反映了当时辩论的情景，充分反映了双方在经济、政治和对外关系等各方面所持的不同观点和立场。为研究当时的社会矛盾、思想斗争和桑弘羊的思想提供了丰富的史料。此书不仅保留了许多西汉中叶的经济思想史料和风俗习惯，而且在文体上也很有创造性，是一部处理经济问题的对话体历史小说。其价值自古就为知识分子所肯定，把它列为学者经世济民必读之书，历代著作多有记载和引用。

3. 《白虎通义》

又称《白虎通》或《白虎通德论》，班固撰，是东汉前期白虎观会议内容的集结成果。自武帝独尊儒术，设立"五经"博士以来，经学愈演愈繁，今古文相争持续不断，以致出现了"经有数家，家有数说"的局面，各家都有繁琐的章句，多者达数十百万言。至东汉前期，"正五经异同"已经成了一项迫切的任务。就是在这样的背景下，汉章帝于建初四年（公元79年）仿西汉宣帝故事，召集诸儒于白虎观，讲论"五经"同异，班固以史官身份担任记录工作。最后由汉章帝亲自裁决，做出结论，会议决定的内容被认为是天经地义不可更改的道理。会后，章帝命班固将会议结论加以编辑，统一整理为《白虎通义》。《白虎通义》是皇帝钦定的经学教科书，在汉代具有很高的权威性。《白虎通义》以今文经学为主，但亦兼采古文经说和谶纬学说。至此儒家独尊的地位最终得以确立，不过此时的儒学已明显被神学化和谶纬化了。

《白虎通义》4卷，共分43目，详细记录了白虎观经学辩论的情况。此书继承了《春秋繁露》"天人合一"、"天人感应"的神学目的论，并加以发挥，把自然秩序和封建社会秩序紧密结合起来，提出了完整的神学世界观。全书还宣扬维护封建统治的"三纲"、"五常"、"六纪"理论。《白虎通义》有一定的学术价值。全书共汇集43条名词解释，内容涉及社会、礼仪、风习、国家制度、伦理道德等各个方面。其中有很多条目汇集了不同的学术观点，有些条目还并列了不同甚至相反的观点。《白虎通义》融合今文经学、古文经学和谶纬迷信于一体，企图统一经学，建立神学经学，并将其奉为永恒的真理，要人们世代相沿，不许怀疑和批判。它既是经学的统一，也是经学在汉代走向神学的标志。从这个意义上讲，《白虎通义》是两汉经学走向没落与衰败的标志。

4. 《论衡》

东汉王充（公元27—97）著，约成书于汉章帝元和三年（公元86年），现存文章有85篇。王充是东汉著名的学者和唯物主义哲学家，《论衡》一书是他的精心之作。

东汉时期，儒家思想在意识形态领域里占支配地位，但与春秋战国时期所不同的是儒家学说被打上了神秘主义的色彩，掺进了谶纬学说，使儒学变成了"儒术"。而其集大成者并作为经典的是皇帝钦定的《白虎通义》。王充写作《论衡》一书，就是要对这种儒术和神秘主义的谶纬说进行批判。《论衡》细说微论，解释世俗之疑，辨是非之理，即以"实"为根据，疾虚妄之言。"衡"字本义是天平，《论衡》就是评定当时言论的价值的天平。它的目的是"冀悟迷惑之心，使知虚实之分"。王充认为"天地合气，万物自生，犹夫妇合气，子自生矣"，即"气"之运动产生万物。自然界之"灾异"，是"气"变化之结果，与人事无关。又以为，"夫天道，自然也，无为；如谴告人，是有为，非自然也"①。人之生命与精神，均以"精气"为物质基础，"死而精气灭"，不承认有脱离形体而独立存在的灵魂。其说对当时流行的"天人感应"论和灾异谴告、鬼神迷信进行了抨击。又有《问孔篇》和《刺孟篇》等，反对将儒家经典变为教条。论文章则强调内容，力主"为世用者，百篇无害；不为用者，一章无补"。并提倡通俗，反对崇古、模拟和"浮华虚伪之语"。正因为如此，《论衡》被视为"疾虚妄古之实论，讥世俗汉之异书"。王充在《论衡》一书中建立起了古代唯物主义体系，这在历史上具有划时代的意义。它对后世的唯物主义者、无神论者，都产生了不同程度的影响。

5. 其他重要政论著作

《新语》也称《陆子》，西汉初年陆贾著。陆贾（约公元前240—前170），楚人，政治家、辞赋家，常向刘邦说《诗》、《书》。提出"（天下）居马上得之，宁可以马上治之乎"的问题，刘邦乃令其"著秦所以失天下，吾所以得之者何，及古成败之国"，于是陆贾"粗述存亡之征，凡著十二篇。每奏一篇，高帝未尝不称善，左右呼万岁，号其书曰《新语》"②。这就是《新语》一书的由来。《新语》一书2卷12篇，为西汉早期一部论述君臣政治得失的政论性著作。

《新书》，又名《贾子》、《贾子新书》，西汉初年贾谊著。贾谊（公元前200—前168），洛阳人，著名儒家学者、政论家、文学家。贾谊18岁即以能诵《诗》《书》、通诸子百家言、善属文而闻名于郡中。后被汉文帝召为博士。文帝想迁升贾谊任公卿，但遭到了权臣周勃、灌婴等人的妒嫉和反对，旋被贬为长沙王太傅。后因梁怀王坠马而亡，自伤失职，抑郁而死，卒年仅33岁。作者以当时人论当时事，颇具新见解，因名《新书》。《新书》今存10卷58篇，约5万字。前半部分为政论文章，后半部分为贾谊与弟子的问答，是著名的政论哲学著作，所论以儒家思想为主，也夹杂道、法之道，大体可分为事势、连语、杂事三部分。《新书》提供了研究汉初社会和贾谊思想的丰富资料，名篇《过秦论》即出自此书。

《淮南子》，又名《淮南鸿烈》，西汉前期一部体大思精的鸿篇巨制，它是刘安为西

---

① 王充：《论衡·谴告篇》。
② 《史记·郦生陆贾列传》。

汉王朝提出的治国安邦的理论纲领,也是对汉初数十年治政理论和实践进行的概括和总结。他主张以道为主,兼收并蓄,扬长弃短,集道家的自然天道观、法家的进步历史观和儒家的仁政学说于一炉,剖析秦朝和六国治政的成败得失,系统地提出了基本符合汉初社会实际的"无为而治"的理论。

《新论》,东汉桓谭著,现存1卷,属儒学类政论著作。桓谭(公元前23—56),字君山。东汉沛国相(今淮北)人。年少博学多通,遍习"五经"。常与刘歆、扬雄等著名经学家辨析疑义。擅长音乐,喜弹琴。王莽时任掌乐大夫。汉光武帝即位,谭受大司空宋弘举荐,拜议郎给事中。因反对谶纬神学,极言"谶之非经",被光武帝目为"非圣无法",几遭处斩。后免死罪,出任六安郡丞,途中病死,时年70余岁。其哲学思想对后世无神论思想发展较有影响。《新论》是桓谭效法《春秋》,受刘向《新序》、陆贾《新语》启发而撰写的。褒贬世事,力排俗议,不同于众,故称为新。内容较为庞杂,以儒家思想为宗。

《潜夫论》,王符著。王符(约85—162),字节信,东汉安定临泾(今甘肃镇原)人,东汉末年思想家、哲学家。《后汉书·王符传》载:"安定俗鄙庶孽,而符无外家,为乡人所贱。自和、安之后,世务游宦,当涂者更相荐引,而符独耿介不同于俗,以此遂不得升进。志意蕴愤,乃隐居著书三十馀篇,以讥当时失得,不欲章显其名,故号曰《潜夫论》。"《潜夫论》原有13卷,现存10卷36篇,约20余万字。内容指陈时政得失,历数当时政治、经济、军事、社会风俗等方面的弊政,对研究东汉末年政治、社会、思想史有很大价值。

《申鉴》,5篇,约1.2万字,东汉末年荀悦著,是一部政论性著作。荀悦(148—209),字仲豫,颍川颍阳人,东汉末年著名的思想家、史学家。除《申鉴》外,还著有《汉纪》一书。《申鉴》一书内容以儒术谈政治,写书目的是阐述政见以兴利除弊,因以《申鉴》名书。主张德刑并用,实行国有土地佃农制,对谶纬学说有所驳斥。其思想学说对曹魏的经济和政治产生了重要的影响。

四、汉赋

汉赋是汉代"一代之文学",它兼具诗歌与散文的性质,是在楚辞骚体影响下发展起来的一种骈散并用的文学体裁,又称辞赋、古赋。汉赋是把诗体形式拓展开来,用主客答问的方式引起下文,借以说理叙事,而于说理叙事中,常以夸张的方式作绘声绘色的描写,在文章中堆砌丰富的词汇和华丽的辞藻,网罗众多的典故,行文又多变化,讲究结构、用词、音韵,对后代文学影响极大。赋的兴盛是与汉朝鼎盛繁荣的社会背景相一致的,或描绘游猎盛况,或歌咏建筑华美,或歌功颂德,极尽铺排之能事,十分壮观。

《汉书·艺文志》按照体裁将诗赋分为五种,其中赋为四家,歌诗为一家。四家赋为:一、屈原赋类20家,361篇。姚振宗《汉书艺文志拾补》卷三论屈原赋类说:"此二十种大抵皆楚骚之体,师范屈宋者也。故区为第一篇。"二、陆贾赋类21家,274篇。"此二十一家大抵不尽为骚体,观扬子云诸赋,略可知矣。故区为第二篇。"三、孙卿赋类25家,136篇。"此二十五家大抵皆赋之纤小者。观孙卿《礼》、《知》、《云》、《蚕》、《箴》五赋,其体类从可知矣。故又区为第三篇。"四、杂赋类12家,233篇。"此十二家大抵尤其纤小者,故其大篇标曰《大杂赋》,而《成相辞》、《隐书》置之末简,其例亦从可知矣。"大致来说,第一种主抒情,第二种主说辞,第三种主效物,第四种多杂诙谐。《汉书·艺文志》所收辞赋数量有限,东汉一代的辞赋基本未能收入,但其分类能大体反映辞赋的体裁之别。从数量上来看,西汉辞赋已近千篇,若加上东汉辞赋,数量当更为可观。

汉赋的发展,按时间先后,大致可分四个时期,即汉初(高祖至武帝初年)骚体赋时期;西汉中后期,汉大赋全盛时期;东汉前期(以和帝末为界),抒情小赋初起时期;东汉后期,抒情小赋成熟时期。每个时期均有代表性作家和代表性作品。

贾谊既是西汉初期著名的思想家、政论家,也是杰出的骚体赋作家。《汉书·艺文志》著录贾谊赋7篇,包括《惜誓》、《吊屈原赋》、《鵩鸟赋》、《旱云赋》各一篇。其中《吊屈原赋》是以骚体写成的抒怀之作,被学者公认为汉初赋的代表之作。学者认为贾谊的赋在体制上对屈原作品多有借鉴,于汉赋实有开创之功。

司马相如(?—前117)字长卿,成都人,西汉中后期著名的小学家、赋家,汉赋的集大成者。《汉书·艺文志》载司马相如赋29篇,其代表作是《子虚赋》、《上林赋》、《长门赋》,还有《哀二世赋》、《大人赋》、《美人赋》、《梨赋》、《鱼葅赋》、《梓桐山赋》等,其中《梨赋》、《鱼葅赋》今不存。一般认为,直至司马相如《天子游猎赋》的出现,汉赋的形式才臻于成熟,此后扬雄的《甘泉赋》、班固的《两都赋》、张衡的《二京赋》等具有代表性的著名作品,无不取式于《天子游猎赋》。

扬雄(公元前53—18)字子云,成都人,被誉为司马相如的继承者,是两汉时期著名的文学家。《汉书·艺文志》著录扬雄赋12篇,以《甘泉赋》、《河东赋》、《羽猎赋》、《长杨赋》最为著名,其他的还有《蜀都赋》、《反离骚》、《广骚》、《畔牢愁》、《解嘲》、《太玄赋》、《酒赋》、《逐贫赋》等,其中《广赋》和《畔牢愁》今不存。学者认为扬雄的赋有很明显的模仿司马相如的痕迹,但是他的学者身份仍然使他的赋呈现出与司马相如不同的风貌。他的赋特点是思维缜密,气态沉雄,学理深邃,在赋的形式上也更加严密,但在艺术表现上的创造性并不多。

班固(32—92)字孟坚,陕西咸阳人。东汉时期著名的史学家、文学家。他的《两都赋》就是早期的京都赋中艺术成就最高、影响最大的作品。《两都赋》传本分为《西都赋》和《东都赋》两篇,在前面的序言中他说明了写作的目的:"以极众人之所眩曜,折以今之法度。"他把东都、西都的选择,人们的感受、主张的差异归结为法度的不同;在形式上采取了宾主问答的写法,虚拟了"西都宾"和"东都主人"两个人物,两个人物分别代表都雍、都洛两种不同的态度,通过"西都宾"之口,抒发"怀旧之蓄念"、"思古之幽情",又通过"东都主人"之口,表达了作者本人的京都理想,描述和赞颂了后汉的制度之美,具有强烈的理想主义色彩。除此之外,班固的赋作还有《幽通赋》、《终南山赋》、《览海赋》、《竹扇赋》等,但是后三篇赋都没有全本传世。

五、乐府诗集

两汉乐府诗是指由朝廷乐府系统或者相当于乐府职能的音乐管理机关搜集、保存而流传下来的汉代诗歌。乐府原指汉代为采集民间诗歌和乐曲所建立的机关,后来,人们便把这个机关所采集的民间诗歌称作乐府或汉乐府。汉代另有一类用于郊庙祭祀的诗歌,也称乐府或汉乐府。

文献表明,早在秦代就已经有了"乐府"部门的建制。乐府在汉代仍然是朝廷常设的音乐管理部门,行政长官是乐府令,隶属于少府,是少府所管辖的十六令丞之一。和秦代一样,西汉负责管理音乐的还有太乐令,隶属于奉常。乐府和太乐在职能上有明确的分工:太乐主管前代流传下来的雅颂古乐,乐府主管的不是传统古乐,而是流行曲调。

乐府的职能在武帝时期得到强化,它除了组织文人创作朝廷所用的歌诗之外,还广泛搜集各地的歌谣,从而使许多民间歌谣得以保存下来。汉乐府诗可以分为两类:一类是郊祀宗庙乐歌和文人乐歌;一类是"赵代之讴,秦楚之风",即民间歌谣。其中可以认定是西汉作品的有《大风歌》、《安世房中歌》17章、《郊祀歌》19章、《铙歌》18首,以及另外为数不多的几首民歌,其他的乐府诗都作于东汉。

汉乐府在内容上包罗万象,充分反映了两汉时期丰富而复杂的社会生活,发展了中国文学的现实主义传统,对后世影响深远。汉乐府民歌以叙事诗为主,它们往往有一定的故事情节;所写的人物有其个性,而这种个性又是通过人物的语言和行动来展示的;语言朴素而又带有感情。在形式上也创造了灵活多变的艺术表现形式,其句式有两言的,三言的,四言的,也有五言、六言、七言的,如《东门行》一诗,由一言到七言的多种句式组成,呈现了参差错落、不拘一格之态。汉乐府创造的五言、杂言等诗体,特别是五言新诗体,为后来的五言诗的发展带来了一个黄金时代。

六、文人诗

两汉时期重要的文学出版物还有文人创作的诗歌。当汉代四言诗和骚体诗走向衰落的时候,在民间开始兴起五言、七言诗创作,五言取代传统的四言成为新的诗歌样式。较早的五言诗据说是汉武帝时期流传的一首《紫宫谣》:"一雌复一雄,双飞入紫宫。"新兴的民间歌谣引起了文人的关注,他们开始仿作,特别是进入东汉之后,文人五言、七言诗逐渐流行起来,最后获得蓬勃的发展,出现了一些具有代表性的文人诗作者及其作品。

班固的《咏史》及《竹扇赋》。前者是现存的东汉文人最早的完整的五言诗,内容是西汉的缇萦救父之事。学者认为班固以纪传体史书手法写作了《咏史》，风格比较质朴。而他在五言诗的写作上还处于模仿的阶段，技巧上并不是很成熟。《竹扇赋》原是一首完整的七言诗，今仅存残篇。

张衡的《同声歌》、《四愁诗》。《同声歌》是别具一格的五言诗作，假托新婚女子的口气自述而作，借鉴了民歌的表现手法；《四愁诗》是骚体整齐化之后的七言诗，学者认为是后代七言歌行的先声。张衡的文人诗已经朝着抒情和华美的方向发展，学者认为自张衡开始，东汉文人五言、七言诗形成了以抒情为主的基本走势。

秦嘉的《赠妇诗》三首。被誉为东汉文人五言抒情诗成熟的标志。描写作者秦嘉和其妻徐淑缠绵悱恻的爱情故事，被学者公认为艺术成就很高的抒情诗。

郦炎的《见志诗》二首。作者生活在东汉灵帝时期，其作品也与初期班固、张衡等的诗作呈现出不同的特点，具有了更加强烈的现实批判色彩。《见志诗》二首就抒发了怀才不遇的感慨。

赵壹的《疾邪诗》二首。均是五言诗。附在《刺世疾邪赋》之后，以秦客、鲁生对唱的形式出现，激烈地抨击权贵和时弊，体现了文人的率直敢言的个性。

蔡邕的《翠鸟诗》。托物言志，是作者本人作为一个乱世文人的身世和心态的写照，反映了身处乱世的文人的惶恐之心，也是东汉后期文人五言诗的代表作。

东汉文人五言诗的巅峰之作，当推《古诗十九首》。《古诗十九首》的名称最早见于南朝梁代昭明太子萧统所编的《文选》。大约在魏末晋初，流传着一批无主名且无诗题的五言抒情诗，被笼统称作"古诗"，这批诗歌到梁初尚存五十九首，萧统从中选取十九首编入《文选》，并加上了《古诗十九首》的题目。《古诗十九首》的作者大约都是东汉末年中下层文人，诗歌表达的两大主题是游子的羁旅情怀和思妇的闺怨之情。它展现了游子思妇的复杂心态，所传达的思想感情在中国古代具有代表性，同时又以通俗质朴的语言传达了复杂的人生况味和生活哲理，因此具有很高的文学价值，历代评价很高，梁代钟嵘《诗品》将它列入上品，云："文温以丽，意悲而远，惊心动魄。"刘勰《文心雕龙·明诗》云："观其结体散文，直而不野，婉转附物，怊怅切情，实五言之冠冕也。"后代的很多文学家例如曹植、陆机、陶渊明、鲍照等都模仿《古诗十九首》进行过创作。《古诗十九首》的出现，标志着我国古代五言抒情诗已经成熟，它对建安诗歌的繁荣产生了直接而重要的影响。

七、《史记》

《史记》是我国历史上第一部以人物为中心的纪传体通史，130篇，由五种体裁组成，包括本纪12篇，表10篇，书8篇，世家30篇，列传70篇。作者司马迁在本书中首创了纪传体史书的体例，在图书（尤其是史书）编辑方面做出了巨大贡献。

1. 本纪12篇，以编年形式记载历代帝王的兴衰和重大历史事件。可分两类：一类以朝代为主，如《夏本纪》、《殷本纪》、《周本纪》；另一类以帝王为主，像《秦始皇本纪》、《高祖本纪》等。实际上都是编年史，大事记，相当于全书的总纲。

2. 表 10 篇，以年表形式，按年月先后的顺序，记载重要的历史大事。它不仅是"本纪"、"列传"的简化，而且在史料方面也有所补充。

3. 书 8 篇。这是系统记述典章制度以及天文历法的体裁，也可以说是分类史，实为后世正史中"志"的前身。内容包括政治、经济、军事、文化等各个方面。

4. 世家 30 篇。用以记载自周以来开国传世的诸侯，以及有特殊地位的人物事迹。

5. 列传 70 篇。记载社会各阶层的代表人物事迹，还包括对外国或国内少数民族的记载。

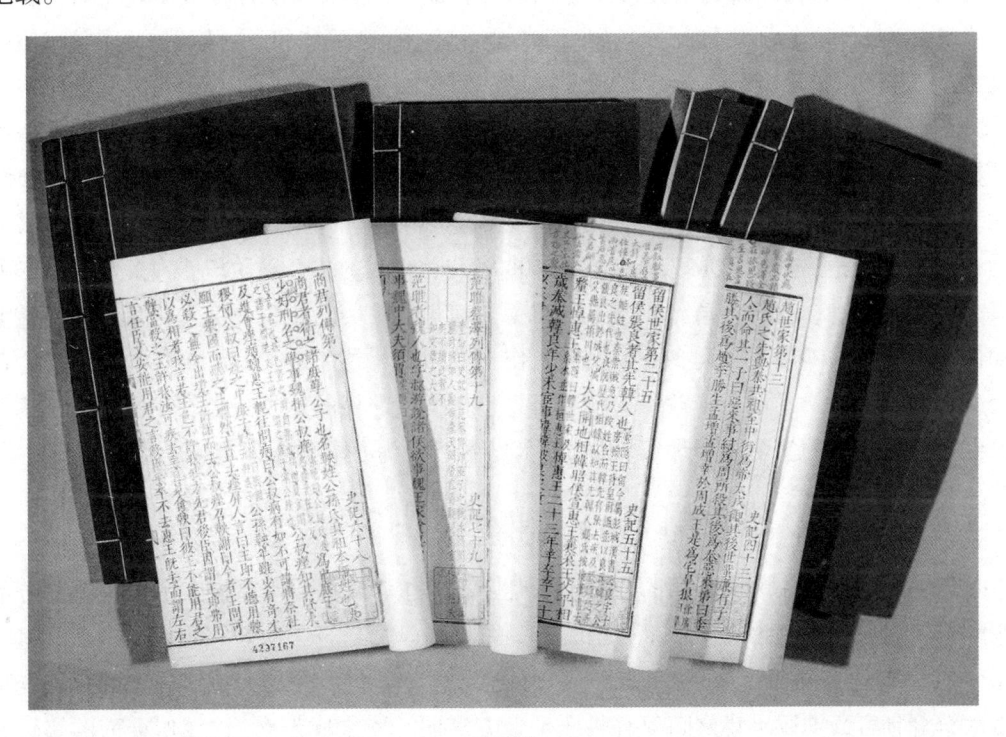

《史记》

《史记》五体有因有创，而创制多于因革。五种体裁在过去都有其名，但有意识地加以借鉴和改变，将其互相配合在一部书里形成一个完整的体系，这显然是《史记》的天才创举。

司马迁创立的纪传体通史，确立了以人物为中心的述史体系，上包天文，下括地理，总结人间一切社会史事，考治乱之源，究天人之际，包罗万有，体大思精。从内容上讲，司马迁确立的纪传体史书体裁是以帝王将相为中心的历史，适应了封建统治者的思想体制，形象地反映了封建社会的等级秩序，因此纪传体史书被颁令为正史，而《史记》也就成为后世史家学习和仿效的典范。

《史记》之后，东汉班固编撰《汉书》，记载了从汉高祖元年（公元前 206 年）起，到更始二年（24 年）止，包括王莽新朝在内的 230 年历史，对后世亦产生了巨大的影响。

八、《九章算术》

《九章算术》是两汉时期最重要的一部数学著作。它不仅记录了秦汉时代的数学成就，同时也反映了秦汉时期的一些典章制度和社会情况。此书是一部出于众手、经过长期修改和补充而成的著作，它的最后定型，当在东汉和帝时期（公元89—105年）。该书共有246道应用题，均是从实际生活中提出的问题，每道题都列出解法，大致相当于现在的数学定理和公式。全书按数学性质分成九章，这九章分别是：方田（即田积）、粟米（比例）、衰分（比例配分）、少广（开方）、商功（体积）、均输（税率）、盈不足（盈亏与比例）、方程（多元一次方程）和勾股。在解决问题中，《九章算术》应用了分数计算方法、比例计算方法、开平方、开立方、二次方程和联立一次方程的解法，还提出了负数的概念和正负数的加减法，等等。这些均在当时居世界领先地位。关于一元二次方程和联立一次方程的解法比欧洲早1500多年。《九章算术》的出现标志着我国古代数学完整体系的形成，开启了我国古代数学研究的一个新阶段，对此后的数学发展有着重要影响，它的价值可以与欧几里德几何学相媲美，在世界数学史上也占有重要地位。三国魏人刘徽于公元263年前后，作《九章算术注》，对《九章算术》中的全部公式和定理都给出了证明，对一些重要概念也作了较严格的定义，还纠正了其中的一些错误。经过刘徽的注解和整理，《九章算术》最终成为我国数学研究中的经典之作。

九、《尔雅》

《尔雅》是我国最早的一部解释词义的专著，也是第一部按照词义系统和事物分类来编纂的词典。作为书名，"尔"是"近"的意思，"雅"是"正"的意思，在这里专指"雅言"，即在语音、词汇和语法等方面都合乎规范的标准语。《尔雅》的意思是接近、符合雅言，即以雅正之言解释古语词、方言词，使之近于规范。《尔雅》的纂辑始于春秋战国时代，但直到汉代才定型。

《尔雅》原为20篇，今存19篇，《序篇》已佚。全书收词4 300多个，分为2 091个条目。从整体上看，《尔雅》可以分为两大部分：前3篇为一部分，解释的是一般语词，类似后世的语文词典。后16篇是根据事物的类别来解释各种事物的名称，类似后世的百科名词词典。

在历史上，《尔雅》备受推崇，从西汉开始，就成为儒生们读经的重要工具书。在汉代《尔雅》就被视为儒家经典，到宋代被列为十三经之一。事实上，《尔雅》并不是经，也不是某一部经书的附庸，而是一本独立的词典。它的内容丰富，不仅涉及古代的一般词汇，还涉及古代社会的人事、天文、地理和生物等方面的知识，分门别类进行了解释，是研究和查考先秦词汇的重要资料，在我国语言学史上也占有重要的地位。《尔雅》首创的按意义分类编排的体例和多种释词方法，对后代辞书、类书的出现和发展有直接的影响。

十、《说文解字》

东汉许慎所撰《说文解字》，是我国古代第一部真正意义上的字典。

《说文解字》共14篇，后有许慎的叙，"述其著书之意"。全书共收9 353字，重文1 363字，共10 516字，解说之文凡133 441字，几乎囊括了汉代和汉代以前的所有常用汉字。全书按部首分类法编排，对所收的汉字的音、形、义进行全面分析和解释，是一部体大思精、具有开创意义的伟大著作。

在许慎编纂《说文解字》之前，我国字典的编纂工作一直处在萌芽状态。虽然在此之前的很多学者都编纂了大量的字书，但这些字书都只是把汉字集中编排在一起，用韵文的形式组成句子，以便于初学者记诵。其编排体例和功能都未能脱离识字课本的功能，仅仅是字典的雏形。《说文解字》则与前代的所有字书有着本质的不同。许慎在《说文解字》中第一次对当时现存的汉字的字形、字义和字音作了全面的分析和描写，并首创部首分类法，把汉字按偏旁归纳为540个部首，按部首来编排汉字，从而编纂成了我国历史上第一部真正意义上的字典。从这个意义上讲，《说文解字》的出现，具有划时代的意义。

第六节 造纸术的发明与改进

造纸术是中国古代科学技术发展的一项伟大成就，它同印刷术、火药、指南针一起被称为中国古代的四大发明，是中国古代劳动人民为世界文明作出的一项重要贡献。造纸术的发明和改进，是中国乃至世界出版史上一件具有里程碑意义的大事，它标志着中国出版史开始进入一个新的历史阶段。

在纸发明以前，我国先民曾尝试以龟甲、兽骨、金石、竹木、缣帛等材料作为文字的载体，因之形成了中国历史上特定的出版物形态和书籍制度。但是这些载体自身都有难以克服的缺陷，在很大程度上制约了知识的生产和传播活动的发展。随着文化教育事业和图书出版事业的不断进步，人们就迫切地需要用一种新式的文字载体来记录和传播知识。在这种情况下，我国劳动人民在长期的生产实践的基础上，终于在西汉时期发明了纸张，并在东汉时期经过蔡伦的改进，使造纸术逐渐得到推广。纸的出现，使记录知识、传播知识的工具实现了根本性的变革，此后纸张便成为人们日常生活中不可缺少的物品，对图书出版印刷事业的形成、发展和社会的进步起了重大的推动作用。

一、纸的概念及其演变

纸的概念是不断发展着的。现代意义上的纸的概念经过了一个逐渐形成的过程。段注《说文解字》中对纸作了如下的解释："纸，絮一苫也。从纟，氏声。""絮"就是粗的丝绵。箔是一种竹席。早期的纸就是在水中漂丝时，附粘在竹席上的粗丝绵干了以后，揭下来的一种薄丝绵片。最初是人们在无意中发现这种物品而加以利用的，后来才有意识地加工成一种漂丝的副产品。根据汉字造字的规律，因为这种副产品与丝有关，故从"纟"旁，又因其平滑如砥石，故从"氏"声。这样就出现了"纸"这个词。

这种丝质纸既可用来包裹东西，又可用来写字，用途是很广泛的。作为一种书写材料，它光滑、轻便，较之笨重的简和昂贵的帛，一定是大受人们欢迎的。但是，它本身毕竟是一种副产品，而且原料（蚕丝）又很珍贵，其数量也不会多，除了少数贵族人家可以使用，在民众中是很难普及的。所以，必须通过其他途径，寻找性质相似而又较易取得的原料来制作纸。

在长期的劳动实践中，人们还发现某些植物表皮在撕剥的时候可以拉出一根根的丝絮，而某些苔藓类植物经风化水泡后变成纤维状，被水冲到岩石上后，相互交聚、粘附，晒干后也形成了类似纸的薄片。在这些自然现象的启发之下，结合漂絮、沤麻的经验，人们产生了将植物纤维浸入水中，使纤维疏解，然后经过制浆、抄造、干燥后，制成一种新型纸的设想。经过长期的试验和不断总结，一种用植物纤维作原料的新型纸张终于制作成功。这一成就，是纸的制作历史上的飞跃性进步。植物纤维制作的纸，从用料、制作方法及其使用的普遍性来看，与丝质纸有着根本的区别。这种纸以植物纤维（在我国古代，最早主要是麻纤维）作原料，是经过切截、沤制、蒸煮等物理和化学方法的处理之后，制成的一种新产品。现代的纸张是在它的基础上发展起来的。所以，它已经具有了现代纸的概念了。

二、西汉发明造纸术

很长一段时间里，人们都公认植物纤维纸是由东汉的蔡伦发明的。《后汉书·蔡伦传》中写道：

蔡伦字敬仲，桂阳人也。以永平末始给事宫掖，建初中，为小黄门。及和帝即位，转中常侍，豫参帷幄。

伦有才学，尽心敦慎，数犯严颜，匡弼得失。每至休沐，辄闭门绝宾，暴体田野。后加位尚方令。永元九年，监作秘剑及诸器械，莫不精工坚密，为后世法。

自古书契多编以竹简，其用缣帛者谓之为纸。缣贵而简重，并不便于人。伦乃造意，用树肤、麻头及敝布、鱼网以为纸。元兴元年奏上之，帝善其能，自是莫不从用焉，故天下咸称"蔡侯纸"。

这是对造纸术发明人和发明时间的最为明确的记载。在早于《后汉书》大约300年的官修史书《东观汉记》中，也有类似的记载。《东观汉记》卷二十载：

蔡伦字敬仲，桂阳人。为中常侍，有才学，尽忠重慎。每至休沐，辄闭门绝宾客，暴体田野。典作尚方，造意用树皮及敝布、鱼网作纸。元兴元年奏上之，帝善其能，自是莫不用，天下咸称"蔡侯纸"。

上述记载就是东汉发明说的主要依据。主张这一观点的人认为，蔡伦以前的"纸"实际是缣帛中的一种，而真正的植物纤维纸则是由蔡伦于元兴元年（105年）发明的。这是长期以来被大多数人所接受的一种观点。

对于上述记载，历史上有着不同的看法。很多人就认为，我国造纸术起源于西汉。其中以唐代人张怀瓘和宋代人陈槱为代表，他们认为西汉初即已有纸，蔡伦因而不是纸的发明者，而是改良者。张怀瓘在《书断》中说："汉兴，有纸代简，至和帝时，蔡伦工为之。"陈槱在《负暄野录》中说："盖纸，旧亦有之，特蔡伦善造尔，非创也。"《资治通鉴》卷四八胡三省注引毛晃语："后汉蔡伦以鱼网、木皮为纸，俗以为纸始于蔡伦，非也。"这些观点今天看来都是十分难得的。然而他们又都认为蔡伦以前的纸为丝质纤维，即所谓"絮纸"，而蔡伦易之为植物纤维，又与东汉发明说殊途同归了。

这些学者的观点主要依据于古代文献中关于西汉"纸"的记载。在古代典籍中，"纸"字在蔡伦前已数次出现。

（1）清人张澍在《三辅故事》中引唐虞世南辑录的《北堂书钞》记载，汉武帝太始四年（公元前93年），"卫太子大鼻，武帝病，太子入省，江充曰：'上恶大鼻，当持纸蔽其鼻而入。'"这是"纸"字在文献中年代最早的记载。

（2）《汉书·赵皇后传》记载赵飞燕以小绿箧予宫女，"武（籍武）发箧中有裹药二枚，赫蹏书曰：'告伟能：努力饮此药，不可复入。女自知之！'"应劭注曰："赫蹏，薄小纸也。"又引曹魏孟康注曰："染纸素令赤而书之。"由此可知，所谓"赫蹏"，应指染成红色并写有文字的薄小纸。

（3）东汉人应劭《风俗通义》谓，东汉建武元年（公元25年）冬，"汉光武车驾徙都洛阳，载素、简、纸经凡二千辆"。

（4）《后汉书·百官志》载东汉光武帝时，在少府设左右丞各一人，"右丞假署印绶及纸笔墨诸财用库藏"。

（5）《后汉书·贾逵传》记章帝时曾"令逵自选《公羊》严、颜诸生高才者二十人，教以《左氏》，与简纸经传各一通"。

（6）《后汉书·皇后纪》载邓皇后年轻时即"志在典籍"，为皇后时，"方国贡献，竞求珍丽之物，自后即位，悉令禁绝，岁时但供纸墨而已"。

以上记载，均能说明在蔡伦之前，社会上已经流行可以用于书写的"纸"。又应劭在记载光武帝建武元年事时，将素、简、纸并提，可知纸与缣帛有别。这些都为西汉发明古纸提供了文献上的有力证据。

更为确凿的证据来自考古发现。20世纪以来中国已先后于1933、1942、1959、

1973、1978、1979、1986及1990年八次分别在新疆、甘肃、陕西等省区不同地点出土了蔡伦时代以前的古纸，从汉初文帝、景帝以下一直到新莽为止，几乎西汉历代皇帝在位时期所造之纸都陆续不断地发掘出来。这些出土的古纸，有的上面写有文字，这本身就足以说明蔡伦时代之前不但有纸，而且早已用作书写材料，其余没有留下字迹的残纸，当然亦会适用于书写。

画有地图的西汉古纸（1986年甘肃放马滩出土）

具体而言，这八批纸的出土说明了以下问题：第一，它们有力地证明公元前2世纪的西汉初就已有了纸。把我国发明造纸术的时间提前了约300年，说明这项发明源远流长。

第二，证明蔡伦以前的纸既非缣帛，亦非丝质絮纸，而是地地道道的植物纤维纸。不能以蔡伦划线分为"古纸"与"今纸"，蔡伦前后麻纸无本质之别，只有精粗之分。

第三，补充了《史记》、《汉书》关于造纸术记载之不足，澄清了《后汉书》关于造纸术记载的混乱，因《后汉书》多次谈到蔡伦前用纸，又认为纸是蔡伦发明的。古纸还有助于对《说文解字》中纸的定义的正确理解。

第四，中国不但是造纸术的故乡，而且是拥有世界上最早的古纸标本的国家，为任何其他国家所不及。

第五，为研究早期造纸原料及制造技术提供了宝贵的实物资料。

我们认为，任何一项伟大的发明，都不可能是一个人在某一时间内一下子创造出来的奇迹。在遥远的古代，一项科学技术的发明，更非易事，它应当是经过长时间的许多人的反复试验，逐步取得成功的。从我国社会历史发展的背景来分析，西汉时代已经试验和发明了植物纤维纸是可信的。秦朝以后，文字趋于统一，其作为信息交流工具的职能加强了，文字的载体——简、帛等材料已经不能适应新的需求。西汉时期国家政权巩固，经济繁荣，为了加强对全国的统治，政府公布的法令文件越来越多，教育事业也日趋发展，这都使得简帛等旧的书写材料与新的社会需要间的矛盾日趋尖锐，人们迫切需要一种新的书写材料来代替笨重的简和昂贵的帛。西汉时期的纺织业较发达，人们从中得到了启示和借鉴，开始了植物纤维造纸的试验并取得了成功，西汉古纸的多次发现就是最有力的证明。当然，蔡伦在造纸术的总结、改进、推广等方面的功绩是不容忽视的。西汉发明造纸术的事实并不能否认蔡伦的伟大功绩。

三、造纸术在东汉的改进和初步普及

造纸术在西汉发明以后，由于生产技术尚不发达，原料来源也比较有限，因而只能在小范围内流行。后至东汉和帝时，蔡伦总结前人经验，改进了造纸技术，在他为官尚方令，掌管宫廷中日用品制作的过程中，有机会接触各种工匠，注意到麻、树皮、废旧织物等的共同属性，从而以它们为原料，制造出了具有较高质量的纸张，使造纸原料来源扩大，客观上对纸张生产的普及起到了推动作用。另一方面，蔡伦又提高了造纸的技术水平。用麻、树皮造纸，要经过复杂的工艺程序，尤其是树皮，需经过剥切、沤烂、蒸煮、舂捣、抄造、定型、漂白等工序。蔡伦成功地试用树皮造纸，并使这种工艺得到推广，为我国的造纸事业开辟了广阔道路。蔡伦不仅提高了纸张的生产效率，

蔡伦塑像

而且降低了造纸的成本。纸张因此得到大范围的推广，并逐渐取代金石、竹木、缣帛，成为主要的文字载体和书写材料。这一点，可以从考古发掘中得到充分的印证。一方面，近世考古发现的东汉简牍实物数目要比西汉时少，反映了竹木简牍已越来越少，逐步退出历史舞台的趋势。另一方面，从质量上看，东汉古纸的质量已较西汉有很大的提高。20世纪以来，先后在新疆、甘肃等地区汉代遗址中发现东汉古纸。1901年，在今新疆维吾尔自治区境内和甘肃省敦煌地区曾出土东汉末期的纸书两片，一为诗抄，一为书信，前者两面书写。1942年，在居延古烽燧台遗址发现的植物纤维纸，上写有隶草20余字，但纸质粗糙，无帘纹。据发现者考证，该纸的生产时间最晚为公元109—110年，即在蔡伦造纸的同时或稍早。另据记载，1959年在新疆民丰县曾发现过东汉古纸残片。系在东汉夫妇合葬墓的尸体旁，发现有揉成团的纸。纸上粘满了黛粉，很可能是

供妇人描眉之纸。1974年，在甘肃武威旱滩坡汉墓又发现一些古纸片，据考古学家考证，它是东汉晚期遗物。此纸三层粘在一起，粘附在随葬的木牛车模型上，纸上写有隶体字。因长期埋藏地下，纸的强度很差，经化验证明是用麻纤维制造的，纸质细薄、平滑。与西汉时期的纸相比，质量已有了很大提高。证明到东汉时造纸技术已经有了很大改进。

古代文献中的相关记载，亦可说明东汉时期造纸技术在不断提高，成本不断降低，以至广为人用。蔡伦之后，劳动人民在生产实践中不断改进造纸技术，至东汉末年，已经出现质量上好的纸张。当时，还有山东东海人左伯，字子邑，以造纸精美著称于世。东汉末期人赵岐在《三辅决录》中说："韦诞奏，蔡邕自矜能书，兼明斯（李斯）籀（史籀）之法，非得纨素不妄下笔。工欲善其事，必先利其器。用张芝笔，左伯纸，及臣墨，皆古法，兼此三具，又得臣手，然后可以尽径丈之势，方寸之言。"南齐萧子良也称赞左伯所造之纸"妍妙辉光"。唐代张怀瓘《书断》亦云，左伯"甚能造纸，汉兴用纸代简，至和帝时蔡伦工为之，而子邑尤得其妙"。同时，纸张价格较之缣帛远为低廉，故成为最为普遍的书写材料。东汉人崔瑗复友人葛元甫信中说："今遣送《许子》十卷，贫不及素，但以纸耳。"足证当时纸张已为普通读书人广泛使用。这对当时知识的普及和图书的广泛流通都有直接的促进作用。

需要强调的是，虽然纸张在东汉已经得到较为广泛的使用，但它并未能完全取代竹木和缣帛等传统的书写材料，而是经历了很长的历史发展时期。两汉时期的图书载体呈现出多元并存、有主有辅、逐渐更替的整体格局。

四、造纸术向世界的传播

造纸术是中国古代劳动人民最先发明的，是中华民族对世界文明作出的杰出贡献。造纸术是中华古代文明高度发达的重要标志之一。关于造纸术发明的意义和作用，钱存训曾有论断：

> 一般学者都公认，在古代文化交通的各种成就中，没有一种发明是可以和造纸术及印刷术的重要相比的；二者对现代文明皆有极其深远的影响。甚至在现代的日常生活中，虽然另有其他各种传播媒介，但至今都还不能代替纸和印刷术所具有的基本功能。[①]

当我国已经使用了纸的时候，世界上其他国家和民族都还在使用着古老、原始的书写材料。有些国家曾把文字写在泥板上、砖石上，如两河流域的泥版书；有的写在植物茎叶上，如古埃及的莎草纸、古印度的贝叶经；有的写在动物的皮上，如欧洲羊皮书、犊皮书；有的还刻在金属上，如金书、铅书等。这些材料基本上都属于自然物的简单加

[①] 钱存训：《书于竹帛》。上海书店，2002年版，1页。

工,有的过于笨重,有的过于昂贵,有的极易损坏、不便保存。作为文字载体和书写材料,纸具有无可比拟的优越性,它有纸草之便而不易破裂,有竹木之廉而体积不大,有缣帛羊皮之柔软而无其贵,有金石之久而无其笨重,是一种最理想的书写材料。

中国造纸术发明之后,不仅在国内得到推广,而且逐渐传播到世界各地,被世界人民所接受。然而,欧洲的某些学者曾不相信中国人最先发明了纸这一事实。他们最初认为破布造纸是由13世纪的意大利人或法国人发明的;当埃及发现了8世纪的古纸以后,又说纸是阿拉伯人的创造。直到在中国西北地区发现的2—4世纪的麻纤维古纸被他们见到,并经化验证实之后,他们才承认植物纤维造纸是中国人最早发明的。欧洲人学会造纸是经阿拉伯人从中国传去的。

据考证,中国造纸术的外传,首先是把纸和纸制品(书、信件和绘画等)传入其他国家,第二步才是造纸技术的外传。在3世纪左右,造纸术首先传入越南,在4世纪又向东传入朝鲜,并于5世纪经朝鲜传入日本。7世纪左右,造纸术传入印度。造纸术向西方的传播是经由丝绸之路进行的。2世纪前后,西域地区已经有了纸的使用。5世纪时,全中亚一带都使用了纸。8世纪,造纸术开始传入西方。751年,唐朝与大食国(阿拉伯)发生战争,安西节度使高仙芝带领的唐朝军队被打败,许多中国人被俘,其中有些是造纸工人,他们把造纸术传入了西方,并首先在撒马尔罕(今乌兹别克斯坦境内)开设了造纸厂,于是,纸便成为阿拉伯人向西方出口的重要物品。此后,793年在巴格达,795年在大马士革,900年在埃及,1100年在摩洛哥,也相继建立了造纸厂。1150年,阿拉伯人渡海到达西班牙,在西班牙南部的萨地瓦开设了欧洲大陆上第一家造纸厂,此时距蔡伦造纸已经有一千多年了。当时在西班牙掌握造纸技术的也只有阿拉伯人。从8—12世纪,阿拉伯人在西方垄断造纸技术达400年之久。直到1189年,法国人建立了自己的造纸作坊,这才是基督教国家建立自己的造纸厂的开始。此后,1276年在意大利,1320年在德国,1323年在荷兰,1460年在英国,1567年在俄国都陆续建立了造纸工厂。1575年在墨西哥,1690年在美国费城建立了美洲大陆上的造纸厂。而在澳洲,直到19世纪才在墨尔本建了造纸厂。经过一千多年,中国人发明的造纸术传遍全世界,为人类文明作出了杰出的贡献。

第七节 两汉著名图书编撰家

两汉时期,出版活动多由政府主持进行,又因图书制作技术和流通渠道的限制,很少有人能同时从事著述、编辑、抄写复制和广泛传播图书的工作。所以,在汉代,真正意义上的出版家尚未出现,承担出版活动的主体主要是图书编辑家,他们所从事的编辑、著述工作是出版活动的重中之重,故有必要重点论述。

两汉时期的图书编辑家人数众多,大家辈出,留下了为数众多的优秀著作,成为中华民族文化史上的珍贵遗产。这些著作中,有些是著者"依自不依他"的个人创作,有的则是"网罗天下放失旧闻"编次整理而成，有的则兼有独创和编辑加工的性质。众多的编辑家在长期的著述、编辑活动中，形成了宝贵的编辑思想，总结出了丰富的编辑经验，归纳出了一系列编辑方法，成为我国出版史上一笔宝贵的精神财富。

一、刘安

刘安（公元前179—前122），西汉前期著名的图书编辑家。汉高祖刘邦之孙，淮南厉王刘长之子。汉文帝十六年（公元前174年），刘安以长子身份袭封为淮南王。刘安文化修养很高，不仅善文辞，而且长于音乐，通晓天文地理。

他还爱贤若渴，"招致宾客方术之士数千人"，组织门客编修了大量图书，除了著名的《淮南子》以外，尚有《淮南外》三十三篇、《淮南中篇》、《离骚传》、《颂德》、《长安都国颂》、《淮南道应》、《琴颂》、《淮南王赋》、《淮南王群臣赋》、《淮南歌诗》、《淮南杂子星》、《淮南八公相鹤经》、《淮南王食经》、《淮南记》、《淮南变化术》、《淮南万毕术》等，内容涉及政治学、哲学、伦理学、史学、文学、经济学、物理、化学、天文、地理、农业水利、医学养生等领域，可谓包罗万象。

在刘安组织编辑的图书中，以《淮南子》一书最为著名。全书21卷，体系庞大，结构严密，以道家理论为核心，融会各家学说，形成了新道家的思想体系。

从《淮南子》一书的内容及编辑体例上，我们可以看出刘安的编辑思想和特点。

首先，有明确的指导思想和创作意图。《淮南子》的写作本意就是站在新道家的立场上，对西汉以前的诸子百家进行批判性总结，以构筑自己新的理论体系，为新生的统一的封建国家提供一整套治国纲领。用刘安自己的话说，就是"纪纲道德，经纬人事"。

其次，兼收并蓄，广为收罗。刘安编辑此书，是要"观天地之象，通古今之事"，并非"循一迹之路，守一隅之指"，因此，他和门客在编写过程中要"上考之天，下揆之地，中通诸理"，广为采纳，集众家学说之长，这表现了作者融汇千川万流的胸怀和超越前人的气魄，及对自己所创新的"不与世推移"的最终体系的自信。从实际情况来看，刘安等人确实是做到了这一点，这从全书的征引材料之多就可以得到印证。

复次，中心突出，形成完整的思想体系，而非汗漫无归。关于新道家，司马谈曾在《论六家要旨》中简明扼要地概括过其理论特点：

> 其为术也，因阴阳之大顺，采儒墨之善，撮名法之要，与时迁移，应物变化，立俗施事，无所不宜，指约而易操，事少而功多。①

《淮南子》一书在编写上正符合新道家"因阴阳之大顺，采儒墨之善，撮名法之要"的特点，它虽然收罗甚广，在《汉书·艺文志》中被列为杂家类，但并不是先秦

---

① 《史记·太史公自序》。

各家思想的杂凑，而是集众家之长而归于新道家。《淮南子·齐俗训》说："百家之言，指奏相反，其合道一体也。"刘安正是站在新道家的立场上，重点继承了老庄的道家思想，但不是完全照搬因袭，而是有所选择，有所改造，有所创新。对儒、法各家有批判有吸收，兼合采撮各家之长，使之置于新道家思想的统帅之下，以道家思想为主体和核心。

四、编排有序，结构严密。《淮南子》21卷，前20卷为主要内容，每卷都是非常精妙的专论，最后一卷《要略》则为全书的跋，详尽地说明了著书的目的、各篇的内容、写作原则与形式，相当于全书的提要。全书在编排上十分精审。

二、司马迁

司马迁（公元前145—？），字子长，西汉左冯翊夏阳龙门人（今陕西韩城南），中国历史上伟大的史学家、文学家和图书编辑家。他继承父志，发凡起例，用毕生精力写就的纪传体史学巨著——《史记》，不但在中国史学史和文学史上有着极其重要的地位，而且在中国古代编辑出版史上享有很高的声誉。

在编辑方法方面，司马迁的创新和贡献主要表现在以下三个方面：

第一，正式确立了史书的论赞形式。

《史记》在每篇之末往往会有"太史公曰"云云，系仿《左传》"君子曰"而作，习惯称"赞"。十表、八书、列传的篇首也有"太史公曰"，习惯谓之"序"。《史记》的一百篇序赞是司马迁直接发表评论的重要形式，或考证古史，如先秦诸帝纪之赞、《三代世表》序；或叙游历所得，如《河渠书》赞；或直抒评论，如《项羽本纪》"太史公曰"、《蒙恬列传》赞等，内容丰富，形式灵活多样，往往可补篇中未言之事。至于《太史公自序》更是一篇总论，明述作之旨，在全书中显得更为重要。

第二，首创编辑中的"互见法"。

司马迁画像

"互见法"，又称"旁见侧出法"，是司马迁首创的一种与纪传体相适应的叙述。这种方法是将一个人的生平事迹、一件历史事件的来龙去脉，分散在数篇之中，参差互见，彼此补充。例如在《吕后本纪》中有"语在齐王语中"，《孝文本纪》有"事在吕后语中"，《萧相国世家》有"语在淮阴侯事中"，等等。这种"互见之法"，至少有两方面的优点：一是可以避免重复，节省篇幅；二是可以详略分明，为刻画主要人物发挥作用。司马迁在研究历史中，进行了广泛的联系和对比，抽出人物、事件最本质的东西来组织材料，突出中心，而将枝叶蔓衍的材料互见于它篇。这一方法也为后世史家所遵循和仿效。

第三，首创"寓论断于序事"的编辑方法。

顾炎武在《日知录》卷二六中指出《史记》有一种重要的编辑方法："寓论断于序事"。这种方法就是司马迁不用专门说一些议论的话，就可以把自己的论点表达出来，这是他表达历史论点的特殊形式。"寓论断于序事"的基本方式有四种：一是借他人之评论或反映来表达自己的观点。如《叔孙通列传》，全篇先后四次通过别人之口对他进行评论，而作者却未置一词，从而塑造了一个不讲是非曲直，而与时进退、以面谀得势的人。二是用客观的内容即历史叙述的方式来体现自己的观点。如《项羽本纪》、《陈涉世家》、《萧相国世家》、《淮阴侯列传》、《孙子吴起列传》、《商君列传》、《李斯列传》等篇章，都采用了这样的方法。三是对比衬托以暗寓己见，如以萧何与韩信作对比，卫青与李广作对比，等等。四是细节描写的方式，有时似是不经意的捎带的叙述，而对历史人物的品评和对历史问题的看法就已表达出来了，这一方面的例子在《史记》中也俯拾皆是。

纵观《史记》一书，我们可以看出，司马迁有着异常丰富和深刻的编辑思想。具体而言，其编辑思想主要包括以下四方面的内容：

一是具有明确的编辑意图。

司马迁编撰《史记》的意图非常明确，他在《报任安书》中曾明确表示，他写《史记》，是为了"自托于无能之辞，网罗天下放失旧闻，考之行事，稽其成败兴坏之理，凡百三十篇，亦欲以究天人之际，通古今之变，成一家之言"。"究天人之际，通古今之变，成一家之言"就是司马迁编撰《史记》的根本意图，他在撰写《史记》时也确实做到了这一点。

二是表彰六经，尊崇孔子但不拘泥于儒学教条。

司马迁身处儒学独尊的时代，其思想也深受儒家思想的濡染。他虽然没有像一些经学大师那样留下儒学理论著作，但他却通过《史记》，以特殊的形式表达了他尊崇孔子、表彰六经的编辑思想。

司马迁对《春秋》一书推崇备至，他认为："夫《春秋》，上明三王之道，下辨人事之纪，别嫌疑，明是非，定犹豫，善善恶恶，贤贤贱不肖，存亡国，继绝世，补敝起废，王道之大者也。"① 而《史记》在司马迁心中就是《春秋》第二，是继承孔子作《春秋》的精神、宗旨、传统而为之。

司马迁推崇孔子为"至圣"，以儒学尤其是孔子的观点作为评判历史事件和人物的标准。但他并不拘泥于此，在对历史的叙述中，又往往能提出自己的独到见解，力图成"一家之言"。

三是明确提出"发愤著书"并将其付诸实践。

---

① 《史记·太史公自序》。

"发愤著书"是中国历史上比较常见的一种现象，几乎就是中国图书编辑史上的一条重要规律。个人的不幸和挫折往往会成为撰写传世之作的强大动力。但系统地总结这一现象，将其理论化，并将其有意识地付诸实践的，司马迁是第一人。李陵之祸给他的身心带来了极大的损害和打击，但他没有因此而气馁，而是将满腔激愤和热情注入到《史记》的写作中。这一方面是受中国传统的"三不朽"思想的影响，另一方面也是他个人坚韧的毅力使然。

四是在对史料的考辨上，博综兼览，实事求是。

《史记》一书取材极为广泛，凡是司马迁生前能看到的文献典籍，他大都有所涉猎。《史记》一书保存了丰富的古代文献，向有"六经门户，诸子渊薮"之称。司马迁在对史料的考辨和采用方面，既通达，又严谨。

其通达表现在对资料的博综兼览上，他不仅利用图书、档案等文献，还进行了实地的调查采访，使得《史记》一书的内容显得异常丰富。在经传方面，他并不囿于门户之见，而是兼采今古文。

司马迁的谨慎突出表现在他对史料的考辨方面。他运用史料时力求质实，排斥虚妄，凡是事涉荒诞、言过其实的材料，他一概不取。对传闻异辞，则谨慎存疑，不妄下断语。

总之，司马迁对中国古代的编辑出版事业有着巨大贡献，他所创立的纪传体史书体例，还有他的编辑思想和方法，为后世学人树立了良好的典范。

三、刘向、刘歆

刘向、刘歆父子是两汉时期著名的编辑家，是我国古代编辑出版工作的重要奠基人。他们在编辑出版方面的主要贡献在于主持编辑整理了西汉一代的国家藏书，对整理好的图书进行了比较科学的分类和著录，又相继编撰了综合性的国家藏书目录——《别录》和《七略》。他们的工作是对先秦以及西汉典籍存佚和学术发展情况的系统总结，是继孔子删定"六经"之后，第一次大规模全面地整理文化遗产的活动。他们的编辑整理活动，不仅对中国传统的"治书之学"（如校雠学、目录学、辨伪学、文献学等学科）的建立和发展产生了直接的催生和促进作用，而且在中国编辑出版史上也有十分重要的地位。

刘向、刘歆父子编辑校定的图书，从学科内容和品种数量上看，几乎包括了当时所能见到的全部古籍；从分类体系和校勘质量上看，达到了前所未有的高度。从宏观上看，《七略》分类体系奠定了封建时期图书分类的思想理论基础，对后世产生极大影响；从微观上看，每一部分都有明确的书名、篇名、作者、目录、叙录、正文和附件，全书结构齐全、字句规范，已明显不同于初创时期的书籍。刘氏父子的工作已经完全具备编辑图书的性质，所以刘氏父子称得上是我国编辑出版工作的重要奠基人。

刘氏父子的编辑思想和方法主要体现在以下三个方面：

一是崇经尊儒、实事求是。

刘氏父子崇经尊儒、实事求是的编辑思想首先表现在对图书的整体分类上。将"六艺略"居首，正是学术上经学中心思想的体现。同时，将诸子之学看成是"六经之支与流裔"，将其纳入儒家的经学系统。这是崇经尊儒的表现。在"六艺略"的《春秋》类下，附有《世本》、《战国策》、《太史公》等八家史书，这既是崇经尊儒的表现，同时又是根据实际情况而选择的著录之法。因为当时史书尚少，另立一类并不现实，所以将其附于《春秋》之下。正如梁阮孝绪《七录序》所说："刘氏之世，史书盖寡，附见《春秋》，诚得其例。"同样，比如诗歌辞赋从源流上讲应附见于《诗经》之下，却另成一类，是因为从先秦至西汉时期的文学著作数量剧增，不得不根据图书发展的实际情况另立一类，亦如《七录序》所说："《七略》诗部不从六艺诗部，盖由其书既多，所谓别为一略。"这些又是刘氏父子实事求是的表现。

在对各家各派学说和具体图书内容的校雠和评价上，也能体现刘氏父子的尊经崇儒、实事求是的编辑思想。他们以儒家的经学思想为准绳，对各家学术"论其指归，辨其讹谬"。对于经学著作则大加推崇，而对于诸子之学中的"苟有可以加乎国家"者则予以充分肯定，对于不合经义者则有所批评。如刘向在《晏子书录》中对《内篇》六书的评价是"皆忠谏其君，文章可观，义理可法，皆合六经之义"。对《外篇》则评价为"颇不合经术，似非晏子所言"。在具体的校对和考辨中，刘氏父子又根据实际情况，进行了一定的辨伪工作，在不能下论断时，则存疑。

二是辨章学术、考镜源流。

刘氏父子在编校、著录图书中，贯彻了"辨章学术，考镜源流"的编辑原则。这主要反映在《别录》与《七略》二书的分类体系和评介内容上。

在刘向、刘歆之前，庄子、荀子、司马迁等都比较注意区分学派，重视学术源流。这些都对刘氏父子有一定的影响。刘氏父子将当时编辑整理的图书分为六大类，三十八种，并非出自主观定出的标准，而是反映了学术发展的历史和现状，同时也考虑到了图书发展的历史与现状。在评介学派和图书内容上，必分门别类，溯其渊源，析其内容，并总结特点，真正做到了"辨章学术，考镜源流"。这种原则也就成为中国古代"治书之学"的一大优良传统。

三是互著与别裁之法。

为了体现"辨章学术，考镜源流"的原则，刘氏父子在编辑著录图书中，根据学术流派的实际情况，在编辑方法上，灵活地采取了互著和别裁的手法。所谓"互著"，又称重复互著之法，即将内容可属于若干门类的图书在有关各类中同时著录。这种著录方法的特点是不避重复，能够全面客观地反映学术流派的特点和具体图书的内容。

所谓"别裁"，即裁篇别出之法，即将一书之内自为一类的内容分析著录，以辨著述源流。

四、许慎

许慎是东汉著名的经学家、文字学家和编辑家。许慎在编辑出版史上的贡献，主要在于他编纂了我国历史上第一部真正意义上的字典——《说文解字》。

许慎撰《说文解字》,具有明确的编纂目的:首先是为了更正今文经学的谬误,提高古文经学的地位。许慎是东汉著名的古文经学家,他生活的年代,正是今文经学开始走向衰落而古文经学逐渐兴盛的时候。当时两派针锋相对,互相辩难,相持不下。许慎撰《说文解字》的主要目的,正是为了正确解释文字,以发扬"五经之道"的。

许慎撰《说文解字》的第二个目的,主要是为了从根本上纠正当时学者任意说解文字的混乱现象,通过考订文字之源来准确校读前代文献。

在编撰《说文解字》过程中,许慎有一系列开创性的贡献,主要表现在以下几个方面:

第一,从编辑方法上看,《许慎》吸取了先秦以来文字研究和字书编纂的成果和经验,首创部首分类法。

《说文解字》的编纂方法是依据"六书"原则,将9 353个汉字(另重文1 363个)按540个部首编排。每一部首下统摄若干文字。部首就是字的偏旁,就是字的形符。它是把文字的形符抽出来作部首,并把带有相同形符的文字归入部首之下。每个部首下都统摄若干个文字,每一个文字都是用小篆写成,然用汉隶解释它的形音义。部首分类法的创立,使辨明每个汉字的字义变得较为容易。只要看到某个汉字属于某部,就可以大致了解它的属性和类别。如部首"广"表房舍,因此可以判定库、府、庭等字都是房屋一类的东西。这样就可以避免误认、误读和误写。此外,部首分类法也易于检索查找,提高了人们利用字书的效率。

许慎创造的这种"分别部居,不相杂厕"的部首分类编排法,对我国辞书的发展影响甚大,后世以部首分类的字典在各种分类字典中所占比例最大。

第二,在具体分析和解释文字中,许慎集中、系统地阐述并应用了"六书"理论,为后来文字学的研究提供了钥匙。

我国古代学者在长期的文字学研究中,归纳出了六种造字方法,即象形、指事、会意、形声、转注、假借,总称"六书"。"六书"理论萌芽于春秋战国时期,成熟于汉代。不过,在许慎以前,只有"六书"和"象形""指事"等名目,而没有具体的解说。如《汉书·艺文志》和《周礼·地官·保氏》的郑众注文中,都曾提出"六书"的具体名称,名目大体一致,并被认为是"造字之本",但两书的作者都没有对"六书"理论做进一步的解释。至许慎编纂《说文解字》时,方统一"六书"名目,而且一一下了定义,举了例子。可以这样说,到许慎撰写《说文解字》的时候,"六书"理论才算成熟。

第三,确立严格的训释体例,在字典编纂史上具有开创意义。

许慎在分析解释汉字的音、形、义时,具有比较严格的程序和规范。一般情况下,都是先解释其义,次训其形,后训其音,有别字或他说者则补充之。

《说文解字》在训释方法上,运用了形训、义训和声训三种方式,或单用其中之一，或综合运用三者来解释，在训诂学上的成就也是相当高的。《说文解字》的训释格式和方法，大多为后世的辞书所遵循，影响相当大。

第四，探求汉字发展源流，追寻汉字本来意义。

《说文解字》中，不管是部首字还是部中字，所有字头的字体全都采用小篆。如果一个字的古文或籀文跟小篆不同，就把古文或籀文列在这个字的说解之后，并加以说明。如果一个字有或体、俗体、今文等，也作同样处理。这些特别列举出来的古文、籀文、或体、俗体、今文等，通称为"重文"。许慎之所以要这样做，目的在于探求汉字的发展源流，力求得到汉字的本来意义。这样做的直接结果就是保存了大量汉代以前的古文字，为后人解读先秦文献和了解当时的社会面貌提供了有力的工具。

五、郑玄

郑玄是东汉后期著名的经学大师，被看成是两汉经学的集大成者，其经学成就及由其学术而形成的学派，被后世称为"郑学"、"通学"，或"综合学派"，对后世产生了十分深远的影响。

郑玄的成就决定了他还是一位优秀的图书编辑家。他不仅著述丰富，而且在长期的注经过程中，形成了一套完整的编辑整理方法，成为注经的典范，为历代学者所遵从。郑玄在注解和编撰图书方面的特点和贡献主要表现在以下三个方面：

第一，打破今、古文经学之间的门户之见，兼综博采。

汉代经学有今、古文之别，两派之间，壁垒森严，长期争论，形同水火。郑玄注解经书时，对这种狭隘的门户之见、宗派之争有所突破。他虽然立足古文经学，但也充分吸收今文经学（包括谶纬之学）的研究成果，取其所长，为我所用，自成一家之学。他的这一做法，体现出网罗众家、融贯互证的宏大气象。

第二，在长期的注经过程中，形成了一套严密的训释术语和注解体例，为后世所遵从。

郑玄注经，遵循的是古文经学家治经的普遍程序，即从文字训诂入手来探求经书的义理，用郑玄的话来说，就是"述先圣之元意"。他深通文字训诂之学，不仅校正读音，训诂名物，解释经意，还对经书中的误字、脱字、衍字和错乱都予以校对和更正。在编校过程中，他采用了丰富的训释术语。在他之前，经学家在校书时已采用了一些常见的术语。郑玄对此不仅有继承，而且有所发展。另外，他还独创了很多校释术语，在古籍的校对方面贡献甚大。

在注解上，郑玄对异文或择优而从，对有把握的，"便下己意"；或同时并存，留待后人解决，如《礼记·乐记》子赣见师乙一节有错简现象，郑玄并未径改，而是因其旧文，在注中作了说明。像这样的例子在郑注中十分普遍。这充分表现了郑玄的审慎态度。

第三，对"三礼"的注解特别精湛，开创所谓的"三礼之学"。

郑玄注经，于"三礼"之学用力最深。"三礼"学是郑玄"通学"最精彩的内容，他全面注释"三礼"，融会贯通，解决了许多疑难问题。郑玄之前，三种礼学经典分别相传，自郑玄"通为三礼"后才开始有所谓"三礼"之学。郑玄在"三礼"方面的努力使礼学在魏晋南北朝隋唐时期成为专门之学，其影响至为深远。

经过郑玄"括囊大典，网罗众家，删裁繁诬，刊改漏失"的努力，两汉经学在东汉末年最终趋于统一。

郑玄以民间学者的一己之力，遍注群经，从根本上改变了东汉末年经学"经有数家，家有数说"、"学者莫知所从"的混乱局面，使经学最终趋于统一。他的著述活动，既对两汉经学著作的编辑工作有所总结和发展，同时又对后世产生了十分深远的影响。他不仅是经学发展史上的一座丰碑，而且在经学图书编辑史上也起到了承前启后的伟大作用。正是从这个意义上讲，我们称郑玄为两汉时期最杰出的经学图书编辑家。

第三章 魏晋南北朝的出版

第一节 魏晋南北朝出版事业的发展概况

魏晋南北朝为中国历史上的大动荡时期,其间战争连绵不绝,政权更迭频繁,社会生产力遭到严重破坏,作为上层建筑的文化教育事业不可避免地受到影响。然而社会的动荡、封建政权的相对软弱,对人们思想的禁锢控制也就相对放松,加之中国是素为崇尚文教的国家,因此这个时期的学术界、思想界又显得异常活跃。包括图书编撰出版在内的文化教育事业,在艰难的条件下仍然有所发展。

魏晋南北朝时期虽然朝代更迭,社会比较动荡,然而人们的思想意识冲破了两汉时儒学定于一尊的束缚,社会文化得到较大的发展。儒家的伦理济世之学、玄学的宇宙本体论、佛教的思辨哲学、道教的养生之学、范缜的无神论等等学说,纷繁并呈地活跃在历史舞台上。史学、文学、艺术和科技等领域,在这一时期的成就也非常突出,各种新体裁、新内容的作品不断涌现。这些在思想文化、科学技术上的创造,都为魏晋南北朝出版事业提供了精彩、丰富的著作来源。

魏晋南北朝时期是我国历史上第一次民族大融合时期。当时的几十个少数民族在汉族先进文化的影响下,自觉或不自觉地接受汉文化,这不仅有利于边远地区和落后地区的经济开发,同时也使汉民族吸收了不少新鲜血液,从而增强了以汉族为主干的中华民族的活力,推动了社会生产力和经济的发展,并为出版事业的发展奠定了强大的经济基础,在生产、流通等方面提供了许多有利条件。而此期频繁的中外交流,也为图书出版事业注入了新的思想文化内容,提出了更多的需求,从而推进了出版事业的发展。

一、魏晋南北朝出版事业的阶段性发展

随着社会生产力和思想文化的进步,此期出版事业的发展呈现出几个不同阶段的发展态势。

第一阶段:三国两晋时期(220—316年)是魏晋南北朝出版事业的恢复和发展阶

段。这个阶段以前，由于东汉末年的战乱，国家收藏的图书"一时焚荡，莫不泯尽焉"①。政府原来建立的图书编纂出版机构瘫痪，士人或家破人亡，或逃避山林。然而随着三国鼎立局面的形成，社会稍趋安定，魏、蜀、吴三国迅速恢复并开展了对图书的收集、整理和出版工作。在编纂出版机构方面，三国西晋时的秘书监开始脱离中书机构而成为专门司掌典籍、艺文的独立官署。为了加强图书的编纂和出版工作，曹魏时还加强了自东汉时就出现的著作郎制度，设置了佐著作郎。到了西晋，著作郎制度进一步发展，出现了专门的著作机构——著作局，并设有著作郎、佐著作郎、著作令史等一系列官职。②

著作机构加强促进了图书编撰出版工作。曹魏时秘书郎郑默编制国家书目《中经》14卷，记载了当时国家收藏的大批图书。西晋时秘书监荀勖编撰国家书目《中经新簿》，著录当时的图书1 885部，20 935卷，这些整理出来的图书被"盛以缥囊，书以缃素"③，即用浅黄色的丝织品来书写，成为国家图书的精品。政府还开展了对一些重要典籍的整理和复制活动，如曹魏正始年间镌刻三体石经，西晋整理出汲冢竹书中的《穆天子传》、《竹书纪年》、《汲冢琐经》等15部著作，使这些重要典籍得以流传。

此期公家、私家也编纂了大批新著，新体裁、新作品大量涌现。第一部大型类书《皇览》在曹魏时问世。曹丕的《典论·论文》、西晋陆机的《文赋》则是我国最早的文学评论著作。当然，文学著作方面还有在曹操父子（"三曹"）及"建安七子"影响下产生的大批诗文作品。史学上，除了当时三国史家新撰的本国史外，最著名的要数西晋史学家司马彪的《续汉书》和陈寿的《三国志》。科技著作方面，较突出的则有曹魏时数学家刘徽的《海岛算经》、西晋名医王叔和的《脉经》和皇甫谧的《针灸甲乙经》等。佛经的翻译在三国西晋时也成就显著。仅据《开元释教录》记载，三国时翻译的佛经就有201部，435卷；西晋时译出的各种经、律、论、集、传则达333部。随着道教传播的广泛，此期也出现了《三皇经》、《灵宝经》等一批新的道教经书。

三国时期，书籍的材料还处于纸、简、帛并行时期。然而，纸的制造技术和使用相比东汉已得到进一步改进和推广，为图书出版业的发展提供了重要条件。到了西晋，造纸的材料有大的突破，出现了用藤造的纸④，纸写本进一步流行。20世纪初以来，在我国新疆地区以及中亚地区不断发掘西晋时期的纸写本遗物，六七十年代，又发掘到写于西晋泰始九年（273年）的标有确切年代的纸写本⑤，说明了纸写本使用范围的广泛。此外，三国西晋时期，我国出版的图书还流传到国外。西晋时，《论语》已经流传到日本。上述情况，都表明出版事业在三国西晋这一阶段由恢复到迅速发展的特点。

---

① 《后汉书》卷七九上《儒林列传》。
② 《晋书》卷十四《职官志》。
③ 《隋书》卷三二《经籍志一·总序》。
④ [西晋]张华：《博物志》曰："剡溪古藤甚多，可造纸。"
⑤ 潘吉星：《新疆出土古纸研究》，《文物》，1970（10）。

第二阶段：东晋十六国时期（317—420 年），是魏晋南北朝时期出版事业的缓慢发展和过渡阶段。西晋后期，自发生争夺皇权的"八王之乱"后，中国北部的匈奴族首领刘聪又率兵攻陷了洛阳、长安，西晋灭亡。"京华荡覆，渠阁文籍，靡有孑遗"①。国家藏书与出版机构又一次遭到严重破坏。到东晋初李充整理国家藏书，编制《晋元帝四部书目》时，国家藏书已锐减为 3 014 卷。东晋时期，由于国家偏处南方，国力削减，后期又有桓玄的起兵割据和篡位，有孙恩、卢循相继而起的农民起义；北方则由于十六国长期征战，政局混乱。受各种因素的影响和限制，导致东晋十六国阶段的出版事业未能在已有基础上保持较快的发展速度，转入一个缓慢发展的阶段。

在图书编纂出版机构方面，东晋政权沿袭了西晋的秘书监、著作局等官署的建制，十六国政权也都有了著作官制度。这些机构的设置，保障了出版工作的延续。从各类著作的编纂出版来看，东晋十六国阶段的出版工作仍然保持了进展的态势。比如史书方面，东晋有多部公修私撰《晋书》的出版，也出现了《华阳国志》这部重要的地方史以及谱学著作《姓氏簿状》；而在北方则有十六国多部关于本国史的史著。文学上，以陶渊明为代表的田园诗为当时诗坛带来了新鲜的气息。医学方面，东晋葛洪著《肘后卒急方》，收集了当时大批切于实用的医方。在艺术方面，则有东晋顾恺之、卫协等画家的人物画，以及王羲之父子书法的流行。佛经的翻译出版和道经的出版，在东晋十六国时期则比前阶段更为兴盛。由于译经的丰富，东晋释道安编纂了第一部佛经目录《综理众经目录》。东晋法显则撰写了著名的佛教游记《佛国记》。道教由于葛洪、杨羲等高道的传播，使《三皇经》、《灵宝经》、《上清经》等大批道经广泛流传。

东晋十六国阶段的出版物材料进一步显示了以纸为主、竹帛为辅的特点，特别是在南方的东晋地区，以藤为主要原料的造纸技术不断提高，东晋末年桓玄当政时，已下令要以纸代替竹简作为出版物书写材料了。

第三阶段：南北朝时期（420—589 年），是魏晋南北朝出版事业发展的高峰阶段。南北朝阶段，社会局势逐步趋向稳定，南朝虽然迭经宋、齐、梁、陈四个朝代，但是凭借东晋以来南方经济的持续发展，图书出版事业有了雄厚的经济基础和生产技术的保障。北朝的北魏统一北方近百年，由于统治者受汉文化的影响较深，重视文化事业，又注意向南方搜求图书资源，所以北朝的图书出版水平也有显著的提高。

在出版管理机构方面，南朝基本保持了西晋时期秘书监与著作局的设置，而北朝出版管理机构却更为发达。北魏为了加强图书的收集和国史编撰，新增了集书省，北齐甚至还设立了称为"史阁"的史馆。此外，从北魏开始，还出现了监修史书制度，这种制度为北齐、北周所继承。刘知几说："高齐及周，迄于隋氏，其史官以大臣统领者，谓之监修。"② 北朝的史馆与亲贵大臣兼修史书制度，成为官府修史制度之滥觞。

南北朝时期，纸的使用已经非常普及，并逐渐形成了纸写本的特殊装帧方式——卷

---

① 《隋书》卷三二《经籍志一·总序》。
② ［唐］刘知几：《史通》卷一一《史官建制》，北京，中华书局，1984。

轴装。从敦煌发现的经卷可以反映南北朝纸写本的抄写和制作模式。此期纸张的加工工艺技术也迅速提高。北朝贾思勰的《齐民要术》记载了关于纸的修潢加工、以防腐蛀的方法。对于纸写本图书的装裱保护工艺也不断进行了改进。唐朝张怀瑾说刘宋孝武帝让人将藏书重新装裱，最长的卷轴达到二十尺。

纸写本的日益推广，为图书出版流行提供了很多方便。南北朝阶段的图书出版数量剧增，并为后代留下许多名著。史学如《宋书》、《南齐书》、《魏书》，文学如《世说新语》、《文心雕龙》、《昭明文选》，科技如贾思勰《齐民要术》、祖冲之《大明历》，名家名著真是不胜枚举。佛经、道经的流传更为丰富，此期释僧祐的《出三藏记集》和南朝孟法师的《玉纬七部经目录》记载了佛经、道经的繁富。按文献记载，当时社会上出版流行的图书达十多万卷。①

由于图书出版数量的剧增，这一阶段图书流通数量也大大增加。南北方分别出现了建康、洛阳两大图书发行流通中心，南北朝的图书还有许多流传到周边少数民族聚居区甚至外国。如当时附属南北朝的高句丽，就流行着"五经"、"三史"、《三国志》、《晋阳秋》等图书；② 百济国则曾向刘宋求得《易林》、《式占》、《元嘉历》等图书；陈朝天嘉六年（565年），陈文帝派使者到新罗，带去佛经1 700卷。此期的日本则通过百济得到中国的图书。梁武帝时，百济人段杨尔将《诗》、《书》、《易》、《礼》、《春秋》传入日本。总之，这一阶段图书的出版数量和流传规模达到了魏晋南北朝时期的高峰。

二、出版事业进步的区域性特征

出版物既是一种精神产品，又是一种物质产品。因而，出版事业的发展，既需要有深厚的文化积累，又需要有足够的生产技术和经济力量的支持。魏晋南北朝时期，由于经济文化水平发展的不平衡，出版事业的进步出现了一些不同的区域性特征。

首先，一些曾经作为国都的城市，由于人文荟萃，又是政治、经济、文化中心，自然而然地成为当时出版业发达的地区。其中最为突出的是南北对峙的建康（今南京）和洛阳两大都市。建康是南方最有代表性的出版中心。从三国时期开始，建康就先后成为东吴、东晋和宋、齐、梁、陈等六朝都城，是六朝的政治文化中心，因此无论是图书的编纂，还是抄录、发行都比较发达。建康依傍长江，又有通商之利，平日"贡使商旅，方舟万计"③。都城内有许多市场，秦淮河两岸更是遍布大市、小市④，商品经济繁荣，书业非常兴盛，大约在城南的朱雀桥边，书肆比较集中。比如，南齐时名儒姚方兴就在朱雀桥书肆购得寻访已久的《尚书·舜典》篇，"始列国学"⑤。梁朝学者傅昭幼

---

① 《隋书》卷三二《经籍志一·总序》记载隋朝承继北周藏书共15 000卷；《通鉴》卷一六五《梁纪二一》记梁承圣三年西魏军攻入江陵，"帝（梁元帝）入东阁竹殿，命舍人高善宝焚古今图书十四万卷"。
② 《北史》卷九四《高丽传》。
③ 《宋书》卷三三《五行志四》。
④ 《隋书》卷二四《食货志》。
⑤ 《隋书》卷三二《经籍志一》。

时贫寒，曾"随外祖于朱雀航卖历日"①，又可见朱雀桥一带书肆贩书品种之丰富。当然，建康也不止朱雀桥一带有书肆，其他市廛也有不少贩卖图书的地方。南齐时江夏王萧锋想要博览群书，于是"遣人于市里街巷买图籍，期月之间，殆将备矣"②。期月之间，就能收集社会上流通的图书，说明当时的建康确实是图书出版业的一个中心。

与建康可以相比的是北方的洛阳。洛阳自魏晋到北朝，也多次被立为国都。文人学者云集于此，许多传世的名著名篇也在此产生。比如陈寿《三国志》、司马彪《续汉书》、左思《三都赋》、曹丕命群臣编纂的《皇览》等等。洛阳还是北方政治、经济中心，城市虽不比南方的建康繁华，但当时城内外也有二百多里坊，居民十万九千多户，南来北往、甚至外国的商旅很多。《洛阳伽蓝记》说："自葱岭以西，至于大秦，商胡贩客，日奔塞下。"洛阳的书肆在东汉以来就很兴盛，到北朝时，北魏的崔鸿父子为撰写《十六国春秋》就充分利用洛阳书肆，访购诸国旧史，完成了这部重要的编年体史著③。北魏秘书监常景雅好藏书，尤其对"新异之书，殷勤求访，或复质买，不问价之贵贱，必以得为期"④。他依靠洛阳发达的出版业，丰富了自己的藏书。

除了建康、洛阳，曾经作为都城的成都、邺城，当时的出版业相对其他地区也比较进步。成都曾经是三国时蜀汉、十六国时成汉的都城，经济、文化水平较高。梁元帝萧绎的《金楼子·聚书篇》曾经描写他派人在四川成都一带买书、写书的情形，说明成都的图书出版业也有一定的基础，图书流通较多。北方的邺城是北朝的大城市，又是东魏、北齐的都城，图书出版、发行很繁荣。南朝出版的图书经过长途贩运，也在这里流通。《北史·祖珽传》记载有书贩在邺城出售梁朝出版的类书《华林遍略》，东魏的大将军高澄以观书为由，"多集书人，一日一夜写毕"，盗抄了这部类书。

魏晋南北朝出版事业另一方面的地域性特征还表现在，从总体而言，南方的出版业比北方发达。这主要可以从以下几个方面来说明。一是南方历朝政权收藏的图书数量远比北朝各代政府收藏的图书多。其中最突出的是梁元帝时国家藏书多达14万卷。这其中固然有承继前朝留存的图书，但更多的应是当时依靠图书出版业所生产的新本、复本。而按照文献记载，北朝的国家藏书最多也不过万卷。其二，南方图书出版业比较发达，图书流通繁荣的地区也比北方多。除了上述建康、成都两地外，南方书业较为发达的地区还有荆州、江陵、寿春、襄阳等处。其三，南方发达的造纸业为图书出版提供了充足的原料。魏晋南北朝时期，纸张的制造技术不断进步，在原料方面，除了原有的麻、楮皮之外，更多地利用了桑皮、藤皮来造纸。由于原料更为广泛，因此纸的成本大大降低，产量也不断增加。到南北朝时期，纸张的运用已经开始普及。西晋张华在《博物志》里说："剡溪古藤甚多，可造纸。"说明在公元3世纪时南方的剡溪（今浙江

---

① 《梁书》卷二六《傅昭传》。
② 《南史》卷四三《江夏王萧锋传》。
③ 《魏书》卷六七《崔鸿传》。
④ 《魏书》卷八二《常景传》。

嵊县）已开始生产藤纸。东晋范宁认为："土纸不可以作文书，皆令用藤角纸。"① 可见当时藤纸的质量较高，并且已普遍适用于公私之间了。藤纸不仅在剡溪生产，当时浙江的余杭、衢州、婺州亦生产藤纸。此外，南方的荆州、湖州、蜀中也是造纸业比较发达的地区，梁元帝为湘东王时，出为荆州刺史，曾"上武帝纸万幅，又奉简文红笺五千番"②；梁朝阮孝绪之父阮彦为湖州从事，孝绪随父之任，"不书南纸，以成父之清"③；梁朝陆倕有答谢安成王（梁武帝之弟萧秀）赐西蜀纸之启；这些材料都说明了梁朝时荆州、湖州、蜀中造纸业的情况。总之，南方是魏晋南北朝造纸业的集中地区，高质量和数量丰富的纸张保证了南方出版业有较优于北方的进步。

三、魏晋南北朝出版事业的规模

对魏晋南北朝出版规模和成就的估计，自然要有一个量化的尺度。但是由于时代久远、文献散失，又因为当时所有的出版物不可能被世人所熟知和著录下来，因此对于此期出版物数量的评估，虽然是量化的，然而实际上也只能是一个大致接近于事实的数字。目的是为了使人们在认识此期出版事业的发展水平时有一个基本的印象，有一个可供定位的参照值。

魏晋南北朝不断进步的出版事业为当时社会提供了大量的出版物，其中主要的出版物是图书。此期流传下来的一些国家藏书目录，除了反映对前朝藏书的一些继承外，在很大程度上还著录了当时出版的图书。

比如，西晋荀勖编撰《中经新簿》著录所藏典籍（包括佛经）1 885 部，29 945 卷。刘宋元嘉八年（431 年）由谢灵运等撰的《宋元嘉八年四部目录》著录图书 1 564 部，14 582 卷。刘宋元徽元年（473 年），由王俭编撰的《宋元徽元年秘阁四部书目录》著录图书 2 020 部，15 074 卷。南齐永明元年（483 年），由王亮等编撰的《齐永明元年秘阁四部目录》著录图书 2 332 部，18 010 卷。萧梁天监四年（505 年），由刘孝标等编撰的《梁天监四年文德正御四部及术数书目录》著录图书 2 968 部，23 106 卷。当然，还有其他政权所编的一些政府藏书目录，但因文献散佚未能流传下来，或不能了解其记载情况。不过，从以上几种主要书目，可以看到当时图书出版流传的一些情形。比如，南朝几代的书目因只反映南方政权的图书保藏情况，在卷数上自然不如西晋统一政权时编纂的《中经新簿》多，但南朝的几部书目反映了当时图书出版流传逐步增长的一种趋势。

除政府藏书目录反映当时图书流传外，一些史书也记载了图书出版流通的情况。比如，据《续晋阳秋》所记，东晋孝武帝时，曾"诏著作郎徐广校秘阁四部见书，凡三

---

① 《太平御览》卷六○五引范宁语。
② ［元］鲜于枢：《笺纸谱》引。
③ ［唐］释道宣：《广弘明集》卷三，上海中华书局，1936 年。

万六千卷"①。这说明东晋时图书的出版发行恢复发展很快，在短时间内，中央图书收藏就从初期《晋元帝四部书目》记载的 3 014 卷扩充了 10 倍。又如《北齐书·颜之推传》引用颜之推《观我生赋》自注曰："王司徒表送秘阁旧事八万卷，乃诏比校，部分为正御、副御、重杂三本。"这段材料反映了南朝萧梁藏书 8 万卷的数量以及当时图书出版多有复本的情况。然而，按照《通鉴》的记载，梁朝元帝时收藏的图书则要比 8 万卷还多得多。《通鉴》卷 165《梁纪》21 记梁朝承圣三年（554 年）西魏军攻入江陵，"（梁元）帝入东阁竹殿，命舍人高善宝焚古今图书十四万卷"。此外，《隋书·经籍志》的总序中，提到北周整理藏书"方盈万卷"，后又说北齐藏书"五千"，所以北周藏书至少有 15 000 卷。

又有一些清人或近人编撰的补史目录，通过史传记载，来看某个朝代著述出版的情况。如清代姚振宗撰《三国艺文志》，就著录三国时的著作 1 010 部，5 170 卷。清代文廷式撰《补晋书艺文志》著录两晋著作 2 268 部，14 222 卷。近人徐崇撰《补南北史艺文志》著录南北朝著作 1 268 部，20 543 卷。

上述是以往文献对于魏晋南北朝出版规模的一些记载，通过这些材料可以做出以下大致的归纳：第一，《通鉴》卷 165 所述梁朝图书 14 万卷是反映当时图书出版流通数量最大的一个数字，从梁朝图书出版多制复本的做法而言，这个数字是大致符合实际情况的；然而这个数字还未包括北朝的及当时社会上出版流通的图书，故此期出版的图书至少有 20 万卷。第二，西晋《中经新簿》记西晋初图书 1 885 部，这可以看作是三国末社会上流通图书最基本的种数，如再加文廷式《补晋书艺文志》所记两晋编撰出版的图书 2 268 部，徐崇《补南北史艺文志》所记南北朝编撰出版的图书 1 268 部，则有约 6 000 种。这样，仅以图书而言，魏晋南北朝的出版规模则至少有 6 000 种、20 万卷。这是对这一时期出版事业及其所取得成就的一个基本的估计。

第二节　魏晋南北朝的图书收集整理和出版

魏晋南北朝时期长期处于封建割据状态，然而，各个时期，割据势力为了巩固政权，致长治久安之效，在长年征战之中，也从未置文化事业于不顾。因此，此期各封建王朝还是继承了汉以来集中校书的传统，注重古今典籍的征集、整理、传抄和再版。应该说，这些工作对于及时挽救图书，繁荣学术文化，推进各类新著述的创作和出版，发挥了重要作用。

东汉末年，两汉积累起来的图书遭到极大的破坏。魏、蜀、吴三国分立之后，分别对所掌握的图书进行了收集、整理和传抄，及时恢复了对图书的保护和出版流通。

---

① ［宋］王应麟：《玉海》卷四二引。

一、三国政府对图书的收集整理和出版

曹魏政权作为三国分立中的强者，在它夺取东汉政权之后，最早展开对图书的征集工作。曹操是个很有远见的政治家，又有高深的文学修养，"雅好诗书文籍，虽在军旅，仍手不释卷"①，"外定武功，内兴文学"②。因此，他在统一北方的过程中，就十分注意对图书的搜求。袁涣在攻破吕布时，舍财物而"取书数百卷"③，深得曹操赏识。他向曹操建议说："今天下大难已除，文武并用，长久之道也。以为可大收篇籍，明先圣之教，以易民视听，使海内斐然向风，则远人不服可以文德来之。"④ 操深表赞同。建安五年（200年），曹操在官渡之战中打败袁绍，"尽收其辎重、图书、珍宝"⑤。曹操还向一些藏书故家征集图书。东汉大学者、藏书家蔡邕之女蔡文姬能诗善文，从匈奴回中原后，曹操向她了解家藏图书的情况，并请文姬抄录图书内容，文姬"缮书"送之，"文无遗误"⑥。因此丰富了曹魏的藏书。

鉴于曹操、曹丕父子数人皆为建安文学之翘楚，雅好文学，时文人学士多集邺下，著述日盛，曹操又利用多种形式聚书，因而为曹魏的政府藏书奠定了基础。《隋书·经籍志》："魏氏代汉，采掇遗亡，藏在秘书中、外三阁。"⑦ 说明曹魏已经收集了相当数量的图书。为了更好地利用这些图书，曹魏组织了对图书的多次整理、校勘和出版，发展了文化事业，其中最突出的是郑默撰成《中经》和魏正始石经的刊刻。

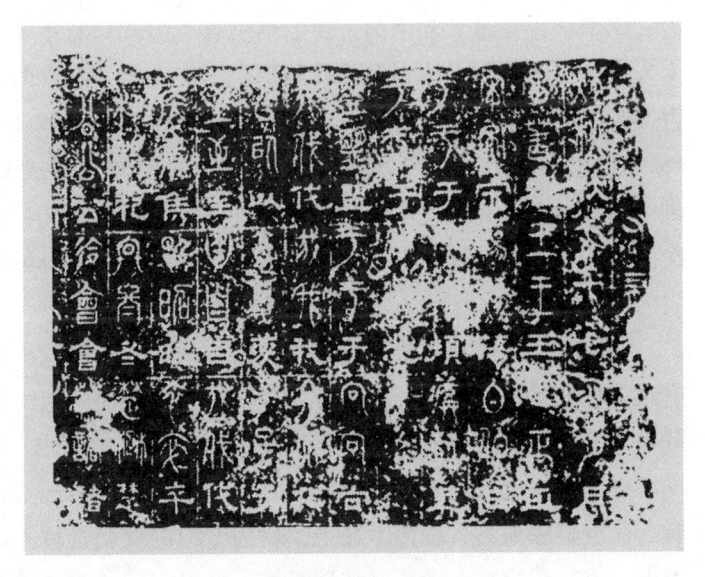

曹魏正始三体碑

曹魏正始三体石经为魏废帝齐王芳正始时所刊立，刻于正始二年（241年）三月，因其刻于正始年间，又用古文、篆文、隶书三种字体写刻，故称"正始石经"或"三

---

① 《三国志》卷二《魏书·文帝纪》裴注。
② 《三国志》卷十《魏书·荀彧传》。
③ 《三国志》卷十一《魏书·袁涣传》。
④ 《三国志》卷十一《魏书·袁涣传》。
⑤ 《三国志》卷一《魏书·武帝纪》。
⑥ 《后汉书》卷八四《蔡琰传》。
⑦ 《隋书》卷三二《经籍志一》。

体石经"。经文包括《尚书》、《春秋》和部分《左传》（未刊完），立于洛阳魏故城南，朱家圪、龙虎滩一带。石经原碑自晋永嘉之世始，屡经崩坏废毁，至唐贞观中已十不存一。唐初"其相承传拓之本，犹在秘府"，尚有完帙，《隋书·经籍志》即著录有《三字石经尚书》五卷、《三字石经春秋》三卷（注：梁有十二卷）。然至开元中，仅存十三纸。宋皇祐癸巳（1053年），苏望得拓本，摹刻于洛阳。宋金之乱，石经不存，宋拓本亦失。"三体石经"之残石，自光绪二十年（1894年）始见出土，以后续有发现。其经文有周进《尚书残石拓本》、徐鸿宝氏《诸家集拓本》、吴宝炜氏《集拓本》、许光宇氏《集拓本》、王献唐氏《集拓本》、陈乃乾氏之《魏正始石经残字》等诸家传拓、影印本。总括今日所有残石，得字约2 500个，其中古文一体，与《说文》、《汗简》所收古文大体相近，当为战国时期的六国文字，是研究中国古代文字的重要材料。

"三体石经"的刊立，目的在于规范版本及文字，给人提供一种经典的标准本，以免辗转传抄出现错误，同时也是曹魏图书整理、校勘、出版业发展的一项重大举措，在古文字学、古文献学和中国古代图书出版史上都具有重大意义。三字石经的字体，以古文为主。因此，魏三体石经残存的资料不仅在古文字学的研究上具有重要价值，而且在古文献学的研究上也具有重要意义，其古文字体系，等于保存了先秦经书的文字材料，比《说文》中的古文更具特殊意义，因为它们体现在成文的经书当中，等于给我们提供了摹写的先秦经书古本，其中有不少通假字异文，极具校勘价值。同时它的刊立不仅在中国古代书籍整理、出版史上写下了光辉的一页，也可以让我们由此了解当时学术发展的概况，反映了汉代古文经学地位的变化。

三国时，蜀、吴政权的建立和对南方的开发，使我国政治、经济重心开始南移，官府藏书也开始由以洛阳、长安等北方城市为中心而转向南方，形成较为分散的南北平衡分布状况。

孙吴政权据有江东，依照汉制设置了图书机构——东观，典藏经藏，在重藏的同时，又重整理典籍，选博学之士，设为专门的典籍管理人员。吴国在大量据有图籍的基础上，也对政府藏书进行过整理工作，校定前朝所藏，并注重利用。

蜀国虽偏处西南，但自称承刘汉正统，在强国富民的同时，亦重视发展图书文化事业，所以依照东汉旧制，设立东观，以为国家图书馆，典藏国家图书。设有东观郎、秘书令、秘书郎、秘书吏等诸官吏专职管理图籍，且主管多为重臣，如王崇补东观，以"博览群书"的郤正为秘书郎，掌管东观典籍，重视图书事业，力所能及地对政府所藏经籍进行搜集、整理，并不断扩大官府藏书的范围。蜀汉对官府藏书建设高度重视，可惜终因国运短祚，难以形成持续发展之局面。

二、西晋对图书的收集整理和出版

咸熙二年（265年），司马氏取代曹魏，建立晋王朝，史称西晋。虽然西晋建立后，内部王位之争不息，外部各族的反晋斗争不止，但它的短暂统一结束了三国时的动荡局面，在一定程度上还是使社会经济得到初步稳定，文化也随之得到了恢复和发展。在此基础上，西晋政府一方面集中前朝遗书，收魏、蜀、吴三国旧藏，使西晋政府藏书初具规模，另一方面又号召各地向中央献书，不断扩大自身的藏书范围。晋愍帝时，凉州刺史张寔"遣督护王该送诸郡贡计，献名马方珍、经史图籍于京师"。经过多方收集，西晋政府官藏有所增多。亦由于纸的发明，使书籍制作相对简单，社会上读书、抄书、藏书之风大盛。《晋书·文苑传》载，左思著《三都赋》后，因其文思精妙，"于是豪贵之家竞相传写，洛阳为之纸贵"。足见当时书籍的复制量相当可观。在近现代发掘的文书中，也可以证明这一时期手抄复制图书文籍并非个别现象。复制的盛行，使这一时期书籍的出版量大为增加，西晋的国家藏书数量亦随之有所增多，按西晋秘书监荀勖整理、校定政府藏书所编之《晋中经簿》记载，当时西晋政府藏书已达到20 935卷，其规模大大超过了三国时的官府藏书，已建立起了自己的官藏体系。这就使图书的典藏、整理工作势在必行。西晋政府对书籍整理、出版的重视具体体现在编制了一部对后世目录学发展产生较大影响的图书目录——《晋中经簿》及对汲冢书的整理。

西晋初年荀勖等依刘向《别录》整理当时的政府藏书，首先网罗众本，确定书名，接着审定篇第，校勘文字，最后抄写定本，记录了图书的存佚情况，为后人进行考定和甄别工作提供了丰富的依据。在丰富的校书实践基础上，荀勖以郑默的《中经》为依据，"总括群书"，编制了一部新的综合性的官府藏书目录——《中经新簿》，亦称《晋中经簿》。

《中经新簿》正文16卷，另附佛经2卷，约撰于晋武帝泰始十年（274年）至咸宁五年（279年）间。据《隋书·经籍志》记载，当时著录图书"大凡四部合二万九千九百四十五卷"，另据《古今书最》所载，此目与阮孝绪《七录序》共保存于唐释道宣之《广弘明集》卷三，内云该目共著录图书1 885部，20 935卷。其书早亡，所著录图书的实际情况已经无从查考，今姑且两说俱存。《中经新簿》在分类上采用四部分类体系，"虽分为十有馀卷，而总以四部别之"。有史以来第一次在图书分类中以甲、乙、丙、丁为四部的次序符号，分别代表经、子、史、集四大类，比较符合中国古代书籍及文化的内在发展规律，具有较高的科学性，适应了当时学术的变化与典籍增长的需要。按《隋书·经籍志》的说法，其四部的大致情况如下："一曰甲部，纪六艺及小学等书；二曰乙部，有古诸子家、近世子家、兵书、兵家、术数；三曰丙部，有史记、旧事、皇览簿、杂事；四曰丁部，有诗赋、图赞、汲冢书。"《中经新簿》的体例是只著录书名、卷数、撰人，而无解题、附注、注序，所以《隋书·经籍志》说它"但录题及言，盛以缥囊，书用缃素。至于作者之意，无所论辩"[①]，即只是客观地著录书籍的书名、卷数及著者，并对其内容作简要说明，而没有对学术源流的考辨及图书内容的评论。我国古代目录学史上的登记书目这一书目体裁即是由此而始。

---

① 《隋书》卷三二《经籍志一》。

荀勖的《中经新簿》是对西晋图书的一次总结，它较好地反映了自《七略》成书以来图书事业的发展情况。它虽是依郑默《中经》而作，但在《中经》的基础上还是有所创新。它继承了《中经》的成就，变革了刘向、刘歆所创造的已沿用三百年之久的六分法，发展了由《中经》以来的四部分类体制，较系统地反映了《七略》成书后三百年内，由于时代变迁、学术发展而带来的文化典籍范围的扩大和变化。

西晋政府第二次大规模的典籍整理活动是对汲冢竹书的整理。晋武帝咸宁五年（279年），有汲郡人不準掘魏襄王冢，朝廷发现后，收回了一部分随葬品，"得竹简小篆古书十馀万言"①，装载数十车运到洛阳。这批竹简一则因年深日久，编丝朽断；二则因盗墓者的无知，不仅扰乱了简策的次序，而且点燃竹简，当作火把借以照明，致使竹书出土时就已不完整。据《晋书·束皙传》载："初发冢者烧策照取宝物，及官收之，多烬简断札，文既残缺，不复诠次。"为此，西晋政府曾先后两次组织专人对这批竹简进行整理、校订，并编制了目录，"藏于秘府"②，纳入国家藏书。史载，先后参加整理工作的有荀勖、和峤、挚虞、卫恒、束皙等人，皆为当时著名的学者。

汲冢竹书的整理、写定，在古文献学史和中国书籍整理出版史上都具有重要意义。第一，它的整理写定，使不少久逸之书重见天日，为人们研究先秦古史提供了丰富的文献和可靠的史料。汲冢竹书在整理后，除了在"二尺黄纸"之上抄写定本之外，还另外抄有副本。作为早期的整理出版形式——抄录副本，对保存我国古代文化典籍起到了积极作用。

三、东晋、十六国对图书的收集整理和出版

西晋统一时间较短，社会矛盾十分尖锐，尤其是西晋末年的战争，接踵而至的"八王之乱"、"永嘉之乱"，对古代官府藏书的打击是毁灭性的，黄河流域的中华文化遭到了比东汉末年更为严重的摧残，魏晋以来的官府藏书几乎全部毁于战火，正所谓"惠、怀之乱，京华荡覆，渠阁文籍，靡有孑遗"。在此之后的两百多年里，官府藏书的恢复和发展极其缓慢。晋室东渡后，华夏文化的主流势力随之南迁，但历经"惠、

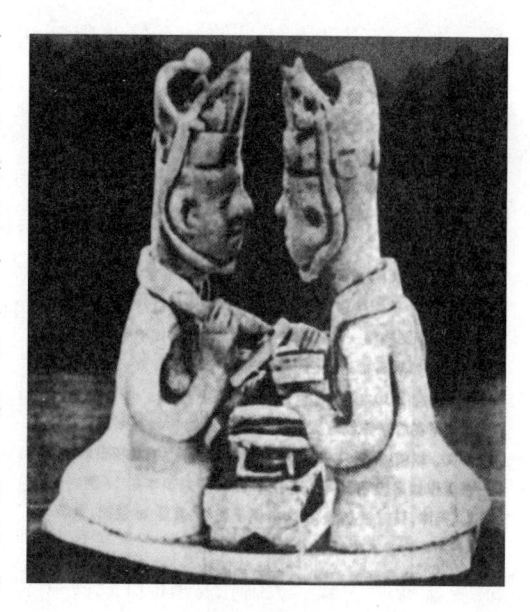

西晋校书陶俑

---

① 《晋书》卷三《武帝纪》。
② 《晋书》卷三《武帝纪》。

怀之乱"后的经籍图书散失惨重，政府藏书寥寥无几。东晋建立之初，政府曾采取多种措施，努力鸠集，力图恢复西晋的官府藏书。但终因典籍损失过于严重，短期内藏书规模已很难恢复到西晋时的水平。但东晋王朝并没有放弃征集、整理图书的努力，继续不断地搜求遗籍，并先后两次组织人力整理政府官藏，编制国家书目。图书事业的发展离不开校雠、整理、编目，东晋政府在发展图书收集、整理、出版事业方面的不遗余力，主要就体现在李充、徐广的典校秘书和编制官藏目录方面。

李充是东晋前期著名的学者、目录学家，史传称其与名士孙绰、许绚、支遁等皆以文名冠于世，又与王羲之同好。李充主持整理政府官藏，编制国家书目大约是在晋穆帝永和年间（345—361年）。由于当时政府所存的图书数量较少，只有3 014卷①，比起荀勖编目时的存书数目相差甚多，所以李充编目，"遂总没众篇之名，但以甲乙为次"。也就是说，他的书目只分四部而不立小类。据《文选》任彦昇《王文宪集序》注引臧荣绪所撰《晋书》记载，李充所编《晋元帝四部书目》是以"五经为甲部，史记为乙部，诸子为丙部，诗赋为丁部"。它的四部分类虽是承袭《中经新簿》的方法，但变更了原来乙、丙两部的顺序，虽仍以甲、乙、丙、丁为名，却以经、史、子、集为序，确定了经、史、子、集四部的顺序，反映了史学地位的提高，甚有条贯，成为后世公私藏书分类体系的基础，在目录学史上一直被沿用了1 500多年，产生了深远的影响，所谓"自尔因循、无所变革"②，后世"秘阁以为永制"③，正说明了他在目录事业发展史上的贡献。

此后东晋王朝仍然继续进行过图书的收集、整理和编目工作。据《续晋阳秋》所记，东晋孝武帝宁康元年（373年），"诏著作郎徐广，校秘阁四部见书，凡三万六千卷"④，此36 000卷有可能一部分是重抄副本，但总的来说，数量比东晋初年要大大增加。

概而言之，图书事业的兴衰与社会政治、经济紧密相联。政局剧变，藏书数骤减实属必然。因此，东晋初李充校定秘阁时藏书仅3 014卷。但一旦政局稳定下来，藏书数量则不断回升，自李充至徐广前后数十年间官方藏书即增至36 000卷，猛增17倍之多。纵观两晋的图书事业发展史，除了政府对图书典籍不遗余力的搜求以外，两晋在整理官藏中亦取得了不少成果，对官府藏书事业的发展起了重要的推动作用。荀勖、和峤、束晳、李充、徐广等人在校理图书和进行编目工作中也都作出了各自的贡献。创四部之体始于郑默，立四部之名始于荀勖，定四部之序则起于李充。西晋、东晋的两部国家书目不仅著录了当时书籍的状况，而且在目录分类上，完成了四部分类法由创始到建立、确定的全过程，使后世以为永制。而两晋时期藏书的另一个突出的特点——书的

---

① 《隋书》卷三二《经籍志一》。
② 《隋书》卷三二《经籍志一·序》。
③ 《隋书》卷三二《经籍志一·序》。
④ ［宋］王应麟：《玉海》卷五〇引。

正、副本分藏于不同之处，亦开创了我国书籍正副本分藏异地的先河，对后世产生了较大影响。

此期，北方的十六国政权频繁更迭，战乱连年，但各短暂王朝的统治者只要稍有宁日，便立刻对经籍图书进行搜集、整理，把中华传统典籍文化看作是他们共同的财富，作为自己建邦立国的精神支柱与思想指南。在这一时期，整理图书、编制书目的工作，虽不免草率，却从未因战乱而长期停止过。但总体来讲，此时北方地区的官府藏书还是出现了衰退的势头，远不如与它对峙的东晋。

四、南朝政府对图书的收集整理和出版

南朝宋、齐、梁、陈四代虽更替频繁，但图书工作还是列入了国家的整个体制之中，它们都因袭旧制，置秘书监、秘书丞、秘书郎等掌管典籍之官；设有秘阁，典藏图书，正所谓"晋宋以还，皆有秘阁之号"[①]。特别是梁武帝时，由于图书增多，便把图书分别收藏，设立文德殿、华林园典藏经籍，文德殿陈列众书，华林园总集佛典，秘阁放经史杂书。此时亦开始注意复本，并把复本分别收藏在不同地方和部门，这是中国图书馆史上的第一次。南齐时也效仿前朝旧制，将一些善本书放在一起，专门设置了学士馆。陈朝的藏书除秘阁外，也还有寿安殿、德教殿、承香殿等地。在雕版印刷术发明之前，抄书是主要的图书复制、再版形式。此时即由于图书再版的需要，官府中开始设立专职人员，从事抄书工作，如在秘书省之外又设立了弟子和正字。弟子是写书人员，正字负校对之责。弟子写完后，交由正字校对。南朝各政权在对图书进行搜求、典藏的同时，也进行了整理工作。整理图书往往以编制目录为结果，那么，南朝图书编目活动之频繁、目录之多、体裁之异、目录学家之众，都远远超过了魏晋。

在南朝宋、齐、梁、陈的迭相更替中，梁朝前承萧齐，从公元502年立国，历经武帝、简文帝、豫章王、武陵王、元帝、贞阳侯、敬帝，于公元557年为陈所灭，享国五十五年。虽然梁代在中国历史上存在时间很短暂，但它的文化事业较为发达，其官府藏书多达十余万卷，直承两汉遗风，是南朝四朝中最兴盛的。纵观梁朝历史，梁朝的图书文化在收集、整理、编纂等各个方面都创造了不凡的业绩。

五、北朝政府对图书的收集整理和出版

北朝曾有许多藏书、校书处，如北魏的秘阁、东观，北齐的仁寿殿、文林殿、麟趾殿，北周的虎门殿等。各朝秘书省也纷纷利用殿阁藏书进行了规模不等的图书整理，其间以北魏、北齐最为用力，也取得了一定的成绩。但相对于南朝而言，其藏书起伏不定，加之这些少数民族政权本身对汉文化典籍的整理缺乏根基，因而编目工作远逊于南方各朝。今可考见的书目仅两部：一部是为搜寻图书而编制的《魏阙书目录》，另一部

---

① [北宋] 程俱：《麟台故事》。

是类目不全的《甲乙新录》。

北部中国，十六国交相更替，社会动荡不安，几乎无图书整理可谈。北魏拓跋焘平定"五胡十六国"以后，统一北方近百年，社会始出现暂时安定的局面，文化亦有所发展。但北魏初年，政府并不十分重视图书典籍的收藏，也没有建立官府藏书，就是在战争中获得的典籍也是作为一般物品奖赏有功之臣，"获其所传皇帝玺绶、图书、府库、珍宝、簿列数万，班赐功臣及将士各有差"①。但北魏统治者的文化程度较高，受汉文化的影响也较深，在其政权稳定以后，统治者还是很快就认识到了图书典籍的社会功用，并先后进行了三次比较大规模的典籍搜集工作，设秘书省掌管国家典籍，从事图书的访求、校勘、分类、编目等工作，也对图书进行了相应整理。此后，在他们向中原发展势力的过程中，始终不断地搜集图书，校书不辍，并编制出《魏阙书目录》，以此为依据到南朝借书，卢昶的《甲乙新录》也是当时图书整理的成果。

北魏长时间的统一与安定，为文化事业的恢复和发展提供了客观条件，加上统治者重视图书事业，对图书不断地搜求，国家藏书数量日益增加，但没有编出一部系统的政府藏书目录，是为憾事。北魏末年，统治腐朽，尔朱氏发动"河阴之变"，加之爆发了各族人民大起义，北魏王朝分裂为西魏和东魏。在北魏分裂后的几十年里，图书损失严重，成为整个北朝藏书史上最大的一次挫折，整理官藏的工作一度停止，大部分藏书流散。从此，北朝藏书转入低潮。东、西魏时代的官府藏书一直没有得到恢复，所以也就谈不上有所发展。虽说西魏政权曾搜集过图书，据《周书·寇儁传》载，大统五年（539年），"时军国草创，坟典散逸，儁始选置令史，抄集经籍，四部群书，稍得周备"，但毕竟收效甚微。到北齐、北周时，北方的政府官藏才又略有恢复，但也极其有限。

北齐建立后，在接受东魏国家藏书的基础上，继续求书，使官藏有所增添扩充。北周继承了前代政府遗书，但宫廷藏书数量非常少。

总的来说，北朝虽然在官藏整理、编目和图书复制方面也做了一些工作，但都比较简单粗糙，没有突出的成就。所编目录亦都未能得到流传，其图书事业较南朝逊色许多。推究其主要原因，不外乎战乱不断和文化的落后。此后，随着隋朝全国统一局面的出现，官藏整理、编目和图书出版事业才逐渐进入新的繁荣时期。

六、私人对图书的收集、典藏、抄写复制

魏晋南北朝时期，纸写书的普及，使书籍便于抄录、携带和保存，从而为私人藏书开辟了新的天地，而私人著述的兴盛，亦为私人藏书的迅速发展提供了条件。因此，魏晋六朝时期，虽时逢乱世，政府公藏时聚时散，相反，私家藏书却由于散布民间，不会受到兵火的集中破坏，且易于转移而蓬勃发展起来。人们在不能利用官藏的情况下，就

---

① 《魏书》卷二《太祖纪》。

转而依赖于民间私人间的借阅、传抄，从而又进一步刺激了私家藏书的发展，因此，这一时期的私人藏书与聚散无定的官府藏书相比，可谓盛矣。

三国时，藏书数千卷的人很多。"建安七子"之一的王粲曾得到蔡邕赠书数千卷，他死后，其子收藏，后来又传到王粲族子王业手中。蜀国丞相长史向朗，"积聚篇卷，于时最多"①。两晋时期，著名的藏书家有西晋的张华，他学识渊博，"雅爱书籍，身死之日，家无馀财，惟有文史溢于机箧"②。东晋初，虽政府藏书甚少，而私人手中却有不少藏书，如殷允、张尚文、郗俭之、桓石秀等人都是"多书之家"，以至东晋政府在收集、整理图书的过程中，不时找私人借书，使秘书郎"分局采借"，即按每人专管一部来抄写，以增加国家藏书。南北朝时私人藏书发展更快，出现了拥有万卷以上书籍的私人藏书家。

这一时期的私人藏书不仅重藏，亦重使用，"藏以致用"的思想得到充分体现。具体表现在：一方面，这一时期的私人藏书为官府图书的整理、复制提供范本，如"秘书监挚虞撰定官书，皆资（张）华之本以取正焉"。另一方面，这一时期私家图书的整理和相互借阅现象极为普遍。私人藏书不仅方便了自己，也为别人提供了方便。很多藏书家对于图书的利用已不局限于个人阅读，他们有的利用所藏编辑新著，有的让人借阅传抄，充分发挥了图书的作用。

随着收书来源的拓宽，藏书数量的增多，藏书活动的内容必然逐步丰富起来。这一时期藏书家的藏书活动已不限于收藏，而是开始有目的地对藏书进行整理，开展一些校勘、编目工作。例如，宗室静好学博文，收集经史，"散书满席，手自雠校"③。北魏李业兴"爱好坟籍，鸠集不已，手自补治，躬加题帖"④。梁朝任昉整理藏书，编撰了私藏目录。值得大书特书的是，南北朝时期，随着私家藏书的发展，除了个人编写私藏目录外，还有个别见识广博的学者，超出私人藏书的范围，广泛著录流传于社会的各种图书，编制出内容丰富、体例严整的私家目录，这就是我国目录学史上最有影响的两部重要的私家藏书目录——王俭编制的《七志》和阮孝绪编制的《七录》。

《七志》在古籍目录的发展史上，有几方面的贡献是值得肯定的：第一，《七志》继承了刘向、刘歆编制目录的优良传统，在书目之外有序，有解题，并且创立了传录体解题的形式，而不像南朝的各种国家书目，只是简单地著录书名。第二，《七志》是最早出现的私家目录，虽然是私人编撰，但其体例和内容，远远超过了当时官修目录的水平。第三，虽然在《七志》之前，《中经新簿》曾经附录佛经，但《七志》是最早一同著录佛经、道经著作的综合目录，它的著录反映了当时社会上书籍流传的实际情况，扩大了著录范围。第四，《七志》首创只记录当代著述的先例，开辟了断代目录的

---

① 《三国志·蜀志·向朗传》。
② 《晋书·张华传》。
③ 《南史》卷五二，《梁书》卷二二。
④ 《魏书·李业兴传》及《北史》本传。

道路。

阮孝绪（479—536），河南尉氏人。梁朝的目录学家。一生酷爱读书，隐居不仕。普通中，博采宋、齐以来公、私图书记录，参考《梁文德殿五部目录》，编成《七录》十二卷，共著录图书七类五十五部，6 288 种，44 526 卷，"总括群书四万馀，皆讨论研核，标判宗指"，"天下之遗书秘记，庶几穷于是矣"①，完整、全面地反映了梁一代的藏书情况，是继《汉志》之后、《隋志》前的一部群书总目，是这一时期最高水平的全国综合性系统目录，对《隋书·经籍志》影响很大。《七录》分内篇和外篇，图书共分七大类，即经典录、记传录、子兵录、文集录、术技录、佛法录、仙道录，并继承了《七略》撰写提要之遗风。

总之，私人藏书的发展不仅极大地促进了文化学术的发展，而且对于历经战火的官府藏书也是一个很好的补充，对于保存、传播我国古代文化典籍贡献殊大。魏晋南北朝私家藏书的活跃，私人藏书来源、品种及质量的各具特色，都为补充和整理官藏提供了条件。而魏晋南北朝私人藏书家们勤奋抄书、聚书，精心护书、校书的精神对后世亦产生了很大影响，一些珍贵典籍正是借他们之手传抄、复制才得以不失传，从而推动了文化的传播和图书事业的发展。

七、寺观对佛经、道经的收集、收藏

佛教发源于古印度，自两汉之交传入中国，到梁代已超过儒学，被定为国教。佛教典籍的收藏，是伴随着译经事业开始的。随着寺院的增多，佛经的陆续译出，藏书也就渐成规模。在西晋官府藏书中，已有佛典的收藏。东晋的庐山东林寺和建康道场寺也是当时译经、藏经中心。刘宋著名藏经寺院为丹阳（今安徽当涂东北）南牛头山之佛窟寺，藏有各类佛经、道书、佛经史、俗经史、医方图符等，用意为永镇山寺，相传守护。萧齐储藏佛典之处为大云邑。此后，梁朝的开国皇帝梁武帝，崇佛达到极点，他特辟华林园，既专门庋藏佛典，又是著名译场，大小寺院也是传经、藏经之所，著名的梁钟山定林寺即藏有佛经 400 余卷。北朝佛教藏书亦初具规模，有寺院佛藏、石窟佛藏和佛经专藏。东魏专储佛典之处是经书库。北齐、北周均有经藏专地，北周弘农郡五张寺藏佛典 300 余部。有学者估计，魏晋南北朝时期的书籍，佛经、道经居其半。

随着佛教的发展，佛经增多，需要加工、整理，以供检阅，于是产生了佛典目录。其中较著名的有晋释道安于东晋孝武帝宁康二年（374 年）编制的《综理众经目录》和梁释僧祐撰成于梁武帝天监四年至十年间（505—511 年）的《出三藏记集》。佛经目录的编撰记载了佛经译著在中土流传的情况，同时保存了各时期的许多文化史料，更为可贵的是，佛经目录的编制方法有相当高的水平，值得一般目录借鉴和参考。此期佛经目录的产生，推动和影响了后世佛经目录的发展。其独特的编撰方法，为古代目录事

---

① 《七录序》。

业增添了光辉。

　　道教产生于中国本土，由我国古代的巫术和战国秦汉之际的方术逐渐演化而成。道教在其漫长的发展过程中，逐渐形成了独特的教理、教义与修行体系，积累了大量经籍与文献资料，并最终形成以卷帙浩繁的道经总集——《道藏》为中心的宫观藏书体系，与佛教寺院藏书一起被视为我国古代藏书事业的重要组成部分。魏晋南北朝时期正是原始道教从民间信仰逐步演变为成熟的官方正统宗教的时期，与之同步发展，道教典籍也与日俱增。道教的宫观藏书，开始于晋宋之后，并随着道教的发展而日臻完善。道教典籍的收藏，最初是官府、民间兼而有之，至西晋末期，道书已为数不少，开始出现了道士私藏道书的现象。

　　从古至今，图书的收藏、整理、复制、出版事业的发展，在中国古代文明发展史上始终占据着重要地位。奠基于先秦，起始于两汉的中国古代图书事业，至魏晋南北朝时期已进入了一个新的由幼稚到成熟的阶段。这一时期，虽然在我国历史上是政局动荡、朝代更迭频繁的动乱年代，战乱的频繁客观上妨碍了图书事业的繁荣与兴旺，但这一时期图书管理制度日臻完善，朝廷设官治书，委任专人各司其职，有力地提高了书籍出版的质量，纸写书的普及客观上为图书事业的发展提供了物质条件，而私人著述的不断丰富则成为了图书事业发展的直接推动力。因此，魏晋南北朝时期的图书事业无论从图书的管理形式、典籍的内容以及在图书的收藏、整理、复制、再版上，都较前代有较大的发展。聚散无常的官府藏书、蓬勃发展的私家藏书以及方兴未艾的寺观藏书，构成了这一时期图书事业的三大人文景观。

第三节　魏晋南北朝的图书编撰和出版

　　魏晋南北朝，在中国出版史上是一个十分重要的发展时期。其时政治上虽然四分五裂，动荡不安，但是图书的编撰和出版却兴旺发达，卓有成就，取得了很大的进步。

　　究其原因，既有客观条件，也有主观因素。客观条件主要有两方面。一是魏晋南北朝造纸术已较前大为进步，造纸材料的来源由麻扩大到楮树皮、桑树皮、檀树皮以及藤等，大大增加了产量，纸张质量也不断提高。用纸书写的优越性不仅很快被社会认可，而且还有封建统治者下令以纸代简。价值低廉、流通方便、能持久保存的纸，逐渐取代了简牍和绢帛，普遍应用于书写，这就为学术文化的发展，包括图书的编撰和出版，提供了便利的物质条件。二是方便书写的字体已多种多样。汉代隶书取代小篆等古文字是汉字发展史上的一大进步，到魏晋南北朝又出现了行书和楷书，而南北朝时期楷书已成为主要的字体，并且一直流传至今。楷书和行书用于书写更加简易和迅速，这也是促使图书文献大量涌现的客观基础。

　　从主观方面看，魏晋南北朝虽然各种政治势力相互争战，争权夺利，但大部分统治者没有置文化事业于不顾。如魏文帝曹丕对图书的编撰和出版就相当重视，《三国志·

魏书·文帝纪》载：魏文帝"以著述为务，自所勒成垂百篇。又使诸儒撰集经传，随类相从，凡千馀篇，号曰《皇览》"。南朝梁武帝也特别重视图书事业，即位不久即下诏向民间收书，要求"依秘阁旧录，速加缮写"①，并设立了文德殿、华林园典藏经籍。北魏曾三次大规模搜集图书，孝文帝迁都洛阳后，还命人检查了北魏缺少图书的情况，编订《魏阙书目录》一卷，到南齐去按目借书抄录。此外，魏晋南北朝学术思想比较活跃，私人修书风气盛行，也是图书编撰和出版得以发展的重要因素。

魏晋南北朝图书的编撰主要有以下几个特点：

其一，图书数量大大增加。关于历代图书文献的数量，史料所限难以作出精确的统计，但通过大概的比较也能看出其变化。东汉班固所撰《汉书·艺文志》，著录了596家著作，共13 269卷。至魏晋南北朝，图书数量则明显增加。西晋编写的国家书目《中经新簿》，已著录图书1 885部，共20 935卷。南朝梁代目录学家阮孝绪编撰的《七录》，著录图书达到44 526卷。《隋书·经籍志》所载图书包括了隋代的文献，但主要反映的是南北朝图书存亡状况。其中著录书籍总计14 466种，89 666卷。由此看出，魏晋南北朝图书的编撰和出版确为一个大发展时期。

其二，新类别、新体裁的大量出现，丰富了图书的表现形式。以图书新体裁而言，经学如曹魏何晏的《论语集解》、西晋杜预的《春秋左传集解》，创立了汇聚注家经学的"集解"形式。史部如东晋常璩《华阳国志》、梁朝周兴嗣《梁皇帝实录》等，分别创立地方志和实录等史书新体裁。文学方面有诗文评、总集等新体裁产生。子部则有《皇览》等一批类书问世。此外，还有一大批原有的图书体裁在此期得到完善而流行。如这一时期大量出现的谱牒著作、佛教道教典籍。新类别、新体裁的不断涌现，不仅丰富了图书的表现形式，而且刺激了学者们的创作热情，不断形成图书编撰的高潮。

其三，以抄撰形式出现的著作增多。抄撰，就是在抄书时加入自己的意见，边抄边撰，把抄的内容和撰的内容糅为一体，形成一本似是而非的"混血"的著作。之所以会出现抄撰，最初可能是因为一些有批判精神的抄书者在抄写大部头的图书时不胜其烦，不甘于逐字照录，而喜欢根据自己的识见，对当简处加以删节，对当繁处添加资料，对错讹处加以修改，对感慨处加以议论，对相关者加以汇集。这样一来可以消解抄书的枯燥，二来可以展示学识，何乐而不为？这样生产的图书多了，便逐渐蔚然成风。"抄撰"一词在史籍中经常出现，如《梁书·庾於陵传》称庾於陵"与谢朓、宗夬抄撰群书"；《陈书·杜子伟传》称杜子伟"与学士刘陟等抄撰群书"；《陈书·陆瑜传》称皇太子"以子集繁多，命瑜抄撰"；《南史·庾肩吾传》称庾肩吾与刘孝威等十八人"抄撰众籍"。

抄撰既是图书复制、流通的方式，也是图书编撰的方式。抄撰著作一般有三种类型，一是对原书只删改不添加，形成原书的节本；二是对原书既删削又增改，形成与原

---

① ［清］严可均：《全上古三代秦汉三国六朝文》，北京，中华书局，1958年，第3192页，任昉为梁武帝书《集坟典令》。

书相补充的新著或参考书；三是抄撮众书，汇集相关资料，形成类书性质的工具书。有的抄撰者把抄撰作为治学的一大法门，作为成就学者的一种途径，有的抄撰著作广泛传播，甚至逐渐代替原著。抄撰之作遍及各类，尤以两类书为多。一类是日常用书，如经书、谱牒、医书等，因读者面广，需求量大，经常成为抄撰的对象；一类是长篇巨著，如《史记》、《汉书》、《地记》等，这类书卷帙浩繁，通读一遍要花费不少时间，抄撰之作压缩了篇幅，保留了精华，节省了读者的阅读时间，因而也颇受欢迎①。抄撰作为一种图书流通和编撰的方式大范围流行，直接结果是产生了大量抄撰著作，间接作用是促进了类书等工具书的发展，后世的类书和史抄都借鉴了魏晋南北朝抄撰著作的编纂方法。

一、经部典籍的注疏和出版

经部是古代儒家的经典著作。儒学是春秋战国时代诸子百家之学中最具有学以致用和治国安邦特色的学说，其时有"六经"之说，指《诗》、《书》、《易》、《礼》、《乐》、《春秋》六种古籍。至汉代，《乐》经亡佚（或说《乐》经未曾编成），汉武帝接受董仲舒的建议，"罢黜百家，独尊儒术"，为其余"五经"设立博士，儒学取得了独尊的、正统的地位。整理研究儒学经典的"经学"，在贾逵、马融、郑玄等众多经学大师的带动下，在汉代逐步形成规模，十分盛行。后来"五经"陆续得到充实，经书范围扩大，到宋代形成了"十三经"，并一直维持到清代，在中国古代社会占据着特殊的重要地位，产生了深远的影响。"十三经"包括《周易》、《尚书》、《诗经》、《周礼》、《仪礼》、《礼记》、《春秋左传》、《春秋公羊传》、《春秋穀梁传》、《论语》、《孝经》、《尔雅》和《孟子》等十三部典籍。

魏晋南北朝时期，政治分裂，玄学兴起，致使儒学独尊的地位动摇。所谓玄学，是以研究《老子》、《庄子》和《周易》为基本内容的"三玄"之学，以探究宇宙本源的奥秘为主要课题，是魏晋南北朝盛行于社会上层和知识界的新的学术思潮。其产生的背景，既有社会原因，也有思想渊源。东汉后期，社会矛盾重重，政治腐败，民不聊生，怨声载道。东汉王朝被黄巾起义摧垮后，又出现了豪强割据、军阀混战的局面。这不仅使中央集权的大一统国家垮台，也动摇了当时作为统治思想的被谶纬迷信神化了的儒学。严酷的社会现实，使继起的统治者不能不总结经验、教训，为封建秩序、纲常名教寻求新的理论依据。而那些不满现实又恐惧杀身之祸的知识分子，为了避免卷入危险的政治斗争漩涡，开始抛弃单一的儒家说教，倡导老庄之学，并用道家的观点去解释儒家学说。这样，玄学便逐渐形成了。玄学涉及的范围和内容十分广泛，包括"有无之辨"、"名教与自然之辨"、"名实之辨"、"才性之辨"、"言意之辨"，以及理想人格、人生价值、养生之术等等，其核心思想是以道家思想为主体的儒道合一。玄学代表人物

---

① 曹之：《中国古籍编撰史》，96页，武汉大学出版社，1999年。

何晏、王弼等人崇尚老庄，用玄理注解儒经，使魏晋时期的经学带有了浓重的玄学特色。到了南北朝时期，经学南北分流。大体看来，北朝较多继承两汉的经学，南朝较多继承魏晋的经学。北学崇尚朴实，笃守持重的习俗；南朝多慕华侈，常沾清淡的风气。华侈则多新意，朴实率由旧章。南北朝经学的趋尚虽然不同，但治经的方法又大多一致，主要是对经文进行注解。魏晋南北朝时期，既有自出己见的新注，也有在前人注解基础上加以引证和发挥的新疏，并且取得了较多成果。清人皮锡瑞《经学历史》第五章中说："世传十三经注，除《孝经》为唐明皇御注外，汉人与魏、晋人各居其半。郑君笺《毛诗》，注《周礼》、《仪礼》、《礼记》，何休注《公羊传》，赵岐注《孟子》，凡六经，皆汉人注。孔安国《尚书传》王肃伪作，王弼《易注》，何晏《论语集解》，凡三经，皆魏人注。杜预《左传集解》，范宁《穀梁集解》，郭璞《尔雅注》，凡三经，皆晋人注。"①这里指出了魏晋时期注释经书的六部代表作，说明了这一时期经书注疏的成就。

二、史书的编撰和出版

魏晋南北朝时期，政治上虽然四分五裂，动荡不安，但是史学却兴旺发达，卓有成就。史书的编撰和出版，也极其繁富，前所未有，取得了很大的进步。其标志主要有三：

其一，史书已自立门户，成为图书文献的单独大类，并取得了仅次于经书的地位。众所周知，西汉末年刘向、刘歆父子主持完成了我国历史上第一次由政府组织的大规模图书整理编目工作，并编写出了第一部系统的图书目录《七略》。《七略》所分图书类目，从"删其要"而成的《汉书·艺文志》可知，共分为六艺略、诸子略、诗赋略、兵书略、数术略、方技略六大类，史书没有单独列出。东汉班固虽然是史学家，但他在编撰《汉书·艺文志》时也未能认识到史书专门分类的重要性，仍沿用刘歆的分法，将《国语》、《世本》、《战国策》、《奏事》、《楚汉春秋》及《史记》、《太古以来年纪》、《汉著记》、《汉大年纪》等史书，附于六经的《春秋》之后。而魏晋以后，这种情况发生了显著变化。西晋荀勖在魏郑默所著《中经》基础上作《新簿》，将群书分成甲、乙、丙、丁四部，史书单独划出，归为丙部。这表明，这时随着史学的发展与繁荣，史书已摆脱了经书附庸的地位，成为学术上的一个单独部门。东晋李充编《四部书目》，又调整四部秩序，"五经为甲，史记为乙，诸子为丙，诗赋为丁"，进一步提高了史书的地位，并从此确定了经史子集的次序。

其二，史部图书数量大增，速度惊人。反映西汉之前图书文献状况的《汉书·艺文志》，其中可列入史书的只有《书经》9家，412卷和《春秋经》23家，948卷，合计为32部，1360卷。唐初魏徵等人编撰的《隋书·经籍志》，主要是依据南朝梁时阮

---

① 皮锡瑞：《经学历史》，周予同注释本，北京，中华书局，1959年，第163页。

孝绪《七录》写成的，是我国现存第二部史志目录，所收图书大多是魏晋南北朝时期的文献。其中著录史部书籍874部，16 558卷。两相比较可以看出，魏晋南北朝史书比汉代之前猛增了十几倍，增长速度之快、幅度之大，是汉代以前所不可想象的，足以反映史书的编撰与出版的进步。这里需指出的是，由于魏晋南北朝社会动荡，文献散佚严重，《隋书·经籍志》所著录的文献并非史书编撰与出版的全貌。正如有些学者所指出的："梁朝以前已经散佚，而为隋志所无者，必然还有一个相当大的数目，从各史列传所记，类书摘录，注家所引，尚可考见而不见于隋志者，当不下数百种之多。我们只要看一看裴松之注《三国志》，仅止关于三国这一段，引用的史书就有一百四五十种，其中绝大部分已失传而不见于隋、唐史志，这就可想而知，当时的史部著作，是一个相当可观的数目。"①

其三，史书包涵内容丰富，种类增多。汉代之前，史书数量较少，尚未明确分类，实际包括的品种也不多。魏晋南北朝随着史学的发展、史书总量的扩大，史书的内容更加丰富，种类也日益增多，并且直接反映到目录著作中。阮孝绪《七录》的史籍类"记传录"下分史书为12类，即国史部、注历部、旧事部、职官部、仪典部、法制部、伪史部、杂传部、鬼神部、土地部、谱状部、簿录部。《隋书·经籍志》经过调整，史部下分为13类，即正史、古史、杂史、霸史、起居注、旧事、职官、仪注、刑法、杂传、地理、谱系、簿录。这增多的史书种类，不仅反映了魏晋南北朝史书编撰与出版的发展与进步，而且为古代史部书籍的分类奠定了基础，成为后世目录学著作分类的重要依据。

魏晋南北朝时期政治形势十分混乱，朝代更迭频繁，分裂割据的局面长期得不到统一。在这样的乱世中，统治者为了从总结历史经验中寻找治乱的药方，也为了给以后的统治者提供借鉴，都特别重视撰修前代及当代史，专设了著史之官，这一措施促进了史书撰著的繁荣。另外，自东汉末年战乱以后，官府控制史学的局面已经打破，而王朝的频繁更迭又为私人著史提供了有利条件。由个人编写某一个王朝的历史，史料便于搜集，撰写容易见效，首尾完整，自成一书，因而私人撰写断代史蔚然成风。魏晋南北朝时期撰写的断代史著作，有据可查的就达百种以上，著名的有《东观汉记》、《三国志》等，这种盛况在整个中国古代社会也是绝无仅有的。

魏晋南北朝时期，史书的编撰突破了纪传体、编年体等传统的体制，呈现出了丰富多彩的新局面。不但新体裁的著作纷纷涌现，特殊内容的史著自立门户，就是一些魏晋以前已萌芽的史体，也只有到了这一时期才真正确立体例，形成规模，成为独立的部门，如"实录和起居注"、"地方志"、"典章制度史"、"谱牒"等。

三、子部典籍的编撰和出版

儒家类著作，《隋书》卷三四《经籍志三》著录62部，530卷；通计亡书合67部，

---

① 王俊杰：《魏晋南北朝时期的史学》，《史学史资料》，1980（2），第9页。

609卷。其中魏晋南北朝编撰出版的书籍占了大半。因儒家典籍主要集中在经部，故子部所录数量不大，且以教化训诫类著作为多，如三国蜀谯周《谯子法训》8卷及《众贤诫》13卷、《妇人训诫集》11卷等。须提及的是，《隋书》卷三二《经籍志一》经部《论语》类录有《孔子家语》21卷，当视为魏晋时期一部重要的儒家著作。

道家类著作，《隋书》卷三四《经籍志三》著录78部，525卷，另录亡书50部。其中汉人著述仅十余部，其他均为魏晋南北朝编撰出版的著作。

法家、名家、纵横家都是春秋战国时期形成的学术流派，均曾盛行一时。但汉武帝"罢黜百家，独尊儒术"后，逐渐衰落，至魏晋南北朝时期已少有传人，编撰出版的著作也数量十分有限。

杂家"兼儒、墨之道，通众家之意"①，其著作以杂取百家之说为特点，故目录著作杂家类也包罗较为庞杂。《隋书·经籍志》著录杂家著作97部，2720卷，另录亡书23部。其中汉代及之前撰述不足10种，其余均为魏晋南北朝编撰出版的著作。

西晋张华所撰《博物志》10卷、《杂记》11卷、《张公杂记》5卷均收入杂家类，而《博物志》尤为重要。《博物志》内容庞杂，山川地理、历史人物、草木虫鱼、飞禽走兽、神仙方技，无所不包。其中保存了不少古代神话传说资料，如海客浮槎、东方朔偷桃、西使献香、巴蛇食象等，对于研究古代文学和历史有一定参考价值。

这里还要提到《颜氏家训》，因历来将其列入杂家类。《颜氏家训》分为序致、教子、兄弟、后娶、治家、风操、慕贤、勉学、文章、名实、涉务、省事、止足、诫兵、养生、归心、书证、音辞、杂艺、终制等20篇。其著述宗旨在于陈述立身治家之法，辨正时俗之谬，用以训诫子孙。家训、家诫、家规在我国古代十分盛行，而《颜氏家训》是此类著作中现存最早的一部。此书虽然名为"家训"，但内容十分博杂。其中对南北风俗、士人好尚、佛语玄谈、鲜卑语传播、俗文字盛兴、治学作文方法、音韵字训、典故考证、文艺品第等多有评述，颇可取资，因而《颜氏家训》还具有特殊的史料价值。

小说家类，《隋书》卷三四《经籍志三》主要是收录以里巷琐语、遗闻轶事为内容的杂谈、杂事一类杂录图书，共著录25部，155卷，另录亡书5部。刘义庆撰《世说新语》及刘孝标注列入此类，不过因其真实地反映了魏晋士大夫的生活状况和精神面貌，可补正史之不足。

农家类著作，《隋书》卷三四《经籍志三》著录5部，19卷，另录亡书4部。其中魏晋南北朝编撰出版的著作，最重要的是北魏贾思勰所撰《齐民要术》。该书10卷，分92篇，主要记载公元6世纪前黄河中、下游地区的农业和副业生产情况。书中内容十分丰富，举凡耕种粮食、栽种瓜果蔬菜、畜养家禽家畜、酿酒造曲等靡不毕书，还记载了有关农作物的异闻以及中原以外和外国的一些植物品种，对于烹调、制革、制墨、

---

① 《隋书》卷三四《经籍志三》。

染纸、保护书籍乃至修理房屋等也多所涉及。《齐民要术》十分广泛的内容,反映了贾思勰以农为本、多种经营的思想,对于唐宋以后乃至现代农业生产的发展都产生了积极作用。《齐民要术》是当时成就最为突出的农书,也是现存最早、最完整的一部中国古代农学著作,对后世农学的发展有深远影响。该书不仅在我国古代农业科技著作的编撰和出版史上值得大书一笔,而且在世界农业科技发展史上也占有重要地位。

秦汉时期《九章算术》的出现,是我国古代数学体系初步形成的标志。在此基础上,魏晋南北朝的数学研究又有了显著的发展。在这一时期编撰出版的数学书不下数十种。

对前人医书的整理研究成果,主要体现在三部医药书上。一是《黄帝内经》,该经本来文字古奥难懂,流传至魏晋已部分散佚,且多有传抄之误,使内容的完整性和科学性受到损害,急需整理训解。南朝医学家全无起经过深入研究,注《黄帝素问》8卷,使这部医学古籍得以部分保存。二是汉代编成的《神农本草经》,经过辗转传抄出现不少谬误,且分类不科学。南朝梁陶弘景作《神农本草经集注》7卷,将原365味药增加到730味。书中摒弃了以前的分类法,采用了以药物的天然属性为标准的新分类法,即将药物分为玉石(矿物)、草木、虫兽、米食、果、菜和有名未用等七大类。在每味药的后面,均注明药性和用途。这使药物的分类更加科学,是又一次系统的药物总结。另外书中还制订出丸、散、膏、丹、汤、酒等的制作规程,这也是药物学上的新成就。陶弘景《集注》的分类法对后世影响较大,唐代的《新修本草》和明代李时珍《本草纲目》的分类法,都是在其基础上充实和完善起来的。三是东汉张仲景《伤寒杂病论》,起初流行并不广泛,且因兵火战乱已散乱。西晋医学家王叔和将该书重新加以整理编次,分为《伤寒论》和《金匮要略》两部书出版。前者专论传染性疾病,后者专述一般杂病。这两部著作,系统地总结了汉代以前我国的医学理论和临床经验,形成了一套从辨证、立法、拟方直到用药的比较完整的医疗原则,奠定了中医医疗学的基础。后世将这两部书称为"医经",至今仍然是中医理论和临床治疗的重要典籍,并受到世界特别是亚洲诸国如日本、朝鲜、越南医学界的推崇。

类书是一种分类汇编文献资料以供检索之用的工具书。它将群书解析,然后按天文、地理、人事、典制、生物、医药、衣食、住行、工艺、珍宝、宗教、方术、鬼神、灾异等等,分门别类汇编,内容几乎无所不包,因而具有百科全书的性质。

类书产生于三国时期,曹魏初年编成的《皇览》是我国出版的第一部类书,从此开创了这一新体裁。《皇览》是魏文帝曹丕命令儒臣王象、桓范、刘劭、韦诞、缪袭等人编纂的,完成于黄初三年(222年)。该书有四十多个部类,每部又有数十篇,通合1000多篇,800多万字。如果每篇为一卷,则有1000多卷。因《皇览》部头太大,在印刷术发明之前,依靠传抄全部保存十分困难,故逐渐散失。到南朝梁类书流行时,对《皇览》有许多节录与合并的抄写本,实际只存680卷。

南北朝时期,由于沿袭魏晋风尚,作文讲究用典,崇尚骈体,在文人中形成了抄集典故，排列偶句，以补记诵不足，供随时查检的风气。这自然促进了类书的发展。加上当时皇帝贵族多喜招揽文士，编撰书籍，于是步曹魏后尘，编撰出版了一批类书。先有北魏道武帝拓跋珪时崔安编纂《帝王集要》30 卷，是一部有关政事历史的专门类书。接着类书递相出版，南北竞美。梁武帝萧衍仿效魏文帝曹丕，在即位之初就诏修类书。天监元年（502 年）命刘杳领修《寿光书苑》，是辑录甲乙丙丁四部书资料而成。在《寿光书苑》即将完成时，另一部类书也在着手编辑，这就是刘孝标为萧衍之弟萧秀所编《类苑》。刘孝标很有才学，《类苑》质量较高，未及完成，才编了 120 卷，就已流行于世。《类苑》编得比《寿光书苑》好，萧衍为争高低，便命诸学士再编一部新类书《华林遍略》。《华林遍略》由徐勉领修，华林园学士七百多人参与，自天监十五年（516 年）至普通四年（523 年）历时八年编成。该书 700 卷，收录资料多于《类苑》数倍。《华林遍略》出版后流传很广，并且冲破了南北对峙的界限，在北朝也受到了欢迎。

道教是我国土生土长的宗教，产生于东汉时期，至魏晋南北朝走向成熟化、定型化，也编撰出版了一批道教典籍。据《隋书·经籍志》称，道教书有：经戒 301 部，908 卷；饵服 46 部，167 卷；房中 13 部，38 卷；符箓 17 部，103 卷。共计 377 部，1 216 卷。足见道教典籍数量之大。

四、文集的编撰和出版

魏晋南北朝时期，文集的编撰和出版仅次于史部书籍而占有重要地位，以至于影响到四部目录中集部的确立。南朝梁阮孝绪《七录序》说："窃以顷世文词总谓之集，变'翰'为'集'于名尤显①，故序《文集录》为内篇第四。"② 在集部书籍中，除原有的《楚辞》外，别集先兴，总集继起。

1. 别集的编撰和出版

别集是指一人的诗文集，其编撰与出版始于汉魏之际。别集具有重要的史料价值，这主要表现在三个方面：一是别集以人相从，著述力求搜罗无遗，因此对研究某一历史人物，它是第一手的直接资料。二是别集文体庞杂，一般包括诗、文、书牍、奏议等，其中文章内容有记赞、序跋、记叙、碑志、墓表、人物传记、记事、杂著等，包含有丰富的史料，历来为研究者所重视。对有些断代史与专题的研究，文集资料具有举足轻重的作用。三是有些别集的作者是造诣精深的学者，其文集中不乏纵论经史、考证文献的名作，可为历史研究取证。历代著名政治家、思想家、文学家大都有自己的文集，由于每一家文集往往编者不止一人，本子不止一种，流传当中又有变化，故版本众多，数量巨大。《隋书·经籍志》著录别集 437 部，4 381 卷；通计亡书合 886 部，8 126 卷。其

---

① 指把王俭《七志》的"文翰志"变为"文集录"。
② ［唐］释道宣：《广弘明集》卷三附，文渊阁四库全书本。

中除隋代 18 部外，其余基本上都是魏晋南北朝时期编撰出版的著作。

如西汉末年著名文学家、哲学家和语言学家扬雄，少好学，博览群书，喜辞赋，作品很多。有《扬雄集》5 卷，亦称《扬子云集》，在魏晋南北朝时出版流传。

曹操虽为三国时政治家、军事家，但其诗歌气魄雄伟、慷慨悲凉，散文亦清峻整洁，有许多诸如《龟虽寿》、《观沧海》等名篇在后世广为传诵。其诗文后人又辑佚为《曹操集》，收诗 1 卷 20 余首，文 3 卷 151 篇，流传至今。魏文帝曹丕"天资文藻，下笔成章，博闻强识，才艺兼该"，曾一度"以著述为务，自所勒成垂百篇"①。至南朝梁时，有《魏文帝集》23 卷流传。

晋初人物，有《左思集》5 卷。左思字太冲，又称《左太冲集》，出版后有散失，传世有 1 卷本。左思曾以十年时间著成《三都赋》，虽是仿班固《西都赋》和张衡《西京赋》而作，但内容之丰实与辞藻之宏丽，实可追步前人而无愧色，充分表现出其深厚广博的学问和才华。当时名士皇甫谧、张载、刘逵、卫瓘等为其作序和注释，张华又赞赏其为班固、张衡之流，于是豪富之家争相传写，洛阳为之纸贵。其别集 1 卷本存诗 14 首，都精美可观。

陶潜，字渊明，卒后私谥靖节，世称靖节先生，故其文集又称《陶渊明集》或《靖节先生集》。在他生前，就曾编撰出版过诗集。南朝梁昭明太子萧统深爱陶潜诗文，收集其作品编成《陶渊明集》8 卷。

《隋书·经籍志》著录南朝宋、齐、梁、陈别集共 179 部，合计亡书达 346 部。刘宋是我国诗歌发展的又一个重要阶段，其诗歌面貌的显著特点是自然界的山水景物大量进入诗篇，使人为之耳目一新。这种新诗风的代表人物是谢灵运，出版有《谢灵运集》20 卷。

南齐最优秀的诗人是谢朓，《隋书》卷三五《经籍志四》著录《谢朓集》12 卷，又有《谢朓遗集》1 卷。因他曾任宣城太守，其集亦称《谢宣城集》。

2. 诗文评与总集的编纂和出版

总集是在别集的基础上发展起来的。魏晋以来，写诗撰文形成风气，编撰出版的别集日益增多。无论从文化的进步还是文学的发展来说，都需要对这些作品分析得失、评论高下、分别流派，也有必要将作品或依门类、或选精华，重新汇编，以利学习研究，广泛传播，如此总集便自然形成规模了。两晋南北朝编纂出版了大量总集，《隋书》卷三五《经籍志四》著录了这一时期总集 107 部，2 213 卷。

这一时期诗文评类总集的代表作是南朝梁刘勰所撰《文心雕龙》和钟嵘的《诗品》。

《文心雕龙》共 10 卷，50 篇，分上、下部，各 25 篇，包括总论、文体论、创作

---

① 《三国志》卷二《魏书·文帝纪》。

论、批评论四个部分。上部,从《原道》至《辨骚》5篇,阐明文学的本源,指出文学创作取法的准则,如作者所谓"文之枢纽",是全书的纲领和理论基础。要求一切都应本之于道,宗之于经。从《明诗》至《书记》的20篇,是论辩文体的。对于每一文体都探讨其源流,阐释其名称及含义,指出在这一文体上某些作家作品的得失,并在理论上提出创作要点。下部,除了最后一篇《序志》为全书的序言,说明自己的创作目的和全书的

《文心雕龙》书影

部署意图外,其余可分为两类。其中《体性》、《指瑕》、《时序》、《才略》、《知音》、《程器》等6篇是关于文学批评的,涉及作家作品及时代风气,以至批评态度和方法等诸多问题。其余则是讨论创作问题的,大致看来,有关于构思的,如《神思》、《养气》等2篇;有关于结构布局的,如《定势》、《镕裁》、《附会》、《总术》等4篇;有关于表现方法原则的,如《风骨》、《通变》、《情采》、《比兴》、《夸饰》、《隐秀》、《物色》等7篇;有关于形式技巧的,如《章句》、《声律》、《丽辞》、《事类》、《炼字》等5篇。下部是全书的精华所在,各篇性质只是就其主要内容而区分,其实在绝大部分篇幅中都是兼包创作和批评两个方面。《文心雕龙》从内容上说虽然分这四个方面,但理论观点首尾一贯,各部分之间又互相照应,体大思精,具有严密的体系,而且见识卓越,论述详审,笔调精美,是我国古代文学批评史上空前绝后的宏伟巨著。

钟嵘《诗品》又名《诗评》,《隋书》卷三五《经籍志四》即著录为《诗评》3卷,这是因为其内容除了品第等级之外,还对作家作品的优劣进行了评论。《诗品》所论范围只限于五言诗。全书共品评了两汉至梁代的诗人122人,包括上品11人,中品39人,下品72人。在《诗品序》及品评中,钟嵘针对当时许多重要的创作问题发表了自己的意见。如他对当时诗歌发展中存在的堆垛典故和片面追求声律的不良倾向,提出了尖锐的批评。这是为了扫清当时形式主义诗风给诗歌创作带来的束缚和障碍,使之步入平坦的道路,具有重大的现实意义。魏晋南北朝时期五言诗已经普遍发展起来,代替了《诗经》以来的四言诗而成为占统治地位的诗歌形式,但由于传统的儒家思想影响,理论批评界在诗歌形式问题上却重四言而轻五言。钟嵘专以五言诗而撰《诗品》,对五言诗的起源和历史发展进行探讨,指出五言诗方兴未艾,这就为五言诗的发展和进步从理论上开辟了道路。

但钟嵘在《诗品》中以"九品论人,七略裁士"的方式,把作家分为上、中、下的办法,不能恰当地反映作家成就的高低。他论诗过分强调历史传承关系,对现实生活影响作家之处有所忽视,而且直说某诗源出于某人某体,把传承关系看得太简单,难免牵强臆断。

汇集多人诗文编纂成册,是总集的主要类型。综合类诗文总集以南朝梁萧统所编《文选》最具代表性。《文选》就是萧统延集文人学士编订的一部文章选集,也是我国

现存最早的一部文学总集。全书30卷，收录周代至梁朝（不含当时在世者）七八百年间130位知名作者和少数佚名作者的诗文作品七百余篇。萧统按文章体裁将所选诗文分为三十七类，基本上是以赋诗内容划分的，从体裁角度看未尽科学合理，但编辑总集注重体裁分类是理所当然的，这有助于强化文献分类意识，对推动文学体裁的研究与进步具有积极意义。

《文选》所选诗文大多数仍然是文学史上的佳作，大体上包罗了先秦至梁初的重要作品，反映了各种文体发展的基本轮廓，为后人研究这七八百年的文学史保存了重要资料。

《文选》的编撰成书，结束了秦汉以前文学被经学吞吃的局面，意味着文学的独立和勃起，出版后受到普遍的重视，影响深远。

五、佛经的译撰和出版

佛教是外来宗教，印度的佛经只有译成汉文才能为汉人阅读和接受，所以佛教在中国的传播是与佛经的译介和出版紧密联系在一起的。随着佛教对中国思想文化及社会生活影响的日益加深，也编撰和出版了一批关于佛教史事的著作。

魏晋南北朝翻译和出版佛经逐渐形成风气，数量日益增加。《隋书·经籍志》记载，这一时期的佛教典籍有："大乘经六百一十七部，二千七十六卷。（五百五十八部，一千六百九十七卷，经。五十九部，三百七十九卷，疏。）小乘经四百八十七部，八百五十二卷。杂经三百八十部，七百一十六卷。（杂经目残缺甚，见数如此。）杂疑经一百七十二部，三百三十六卷。大乘律五十二部，九十一卷。小乘律八十部，四百七十二卷。（七十七部，四百九十卷，律。二部，二十三卷，讲疏。）杂律二十七部，四十六卷。大乘论三十五部，一百四十一卷。（三十部，九十四卷，论。十五部，四十七卷，疏。）小乘论四十一部，五百六十七卷。（二十一部，四百九十一卷，论。十部，七十六卷，讲疏。）杂论五十一部，四百三十七卷。（三十二部，三百九十九卷，论。九部，一百三十八卷，讲疏。）记二十部，四百六十四卷。"共计"一千九百五十部，六千一百九十八卷"[①]。可见魏晋南北朝翻译出版的佛经已包括多种品类，且数量巨大。

这一时期译经成就最大的是鸠摩罗什。他博读大小乘经论，名闻西域诸国。后秦弘始三年（401年），后秦王姚兴派人迎罗什至长安（今西安），待以国师之礼。在姚兴的支持下，开始了规模宏大的译经事业。经过13年的努力，据《开元释教录》所载，共译出佛教经典74部，384卷（《出三藏记集》记为35部294卷）。其中至为重要的，有《大品般若经》、《法华经》、《维摩诘经》、《阿弥陀经》、《金刚经》等经和《中论》、《百论》、《十二门论》、《大智度论》、《成实论》等论。这些经、论后来都成为大乘佛教的基本理论，也是大乘各教派的主要依据。

---

① 《隋书》卷三五《经籍志四》。

南朝翻译佛经成果最多的，是被称为中国佛教四大译经家位列第二的真谛。从梁武帝末至陈太建元年（569年），共译经论纪传64部278卷。其中主要有《十七地论》、《金光明经》、《天上依经》、《仁王般若经》、《广义法门经》、《唯识论》、《摄大乘论释》等，比较系统地介绍了大乘瑜伽行派思想。所译《摄大乘论》影响最大，是南朝摄论学派的主要理论依据。

自晋代始，随着佛教的发展，对中国思想文化及社会生活的影响越来越大，也相应产生了一批记载佛教典籍、人物、寺庙以及发展史事的相关著作。

这一时期，有关佛教经籍以及研究佛教文献的汇编类著作，主要有《弘明集》和《出三藏记集》，两书作者均为南朝梁僧祐。《弘明集》14卷，该书《序》称："道以人弘，教以文明，弘道明教，故谓

北周菩萨（敦煌290窟）

之《弘明集》。"全书辑录东汉末至南朝梁百人有关佛教的论著，多为书启论述之文，旨在弘扬佛教。其选文编排不按时代顺序，也不按文体分类，而是依文章内容区分。其书多选信佛、排佛间的辩论文章，希望通过辩论"弘道明教"，而辩论每每都有一个相对集中的论题，故文章大体是根据辩论的问题分类的。这样很方便从收录的文章了解印度佛教初传中国后思想界争论的情况。

《出三藏记集》简称《祐录》，15卷，或析为17卷，是佛教经录。此书为我国现存最早的簿录体佛教目录解题著作，其中还保存有道安的经录原文。书中所载诸经序、后记，为考见中土译经经过与内容及其时间、地点的重要资料。

这一时期，随着佛徒数量的增加，名僧影响的扩大，还编撰出版了一些佛教人物传记类的著作。其中最具代表性的是南朝梁释慧皎所撰《高僧传》。所载僧人的生平事迹，包括译经注经、讲说论辩、师传嗣法等情况，对研究中国佛教史有很高价值。

这一时期还编撰出版了许多关于佛教的其他著作，大约于东晋义熙十二年（416年），法显编撰出版了《佛国记》。书中不仅记录有天竺各国所传佛陀的本生故事和佛陀周游各地传教的事迹，还记载了他亲身所历30多个国家和地区的道里、山川、气候、物产等自然状况和宗教、典章、风俗、寺庙、古迹等社会生活见闻。这是我国现存有关海外交通的最早记录，所述关于印度、巴基斯坦、尼泊尔、斯里兰卡诸国的历史、宗教，以及中国与这些国家的交通情况，成为举世不可多得的宝贵史料，具有很高的学术价值。

东魏武定五年（547年），杨衒之因公出差重返洛阳，见到这座曾繁盛一时的都城经过永熙之乱后，已是一片凄凉景象。他抚今忆昔，不胜"黍离之悲"。为了寄托对北

魏王朝覆亡的哀悼，以及谴责王公贵族"损费金碧"、"侵渔百姓"的行径，便以伽蓝（即佛寺）的兴废为题，写成了《洛阳伽蓝记》。

《洛阳伽蓝记》每卷下以著名佛寺的盛衰兴废为纲目，还兼述当时政治、经济、军事、人物、风俗、地理、苑囿、建筑、传闻故事，多为实录，间以小说寄托讽喻。

《洛阳伽蓝记》不但是重要的佛教史籍，也可补《魏书》、《北史》等正史之缺，或与之相互参证。出版后广泛传播，深为后世所重，一直流传至今。

第四节　魏晋南北朝出版事业的重要人物和事迹

出版家指的是在图书生产领域统揽全局、高瞻远瞩、屡有建树、出类拔萃的领军人物。而优秀的出版家则应具备超前的预见能力、远大的战略眼光、杰出的组织才能、高超的策划水平等多方面的综合素质，从而能够在图书出版史上留下生命力永久的图书品种。他们的出版成就应能够代表当世的图书生产水平，他们的出版思想和实践应能够对后世的出版事业产生深远的影响。以上表述虽然是现代意义上的优秀出版家的概念，然而借助这些标准，可以说，魏晋南北朝时期推动出版事业发展贡献最大者，恐怕要数魏文帝曹丕和梁武帝萧衍二人。

一、魏文帝曹丕

曹丕在图书生产方面有破天荒之举，开发出了一些图书新品种，创下了新纪录，而且接力前贤，整旧经出新篇，发挥了承前启后的作用。他提出了具有永恒价值的出版理念，开创了图书出版的新局面。他亲自从事创作，积累了丰富的编撰经验，是学者化编撰家、出版家的典范。他还改革出版机构，竭力培养人才，通过确立制度从根本上振兴出版事业。他在图书出版史上作出了突出的贡献。

1. 编撰出版最早的诗文总集

建安二十三年（218年），魏太子曹丕就编辑了一本多人诗文集，被《三国艺文志》称为《建安七子集》，可以说该书便是总集的滥觞，曹丕就是总集的开创者。

"建安七子"是汉献帝建安时期活跃在文坛上的七位文人，他们是孔融、徐幹、应玚、陈琳、刘桢、阮瑀和王粲。曹丕与这七位文士都有交往，对他们的文采十分敬佩。可是在建安二十二年（217年），中原爆发疫情，曹植记其景象为"家家有僵尸之痛，室室有号泣之哀，或阖门而殪，或覆族而丧"。一年之中，徐幹、应玚、陈琳、刘桢皆因疫俱亡，没有染疫的王粲也于这一年的春天死在征吴途中。加上孔融和阮瑀已在多年前辞世，七子无存。朋友们转瞬间全部离去，对曹丕打击很大，他回忆起不久前的欢聚，不由感叹"何图数年之间，零落略尽，言之伤心"。痛定思痛，他想出了"撰其遗文，都为一集"的办法来表达对亡友的怀念。①

或许是因为第一个编这类多人合集的缘故，曹丕似乎并没有给集子命名，书成后流传也不远。清人姚振宗细心搜讨文献的记载，将这本书考据出来，在《三国艺文志》中将其列于三国著述总集类之首，拟书名为《建安七子集》。

2. 组织编撰出版第一部类书《皇览》

宋代王应麟在《玉海》卷五四中说："类书之事，始于《皇览》。"

《皇览》的发起者、策划者和组织者便是曹丕。《三国志》卷二《魏书·文帝纪》载："帝好文学，以著述为务，自所勒成垂百篇。又使诸儒撰集经传，随类相从，凡千馀篇，号曰《皇览》。"《皇览》是以"撰集经传、随类相从"这种类书特有的编撰方式编成的，所以它是一部比较典型的大型类书，被推为类书之祖，可谓名副其实。

3. 增刻黄初石经

曹丕称帝后，立意复兴儒学。黄初元年，曹丕下令补救受董卓之乱而被毁坏的熹平石经。后代学者通过研究发现，经过这次补救竟然多出了两部石经：一是《毛诗》，一是郑氏《尚书》，理由是这两本书在后汉根本就没有被官办学校所采用过，更不可能在熹平年间被刊于石上，唯一合理的解释就是在黄初年间借修复石经的机会增刻的。

刻立石经不仅可以起到规范文本、平息学术纷争的作用，也是图书按需复制或者说是自助复制思想的萌芽。人们在石经上覆纸捶拓，快速得到复本，这种方式催生了雕版印刷术的发明。可以说，石经的刻立在出版史上具有多重意义。曹丕主动承担起接力者的责任，发扬光大了刻立石经这种文献传播方式。

4. 写作出版《典论》

曹丕花了五年时间，在公元222年写成《典论》一书。《典论》各篇的质量参差不齐，未能像曹丕向往的《中论》那样比较完整地流传下来，今仅存其中《论文》一篇。但创作的经历和创作中所形成的系统思想对他策划、组织编撰其他图书具有相当积极的意义。正是抱着坚定的"文章不朽"观，曹丕发起的图书编撰工程才能有不凡的气魄，无论是《皇览》还是"黄初石经"，都是规模较大、精益求精的项目，最终都青史留名，堪称不朽。应该说，"文章不朽"观是曹丕的人生观、文学观，也是他的出版观。一般认为，曹丕倡导"文章不朽观"的《典论》开创了文学的自觉时代，同样也可以说，曹丕的《典论》开创了出版的自觉时代。

5. 加强出版机构

曹丕称帝后，对图书事业的管理机构也进行了一次大幅度的调整，"置中书令，典

---

① 《三国志》卷二一《吴质传》注引《魏略》。

尚书奏事，而秘书改令为监","掌艺文图籍"。如此一来，图书事业有了专门的对口管理的机构，政府对这个方面的注意力更加集中，管理的力度逐渐加强，官员编制增多，专业化程度提高，比过去更容易有所作为。

二、梁武帝萧衍

萧衍在位48年，是南朝统治时间最长的一位皇帝，也是历史上有名的读书皇帝。虽然从政治角度看，梁武帝不是英明一世的雄主，然而从文化建设的角度看，梁武帝却是一位有为可敬的文化创造者。他不仅终其一生保持书生本色，潜心学问，孜孜不倦，著述颇丰，还利用九五之尊的权威，领导、组织、策划出版了一些煌煌巨著和传世名作，称得上是魏晋南北朝时期最重要的出版家之一。

1. 策划刊行识字课本《千字文》

酷爱王羲之书法的萧衍有一天突发奇想，他令一位名叫殷铁石的文学侍从，从王羲之"飘若游龙、矫若惊蛇"的手迹中拓下一千个互不重复、各不相干的字，每纸一字，然后一字一字地教给皇子，达到了既教皇子识字、又教皇子临摹世上一流书法的目的，可谓一举两得。然而，过了一段时间，萧衍感觉这一千个字杂乱无章，内容无内在联系，不但难以记忆，而且小孩只可以据此识字，而学不到有意义的句子和其中所蕴含的知识。萧衍寻思，倘若将这一千字连缀成一篇文章，岂不更妙。于是，他又召来自己最信赖的文学侍从——员外散骑侍郎周兴嗣，陈述了自己的想法，并令周兴嗣将这一千字编撰成一篇通俗易懂的启蒙读物。

周兴嗣将这一千字联串成一篇内涵丰富的四言韵书。这就是流传至今已1 400多年的《千字文》。

《千字文》以"天地玄黄，宇宙洪荒"开头，以"谓语助者，焉哉乎也"结尾。全文共250句，每四字一句，字不重复，句句押韵，前后贯通，内容涉及天文、地理、历史、农耕、园艺、饮食起居、修身养性以及封建纲常礼教等各个方面。被公认为是世界教育史上使用时间最长、影响最大的启蒙识字课本。

《千字文》经历了两次创意。第一次，萧衍将一流书法和识字有机地联系起来，创造性地想到把王羲之书法作品中不重复的字拓下集为一帖，编成独一无二的识字课本。第二次，萧衍又有了把这些字编排成有意义的文字的巧思，终于编撰出了既是法帖又有识字功能和教育意义的新型识字课本。在这两次创意中，萧衍不仅出点子，还知人善用，分别选准学有专长的得力臣子去创作和编辑，其图书创意和知人善用的才能达到了完美统一。

2. 组织编撰刊行《华林遍略》等大型类书

早在梁开国之初，为了显示本朝"文章之盛，焕乎俱集"，萧衍就曾仿效魏文帝曹丕诏修《皇览》的做法，诏令太学博士刘杳领修类书《寿光书苑》。该书编到天监七年杀青，共200卷，乃统辑秘阁四部资料而成，因为编书的机构为寿光省，故而以"寿光"入书名。《寿光书苑》的编修本来是萧衍在文治方面的得意之笔，谁知不知趣的安成王萧秀竟让刘峻（字孝标）领修了《类苑》，该书虽然篇幅上没有越制，只有120卷，不及《寿光书苑》，说"天下之事，毕尽此书"未免夸大其词，但其内容却比《寿光书苑》要精，大有取而代之的势头。这一点让博览群书的萧衍敏锐地发现了，自然不悦，甚至不能容忍，出于维护皇帝尊严的需要，他很快就启动了编撰更大型类书的计划，"即命诸学士撰《华林遍略》以高之"。时为太子詹事的徐勉被任命为领修，何思澄、顾协、刘杳等学者参与其间，在名为"华林园"的编书场所，用了八年时间方编成了700卷的大型类书《华林遍略》。该书的内容全面覆盖了《类苑》，篇幅是其数倍，终于挽回了萧衍的面子，基本实现了他编纂一部篇幅空前的大类书的愿望。

《华林遍略》的问世具有重要的文化意义。首先，它继承和发扬了由《皇览》所开创的类书这种著作体裁，进一步巩固了类书在文献家族中的地位。其次，它拓展了以《皇览》为代表的类书的内容，将其由"撰集经传"专供皇帝参阅的课本扩大为服务类事、排比众书的万有文库。第三，它的流通进一步助长了当时隶事、策问的风气，加快了选官方式由魏晋时期的考察门第向考察知识转移的步伐，激发了寒门子弟的学习热情，某种程度上为隋唐的开科取士埋下了伏笔，奠定了基础。

3. 复制图书，充实国藏

萧衍不仅在新书的策划、编撰方面颇有作为，对传统经典的复制和收藏也极为重视。作为经历战争、起于乱世的皇帝，他对汉末书遭厄运、礼乐崩坏、国异家殊的局面深以为憾，对齐末兵火下青编素简一同煨烬的惨景十分惋惜，为防止悲剧重演，他认为国家藏书必须多置复本，分存异处，以备不测，于是他多次组织大规模的抄书活动。

这些复制的图书充实国藏后，成为国家宝贵的基础学术资源和出版资源，在由政府主持的大型图书的编撰过程中，发挥了相当大的作用。

4. 勤于著述，著作等身

萧衍在图书出版方面发挥了多种角色的作用，他不仅是策划者、组织者，还是一位富有成果的创作者和编撰者。

《梁书·武帝纪》称萧衍著有《制旨孝经义》等200余卷，《文集》120卷。据《隋书·经籍志》所列，萧衍的著作不仅品类多，而且涉及的面相当广泛。凡是萧衍感兴趣的方面，如儒学、史学、文学、佛学、音乐、兵法、围棋等，皆有著述，萧衍的多才多艺通过这些论著得到了充分展示。

5. 发展教育，提倡读书风气

萧衍对教育十分重视。他不仅关心基础教育，有策划编撰《千字文》之举，对高等教育更是大力倡导。他认为图书既是开展学术研究及编撰大型图书的资粮，也是兴办文化教育事业、延揽人才的根本，图书出版和发展教育相辅相成。在萧衍的积极推动下，读书向学的风气逐渐从首都蔓延到乡村。

三、佣书人和写经生事迹

魏晋南北朝时期纸已流行，由轻薄廉价的纸而刺激起来的对图书的社会需求十分巨大，而此时适合高效批量复制图书的雕版印刷术尚未发明，大量的书籍复制工作全靠人工抄写来完成，书写材料的改进和复制技术落后的矛盾相当突出。在这样的情况下，图书抄写很快成为一个新兴的容量很大的行业，为不少出身贫寒，但有书法和文史知识的读书人带来了就业机会。为了谋生，受雇于官府或个人以抄写书籍为务的文士自东汉以来被称为"佣书人"，"佣书人"对古代文化典籍的流传保存起了不可忽视的作用。

随着文化的融合和发展，"佣书人"后来又分化出一批专门抄写佛经的人员，被称为"写经生"。

这个时期，佣书人和写经生的基数很大。由于抄写既是谋生的手段，也是学习的过程，不少佣书人和写经生经过长期笔墨生涯的磨练，在潜移默化中学问和书法大有长进，有的著书立说以名作传世，有的学优而仕建功立业，有的书法精进而成为艺术大家。

1. 吴国的阚泽

阚泽，字德润，生年不详，卒于公元243年，会稽山阴（今浙江绍兴）人，吴国大臣，任过骠骑将军、尚书、中书令、侍中、太子太傅等，擅于辞令。阚泽在赤壁之战中起到了谋士的作用，立下了功劳。阚泽的过人之处在于知人。刘备伐吴时，东吴连战连败。阚泽在关键时候向孙权推荐年轻的陆逊，并用全家性命作保，陆逊果然在彝陵大败刘备，后来成长为东吴的著名将帅。

阚泽是佣书成才的典型，东汉以来佣书有为者虽不鲜见，但后世多以阚泽和班超的事迹作为典故，"阚泽佣书"常用来类比在艰苦的条件下自学成才。《三国志·吴书·阚泽传》是这样介绍阚泽的身世的："家世农夫，至泽好学，居贫无资，常为人佣书，以供纸笔，所写既毕，诵读亦遍。追师论讲，究览群籍，兼通历数，由是显名。"大意是讲，阚泽家世代务农，到了阚泽却很喜欢读书学习，由于家境贫寒，阚泽便经常靠为别人抄写书籍来挣得购买纸和笔的费用。阚泽在抄书时边抄写边默记，抄写完毕内容也已熟记，然后还要找老师请教，就这样，他遍读群书，兼通天文历法。

2. 后秦的释僧肇

释僧肇（384—414），京兆（今河南洛阳）人，俗姓张，生于东晋孝武帝太元九年。据《高僧传》卷六记载，僧肇"家贫，以佣书为业。遂因缮写，乃历观经史，备尽坟籍，志好玄微，每以庄、老为心要，尝读老子《道德》章"。僧肇通过佣书博览经史，在读书中又培养起了对"玄微"之学的浓厚兴趣，时常为书中玄幽莫测的高深哲理所叹服。特别是读了《维摩经》后，对其深邃义理"欢喜顶受，披寻玩味"，毅然决定皈依佛门，剃发为僧。僧肇出家后遍览佛书，佛学造诣日高，二十几岁便"名振关辅"。因为久仰龟兹鸠摩罗什的高名，僧肇便西去凉州求法，终于得到鸠摩罗什的真传，对佛学中的"空"颇有心得，被鸠摩罗什赞誉为"秦人解空第一者"。后秦皇帝姚兴曾命僧肇在逍遥园辅助鸠摩罗什翻译佛经。

僧肇31岁早逝，但留下了一部佛教哲学论文集《肇论》。该书由《涅槃无名论》、《不真空论》、《般若无知论》和《物不迁论》4篇文章组成。《肇论》哲学思想丰富，思维缜密，体系严谨，逻辑性强，从南朝起就享誉中国佛学界，是中国佛教哲学的代表作之一，在国内外有深远的影响。

3. 萧梁的王僧孺

王僧孺（465—522），东海郯（今山东郯城）人。"幼聪慧，……七岁能读十万言，及长，笃爱坟籍。家贫，常佣书以养母，写毕讽诵亦了"。由于天资聪颖，加上长期抄写书籍的磨练，王僧孺不仅练就了一手好书法，被公认为"善楷隶"，而且博闻强记，所抄之书皆能成诵，以知识面广博而闻名，"于书无所不睹，其文丽逸，多用新事，人所未见者"[①]。著名学者任昉为之做"荐士表"，向齐明帝推荐王僧孺，称赞他"即笔耕为养，亦佣书成学"[②]。而孝道和学问都是当时选仕的重要标准，明帝采纳了任昉的举荐，封王僧孺为太学博士，后来又迁其为侍御史。梁朝初年，王僧孺任南海太守，政绩卓著。官至御史中丞，后因事被免官。

王僧孺以佣书成才，自然也喜欢藏书，据《南史》本传记载："僧孺好坟籍，聚书至万馀卷，率多异本，与沈约、任昉家书埒。""埒"是"等同、并立"的意思，王僧孺的藏书量超过万卷，已赶上了著名的藏书家沈约和任昉。王僧孺还是南朝著名的文学家，著有文集30卷，另著《东宫新记》、《两台弹事》，奉旨整理的图书有《百家谱》。

4. 北魏的崔亮

崔亮，字敬儒，清河东武城人。崔亮的父亲曾任尚书郎，在征战中为敌所害。当时崔亮年幼，随母亲投奔亲戚生活。《魏书·崔亮传》载："时年十岁，常依季父幼孙，居家贫，佣书自业。"也就是说到了10岁的时候，崔亮就开始以为人抄书的方式养家糊口了。

崔亮的堂兄崔光在当朝为官的李冲手下办事，曾劝崔亮说："安能久事笔砚，而不往托李氏也？彼家饶书，因可得学。"亮曰："弟妹饥寒，岂可独饱？自可观书于市，

---

① 《南史》卷五九《王僧孺传》。
② 任昉：《为萧扬州荐士表》。

安能看人眉睫乎！"① 堂兄以李家书多，劝崔亮前往借读，崔亮虽然是个书迷，去李家读书对他来说是个很大的诱惑，但他首先考虑到弟妹无人照顾，况且寄人篱下读书还要看人脸色，倒不如到市场上自由阅览。崔亮的回答，反映出了他无私高尚的人格。李冲从崔光那里听到后，对崔亮留下了很好的印象，经过进一步考察，认为崔亮乃可造之才，便将崔亮迎进府中办的学馆做客，还推荐他为中书博士。

后来，崔亮历任显职，做过议郎、尚书二千石郎、吏部郎、太子中舍人、中书侍郎、尚书左丞、给事黄门侍郎、青州大中正等，办事谨慎果断，深受朝野好评。

第五节　魏晋南北朝出版物的材料和形制

中国古代书籍出版物产生的时代很早，有漫长的发展历史。不同时期的书籍出版物，由于所用材料及样式的不同，形成各异的书籍制度。概括而言，我国古代书籍制度主要分为三大类，即简牍制度、卷轴制度和册页（叶）制度。这三种书籍制度大体上代表不同的历史时期，但也有交叉。至于魏晋南北朝时期，从载体材料上看，三国时期是简、帛、纸并存，两晋十六国是纸为主、简帛为辅，南北朝则纸写本普及，虽然其中也有交叉，但大体上呈现出阶段性特征。

一、三国时期简、帛、纸并行

简册与帛书、纸书的存在，有一个相当长的交叉时期。两汉时期虽然发明了纸，但简牍、缣帛与纸，几种书写材料仍然混杂使用。三国时期简牍所占的比重还是最大，其次是纸，再次是帛书。这种排列顺序，是当时状况的真实反映。从文献记载和出土简牍中可以得到证实。

从文献记载来看，当时皇帝诏令、官吏奏事文书、兵卒名册等，都用简牍。如魏曹芳嘉平元年（249年），大将军曹爽护驾魏明帝赴洛阳谒陵，司马懿趁虚发动军事政变，封锁洛阳城门。曹爽的谋士桓范想奔赴城外报讯，便用随身携带的版牍，诈称是皇帝召见的版诏，"举手中版示之"，骗过城门吏②。这时已属曹魏的晚期了。

从考古出土情况来看，简牍也是三国时期用量最大的书写材料。1996年长沙走马楼出土三国吴简10万多枚，其数量超过了以往中国各地出土简牍的总和，从内容来看，大多是契约税券等经济类文书。这些实物补充了现代人们对于三国时期书写材料的认识。

三国时期帝王的诏书除了用木牍外，也有用帛素的记载，看不到纸诏。当时有关纸的史料记载极少，考古发现则近乎零。由于汉末以来长期战乱造成社会经济的严重破坏，使造纸技术发展缓慢甚至停滞。建安时期，也用一些良纸来书写图书档案，如

---

① 《魏书》卷六六《崔亮传》。
② 《资治通鉴》卷七五。

"左伯纸"、"谷皮纸",但仅限于少数上层人物使用。然而,名纸虽贵,还是贱于帛素,在曹操统一北方和三国鼎立之后,随着社会经济的恢复,造纸技术得到发展,成本降低,其代替帛素和简札是必然的。这一过程的完成是在两晋,但三国时期起了承上启下的作用。

二、两晋十六国以纸为主、简帛为辅

两晋十六国时期,纸写书相当流行,成为这时图书出版物的主要形态,人们已习惯于用纸写书、抄书。这时虽然还有简、帛及石刻为载体的图书出版物,但其在图书出版物中所占的比例越来越小,流通范围也日趋狭窄。

陈寿死时,西晋惠帝曾"诏下河南,遣吏赍纸笔,就寿门下,写取《国志》"①。现所见最早的歌咏纸的文章《纸赋》就出自西晋傅咸(239—294)之手。所以魏晋以后(3、4世纪),纸的使用便逐渐取代了竹简,并把缣帛排挤到附庸地位,王公贵族之家也用纸写书了。西晋时,文学家左思构思十年,"门庭藩溷皆著笔纸,遇得一句,即便疏之",写成《三都赋》,"于是豪贵之家,竞相传写,洛阳为之纸贵"②。

人们除了用纸撰写文章书籍外,还用纸创作书法。西晋陆机的《平复帖》,是迄今世界上最早的纸本书法,虽然纸张的纤维已经老化,但由于几经装裱,精心保护,一直保存了1700多年,现存北京故宫博物院。

到了东晋,由于纸的增多,使图书价格逐渐低廉,一般人都可以用得起。而随着纸的流行,简、帛等图书形态逐渐被淘汰。此时,官府文件已在大量用纸了。公元404年,东晋权臣桓玄废晋安帝,自立为帝,改国号楚,随即下令停止用简牍书写文书,而代之以黄纸,诏令说:"古无纸,故用简,非主于敬也,今诸用简者,皆以黄纸代之。"③北方也不例外,十六国时期,纸在北方也代替了简。

纸的广泛使用,对于魏晋南北朝时代文化的发展有重要的作用。绢帛由书写物变为征调物亦由于此。纸的运用也促使汉字字体产生了变化,出现了隶书、楷书、草书、行书等。所以从晋朝开始,中国书法艺术进入了一个新的发展阶段。东晋王羲之的《快雪时晴帖》、王献之的《中秋帖》、王珣的《伯远帖》,被称为"三希墨宝",都是写在麻纸上的。

除了纸写书信之外,在考古发掘中,还发现了一批当时的纸本书籍。这时的纸写书,是以卷轴形式出现的。卷轴,是将幅度相等的纸粘合在一起,由后向前卷成一卷,纸面有直线和边栏为界,前后加签和轴,便于舒卷,后世称为"卷子本"。现存的古卷轴绝大多数是清光绪二十六年(1900年)在甘肃敦煌莫高窟发现的,最早的一部是抄写于西晋咸宁四年(278年)的《陀罗尼神咒经》,现流失国外。1924年在新疆鄯善县

---

① 《艺文类聚》卷五八《杂文部·纸》,引王隐《晋书》。
② 《晋书》卷九二《文苑·左思传》。
③ [唐]徐坚:《初学记》卷二一《纸》,北京,中华书局,1962。

出土了晋人手抄的《三国志》残卷，它是陈寿撰成后不久抄写的，后被英国人盗往国外，现流入日本。

三、南北朝纸写本的普及

南北朝时期，民间造纸业发展很快，当时的地主庄园，多有造纸作坊，纸写本得以普及。由于有了纸张，写字就更方便，价钱也便宜，连穷人也有抄书的机会了，知识传播便捷，学者增加，著述自然也就多起来。

这时的纸张，继承晋制，也有大小两种尺寸，然大抵而言，略大于晋纸。纸幅的大小与产地有关，如蜀纸便较一般的纸宽而高。小幅的敦煌文书的尺寸，大抵在宽 21 厘米、高 19 厘米的幅度之间。较宽的达到 24 厘米，较窄的只有 16 厘米。大幅的敦煌卷子纸一般宽 30 厘米左右，比晋纸略宽；长度大致是 41—48 厘米，约等于汉尺二尺，与古人所说的二尺之纸用以抄书之语大致相符。

纸书长卷的制作，需经粘接。纸卷的粘连在较多情况下是先在单纸上抄写完书的内容，再逐张连接。古人在粘接书卷方面积累了许多宝贵经验，调和的浆糊不但黏性极高，且有保护纸张的作用，敦煌卷子历经千年亦少有散落。连接以后的卷子，长度通常 9—10 米，甚至十数米。每一卷是一个单位，一本书可以由一卷或几卷组成。

为了使字体整齐美观，写书纸上一般要画出界栏。敦煌写本每卷有浅淡如铅笔划成的天地线与直线，每一直行和一根竹简的宽度与长度相近，可说是古竹简制度的痕迹。

第六节　魏晋南北朝图书出版的相关技术

魏晋南北朝时期笔的改进，使得中国的文字向着简化、工整、规范和易于镌刻、复制的方向发展；而造纸技术的提高及墨、砚的发明、发展和应用，为印刷术提供了必不可少的承印和转印材料；以手工雕刻和转印复制技术为基础的盖印和拓印不断完善和结合，为印刷术的发明奠定了技术基础；社会的进步、文化事业的发展，造就了发明印刷术的社会环境和客观要求。这四者在魏晋南北朝时期的具备和结合，使印刷术的发明成为历史的必然。

一、造纸技术的提高

魏晋是中国古代造纸技术发展较快的历史时期，也是我国造纸业的迅速成长时期。这一时期的特点是：造纸原料的扩大，工艺技术的提高，纸张取代竹简成为主要的书写材料。比起两汉，无论是纸的产量、质量或是种类，均有长足的发展。造纸技术的发展促成了图书档案制作材料的变革，我国图籍的制作材料从以帛素、简牍为主过渡到普遍使用纸张，基本上是在魏晋时期完成的。

三国之后，特别是晋代，纸在质量上有了新的提高，表现在纸的白度增加，表面较光洁,纤维束减少,质地细薄坚实,易于书写,因此人们日益喜纸而淡帛了。有的文人还以纸为题材作诗赋加以歌颂。如晋代傅咸《纸赋》曰:"既作契以代绳兮,又造纸以当策,……夫其为物,厥美可珍。廉方有则,体洁性真。含章蕴藻,实好斯文。取彼之弊,以为此新。揽之则舒,舍之则卷。可屈可伸,能幽能显。"表达了对纸的热爱之情,同时也说明这时的纸张质量有了明显的进步。

西晋建立后,结束了长期分裂割据的局面,中国又出现了短期的统一时期,随着社会经济的发展,造纸技术在承继三国时期的基础上,有了较明显的进步。有学者根据近现代的考古发现,将出土的汉纸与晋纸进行比较,发现晋纸的加工比汉纸精细,纸的质量有较大的提高,表现在"汉纸白度差些,表面不甚平滑,结构不紧,……纸质粗厚",而晋纸则"洁白平滑而又方正"[①]。这与西晋傅咸《纸赋》所说的"廉方有则,体洁性真",以及南朝梁宣帝萧詧《咏纸》诗"皎白犹霜雪,方正若布棋,宣情且记事,宁同鱼网时"所称颂的正相吻合。

魏晋南北朝时期造纸技术发展的又一大成就是纸的砑光与染色,也就是纸张除白色之外,又被染成各种颜色。如王羲之紫纸、石虎五色纸、简文帝红笺及四色笺。梁代用石头把纸砑光,称砑光纸。人们用植物原料来染纸,制作各种彩色纸,南朝制造的纸不但洁白精美,而且还有红笺等彩色纸张。梁朝的时候,纸的制作技术达到了一个新的高度。梁江洪《为傅建康咏红笺诗》写红笺"灼烁类蕖开,轻明似霞破"。梁刘孝威的《谢赉官纸启》写梁时官纸质量之高,"虽复邺殿凤衔,汉朝鱼网,平准桃花,中宫縠树(以树皮作纸名縠纸),固以惭兹靡滑,谢此鲜光"[②]。

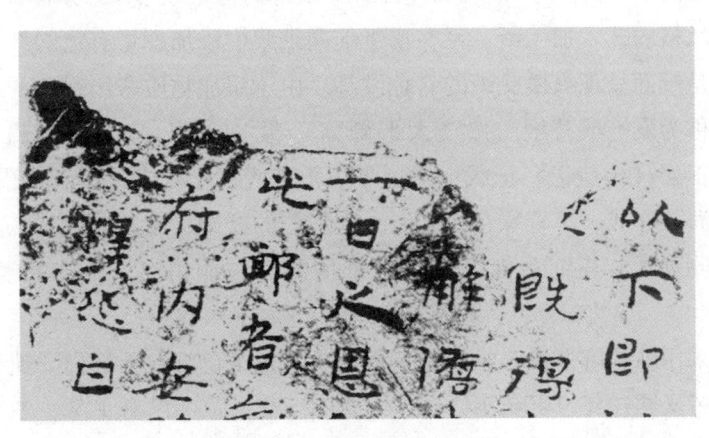

敦煌出土西晋纸文书残片

另外,根据考古发现,我国纸的涂布技术也是始于晋代。为了提高纸张的平滑度、白度、不透明度、均匀度,改善其吸墨性,降低其吸湿性,中国古代发明了将白色矿物

---

① 潘吉星:《中国造纸技术史稿》,北京,文物出版社,1979年,第52-53页。
② 上引均见[唐]徐坚等:《初学记》卷二一《纸第七》。

粉借淀粉糊成胶粘剂均匀涂布在纸面的技术。

涂布能使纸张更加洁白、平滑而吸墨性好，质地差的麻纸经涂布后，便可以用以抄写图书和档案。同时，晋代造纸用的原料种类增多，尤其是东晋南渡后，南方经济迅速繁荣，造纸业在江南发展更快了。

自从东汉蔡伦用树皮、破布等植物纤维造纸之后，魏晋造纸原料更加扩大，许多植物纤维都可用于造纸，纸的种类逐渐增多。除麻类纤维纸之外，以藤为原料的纸称"藤纸"，又称"藤角纸"；以水草作原料的纸称"苔纸"，因纹路侧斜，又称"侧理纸"。还有用桑皮制造的纸、草纸、布纸等。

西晋以后不仅利用麻纤维来造麻纸，而且利用藤来制造藤纸。用三吴所产野藤皮制造的藤皮纸，质地优良。至东晋，藤纸的产量增多，这样就使造纸原料更易获得，纸张成本较前降低，纸的产量增多，东晋书法大家王羲之曾将会稽郡库存纸九万赠与名臣谢安，说明纸的消费量已逐步增长。当时，浙江的剡县（嵊县）和余杭的由拳村是藤纸的著名产地，据唐舒元舆《悲剡溪古藤》文云："溪上绵四五百里，多古藤。……溪中多纸工，刀斧斩伐无时，擘剥皮肌，以给其业。……异日过数十百郡，洎东雒（洛阳）、西雍（长安），历见言书文者，皆以剡纸相夸。"由此可见，剡溪上游一带的藤纸生产成为当地人维持生计的手段，而且在洛阳、长安一带非常著名。藤皮纸纸质优良，不仅应用于民间，还被广泛应用于官方文书。东晋时范宁教曰："土纸不可以作文书，皆令用藤角纸。"①

西晋时还创制了一种以水草为原料的加工纸，称为"发笺"，亦称"苔纸"。发笺是一种有独特风格的艺术加工纸，系在捞纸前向纸浆中添加少量有色的纤维状物质，再打槽捞纸，于是纸面呈现纵横交织的有色纹理。由于添加物质常用绿色的水苔或黑色的发菜之类，故称为发笺或苔纸。按《太平御览》卷六〇五、宋人苏易简《文房四宝》卷四均引后秦王嘉《拾遗记》记载：西晋张华著《博物志》成，晋武帝赐张华侧理纸，此纸乃南人以海苔作成，呈青绿色，并有纵横斜侧的纹理，此苔名陟貍，后人更讹为侧理，因之名曰侧理纸。苔纸系借纸浆中装饰用的填料而得名，并非指整个纸的原料而言。

东晋时，采用纯大麻造纸，纸质坚韧而耐水浸，纸色细致而洁白。遗存至今的大麻纸，如东晋安帝义熙二年（406年）写本《羯摩经》，距今已有1 500多年，竟未发黄变脆，这与纤维素的强度、纸浆的纯净是分不开的。用麻制造的纸，曾在很长一段时期内，成为中国书写和印书最主要的纸张。

纸的制作技术，到东晋南北朝之时，也大有提高，尤其是民间的制纸技术。《宋书》卷五三《张永传》记张永"有巧思"，为宋文帝所知"纸及墨皆自营造"。文帝"每得永表启，辄执玩咨嗟，自叹供御者了不及也"。张永自己造的纸，比皇帝用的纸

---

① 《太平御览》卷六〇五《纸》。

还要好。

晋代造纸技术的一大成就是出现了用横帘竖帘捞纸的方法，西晋时创制的艺术加工纸"发笺"（又称"苔纸"）已经利用这一技术。纸帘是手工造纸时代的捞纸工具，即抄纸器。抄纸时，纸帘平放在木制帘床上，左右两边用边柱压实绷紧，双手提起，斜插入浆池之中，纸浆便流到纸帘上面。取出纸帘，翻扣在平板上，这样一层一层地叠起来，挤出水后，逐张刷在墙壁上晾干，这便是用纸帘抄纸的全过程。纸晾干后，纸帘上的纹路能清晰地呈现出来，这就是帘纹。精美的帘纹对纸张有很好的装饰作用。纸帘在我国造纸业中很早就开始应用，汉代造纸没有固定纸帘，表现为纸面帘纹不清，而晋代纸帘的制造和使用已达到相当高的水平，现在见到的晋纸坚实轻薄，透眼少，纸面上帘纹遗迹非常清楚。纸帘的使用是造纸技术上的重要革命，不仅增加了纸的产量，而且提高了纸的质量和劳动生产率，降低了纸的成本，为纸的推广和普及创造了条件。

纸的帘纹是纸浆打成后，荡帘抄纸所形成的。从敦煌文书中的帘纹来看，或粗或细：粗帘纹系用较粗的竹篾条编成帘床所致，细帘纹则是由细的竹篾条编成帘床之故。大体来说，东晋南朝之时，多为粗横帘纹。

由于书的珍贵，所以人们把爱护图书称为美德。北齐颜之推在《颜氏家训·治家第五》中说："借人典籍，皆需爱护，先有缺坏，就为补治，此亦士大夫百行之一也。"他还讲："济阳江禄，读书未竟，虽有急速，必待卷束整齐，然后得起，故无损败，人不厌其求假焉。或有狼藉几案，分散部帙，多为童幼婢妾之所点污，风雨虫鼠之所毁伤，实为累德。"

爱护书还要特别注意防虫蠹，早在汉魏时，中国就用黄蘗汁染纸，除增添黄色外，还因染液中小柏碱的存在而具有防蛀作用。由于从东汉以来图书出版物开始以纸为载体，所以至三国时，官府中的藏书已有纸卷书。纸卷书容易生蠹虫，纸书防虫的问题是藏书家的老大难。魏时采用芸香防虫的办法，当时人鱼豢《典略》记录了下来："芸台香辟纸鱼蠹，故藏书台称芸台。"① 魏时因采用芸香防书虫而使藏书台有芸台之称。芸香防治书蚛的办法后来一直为藏书者采用，至今仍有沿用者。魏晋南北朝时书写纸一般是用黄蘗汁染过，刘熙《释名》释"潢"为染纸，染过的纸发黄，故称"黄纸"。黄蘗汁液中的化学成分可以使纸长期防蛀。

我国很早就使用药物以保护书籍纸张，纸的最大敌人除水、火、老鼠、土鳖外，又有书虫（旧称蠹鱼）。古人对书虫除于书橱"置放麝香木瓜，令蠹鱼不生"外，又发明了黄蘗汁染纸避蠹的办法，北魏贾思勰的《齐民要术》卷三中，载有"染潢及治书法"，详细叙述了用黄蘗汁染书的方法，其具体做法是："凡打纸欲生，生则坚厚，特宜入潢。凡潢纸灭白便是，不宜太深，深则年久色闇也。入浸蘗熟，即弃滓，直用纯汁，费而无益，蘗熟后，漉滓捣而煮之，布蠹压讫，复捣煮之，凡三捣三煮，添和纯汁

---

① ［唐］徐坚等：《初学记》卷十二。

者，其省四倍，又弥明净。写书，经夏然后入潢，缝不绽解。其新写者，须以熨斗缝缝，熨而潢之；不尔，入则零落矣。豆黄特不宜裹，裹则全不入潢矣。"

可见这一方法是先将止消渴、杀蛀虫的植物黄蘖泡在水里，浸出纯汁；然后把渣滓捣烂来煮，煮过装入布袋，挤出渣里的汁，再取出捣煮，前后捣三次、煮三次，所得的汁，与最初泡出的纯汁掺合在一起。以之染纸，变成黄色，不生蛀虫。

这种方法不仅对于没有写过的纸适用，对于已经写过的纸也可以采取上述染法。但如果若干纸张已粘成一卷书，则最好过一夏天再染，这时纸的衔接处才不致脱离。未经染潢的书卷，先用熨斗烫过接缝之处，然后入潢，以免脱开。这是中国关于染纸最早的详细记载。

除染潢技术外，此期还出现了许多对纸的修治、保护技术，如涂改、补纸、晒纸、装帧等种种技艺。

二、笔、墨、砚的改进对图书生产的影响

中国古代出版事业的发展进程中，在雕版印刷术产生之前，图书等出版物的复制主要靠书写。因此，笔、墨、砚是图书生产的主要工具和材料。由此我们不难理解，在以手工抄写作为图书生产主要手段的魏晋南北朝时期，笔、墨、砚的改进对图书生产有着重要影响。

书籍的手抄复制虽然在先秦就开始了，但是到了魏晋南北朝，随着纸的普遍使用，毛笔、墨料等书写工具和材料的改进，大大方便了书籍的抄写复制，于是抄书的习尚蔚然成风，从民间到官府，形成了手抄复制书籍的高潮。在《三国志》、《晋书》、《南史》、《北史》等史书中，记载了许多人勤奋抄书的事迹。代人抄书已成为一种职业，"佣书"人既为自己获得经济收入，又为社会生产了大批图书。而他们的劳动工具和材料，除了纸，就是笔、墨、砚了。

各个时期的政府为了文化发展的需要，要生产出版大量图书，因此抄书复制的活动也很多。北朝的秘书省还为此专门设立了抄书的专职官员"正字"和"弟子"，弟子专门负责抄书，正字专门负责校对。而每次大规模的抄书活动前，政府都要为他们提供大批纸张、毛笔和墨丸。

笔、墨的改进和不断精良，大大方便了书写，促进了书籍的生产。当时的文人、书法家在他们的作品中，常常谈到笔的优劣和作用。如晋成公绥《故笔赋》："采秋毫之类芒，加胶漆之绸缪，结三束而五重，建犀角之玄管，属象齿于纤锋，染青松之微烟，着不泯之永踪。"大意是采秋天野兔的毫毛，经过加胶加漆、多次裹毛制成笔头，再配上犀角笔管，然后用松烟墨写成不会褪色、永不泯灭的文章。又如晋傅玄《笔赋》："简修毫之奇兔，……彤管含丹，于是班匠竭巧，名工逞术，缠以素枲，纳以玄漆，……动应手而从心，焕光流而星布。"反映了他对名工巧匠制笔高超技术的赞赏，以及使用一支良笔在书写中得心应手的快意。东晋著名书法家卫夫人《笔阵图》中对良笔

的要求说得更清楚、更具体：笔要取崇山仞中兔毫，八九月收之，其笔头长一寸，笔长五寸，锋齐腰强者。综上所述可以看出，严格选料和精细制作是当时制笔工匠遵循的基本原则，而使用者对毛笔的偏爱和狂热更使笔工精益求精，不断提高工艺水平。

有了得心应手的妙笔，自然可以挥毫如意，如挥百胜之师了。所以魏晋南北朝时期的文人留下了许多歌颂笔的诗句。晋傅玄《笔铭》："韡韡彤管，冉冉轻翰，正色玄墨，铭心写言。"晋郭璞《笔赞》说："上古结绳，易以书契。经纬天地，错综群艺。日用不知，功盖万世。"梁武帝萧衍《咏笔》："昔闻兰蕙月，独是桃李年。春心傥未写，为君照情筵。"梁徐摛《咏笔》："本自灵山出，名因瑞草传。纤端奉积润，弱质散芳烟。直写飞蓬牒，横承落絮篇。一逢掌握重，宁忆仲升捐。"

由于笔毫的选料更精，笔锋的不断改善，人们可以比较方便地用笔书写或大或小的各种字体。当时就有不少文人学者喜欢用蝇头小字将书抄到开本极小的袖珍纸张上，放在巾箱里随身携带，以便阅读。比如，晋朝葛洪就曾将刘歆写的《汉书》100 卷抄到两小轴纸卷上，时常带在身边。南朝萧梁衡阳王萧钧将"五经"用小字抄写在小纸卷上，每经一卷，放在巾箱中随时取阅。其他诸王得知后也纷纷仿效，后世所出现的"巾箱本"就是由此而生的。

魏晋南北朝制墨名家很多，除制墨大师韦诞外，还有晋武帝时的张金，南朝宋文帝时的张永，北朝易州奚氏家族。据南朝沈约《宋书》卷五三《张永传》记载：张永字景云，博览群书，会写文章，擅长隶书，通晓音律，多才多艺，尤其是能够自己制作纸墨，质量比宫廷御用品还好，很受宋文帝的赏识。南朝宋书家虞和在《论书表》中极力称赞张永制墨，说："又合秘墨，美殊前后，色如点漆，一点竟纸。"意思是说张永用秘法制出的墨，外观漂亮，质量优良，远远超出同类墨，黑色像漆那样黑且有光泽，渗透力强。奚氏家族生产的易墨在当时已经引起书法界的关注，至隋唐则更上一层楼，在制墨业中独领风骚达 200 多年。

魏晋南北朝时期盛行的手抄复制活动有力地促进了制墨业的进步与发展，同时，大批质量精良的墨又为书法家的创作、佣书业的生产提供了物质基础。东晋书法家王羲之、王献之父子的书法珍迹至今已过 1 600 余年，依然墨色清晰，光彩夺目。北京故宫博物院现藏西晋陆机章草《平复帖》墨书真迹，距今已超过 1 700 年，墨色依然不褪不损，令人叹为观止。这些墨迹能保存到现在，反映了当时的制墨水平之高。

王献之《中秋帖》真迹，敦煌所出六朝人写经，墨光漆黑，千年如新。自魏晋六朝以来有了光辉如玉的纸张，与久而不渝如小儿目睛一般的好墨，为图书生产创造了必要的物质条件，促进了此期出版业的进步。

图书的复制途径主要是书写、印刷。书写需要用笔墨将有关内容誊抄在载体材料上；印刷要先用笔将内容写样、上版，再通过印墨将印版上的图文转移到承印物上。因此，无论是抄写复制还是印刷复制，笔墨都是图书生产不可或缺的工具和材料。

笔和墨的改进，为图书抄写、印刷提供了更新、更好的工具和材料，奠定了物质基础，从而推动了图书出版的进步。

三、反书刻印的成熟与传拓技术的出现

中国最早出现的印刷术是雕版印刷术，中外学者认为印章与捶拓两项技术是雕版印刷术的先驱。雕版印刷术主要用于以纸为承印物的书籍印刷。由于有了物美价廉而又能够大量供应的、适于印刷的纸，才使印刷术得以成熟和完善，并迅速发展、推广开来。纸是印刷术得以成熟、完善和发展的物质基础。由于有了纸以及墨、笔、砚这样的物质基础，加上社会对书籍的大量需求这一社会环境的推动，同时也由于应用已久的盖印、拓印，以及二者结合所创造的技术条件的具备，促成了雕版印刷术这一工艺技术的产生。

1. 印章的盖印与反书刻印技术的成熟

印章的盖印，大致说来，主要有三方面的用途：一为直接盖印在封盖公私简牍的黏土之上，谓之封泥；二为模仿印章制成模具，用以模印砖瓦；三为在印章图文之上涂以朱砂等染料，捺印于织物或纸张之上，与当今之盖章完全一样。其中，封泥和模印，类似于近现代印刷工艺中的凹凸印；而捺印，则与近现代印刷术中的压印术颇似，与印刷术更为贴近了。

印章的使用，创造了从反刻文字取得正写文字的复制方法，而印章从反刻阴文发展到反刻阳文，则又提供了一种从阳文反刻文字取得与当时书写一样的正写文字的复制技术。加之纸的流行而使印章的盖印由封泥盖印进化到纸墨盖印，这就为印刷技术的发展——尤其是雕版印书——突破了一个重要关口，大大加快了印刷术从雏形到完善的发展进程。

魏晋南北朝时期，佛教兴盛起来。魏晋兴起的石刻线描画佛，多以佛、菩萨、诸天形象入画。南北朝时广泛应用于寺院、佛塔、门楣、佛像台座。南北朝时期还盛行一种捺印佛教图像的印模，即将佛像刻在印模上，依次在纸上轮番捺印。这种模印小佛像标志着由印章至雕版的过渡状态。

汉魏石经及一般石刻文字，皆为凹形的方格大楷字。北魏太和二十二年（498年）洛阳老君洞始平公造像碑，北齐武平二年（571年）马天祥等造像碑，都是阳文隶书大字，读法自左至右。这种刻法，为反书提供了先导。除了石刻，还有砖刻瓦刻。晋代的砖瓦上文字已出现有反文。如晋泰始七年（271年）、太康六年（285年）、永宁元年（301年）等砖。太康二年（281年）的造瓦，也都有阳文凸起的反写字。社会上这种石、砖、瓦上的阳文反刻工艺的存在，也为最后发明雕版印刷术开启了先河。

另外，卒于梁普通四年（523年）的萧景神道石柱，柱额反刻阴文"梁故侍中中抚

将军开府仪同三司吴平忠侯萧公之神道"①。这种反书倒读的刻法，与后来的雕版印刷完全一样。只要在华表上涂墨，然后敷纸刷印，印在纸上的便是正体顺读的印刷品了。据载，这反书倒读的阴刻华表，是为了印下来送给参加祭祀的官吏作纪念品用的。应该说，在华表上刻反书倒读的文字，用途是明显的。这足以证明，早在公元6世纪初的梁代初期，中国已经出现了用反刻文字取得正体文字的木版雕印技术之雏形了。

2. 刻石的拓印与传拓技术的出现

就中国传统的印刷术而言，印刷必有印版，而印版是手工雕刻的。可见，手工雕刻技术的出现实乃印刷之源。历史文献和出土文物证明，手工雕刻技术在大约五千多年以前的新石器晚期，已经用于陶器的制作和树皮布印花。这是印刷工艺技术的开端。到了商朝，手工雕刻技术被广泛用于在龟甲、兽骨之上雕刻文字。此后，手工雕刻技术日益成熟，并用于钟鼎彝器、碑文、玺印、砖瓦，从而引发出封泥、盖印、印染、拓印等与印刷术颇为近似的转印、复制技术，为印刷术的发明和完善奠定了技术基础。

魏晋南北朝时期拓印的方法，现已不可详知，我们只能假设它和现代拓印方法大致相同。

现存最早的拓印品，是在敦煌石室中保存下来的公元6世纪的遗物"温泉铭"。但这绝不是最早的拓印品。拓印技术的出现远在"温泉铭"之前。据《隋书·经籍志》记载，隋代皇家图书馆中藏有拓石文字，以"卷"为单位，包括秦始皇东巡会稽的石刻文1卷，熹平石经残文34卷，曹魏三体石经17卷，并述及梁室所藏石刻文字，在隋时已散佚。但这些纸卷的复本，却"犹在秘府"。这说明，梁时已有石刻文字拓本，也就是南北朝时期已有拓印术。由此可知，隋代保藏的，虽是公元六七世纪的拓本，但拓印技术却是由前朝承继而来。

3. 反书刻印与传拓技术的影响

魏晋南北朝时期，我国的出版事业得到了巨大的发展，尤其是传拓技术的出现在印刷史上具有里程碑的意义。

拓印术的出现，为印刷术的发明提供了在纸上刷印的复制方法。仔细分析，拓印术已经具备了印刷术定义中的基本要素，有一套完整的、有刷有印的工艺技术，可以说，拓印术本身就是朦胧之中的印刷术。把它视作雕版印刷的雏形，是比较适宜的。

需要指明的是，尽管魏晋南北朝时期出现了传拓技术，但雕版并不始于魏晋南北朝时期。

---

① 肖东发：《中国图书出版印刷史论》，1版，49页，北京大学出版社，2001年。

第七节　魏晋南北朝的图书流通和管理

学术文化繁荣的表现之一便是图书出版事业的发展。魏晋南北朝时期由于玄学兴起，创造力活跃，不但涌现了一批目光敏锐、非常重视图书选题的编辑家和出版家，开发出了总集、类书、谱牒、佛经汉译本等前代所未有或稀缺的图书类型，而且与之相适应，图书的发行和流通呈现出初兴的气象，进入了前所未有的新阶段。

一、图书在国内的流通

秦汉时期，文字书于竹木或缣帛，竹木既笨且重，缣帛价格不菲，限制了图书的流通和知识的传播。东汉蔡伦改进造纸术后，克服了竹帛的不足，纸变得平常易得，成为复制图书的理想材料。然而在一段时间内，人们还不能改变书于竹帛的习惯，纸与竹帛并用。随着接触纸张日多，人们渐渐适应了在轻薄廉价的纸上书写和阅读，加上到东晋时，政府明令提倡用纸，图书复制和发行的规模得以迅速扩大，图书的普及面远远超过以往的范围。可以说，秦汉时期图书多是在行政系统和文人圈子中流通，尚未大量进入市场，到魏晋南北朝时期，纸张的大量生产和人们对知识的需求已经促成了图书市场的形成，书肆已赫然占据商品市场的一角。这个时期，图书流通的主要渠道是设肆出售和流动贩卖，同时为克服图书商业发行的不足，还有其他的图书流通方式作为补充。

1. 设肆出售

魏晋南北朝时期，城市市场的内部结构和组织形式，仍沿用前代的列肆制度。市场上有专门销售图书的书肆。

魏晋南北朝时期由于政权割据，朝代更替频繁，都城的兴废和迁移节奏也比较快，南方和北方都巩固或新兴了许多政治中心和商业都会。

由于都市的快速发展，市场规模的不断扩大，书肆在这个时候已成为图书发行的主要渠道。书肆上图书的存量和藏书家的藏书数量是有一定关系的，据统计，魏晋南北朝时期文献确切记载的藏书家，魏晋有22人，北朝有34人，南朝有46人，共计102人，是两汉时期藏书家人数的四至五倍，藏书万卷的藏书家屡见不鲜，沈约、萧统等人的藏书的最高纪录突破三万，梁元帝萧绎号称藏书八万卷之多。如此多的藏书从何而来，购于书肆无疑是重要的途径。

2. 流动贩卖

设肆售书之外，流动贩卖也是魏晋南北朝图书发行的一种重要形式，两者互为补充。这个时期图书的流动贩卖比较活跃，主要有两个因素：一是图书以纸为载体后，重量变轻，体积减小，便于运输，而且生产成本下降，人们的购买力提高，对图书的需求增长；二是在列国争雄、壁垒森严的环境中，流动贩运图书虽然困难大、危险多，但风险和收益是成正比的，贩卖一部图书的风险越大，这部图书的附加值和利润就越大，为得到高于设肆出售的图书的利润，自然就有人愿意采取流动贩卖这种形式。

然而，仅有这两个因素，流动贩卖还不足以实现，它还要有一个前提条件，那就是要有四通八达的交通网。在由长江和丝绸之路为主干构成的覆盖全国的交通网上，流通着各类商品，活跃着各色商人，其中也有贩书商人的身影。

流动贸易促进了南北图书的流通。由于流动贩卖付出的劳动多、成本高、风险大，常见的一般图书长途贩运无利可图，所以行商多选择珍贵的、有价值的、有代表性的大型图书来贩运，如上面提到的《华林遍略》就是由梁武帝亲自监修的代表南朝文化繁盛的当时最完备的大型类书。不仅南朝的书通过行商贩卖到北朝，北朝的《修文殿御览》和《齐民要术》、《颜氏家训》等名著也被贩运到南朝。这些图书的南贩北运对文化交流、民族融合和增强中华民族的凝聚力发挥了重要作用。

3. 皇帝赐读，朝廷推广

魏晋南北朝时期推行秘书监制度，秘书监兼具图书馆和出版社的作用，其主要职责之一是编修或组织抄录图书，图书修成或抄毕后多数收藏在秘阁备用，并不大量向公众发售。秘书监所制之书与当朝意志统一，编校细致，质量精良，一般都是当时最权威的范本。

那么秘书监所制之书通过什么方式流通呢？主要有两种方式：其一是赐读，即君主向臣下赐书。皇帝通过赐读的方式，既宣隆了自己的恩德，表现了朝廷对教育和文化的关注，又促进了由朝廷监修的图书的流通，起到了教化万民、统一思想的作用。朝廷藏书通过赐读的方式转化为官员的私家藏书，同时也就改变了"秘而不宣"的性质，有了公开借阅和复制的可能性，有了与市场接触，进入流通领域的可能性。其二是由政府公布范本，告示天下，由需要者自行复制而达到文献传播的目的。

4. 多方借读

魏晋南北朝时期，图书诚然已经有了设肆销售和流动贩卖这样的商业发行渠道，但由于这个时候造纸业的生产规模不可能很大，纸的价格不会像后世那么低廉。加上这一时期分裂的政权征战不断，社会生产力遭到破坏，人们的生活水平相对低下，即便有一定的发行渠道，大多数文人学士也没有足够的经济能力去购买需要的书籍。无力从正常的商业渠道得到图书，一些文人便开始想方设法通过其他的途径来获得图书，借读便成为图书流通的一种重要途径。借读根据对象不同，可以分为很多种。第一种是向政府借读，第二种是借读于官办学校，第三种是借读于寺院，第四种是借读于师门，第五种是借读于藏书家，第六种是游历借读。

不少人还通过借读的机会动手抄书，以求拥有这部图书而长期阅读。采用这种方式的，多是经济拮据而又嗜书如命的寒门庶士。

5. 前辈遗赠

藏书的代代相传也是图书流通的一种途径。魏晋南北朝时期图书的遗赠有两种方式：一种是血亲间的家传，另外一种是非血亲的师友间的传承。无论家传还是师友间的传承，都为图书的流通作出了贡献，特别是师承所表现出的开阔胸襟，尤其值得后人弘扬。

6. 遣使报聘，民族交流

魏晋南北朝时期，是我国历史上的一个民族大融合时期，在中原地区以外的我国境内还有许多少数民族政权，它们都与中原地区不同程度地发生着贸易联系。不论是汉族政权之间，还是汉族政权与少数民族政权之间，他们经常以聘使贡献、奉使赠答的名义进行一些贸易往来，彼此交换方物，索求土产。

自曹魏以后，西域和中原也经常通使报聘，保持密切联系，这种情况一直延续下来，即便在晋朝内地混乱之时亦未间断。到北魏孝文帝迁都洛阳后，以朝贡和回赠形式开展的贸易活动更加频繁，中原与西域的贸易关系达到兴盛时期。汉文图书也成为中原与西域交易的对象，南北朝初期，南朝的刘宋王朝与北凉政权和睦相处，多次互赠书籍。

与三国时期有所不同的是，南北朝时期不但各个朝廷之间互派使臣，地方政府也可以派使出访，如东晋的陶侃曾遣使聘石勒。另外，在官派使者出访之时，不少官僚、贵族也派人随行，买卖商品，图书文化交流随之发展。此时佛教盛行，南北统治者不约而同笃信佛教，因同气相应而互赠佛经之事屡见不鲜。

以上是图书在国内常规的流通方式。另外，由于魏晋南北朝的时代特点是烽火连绵、和战无常、社会动荡，实际上还存在一些非常规的图书流通方式，比如战争劫掠。战争劫掠有两种形式，一种是交战一方有计划地在战争中劫掠对方的藏书，劫掠图书是战争政策的一部分。如建安三年（198年），曹操破吕布，令官军收集战利品，"使取布军中物，唯其所欲。众人皆重载，唯涣取书数百卷，资粮而已"。

另一种是战争中爱好藏书的官兵乘战乱之机私自劫掠图书，据为己有，这种行为既没有得到上级明许，也没有被禁止。如晋人应詹与陶侃在长沙打败了杜弢，杜弢库中"金宝溢目"，而"詹一无所取，唯收图书，莫不叹之"。

二、图书的国际流通

中外图书稍有规模的交流始于东汉，佛经的传入为其开端。魏晋南北朝时期，中外文化交流的主要内容仍然是佛教，当时佛教在中原已被广泛接纳，传播迅速，极为盛行。为使广大信众皆有经可念，佛经便源源不断地由国外输入，其中既有国外僧侣带入中国的，也有中国僧人出国求取的。佛经的传入、整理、翻译、流通，成为当时最热闹的文化现象。由于中国是佛教传播的接受者，是吸收的一方，以佛经为代表的图书的跨国流通是单向的，中国在很长一段时间只输入图书而不输出。大约在西晋以后，少数中国人就近移民朝鲜和日本，佛教也通过中国继续东渐，人际交流和宗教传播带动了图书的流通，中国图书才开始向朝鲜和日本输出，兼有了输入和输出两种形式。

1. 图书的输入

魏晋南北朝时期，图书输入的类型比较单调，基本上都是佛经。在佛教传入中国的初期，佛经多由域外僧人主动携来。当佛教在中国立足，有一定信众的时候，诵念佛经就不仅仅是通晓多种语言的个别高僧的事，为了满足僧众诵经，佛经翻译变得甚为迫切，中国僧人也开始跨国取经，以供翻译之需。历史上有关佛经输入的记载屡见不鲜。

中国本无佛教，到魏晋南北朝时却被大面积地佛化，有些朝代还将其列为国教，可见佛经输入的惊人速度和规模。

2. 图书的输出

三国时期，地处江南的孙吴政权，出于经济、政治的多方面考虑，曾多次派万人大船队远航辽东，又开辟了东南至东北亚的海上航线。随着第二条航线的贯通，江南六朝与朝鲜半岛诸国的交流格外频繁，图书的东传也加快了节奏。《北史》卷九四《高丽传》载，高丽在南北朝时已"有'五经'、'三史'、《三国志》、《晋阳秋》，兵器与中国略同"。汉文图书已在高丽广泛流传。百济对中国文化十分景仰，尤其对中国的图书、学术、工艺感兴趣，在贡献之时多次请赐图书。南朝陈天嘉六年（565年），陈文帝遣使到新罗，送去佛经1 700多卷。由上述情况可见，这个时期中朝的文化交流相当频繁，交流的层面也比较丰富，不但中国的经史典籍、汉译佛经和书画等流通到朝鲜，中国还向朝鲜派出了博士、工匠、画师等具有专业技能的人才。

中国文献中虽然未见图书东传日本的明确记载，但不乏百济学者到日本讲学的记录。日本继体天皇七年（513年，梁武帝天监年间），百济五经博士段扬尔至日本传授儒学。一直到继体天皇十年（516年），段扬尔的讲学任务又由新来的五经博士汉安茂接替，日本从此才有五经之名。日本钦明天皇十五年（554年），百济五经博士王柳贵、马丁安，易博士王道良又至日本，讲授经学。既然不断有博士到日本讲授经学，至少表明全套的五经已经流通到了日本，中国图书向日本的传播实际上已经上升到了一个新的阶段。

魏晋南北朝时期图书的国际间流通基本上可以说是单向的，一方面中国从国外主要是天竺输入佛经，一方面中国向国外主要是朝鲜和日本输出儒家经典和佛教文献，国与国之间图书的双向传播尚未展开，与中国在图书流通方面发生关系的国家还十分有限。

三、南北方图书发行的中心

1. 洛阳图书发行业的繁荣

洛阳的图书发行业萌芽很早,在东汉时就有书肆和佣书。据《后汉书·王充传》载,王充"家贫无书,常游洛阳书肆,阅所卖书,一见辄能诵忆,遂博通众流百家之言"。王嘉《拾遗记》卷六还记载了王溥佣书的事迹。魏晋南北朝时期,洛阳的图书发行业得到了进一步发展。尤其是当洛阳暂无战事、百业昌盛的两个时期,图书贸易十分活跃。

一是广采博收,官藏充实。西晋代魏,定都洛阳后,通过承袭曹魏官藏,收蜀、吴图籍,从地方搜集图书,以及组织抄书、盗墓者意外得书等方式,奠定了皇家藏书的基础,藏书达到 29 945 卷,超过了三国的藏书量之和。以后定都洛阳的王朝也多数执行广集图书的政策。由于历朝对图书事业的重视,洛阳的藏书在和平时期一般都能保持较大的规模,成为开发不尽的出版资源,为旧书的复制、流通和新书的创作、编撰创造了条件。

二是创作活跃,佳作不断。洛阳作为历史名都、政治中心和文化中心,对天下文士有极大的吸引力,时贤多荟萃于此,图书创作者的阵容十分强大,他们的名作自然也多由洛阳传抄而流布天下。西晋左思的《三都赋》和北齐邢邵的美文都是先闹得洛阳纸贵,然后风靡全国。

三是数量繁多,搜访不尽。定都洛阳的各朝住洛京官中出现了不少著名的藏书家,有的藏书家终生清贫,将绝大部分的薪俸都用来购买典籍,藏书往往在万卷以上,仍有搜求未尽之憾。这表明作为全国文化中心的洛阳的图书发行业相当发达,不仅有书可买,而且质量较高,品种很多,纵是朝中大僚,倾其终生资财,也难以将所有的图书一网打尽。

四是形式多样,不乏珍本。当时洛阳既有豪华书,又有微型书,图书在形式上是丰富多样的。洛阳的书肆上还有许多珍本,甚至包括南朝的图书。

2. 建康图书发行业的繁荣

魏晋南北朝时,建康(又名建业、建邺)是东吴、东晋以及宋、齐、梁、陈六朝的首都,也是南方新兴的最大的商业都会。

建康商业的繁荣决定了这里的书肆比较集中,尤其是城南市场的朱雀桥(航)附近,史书多次提到。另外,六个朝代的国家文化机关都设在这里,包括主管国家图书事业的机构秘书监、开展高等教育的国学馆等,这些机关都是用书和著书的大户,它们既是最大的图书消费者,又是活跃的图书创造者。这样,商业中心和文化中心相结合,使建康的图书生产和流通形成了良性循环,成为名副其实的书业中心。

一是北书南移，群书汇集。西晋灭亡后，"洛京倾覆，中州士女避乱江左者十六七"①，中原士人为躲避战乱大量南渡。失势的皇亲国戚、王公贵族纷纷选择江南的政治、文化中心建康为落脚地，家藏典籍也随之南移，建康的藏书一时大增。

二是鸠集抄写，充实国藏。定都建康的各代统治者对图书的收集和复制基本上都比较重视。东晋开国之初，晋元帝在宰相王导的建议下，采取"鸠集遗书"的政策，多方搜求图籍。萧衍在称帝后不久，接受秘书丞王泰的建议，下诏向民间收集图书，要求"便宜选陈农之才，采河间之阙。怀铅握素，汗简杀青，依秘阁旧录，速加缮写"②。梁元帝、陈文帝也曾下力征集过图书。鸠集之外，各朝还组织抄写活动，充实国藏。政府组织的收书、抄书，对社会上图书复制和发行业的崛起具有鼓励和推动作用，尤其对首都建康抄书、卖书风气的形成具有积极的影响。

三是藏书家多，私藏殷实。据统计，南朝文献确切记载的藏书家有46人，超过北朝的34人和魏晋的22人，藏书万卷的藏书家多集中在建康，如梁朝的太子萧统、大臣沈约的藏书都在三万卷以上。私藏图书大部分得于市上，其数量的增加，直观地反映了当时书肆上图书发行的规模之大。另一方面，私藏的图书若有书肆上所无的品种，还会成为大量复制的对象，孤本和新作一样是图书生产、发行的源头。

四是书肆林立，品种丰富。建康的书肆遍及市里街巷，且品种丰富，有图有籍。建康书肆上所售图书品种甚多，如东晋初，藏书家梅赜售给秘府《古文尚书》一部，唯缺《舜典》一篇。过了180年，南齐建武三年（496年），名儒姚方兴于建康朱雀桥"市得其书"③，后列为国学必修之书。失传近两个世纪的书竟能在建康的书市上再次找到，建康书市上图书品种丰富的程度可见一斑。

五是教育的发展促进了图书发行。拥有一定数量的图书是开展教育和学术活动的必要条件，图书生产和流通的情况与教育和学术著述活动的活跃程度为互动关系，图书事业繁荣必然会对教育和学术活动起到促进作用，反过来教育和学术活动活跃也会为图书生产提供新的资源和素材。由于以建康为代表的南方城市的图书生产和发行能力日趋强大，南朝的教育和学术创作活动大有起色。

除了洛阳和建康，其他都会的图书贸易也比较活跃。在北朝，曾是北魏大城市和东魏、北齐都城的邺城，其书肆也具有相当的规模，而且销售的品种较多。北魏时期的长安和晋阳是一方的都会，图书贸易也较活跃。从平城至怀朔镇（今内蒙古包头境内）这一东西古道上也开始出现图书买卖活动。

四、政府对部分图书出版发行的禁止

魏晋南北朝各代统治者一方面鼓励图书的生产、发行，一方面又根据政治需要和价

---

① 《晋书》卷六五《王导传》。
② 《梁书》卷一《武帝本纪》。
③ 《隋书》卷三二《经籍志一》。

值判断适时地采取一些措施对图书发行加以管理和引导，以促进符合统治者利益的图书的生产和传播，减少或遏制对统治者利益有损的图书的生产和传播。

汉魏之际，黄巾四起，天下大乱，地方武装争战不息，各路军阀纷纷利用谶纬之书为争夺天下大造舆论。曹操挟天子以令诸侯，当他权力稳固后，不希望诸侯利用谶纬图书作乱，于是便下令禁止谶纬图书（所谓"内学"）的流传。这是历史上第一次禁谶。

西晋朝廷对谶纬图书也严加查禁。有一部书叫作《春秋元命苞》，是解释儒家经典《春秋》的纬书，其内容迷信色彩浓厚，对朝廷统治不利。晋武帝下诏禁止传抄售卖。

北魏孝文帝对谶纬之书也采取严厉的查禁措施。凡收藏有谶纬、巫卜之书者，一旦发现都要处以死刑，更不用说复制和贩卖此类图书了。

北周武帝继北魏太武帝之后也发动了一场反对宗教的运动，不过这次不但针对佛教，而且还针对道教。北周政权建立后，周武帝为了提高皇权，尊崇儒家，于建德三年（574年）下令禁绝佛、道二教，毁佛像，烧佛经，剥夺寺产，勒令沙门道士还俗，以"三宝福财散给臣下，寺观塔庙赐给王公"①。不但佛教经典再一次惨遭厄运，道教经籍也一道被毁。

魏晋南北朝时期查禁图书的类型和范围主要是谶纬图书、国史、宗教典籍，查禁的目的主要是维护政治稳定、维护皇家尊严、促进少数民族的汉化等。这些查禁活动有的对政治稳定和社会发展有积极意义，如对谶纬图书的查禁；有的则是矫枉过正之举，出发点是为了民族融合，却对文化交流和发展造成了重大破坏，如对佛教、道教典籍的查禁；有的则暴露了封建帝王的无知和狭隘。

---

① 《广弘明集》卷八。

第四章 隋唐五代的出版

第一节 隋代出版简述

一、隋代出版与背景

为了巩固统一和加强中央集权制，隋代实行了一系列改革措施，其中有：（1）改革官制。中央设立尚书、门下、内史三省，作为最高统治机关。尚书省负责管理全国政务，下设吏、礼、兵、刑、民、工六部，此制自隋定型，历代相沿。地方行政区划由原来的州、郡、县三级制改为州、县两级（炀帝时改为郡县两级）。地方机构的简化，改变了民少官多、十羊九牧的状况，节约了大量国家开支，加强了中央对地方的控制。（2）建立科举制度。隋代最终废除了九品中正制，采用考试的方法选拔人才。在一定程度上限制了门阀士族对选举的操纵，为普通地主参政创造了有利条件。科举制度，亦为历代沿用。（3）改革兵制。隋文帝对北周兵农合一的府兵制进行改革，把府兵制和均田制结合起来，加强了主要用来镇压人民的封建武装力量。（4）均田减赋。隋文帝继续推行北魏以来实行的"均田制"，并实行"轻税入官"的政策："轻税"即适当减轻农民所交税额；"入官"即把税收上缴国库，而不交给地方豪强，这对增加国家收入大有好处。（5）统一钱币和度量衡。（6）清理户籍。严格户口管理，凡有意隐瞒、漏报户口者，发配远方。（7）修建大运河。隋文帝开皇四年（584年）开广通渠，开皇七年（587年）修山阳渎。隋炀帝时开通了贯穿东西南北的大运河，把海河、黄河、淮河、长江和钱塘江连在一起，长达2700公里，是当时世界上最伟大的工程之一。（8）加强了大陆同台湾的联系。

由于上述一系列政治、经济等措施的实施，隋代（主要是前期）出现了政治稳定、经济繁荣的局面。

在文化上，隋代实行儒、道、佛三教并重的文化政策。虽然前后有所变化，但总体上是三家鼎足而立。

隋文帝自幼佞佛，无论从客观上或从个人感情上他都不可能轻视佛教，但他又不能排斥儒学和道教。虽然自从魏晋南北朝以来，儒术独尊的局面已不复存在，但儒学是中国的传统文化，它深深扎根于广大民众之中，统治者想要夺取政权和巩固政权，不能抛开儒学。道教是中国土生土长的宗教，带有鲜明的中国色彩，有其深厚的社会基础。统治者想要夺取政权和巩固政权，同样不能抛开道教。

国家的统一、政治的改革、经济的繁荣、三教并重的文化政策，促进了隋代学术和出版的发展。

二、隋代图书编撰

隋代图书编撰以官修为主，民间次之。经过北朝魏太武帝、周武帝排佛之后，佛经损失惨重。隋代建国之后，采取种种措施，振兴佛学，佛典的翻译和编撰取得很大成绩。

1. 隋代的官府图书编撰

隋代官方重视修书，内府设有修书机构。隋文帝和隋炀帝在修书方面均有所作为。

隋代官方修书的机构设在秘书省，也就是说，隋代秘书省除了藏书之外，兼事修书。

隋文帝时，官方组织编撰了四部国家书目和一些历史、礼乐、法律、军事著作。

《开皇四年四部目录》是隋文帝时第一部官修书目。隋文帝重视国家藏书，先后任命著名学者牛弘、姚察、许善心等在秘书省担任领导职务。开国之初，国家秘书省只有15 000卷（不含复本），而且其中多有残缺，阴阳、医方、图谱等书残缺尤多。秘书监牛弘深以为忧，开皇三年（583年）因上表请开献书之路，隋文帝听从了他的建议，在全国范围内搜访遗书，不久秘书省书积如山，不少学者参与了校勘工作。

《开皇九年四部目录》是隋文帝时第二部官修书目。在平陈过程中，隋军完好地保护并接收了陈朝的所有藏书，并编有一个接受陈朝图书的目录。在编目过程中，对这批图书进行了整理，发现不少图书有残缺现象。当时，著名学者姚察正在秘书省担任领导职务，为考辨"残缺"作出了重要贡献。《开皇九年四部目录》（《隋书·经籍志》误作《开皇八年四部目录》）就是这次图书整理的丰硕成果。

《七林》是隋文帝时第三部官修书目，今已失传，但据阮孝绪《七录》，《七林》亦当分为经典、纪传、子兵、文集、术技、佛法、仙道等七个大类，每类之前有总叙，每书之下有内容提要和分类说明，是一部解题目录。当时的学者李文博、陆从典等十余人已早在秘书省从事校勘工作，《七林》正是他们整理图书的结晶。

《开皇二十年书目》是隋文帝时第四部官修书目。王劭为这次编目作出了重要贡献。

以上四部官修书目对隋代前期官方藏书的保管和利用发挥了重要作用。

除了书目之外，官修书还有历史、礼乐、法令、军事等方面的内容。

隋炀帝是我国历史上有名的暴君，横征暴敛，大兴土木，穷兵黩武，民怨沸腾。但他重视图书事业，颇有作为，史称"炀皇好学，喜聚逸书，而隋世简编，最为博洽"①。

隋炀帝重视图书编撰工作。早在藩邸，就开始了编撰活动。称帝之后，编撰活动更加频繁。据司马光《资治通鉴》卷一八二《隋纪六·隋炀帝大业十一年正月》：

> 帝好读书著述，自为扬州总管，置王府学士至百人，常令修撰，以至为帝，前后近二十载，修撰未尝暂停。自经术、文章、兵、农、地理、医、卜、释、道，乃至蒱博、鹰狗，皆为新书，无不精洽，共成三十一部，万七千馀卷。

由此可知，隋炀帝时的官修书有三个特点：一是时间长，近二十年"未尝暂停"；二是内容丰富，各类图书，应有尽有，甚至包括一些休闲娱乐性图书；三是数量多，多达"三十一部、万七千馀卷"。

隋炀帝非常重视国家藏书。早在开皇八年（568年）伐陈时，晋王杨广任行军元帅。既破陈，仿汉萧何破秦例，资财无所取，仅"令（裴）矩与高颎收陈图籍"②，为补充隋代国家藏书作出了重要贡献。杨广继位后，更加关心国家藏书，扩大了秘书省的人员编制，制定了严格的借阅制度，虞绰因为私以禁内兵书借杨玄感，而"甚衔之"③。为了收藏字画，炀帝还专门建立了特藏书库"妙楷台"和"宝迹台"④。当然，为了皇帝本人读书的方便，还专门建立了设有地下机关的高级阅览室，编有《隋大业正御书目录》一卷，秘书监柳䛒为该目的编撰作出了重要贡献。

2. 隋代的私人图书编撰

隋代虽然时间不长，但是私人图书编撰也取得了一些成绩。

如李德林（531—590），字公辅，博陵安平人。自幼好学，15岁诵五经及古今文集，日数千言，遂博览群书，无所不通。德林少孤，无字，著名史学家魏收赏识其才能，对他说："识度天才，必至公辅，吾辈以此字卿。"李德林历任北齐、周、隋三朝，助杨坚篡周，官内史令。开皇九年（589年）贬湖州刺史，死于任所。李德林"少有才名，重以贵显，凡制文章，动行于世"⑤。有《霸朝杂集》、《齐史》（未成）、文集80卷等。

又如许善心（558—618），字务本，高阳北新城人，隋代著名史学家、目录学家。他出生于官宦世家，家富藏书，博涉经史。15岁就能写得一手好文章，深为著名学者徐陵所器重，号称"神童"。历仕陈、隋二朝。大业十四年（618年）叛将宇文化及杀

---

① 《旧唐书》卷四六《经籍志上》。
② 《隋书》卷六七《裴矩传》。
③ 《隋书》卷七六《虞绰传》。
④ 《隋书》卷三二《经籍志一·总叙》。
⑤ 《隋书》卷四二《李德林传》。

隋炀帝，屈于压力，文武百官尽皆朝贺，唯独善心不至。其侄急劝其往，泣言利害，善心坚拒之。叛匪将善心捆绑至堂，宇文化及惜其才，立令松绑放人，善心了无谢意，扭头就走。宇文化及望其背影，大怒，以为无情无义，重命将其捉回，骂道："我好欲放你，敢如此不逊！"其党一拥而上，将善心活活打死，终年61岁。其母范氏时年九十有二，抚柩自慰，曰："能死国难，我有儿矣！"遂绝食十余日而死。许善心著有《梁史》、《灵异记》、《方物志》、《七林》等。《梁史》的撰写经过四个阶段：第一阶段为其父许亨在梁代草创阶段。这个阶段，"《梁书》纪传，随事勒成，及阙而未就者，目录注为一百八卷"。可惜书稿在梁末动乱中亡佚。第二阶段为其父许亨在陈代重撰阶段。这个阶段，其父"诏为史官，补阙拾遗，心识口诵，依旧目录，更加修撰，且成百卷，已有六帙五十八卷，上秘阁讫"。第三阶段为许善心在陈末续撰阶段，许善心"愿油素采访，门庭记录，俯励弱才，仰成先志"。然而，由于种种原因，"致此书延时，未即成绪"。至陈末兵火，其父所撰百卷旧稿又多所焚毁，"止有六十八卷在，又并缺落失次"。第四阶段为许善心续成阶段。入隋以后，许善心"随见补茸，略成七十卷"①。

李文博，博陵人，好学不倦，经史、诸子无不博洽，尤明历代治乱得失。他在秘书内省工作期间，"典校坟籍，守道居贫，晏如也。虽衣食乏绝，而清操逾厉，不妄通宾客，恒以礼法自处，侪辈莫不敬惮焉"。当时显官虞世基子年方十八，也在秘书省工作，每日盛装华服，无所用心，文博批评他说："昔贾谊当此之年，议论何事？君今徒事仪容，故何为者！"其贞介鲠直如此。有《治道集》10卷，大行于世。②

3. 隋代佛经翻译与佛教图书编撰

隋代重视佛经翻译工作，据《开元释教录》卷七统计，隋代译经64部、301卷。著名翻译家有那连提耶舍、阇那崛多、达摩笈多、毗尼多流支、达摩阇那、彦琮等。

隋代佛教著作的编撰非常繁荣。开皇六年（586年）法经撰《众经目录》著录5 310卷，而大业间智果撰《众经目录》著录6 189卷，比前者多出1 127卷，这个数字当为隋代佛教著作的总数。

隋代编写的佛经目录有法经等撰《众经目录》7卷、费长房撰《历代三宝记》15卷、彦琮撰《众经目录》5卷、智果撰《众经目录》、《宝台四法藏目录》100卷等。

《众经目录》7卷撰于开皇十四年（594年）。大兴善寺沙门法经等二十大德预修其目。据法经《上文帝书进呈众经目录》云："去年五月十日，太常卿牛弘奉敕须撰《众经目录》，经等谨即修撰，总计众经合有二千二百五十七部、五千三百一十卷。凡有七卷：别录六卷、总录一卷，缮写始竟，谨用进呈。"③ 此之2 257部、5 310卷，当不含

---

① 《隋书》卷五八《许善心传》。
② 《隋书》卷五八《李文博传》。
③ ［清］严可均：《全上古三代秦汉三国六朝文·全隋文》卷二三。

复本,是当时的佛经总数。

《历代三宝记》撰于开皇十七年（597年），著者费长房，分为帝年、代录、入藏目三部分。第一至三卷为"帝年"，是佛教史迹和出经年表；第四至十二卷为"代录"，依朝代介绍不同时期的佛教译著；第十三、十四卷为"入藏目"，分别载录大、小乘经、律、论三藏。最后一卷是总目。

4. 隋代图书编撰的特点

隋代图书编撰有如下特点：

第一，数量不多，传世精品更少。原因何在？一是隋代时间短暂；二是因为知识分子地位不高，生活贫穷；三是因为没有造就学术权威。

第二，官修书较多。《江都集礼》、《长洲玉镜》、《北堂书钞》、《区宇图志》、《诸郡物产土俗记》、《诸州图经集》、《玄门宝海》、《淮南王食经并目》、《桂苑珠丛》、《四海类聚方》、《四海类聚单要方》等百卷以上大书均由官方修成。为什么官修书如此之多呢？这与皇帝重视有关。隋文帝早期重视文化教育，注意网罗各种人才。隋炀帝本人有较高的文化素养，史书称其"好学，善属文，沉深严重，朝野属望"①。炀帝尤喜写诗，与著名文人牛弘、柳䛒、王胄、庾自直等往还甚密，多所唱和。众多贤才协助隋炀帝为图书编撰作出了重要贡献。

第三，内容全面。经史子集，四部皆备。其中书目、地理、类书和历书尤其令人瞩目。隋文帝从开皇四年（584年）到开皇二十年（600年）的17年中，就四次编撰国家藏书目录，这在中国古代藏书史上是不多见的。隋炀帝大业年间，"普诏天下诸郡"编修志书，是我国古代国家明令修志的最早记载。

三、隋代图书的出版

1. 隋代官方出版

秘书省不仅是隋代的修书机构，也是隋代的官方出版机构。隋代大规模的抄书活动约有五次：

第一次是开皇三年（583年）。这一年，隋文帝根据牛弘的建议，派员到各地搜访图书，"校写既定，本即归主"。所谓"校写"，就是先校勘，后抄写。根据"一二年间，篇籍稍备"的记载来看，这次抄写的图书数量是很多的。②

第二次是在隋文帝开皇九年（589年）平陈之后。据《隋书·经籍志一·总叙》：

平陈已后，经籍渐备。检其所得，多太建时书，纸墨不精，书亦拙恶。于是总集编

---

① 《隋书》卷三《炀帝纪》。
② 《隋书》卷四九《牛弘传》。

次，存为古本。召天下工书之士，京兆韦霈、南阳杜頵等于秘书内补续残缺，为正副二本，藏于宫中。其馀以实秘书内、外之阁，凡三万馀卷。

这就是说，开皇九年（589年）平陈之后，秘书省依据"古本"陈书为底本，"补续残缺"，由书法家韦霈、杜頵等又抄写了正副二本，抄书总数共计"三万馀卷"。

第三次是在开皇十七年（597年），许善心编写《七林》时。许善心"奏追李文博、陆从典等学者十许人，正定经史错谬"①。按照一般程序"正定经史错谬"之后，都要重抄一遍。这次抄书数量有多少？据《隋书·许善心传》，当时"秘阁图籍尚多淆乱"，说明错乱之书不是少数，而是很多。"十许人"参加整理，也说明数量之多。

第四次是在开皇二十年（600年）。王劭等在编写《开皇二十年书目》时，按照"校写"图书的习惯做法，当也抄写了不少图书。

第五次是在隋炀帝即位之后，这次抄书活动规模之大，远非前四次所可比。据司马光《资治通鉴·隋纪六·隋炀帝大业十一年》：

初，西京嘉则殿有书三十七万卷，帝命秘书监柳顾言等诠次，除其复重猥杂，得正御本三万七千馀卷。纳于东都修文殿。又写五十副本，简为三品，分置西京、东都宫、省、官府。其正书皆装剪华净，宝轴锦褾。

可知这次抄书活动分为两步：第一步是抄写正御本 37 000 卷，第二步是抄写五十套副本。一套副本的卷数是 37 000 卷，五十套副本的卷数则是 185 万卷。抄本的装订也很讲究，正本"装剪华净，宝轴锦褾"；副本按品级分为三类："上品红琉璃轴，中品绀琉璃轴，下品漆轴。"②

除了以上带有突击性质的抄写活动外，抄书也是官方日常工作之一，各种官修书的定本需要人工抄写，官方颁发的律令、历书等更需要抄写大量复本。

隋代官方出版有如下特点：第一，图书出版与古籍整理相结合。每一次古籍整理之后，都要进行抄书活动。所抄之书的内容准确无误。第二，官方出版时间长、投资多、内容广、规模大，在国家图书出版中占主导地位。第三，讲究形式美。力戒"纸墨不精"、书法"拙恶"，专请"天下工书之士"抄写。

2. 隋代民间出版

隋代民间抄书数量之多，无法估计。

隋代建国之初，隋文帝重视学校教育，隋代中央官办学校有国子学、太学、四门学、书学和算学五种，统归国子寺（后易名国子监）管理，据《隋书·百官下》，隋代

---

① 《隋书》卷五八《许善心传》。
② 《隋书》卷三二《经籍志一·总叙》。

中央官学有教师 38 人、学生 980 人。据《隋书·地理志》，开皇五年（585 年），隋代于全国置 190 郡、1 255 县。若郡、县地方官学平均每校以 50 人计，则全国共有学生近 6 万人。这 6 万套教材当由人工抄写而成。除了官学之外，隋代还有不少私学。同样需要抄写大量教材。

隋代手工抄写诗歌、历书、法书之例屡见不鲜。

3. 隋代佛经出版

隋代抄写佛经数量之多，史无前例。不仅官府如此，私人抄经之例也屡见不鲜。

开皇元年（581 年），隋文帝刚刚即位，就一改魏太武帝、周武帝的排佛政策，"废像遗经，悉令雕撰"①，并迫不及待"普诏天下，任听出家，仍令计口出钱，营造经像，而京师及并州、相州、洛州等诸大都邑之处，并官写《一切经》，置于寺内；而又别写，藏于秘阁。天下之人，从风而靡，竞相景慕，民间佛经，多于六经数十百倍"。《一切经》即后之《大藏经》，是所有佛经的总集，有数千卷之多。隋初，全国有两百余州，其中"大都邑"不下数十，如果每个"大都邑"都写经一部，其卷帙之富，可想而知。再加上秘阁所藏，其总数"多于六经数十百倍"，未为虚言。据统计，到开皇三年（583 年），全国已写经 46 部、132 086 卷（平均每部 2 871 卷），还整理故经 3 853 部。如每部以 2 871 卷计，则故经 3 853 部，共有 11 061 963 卷，加上新写的 132 086 卷，共计 11 194 049 卷，简直是一个天文数字。

隋炀帝也很重视佛经抄写工作。早在藩邸，炀帝就慷慨施物施金，抄写佛经。据沙门智顗《答谢晋王施物书》：开皇初，炀帝曾施纸 2 000 张，以供抄经之用。开皇九年（589 年）在平陈过程中，隋炀帝除了保护一般图书之外，也很重视佛经的收集、整理和抄写工作，如前所言，宝台四藏共有佛经十万卷，这十万卷佛经多为隋代抄写。炀帝登位后，仍然重视佛经抄写工作，据统计，炀帝时总共抄经 612 藏、29 172 部②。这里所谓"藏"，即上文之"部"，如每部以 2 871 卷计，则抄经总数为 1 757 052 卷。

4. 隋代出版的管理

隋代官方重视图书事业，以为"为国之本，莫此攸先"。具体目标是"一时载籍，须令大备。不可王府所无，私家乃有"③。换句话说，就是国家图书必须完备无缺。民间有的，国家必须有；民间无的，国家也要有。为了达此目标，有一系列重要措施：

第一，重视出版机构的组织建设。据记载：原来秘书省只有 37 人，扩充后增加到 117 人，是原来的三倍多。不仅如此，秘书省人员的素质大大提高，"以学士补之"，即增补人员必须是很有学问的人，改变了魏晋南北朝以来那种"上车不落则著作，体中

---

① 《全上古三代秦汉三国六朝文·全隋文》卷九。
② 汤用彤：《隋唐佛教史稿·隋唐佛教势力之消长》，中华书局，1983 年。
③ 《隋书》卷四九《牛弘传》。

何如则秘书"的用人制度。①

第二，重视儒家经典著作的出版。隋代统治者重视儒家经典，儒家经典大量抄写，例如《周易》王肃、王弼注"盛行"于世；《周礼》郑玄注"立于国学"，抄本之多，可想而知；杜预《春秋左氏经传集解》亦大行于世。②《孝经》一书，"秘书监王劭于京师访得《孔传》，送至河间刘炫。炫因序其得丧，述其议疏，讲于人间，渐闻朝廷，后遂著令，与郑氏并立"，抄本也非常多。另外，《论语》郑玄注亦"盛于人间"③。

第三，重视宗教著作的出版。隋炀帝大业中，"道士以术进者甚众"，其讲经内容，"以《老子》为本，次讲《庄子》及《灵宝》、《升玄》之属。其余众经，或言传之神人，篇卷非一"④。《隋书·经籍志一·总叙》说："（炀帝）于内道场集道、佛经，别撰目录。"可见隋炀帝在编撰佛经的同时，也曾集中一批学者编撰、抄写道经，编撰道经目录。

第四，严禁出版伪书。当时法律规定，出版伪书者，处以极刑。

第五，严禁出版私撰国史和图谶著作。学者王劭"在家著齐书，时制禁私撰史，为内史侍郎李元操所奏。上怒，遣使收其书"，后来因为隋文帝"览而悦之"⑤，才免受处分。开皇十三年（593年）二月，隋文帝下诏："私家不得隐藏纬候、图谶。"⑥ 五月又诏："人间有撰集国史、臧否人物者，皆令禁绝。"⑦ 隋炀帝即位之后，"乃发使四出，搜天下书籍与谶纬相涉者，皆焚之，为吏所纠者，至死"⑧。

第六，使用他人著作应当交付稿费，已是一条不成文的规定。据《隋书·郑译传》：

上顾谓侍臣曰："郑译与朕同生共死，间关危难，兴言念此，何日忘之！"译因奉觞上寿。上令内史令李德林立作诏书，高颎戏谓译曰："笔干。"译答曰："出为方岳，杖策言归，不得一钱，何以润笔。"上大笑。

这里"润笔"即今之稿费，这是"润笔"一词在古代文献中的最早记载。李德林为撰写袁聿修功德碑，曾拿到"稿费"数百匹缣布。

第七，初步建立书价制度。开皇三年（583年）隋文帝接受牛弘的建议，广开献书之路，"每书一卷，赏绢一匹"，这是隋代首次官定书价⑨。这次官定书价对隋、唐二代

---

① 《隋书》卷三三《经籍二》。
② 《隋书》卷三二《经籍一·后叙》。
③ 《隋书》卷三二《经籍一》。
④ 《隋书》卷三五《经籍四》。
⑤ 《隋书》卷六九《王劭传》。
⑥ 《隋书》卷二《高祖下》。
⑦ 《隋书》卷二《高祖下》。
⑧ 《隋书》卷三二《经籍一》。
⑨ 《隋书》卷三二《经籍志一·总叙》。

产生了深远的影响，直到唐代书价仍然如此。

第八，在筹措出版经费方面，开皇元年（581年）官方提出"计口出钱"的集资方案。所谓"计口出钱"，即抄写佛经的费用落实到千家万户，按人口分摊抄写佛经的费用。这种集资出版的方法在中国出版史上也是第一次。

四、牛弘与隋代图书流通

开皇三年（583年），牛弘任秘书监时，提出广开献书之路的主张，他上表皇帝，论述了以下四个问题：第一，图书对于封建统治者的重要性。他以尧、舜、武王等为例，说明图书是"弘宣教导，博通古今"的重要工具。第二，总结了历代图书流通史上的惨痛教训。收藏图书是流通图书的前提，没有图书收藏，也就没有图书流通。如果图书大量焚毁，也就失去了图书流通的物质基础。第三，隋代具备聚书的有利条件，应当肩负历史重任。第四，提出了聚书的具体办法。士民复杂，官方很难弄清民间图书收藏情况。有些人珍爱私人藏书，根本不愿意把图书献给官方，鉴于上述情况，提出"勒之以天威，引之以微利"的实施办法。把"明诏"和"购赏"结合起来，即一方面诏令全民献书，另一方面悬赏购书。

隋文帝采纳了牛弘的建议："分遣使人，搜访异本。每书一卷，赏绢一匹。校写既定，本即还主。"①整个献书过程分为遣使、搜访、奖励、校写、还主五个步骤。这次献书活动持续了三四年之久，是自下而上的一次大规模大范围的图书流通活动。

牛弘不愧是一位伟大的文献学家和出版家。其请广开献书之路表虽然文字不多，但在中国文献史和中国出版史上具有极为重要的意义。牛弘第一次高度评价了文献的重要作用，第一次全面系统地总结了古代文献出版、流通的历史。这些论述，对于文献学理论具有奠基的意义。牛弘还指出了隋代肩负的历史重任，提出了隋代聚书的具体措施，其请广开献书之路表也是指导隋代图书出版流通的纲领性文献，对后世产生了深远的影响。

在牛弘广开献书之路表的推动下，隋代图书流通取得了显著成绩，隋代图书流布中外。

图书流通与交通运输关系密切。没有交通运输，就没有图书流通。隋代国内交通发达，堪称四通八达。交通的便利，为图书流通提供了运输的通道；商业的繁荣，为图书流通提供了交易市场。

《隋书》中有不少图书"行于世"的记载，例如：辛彦之撰《坟典》、《六官》、《祝文》、《礼要》、《新礼》、《五经异义》等"并行于世"②。魏澹有文集30卷"行于

---

① 《隋书》卷三二《经籍一·总叙》。
② 《隋书》卷五八《辛彦之传》。

世"①。宇文恺撰《东都图记》、《明堂图议》、《释疑》等"见行于世"②。侯白撰《旌异记》"行于世"③。杜台卿撰《齐记》、文集15卷"并行于世"④。柳䚱撰《晋王北伐记》、文集10卷"行于世"⑤。李文博撰《治道集》"大行于世"⑥。所谓"行于世",就是图书流通于社会;而"大行于世",就是非常畅销,人争相购买。而"并行于世",就是说这些人的著作都很畅销。

隋代畅销书可考者有"五经"、《孝经》、《汉书》、识字课本、图谶、佛经等。隋时"五经"指《诗经》、《尚书》、《仪礼》、《周易》、《春秋》五部书,这五部书是知识分子的必读书,几乎家置一册。班固《汉书》在隋代也很盛行,研读者甚多,随着佛教的繁荣,佛经在隋代广为流通,不少善男信女抄经、施经的目的就在于流通供养、大造功德。

隋代中外交流频繁。对外交通有水陆二途:就水路而言,可达南洋、日本诸国;就陆路而言,有北道、中道、南道三条道路通往西域。

当时部分外国人来华学习、经商,如日本曾四次遣使来隋,并有13个学士来华留学。这些人来华的重要任务之一就是"购求书籍"。有些留学生一住就是20多年,学成之后,满载而归。

当然,对外交流是双向的,在汉籍传入外国的同时,也有不少外国图书流入中国。例如隋代翻译的佛经,当是由印度传入的。另外,《隋书·经籍志》中著录的医学、天文、历数著作等,也有一些是从国外传入的。

第二节　唐代出版的历史背景

公元617年,李渊带兵攻克长安。次年,隋代灭亡,李渊在关中称帝,国号唐。907年为后梁朱温所灭,共历20帝、290年。唐代是中国封建社会的黄金时代。这个时期政治开明,经济繁荣,文化开放,学术进步,为出版事业的发展开辟了广阔的前景。

一、唐代政治和经济

为了强化中央集权,唐代政治制度在因袭隋代的基础上而有所发展。中央机构仍然采用"三省六部"制,和隋代的区别在于唐代扩大了宰相名额,并设立了政事堂。这样品秩较低的官吏,冠以"参知政事"、"同中书门下三品"、"同中书门下平章事"等头衔,级别一变而为宰相,与中书令、侍中等在政事堂平起平坐,参政议政。这既有利

---

① 《隋书》卷五八《魏澹传》。
② 《隋书》卷六八《宇文恺传》。
③ 《隋书》卷五八《侯白传》。
④ 《隋书》卷五八《杜台卿传》。
⑤ 《隋书》卷五八《柳䚱传》。
⑥ 《隋书》卷五八《李文博传》。

于反映整个地主阶级的意志，也有利于加强皇帝的权力。在法制方面，《唐律疏议》因袭隋律而成，是我国现存最早的一部完整的封建法典，对中国以及亚洲各国都产生了重大影响。唐代实行的府兵制比隋代更加完备。唐代科举考试在隋代基础上有更大发展。科举考试分为常举和制举两种，常举即通过常规性考试选拔人才，这是国家选拔人才的重要途径。科目有明经、明法、明书、明算、进士等，其中，进士科备受关注。制举是由皇帝亲自主持的临时性考试，这是国家选拔人才的辅助手段，其考试科目、考试时间、录取人数因时而异。通过科举考试，国家网罗了大批人才。唐代学校教育也有较大发展，中央设有国子、太学、四门、律学、书学、算学等六学，各州县也有学校。各类学校为国家培养了大批人才。

唐朝初年，为了扭转国民经济的严峻形势，采取了一些措施，其中最重要的就是"均田制"、"租庸调制"。均田制虽然并没有触动地主阶级的利益，但它把荒芜的土地分给农民耕种，促进了农业生产的发展。"租庸调制"在一定程度上减轻了人民的负担，也对农业生产的恢复和发展起了推动作用。由于措施得力，唐代经济迅速恢复。

唐代手工业也有较大发展。中央官办手工业是为宫廷服务的，分由少府监、将作监、军器监进行管理。地方官府也有织绵、兵器等作坊。唐代民间私营手工业最为繁荣，各行各业无所不有，其中，纺织、冶铸、陶瓷等尤为发达。纺织业遍布全国各地，丝纺、麻纺、棉纺等都有较大发展，花色品种争奇斗艳，技术水平不断提高。包括冶铁、冶铜、冶锡、冶银等在内的冶铸业也很发达。在加工过程中，已经使用了切削、抛光、焊接、刻凿等工艺，还使用了手摇脚踩的简单车床，说明当时的技术水平已经很高。唐代陶瓷生产也有很大发展。河北邢州窑和四川大邑生产的白瓷、越州生产的青瓷、昌南（今江西景德镇）生产的白瓷和青瓷都很著名。唐代还出现了用黄、绿、白、赭、蓝等彩釉制成的陶瓷，这就是中外闻名的"唐三彩"。唐三彩中的人、马、骆驼等色彩鲜明、造型生动，是我国古代艺术中的珍品。

二、唐代的文化政策

唐代的文化政策，可以归纳为两条：一是国内外文化开放政策；二是道、儒、释并重的政策。

国内的开放政策表现在很多方面，以下从言论开放、人才开放、诗歌开放等方面加以说明。

所谓"言论开放"，就是说人们敢于发表不同意见，敢于畅所欲言。唐代出现魏徵、王珪、虞世南、李大亮、岑文本、刘洎、马周、褚遂良、杜正伦、高季辅、狄仁杰、张九龄、颜真卿、陆贽、元稹、白居易等不少直言敢谏的诤臣。其中魏徵尤其著名，魏徵在唐太宗面前不顾个人安危，犯颜进谏，虽然有时唐太宗实在难以忍受，但最后还是纳谏，一次又一次地受到赏赐和重用。

所谓"人才开放"，就是不拘一格录用人才。唐太宗重用的人才中，不少人有严重的"历史问题"。魏徵曾在太子李建成手下任职,为李建成出谋划策不少,但在玄武门之变后,李世民一变而为唐太宗,不计前嫌,照样录用魏徵为谏议大夫。武则天在用人方面也很开放,鼓励各级官吏推荐人才,还允许毛遂自荐。

所谓"诗歌开放",是说诗歌创作无所忌讳,传播手段多种多样。唐代诗人在写诗的时候,不必回避现实,可以直叙胸怀,尽情抒发自己的喜怒哀乐。唐诗传播也很开放,传播手段很多,有赐赠传播、抄写传播、配乐传播、题壁传播等。名诗往往不胫而走天下,家弦户诵。

对外开放,也是唐代的一贯政策。"绥柔万国"、"方申辑睦,永敦聘好"、"共弘仁恕之道"是唐初对外政策的基石,历代帝王都继承了这一既定方针。为了迎接八方来客,唐代政府设置了一系列分工明确的外事机构。这些机构各司其职,有的负责外事接待,有的管理贸易和侨民,为对外开放奠定了组织基础。在交通方面,国内已形成以长安为中心的交通网络,海外交通也相当发达。

由于唐代营造了一个对外开放的优越环境,中外交流的规模不断扩大。大批遣唐使、外国留学生、外商来华。遣唐使目的各异,有政治的,有经济的,也有文化的。尽管如此,他们都是沟通中外的友好使者。

内外开放的文化政策,促进了唐代出版事业的繁荣。

道、儒、释并重也是唐代文化政策的重要组成部分,它同样体现了大唐帝国海纳百川、兼容并包、胸怀大度的开放政策。

在李唐享国的290年中,尽管道教的地位时有浮沉,但就整体而言,唐代历朝皇帝都以老子后代自诩,重视道教的发展。

唐朝建国伊始就很重视儒学,这可从以下两个方面加以说明。唐代诸帝大多重视儒学。唐太宗李世民早在秦王府时,就创建了文学馆,以杜如晦等18人为学士,在宫内轮流值班,与之讨论儒家经典,有时甚至讨论到半夜。即位后,更加重视儒学,诏令孔颖达等撰定《五经》义疏,共170卷,定名为《五经正义》,令天下传习,并作为朝廷科举考试的依据。唐玄宗也很重视儒学,他说:"宏我王化,在乎师儒。能发明此道,启迪含灵,则生民以来,未有如夫子者也。"[①]他追谥孔子为文宣王,并封赠孔门弟子颜渊等为公、侯、伯,予以旌德褒扬。唐玄宗特别重视《孝经》,亲自为之注解,颁于中外。安史之乱后,虽然唐代儒学失去了贞观、开元时的辉煌,但后期诸帝还是进行了不懈的努力,代宗、文宗、昭宗等都很重视儒学。

就整体而言,唐代最高统治者是重视佛教的。唐高祖武德二年(619年)在京师聚集高僧,立十大德,管理一般僧尼。从唐太宗贞观三年(629年)开始,由国家组织译场,历朝相沿,直到宪宗元和六年(811年),译师凡26人。唐高宗是佛教的忠实信徒,为了给母亲求福,下令修建大慈恩寺,度僧300余人,请50位高僧入住慈恩寺,

---

[①] 《唐会要》卷三五《褒崇先圣》。

为玄奘译经提供了各种方便。由于官方的支持，佛教在唐代的传播迅猛异常，中外僧人交往频繁，佛寺众多，如雨后春笋遍布全国各地。诵经者多，造像多。唐代士大夫也普遍崇佛。王维、王缙兄弟"俱奉佛，居常蔬食，不茹荤血，晚年长斋，不衣文彩……在京师，日饭十数名僧，以玄谈为乐。斋中无所有，唯茶铛、药臼、经案、绳床而已。退朝之后，焚香独坐，以禅诵为事"①。王维又有《叹白发》诗云："一生几许伤心事，不向空门何处销！"白居易于太和六年（832 年）斥六七十万巨资修香山寺。

总之，唐代实行道、儒、释并重的文化政策，尽管在某一时期可能有所偏重，但就整体而言，道、儒、释并重是唐代文化政策的主旋律。

三、唐代学术与文化

政治稳定、经济繁荣、开放的文化政策，促进了唐代学术、文化的繁荣，由于唐代统治者重视儒家思想，唐代学者在考订经文、解释经文方面做了大量工作。

唐代史学也有较大的成就。在 24 部正史之中，《晋书》、《梁书》、《陈书》、《北齐书》、《周书》、《南史》、《北史》、《隋书》等 8 部是唐代编撰的。

唐代文学成就主要表现在诗歌、古文、传奇小说、变文等方面。唐诗在中国文学史上写下了光辉的篇章，涌现出王勃、杨炯、卢照邻、骆宾王、陈子昂、王之涣、王昌龄、岑参、孟浩然、高适、李白、杜甫、元稹、白居易、李贺、杜牧、李商隐等一大批著名诗人。唐代古文运动，是一场改革文风、改革文学语言的运动，它在继承古代散文优秀传统的基础上，主张以自由质朴、注重内容、言之有物的新散文文体，取代六朝以来走入形式主义死胡同的骈文。唐代中期城市经济的繁荣，促进了传奇小说的产生。传奇小说具有丰富的社会内容，在语言、情节和人物塑造方面都与六朝志怪小说不同，它标志着中国古典小说开始脱离萌芽状态，逐渐发育成形。此外，唐代雕塑、绘画、书法、乐舞等文艺形式都达到了很高的水平。在数学、天文、历法、医学、建筑、印刷术等科学技术领域也取得了很大成就。

四、唐代出版概述

唐代是中国出版史上的一个划时代转变时期。人工抄写是唐代以前图书出版的主要方式，印刷术的发明是一场出版领域生产力的伟大革命，它加速了人类文明的进程，不仅在中国文化史上而且在世界文化史上具有重要意义。

在图书编撰方面，从官方到民间，呈现一派生气勃勃的景象。史馆和集贤殿书院是官方修书的重要机构。史馆的最终形成和完善，为官方修书奠定了组织基础。史馆监修制的形成和完善，是唐代官方图书编撰成熟的标志，它开了当今主编负责制的先河。史馆专修实录、国史、正史等历史著作。集贤殿书院是专门为皇帝服务的，它在藏书、校

---

① 《旧唐书》卷一九〇下《王维传》。

书、参政的同时，也编撰了一些图书。唐代官修书的内容十分丰富。经书如《五经正义》、《今文尚书》、《毛诗草木虫鱼图》、《礼记月令》、《礼记字例异同》、《春秋纂要》、《春秋加减》等；正史如南北朝诸史、《隋书》、《晋书》等；实录如《高祖实录》、《太宗实录》、《高宗实录》、《则天皇后实录》、《中宗实录》、《玄宗实录》、《德宗实录》等；地理著作如《西域国志》、《括地志》等；礼书如《大唐仪礼》、《永徽五礼》、《开元礼》等；医书如《新修本草》等；法律著作如《武德律》、《武德令》、《武德式》、《贞观律》、《贞律令》、《永徽律疏》、《永徽令》、《垂拱式》、《垂拱格》、《开元令》、《开元详定格》、《大中刑法统类》等；诗集如《骆宾王集》、《王右丞集》等；类书如《艺文类聚》、《文思博要》、《三教珠英》、《初学记》等。唐代民间编

壁画飞天

撰别集、总集最多。别集如吕才编《东皋子集》，王士源编《孟浩然集》，魏颢编《李翰林集》，李阳冰编《李白草堂集》，白居易编《白氏文集》，刘禹锡编《河东先生集》和《吕和叔文集》，裴延翰编《樊川文集》，元结、李贺、李群玉、孙樵、皮日休、陆龟蒙、司空图、颜真卿、刘禹锡、郑谷等都自编过别集。总集如孙季良编《正声集》、元结编《箧中集》、殷璠编《河岳英灵集》、芮挺章编《国秀集》、令狐楚编《御览诗》、高仲武编《中兴间气集》、姚合编《极玄集》、韦庄编《又玄集》等。著名图书编撰家有魏徵、颜师古、李延寿、吴兢、韦述、刘知几、杜佑、元稹、白居易、刘禹锡等，其中刘知几、白居易在图书编撰方面成绩最大。

　　在图书出版方面，唐代一方面仍然采用传统方法，即人工抄写的方法出版图书，另一方面又开始采用雕版印刷刻印图书。唐代官方出版机构有史馆、集贤院、弘文馆、秘书省、崇文馆、司经局等。官方组织的大规模抄书活动至少有六次。官方抄书具有数量多、校勘精、纸墨精、装潢精、书法美等优点。民间抄书著名者有李袭誉、李大亮、王元感、王绍宗、韦述、柳仲郢、皇甫湜、孟郊、张参、杜牧、李商隐、吴彩鸾、陆龟蒙等。因为唐代雕版印刷尚属初创时期，可考印刷品还不太多，内容以佛经、字书、历书、阴阳杂书为主。唐代出版地区分布较广，中心地区是长安、洛阳、成都、扬州、杭州、绍兴、敦煌等地。为了保持社会稳定，加强对图书市场的管理，维护图书市场的正

常秩序，官方也在诏令或法令条文中对图书出版作出了相应的规定，严禁民间出版天文、图谶、兵书、占卜、历书、相书、私史、天书等。文人索取"稿费"，已经得到社会的认可，成为一种常见的文化景观。

在图书流通方面，由于长安、洛阳、成都、扬州、绍兴、敦煌等书业中心的形成，加上四通八达的交通网络，图书流通无远不至。图书流通的方式有颁赐流通、献书流通、借阅流通、市场流通等。其中市场流通是一种主要的流通方式，著名诗人王建、杜甫、刘禹锡、张籍、杜荀鹤等都有参与图书贸易活动的记载。唐代可考书商有吴彩鸾、王绍宗、孙仲容、孙盈、刘翌、齐光等。儒家经书、《史记》、《汉书》、《老子》、《庄子》、《文选》、诗集等是唐代的畅销书。唐代的对外开放政策和对外交通的便利条件，使大量图书流布日本、朝鲜等国，图书成为中外文化交流的友好使者。

总而言之，唐代是中国出版史上的一个重要时期，无论是出版理论、出版组织，或是出版方式、出版规模等，都在中国出版史上写下了光辉的一页。

第三节　唐代的图书编撰

一、官修书

唐代官方重视修书，史馆的建立，监修制的完善，集贤院的众多人才，丰富的国家藏书，为官方大规模修书创造了有利条件。唐代官修书之多，史无前例。

1. 唐代官修书机构设置

唐代武德殿、秘书省、国子监、翰林学士院、弘文馆、史馆、集贤殿书院等都有修书活动的记载，武德殿修有《东殿新书》等；秘书省修有《唐秘阁书目》等；国子监修有《春秋加减》等；翰林学士院修有《前代君臣事迹》、《元和辨谤略》等；弘文馆修有《景龙文馆记》等。比较而言，史馆和集贤殿书院是最主要的官方修书机构。

唐代以前，修史的主管部门是秘书省著作局。唐太宗继承皇位之后，鉴于武德间萧瑀等修史迟迟未能成书的教训，决定单独组建史馆。史馆环境幽雅，生活条件优裕，"西京则与鸾渚为邻，东都则与凤池相接。而馆宇华丽，酒馔丰厚，得厕其流者，实一时之美事"。

关于史馆的编制情况，据《旧唐书·职官二》，有"史官，监修国史。修撰，直馆。楷书手二十五人，典书四人，亭长二人，掌固六人，装潢直一人，熟纸匠六人"。史官无常员，如有修撰大事，则用他官兼之，修讫则罢。监修是史馆的最高长官，非宰相莫属。修撰由他官兼领史职者担任，直馆由未在宫廷任职、初入史馆者担任。

史馆的职能是"掌修国史，不虚美，不隐恶，直书其事。凡天地日月之祥，山川封域之分，昭穆继代之序，礼乐师旅之事，诛赏废兴之政，皆本于起居注、时政记，以为实录，然后立编年之体，为褒贬焉。既终藏之于府"①。为了保证修史工作的正常进行，史馆制定了许多必要的制度，例如原始材料的申报、文武百官的谥法、实录的内容、立传人选的确定，等等。

唐代史馆的建立，为官修史书奠定了组织基础，对后世产生了深远的影响。从此，史馆修史历代相传，形成一种不可或缺的制度。

集贤殿书院（以下简称"集贤院"）原为皇帝读书而设，只是一个藏书的地方，后逐渐成为修书之所。

集贤院的职能是"掌刊缉古今之经籍，以辨明邦国之大典。凡天下图书之遗逸、贤才之隐滞，则承旨而征求焉。其有筹策之可施于时，著述之可行于代者，较其才艺而考其学术，而申表之。凡承旨撰集文章，校理经籍，月终则进课于内，岁终则考最于外"②。具体来说，集贤院有以下职能：（1）藏书。开元九年（721年），集贤院藏书81 990卷；开元十三年（725年）十月，集贤院藏书多至89 000卷。（2）校书。开元八年（720年）春天，元行冲知院事，先后调集秘书学士20人来院参与校书工作。白居易《惜玉蕊花有怀集贤王校书起》诗云："集贤雠校无闲日，落尽瑶花君不知。"③可见集贤院校书之勤。当然，校书人员的水平高下有别，著名文人韩愈之子韩昶"名父之子也，虽教有义方，而性颇刁闇劣，尝为集贤校理。史传中有说金根车处，皆臆断之曰：'岂其误欤！必金银车。'悉改'根'字为'银'字"。④金根车又叫器车、根车，秦汉时饰之以金，以为乘舆，故名。韩昶因不谙出典，才闹出了笑话。（3）抄书。（4）修书。开元九年（721年），元行冲等修《群书四部录》是集贤院修书的最早记载，以后历年递有修撰。（5）搜访遗书和人才。据韦述《集贤注记》、司马光《资治通鉴》、王应麟《玉海》等书记载，开元五年（717年）十二月，唐玄宗曾诏访遗书集于乾元殿；开元十年（722年）九月，张说知院事，张悱曾任图书括访异书使；广德二年（764年）七月甲辰，因"安史之乱"，集贤院图书损失严重，遂悬赏购书，一卷赏千钱。（6）参与国策制定工作。张说"专集贤文史之任，每遇军国大事，帝遣中使先访其可否"⑤。（7）草诏。集贤院学士有不少名臣大儒，多令草诏。不过，到翰林学士院建立之后，集贤院草诏始罢。以上数事之中，以藏书、校书、抄书、修书为主。

集贤院的编制情况，据《旧唐书·职官二》，有"集贤学士。学士知院事一人，副知院事一人，判院一人，押院中使一人。侍讲学士、修撰官、校理官、待制官、留院官、检讨官、孔目官一人，专知御书典四人，知书官八人，书直、写御书一百人，拓书六人，书直八人，装书直十四人，造笔直四人"。实际上，以上编制常有变化。由于官

---

① 《旧唐书》卷四三《职官二》。
② 《旧唐书》卷四三《职官二》。
③ ［唐］白居易：《白居易集》卷十三，岳麓书社，1992年。
④ 《太平广记》卷二六一。此条亦见《刘宾客嘉话录》，文字稍异。
⑤ ［唐］李肇：《翰林志》，上海古籍出版社，1991年。

方重视集贤院的发展和建设,集贤院网罗了大批人才,据韦述《集贤注记》,从开元十三年(725年)四月到天宝十五年(756年)二月,"集贤院修撰、校理、待制及文学直等,总五十九人";从开元十三年(725年)四月,到天宝十四年(755年),"集贤院学士、直学士三十三人"[1],这些人为唐代图书事业的发展作出了重要贡献。

2. 唐代官修书的监修制

早在南北朝时就出现了监修官,北魏山伟等曾在修史局监修国史,北齐高隆之等曾在史馆监修《魏书》。但是监修制的最终形成当与唐代史馆的不断发展密切相关。

监修制就是官方领导下的主编负责制,它有如下特点:一是资金、人员,甚至选题均由官方筹划;二是集体编写,人员多少不等,少则数十,多可逾千;三是发凡起例、撰写分工、定稿出版等由监修负责;四是书成卷端"止署官高一人名衔"[2],其他预修者一概从略。如上所言,监修一般由宰相署名。当然,如果皇帝躬亲撰写,无论篇幅长短,则卷端仅题"御撰"。例如《晋书》,唐太宗只写了晋宣帝、晋武帝、陆机、王羲之等四篇论赞,发凡起例由敬播独创,预修者凡21人,因为唐太宗是最高统治者,卷端仅题"唐太宗御撰"。多次更换监修的官修书,卷端只署书成奏进的监修姓名,即最后一位监修的姓名。唐代官书"止署官高一人名衔"的做法也对后世产生了深远的影响。由于唐代修书众多,监修官也就不一而足。

对于监修制,历来有不同看法。但总而言之,监修制利大于弊,不可否定。监修制至少有三大好处:第一,在人事安排方面,便于调动人才。人才荟萃,"各当其才",确为史馆监修制的一大优点。第二,在物资供应方面,宰相居一人之下、万人之上,有权有势,宰相任监修官极便调拨财力、物力,为史馆修书奠定了坚实的物质基础。第三,在图书资料方面,史馆可以充分利用国家藏书和档案资料,甚至可以政府的名义向各地征集图书资料,为史馆修书奠定了学术基础。私撰虽然责任心强,文笔一致,但个人的见闻、财力、物力、精力毕竟有限,加上资料缺乏,确有许多不便之处。再说人浮于事、虚美隐恶、互相推诿等,并非史馆的固有弊病,是人为因素造成的,不是不可克服的痼疾。历代修书的实践证明,监修制是一种行之有效的修书制度,它在中国图书编撰史上发挥了重要作用。

3. 唐代官修书的种类

唐代官修书以太宗、高宗、武后、玄宗四朝为盛。太宗时的《五经正义》、南北朝诸史和《艺文类聚》,高宗时的《太宗实录》、《永徽律疏》、《新修本草》和《文馆词林》,武周时的《三教珠英》,玄宗时的《高宗实录》、《唐六典》和《初学记》,都很著名。

---

[1] 《玉海》卷四八《艺文·集贤注记》。
[2] [清]纪昀等:《四库全书总目·新唐书》。

唐太宗贞观年间是唐代官方修书的极盛时期。修书内容包括经、史、法律、类书等。经书如《五经定本》、《五经正义》等；史书如南北朝诸史、隋史、《晋书》、《氏族志》、《括地志》、《高祖实录》、《贞观实录》、《大唐仪礼》等；法律书如《贞观律》、《贞观令》、《贞观格》、《贞观式》、《贞观留司格》等；类书如《文思博要》等。"五经"即《周易》、《尚书》、《毛诗》、《礼记》、《春秋左氏传》五部经书的总称。唐太宗"以经籍去圣久远，文字讹谬，令（颜）师古于秘书省考定五经，师古多所厘正"。颜师古（581—645），名籀，字师古，以字行。北齐著名学者颜之推之孙，唐代著名训诂学家。他充分利用秘书省所藏图书进行校勘，一字一句皆有所据，校出了大量错误。然而，书成之后，诸儒"皆共非之"，颜师古舌战群儒，力排众议，"诸儒莫不叹服"[①]。贞观七年（633年），《五经定本》诏颁天下。

经学自汉至唐几经变革，门户纷争。为了加强思想统治，唐代对经书注解作了统一化的工作，《五经正义》就是其代表作。《五经正义》的影响可与汉武帝"罢黜百家、独尊儒术"相提并论，二者在经学历史上有着同等重要的作用。但是《五经正义》举一家而废百家，并没有对前人义疏作出全面总结，后人多有微词。

南北朝诸史及隋史始修于贞观三年（629年），据《旧唐书·令狐德棻传》：

> 贞观三年，太宗复敕修撰，乃令德棻与秘书郎岑文本修周史，中书舍人李百药修齐史，著作郎姚思廉修梁、陈史，秘书监魏徵修隋史，与尚书左仆射房玄龄总监诸代史。众议以魏史既有魏收、魏澹二家，已为详备，遂不复修。德棻又奏引殿中侍御史崔仁师佐修周史，德棻仍总知类会梁、陈、齐、隋诸史。

可见这次修史有明确分工：魏徵在撰写隋史的同时，和房玄龄"总监"诸史，负责全面工作；令狐德棻在撰写周史的同时，"总知类会"诸史，负责协调诸史内容和编撰体例；李百药、姚思廉有家学传统，继其先父遗志，分别撰写齐史、梁史和陈史。这种合理的分工，保证了编撰工作的顺利进行。

实录是一种编年体史书，专记某一皇帝统治时期的大事。唐代《高祖实录》、《太宗实录》由敬播、长孙无忌、房玄龄等撰写。《太宗实录》分两次写成：第一次从贞观元年（627年）写到贞观十四年（640年），凡20卷；第二次从贞观十五年（641年）写到贞观二十三年（649年），凡40卷，到高宗永徽间完成。

唐高宗时期，官方修书也很多。修书内容主要包括史书、法律书、医书、类书等。史书如《太宗实录》、《武德贞观两朝史》、《永徽五礼》、《西域国志》、《后汉书注》等；法律书如《永徽律》、《永徽式》、《永徽律式本》、《永徽令》、《永徽散颁天下格》、《永徽留本司行格》、《永徽律疏》等；医书如《本草》；类书如《文馆词林》、《累璧》、

[①] 《旧唐书》卷七三《颜师古传》。

《东殿新书》、《瑶山玉彩》等。

《永徽律》12 卷、《永徽式》14 卷、《永徽令》30 卷,《永徽散颁天下格》7 卷、《永徽留本司行格》18 卷等由长孙无忌、李勣、于志宁、张行成、高季辅、宇文节、柳奭、段宝玄、令狐德棻、高敬言、刘燕客、赵文恪、李友益、张行实、王文瑞、元绍、贾敏行、李敬玄、源直心、李文礼等 20 人奉诏撰定,永徽三年(652 年)表上。《永徽律》是唐朝具有代表性的法典。

《本草》21 卷、《本草药图》20 卷、《本草图经》七卷等书总称《新修本草》。该书修于高宗显庆四年(659 年)。《新修本草》图文并茂,不仅是我国第一部药典,也是世界上最早的国家药典。早在唐代开元十九年(731 年),日本就出现了该书的传抄本,是日本官方指定的医生必读书。

唐玄宗时期,官修了《开元礼》、《姓族系录》、《群书四部录》、《御刊定礼记月令》、《唐六典》、《开元礼》、《开元起居注》、《高宗实录》、《中宗实录》、《睿宗实录》、《今上实录》、《开元实录》等大量史书。《姓族系录》是在《氏族录》的基础上修订而成的。

唐太宗李世民

《初学记》是开元间编撰的一部类书,该书 30 卷,张说、徐坚、韦述、余钦、施敬本、张烜、李锐、孙季良等奉诏编撰。闻一多先生指出:

> 这里《初学记》虽是开元间的产物,但实足以代表较早的一个时期的态度。在我们讨论的范围内,这部书的体裁,看来最有趣。每一项题目下,最初是"叙事",其次是"事对",最后便是成篇的诗赋或文。其实这三项中减去"事对",就等于《艺文类聚》;再减去诗赋文,便等于《北堂书钞》。所以我们由《书钞》看到《初学记》,便看出了一部类书的进化史。①

唐肃宗以后,官方修书逐渐衰落,除了例行编修实录之外,仅仅修过几种图书。

---

① 闻一多:《唐诗杂论》,上海古籍出版社,1998 年,第 5 页。

4. 唐代官修书的特点

唐代官修书在中国古代出版史上占有重要地位。它有如下特点：

第一，目的明确。官修书的主要目的就是为巩固政权服务，官修史书尤其如此。武德五年（622年），唐高祖《命萧瑀等修六代史诏》云："史官纪事，考论得失，究尽变通，所以裁成义类，惩恶劝善，多识前古，贻鉴将来。"① 唐太宗在《修晋书诏》中也说："彰善瘅恶，振一代之清芬；褒德惩凶，备百王之令典。"② 贞观十一年（637年），魏徵上疏说："必思隋氏以为殷鉴，则存亡治乱，可得而知。若能思其所以危，则安矣；思其所以乱，则治矣；思其所以亡，则存矣。"③ 很明显，其修史目的就是以史为鉴。

第二，史馆的建立和监修制的形成，为官修书奠定了坚实的组织基础。作为一个专门的修书机构，史馆在人才录用、岗位责任、经费开支等方面，都有一套行之有效的制度。不论在任何情况下，这些制度都能保证修书工作的正常进行。在人才录用方面，严格把关，不得滥竽充数。唐高宗专门发布过有关诏令，甚至楷书手的选用都很严格，据元和十四年（817年）六月史馆奏："当馆楷书手，准元敕，同集贤例，五考足放选。今选务集贤年数仍旧，当馆更加三年，同弘文馆例，八年放选。"④ 唐代许多著名学者都在史馆工作过，并为之作出了重要贡献。例如房玄龄曾先后预修《高祖实录》、《太宗实录》、《晋书》、《五代史》等；令狐德棻曾先后预修《太宗实录》、《晋书》、《五代史》等。在岗位责任方面，分工明确，各司其职。亭长是负责安全的；典书、掌固是负责史料收发和保管工作的；修撰、校理是负责修书的；楷书手、熟纸匠和装潢直是负责抄书、装订工作的；监修负责全面工作。在经费开支方面，史馆开支已纳入国家预算，有固定的经济来源。史馆的经费开支主要包括购书费、修撰费、材料费、抄校费等。购书费包括采购图书、采集原始资料等费用；修撰费即日常修书费用；材料费包括纸、墨等费用；抄校费包括抄书、校书等费用。

第三，就时间而言，太宗、高宗、武后、玄宗四朝修书最多。除了客观原因之外，与这些皇帝重视图书事业有关。他们在万机之暇，躬亲著书。贞观二十三年（649年）正月二十日，唐太宗"撰《帝范》十三篇赐皇太子"。据《新唐书·艺文志》，唐太宗有《太宗集》40卷、《辇上图》等著作；唐高宗有《高宗集》86卷、《御铨定汉书》87卷等著作；武后有《垂拱格》、《紫宸礼要》、《乐书要录》、《训记杂载》等著作；玄宗有《周易大衍论》、《孝经制旨》、《注道德经》、《开元广济方》、《太一枢会赋》等著作。不少官修书从选题到成书，皇帝亲自过问，唐太宗甚至亲自参与了《晋书》的撰

---

① 《唐大诏令集》卷八一。
② 《唐大诏令集》卷八一。
③ 《贞观政要》卷八《刑法》。
④ 《唐会要》卷六四《史馆下》。

写工作。这些皇帝重视国家藏书，诏令私人著作藏入内府之例屡见不鲜。

第四，就内容而言，四部皆备，其中实录、法律、类书等最多，均已形成系列。从唐代开始，每一个皇帝死后，继位者必敕史臣撰修实录，沿为定例。

唐代统治者重视立法工作，律、令、格、式四类法典的编撰相当频繁，对维护社会安定发挥了重要作用。

第五，书成奏上御览，进书表言成书经过，备列预修者官职姓名。进书表多为官样文章，不乏吹捧今上皇帝之词。如获恩准，预修者照例可以得到一笔丰厚的报赏。报赏内容包括赐物、晋级、封爵、发给钤有御印的奖励证书等。这些报赏可视为今之"稿费"，说明最高统治者尊重编撰者的辛勤劳动，是对编撰者辛勤劳动的认可。

二、唐代私人图书编撰

1. 刘知几及其《史通》

刘知几是唐代著名史学家，所著《史通》是一部史学名著，也是中国图书编撰史上的一部重要理论著作。

从武后长安二年（702年）开始，刘知几"历事二主，从宦两京，遍居司籍之曹，久处载言之职……尝以载削馀暇，商榷史篇，下笔不休，遂盈筐箧。于是区分类聚，编而次之"，而成《史通》一书。

《史通》是中国古代历史上第一部史学理论专著，它全面系统地论述了史学的众多问题，全书分内外两篇，内篇皆论史家体例，辨别是非；外篇则述史籍源流及杂评古人得失。让我们从史书编撰的角度分析一下《史通》的内容。

第一，强调了史书的社会功用。刘知几在《曲笔》篇中说："盖史之为用也，记功司过，彰善瘅恶，得失一朝，荣辱千载。"在《直书》篇中说："史之为务，申以劝诫，树之风声。其有贼臣逆子，淫君乱主，苟直书其事，不掩其瑕，则秽迹彰于一朝，恶名被于千载。"这就是说，史书记载功过得失，可使"贼臣逆子"遗臭万年；可使好人好事流芳千载。《史官建置》篇又说：史书可"使后之学者，坐披囊箧而神交万古，不出户庭而穷览千载。见贤而思齐，见不贤而内自省。若乃《春秋》成而逆子惧，南史至而贼臣书，其记事载言也则如彼，其劝善惩恶也又如此。由斯而言，则史之为用，其利甚博，乃生人之急务，为国家之要道。"这段话对史书的功用作了总结性的说明：一是"生人之急务"，可使活着的人不断加强修养，"见贤而思齐，见不贤而内自省"；二是"国家之要道"，史书可"劝善惩恶"，使国家长盛不衰。

第二，历数史官源流，论述了史官应该具备的重要素质。关于史官源流，《史官建置》篇说："盖史之建官，其来尚矣。昔轩辕氏受命，仓颉、沮诵实居其职。至于三代，其数渐繁。"西汉"置太史公，位在丞相上"；兰台、东观是东汉史官修书的地方。三国"魏太和中，始置著作郎"。晋代隶属秘书省的著作郎"谓之大著作，专掌史任，又置佐著作郎八人"。宋齐以后，"改佐著作郎为著作佐郎"。北魏初期没有专门设置史官,后来"始于秘书置著作局"。北齐、周至隋代,"其史官以大臣统领者谓之监修"。唐朝建立后,"别置史馆,通籍禁门"。不少人"尤喜居于史职,至于措词下笔者十无一二焉。既而书成缮写,则署名同献;爵赏既行,则攘袂争受。遂使是非无准,真伪相杂。生则厚诬当时,死则致惑来代"。刘知几在《核才》篇中列举大量事例,说明真正能够做到"刊勒一家,弥纶一代"的史官是不多见的,"史才之难,其难甚矣"。他在《辩职》篇中认为监修史书更难,"斯乃尤之尤者",唐代监修官大多为"恩幸贵臣,凡庸贱品,饱食安步,坐啸画诺,若斯而已矣"。他们不辨善恶,"凡所引进,皆非其才,或以势利见升,或以干祈取擢"。刘知几在与礼部尚书郑惟忠的谈话中,明确提出"才"、"学"、"识"的"三长"标准。①

第三,关于史书体例,《史通》提出"六家"、"二体"之说。《史通·六家》云:

古往今来,质文递变,诸史之作,不恒厥体。榷而为论,其流有六。

这六种史书体例是《尚书》家、《春秋》家、《左传》家、《国语》家、《史记》家和《汉书》家。由于《尚书》、《春秋》、《国语》、《史记》等"四家其体久废,所可祖述者唯《左氏》及《汉书》二家",于是乃有"二体"说。"二体"即指断代编年体和断代纪传体。刘知几所谓"正史"即指以上"二体"。史书体例除了正史之外,还有杂史,《史通·杂述》云:

能与正史参行,其所由来尚矣。爰及近古,斯道渐烦。史氏流别,殊途并骛。榷而为论,其流有十焉:一曰偏纪,二曰小录,三曰逸事,四曰琐言,五曰郡书,六曰家史,七曰别传,八曰杂记,九曰地理书,十曰都邑簿。

虽然刘知几所说的"六家"、"二体"及十种"杂史"并不能完全包括所有史书体例,但基本上是唐代以前史书体例的总结。在史书体例之中,《史通》对于纪传体的本纪、世家、列传、表历、书志、论赞、序例等类目言之甚详。

第四,关于史书内容。刘知几在《书事》篇中指出:史书的内容应有"五志"、"三科"。关于"五志",他引用汉代荀悦的话说:

立典有五志焉:一曰达道义,二曰彰法式,三曰通古今,四曰著功勋,五曰表贤能。干宝之释五志也,"体国经野之言则书之,用兵征伐之权则书之,忠臣烈士、孝子贞妇之节则书之,文诰专对之辞则书之,才力技艺殊异则书之"。

---

① 《旧唐书》卷一〇二《刘子玄传》。

除了"五志"之外,刘知几又补充了"三科":"一曰叙沿革,二曰明罪恶,三曰旌怪异。"他进一步解释说:"礼仪用舍,节文升降则书之;君臣邪僻,国家丧乱则书之;幽明感应,祸福萌兆则书之。"总而言之,刘知几认为,史书内容要充分展现历史发展的全貌,忠实记录军国大事和各种制度,表彰对历史发展有重大贡献的功臣和贤才,鞭挞逆潮流而动的历史罪人。还要记载能够宣扬封建道德的忠臣孝子、贞妇和各种怪异现象。他认为,侈写符瑞、详记朝觐、虚衔备载、赘录世官,是史书内容的四大弊病。到了唐朝仍然是"积习忘返,流宕不归,乖作者之规模,违哲人之准的"。好的史书应该是"简而且详,疏而不漏"。

第五,关于史书编撰的具体方法,《史通》也多有论述。综观全书,《史通》有两大特点:一是刘知几的通识观。为什么书名叫《史通》呢?刘知几在《史通·自序》中说:"昔汉世诸儒,集论经传,定之于白虎阁,因名曰《白虎通》。予既在史馆而成此书,故便以《史通》为目。且汉自司马迁后,封为'史通子',是知史之称'通',其来自久。博采众议,爰定兹名。"刘知几虽然没有对"通"字作出明确解释,但不言而喻,通者,融会贯通也。班固等《白虎通》是统一汉代经学纷争之后产生的一部权威性著作;司马迁《史记》更是一部"究天人之际、通古今之变"的历史名著。显然,刘知几《史通》也是一部熔古今左右为一炉的不朽之作。从纵向看,刘知几研究了从远古到唐玄宗开元间3 000多年的史学史;从横向来看,刘知几研究了唐代史学界面临的种种问题,他把微观和宏观结合在一起,既具体而微研究了一个个史家和著作,又高瞻远瞩,指出了3 000年史学的走向。据统计,刘知几在《史通》中,共列举史家265人、史书249部,其中,先秦两汉史家43人,史书60部;魏晋十六国史家94人,史书87部;南北朝史家79人,史书80部;隋唐史家49人,史书22部。① 《史通》就是在评论众家、博览群书的基础上写成的。二是刘知几的怀疑批判精神。刘知几在《疑古》篇中对《尚书》、《论语》提出10条批评;在《惑经》篇中对《春秋》提出12条批评;在《杂说》和《暗惑》篇中对唐玄宗以前的多种纪传体史书提出批评;在《五行志错误》篇中,对班固《汉书·五行志》提出批评;在《五行志杂驳》篇中,对春秋时代五行记载的得失进行评论。凡此种种,刘知几对全书涉及的265位史家和249部史书都进行了批评,无一幸免。然而,刘知几的批评大多是客观的,并非采取完全肯定或完全否定的做法。例如他虽然指出了《春秋》的12条缺点,但他对《春秋》还是推崇的;他虽然极力称赞《左传》,但在《杂说》中又多次批评《左传》。

2. 唐代别集的编撰

唐代别集数量极多,不少人参与了编撰活动,下面重点介绍颜真卿、韩愈、刘禹锡等人的别集编撰情况。

---

① 赵俊等:《刘知几评传·最早系统研究中国史学发展史》,广西教育出版社,1997年。

颜真卿（709—785），字清臣，琅玡临沂人。唐代政治家、书法家。开元进士，历仕平原太守、吉州别驾、抚州刺史、湖州刺史等职。颜真卿在从政之暇，念念不忘别集编撰：大历二年（767年），任吉州别驾时编《庐陵集》10卷，时年59岁；大历六年（771年）任抚州刺史时，令左辅元编《临川集》10卷，时年63岁；大历十二年（777年）任湖州刺史时，编《吴兴集》10卷，时年68岁。另外，还有《韵海镜源》360卷，《礼乐集》10卷，《颜氏家谱》1卷，《历古创置仪》1卷等。其中《韵海镜源》初编于天宝十二载（753年），至安史之乱时，修成200卷。安史之乱时，中辍数十年。大历四年（769年）在抚州刺史任上重理旧业，与左辅元、姜如璧等增而广之，为500卷。大历六年（771年）在湖州刺史任上修订全书，定为360卷。该书"据《法言》、《切韵》次其字，按经史及诸子语据音韵次字成句者刊成文，裁以类编；又按《仓雅》及《说文》、《玉篇》等，其义各注其下，谓之字脚。韵海者，以牢笼经史之语，以韵次之，其多如海；镜源者，八体之本，究形声之义，故曰镜源"。预修者有江东文士萧存、陆士修、裴澄、陆羽、顾祭、朱弁、李萼、汤涉、释智海、释皎然等数十人。可惜该书早已失传。

韩愈（768—824），字退之，河阳（今河南孟县）人，唐代文学家。贞元进士，历仕监察御史、潮州刺史、吏部侍郎等职，仕途多艰。韩愈自幼刻苦学习，每天背诵几百字到几千字的文章。出仕后，仍然"口不绝吟于六艺之文，手不停披于百家之编；记事者必提其要，纂言者必钩其玄；贪多务得，细大不捐；焚膏油以继晷，恒兀兀以穷年"[1]。一刻也没有停止读书学习。博览群书为其著书立说奠定了坚实的学术基础。韩愈认为著书是一件非常重要的事情，他在《答张籍书》中说："化当世莫若口，传来世莫若书。"他的写作态度非常严谨。韩愈青壮年时，在文坛上已负盛名，好友劝他早早著书，他谢绝了，他说："请待五六十然后为之，冀其少过也。"[2] 另外，韩愈关于"不平则鸣"的思想，与司马迁"发愤"著书的观点如出一辙，他在《送孟东野序》中说：

大凡物不得其平则鸣。草木之无声，风挠之鸣；水之无声，风荡之鸣。其跃也，或激之；其趋也，或梗之；其沸也，或炙之。金石之无声，或击之鸣。人之于言也亦然，有不得已者而后言。其歌也有思，其哭也有怀。凡出乎口而为声者，其皆有弗平者乎！乐也者，郁于中而泄于外者也，择其善鸣者而假之鸣。金、石、丝、竹、匏、土、革、木八者，物之善鸣者也。维天之于时也亦然，择其善鸣者而假之鸣。是故以鸟鸣春，以雷鸣夏，以虫鸣秋，以风鸣冬。四时之相推敚，其必有不得其平者乎！

这就是说，声音之产生是"不得其平"的结果，一个人如果历经磨难，就会"有不得已者而后言，其歌也有思，其哭也有怀"。许多传世之作，都是这样产生的。韩愈

---

[1]《昌黎先生集》卷一二《进学解》。
[2]《昌黎先生集》卷一四《答张籍书》。

的著作有《论语笔解》、《顺宗实录》、《昌黎杂说》、《昌黎诗钞》、《韩子粹言》、《韩昌黎尺牍》等，以上著作均收入《昌黎先生集》。

刘禹锡（772—842），字梦得，洛阳人。唐代文学家、哲学家。贞元进士，历仕监察御史、屯田员外郎、郎州司马、礼部侍郎、苏州刺史等职。还曾担任太子宾客职，世称"刘宾客"；与柳宗元交谊甚笃，人称"刘柳"；与白居易唱和甚多，人称"刘白"。有《刘禹锡集》。刘禹锡对于图书编撰的贡献有三：

第一，积极参与图书编撰活动，其编撰别集数量之多，在中国出版史上是少见的。刘禹锡编撰的别集书目有：元和十五年（820年）编吕温《吕衡州集》10卷。长庆四年（824年）编成《柳宗元集》30卷于夔州。太和七年（833年）编己作为《刘氏集略说》，又编《李绛集》20卷。开成二年（837年）十一月编《令狐楚集》130卷。

除了编撰以上别集之外，刘禹锡还编有《吴蜀集》、《彭阳唱和集》、《汝洛集》、《传信方》等。《吴蜀集》编于太和六年（832年），是刘禹锡与李德裕的唱和集。《彭阳唱和集》编于太和七年，是刘禹锡与令狐楚的唱和集。《汝洛集》编于开成元年（836年），是刘禹锡与白居易的唱和集。《传信方》编于元和十三年（818年），是一部药方汇编。

第二，热情撰写书序，向读者推荐好书。刘禹锡把撰写书序当作自己不可推卸的历史责任，积极推荐名人名作，新人新作。钜鹿魏生发奋著书20年，成《兵要》10卷，然"孤鸣甚哀，卒无善听者"，简直失去了自信，后来，他想起了刘禹锡。刘禹锡热情地为此书写了序言，鼓励魏生将该书公布于世，魏生转忧为喜，看到了希望。

第三，编撰思想，多有可取。首先，刘禹锡重视图书的作用，他说：

呜乎！咫尺之管，文敏者执而运之，所如皆合。在藩耸万夫之观望，立朝贲群寮之颊舌，居内成大政之风霆。导畎浍于章奏，鼓洪澜于训诰。笔端肤寸，膏润天下。文章之用，极其至矣。①

"笔端肤寸，膏润天下"八字精辟地阐明了著书立说的作用，刘禹锡主张"道不加益"，不可著书，反对那种空话连篇、无病呻吟的著作。其次，刘禹锡提出"穷愁著书"的观点。它概括了古今著书的普遍现象，不平则鸣。当一个人处于逆境时，他就可能拿起笔来，奔走呼喊，发泄自己内心的不平，出现传世佳作。这与司马迁"发愤著书"的观点有异曲同工之妙。另外，刘禹锡的传世思想很值得我们学习。刘禹锡在《刘氏集略说》中引用子婿的话，说明一个人没有著作传世，就会"愧起于颜间"；有了著作传世，就可以"弥愧"。当有人赠书给他，他以诗谢之："编蒲曾苦思，垂竹愧无名。"②再一次表达了无书而"愧"、重视著作传世的思想。他和白居易曾动员南卓撰写《羯鼓

---

① 《刘禹锡集》卷十九《唐故相国赠司空令狐公集纪》，中华书局，1990年。
② 《全唐诗》卷二六三。

录》:"若吾友所谈,宜为文纪,不可湮没也。"① "不可全湮没"的办法就是著作传世。

3. 白居易与图书编撰

白居易(772—846),字乐天,祖籍太原,曾祖时迁居下邽(今陕西渭城东北),唐代诗人。白居易重视图书编撰,除了多次结集自己的作品之外,还编有《元白因继集》、《刘白唱和集》、《洛下游赏宴集》(又名《洛中集》)、《白氏经史事类六帖》(又名《白氏六帖》)等,在中国图书编撰史上写下了重要的一页。

目的明确,是白居易图书编撰的第一个特点。他的编撰目的是什么呢?简言之,就是为时而著,为事而作。

面对现实、直言现实,是白居易前半生的一贯风格。诗如其人,在诗坛上,他的讽谕诗,或反映人民的疾苦,或揭露统治者的罪行,或表现爱国主义思想,无一不与民生、时事有关。他在《观刈麦》诗中,反映了农民夏收割麦的痛苦生活。他们"足蒸暑土气,背灼炎天光",甚至"贫妇人"也要被迫抱子下田拾麦,"右手秉遗穗,左臂悬弊筐",因为"家田输税尽",不这样就会被饿死。《卖炭翁》既表现了卖炭翁冬着寒衣、"心忧炭贱愿天寒"的痛苦生活,又表现了"黄衣使者"的蛮横与无理,他们"手把文书口称敕",强行拦截车辆,千余斤炭只给了"半匹红纱一丈绫"。他在《西凉伎》、《城盐州》等诗中表现了强烈的爱国主义热情。

连续不断,是白居易图书编撰的第二个特点。所谓连续不断,就是说白居易从44岁开始,或编个人别集,或编诗友唱和集,或编类书,从未间断图书编撰活动。

白居易别集的第一次编撰是在元和十年(815年)。据该年白居易《与元九书》:"仆数月来,检讨囊帙中,得新旧诗,各以类分,分为卷目。"这次编撰的是元和十年以前的作品,费时长达"数月",地点在九江。第二次编成的《白氏长庆集》由元稹主编,该集收录了元和十年至长庆二年(822年)之间八年的作品。白居易也参与了编撰工作,为之作出了重要贡献。第三次由白居易亲自编撰的《白氏文集》,收录了长庆三年(823年)至太和二年(828年)之间六年的作品,较《白氏长庆集》多出10卷。太和二年,57岁的白居易还与挚友元稹共同编撰了元白唱和总集《因继集》。第四次编撰在太和三年(829年),58岁的白居易又编了他和刘禹锡的唱和总集《刘白唱和集》。白居易别集的第四次编撰是在太和八年(834年)七月十日,这次编撰是白居易在东都洛阳进行的。编撰内容包括太和三年(829年)至太和八年六年间的作品,共得诗歌432首。白居易别集的第五次编撰是在太和九年(835年)夏天。白居易当时已经64岁。编撰地点在东都洛阳。编撰内容是太和二年至太和九年之间八年的作品。与太和二年本相比,卷数相同,仍然是60卷,当时白居易把八年内的新作品按照内容附入太和

---

① [唐]南卓:《羯鼓录》,古典文学出版社,1957年。

二年本各类中。白居易别集的第六次编撰是在开成元年（836年）闰五月十二日。当时白居易已经65岁，正在洛阳担任太子少傅之职。这次编撰的内容是从太和九年到开成元年（836年）两年间的作品，与太和九年本相比，多出5卷，增诗291首。据白居易《圣善寺白氏文集记》小注："元相公作集序并目录一卷在外。"可见白居易的好友元稹也参加了这次编撰工作。白居易别集的第七次编撰是在开成四年（839年）二月，当时68岁的白居易仍在洛阳担任太子少傅之职。这次编撰的内容是从开成二年（837年）到开成四年（839年）三年间的作品，与开成元年本相比，多出2卷，增诗232首。白居易别集的第八次编撰是在开成五年（840年）十一月二日。开成四年冬，白居易曾患风痹之疾，大病一场。这次编撰是在大病初愈的情况下进行的。这次整理的是从太和三年（829年）至开成五年十二年间在洛阳所写的诗歌，共有800首，分为10卷。白居易别集的第九次编撰是在会昌五年（845年）五月一日。当时74岁的白居易早已退休，在洛阳香山家中安度晚年。这次编撰的内容是从开成四年至会昌五年七年间的作品。与开成四年本相比，多出8卷，增诗353首。总而言之，从44岁到74岁的31年中，白居易连续不断地进行别集的编撰工作，其自编别集次数之多，在中国文学史上是仅见的。

　　传世意识是白居易图书编撰的第三个特点。所谓"传世意识"，是说白居易在编撰图书的过程中，高瞻远瞩，念念不忘后人，念念不忘传之久远。白居易在写书或编书时，常常想到"后人论世者"，为了给"后人论世者"提供一份珍贵的历史资料，使其"得其详"，因而才不厌其烦地将"年岁"、"官秩"、"俸禄"写入诗中。这种为后人着想的传世观念是难能可贵的。这也正是白居易多次结集作品、多抄复本、分贮诸寺的"微意"所在。白居易的传世意识还可在其作品中找到大量证据，例如白居易《读张籍古乐府》诗云："恐君百岁后，灭没人不闻。愿藏中秘书，百代不湮沦。"这里祝愿"百代不湮沦"，担心"灭没人不闻"，也是白居易传世意识的体现。白居易的大量题壁诗也与传世观念有关。元稹和白居易的题壁诗在唐代是最多的，通过题壁，发表作品，流传于世。

　　精品意识是白居易图书编撰的第四个特点。真正的传世意识与精品意识总是密切相关的。因为编撰者一旦有了传世意识，他就会为著作传世创造条件，就会本着对当代人和后代人高度负责的精神，自觉地承担起历史的重托，千方百计打造精品。白居易正是这样。他的作品总是反复推敲，一字一句都是呕心沥血之作。甚至经常念给老太太听，听不懂就反复修改，直到听懂为止。宋代学者周敦颐曾说："白香山诗似平易，间观所存遗稿，涂改甚多，竟有终篇不留一字者。"① 白居易曾要求后人在编辑其作品时，把杂律诗全部删去，也就是说，他认为杂律诗都是一时心血来潮之作，为了"释恨佐欢"，"率然成章"，非其精品。可见白居易对于图书编撰的严谨态度。除了自己修改之

---

① ［清］袁枚：《随园诗话》卷六，人民文学出版社，1982年。

外，白居易还往往请诗友帮助修改。白居易一生有元稹、刘禹锡等许多诗友，一有新作，他们就互为交流唱和，"奇文共欣赏，疑义相与析"，从而保证了诗文的质量。

在编撰方法上，白居易也有自己的特点，例如白居易在编撰别集时，总是采用分类编排的方法，将诗歌分为讽谕诗、闲适诗、感伤诗、杂律诗等类别。白居易所编类书《白氏六帖》更是分类编排的，据宋黄鉴《杨文公谈苑》："人言白居易作《六帖》，以陶家瓶数千，各题门目，作七层架，列置斋中。命诸生采集其事类，投瓶中。倒取之，钞录成书。"可见《白氏六帖》在最初搜集资料时，就开始以类汇集。另外，白居易在编撰文集时，也很重视序、记的撰写。除了《白氏长庆集》由元稹作序外，其余各集均由白居易亲自写序。这些序、记说明本书内容、编撰经过、编撰时间、编撰地点、卷数多少等，成为全书不可或缺的重要组成部分。

4. 唐代私人总集的编撰

唐代私人总集编撰之盛，超过唐代以前任何一个时期。兹就影响较大者举例如下：

崔融，齐州全节人。中宗在东宫，融为侍读，兼侍属文，东宫表疏，多出其手。武后临朝，历仕著作佐郎、凤阁舍人、婺州长史、司礼少卿、国子司业、兼修国史等职。曾以预修《则天实录》有功，封清河县子，赐物五百段。当时朝廷重要制作，多融为之。长安四年（704年），因与李峤、苏味道、王绍宗等预修《三教珠英》，将47位预修者的诗作编为《珠英学士集》。据宋晁公武《郡斋读书志》卷二十："唐武后朝诏三思等修《三教珠英》一千三百卷，预修书者凡四十七人，崔融编集其所赋诗，各题爵里，以官班为次，融为之序。"可见该书是以"官班为次"编成的。该书今存唐代诗人元希声、房元阳、杨齐哲、胡皓、乔备、李适、崔湜、王无竞、马吉甫等佚诗27首，并辑入《敦煌诗录》中。

令狐楚，字壳士，华原（今陕西耀县）人。贞元七年（791年）进士，历仕中书舍人、中书侍郎、户部尚书、吏部尚书、山南西道节度使等职，有集百卷。所编《御览诗》（亦名《唐歌诗》、《元和御览》等）是我国古代比较著名的唐诗选本。全书收录大历至元和诗人30家的389首诗，于宪宗时奉敕编进。入选作品多五七言律诗、绝句，其中尤以五言律诗和七言绝句为多，与元结《箧中集》专选古诗的标准恰恰相反。

韦庄（836—910），字端己，长安杜陵（今陕西西安）人。乾宁进士，后仕蜀，官至吏部侍郎同平章事。唐末著名诗人，有《浣花集》。编有《又玄集》和《采玄集》。《又玄集》三卷为我国古代著名唐诗选本之一，全书收录唐代142人诗299首，其序云："自国朝大手名人，以至今之作者，或百篇之内，时记一章；或全集之中，唯征数首，但掇其清词丽句，录在西斋，莫穷其巨派洪澜，任归东海。"可见全书尽取"清词丽句"，淘汰率甚高，甚或百中取一。《采玄集》是《又玄集》之外的又一选本，据胡应麟《诗薮·杂编》："唐人自选诗，《英灵》、《国秀》诸集外……韦庄有《采玄集》一卷。"此书早已失传。

5. 唐代其他著作的编撰

除了别集、总集的编撰之外，唐代其他著作的编撰也很繁荣，如陆德明、颜师古、李延寿、孙思邈、李淳风、吴兢、韦述、一行、樊宗师、陆羽等的编撰。

陆德明（约550—630），名元朗，以字行。苏州吴人，唐代经学家、训诂学家。历仕陈、隋、唐三朝，贞观三年（629年）拜国子博士，封吴县男，有《经典释文》、《老子疏》、《易疏》等著作。其《经典释文序》云："余少爱坟典，留意艺文，虽志怀物外，而情存著述。粤以癸卯之岁，承乏上庠，循省旧音，苦其太简。况微言久绝，大义愈乖，攻乎异端，竞生穿凿。不在其位，不谋其政。既职司其忧，宁可视成而已！遂因暇景，救其不逮，研精六籍，采摭九流，搜访异同，校之《苍》、《雅》，辄撰集五典、《孝经》、《论语》及《老》、《庄》、《尔雅》等音，合为三帙三十卷，号曰《经典释文》。""癸卯"即陈后主至德元年（583年），则此书于陈已经写成，或开始撰写。因文献无征，不得其详。该书博采汉魏六朝音切230余家，又普采诸家训诂，考证各本异同，是汉魏六朝以来群经音义的总结性著作。不仅如此，该书序后的"条例"相当于后来的"凡例"，这是中国古籍编撰史上最早的"凡例"专篇之一，对研究古籍编撰历史具有重要意义。

颜师古（581—645），名籀，雍州万年人，北齐黄门侍郎颜之推之孙。唐代史学家、训诂学家。历仕隋、唐二朝，于唐任中书舍人、郴州刺史、秘书监、弘文馆学士等职。除了与孔颖达等编撰《五经正义》之外，还有《汉书注》、《急就章注》、《匡谬正俗》等著作。《汉书注》是历来《汉书》注解中最好的一种。《匡谬正俗》八卷，前四卷共50条，论诸经训诂、音释，后四卷共127条，论诸书字义、字音及俗语相承之异，考据极为精审。其子扬庭于永徽二年（651年）十二月八日表上，唐高宗敕云："师古业综书林，誉高词苑，讨论经史，多所匡正。前件书发明故事，谅为博洽，宜令所司录一本付秘书阁。仍赐其子符玺郎扬庭绢五十匹。"[1]

李淳风（602—670），岐州雍人，唐代天文学家和数学家。自幼聪慧，博通群书，尤明天文历算。历仕太常博士、太史令、秘阁郎中等职。在天文方面，他改革了浑天仪，订正了傅仁钧《戊寅历》，预修《晋书》和《五代史》，撰写了其中的《天文》、《律历》和《五行》三志，全面系统地总结了魏晋以来我国天文、律历、数学及气象方面的重要研究成果。他编撰的《麟德历》比《戊寅历》更加精密，使用时间长达60余年，还东传日本。在数学方面，他主持编注了《九章算经》、《孙子算经》、《五曹算经》、《张丘建算经》、《夏侯阳算经》、《周髀算经》、《五经算术》、《海岛算经》、《辑古算经》、《缀术》等十部数学著作，号称《算经十书》。此外，他还注解了贾思勰《齐民要术》，参与整理陶弘景《本草集注》等书。所撰《典章文物志》、《乙巳占》、

---

[1] 《全唐文》卷一四《奖颜扬庭进父师古匡谬正俗敕》。

《秘阁录》等十多种著作，在唐代广泛流传。李淳风的成就是多方面的，他不愧是我国古代一名杰出的科学家和图书编撰家。

一行（683—727），俗名张遂，魏州昌乐人，唐代高僧、天文学家。自幼聪敏，博览经史，尤精历象、阴阳、五行之学。曾向博学道士尹崇借阅扬雄撰《太玄经》，数日便还，精晓其义，并撰《大衍玄图》及《义诀》一卷。尹崇大惊，因为他学了几年都没有弄懂，没想到一行几天就精通了。后来武则天的侄子武三思慕名而来，想和他交个朋友，一行赶紧避开，逃到嵩山，做了和尚。唐玄宗即位后，请他进京修改历法，同时参与佛经翻译工作。他很快翻译了《大毗卢遮那成佛神变加持经》（即《大日经》）。开元十二年至十三年（724—725年）一行在世界上第一次测量出子午线的长度，在天文学历史上具有重要意义。开元十五年（727年），在一行的主持下，前后经过六年的实测和研究，终于编成了《大衍历》。同年，一行英年早逝，终年45岁。一行死后，唐玄宗撰书碑文于石，并出内库钱五十万，立塔于铜人之原。除了《大衍历》之外，一行还补撰其从祖太素《后魏书》中的《天文志》，还制造了一台表明日月星辰在空中运行和测定时间的水力运转浑天仪。

陆羽（733—804），字鸿渐，复州竟陵人。唐代著名茶学专家。貌丑陋，口吃而辩。其人生道路十分坎坷，先在寺院寄读，继而又卖唱学艺，闯荡江湖；后又跟河南太守李齐物等学过诗文。肃宗上元初年，陆羽隐居吴兴苕溪，闭门著书，他曾写过一首诗：

不羡黄金罍，不羡白玉杯。不羡朝入省，不羡暮入台。惟羡西江水，曾向金陵城下来。①

表现了他不慕权贵、自甘淡泊的高贵品格。陆羽一生著作甚丰，计有《君臣契》、《茶经》、《源解》、《南北人物志》、《茶记》、《顾渚山记》等，其中，《茶经》是我国古代第一部茶叶专著。该书初稿写于代宗广德二年（764年），大历十年（775年）定稿，历时11年。为了撰写《茶经》，他到茶区进行了大量调查研究工作。他的朋友颜真卿、张志和、皎然等都是品茶名家，为其提供了大量资料。《茶经》在文献史上具有重要意义，受到海内外的广泛关注。为了表彰陆羽对于茶文化的重大贡献，后人尊称其为"茶神"。

6. 唐代私人图书编撰的特点

数量众多是唐代私人图书编撰的第一个特征。唐代著作总数当为2 125家、2 304部、40 065卷。实际上唐代著作数量当远远超出此数，这是因为《旧唐书·经籍志》

---

① 《全唐诗》卷三〇八。

主要著录开元二十四年（736年）以前的藏书，唐代著作多有遗漏，而《新唐书·艺文志》著录的唐代著作多为开元二十四年以后所编撰。唐太宗、唐高宗、武则天、唐玄宗等都是非常重视图书编撰的皇帝，故唐代前期是图书编撰的兴盛时期，图书编撰数量远远超过唐代后期。《新唐书·艺文志》补入唐代著作25 227卷[①]，其实除了少数著作为开元二十四年之前的著作之外，绝大多数属于开元二十四年到唐末天祐四年（907年）之间171年的著作。那么，从唐代建国到开元二十四年的118年之间共有多少著作呢？如上所言，我们在对唐代前期图书编撰数量进行评估时，必须考虑这个时期图书编撰比较繁荣的客观存在。假定前期118年共有3万多卷著作，则李唐一代著作总数当有6万卷左右。在这6万卷左右的图书中间，别集、总集的数量最多。唐代文人生前或身后编撰别集，似已成为一条不成文的规矩。

区域性和时代性是唐代私人图书编撰的第二个特征。就地域性来说，山东地区是唐代图书编撰最为繁荣的地区，其次才是关中地区和江南地区。就时代性来说，如果说唐代前期的排名先后为山东、关中、江南的话，那么到了唐代后期则变为山东、江南、关中，江南由第三位跃居第二位。这种变化是宋代中国文化中心南移的前奏。唐代以前（含唐代）的中国，北方过多地承载了历史的灾难，生态环境遭到严重破坏。唐代后期，包括图书编撰在内的江南文化已经开始崛起。

图书编撰的方法日趋成熟，是唐代私人图书编撰的第三个特征。这些方法对后世产生了深远的影响。唐代别集编撰的方法有以下几点值得注意：（1）别集命名方法多样化。就整体而言，唐代别集以著者姓名命名者最多，如《魏徵集》、《颜师古集》、《褚遂良集》、《张说集》、《高适集》、《王昌龄集》、《韩愈集》、《皇甫湜集》、《刘禹锡集》等。但也有用其他方法命名者：以号命名者如王绩《东皋子集》、卢照邻《幽忧子集》等；以地命名者如杨炯《盈川集》、杜牧《樊川集》、颜真卿《吴兴集》等。（2）别集内容仅录诗文，其他专著概不入集。（3）序言、目录和附录已经成为别集不可或缺的重要组成部分，为读者阅读、研究别集提供了方便。（4）在诗文排列方面，既不分类，也不分体。而唐代总集编撰的方法则有以下两点值得注意：（1）总集附有作者小传。（2）总集附有作品评论。唐人总集编撰的其他方法尚有待于我们进一步研究。

著作权意识越来越强烈，是唐代私人图书编撰的第四个特征。唐人著作权意识主要表现在稿费的获取和著作权的保护两个方面。

著者获取稿费已是天经地义的事情。唐代关于稿费的记载很多。随着碑刻的盛行，撰写碑文成为稿费的重要来源。王勃、李邕、李华、王缙、韩愈、皇甫湜、柳公权、杜牧等都因此获取大量稿费。"唐初四杰"之一的王勃"请者甚多，金帛盈积，心织而衣，笔耕而食"[②]，"心织"、"笔耕"即指撰写碑文。李邕以碑颂擅名天下，获取稿费最多，据《旧唐书·李邕传》："邕尤长碑颂，虽贬职在外，中朝衣冠及天下寺观，多

---

① 《新唐书·艺文志·总序》。
② 《唐才子传》卷一。

赍持金帛往求其文。前后所制，凡数百首。受纳馈遗，亦至巨万。时议以为自古鬻文获财，未有如邕者。"赞皇人李华晚年佞佛，著书不多，然"天下士大夫家传、墓版及州县碑颂，时时赍金帛往请"，他也只好姑妄为之。王维之弟王缙也写了不少碑文，"有送润笔者，误致王右丞（即王维）院，右丞曰：'大作家在那边！'"① 可见王维对其弟的做法很有意见，嘲之曰"大作家"。韩愈也是中国历史上大发"稿费"财的少数几个人之一。刘禹锡《祭韩吏部文》云："公鼎侯碑，志隧表阡，一字之价，辇金如山。"②看来韩愈的文价不是"一字千金"，而是"一字金山"。著名书法家柳公权撰书碑文，所获稿费亦丰。唐代诗人杜牧撰韦丹江西遗爱碑，也曾得到江西观察使许于泉给的稿费彩绢300匹。

在著作权保护方面，唐人已有较强的维权意识，据唐李肇《唐国史补》卷上：

白岑尝遇异人传《发背方》，其验十全，岑卖弄以求利。后为淮南小将，节度使高适胁取其方，然终不甚效。岑至九江，为虎所食，驿吏收其囊中，乃得真本，太原王昇之写以传布。

白岑为了维护《发背方》的著作权，不畏权势，至死不肯相让，精神实在可佳。

第四节　唐代雕版印刷术的发明

雕版印刷术的发明加速了人类文明的进程，在人类文化史上具有划时代意义。印刷术的发明经历了一个相当长的过程，它是中国古代灿烂文化长期积累、沉淀的结果。

一、雕版印刷术发明的社会需求

1. 著者需求

雕版印刷与著者有着千丝万缕的联系。雕版印刷是复制图书的重要手段。然而，图书并非从天而降，而是著者一字一句写出来的。没有著者就没有图书；没有图书，发明雕版印刷就缺乏必要性。著者越多，书稿越多，靠人工抄写流传的机会就越少；流传的机会越少，发明雕版印刷的呼声就越高，发明雕版印刷的可能性就越大。

唐代著者人数为诸代（先秦至唐）之冠，唐诗作者占历代诗人总数的73%。当然，这也意味着唐代"出书难"的矛盾更加尖锐，意味着更多的诗歌不能发表，意味着更多的图书不能出版。众多著者为了"发表"作品挖空心思，想了种种办法。但都不可能从根本上解决"出书难"的矛盾，只是一种权宜之计。对作品一往情深的著者群体

---

① 《唐语林》卷五《补遗》。
② 《刘禹锡集》卷四〇。

翘首以待一种高效率的图书制作方式，雕版印刷就是在"藏诸名山，传之其人"的呼唤中诞生的。

2. 读者需求

雕版印刷的发明与读者需求密切相关。读者需求量越大、呼声越高，雕版印刷发明的可能性就越大。因此，要弄清雕版印刷的起源，就必须调查一下古代的"读者信息"。"读者信息"的调查方法很多，而考察学校教育则是其中一种最重要的方法。学校是读者最集中的地方，课本人手一册，一个学生就是一个读者，学生是最大的读者群。教育越发达，学生越多，教材的需求量就越大，发明雕版印刷的紧迫感就越明显。

3. 抄书者需求

抄书者可分两类：一类是专业抄工，这类人又叫经生、书手、楷书、佣书、赁书等；另一类是文人。在雕版印刷术发明之前，许多文人都抄过书。手工抄书效率实在太低。宋周煇撰《清波杂志》和《清波别志》，二书共计15卷、350页，明人姚咨抄写二书费时70余天，平均每天仅抄6页。清梁同书抄写梁萧统《文选》16册，费时5年，清人蒋衡抄写《十三经》，费时12年。

纵观雕版印刷发明以前的抄书史，历代官方和民间都投入了大量人力、物力和财力，唐代抄书规模尤大。广大抄书者不安于现状，希望改变现状，雕版印刷正是在他们望眼欲穿的期待中诞生的。

4. 书商需求

图书出版和书业贸易互为因果关系：书业贸易的繁荣，能够促进图书出版的繁荣；图书出版的繁荣，也能促进书业贸易的繁荣。图书出版的繁荣可以表现为管理、设备、出书品种、印数等方面。就拿印数来说，同种图书的印数越多，成本、书价就越低，读者负担就越轻，销售量就越大，书业贸易就越红火。反之，同种图书的印数越少，成本、书价就越高，读者负担就越重，销售量就越小，书业贸易就不景气。手工抄书图书品种和复本有限，很难满足市场需求，只有先进的图书制作方式，才能为市场提供更多的图书品种和复本。唐代书业贸易空前繁荣，已经形成长安、洛阳、成都、扬州、绍兴、敦煌等书业贸易中心，可考书商有数十人之多，书商之间的竞争相当激烈。由于货源短缺，不少书商被迫亲自动手抄书，边抄边卖。在货源不足的情况下从事书业贸易活动，实属不易。广大书商希望有一天社会能为他们提供取之不竭的书源，雕版印刷正是在广大书商喧嚣的叫卖场中诞生的。唐代书商的大量出现，刺激并孕育了雕版印刷的发明。后来的事实证明：书商的确是雕版印刷的最早受益者之一。

5. 藏书家需求

藏书家获取图书的手段，除了借抄、赠送之外，大多是买来的。在众多藏书家中，除了少数人经济并不富裕之外，大多属于小康之家，甚或富家大族，"有力"不成问题。逛书肆是大多数藏书家的业余爱好。但是，有些图书可以买到，有些图书则是"踏破铁鞋无觅处"，因为在雕版印刷发明之前，图书制作全靠人工抄写，一部书要成年累月地抄，图书品种和复本极为有限，远远满足不了藏书家的需要。

藏书家越多，对图书的需求量就越大，藏书就越是困难，发明雕版印刷的愿望就越强烈。

6. 外交需求

图书贸易是中外文化交流的重要组成部分，中外交流越是频繁，图书的需求量就越大；需求量越大，发明雕版印刷的呼声就越高。

7. 佛教需求

佛教信徒把念佛、诵经、造像、布施等视为"功德"之事。写经也是造"功德"的重要手段之一。为了大造"功德"，唐代写经之例比比皆是。人们喜欢抄经，但是抄经确实是一件辛苦的事情。他们迫切希望早日改变人工抄写的传统方法，雕版印刷就是在这种迫不及待的希冀中诞生的。

二、雕版印刷术发明的物质基础

任何事物的产生和发展都需要一定的物质基础。雕版印刷需要木材、刀具、刷具、纸、笔、墨等物品。木材、刀具、刷具三类物品价廉易得，对于雕版印刷的发明影响不大。比较而言，对于雕版印刷的发明具有决定意义的只有纸、笔、墨三类物品。

1. 雕版印刷的承印物——纸

纸是文字载体，是承印物。作为雕版印刷的承印物，必须符合以下五个条件：(1) 有一定的平滑度。因为版面是平的，承印物也必须平，否则二者就不能紧贴在一起。(2) 有一定的吸墨性。印刷的实质，从工艺角度看，就是油墨向承印物上的转移。要想顺利地完成这种"转移"，除了墨本身的性能之外，承印物本身也当有一定的吸墨性，必须"两厢情愿"。(3) 承印物体积要小，便于存放。雕版印刷效率高，如果承印物体积大，那么印刷物将会堆积如山，存放困难。(4) 承印物要有足够的数量。雕版印刷比起人工抄写，速度大幅度加快，如果没有足够数量的承印物作为后盾，就会"吃不饱"，甚至停工待料。(5) 承印物要价廉易得。如果承印物价格昂贵，远远超出了出版者和广大读者的承受能力，得之不易，雕版印刷也就英雄无用武之地了。自从文字发明之后，载体几经变易，由甲骨而金石，由金石而竹帛。用上述五个条件衡量，甲骨、金、石、竹、帛等都不适宜作为雕版印刷的承印物，最佳的承印物非纸张莫属。

唐代是古代造纸史上的重要发展时期。纸张的大量需求刺激了造纸业，造纸地区不断扩大，造纸数量不断增加，纸张品种不断增多。各地充分利用其资源优势，八仙过海，各显神通。比较而言，陕西、四川、安徽、浙江造纸尤多，是全国的四大造纸中心。

纵观造纸历史可知：汉代刚刚发明纸张，纸张平滑度、吸墨性等各种功能都很难满足雕版印刷的要求，文字载体仍以竹帛为主；魏晋南北朝时期，纸张越来越多，最后达到普及。但由于用户大增，供不应求。纸张至唐而大盛。无论纸张的数量和质量都能满足多方面的需要。唐纸为雕版印刷的发明创造了条件。

2. 雕版印刷的工具——毛笔

雕版印刷的第一步工作是"写样"。所谓"写样"，就是把文稿誊写在一种极薄的纸上，然后再把文字移置于木板。工欲善其事，必先利其器。没有毛笔，就无法写样。毛笔质量的关键在于笔毫，笔毫要有尖、齐、圆、健"四德"。"尖"指毛笔尖而有锋；"齐"指毛笔发开之后，笔毫长短一致；"圆"指整个笔毫周身饱满；"健"指笔毫富有弹性。唐代著名书法家柳公权曾说：

> 出锋太短，伤于劲硬。所要优柔，出锋须长，择毫须细。管不在大，副切须齐。副齐则波磔有冯，管小则运动省力，毛细则点画无失，锋长则洪润自由。[①]

这里对笔管、笔毫等都提出了具体要求。以上要求对于雕版印刷"写样"所需毛笔同样是适用的。隋唐时期的毛笔制造无论在数量上还是在质量上，都达到了空前未有的水平。完全能够适应雕版印刷"写样"的需要，为雕版印刷的发明创造了一个条件。

3. 雕版印刷的颜料——墨

墨是雕版印刷不可缺少的物质。没有墨，版面的文字、图像就无法显现在纸上。雕版印刷用墨必须具有粘着性、遮盖性、光泽性、永久性等。所谓"粘着性"就是具有较强的粘着纸的能力，如果粘不上纸，就不能用。所谓"遮盖性"，就是具有遮盖纸色的能力，如果连白纸都盖不住，同样也不能用。所谓"光泽性"，就是说墨色带有光泽，而不是黑糊糊一片，面目可憎。所谓"永久性"，就是墨色经久不变，永不褪色。

唐代制墨业发展更快，制墨地还由陕西、江西扩大到山西、河北等地。唐代制墨名家有李阳冰、祖敏、王君德、奚鼎、奚鼐、奚超、李恺等数十人。唐代制墨地域之广、名家之多、技术之精，是史无前例的。这也为雕版印刷的发明创造了条件。

[①] [宋]吴曾：《能改斋漫录》卷一四，商务印书馆《丛书集成初编》，1939年。

三、雕版印刷术发明的技术基础

1. 印刷字体——楷体的形成

发明印刷术的最终目的是为了复制文字，没有文字就没有印刷术。一般地说，雕版印刷大多使用楷体。截至目前，我们所见到的最早印刷品全部都是楷体。

楷书又叫正书、真书。"楷书"之名始于唐代。"楷"是模范、法式的意思。顾名思义，楷书就是供人们学习模仿的标准字体。楷书是汉字由象形文字向表意文字过渡的最后阶段。它的出现，标志着汉字向书法艺术的成熟迈出了关键的一步。楷书的基本特征是形体方正，笔画平直，一丝不苟。它和隶书的区别是形体由扁而方，横和撇的末尾不再上挑，点由长变为圆形。楷书最早出现在东汉末年，南北朝的魏碑体属于楷书的一大流派。楷书至唐而极盛。

作为雕版印刷的字体，它要求易写、易刻、易识。易写、易刻，便于刻工制作图书；易识便于读者学习。楷书是所有字体中最易写、易刻、易识的一种。作为印刷字体，楷书是适宜的。楷书虽然东汉末年已经出现，但它发展到唐代才最后成熟，它为唐代发明雕版印刷又创造了一个条件。

2. 石刻与刻字技术

刻字技术与石刻的产生和发展密切相关，一部石刻史就是一部刻字技术发展史。石刻在我国有着悠久的历史，整个华夏大地犹如一座宏伟的石刻博物馆。无论你走到哪里，都可以看到古代石刻的遗迹。石刻和雕版印刷有着十分密切的关系，尽管石刻以石为雕刻对象，雕版印刷主要以木作为雕刻对象，但二者在本质上是一致的，都是以刀作为工具进行工作的。刀法之高下，决定其艺术成就的生命力。石刻早出，雕版印刷后起，雕版印刷借鉴了石刻的刻字技术。

唐代石刻是石刻史的黄金时代。唐代刻工人数之多，是史无前例的，众多刻工用他们灵巧的双手把雕刻艺术推向一座又一座高峰。唐代炉火纯青的刻字技术正是从这一碑一石中淋漓尽致地表现出来，从而为雕版印刷的发明创造了条件。

3. 印章与反文阳刻技术

雕版印刷的反文阳刻技术是从雕刻印章学来的。为什么要刻"反文"？因为只有像印章那样雕刻"反文"，才能在纸上印出"正文"。如果雕成"正文"，那么在纸上只能印出"反文"，就难以认读了。为什么要"阳刻"？因为只有像印章那样雕刻阳字（即笔画凸起的字，也称阳文），才能在纸上显出白纸黑（或其他颜色）字。没有反文阳刻，就没有雕版印刷。反文阳刻的雕字方法是从雕刻印章得到启发的。

早在先秦已经出现印章。汉印承前启后，是印学史上的重要发展时期。但是由于纸张尚未普及，直到南北朝以前，印章因钤于印泥而多呈阴文，印章面积也比较小。这就是说，南北朝以前的阴文印章，对于雕版印刷没有任何借鉴意义。南北朝以后，随着纸张的普及，印章面积不断扩大，字体大多变为阳文。这些阳文印章后来终于成为发明雕版印刷的一个技术因素。

4. 拓印与刷印技术

雕版印刷也是一种文字复制技术。雕版印刷是由于拓印的直接启示而产生的：①拓本"黑底白字"，不便阅读。雕版印刷借鉴了拓印的反面教训，采用反文阳刻印刷，印本"白底黑字"，极便阅览。②雕版印刷的大面积版面是由拓印大面积碑版的启示而产生的，从而解决了印章面积小、容字少的问题。③雕版印刷的刷印方法是由拓印刷纸、扑墨的启示而产生的，从而解决了按捺印章压力不匀、印色不均等问题。总而言之，没有拓印就没有雕版印刷。拓印在唐代已经出现。韦应物《石鼓歌》云："今人濡纸脱其文，既击既扫黑白分。"很明显，"既击既扫"是拓本的制作方法；"黑白分"是拓本的外观形式。天宝间，李齐古曾将《孝经》拓本献给唐玄宗，其《进御注〈孝经〉表》云："谨打石台《孝经》本，分为上下两卷，谨于光顺门奉献两本以闻。"①

捶拓工具

从唐碑的书写形式看，字行分段书写，以便装订拓片。而唐代以前的碑文都是贯通上下写的。因为唐代以前，人们尚未掌握椎拓技术，不存在拓片的装订问题。

四、唐初发明雕版印刷

从社会需求、物质基础、技术基础三个方面全面衡量，唐代发明雕版印刷的条件已经具备，唐代发明雕版印刷已是瓜熟蒂落，水到渠成。那么，可考最早印刷品是什么呢？

---

① 《全唐文》卷三七七。

"印纸"一词在唐宋文献中大量出现。"印纸"是何物？它是官方颁发的一种凭证，其作用有三：

第一，考核官吏任职功过，相当于今日之人事档案，是晋级与否的凭证，据《续资治通鉴·宋纪十一》：

太平兴国七年（982年）五月诏："京朝官出使，所给印纸，委本属以实状书，不得增减功过，阿私罔上。其关涉书考之官，悉署姓名，违者论其罪。"

这类印纸由吏部统一颁发。唐代规定："凡应考之官家，具录当年功过行能，本司及本州长官对众读，议其优劣，定为九等考第，各于所由司准额校定，然后送省。"① 这就是说，在正式填写"印纸"之前，还要广泛征求各方面的意见，要求填写者"以实状书，不得增减功过，阿私罔上"，否则要追究填写者的责任。唐宋时代对官吏的考核均由吏部考功郎中负责。

第二，登记各类名物，以便官方考核。据《旧唐书·食货志下》：

除陌法：天下公私给与货易，率一贯旧算二十，益加算为五十，给与他物或两换者，约钱为率算之。市牙各给印纸，人有买卖，随自署记，翌日合算之。有自贸易不用市牙者，验其私簿，无私簿者，投状自集。其有隐钱百者没入，二千杖六十，告者赏十千，取其家资。法既行，而主人市牙得专其柄，率多隐盗。

此之"印纸"似经商所用卖物登记簿，它是向政府交税的凭证。有的"印纸"似罪犯登记簿，是犯人的原始档案；有的"印纸"似户口登记簿，是核查某地户口增减的凭证。

第三，出入宫廷的凭证。据《资治通鉴·唐纪二十》：

王庆之见太后，太后曰："皇嗣我子，奈何废之？"庆之对曰："神不歆非类，民不祀非族。今谁有天下，而以李氏为嗣乎！"太后谕遣之。庆之伏地，以死泣请，不去。太后乃以印纸遗之曰："欲见我，以此示门者。"自是庆之屡求见，太后颇怒之，命凤阁侍郎李昭德赐庆之杖。

可见武则天天授二年（691年）给王庆之的印纸相当于今之特别出入证。这是"印纸"一词见诸文献的最早记载。

印纸的作用大致如上所述。印纸既然有考核、登记等功能，其内容与今之鉴定表、

---

① 《旧唐书》卷四三《职官二》。

登记表、账簿之类大体相当，文字必定简易。作为出入证的"印纸"，文字当比登记表之类还要简单。就使用者而言，各级官府需要印纸，大小官吏需要印纸，行商坐贾需要印纸，其需求量之大，更是不言而喻。因此，"印纸"作为最早印刷品，既有必要，又有可能。著名印刷史专家张秀民先生对唐代"印纸"早已有所研究，他在《中国印刷术的发明及其影响·印刷术的起源》中说：

（唐）德宗时（783—785年）市场上出现一种印刷品，名为"印纸"，作为商人交易纳税的凭据。

可见张秀民先生认为唐德宗时出现的"印纸"是一种印刷品。武则天天授二年（691年）的"印纸"比德宗时之"印纸"早了94年，天授二年的印纸是不是印刷品呢？回答是肯定的。顾名思义，"印纸"可有两种解释：一是钤印之纸，二是雕版"印刷"之纸。究竟哪种解释正确？当以第二种为确，原因是：（1）作为皇帝，和其他皇帝一样，"印"一般称"玺"，但武则天不喜欢"玺"字，改"玺"为"宝"。既然如此，钤有武则天大印之纸，当称"宝纸"，不能叫做"印纸"。退一步说，即使特别出入证上所钤非武后印，而是有关保卫部门的印章，也不当称为"印纸"，因为纸和印章历史悠久，如果钤印之纸可以称为"印纸"的话，那么"印纸"一词早在唐宋之前就应该出现了，为什么姗姗来迟，直到武则天天授二年才第一次出现呢？这也说明此之"印纸"并非钤印之纸，而和唐宋文献中的"印纸"一样，都属于印刷品，它是雕版印刷发明之后的产物。（2）作为雕版印刷之意的"印"字在唐代已经大量出现，人们已经习以为常。例如柳玭《柳氏家训序》中就用了"雕版印纸"四字，它清楚地告诉我们：这不是一般的纸，而是雕版印刷之纸。当然，这时讲的是中和三年（883年）的事情，比天授二年要晚192年。汉语常识告诉我们：词义随着时间的流逝，既有变异性，又有保守性。具体到一个特定的词，是变异，是保守，不可一概而论，要结合语言环境进行分析。既然"印纸"一词在唐宋文献中均属印刷品，那么天授二年的印纸亦概莫能外。如果上述分析正确的话，武则天天授二年的印纸当是我国古代最早的印刷品之一，它比韩国庆州佛国寺发现的《陀罗尼经》要早66年。

总而言之，古代名片尽皆手写，与印刷无缘。广告、试卷、度牒和历书的刻印时间均在宋代或晚唐，都不能称为最早印刷品；佛经和印纸的刻印时间均在唐代初期，才是我国古代最早的印刷品。可惜因时代久远，尚未发现印纸实物遗存，而零种佛经则屡有发现。1974年，西安柴油机厂在唐墓中发现梵文《陀罗尼经咒》单页印刷品。出土时此经置于死者佩戴的铜臂钏内，麻纸，纸幅为27厘米×26厘米，中有7厘米×6厘米的空白方框，四周各印以13行梵文。据专家鉴定，将该经咒定为唐初（7世纪初）的印刷品。1966年新疆吐鲁番发现刻印的《妙法莲华经》卷五《如来佛寿品第十六》残卷及《分别功德品第十七》全卷。日本著名版本学家长泽规矩也据经文中武则天时颁行的制字,定为中国武周时期(684—704年)刻本。1966年韩国庆州佛国寺释迦塔内发现一卷汉字《无垢净光大陀罗尼经》印刷品,该经印在12张黄色楮纸上,总长6.43米。美国著名印刷史专家富路特认为该经是唐代武周刻本,他说:

这新发现的经卷仍然说明中国是最早开始发明印刷术的国家,印刷术是从那里传播到四面八方的。而佛教是主要传播媒介之一。①

日本学者长泽规矩和许多中国学者也发表了类似的看法。他们的理由是:第一,武则天刻印《无垢净光大陀罗尼经》,事出有因。佛教认为,《无垢净光大陀罗尼经》是灭罪、祛病、延寿之经。武则天执政期间,曾滥杀无辜,晚年病魔缠身,于是刻印该经供养,试图一举三得:一示自己从此放下屠刀,立地成佛;二是驱散冤魂,勾销罪孽;三求祛病延年,万寿无疆。第二,唐代与新罗交往甚密,不少使节、学者、僧人往来其间,《无垢净光大陀罗尼经》可由多种途径传至新罗。武周时,《无垢净光大陀罗尼经》至少有两个版本:先有实叉难陀译本,后来高僧法藏在武后沉疴在身之际,为了取媚武氏,重译此经。据潘吉星先生考证:武周久视元年(700年)三月,新罗僧明晓来唐,和翻译《无垢净光大陀罗尼经》的法藏、实叉难陀等关系密切,明晓当是最早将武周刻本携至新罗的僧人之一。②据邱瑞中先生考证,武周末年,新罗高僧义湘、胜佺等先后来唐,义湘与法藏曾在终南山智俨门下同学《华严经》。义湘回国后,法藏曾写信给他,并赠书多部。《无垢净光大陀罗尼经》传入新罗的时间,不会晚于神龙二年(706年)。③第三,该经有八处使用武周制字,这是武周刻本的铁证。启功先生指出:

那时的韩国古朝代是有外交关系的邻邦,并没有"臣属"的关系,也就没有必须服从武则天的命令使用她所创造的一些新字的义务。武后的新字在当时一些分明"臣属"而奉唐朝"正朔"的小国尚未见强制推行,怎能忽然出现在韩国古代的刻经中呢?这毫无疑问是中土印本流传到当时的韩国古庙中被装入佛塔藏中的一件法物,正如近年山西应县辽代木塔中所出的非佛典竟有《水浒传》,其非辽国之书更为明显,那么,韩国古塔中出现唐刻佛典就更不足奇了。④

第四,印刷术的发明不是一朝一夕的事,其发明的过程是十月怀胎、一朝分娩的过程。印刷术的发明是社会文化长期积累、沉淀的结晶。8世纪的新罗王朝不具备发明印刷术的种种条件。

---

① [美]福路特:《关于一件新发现的最早印刷品的初步报告》,《书林》1980年第3期。
② 潘吉星:《无垢经——中韩学术论争的焦点》,《出版科学》,2000年第4期。
③ 邱瑞中:《〈无垢净光大陀罗尼经〉为武周朝刻本辨》,《光明日报》,1997年10月14日。
④ 启功:《喜见中朝友好文化交流的新鉴证》,《中国文物报》,1997年3月16日。

总而言之，根据文献记载和实物遗存，可以肯定地说，至迟在 7 世纪的初唐已经发明了雕版印刷。

第五节　唐代图书出版

唐代出版处于由人工抄写到雕版印刷的转型时期。雕版印刷发明的时间还不太长，人工抄写仍然是图书出版的一种主要方式。无论官方或民间，都出版了大量图书。唐代图书在装订、纸张、字体等方面都很有特色，册页装的出现是古代图书装订形式的重大变革。唐代官方对图书出版的管理也很严格。

一、唐代图书的出版方式

唐代图书的出版方式有手工抄书和雕版印书两种，手工抄书又可分为官方抄书和民间抄书两类。官方多次组织大规模的抄书活动，民间抄书方兴未艾。民间采用雕版印刷的方式刻印了一些佛经、历书、韵书等实用性较强的图书。

1. 官方抄书

唐代官方规模较大的抄书活动有如下六次：

第一次是在高祖武德五年（622 年）。当时国家初定，秘书监令狐德棻奏曰："今乘丧乱之馀，经籍亡逸，请购募遗书，重加钱帛，增置楷书，专令缮写。"① 几年以后，常用书基本抄齐。

第二次是在太宗贞观间。从贞观二年（628 年）一直抄到高宗显庆中，历时 30 余年。2 000 名善书者抄写 30 余年，抄书之多，可想而知。

第三次是在高宗乾封间。这次抄写工作是由门下省和秘书省共同主持的。抄写过程大体分为刊正、缮写、检校三步。李怀俨受诏负责检查验收工作，因为验收不认真，污染的抄本没有检查出来，竟然贬职外放，由京官降到外地任职，可见官方对抄书工作十分重视，不允许有任何差错。

第四次是在玄宗开元间。著名学者褚无量、元行冲等先后主持了这次抄写工作。开元十九年（731 年）冬天，集贤院共有四部古籍 89 000 卷，其中也有一些梁、陈、齐、周和隋代图书。这次抄书工作从开元三年（715 年）一直持续到开元二十年（732 年）以后，时间长达 17 年以上。

第五次是在玄宗天宝间。从天宝三载（744 年）至十四载（755 年），"库续写又一万六千八百四十三卷"②。天宝"十四载"，即安史之乱发生的那一年；"库"指集贤院书库。这就是说，从天宝三载到安史之乱发生前的 12 年间，集贤院又续抄图书 16

---

① 《唐会要》卷三五《经籍》。
② 《唐会要》卷六四《集贤院》。

843卷。

第六次是在文宗开成元年（836年）。截至太和五年（831年），秘书省共藏图书56 476卷，还有不少图书没有收藏，御史台请求建立阙书目录，"据阙添写"。该年九月，阙书目录编成，文宗敕"秘书省、集贤院应欠书四万五千二百六十一卷，配诸道缮写"。① 经过安史之乱，国力大衰，国家已不可能斥巨资抄写图书，只好把抄写任务分派到地方完成。

除了上述六次规模较大的抄写活动之外，平时官方也从未停止抄书，例如集贤院每年十一月都要抄写第二年的历书。

官方抄书的目的有四：（1）补充国家藏书。秘书监、集贤院、弘文馆、史馆等机构的藏书大多是唐代官方组织抄写的。（2）对外交往。唐代对外开放，和不少国家和地区建立了关系，与周边国家的来往尤其频繁。赠赐图书成为外交活动的重要内容。（3）赐于臣民。张九龄等《唐六典》卷六云："凡四部之书，必立三本，曰正本、副本、贮本，以供进内及赐人。凡敕赐人书，秘书无本，皆别写给之。"（4）标准样本。不少图书版本各异，令人莫衷一是。为了纠讹谬而定一尊，国家专门颁行标准样本。

2. 民间抄书

唐代民间抄书可考者有李袭誉、李大亮、王元感、王绍宗、韦述、柳仲郢、吴彩鸾、皇甫湜、孟郊、杜牧、李商隐、李九龄、杜荀鹤、陆龟蒙等。

李袭誉，字茂实，陇西狄道人。历仕光禄卿、蒲州刺史、江南道巡察大使等职，"凡获俸禄，必散之宗亲，其馀资多写书而已。及从扬州罢职，经史遂盈数车"②。

陆龟蒙，字鲁望，自号江湖散人（一号甫里先生、天随子等），姑苏人。唐代文学家。与皮日休齐名，人称"皮陆"。《新唐书·陆龟蒙传》称其"得书熟诵乃录，雠比勤勤，朱黄不去手，所藏虽少，其精皆可传"。

白居易，其诗文结集次数之多，在中国文学史上是仅见的，每次结集都要抄录许多副本，"送江州东、西二林寺、洛城香山圣善等寺，如佛书杂传例流行之"③。

杜牧，在抚州时抄书甚多。他在《冬至日寄小侄阿宜诗》中说："旧第开朱门，长安城中央。第中无一物，万卷书满堂。家集二百编，上下驰皇王。多是抚州写，今来五纪强。"④ 可见杜牧的万卷藏书多为手抄。

李商隐，字义山，怀州河内人，唐代诗人。他在《韩碑》诗中说："愿书万本诵万过，口角流沫右手胝。"⑤ 可见他经常抄书，还要永远抄下去，手长老茧，也在所不惜。

---

① 《旧唐书》卷一七《文宗纪下》。
② 《旧唐书》卷五九《李袭誉传》。
③ 《旧唐书》卷一六六《白居易传》。
④ 《全唐诗》卷五二〇。
⑤ 《全唐诗》卷五三九。

总而言之，唐代民间抄书非常普遍，以上所举，可谓沧海之一粟。在众多抄本之中，经书抄本尤多，同书异本的错讹大量存在，令人莫衷一是。唐文宗开成二年（837年）十月癸卯，国子祭酒郑覃建议刻经于石，正其谬误。① 据《旧唐书·文宗纪下》：

（开成二年冬十月）癸卯，宰臣判国子祭酒郑覃进《石壁九经》一百六十卷。时上好文，郑覃以经义启导，稍折文章之士，遂奏置五经博士，依后汉蔡伯喈刊碑列于太学。创立石壁九经，诸儒校正讹谬。上又令翰林勒字官唐玄度复校，字体又乖师法，故石经立后数十年，名儒皆不窥之，以为芜累甚矣。

这就是有名的《开成石经》。这是我国古代继《熹平石经》、《正始石经》之后，第三次刻经于石。官方刻经的初衷是为读者提供一个准确无误的善本，然而，事与愿违，由于校勘不精，加上字体"又乖师法"，没有受到应有的重视，"名儒皆不窥之"。

3. 唐代刻书

关于唐代刻书的资料不多，除了前述最早印刷品之外，可考者尚有以下数种：

如武宗会昌年间（841—846年）之前洛阳刻印的佛经。据司空图《司空表圣文集·为东都敬爱寺讲律僧惠确化募雕刻律疏》：

自洛城罔遇时交，乃焚印本，渐虞散失，欲更雕锼。

武宗排佛，"焚印本"事发生在会昌间，所焚之"印本"当刻于会昌之前，又上文标题下有一小字注："印本共八百纸。"可知当时确有"印本"。

又如唐懿宗咸通九年（868年）王玠刻印的《金刚经》。该经用七张纸粘连而成，长十六尺，完整无缺，卷末有"咸通九年四月十五日王玠为二亲敬造普施"一行。此经现藏英国。

还有唐僖宗中和三年（883年）成都刻印的杂书。据唐柳玭《柳氏家训序》：

中和三年癸卯夏，銮舆在蜀之三年也。余为中书舍人。旬休，阅书于重城之东南，其书多阴阳杂记、占梦、相宅、九宫五纬之流，又有字书、小学，率雕板印纸，浸染不可尽晓。

重城即成都，柳玭即唐代藏书家柳仲郢之子。

---

① 《旧唐书》卷一七三《郑覃传》。

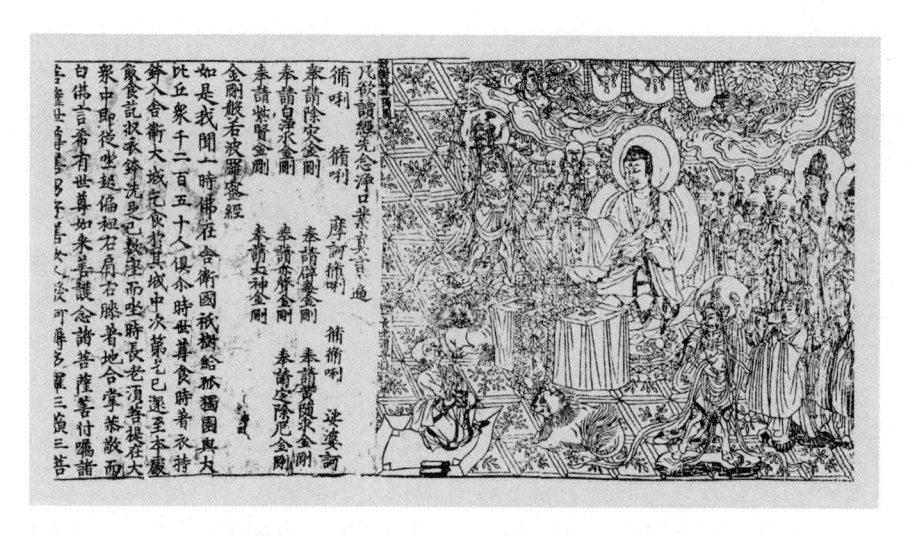

唐懿宗咸通九年（868年）王玠刻印的《金刚经》

4. 从同书异本看唐代出版

唐代出版的繁荣，还可以同书异本之多，得到证明。《新唐书·艺文志》著录《贾至集》有15卷和20卷两种版本，《杜甫集》有6卷和60卷两种版本，《元氏长庆集》有10卷和100卷两种版本；《旧唐书·经籍志》著录有卜商传《周易》注本33种。智昇《开元释教录》著录的佛经版本更多。唐代同书异本的名称有正本、副本、贮本、好本、古本、净本、俗本、旧本、异本、注本等。

同书异本名称之多既如上述，同书异本的文字亦多有不同。例如唐代《春秋》三传的同书异本"或以音相近而致误，昧蔑、潜岑之类是也；有字义同而文异者，帅率、克剋之类是也；有穿凿而改易者，裂繻君氏之类是也；有字体相似而致误者，括结、嘉善之类是也；也有义类致误者，及会、侵伐之类是也。"唐代同书异本数量之多，也从一个侧面反映了唐代图书出版的兴盛。

二、唐代出版管理

1. 鼓励出版儒、释、道著作

唐代实行儒、释、道并重的文化政策，鼓励出版儒、释、道著作。为了保证儒、释、道著作的出版，官方采取了一系列措施。

第一，在组织方面，组建了史馆、集贤院等机构，征集了大批人材，完善了监修制，为官方修书奠定了坚实的组织基础。

第二，在选题方面，几乎所有官修书的选题均由钦定。例如唐高祖诏撰《艺文类聚》等；唐太宗诏撰《五经正义》、南北朝诸史、《氏族志》等。

第三，在出版方面，多次组织大规模的抄书活动。为了保证出版物准确无误，每次抄书都组织有关专家认真校勘。图书三校出版之例屡见不鲜。

第四，在经费方面，大力支持。经费开支主要用于两个方面：一方面用于图书抄写，另一方面，政府经费用于奖励有功人员。官修书修成之日，预修者照例可以得到一笔丰厚的赏赐。

第五，在流通方面，有两项措施：一是诏藏国家有关部门，借阅流通；二是将有关图书广颁（赐）臣下。

第六，唐代官方似已开始注意著作权问题，这表现在著作署名权、稿酬和打击盗版三个方面。

2. 严禁民间出版的著作

为了巩固政权和维护图书市场的正常秩序，严禁出版非法著作。

第一，严禁出版并收藏妖书。就是怪诞不经、蛊惑人心、危害国家安全的图书。《贞观律》卷七《贼盗律》第二十一条中把"妖言妖书"分为两个大类，一为"言理有害者"，一为"言理无害者"。唐代对于言理有害的妖言妖书的处理十分严厉，重者处以极刑，轻者也要判处二年徒刑。相对而言，对于言理无害的妖言妖书的处理则较为宽松，打几十棍了事。

第二，严禁出版和收藏天文、图谶、兵书、占卜等杂书。为什么要禁上述著作呢？古代官方的钦天监（或叫太史监、太史局、司天台、司天监等）是专门研究天文历象的机构，绝不允许民间涉足。《太公六韬》、《黄石公三略》之类的兵书实用性强，如果民间有人熟读兵法，掌握了有关战略战术，一有风吹草动，他们就可能揭竿而起，颠覆政权。本土官历对指导全国农事活动和日常生活具有重要意义，而《七曜历》这种标识吉凶的怪忌历书，就可能扰乱人们正常的生活秩序，对封建政权构成威胁。太一、雷公本是传说中的神名，《太一雷公式》是其发明的占卜格式，据说其灵验度较高。作为统治者，当然不会允许民间妄论吉凶。

第三，严禁出版匿名文书。因为匿名文书多游谈无根，蛊惑人心，影响社会安定。

第四，禁止出版《化胡经》。《化胡经》又叫《老子化胡经》，是西晋道士王浮所作的一部扬道抑佛的著作。汉代佛教传入中土之初，曾依附黄老，以扩大影响，故东汉后期，曾有老子入夷狄化胡成佛之类的传说，南北朝时，佛教广为传播，影响不断扩大，再也不需要依附黄老了，遂对《化胡经》进行反击，双方多次进行辩论，互有胜负。北周武帝并禁佛、道二教，《化胡经》首次遭到禁毁。神龙元年（705年），唐中宗诏令僧人、道士再次进行辩论，最后僧人取得胜利，《化胡经》第二次遭到禁毁。

第五，禁止民间出版历书。我国自古以来是个农业大国，历书对于农事活动和人民生活具有重要的指导意义，发行量极大。一些不法书商为了牟取暴利，置国家法令于不顾，私自编制历书，错误极多，因此，官方下令禁止民间私自出版历书。

第六，禁止随意出版佛经。据前引唐玄宗《禁坊市铸佛写经诏》，唐代禁止那种极不严肃的民间经铺写经,他们"口食酒肉,手漫膻腥",无"尊敬之道",有"慢狎之心"。

第七,禁止出版相书、私史等。相书是以人的出生年月、形象及气色来推测吉凶祸福的书,多凭主观臆断,容易造成混乱。私史是指那些私人编写的国史。自从唐贞观间建立史馆以后,绝不允许私人修史。

三、唐代图书的制作形式

唐代图书制作的形式有许多特点,以下从装订、纸张、字体、序言、凡例、引文等方面加以说明。

1. 装订形式

唐代图书主要采用卷轴装。卷轴装又叫卷子装。这种形式在简帛流行的时代就产生了,是一种最古老的装订形式。在纸书出现以后,这种装订形式更加完善了。卷轴装由卷、轴、褾、带、签五个部分组成。"卷"是整个卷轴的主要部分,它由若干张纸粘连而成。纸的长短不一,长的可达二三丈,短的只有数尺,这主要依据文字多少而定。"轴"是一根短棒,卷子就缠绕在上面。轴可用檀木、象牙、琉璃、玳瑁、珊瑚等多种材料制成。到底用什么材料,主要依据藏书者的地位和图书价值而定。"褾"也叫包头,是卷端另加粘接的厚纸或丝织品,有保护全卷的作用。"带"指褾头的丝带,用以捆扎卷子。"签"是指轴头所系标明书名、卷次等内容的牌子。签和轴一样,也用象牙、骨、玉等不同材料表示不同的内容和价值。卷轴装虽然有容量可大可小等特点,但卷面过长,翻阅极不方便。文献中关于唐代卷轴装的记载甚多。

经折装(一名折子装)也是唐代产生的一种新的装订形式。其制作方法是将写好的长条卷子,按照特定的行数,就像折扇那样,均匀地折叠成长方形折子,再在前后分别加上两块硬纸片,保护封面和封底。断裂的经折装成为一张张散页,和后来的册页装非常相似。经折装是由卷轴装向册页装过渡的一种形式。

蝴蝶装简称蝶装,因书页展开似蝶而得名。这是古代册页装的最初形式。最早产生于唐代末期。其装订方法是将每一页有字的一面向内对折,然后把书口的背部连在裹背纸上,再装上硬纸作为封面。蝴蝶装的图书可以在书架上直立,书口向下,书背向上,书根向外,与现代图书的排架形式差不多。由于这种装订形式是版心向内,单口向外,因此,书背保护完好。蝴蝶装纸背的连结方法有二:一是粘连,二是线缝。据李致忠先生考证,包背装、线装等也当始于唐代。

2. 纸张

唐代图书多用麻纸和藤纸。开元时,内府每月给集贤院调拨"蜀郡麻纸五千番",

每年调拨六万番①。国家藏书 125 960 卷,"皆以益州麻纸写"②。唐代图书使用皮纸亦多。皮纸有楮皮纸、藤纸等。藤纸以产自越州嵊县剡溪者最为著名,因有"剡纸"、"剡藤"、"越藤"等名称。为了制造剡纸,剡溪两岸的藤树惨遭砍伐。

唐纸在使用前多加工成为熟纸和黄纸。采用砑光、拖浆、填粉、加蜡、施胶等手段填平纸面纤维间的多余毛细孔,以便在运笔时不致走墨而晕染,这样的纸叫"熟纸"。未经加工的纸叫"生纸"。抄写文字一般使用熟纸,生纸用于居丧间。黄纸也是一种加工纸,就是把纸浸泡在一种叫做黄柏的染制液中,染成黄色。

唐代图书的主要字体有三种:隶书、草书和楷书。隶书是由小篆演变而成的一种简化字体。秦朝灭亡之后小篆消亡,隶书代之而起,现称"汉隶"。"唐隶",唐人称为"八分",是隶书发展史上的一个重要时期,"唐隶"的特点是"类隶而变方,广作波势,不古不严"。草书是为书写便捷而产生的一种字体。唐代张旭、怀素等将草书写得更加放纵,笔划连绵回绕,如同龙飞凤舞,字形变化繁多,人称"狂草"。楷书是以隶书为基础发展起来的。楷书出现在东汉末年,至唐而极盛,出现了不少楷书名家,如欧阳询、虞世南、褚遂良、李邕、颜真卿、柳公权等。

3. 序言、凡例、引文及其他

序是说明写作经过、刊刻情况、学术源流等内容的文字。唐代书序已很普遍。唐序有两个特点:一是序文的写作态度非常谨严,尤其是对于他人索序绝不有求必应、率尔操觚。第二个特点是千篇一律,程式化。

凡例又叫叙例、例言等,它是说明图书内容和编撰体例的文言。凡例对于内容、体例的整齐划一是十分必要的。唐代不少图书已经出现凡例专篇,如陆淳《春秋集传辨疑》前有凡例 17 条,唐代官修《晋书》也有凡例。

唐代图书引文标明出处。但是,唐代引文有两大缺点:第一,引文不确,作者往往撮其大意而引之,文字多有改动。第二,引文出处标注混乱。

唐代书页版式已有乌丝栏、朱丝栏、鱼尾等名称。大中四年(850 年)三月十日,著名诗人许浑曾将自己创作的 500 首诗汇编在一起,题为《乌丝栏诗》,并抄写一次。从书名可知,该书每页均有黑色栏线。据记载:唐代"宋亳间有织成界道绢素,谓之乌丝栏、朱丝栏",可见唐代用来写字的丝织品也往往织有黑色或红色的栏线。

第六节 唐代佛经翻译、编撰与出版

唐代佛经的翻译、编撰和出版在中国佛教史和中国出版史上占有非常重要的地位。唐代出现了玄奘、义净、不空、菩提流志等著名翻译大师,编撰了《广弘明集》、《续

---

① 《新唐书》卷五七《艺文一》。
② 《旧唐书》卷四七《经籍下》。

高僧传》、《大慈恩寺三藏法师传》、《大唐西域记》、《开元释教录》、《法苑珠林》等一大批佛教名著。唐代出版《大藏经》和《妙法莲华经》、《金刚经》等佛经零种的数量难以数计,为佛经的流传作出了重要贡献。

一、唐代佛经的翻译

据统计,唐代译经总数为372部、2 159卷①。唐代佛经翻译大致可分如下四个时期:第一时期从唐代建国到唐太宗贞观十八年(644年),历时27年。这个时期的著名翻译家有波罗颇迦罗蜜多罗等。第二时期从太宗贞观十九年(645年)至高宗麟德元年(664年),历时20年。这个时期的著名翻译家有玄奘、窥基等。第三时期从高宗麟德二年(665年)到唐德宗贞元二十一年(805年),历时139年。这个时期的著名翻译家有实叉难陀、义净、善无畏、金刚智、不空等。第四时期从顺宗永贞元年(805年)到唐代灭亡,历时102年。译经活动几乎停止,直到北宋太平兴国八年(983年),才恢复了佛经翻译工作。

佛经翻译属于官方修书活动。这是因为:(1)译场由官方提供。如玄奘在弘福寺、玉华宫、长安北阙紫微殿右弘法院、终南山翠微宫、长安大内顺贤阁、东都大内丽日殿等处的译场均如此。义净在福先寺、西明寺的译场亦由官方提供。(2)译经活动奉诏进行。如神龙三年(707年),唐中宗"诏(义净)入内与同翻经沙门九旬坐夏"②;开元五年(719年),善无畏"奉诏于菩提院"译经③。(3)译经人员由皇帝钦定。如贞观中,唐太宗"敕搜天下僧中学解者充翻经馆缀文、笔受、证义等"④;显庆元年(656年),高宗敕令于志宁、来济、许敬宗、李义府、杜正伦等参与玄奘译经工作;贞元八年(792年),德宗"敕令京城诸寺大德名业殊众者"参与智慧译场工作⑤。(4)经费由国家提供,如玄奘在弘福寺译经,唐太宗诏令"诸有所需,一共玄龄(按:房玄龄此时为京师留守)平章"⑥。(5)译经进呈御览。如大历六年(771年)十月二日,不空进译经表云:"起于天宝迄今大历六年,凡一百二十馀卷、七十七部,并目录及笔受等僧俗名字,兼略出念诵仪轨,写毕,遇诞节,谨具进上。"义净所译经亦多进呈武后御览。(6)译经多有御制序。如武后曾先后为实叉难陀、日照、义净等所译之经写序;不空"译《密严》、《仁王》二经毕,帝(按:指代宗)为序"⑦。(7)译经人员多有恩赐。如不空译经呈上,赐"锦彩绢八百匹,同翻经十大德各赐三十匹"⑧。贞观八年

---

① 中国佛教协会:《中国佛教》第一册《中国佛教史略·唐代佛教》,知识出版社,1989年。
② 《宋高僧传》卷一《义净传》。
③ 《宋高僧传》卷二《善无畏传》。
④ 《宋高僧传》卷三《智通传》。
⑤ 《宋高僧传》卷二《智慧传》。
⑥ [唐]慧立、彦琮:《大慈恩寺三藏法师传》卷六。
⑦ 《宋高僧传》卷一《不空传》。
⑧ 《宋高僧传》卷一《不空传》。

(634年)智慧等在西明寺译经,"即日赐钱一千贯、茶三十串、香一大合,充其供施"①。

佛经翻译也是一场大型集体编撰活动,其组织形式相当今之主编负责制。译场内译主相当于主编,下面分工细密,各负其责。

二、杰出翻译家玄奘

玄奘(602—664),俗姓陈,名祎,洛州缑氏人,著名高僧、佛学家、旅行家和翻译家。自汉末佛法东渐,到了隋唐已蔚为大观,但是,译经者或为胡人,不谙汉语;或为汉人,昧于梵言。加上流派纷呈、版本各异,汉译佛经多晦涩难明、错误百出,令人无所适从。玄奘在国内游学的过程中,认识到问题的严重性,决计西行,求师访学,探索佛法真谛。

贞观元年(627年),玄奘从凉州出发,踏上了荆棘丛生的万里征程。② 路上或山高路险,或水深浪急,或沙海茫茫,甚至屡遭劫难,九死一生,却始终没有停下西行的脚步。贞观五年(631年),终于来到天竺那烂陀寺,师事戒贤法师。在这里一住就是五年,壮志初酬:不仅精通了梵文,而且精通了《瑜伽师地论》等佛典。接着他又用了四年时间游学天竺各地,并同一些当地学者就佛典要义进行辩论,从莫能屈,誉满五竺,成为全印度最有影响的佛学大师,声望和学问都超过了他的老师戒贤。贞观十九年正月,玄奘历时19年,行程25 000公里,圆满完成了西行任务,终于回到了阔别19年的大唐故土,受到了长安数万人的夹道欢迎,万人空巷,盛况空前。他满载而归,带回佛舍利150粒、金银檀佛像7尊、经论520筴,计657部。

玄奘回国后,喘息未定,二月初就迫不及待地拜谒唐太宗,请求开馆译经。贞观十九年五月,就开始了译经活动。

从唐太宗贞观十九年五月初二到唐高宗麟德元年(664年)二月初五溘然长逝。玄奘二十年如一日,孜孜不倦,翻译佛经,鞠躬尽瘁,死而后已。据统计,玄奘总共翻译佛经74部、1 335卷,平均每年翻译3.8部、66.8卷。而最后四年,平均每年翻译多至170卷。从隋开

玄奘

---

① 《宋高僧传》卷二《智慧传》。
② 关于玄奘西行的出发时间,有"贞观二年"、"贞观三年"等说法,此据玄奘撰《请御制三藏圣教序表》。

皇元年（581年）到唐贞元十六年（800年）的220年中，共译佛典491部、2 622卷，而玄奘一人所译就占这个时期译经总卷数的一半。在翻译质量上也是最好的。

玄奘治学严谨，精通佛经版本，在翻译《大般若经》时"文有疑错"，即用西域带回的"三本以定之。殷勤省覆，方乃著文，审慎之心，自古无比"。佛经译本向有"古译"、"旧译"、"新译"之说："古译"即鸠摩罗什以前的译本；"旧译"即鸠摩罗什以后的译本；"新译"即玄奘译本。新译后来居上，为弘扬佛法作出了重要贡献。

玄奘在佛经翻译方面取得巨大成就的原因何在？第一，"贞观之治"，为玄奘译经提供了一个国泰民安的社会环境。其译经活动得到最高统治者唐太宗、唐高宗的大力支持。贞观十九年，唐太宗从全国各地征调大德数十人担任他的助手。房玄龄作为监护大使，为译场提供了人力、物力、财力的坚强保证。第二，玄奘本人具有很高的文化素养，他精通佛教教义和佛经版本，精通梵、汉二语，为佛经翻译奠定了坚实的学术基础。

三、唐代佛经编撰

除了翻译外来佛经之外，唐代在佛典著作的编撰方面也取得了不少成绩，以下从一般佛教著作和佛经目录两个方面加以论述。

1. 一般佛经著作的编撰

唐代一般佛教著作数量众多有注疏、论著、汇编几大类。汤用彤《隋唐佛教史稿》（中华书局1988年版）言之甚详，兹从注疏、论著、汇编等方面简介如下：

唐代佛经注疏同隋代一样，有科文、文句、述记、玄义、集注、训释、音训等类别。著名者如并州武德寺沙门慧觉著《华声疏》、《十地疏》、《维摩疏》等；长安延兴寺沙门吉藏著《中论疏》20卷、《百论疏》9卷、《十二门论疏》12卷、《三论玄义》等。

佛经论著也有通论、专论之别。通论如道绰著《安乐集》、法藏著《华严一乘教义分齐章》、宗密著《原人论》等。专论佛性者如恒景著《佛性论》2卷、灵一撰《法性论》等。专论因果者如阳尚善（或作杨上善）著《六道论》10卷，道世撰《敬福论》10卷、《略敬福论》2卷、《善恶业报论》等；专论形神者如海云著《形神不灭论》1卷等。

唐代著名佛教著作编撰者有法琳、道宣、窥基、圆测、法藏、义净等，皆为高僧大德，名垂一时。

2. 佛经目录的编撰

随着佛教的盛行，唐代佛教著作大量增加。为了便于收藏和利用，佛经目录的编撰势在必行。可考的唐代佛经目录有多种，著名的有释玄琬所撰《众经目录》五卷，道宣所撰《京师西明寺录》三卷，《大唐内典录》十卷等。

四、唐代佛经的出版

唐代发明雕版印刷之后，虽然刻印了一些佛经零种，但是，手工抄写仍然是佛经出版的主要手段。抄写《大藏经》的例子屡见不鲜，抄写佛经零种的例子也多如牛毛。

官方财力充足、抄手众多、人才云集，多次抄写《大藏经》。唐太宗贞观五年（631年），玄琬奉诏抄写两部《大藏经》，一藏德业寺，一藏延兴寺。抄写之前，玄琬等三十多位"名德"认真进行整理。这两个抄本是当时的国家标准本，其他抄本均以此为据。唐太宗贞观九年（635年），智通奉敕抄《大藏经》。

唐太宗贞观间，还曾诏令抄写《遗教经》：

《遗教经》者，是佛临涅槃所说，诫劝弟子，甚为详要，末俗缁素，并不崇奉。大道将隐，微言且绝，永怀圣教，用思宏阐，宜令所司，差书手十人，多写经本，务在施行。所须纸笔墨等，有司准给。其官宦五品以上，及诸州刺史，各付一卷。①

五品以上官吏和诸州刺史人手一册，其抄本数量之多，可想而知。太宗之后，唐朝历代皇帝均有诏令写经的事迹。

除官方写经外，唐代僧人也大量写经，使佛教得以流传，宣扬。如麟德元年（664年），玄奘弥留之际，命助手嘉尚抄录所翻经论75部、1 335卷。天宝初，湖州大云寺僧子瑀前后抄写3部《大藏经》，共16 000卷。咸通间，京兆大安国寺僧抄写《大藏经》5 461卷。龙朔二年（662年），善导和尚写《弥陀经》数万卷。

除了官方、僧众写经之外，民间善男信女写经之例也有很多。这些人被称为"供养者"。供养者文化水平参差不齐：水平高者可以自己亲自抄写；水平低者甚或文盲，可以请人抄写。"经生"作为一种社会职业，就是专门以抄经谋生的人。唐代民间写经之例屡见不鲜，如姚待，梓州人，为母写《金刚经》100部；柳公权，字诚悬，京兆华原人，书法家，曾写《金刚般若经》、《清净经》、《心经》等；崔衡，唐书法家，曾写《尊胜陀罗尼经》；张钦元，唐书法家，曾写《金刚经》。

民间写经，目的各异：或因病写经，希望通过写经恢复健康；或因战写经，希望通过写经，化干戈为玉帛，参战的亲人早日安全返回；或因亲人去世而写经，希望通过写经，使亲人在"地狱"中免受折磨，并换取来世幸福；或为普济众生而写经，希望通过写经，换取众生幸福。要达到上述目的，写经必须虔诚，不得随意为之。

在众多佛经抄本中，《妙法莲华经》、《大方广佛华严经》、《金刚般若波罗蜜经》、《无量寿经》和《陀罗尼经》抄本最多。究其原因，这几种佛经内容简明，易于被信徒

---

① 《全唐文》卷九《佛遗教经施行敕》。

接受。

第七节　唐代图书流通

随着政局的稳定，经济的繁荣，文化的发展，唐代图书流布四海，不胫而走天下，《旧唐书》、《新唐书》等文献中关于图书"传于代"、"传于时"之类的记载屡见不鲜。

一、唐代交通与图书流通

图书流通离不开道路交通，远距离的图书流通尤其与道路交通密切相关。①

唐代交通，以京师长安为中心，向全国辐射，形成了一个四通八达的交通网络。就陆路交通而言，以长安为中心，正西至岐州，西北至凉州，正北至丰、胜、中受降城，东北至太原，正东至汴州，东南至襄阳，正南至金州，西南至梁州兴元府，八方驿道呈"米"字形交会长安。然后又以岐州、凉州、太原、洛阳、汴州、襄阳、扬州等为中心，形成二级辐射，大大小小的道路像血管一样密布全国，延伸到塞北江南，无远不至。就水路交通而言，从沿海到内地有黄河、长江、淮河、珠江等大河贯通东西，每条大河又有不少支流，干流和支流纵横交错，加上南北大运河，形成覆盖全国的水运网络。

唐代交通虽然便利，但是远距离图书流通实现，还要依靠三种途径：一靠唐代的驿递制度；二靠文人的行旅生涯；三靠商人搬运。唐代每隔 30 里设一驿站，唐玄宗时天下有驿 1 639 所，②其中陆驿 1 297 所，水驿 260 所，水陆兼办驿 82 所，驿道总长已逾 65 000 公里。

驿的主要功能是传递诏书、敕文、章奏等各类文书。当然其中也包括一些诏赐的图书。

唐代驿传有因便使、差官、邮驿三种。"因便使"指交由入京使顺便带上文书；"差官"指派遣专使投递；"邮驿"指由驿卒、递夫传递。唐代不少图书是通过邮驿传递的，例如长庆中，元稹在浙东，白居易在杭州，二人常常通过邮驿传递诗作。

行旅生活是唐代文人生活经历的重要内容之一。入仕前，他们为了金榜题名，而四出奔走；入仕后，浮沉宦海，或至通都大邑，或到穷乡僻壤，常常在驿道上消磨时光。

旅途虽然辛苦，但也有不少乐趣，不少人在旅途中触景生情，进行文学创作，《全唐诗》中就有不少行旅诗，有的通过旅游开展行卷活动，客观上也起到了图书流通的作用。有些已仕文人，也常常趁着出差之便，将自己的著作带给外地的朋友。也有不少书商通过长途贩运，实现图书流通。

---

① 本节参考了李德辉著《唐代交通与文学》，湖南人民出版社，2003 年。
② 《新唐书》卷四六《百官志》。

二、唐代图书流通

随着唐代出版的繁荣,交通的便利,图书流通无远不至。颁赐图书之例时或有之。皇帝颁赐图书有两层意思:一是表明这是中央审定的国家标准本,各地如有抄写,以此为据;二是表明皇帝对臣民的恩宠。除了颁赐流通之外,还有献书流通、借阅流通、市场流通等。

1. 颁赐流通

在封建社会,帝王动辄赐书臣民。颁赐流通是一种常见的流通方式。

贞观元年(627年),唐太宗赐给李大亮一部荀悦撰《汉纪》①。

贞观十七年(643年),唐太宗以萧瑀好佛,赐其"王褒所书《大品般若经》一部"②。

永徽四年(653年)三月壬子,唐高宗"颁孔颖达《五经正义》于天下,每年明经令依此考试"③。

开元间,唐玄宗《颁示道德经注孝经疏诏》云:"仍令集贤院具写,送付所司,颁示中外。"④

天宝十四载(755年)十月甲午,"颁《御注老子》并义疏于天下"⑤。

2. 献书流通

献书流通是自下而上实现图书时空转移的一种流通方式。具体来说,可分如下三种情况:

第一,臣民献书,即臣民献书皇上,诏藏秘府。贞观十五年(641年)正月三日,魏王泰上《括地志》50卷,"其书宣付秘阁"。显庆六年(661年)正月二十七日,李善上《文选注》60卷,"藏于必府"。宝历二年(826年)五月辛未,秘书省著作郎韦公肃"注太宗所撰《帝范》十二篇进,特赐锦彩百匹"⑥。开元初,右拾遗刘贶"依刘向《说苑》撰《续说苑》一十卷以献,玄宗嘉之"⑦。

第二,行卷献书也是唐代常见的一种献书方式。考生通过行卷,把自己的得意之作面呈显官名流,请他们在科举考试时为自己说上几句好话。考生能否金榜题名,不仅需要考试成绩优秀,而且需要名贤推荐。行卷之风因此而盛行。诗僧皎然先以古诗十数篇

---

① 《旧唐书》卷六六《李大亮传》。
② 《旧唐书》卷六三《萧瑀传》。
③ 《旧唐书》卷四《高宗上》。
④ 《全唐文》卷三二。
⑤ 《旧唐书》卷九《玄宗下》。
⑥ 《旧唐书》卷十七上《敬宗纪》。
⑦ 《旧唐书》卷一三六《刘贶传》。

投献书应物，皆不称赏，后来"写其旧制献之，韦吟讽，大加叹赏"①。韩愈先后四次参加进士考试，先后以行卷投献贾耽、浑瑊诸人，屡试不第，后因"故相郑余庆颇为之延誉，由是知名于时"②。白居易以诗投献顾况，顾况非常欣赏"野火烧不尽，春风吹又生"等句，"因为之延誉，声名遂振"③。

第三，施主献书是佛教信徒为了大造"功德"，通过向佛寺进献佛经实现佛经时空转移的一种流通方式，这是佛寺藏书的重要来源之一。施主献书多少不等，少则一卷，多则数十百千卷，甚至有捐献整部《大藏经》者。

3. 借阅流通

借阅流通是读者通过从藏书者手中借阅图书实现图书时空转移的一种流通方式，这种流通方式的图书时空转移是周期性的：读者借阅图书期间，图书暂时从藏书者转移到读者手中；过了一段时间，读者读完图书之后，图书又回到了藏书者手中。其流通过程就是借阅、归还、再借阅、再归还的无限循环过程。这种流通方式可以缓解读者"买书难"的矛盾，充分发挥图书的利用率。

唐代借书活动可分官借、民借两类。所谓"官借"就是唐代政府向臣民借书，抄写复本，补充官藏。例如开元七年（719年），"诏公卿士庶之家，所有异书，官借缮写"④，图书从"公卿士庶"手中转移到秘书省，秘书省抄完之后，又物归原主。所谓"民借"就是士民向官府或藏书家借书。例如：李敬玄，亳州谯人。贞观末，高宗在东宫，马周启荐之，召入崇贤馆，兼预侍读，"借御书读之"⑤。皮日休，襄阳人，唐末文学家，咸通进士，历仕著作郎、太常博士等职。他"借人书有编简断坏者辑之，文字谬误者刊之"⑥。

4. 市场流通

市场流通是通过买卖交易实现图书时空转移的一种流通方式。这种方式是所有流通方式中最基本、最常见的一种流通方式。市场流通是历代收藏者（含官藏和私藏）获取图书的一种主要手段。

根据文献记载，唐代官方多次进行大规模购书活动，有明确记载者至少有如下四次：第一次是在唐高祖武德间。鉴于隋末战乱图书亡佚的严重局面，令狐德棻首先提出了购置图书的建议，希望朝廷一是不惜重金购置遗书；二是增置书手，抄写图书。唐高祖听从了他的建议，没过几年，"群书略备"。第二次是唐太宗贞观间的征书活动。第

---

① 《唐语林》卷三。
② 《旧唐书》卷一六〇《韩愈传》。
③ 《唐语林》卷三。
④ 《旧唐书·经籍志·叙》。
⑤ 《旧唐书》卷八一《李敬玄传》。
⑥ [唐] 皮日休：《竺泽丛书》卷一。

三次是安史之乱后，肃宗、代宗曾不只一次地诏令购求图书。第四次是在唐末广明之乱后，据《旧唐书·经籍上》："广明之乱，一时散失。后来省司购募，尚及二万馀卷。"这次购书数量多达二万多卷，可见用费之多。

唐代私人购书之例多如牛毛，甚至可以说，文人学者无不参与书市贸易活动。据《全唐诗》，可知诗人杜甫、王建、李中、杜兼、牟融、杜荀鹤、刘禹锡、张籍、李廓、周贺、项斯、徐夤等都曾参与过书市贸易活动。

三、唐代书业中心

唐代书业中心在长安、洛阳、成都、敦煌、扬州、绍兴等地。这些地方既是图书出版中心，又是图书贸易中心。书业中心汇聚了众多书商，这些书商为图书流通作出了重要贡献。

1. 长安

长安是唐代都城，是全国政治、经济、教育、文化的中心，官方重要出版单位秘书监、弘文馆、集贤院、史馆、崇文馆、司经局等都集中在这里。大规模的抄书活动都在这里进行。作为书业贸易中心，书肆所在皆是。而由于书肆林立，唐代长安已经出现书林的经纪人——书侩。书侩是专门从事书籍、书画买卖的中介人，协调买方、卖方之间的关系。书侩的产生，也意味着京师长安书业贸易的繁荣。

2. 洛阳

唐代洛阳是全国经济中心之一，也是全国的教育中心和文化中心之一，名家荟萃，盛况空前。这里也曾多次开展图书编撰活动和抄书活动，书肆也不少。

3. 成都

四川自古号称天府之国，是唐代经济发达地区。经济发达、人口众多，为图书出版提供了大量资金和劳力。唐代四川盛产纸张和木材，又为图书出版提供了物质基础。唐代中央抄书所用麻纸大多来自四川。蜀人谢师厚的十色笺、薛涛的小彩笺，尤其闻名天下。

唐代皇帝两次入蜀和大批文人流寓四川，带来先进的文化和科学技术，对四川的图书出版也产生了重大影响。众多有利条件的聚合，使得成都书业繁荣，竞争激烈。成都历书、占卜、小学等杂书的出版，在全国处于领先地位。

此外，唐代敦煌、扬州、绍兴等地，书业也很发达，书商众多，交易活跃，成为局部书业中心。

四、唐代图书的国外流通

唐代实行对外开放政策，中外交往频繁，不少唐代图书远播海外，其中东传日本、高丽、百济、新罗等国的图书尤多。这些图书不仅传播了中国文化,而且成为沟通中外关系的桥梁,成为中外往来的友好使者。

1. 唐代图书东传日本

唐代中日关系密切,人员来往不断,不少图书东渡日本。唐玄宗在位时,不少日本遣唐使带回大量书籍。据《旧唐书·东夷传》:

> 开元初,(日本)又遣使来朝,因请儒士授经……所得锡赉,尽市文籍,泛海而还。

从"尽市文籍"四字可知购书之多。唐代东传日本的图书总数虽然无法统计,但可在唐代来华日本人编的书目中略见一斑。吉备真备编《将来目录》和藤原佐世编《日本国见在书目录》著录汉籍最多。《将来目录》(一名《携来目录》)是吉备真备在唐留学时带回日本的汉籍目录,其中包括《唐礼》130卷、《大衍历经》1卷、《大衍历立成》12卷等。《日本国见在书目录》(一名《本朝见在书目录》)仿照《隋书·经籍志》分类,据严绍璗统计,共计1 568种、17 209卷。此数相当于隋唐汉籍总数的二分之一,可见唐代流入日本汉籍数量之多[①]。唐代图书东传日本,对日本政治、经济、文化等方面的影响是巨大的。

2. 唐代图书流入朝鲜和印度

唐代朝鲜分为高丽、百济、新罗三国,三国与唐的关系都很密切,唐代图书大量流入朝鲜。

高丽先后多次遣使来唐,这些使者回国时带回大量图书,据《旧唐书·高丽传》:

> (高丽)俗爱书籍,至于衡门厮养之家,各于街衢造大屋,谓之扃堂。子弟未婚之前,昼夜于此读书习射。其书有《五经》及《史记》、《汉书》、范晔《后汉书》、《三国志》、孙盛《晋春秋》、《玉篇》、《字统》、《字林》,又有《文选》,尤爱重之。

这里提及的《五经》、《史记》、《汉书》等书都是从唐代传去的。

百济先后十多次遣使来唐,唐代图书流入百济亦多,据《旧唐书·百济传》:"其书籍有《五经》、子史,又表疏并依中华之法。"新罗遣使来唐次数多达88次,唐代图书大量流入新罗,据《旧唐书·新罗传》:

[①] 严绍璗:《汉籍在日本的流布研究》第二章。

（全）春秋请诣国学观释奠及讲论，太宗因赐以所制《温汤》及《晋神祠碑》并新撰《晋书》……垂拱二年，政明遣使来朝，因上表请《唐礼》一部并杂文章，则天令所司写《吉凶要礼》，并于《文馆词林》采其词涉规诫者，勒成五十卷以赐之。

唐代中印关系密切，在梵文佛经及其他图书流入中国的同时，唐代图书也西传印度。据《旧唐书·西戎传》："王玄策至（天竺之伽没路国），其王发使贡以奇珍异物及地图，因请老子像及《道德经》。"可见唐时《道德经》等书曾传入印度。

第八节　五代十国出版

一、五代十国的政治、经济和文化、学术

公元907年，唐朝灭亡。我国中原地区相继建立了后梁、后唐、后晋、后汉、后周五个朝代，历时53年，史称"五代"。同时，中国南方地区和山西一带先后建立吴、南唐、吴越、楚、闽、南汉、前蜀、后蜀、荆南（亦名南平）、北汉等十个国家，史称"十国"。

五代十国时期，北方和南方的政治和经济情况同中有异：相同之处是南方和北方都遭受到战争的困扰；不同之处是困扰的程度，北方甚于南方。

北方中国的53年基本上成为穷兵黩武的舞台，兵连祸结，给人民带来无穷灾难。南方各国虽然也存在军阀割据、独霸一方的局面，但就整体而言，南方广大地区战乱比北方要少许多，割据政权的统治时间要长得多。为了躲避战乱，北人大批南迁，为南方补充了大批具有先进技术水平的劳动力。加上南方各国多数统治者在小国如林、弱肉强食的环境中，有一定的忧患意识，采取了一些兴利除弊的措施，这对南方经济的发展有一定的积极作用。南方各国重视兴修水利，大力发展农业生产。在南方地区农业发展的同时，丝织、制茶、制瓷、造纸、造船、矿冶等手工业生产也有较大进步。商业也比较发达，广州、福州、成都、扬州、金陵、潭州、洪州、丹阳等城市，都是商业贸易的中心地区。吴越都城杭州，成为东南最繁华的都市。泉州成为对外海上贸易的重要港口，许多阿拉伯商人来此经商。

五代时期的政治、经济形势有两个特点：第一，南方北方发展不平衡，南方优于北方。就是在南方或是北方诸国中，发展也不平衡。第二，各国之间的联系从未中断。当时运河虽然中断，但是海路和荆州一线的陆路交通，基本没有停止。

五代虽然天下大乱、小国林立，但是各国仍然奉行儒、释、道并重的文化政策。儒学在五代时期仍然受到尊重。孔子是儒学的开山祖师，五代各国仍把孔子当做"圣人"加以供奉。后唐时，国子监生入学的第一件事就是"谒先圣先师"。

学校是传播儒学的重要场所。五代各国也有不少兴办儒学的记载。如后唐以宰臣崔

协兼任国子祭酒。可见官方对于学校教育的重视。后蜀宰相出私财百万兴建学馆,为四川培养了大批人才。南唐在开设太学的同时,还兴办了各级地方官学。位于庐山白鹿洞的庐山国学是当时最具影响的学校。就整个五代来说,南唐儒学最盛,人才最多。

五代佛教南北有异。北方地区因为战争频繁,加上后周世宗排佛,佛教的发展受到严重干扰。但从后梁到后汉,诣寺行香、斋僧、僧道对论、赠紫衣师号、度僧等佛事活动基本上因袭唐代旧规,管理机构依然存在,如后梁的祠部、后唐的功德使等仍然行使管理职能。南方较北方相对安定,加上各国帝王都信奉佛教,佛教的发展没有什么阻力。各地广建寺庙,多造佛塔,大量度僧,发展教派,使佛教呈现兴盛景象。

五代十国时期,道教也受到多国的重视,得到一定的发展,陈抟、杜光庭等道士受到崇信,这与动乱的社会环境密切相关。社会动乱,滋长了人们的归隐避世心理,而这种归隐避世心理,正好为道教的传播奠定了思想基础。

五代虽然战争频繁,但是在史学、文学、艺术、文化等方面仍然取得了较大的成就。在史学方面,史官们面对战火中燃烧的历史文献,坚守岗位,奋力抢救,以高度的历史责任感,挥笔直书,其敬业精神,令人肃然起敬。五代史学没有因为战争而产生断层,为后人留下一批重要的历史著作。在文学方面,五代词在文学史上的地位不可低估。词萌芽于南朝,形成于唐代,盛于宋代。五代处唐、宋之间,起了一个承上启下的重要作用,出现了欧阳炯、冯延巳、李璟、李煜等著名词家。

五代的艺术成就主要表现在绘画方面,花鸟画、人物画、山水画都有较大成就。花鸟画以黄筌、徐熙为代表。人物画以顾闳中为代表,今传《韩熙载夜宴图》是其代表作。该画刻画了南唐宰相韩熙载与宾客、舞伎寻欢作乐的夜宴场面,显示出画家杰出的写实能力和人物画的高超水平。山水画以荆浩、关仝、董源为代表,成就很大,中国山水画浑厚苍劲、气韵生动的特色,就是这个时期形成的。

与文学、艺术成就相应,五代时藏书风气很浓,文人学士雅好聚书,以为乐事。官府亦重藏书,数量可观。

二、五代十国的官修书

1. 史馆修书

史馆、集贤院、弘文馆等仍然是五代时期的主要修书机构。

史馆修书,首先注重史馆修撰人员的选拔。为了选任"良能",罢免"冒当修撰之名"的滥竽充数者,史馆建议"别访通才",担任史职。为了加强管理,史馆还制定了一系列规章制度,其中包括史馆工作人员的奖惩制度、史料报送制度、遴选立传人的规定等。

史馆工作人员的奖惩制度,对于奖勤罚懒、提高工作效率,发挥了重要作用。史料报送制度详细规定了史料报送的具体内容及报送单位。其认真施行,保证了史馆资料的及时性、全面性、真实性和权威性,为史书编撰创造了有利条件。关于史书中立传人的遴选，也有详细规定，旨在选出代表人物，取鉴前代，重则后人。

2. 官修《旧唐书》

《旧唐书》是五代时期官修的一部重要著作。始修于后晋天福六年（941年）二月，至后晋开运二年（945年）六月修成，历时四年又四个月。预修者有张昭远、贾纬、赵熙、吕琦、尹拙、郑受益、李为先、王伸、崔梲等九人。监修先后由赵莹、刘昫担任。

此书虽然有材料芜杂、记事矛盾、前详后略等缺点，但就整体而言，不失为一部有价值的著作。在唐代后期资料奇缺的情况下，修书者竭尽全力，写出这样的水平，是很不容易的。

3. 官修实录系列

实录的编撰是五代官修书的第二个重要成就。五代时期所编撰实录数量很多，价值很高。为保证实录编撰的顺利进行，史官们非常注重史料搜集，开展过几次大的征集活动。

4. 其他官修书

除了《旧唐书》和多种实录外，五代官方还编撰了一些律书、礼乐、史传、历法等方面的图书，其中律书的编撰不下十次，历书编撰活动至少有五次。

三、五代十国的私人图书编撰

五代十国时期，私人图书编撰也比较繁荣，编撰家众书，著作多样。

马裔孙，字庆先，棣州商河人。历仕后唐、后晋、后汉、后周诸朝，先后担任翰林学士、户部郎中、礼部侍郎、太子宾客等职。后周时在洛阳闭门索居，唯事吟咏著述。博学好古，曾枕藉黄卷，抄撮《华严》、《楞严》等佛书，兼以歌咏，谓之《法喜集》。又汇集诸经要言为《佛国记》。

韩熙载（902—970），字叔言，南唐潍州北海（今山东潍坊）人。唐同光进士。后逃奔江南，历仕南唐史馆修撰、中书舍人、兵部尚书、中书侍郎等职。善为文，文人、道释求铭志碑记者络绎不绝，累获赏赐，有《拟议集》50卷、《定居集》2卷。

杜光庭，字宾圣，缙云人，著名道士。唐咸通中举进士不第，入天台山修道，后避乱入蜀，事王建父子，官谏议大夫，赐号广成先生、传真天师等。晚年隐居青城山，号东瀛子。有《洞天福地记》1卷、《录异记》8卷、《阴符经注》1卷、《广成义》80卷、《墉城集仙录》10卷。

五代十国的著作总数约有11 810卷，其中经书1 529卷、史书3 357卷、子书1 716

卷、诗文集 5 208 卷①。诗文集最多，约占著作总数的 44.1%。

四、五代十国的图书出版

1. 冯道与国子监刻书

五代国子监刻书是中国古代官方刻书之始，冯道为之作出了重要贡献。五代监本经书不仅是五代时期的官定国家标准本，而且是历代官方刻印儒家经典的祖本。其版式、行款等对历代国子监刻书都产生了深远的影响。

冯道对于文化事业的巨大贡献，是发起刻印群经。据《旧五代史·冯道传》：

> 时以诸经舛谬，（冯道）与同列李愚委学官田敏等，取西京郑覃所刊石经，雕为印板，流布天下，后进赖之。

为什么首先要刻印儒家群经？冯道晚年认为自己"不能为大君致一统、定八方，诚有愧于历职历官"，可见他确有统一全国的愿望，也许刻印群经正是冯道"致一统、定八方"的重要措施之一。

五代国子监先后刻过儒家群经、《经典释文》、《贞观政要》等。国子监刻书程序严格，先是确定底本，底本确定之后，则是校勘工作，要对底本进行整理。底本经过校勘，第二步就是手写上板。监本群经的行款均为半页八行，每行大十六字、小二十一字，与唐人卷子本大小行款一一相近。

尽管五代时期一个个皇帝匆匆来去，"你方唱罢我登场"，但是不管是谁登上皇帝的宝座，都毫无例外地把儒家思想作为正统思想，这正是监本群经的刻印工作能够善始善终的原因所在。五代国子监刻印群经的目的是为了给人们提供一个儒家经典的钦定标准本，"如诸色人要写经书，并

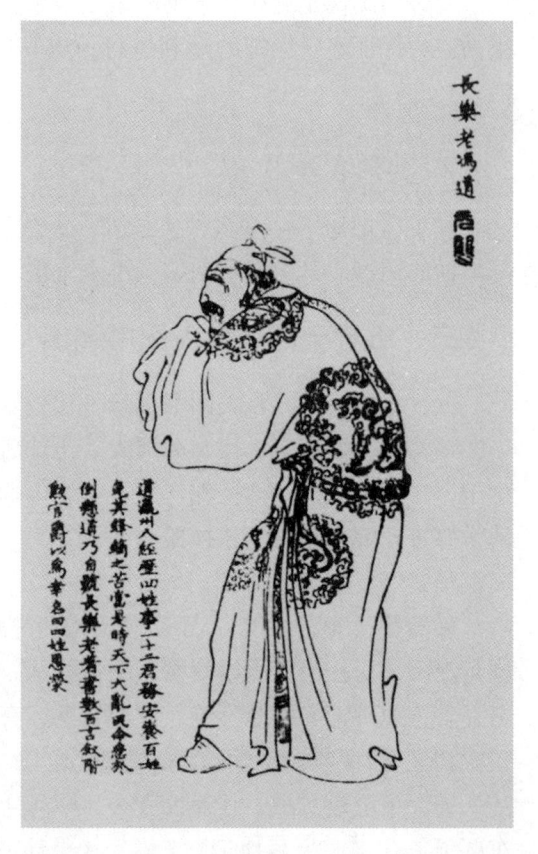

冯道

---

① ［清］顾櫰三：《补五代史·艺文志》。

须依所印敕本，不得更使杂本交错"①。系统刻印儒家群经，不仅在中国历史上是一次划时代的壮举，而且是10世纪前期，世界历史上一项无与伦比的规模巨大的出版工程，在人类文化史上写下了重要一页。

2. 吴越、川蜀等地刻书与五代十国的抄书

吴越、川蜀地区经济繁荣、文化发达，是我国雕版印刷的发祥地，也有不少刻书的记载。除了刻书之外，五代十国时期，手工抄书仍然是一种常见的图书制作方式。

吴越是五代时期十国之一，辖区相当于今之浙江全省及江苏南部一带。吴越是五代时期南方文化发达的地区之一。可考吴越印刷品有数种。②

前蜀、后蜀亦有刻书工程。如前蜀乾德五年（923年）昙域刻《禅月集》。这当是我国古代最早的别集刻本之一。后蜀孟昶广政十六年（953年），毋昭裔刻印群书。有《文选》、《初学记》、《白氏六帖》、《九经》等书。他是我国古代家刻的先驱。

此外，后唐、南唐、后晋、后周等朝亦有重要典籍雕印。如后周显德三年（956年）刻印《一切如来心秘全身舍利宝箧印陀罗尼经》数卷。又如和凝"有集百卷，自篆于板，模印数百帙，分惠于人焉"。和凝是中国出版史上最早自刻别集的文人之一。

五代十国时期，虽然雕版印刷有所发展，但是手工抄写仍然是图书制作的主要手段。

3. 五代十国的出版特点

五代十国的出版有如下特点：第一，就地区而言，汴（河南开封）、成都、杭州、金陵四地出版事业比较发达。汴是后梁、后晋、后汉、后周的都城，是全国政治、经济、文化的中心，作为出版中心是理所当然的。监本群经主要在这里刻印。成都是前蜀、后蜀的都城，是我国雕版印刷的发祥地之一，继承了唐代遗风。杭州是吴越的都城，也是我国雕版印刷的发祥地之一。金陵是南唐的都城，文化发达，抄写了大量图书。第二，就出版方式而言，虽然雕版印刷有了较大发展，但是手工抄写仍然是图书制作的主要手段。经生作为一种社会职业，大量存在。第三，就刻书单位而言，官刻和家刻发展很快。后唐、后晋、后汉、后周诸代国子监在战火纷飞的年代，能够按照既定计划代代相传，坚持刻完群经，实属不易。官方能够组织刻印如此卷帙丛重之书，说明官方刻书实力相当雄厚。毋昭裔、和凝等作为中国出版史上家刻的先驱人物是当之无愧的。第四，就内容而言，在大量出版宗教、杂书的同时，也出版了不少经书、类书、诗文集等。第五，就装订形式而言，册页装有了很大发展。

---

① 《全唐文》卷一一一《诏依石经文字刻九经印板敕》。
② 参见张秀民：《五代吴越国的印刷》，《文物》，1978年第2期。

五、五代十国的图书流通

五代十国时期，图书流通活动并未因为战争而中断。五代十国图书流通的手段也有购买、颁赐、奉献、借阅等方式。

购买即通过书市交易而流通，监本群经就是通过书市交易广为流通的。据司马光《资治通鉴》卷二七七《后唐纪六》：

初，唐明宗之世，宰相冯道、李愚请令判国子监田敏校定《九经》，刻板印卖，朝廷从之。（后周广顺三年六月）丁巳，板成，献之。由是，虽乱世，《九经》传而甚广。

颁赐即由皇帝颁赐图书于臣下，达到图书流通目的。例如：据前引后唐长兴三年（932年）二月中书门下奏折，监本群经印好之后，"广颁天下，如诸色人要写经书，并须依所印敕本，不得更使杂本交错"。可见监本群经成书后，以皇帝的名义广颁天下，其流通之广，可想而知。

奉献即私人著作献给皇上，实现图书自下而上的流通。例如：后梁开平元年（907年）十月，"山南东道节度使杨师厚进纳赵匡凝东第书籍"①。赵匡凝，字光仪，蔡州人，好学，有惠政，聚书数千卷。

借阅也是一种常见的流通方式。从绝对意义上说，古代藏书，无论公私，都开展过借阅活动，只是范围大小有所区别。即使那些"秘不示人"者，也有亲朋好友借阅之例，只是借阅范围实在太小罢了。五代时不少藏书家藏书的目的就是为了广招来学，这类开放的藏书家为图书借阅流通创造了有利条件。例如：陈褒，江州德安人，"筑书楼，延四方学者"②。罗绍威，字端己，原籍长沙人，后迁居魏州贵乡。"好学工书，颇知属文，聚书数万卷，开馆以延四方之士"③。

开封、成都、杭州、金陵是全国图书流通的中心地区。这些地方经济发达，文化繁荣，交通便利，图书需求量大，公私藏书众多，为图书流通创造了有利条件。

五代流通的书籍，以儒家经典需求量最大，这是因为群经既为科考内容，也是学校的必修课。其他如史学名著、佛经、道书、兵书等也比较流行。集部的一些诗文名集，如萧统《文选》、后蜀释贯休《禅月集》、吴越钱元瓘《锦楼集》等，都广为传诵。

---

① 《旧五代史》卷三《梁书三·太祖纪》。
② 《旧五代史》卷二九《南唐十五·陈褒传》。
③ 《新五代史》卷三九《罗绍威传》。

第五章 宋、辽、西夏、金出版事业的勃兴

宋代是我国古代出版事业勃兴的时代，也是黄金时代。两宋319年间，出版规模之大，出版图书数量之多，刊印之精，流通之广，都是前所未有的。与其同期的辽、西夏和金朝，出版事业也颇具特色。两宋时期的出版事业究竟为什么会达到如此发达的程度，这要从当时的政治制度、社会经济、文化风尚、军事形势、社会与民族矛盾等诸方面去寻找原因，从而总结出出版事业在两宋时期达到空前发展的客观规律。

第一节 宋代的政治、经济、军事、文化政策

赵宋王朝建立政权之后，接受的是一个经过半个多世纪战乱纷争、生产破坏、经济萧条、民生凋敝的烂摊子。刚刚诞生的赵宋王朝，要想在这种流沙一样的基础上稳固自己的统治，就必须认真总结历史的经验，在政治、经济、军事、文化等各个方面，采取各种有效的措施和适当的政策，加强中央集权，巩固全国统一的政权。

自唐代安史之乱以后，直到宋太祖赵匡胤结束五代十国割据局面，中国一直处在战争连年、动荡不安的社会环境中。其中重要原因就是地方藩镇的权力过于集中。他们不但各自掌握着雄厚的军事力量，而且掌握着各个地方的政权、财权和司法等权。所以早在唐朝中叶以后，地方藩镇实际早已形成割据势力。五代十国的出现，实际就是这种藩镇割据势力恶性发展的必然结果。

赵匡胤不但清楚这些历史，而且他自己也恰恰是依靠所掌握的精锐禁军，用军事政变的方式夺得了政权，所以他深知掌握军权的重要和军权旁落的威胁。因此，在夺取政权、建立赵宋王朝之后，他首先就是夺取中央禁军的指挥权和削弱地方节度使的军权、政权和财权。

宋朝建立以后，首先分散禁军的统辖权，由殿前都指挥使、侍卫军都指挥使、步军都指挥使三司分别统辖。而三司又只能在平时对禁军实行管理和训练，没有调遣权。调遣权归枢密院领属，而枢密院则任用文人而知兵者，并且由皇帝直接指挥。所以对中央禁军统辖权的分散，实质是为了皇帝权力更高度的集中。

宋王朝建立后，为了加强中央集权和全国的统一，虽然在表面上仍然保留着节度使的名号，实际只不过是个空衔。也就是说，宋朝各地方虽然还设有节度使，但各地方的

州、县长官却都由朝廷派遣文人去充任，不再听节度使的支配，这样就把地方政权从节度使手中夺了过来。

宋王朝在加强中央集权、巩固国家统一的过程中，逐渐用文臣代替了武将，即便是在军队中也多用文人而知兵者。这种因政治变革所引起的任人路线的重大变化，不但带动了习文的社会风气，而且引起了科举制度的相应变化。

科举制度在隋唐早已实行。但唐代的科举多被门阀贵族所操纵，寒门出身的人考中并为官者较少。唐末农民大起义，有力地打击了这种门阀制度。五代十国时期，朝代更迭频繁，这种门阀制度难以恢复、继续和发展。到了北宋，一方面继续摧毁这种门阀制度的残余和习惯势力，一方面使科举更加广泛地向文人开放。只要文章合格，不论门第高低、出身贵贱，均可录取。录取之后即可量材推官，使之成为宋王朝封建中央集权的拥护者，国家统一的维护者。宋代这种科举制度的改变，大大刺激了社会各个阶层读书应考、考取做官、做官富贵的热情，致使整个社会形成了潜心经术、倾心文章、崇尚文化的浓重气氛，这是宋代出版事业勃兴发达的重要社会背景。

"王者虽以武功克敌，终须以文德致治"①。这是宋太宗对王者之道的高度概括与深刻总结，说明宋朝的最高统治者已充分认识到文武兼施的统治策略。所以宋朝自夺得政权以后，在运用武力征服各个尚未归服的独立王国、进行统一战争的同时，对于能够教化归服各地民心、巩固国家统一的文化事业，也不遗余力地加以实施。如统一法制、编订律例，尊崇儒术，崇信佛、道教以及提倡三教一义等，北宋初期的几个皇帝就都很注意。总之，这一系列文治政策的推行，不但加强了中央集权的统治，促进了国家的统一，而且对出版事业也起了很大的促进作用。

唐、五代时按照门阀士族的等级占有土地和农奴的部曲制，被宋时地主只能购置田产和对佃客进行租佃剥削的租佃制所代替。宋代这种土地占有制和剥削关系的变化，虽然未从根本上改变地主剥削农民的本质，但对于唐、五代时期那种门阀士族占有土地并占有农奴的部曲制来讲，地主阶级占有土地受到了一定的限制，农民则获得了较大的人身解放和劳动生产的自由。加上宋初鼓励垦荒、兴修水利、改进农具、改良耕作技术等，所以农业很快得到了恢复和发展。随着农业的发展，各种手工业、商业、交通运输业以及城镇建设等，也相应得到了恢复、发展并逐渐繁荣了起来。社会经济的恢复和发展，不但大大有利于国家的统一与巩固，使社会得到了一个相对安定的环境，同时也使其他一切事业获得了发展的经济基础，如冶炼、烧瓷、织染、造纸直至出版图籍等。

出版事业有其自身发展的背景和条件。如前所述，早在唐、五代时期，雕版印书技术及事业不但早已发生，而且有了一个相当长时期的酝酿和实践阶段。在唐代，今陕西西安、河南洛阳、四川、浙江、淮南、福建一带早已出现了刻书出版事业。到五代时期，虽然朝代频繁更迭，十国割据并立，但刻书出版事业由于得到了统治者的重视，却

---

① [宋]李攸：《宋朝事实》卷三《圣学》。

在这种抢攘乱离的夹缝中得到了进一步的发展。所有这些,不但构成了宋代出版事业勃兴发展的经济社会基础,而且从雕刻工人的培养、印刷力量的积蓄、雕印技术造诣的提高等多方面,都为宋代出版事业的兴盛和发达做了充分的准备。因此,进入宋朝之后,当国家获得统一,社会环境相对安定,经济获得发展,文化需求和水平获得进一步提高的时候,出版事业便应势勃发了起来。

宋王朝的建立是靠政变一蹴而成的,但扫平中原与南方诸割据王国、建立统一的政权,却花费了很长的时间和很大的气力。特别是对于北方契丹人的辽、党项羌人的西夏以及后来女真人的金,宋朝政府虽多次进行尝试,想进一步完成统一的大业,但终因内部意见不一,实力不足,不但始终未能如愿以偿,反使辽、西夏以及后来的金始终与两宋南北对峙,并以他们的铁骑不断南下侵扰,使得宋朝赔款、割地、失主、迁都。因此,在如何对待北方的辽、西夏、金等问题上,构成了宋朝朝野尖锐的矛盾和斗争,并在某种程度上构成了宋王朝制定国策的着眼点和出发点。这种民族与政治上的矛盾和斗争,反映在刻书出版事业和对出版事业的管理上,便是随着民族斗争与阶级斗争形势的变化而变化,提倡出什么书、严禁出什么书,其倾向表现得非常鲜明。

宋代先坐江山,后打天下,边打仗,边建国,自然诸事谨慎。至神宗,已立国百年,江山已固,又推行新法,版禁始开,为宋代此后二百余年出版事业的勃兴营造了宽松的社会环境。正是在这种政策、环境都适宜的背景下,宋代在出版机构、出版规模、出版数量、出版品质等诸方面,都达到了空前未有的程度。

第二节 宋代的官方编修与繁荣的私人撰述

出版活动的首要环节是得有文稿、有撰述,而撰述无非是官修与私撰。没有官方频繁编修与大批私人撰述的产生,出版活动与出版事业就会成为无源之水,无本之木。宋代,封建社会已高度成熟,官府的编修之作与私人撰述层出不穷,从而为两宋出版业的勃兴奠定了坚实的基础。

一、宋代官方的编修机构与编修活动

1. 中央专门性编修机构

秘书省是宋代常设的重要专门编修机构。秘书省设监、少监、丞各一人。监,掌古今经籍图书、国史实录、天文历数之事,少监为之副,而秘书丞参领之。其下属有五:著作郎二人,著作佐郎二人,掌修纂日历,实为皇帝日历编纂负责人;秘书郎二人,掌集贤院、史馆、昭文馆、秘阁图籍,以甲、乙、丙、丁为部,各分其类,实为秘书省的图书管理人员;校书郎四人,正字二人,掌校雠典籍,刊正讹谬,各以其职隶于长贰。有宋一朝,秘书省的设置、人员配备情况几经变迁,但其性质一直保持未变。

宋代秘书省下有日历所、会要所、国史实录院、太史局,各掌其职,应诏完成各自

的编修任务，产生专业性极强的职务作品。

日历所是秘书省的下属机构，以著作郎、著作佐郎掌之。将宰执的《时政记》及左右史的《起居注》所书之资料汇集而加以编次，以成一代之典。所谓日历，乃史官按日记载朝政事务的册子。其制始于唐永贞元年（805年）九月，唐顺宗李诵令史官撰写日历，至宋历朝则每在修实录之前先修日历，故置日历所，专掌编修日历。日历的资料来源，主要是参预机务之臣的时政记录，以及左右史的起居注。日历这种以日系事的编修方法，其规模数量当十分可观。只不过其性质是档案性材料，长期秘不示人，而在改朝换代时最易被掠毁，故今已无法得见。

会要所是专门编制历朝《会要》的机构，以秘书省官员通任其事。所谓会要，指唐以后历代分门别类记载一朝或几朝政治、经济、文物、故实等典章制度的汇编之书。宋代官方很重视会要的修撰，前后重修续修十多次，据《宋史·艺文志》著录，宋代曾编有《庆历国朝会要》、《元丰增修五朝会要》、《政和重修会要》、《孝宗会要》、《光宗会要》、《宁宗会要》等14种，2 800多卷，惜均已不传。而宋代的会要所，乃是会要由私人汇纂变为官修的一个正式常设机构。

南宋高宗绍兴九年（1139年）下诏："遇修国史则开国史院，遇修实录则开实录院，以正名实。"① 有宋一代，实录院、国史院或交替设立，或同时并存，修撰人员则相对固定，遇修实录则进实录院，编修实录；遇修国史则进国史院，编修国史。既驾轻就熟，又节省人力，为编撰出版史创造并留下了宝贵的经验。宋代官方对皇帝实录及正史之修撰，非常重视、非常正规，后朝修前朝实录、正史赓续不断；宋代皇帝十六传，实录正史至少修了十五次，加上重修、续修，大大超出此数。

太史局也是秘书省的下属机构，其职责是掌测验天文、考定历法；凡日月星辰、风云气候及祥异之事，日具所占以闻；每岁预造下一年历书，礼部审批后即行雕造，颁行天下；祭祀、冠昏、大典，择选吉日良辰，共四项日常职责。

除了职能性机构的编修活动，还有些机构，如枢密院的编修官，虽"随事而置，无定员，以本院官兼者不入衔"②。但自熙宁三年（1070年）以王存、顾临等同修《经武要略》，政和七年（1117年）编修《北边条例》之后，似乎也成了常项职能，遇有大规模军事冲突之后，就要进行编修。另外如户部编撰的有关国计民生的《景德会计录》、元祐二年（1087年）七月诏修的《会计录》等，也是职能性的作品。其他还可举出若干这方面的例子，表明两宋中央各职能机构，差不多都有职能性的编纂活动和作品。

2. 中央临时性编修机构

宋代以朝廷的名义，组织力量开局开馆编书修典也是比较频繁的。但常是一书一

---

① 《宋史》卷一百六十四《职官志四》。
② 《宋史》卷一百六十二《职官二·枢密院》。

局,或一书一馆,其设置一般是三五年或十年,最长不超过二十年,书成局罢,显示出明显的临时性。作为封建王朝,宋代历朝统治者所最看重的还是正经正史,其次才是子书诗文。

宋朝自立国伊始,组织当世名儒,大约花了四十年的时间,对《诗》、《书》、《礼》、《易》、《春秋》、《孝经》等经书反复加以雠正。其原因就是因为"经禀圣裁,垂型万世"[①],大有助于"君人南面"的资治价值。

宋代不仅重视儒家经典,也很重视前修正史。从太宗淳化五年(994年)至熙宁二年(1069年),断断续续历时76年,将《唐书》以前的所有正史凡十五史,均行校正刊定。《唐书》准备重修,未列入刊正范围。

除刊正以前正史以外,还组织力量编修了两部纪传体的断代正史,一部编年体的通代正史,即《五代史》、《新唐书》和《资治通鉴》。宋太祖开宝六年(973年)四月二十五日,政府开局编修《五代史》。到开宝七年(974年)闰十月,历时19个月,书成局罢,凡150卷、目录2卷。

《新唐书》225卷,仁宗庆历四年(1044年)欧阳修、宋祁、范镇、吕夏卿等奉敕编撰。全书《本纪》10卷、《志》50卷、《表》15卷、《列传》150卷。至嘉祐五年(1060年)全书告竣,前后历时17年。

《资治通鉴》294卷,司马光等奉敕编撰。刘攽、刘恕、范祖禹等精通史学者,共襄其事。《资治通鉴》在历史上的官修书中,堪称成功的典范,推其原因有二:一是选人得当,助手得力。二是编撰的程序得法,先有严密的编辑凡例,再有编写事目。三有史事长编。四由司马光一人撰写和统稿。长编环节至关重要,没有这个环节,不但史事理不清,写起来几乎也无从下笔。有了这个环节,写起来只是删繁就简,斟酌表述,得心应手。

宋代中央临时性编修机构及其编修活动,是十分频繁的。宋代标志性的撰著,有专供资治的《太平御览》、《册府元龟》,有继《昭明文选》之后撮选历代诗文精要的《文苑英华》,也有专辑野史、小说的《太平广记》,四部大书共3 500卷,几乎将其以前所有著作中的精华囊括殆尽。这种规模,在今天看来,也是令人仰止的文化建设工程。这种出版壮举,到今天亦不失其辉煌。宋代的尚文之策,于此可略见一斑。

3. 宋代官私的方志修纂

凡经乱离而江山混一后的政权,无论是政府还是个人,都有修志的强烈激情和愿望。宋朝结束五代的分裂局面后,更视方志为佐治之具,多次下诏征集图经,纂修地理之书。并明文规定兵部的职方郎中及员外郎,"掌天下图籍,以周知方域之广袤,及郡邑、镇砦道里之远近。凡土地所产,风俗所尚,具古今兴废之因,州为之籍,遇闰岁造

---

① [清]纪昀等:《四库全书总目》卷一《经部序》。

图以进"①。因此，宋代立国不久便开始了大规模总志、方志的纂修工作。

开宝修《诸道图经》：太祖开宝四年（971年）正月，命知制诰卢多逊、扈蒙等重修天下图经，未成。六年（973年）四月，卢多逊赴江南搜求江表诸州图经，因而十九州形势尽在掌握之中，以备修书。八年（975年），诏宋准修诸道图经。此为宋代立国后最早纂修的全国性的诸道图经。

太平兴国及以后修《太平寰宇记》等全国总志之书：太宗太平兴国四年（979年），乐史在广泛参考山经地志和徐锴《方舆记》的基础上，修成《太平寰宇记》一书200卷《目录》2卷。《太平寰宇记》较宋以前各志书增加了风俗、姓氏、人物、土产等内容，弥补了以前志书详于地理而略于人文的缺陷，也为其后志书的纂修体例树立了典范。

大中祥符六年（1013年）为应急需，王曾、李宗谔曾修成《九域图》，实则只有文字而无图。后朝廷命馆阁校勘曾肇、光禄丞李德刍等删定，元丰三年（1080年）书成，名《元丰九域志》10卷，哲宗元祐元年（1086年）颁行。《元丰九域志》总二十三路、京府四、次府十、州二百四十二、军三十七、监四、县一千二百三十五，都有所记载。到宋徽宗大观元年（1107年），朝廷曾设置《九域图志》局，重修《九域图志》，这是国家设局修志的开端。但由于政治的原因，没有修成。

徽宗政和中（1111—1118年），庐陵欧阳忞纂成《舆地广记》38卷。卷一至卷三，记自尧舜至于五代的疆域大略，同时系以宋代郡县名。第四卷则专载宋代郡县名，体例特为清晰。第五卷以后，乃列四京二十三路郡县沿革离合。于燕云十六州则标目"化外州"，虽非宋所辖，而前代固有之，故仍附各郡县之下。而于一般方志之四至八到、道里、户口、风俗、物产及诗词艺文等，则概不登录，而集中笔墨于地理沿革、形势叙述，成一家之言，备职方之考，从地文地理方面形成了自己的特色。

靖康之变，宋室南渡，成了半壁江山。理宗嘉熙时（1237—1240年）有祝穆者纂《方舆胜览》70卷。以南宋所辖十七路为脉络，以南宋行在临安为首府，记载各路及其所属府州军县之郡名、风俗、形胜、土产、山川、学馆、堂院、亭台、楼阁、轩榭、馆驿、桥梁、寺观、祠墓、古迹、名宦、人物、名贤、题咏、四六等二十方面的内容，而于其他志书所详之疆域、道里、户口、田赋等内容，则率多省略。

徽宗大观元年（1107年）朝廷曾特置《九域图志》局，命所在州郡编纂图经以进，以便重修《九域图志》。虽因政治动荡，《九域图志》终未修成，然其所命州郡都要编纂图经，则大大推动了各地方志的纂修。北宋方志中，有大中祥符（1008—1016年）间官修的《吴郡图经》。元丰中（1078—1085年），朱长文《吴郡图经续记》、宋敏求《长安志》、李宗谔《越州图经》、林特《会稽录》、赵抃《成都古今集记》等，则前后接踵而出。南渡后，南方各处修志则如雨后春笋，其中尤以两浙东西路为最盛，

---

① 《宋史》卷一六三《职官三·兵部职方郎中》。

前后纂修过方志 165 种，而浙东就有 132 种。其次是广南东西路，前后修志也有 120 种。四川约有 110 种。江南东西路、荆湖南北路也各有七八十种。福建路 43 种。陕、甘、河南各 10 余种。河北 6 种。山东 3 种。总计为 718 种。有的郡县还不只修一次，而是一而再、再而三地修。如临安府就有乾道、淳祐、咸淳三次修志。常棠在宝祐间还纂修了海盐县《澉水镇志》，为后世乡镇村志之纂修开了先河。

我国的官修志书制度，底定于隋唐时期，但在体例上还多为图经体，与后世方志尚有不同。两宋则是我国近代方志体例的大致定型期，且影响到其后历代方志的纂修。宋人关于方志的起源、性质、作用、内容、资料搜集鉴别、凡例、艺文、详略、与修人员条件等诸方面，都有自己的理论。例如淳祐间所修的《玉峰志》（即《昆山志》）凡例则规定：“凡事旧在昆山，而今在嘉定者，以今不隶本邑，今皆不载；凡碑记见存者，书其名不载其文，不存者载其文；凡事有《吴郡志》所载，与今所修不同者，以今日所闻见无异者修；凡叙人物有本邑人而今居他所，本非邑人而今寓居者，今皆载；凡事有重见者，止载一处，馀书见某门，更不重载。”这个凡例比较简单，但明确取舍，界定尺度，属于开创，多为后世修志所遵循。宋代方志之书不仅纂修得多，且在内容、体例上继往开来，多有创建，堪为后世修志者法。地方志，实则即地方史，由各级地方官衙长官主持、官方出资修纂并出版，这是中国出版史上光辉的篇章。

二、宋代繁荣的私人撰述

宋代朝野，从皇帝到文人士子，从庙堂达官到乡村野老，个人撰述极为丰富，这跟宋代崇文抑武的基本国策有关。

1. 皇帝御撰之书

宋太祖赵匡胤出身行武，是马上皇帝，文采方面"稍逊风骚"。自太宗赵匡义起，则情况大变，崇文之风首先由皇帝那儿刮起。据《玉海·祥符太宗御制御书目录》记载："《太宗御集》四十卷《目》一卷、《朱邸集》十卷《目》一卷、《至理勤怀篇》一卷、《文明政化》十卷、《逍遥咏》十卷、《缘识》五卷、《秘藏诠》三十卷、《禅枢要》三卷、《莲花心轮回文偈颂》二十五卷、《心轮图》一卷、《注金刚经疏宣演》六卷、《回文诗》四卷、《君臣赓载集》三十卷《目》二卷、《棋谱图》三卷、《琴谱》二卷、《九弦琴谱》二十五卷、《五弦阮谱》十七卷，凡百一十九部，总二百一十八卷。龙阁、太清楼、御书院、秘阁各藏一部。副本二千一百四十八部，总万四千五百八十六卷。"[1] 这是宋太宗的撰述情况。

从北宋太宗排到南宋宁宗，凡十一帝，每帝都有御制集若干卷，在封建社会的帝王中表现空前，极为突出。后世皇帝御制集能超过宋帝者，大概只有清代乾隆皇帝弘历。

---

[1] [宋] 王应麟：《玉海》卷二十八。

上有所好，下必甚之。皇帝既然如此在文事方面率先垂范，那么亲王、郡王、达官显贵，直至硕学鸿儒，便会紧跟其后，于是造成了浓重的社会文化气氛，个人撰述也就层出不穷。

2. 个人撰进之书

宋代皇帝敕撰之书进呈、个人所得或私撰之书进览，不可胜记。景祐三年（1036年）九月，司天监丞邢中和上所藏《古今天文格子图》。大观四年（1111年）十二月，宰臣张商英上《三才定位图》。元丰元年（1078年）十二月二十三日，提举司天监奉旨校定馆阁及私家所藏阴阳书，编成719卷奏上。《皇祐乐律》、《皇祐律吕旋相图》、《元丰大乐十二均图》、《律吕新书》、《建隆应天历》等律历方面的新书，也相继撰进。此为天文、仪象、阴阳、律历方面的撰进之作。

开宝四年（971年）正月，太祖命知制诰卢多逊、扈蒙等重修《天下图经》。淳化四年（993年）分天下为十道，景德四年（1007年）命知制诰孙仪、龙图阁待制戚纶重修《十道图》，未修成。康定二年（1041年）二月十日，殿直赵珣上《聚米图经》五卷及《五阵图兵事》十余篇。元祐间又绘进《职方图》、《天下州县图》。乾道间又有《选德华夷图》绘进。此为地理图经之撰进。

南北两宋，先后与辽、西夏及金尖锐对峙，备边、安边、御边成为突出的问题，因而这方面的对策、论述也就比较多。英宗时有薛向献《西陲利害》15篇，治平三年（1066年）冬，又上《御边五利》。太宗淳化二年（991年），曾致尧撮集前世靖边之要，列为十三门五十卷，名《靖边前要》，后又进《西陲要纪》10卷。庆历二年（1042年）十月，贾昌朝上《边备六事》，范仲淹上《攻守策》，姚仲孙上《边防龟鉴》。康定元年吴遵路上《陕西御戎要略》、《边防杂事》20篇。绍兴二年（1132年）兵部尚书权邦彦献《十议》，七年（1137年）十一月，王澍上《六朝进取事类》，最后由胡寅撰成《三国六朝攻守要论》10卷进呈。凡此种种，不胜枚举。虽然大都是一些文人的空论，挡不住金戈铁马和强弓硬弩，但却成书颇多。从出版的角度看，未尝不是繁荣。

至于儒家经典，乃治道之所由，皇帝、文臣尤为重视，故阐释经义、音训文字之书层出不穷，撰进也就比较多。太祖开宝三年（970年），知制诰李穆推荐王昭素在便殿对答，乃著《易论》33卷。天禧二年（1018年）七月，李觏撰进《易枢》10卷。治平中，叶昌龄撰进《周易图义》2卷。此外还有胡瑗门人阮天隐所撰《易传》10卷、郑央《周易传》12卷、苏轼《东坡易传》11卷、张载《横渠易说》10卷、程颐《易》10卷、王安石《易义》20卷、张弼《易》10卷、杨万里《诚斋先生易传》20卷，等等，先后撰进。据《宋史·艺文志》记载，两宋《易》学之作，约有150多种。可见解经乃是宋朝人倾心的方向，也是他们问学的根底。

其他经书，如绍兴十六年（1146年）九月六日江西抚州布衣吴沆撰进的《三坟训义》3卷,淳熙四年(1177年)七月九日程大昌撰进的《禹贡论》5卷、《后论》1卷,淳熙十六年(1189年)正月二十三日太傅史浩撰进的《尚书讲义》22卷,欧阳修撰进的《毛诗本义》16卷,王安石撰进的《新经毛诗》20卷、梅尧臣撰进的《毛诗小传》、苏辙撰进的《诗解集传》20卷、朱熹撰进的《诗集传》20卷;咸平中邢昺撰进的《论语正义》10卷,淳熙中朱熹撰进的《论语集注》和《孟子集注》,绍兴间王悱进献的《孝经解义》、程全一进呈的《孝经解》、林独秀进献的《孝经指解》等,几乎每种经书都有人加工整理,反映出宋代解经之作确是不胜其多。尤其从解经中将儒学发展为理学,周、程、张、朱功不可没,也为后世所宗法,当是宋代对经学的一大贡献。

还有一些私人撰进的史书也很值得一提。如天圣五年(1027年)十二月二十一日,秘书监退休官员胡旦所进呈的《唐乘》70卷、《五代史略》42卷、《演圣通论》72卷、《将帅要略》53卷,就都属于史书。吉州布衣萧常《续后汉书》42卷,李杞改修《三国志》67卷,陈傅良《建隆编》,徐梦莘《三朝北盟会编》250卷,也都先后撰进。史书部头大,卷帙浩繁,出版这类史书很能反映宋代出版事业的盛况。

《宋史·艺文志》著录子部各家著作共3 999部,28 290卷。其中儒家类著作169部,1 234卷。当中34部是宋以前人的作品,应当剔除不计,纯宋人著作或加工注释旧著者则有135部965卷,宋人儒家著述占了《宋史·艺文志》所录儒家著作总数的79.3%。如果不惮形而上学,用这种比例加以类推,则宋人的子部著作当有3 100多部。其中儒家、道家、释家、天文、算法、农家、兵家、医家等类的著作更为突出。

3. 个人别集之编刻

宋朝科举取士最多,加上特赐、特奏名,可以说是空前绝后。进士一多,意味着文化人就多,因而别集也就多。收录现存宋人别集最为完备的目录,是四川大学古籍整理研究所编辑的《现存宋人别集版本目录》,共计收录两宋739人的诗词文集,其中诗集、文集、诗文合集的作者632人,词集作者107人。如此众多的宋人有别集传至于今,使我们不难想象两宋文人当时创作的盛况。其实存世的这点宋人别集,实际上不及其半。事实上,当时许多文人的文集,曾不止一次版行于世。如苏轼的文集,宋代出版不只一次两次。其弟苏辙的文集,宋代也不只出版过一次。朱熹《晦庵先生文集》100卷,在南宋出版也不止一次。这些状况反映出宋代私人创作极为繁荣,宋代出版也极为昌盛。

4. 宋人总集之编刻

宋代编制总集始自太平兴国七年(982年)九月太宗下令编辑的《文苑英华》一千卷。南宋周必大曾说:"臣伏观太宗皇帝丁时太平,以文化成天下。"① 这句话可以说

---

① [宋]周必大:《庐陵周益国文忠公集·平园集》卷十五。

是一语破的，点出了太宗编辑此书的政治背景。当宋世江山基本平稳之后，大的文化工程，如《太平御览》、《太平广记》、《文苑英华》、《册府元龟》等几部大书，便相继着手编制。这是文治武功交替使用的典型事例。

真宗景德（1004—1007 年）中，《西昆酬唱集》成，收杨亿、钱惟演、刘筠、李宗谔、晁迥及同馆唱和七言、五言诗 247 章。

真宗大中祥符四年（1011 年）祀汾阴后土之月，姚铉编辑的《唐文粹》100 卷成书，绍兴九年（1139 年）由临安府官署刻印出版。

此外，王安石曾辑《唐百家诗选》20 卷。洪迈曾辑《万首唐人绝句》101 卷。江钿曾辑《圣宋文海》120 卷，宋时已刻印出版。吕祖谦曾辑《皇朝文鉴》150 卷《目录》3 卷，宋嘉泰四年（1204 年）由新安郡斋刻印出版。真德秀曾辑《续文章正宗》20 卷，宋时也刻印出版。

第三节　宋代的出版机构与出版概况

宋代的出版事业，适应着政治的需要和文化的需求，伴随着农业、手工业和商品的发展，逐渐兴盛发达了起来。它的重要标志，就是出现了许多出版机构、出版单位和出版家，官方出版、私宅出版与坊肆出版同时并举，在全国形成了庞大的出版网络，刊行了浩如烟海的典籍，使整个社会的出版事业呈现空前的繁荣。

宋代的出版机构，就其出资或主持的性质来说，大体可分为官方出版和民间出版两大系统。官方出版又可分为中央官署和地方官署，以及带有官方性质的各级学校、书院等的出版；民间出版又可分为私宅、坊肆，以及带有民间性质的寺院、祠堂等的出版。其中除坊肆和少数私宅专事出版，实为专门的出版机构外，其余大部分都是各种单位兼事出版。这种出版格局，发挥了社会方方面面的积极性，也为其后历代中国封建社会的出版事业开创了基本范式。

一、宋代的官方出版机构与出版概况

1. 内府出版

"内府"一词最初是官名，职责为管理皇室的仓库。以后又进一步演变为皇宫的总称，在版本学研究者那里甚至演变为在京官署的总称。因此我们用"内府"一词来概括奉敕出版而又不确知其为哪个中央官署所执行时，其概念不会有太大的毛病。

北宋建国初期，为了加强中央集权、巩固新兴政权，在太祖建隆四年（963 年），便急忙忙统一律令，重定刑事法典，刻印出版《宋刑统》。这是我国第一部刻印出版的刑事法典，也是宋代内府出版图籍的最早记载。该法典是根据五代后周的《大周刑统》删订而成的，所以称为重定《宋刑统》。《大周刑统》又直接来自《唐律疏义》，因此重定《宋刑统》也就基本保存了唐律的原则精神和基本框架。同时还汇集中唐以后颁

行的有关刑事的敕、令、格、式，分门别类附于书后，作为正式刑律的修改和补充。

在编纂版印重定《宋刑统》的同时，窦仪等又上"《编敕》四卷，凡一百有六条。诏与新定《刑统》三十卷并颁天下，参酌轻重为详"①。这就是所谓的《建隆编敕》。《编敕》是根据情况由朝廷或皇帝临时下达的诏令规定，这在中国封建社会中是常有的现象，也是必要的。自《建隆编敕》作为正式刑法的补充并颁行天下之后，此后宋代历朝都有类似的东西出现，成为定制。

五代时期，佛教在一些封建割据的独立王国内很是流行。如在吴越、南唐、后蜀等，朝野就都很崇信佛教。宋太祖用武力统一了这些割据的独立王国以后，为了争取这些地区地主阶级的支持和收买这些地区的人心，对佛教反而采取了保护政策。开宝四年（971年），宋太祖特派高品级官员张从信前往益州（今成都）主持监雕佛教大藏经13万版，凡5 048卷，480函，1 076部。这就是我国出版史上有名的《开宝藏》，也称为《蜀藏》的雕版印刷出版工程。这部大藏经是我国历史上第一部印行的佛教文献总汇，它的雕印不但使宋朝收到了巩固统治的政治效果，而且也是一次规模巨大的出版印刷事业的实践。通过这次实践，培养了大批雕印工人，积蓄了丰富的印刷出版经验，使自唐末以来就有刻书出版基础的四川，到了宋代则更发展成为全国三大刻书出版中心之一，对当时和后世出版印刷事业的发展，都产生了深远的影响。

《玉海》卷二十八记录了一个太宗的御制集目录，谓"凡百一十九部，总二百一十八卷，龙阁、太清楼、御书院、秘阁各藏一部。副本二千一百四十八部，总万四千五百八十六卷。……《十二愿》至《百官历子序》，刻板于御书院。《心轮图》、《大言赋》并录出别行"。如此众多的副本，恐非雕版印行而难其成。而《十二愿》等则由御书院正式刊印出版，也能印证这一点。原因是这两部书非但是太宗御撰，而且是御书，故由御书院刊行出版。真宗赵恒的《御制文集》120卷《目录》3卷，他在世时就正式雕印出版了。绍兴二十四年（1154年）十一月，实录院奉诏编成徽宗《御制集》，奉安于天章阁。开禧元年（1205年）七月，实录院奉诏编成高宗《御制集》百卷。庆元元年（1195年）十二月，实录院奉诏编辑孝宗《御制集》。嘉泰元年（1201年）十月，诏编光宗《御制集》。淳祐五年（1245年）二月，两集编成上之。景定二年（1261年）三月，宁宗《御制集》亦编成上之。表明宋代从太宗至宁宗十一帝都有《御制集》行世，这是个相当规模的内府出版物。

2. 国子监出版

宋代的国子监，是全国的最高学府，还兼具出版发行典籍的职能，并设有专门的机构。淳化五年以前的国子监刻书机构，名印书钱物所，淳化五年以后，改为"国子监书库官"，并一直延续到南宋末年。

---

① 《宋史》卷一九九《刑法志一》。

宋太祖时相继校勘《礼记》、《春秋》三传和《毛诗》释文。建隆三年（962年）判监崔颂等上新校《礼记释文》。开宝五年（972年）判监陈鄂与姜融等四人校《孝经》、《论语》、《尔雅》释文上之。二月，李昉、知制诰李穆、扈蒙校定《尚书》释文。诏并刻板颁行。咸平二年（999年）十月十六日，直讲孙奭请摹印《古文尚书音义》，与新定《释文》并行，从之。景德二年（1005年）四月，吴铉曾上言国子学版本《尔雅释文》多误，于是命杜镐、孙奭详定，天圣四年（1026年）五月由国子监受命刻印出版颁行。端拱元年（988年）三月，国子监司业孔维等奉敕校勘孔颖达《五经正义》百八十卷，诏国子监镂板颁行。

淳化五年（994年），李至兼判国子监，上言："《五经》书疏已板行，惟二《传》、二《礼》、《孝经》、《论语》、《尔雅》七经疏未备，岂副仁君垂训之意！今直讲崔颐正、孙奭、崔偓佺皆励精强学，博通经义，望令重加雠校，以备刊刻。"太宗采纳了李至的建议，并"引吴淑、舒雅、杜镐检正讹谬，至与李沆总领而裁处之"①。至真宗"咸平三年（1000年）三月癸巳，命国子祭酒邢昺等校定《周礼》、《仪礼》、《公羊》、《穀梁》传正义。又重定《孝经》、《论语》、《尔雅》正义。四年（1001年）九月丁亥，翰林侍讲学士邢昺等及直讲崔偓佺表上重校定《周礼》、《仪礼》、《公》、《穀》传、《孝经》、《论语》、《尔雅》七经疏义，凡一百六十五卷。赐宴国子监，昺加一阶，馀迁秩。十月九日命摹印颁行，于是《九经》疏义具矣"②。

到咸平元年（998年）正月，刘可名又上言诸经板本多误，真宗又命择官详校。自宋太祖起，中经太宗，直至真宗，凡三朝半个多世纪，几经整理，几经刊定，几经雕印，儒家经典的《九经》疏义和释文都已正式出版。故真宗视察国子监，问及经书版片时，祭酒邢昺不无自豪地回答："国初不及四千，今十馀万，经、传、正义皆具。"国初不及四千板，仅几十年刊板竟达十余万块，翻了二十余倍，可见国子监刻书出版之多之快之盛。

对正经如此，对正史也不遗余力。从淳化五年（994年）至嘉祐七年（1062年），前后用了66年的时间，几经校勘，几经摹印，最后由国子监正式雕印出版，共十五史。

到金人攻破开封，汴京失守，国子监所藏书籍及书籍版片则被劫掠一空。所以到了南宋初年，国子监只好重新校刻经史群书。可见宋代国子监刻书，也随着国势的兴衰，两起两落。北宋国子监刻书曾盛极一时，但衰于金人破汴。南宋偏安，时有中兴，国子监刻书又盛极一时。当然，所谓宋代国子监出版，除本监的印书钱物所和后来的书库官直接雕印出版外，还有很多书经校订后下各地镂板。"若七经正义，若《史》、《汉》三史，若《资治通鉴》，若诸臣书，皆下杭州镂板"③。说明宋代国子监带有国家出版社的性质，自己编校好的书稿，可发本监书库官镂板，也可下地方镂板。

---
① 《宋史》卷二六六《李至传》。
② ［宋］王应麟：《玉海》卷四十三《咸平校定七经》。
③ 王国维：《两浙古本考》。

国子监有时还奉中书门下敕牒，执行皇帝命令，开雕某些重要典籍。如太宗雍熙三年（986年），国子监便奉中书门下敕令雕印了《说文解字》。真宗乾兴元年（1022年），中书门下又奉旨牒令国子监依孙奭所奏雕印《后汉志》30卷。哲宗绍圣三年（1096年），国子监奉敕开雕《千金翼方》、《金匮要略》、《王氏脉经》、《补注本草》、《图经本草》等竣工。医方一字之差，其害匪轻，故重要医籍也得由国子监校刻出版。上述种种，说明中书省、尚书省、礼部等上级机关，也奉旨给国子监下达刻书出版任务，使国子监更具国家出版总社的性质。

3. 崇文院、秘书省出版

崇文院，北宋太平兴国三年设置。崇文院纯属文化机构，其刻书亦属不少，也是宋代中央机关中兼事刻书出版的机构之一。就目下所知，崇文院于咸平三年（1000年）刻印出版了《吴志》30卷，景德四年（1007年）刻印出版了《广韵》5卷，天圣中（1023—1032年）又刻印出版了《隋书》85卷、《律文》12卷、《音义》1卷，《齐民要术》10卷，宝元二年（1039年）刻印出版了贾昌朝《群经音辨》7卷。元丰五年（1082年）改崇文院为秘书省，又由赵彦若等校定刊行《算经》十书，这是数学书出版史上的一件大事。

秘书省实际上是中央国家机关中专事编纂撰修的机构。置监、少监、丞各一人。监掌古今经籍图书、国史实录、天文历数之事，少监为之贰，而丞参领之。

此外，左司郎局、右司郎局、御书所、礼部、刑部、进奏院、尚书度支部、编敕所、详定一司敕令所、德寿殿等，也各刻过一些专业的书和律令条格。

4. 各府、州、军、县官署的出版

宋代中央许多官署都兼事出版的风气，影响宋朝各府、州、军、监、县官署，也几乎都有出版物行世。宋人王明清所说"近年所至郡府，多刊文籍"[①]，正反映了这种事实。

如北宋仁宗嘉祐三年至四年（1058—1059年）建宁府雕印《建康实录》20卷。南宋高宗绍兴二年（1132年）余姚县也雕印《资治通鉴》294卷。九年（1139年）绍兴府刻印《毛诗正义》40卷。南宋孝宗淳熙三年（1176年）严州刻印《通鉴纪事本末》42卷；九年（1180年）温陵州刻印《读史管见》80卷。南宋宁宗嘉定二年（1209年）吉州刻印《张先生校正杨宝学易传》20卷；十五年（1222年）南康军刻印《仪礼经传通解续》15卷。

5. 各路使司的出版

宋承唐制，在各路设安抚司，管理较大地区的军、民两政；设转运使司，主管各州

---

① 张秀民：《中国印刷史》，56页，上海人民出版社，1989年。

郡水陆转运和财政税收；设提刑司，提点各路刑狱诉讼；设茶盐司，主管茶盐专卖和折算。所以，宋代的各路使司，实际上掌握着各地的政治和经济命脉。他们既有权，又有充裕的经济条件，因而也附庸社会风气，竞相刻印出版书籍，进一步繁荣了宋代的出版事业。

据前人著录和现存传本可知，两浙东路茶盐司于神宗熙宁二年（1069年）刻印出版了《外台秘要》40卷。高宗绍兴三年（1133年）刻印出版了《资治通鉴》294卷。

绍兴十四年（1144年）四川眉山漕司刻印出版《宋书》100卷、《魏书》114卷、《梁书》五56卷、《南齐书》59卷、《北齐书》50卷、《周书》50卷、《陈书》36卷，即版本学上所谓有名的眉山七史。

绍兴十八年（1148年）荆湖北路安抚使司刻印出版了《建康实录》20卷，乾道四年（1168年）两浙东路安抚使司刻印出版了《元氏长庆集》60卷。

淳熙八年（1181年）江西计台刻印出版了《荀子注》20卷。淳熙九年（1182年）江西漕台刻印出版了《吕氏家塾读诗记》32卷。

6. 各地各级公使库出版

宋代公使库类乎现在各级各地政府的招待所，本职是接待安寓来往的官吏，实际上却成了所谓公使巧取豪夺、挥霍黎民百姓血汗的场所。为了尽可能满足来往贪官的需要，各地公使库巧立名目、剥敛于民之外，还从事出版售卖，创收牟利，以填充招待馈送无底贪坑的黑洞。当然也有附庸社会出版图籍风雅的含义，所以公使库也成了宋代地方的出版机构之一。

据记载和现存传本可知：北宋哲宗元符元年（1098年）苏州公使库刻印出版了朱长文《吴郡图经续记》3卷。徽宗宣和四年（1122年）吉州公使库刻印出版了欧阳修《六一居士集》50卷，又续刻五十卷。南宋高宗绍兴二至三年两浙东路茶盐司公使库刻印出版了司马光《资治通鉴》294卷，《目录》30卷。淳熙七年（1180年）台州公使库刻印出版了《颜氏家训》7卷；九年信州公使库刻印出版了《李复潏水集》10卷；十年（1183年）泉州公使库刻印出版了《司马太师温国文正公传家集》80卷。

7. 各府、州、军、县学校的出版

宋代各府、州、军、县都设有学校，称为州学、府学、军学、郡斋、郡庠、学宫、频宫、学舍、县斋、县学，这些都是读书讲学和作养人才的地方，比其他单位更加崇尚文化。它们一有学田，每年可以收取不薄的租金；二有人力、人才和时间，于学问内行，可以精校细勘，所以也多从事出版活动。绍兴九年（1139年）临安府学刻印出版了贾昌朝《群经音辨》7卷，十二年（1142年）汀州宁化县学亦刻印出版了《群经音辨》7卷。淳熙六年（1179年）湖州频宫刻印出版了蔡节《论语集说》10卷，七年（1180年）舒州频宫刻印出版了蔡邕《独断》2卷。绍定元年（1228年）严陵郡斋刻印出版了宋魏野《钜鹿东观记》10卷，六年（1233年）临江军学刻印出版了《朱文公

校昌黎先生集》40卷。咸淳元年（1265年）镇江府学刻印出版了汉刘向《说苑》20卷，五年（1269年）崇县县斋刻印出版了张咏《乖崖先生文集》12卷。足见宋代学校的刻书出版，是整个宋代出版事业的一个重要组成部分。

8. 各地书院的出版

宋代书院很兴盛，创办者或为官府、或为私人。一般都选择山林名胜之地作为院址，如白鹿、石鼓（一说为嵩阳）、应天、岳麓四大书院，就都是很著名的书院。书院一般都是由著名的学者讲学其间，以研习儒家经典为主，采用个别钻研、相互问答、集众讲解等相结合的办法进行教学，对学术思想的发展有很大的影响。反映在刻书出版

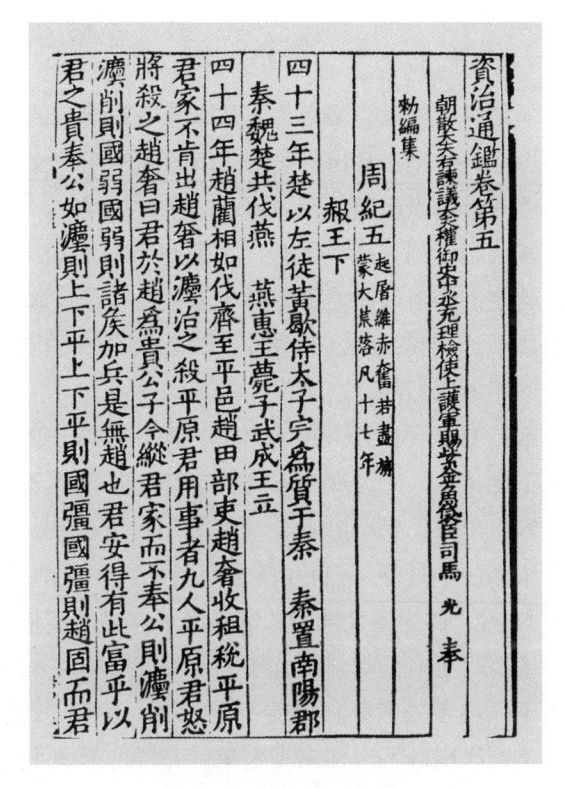

宋绍兴二至三年两浙东路
茶盐司公使库刻本《资治通鉴》

上，校勘比较精审，多为后世所称道。据各家著录可知：绍定三年（1230年）婺州丽泽书院再版司马光《切韵指掌图》2卷。国家图书馆现藏有绍定三年越州读书堂也就是司马光后人出版的司马光《切韵指掌图》1卷。淳祐六年（1246年）泳泽书院刻印出版了大字本朱子《四书集注》19卷，八年（1248年）龙溪书院刻印出版了陈淳《北溪集》50卷、《外集》1卷。宝祐五年（1257年）竹溪书院刻印出版了方岳《秋崖先生小稿》83卷。景定五年（1264年）环溪书院刻印出版了《仁斋直指方论》26卷、《小儿方论》5卷、《伤寒类书活人总括》7卷、《医学真经》1卷。

宋代中央和地方官署普遍兼事刻书出版的模式，不仅为其同时的辽、西夏、金，也为其后的元、明、清全面传承。在中国出版史上，宋代这种继前往而启未来的拓展之功，是不可磨灭的。

二、宋代民间出版概况

进入宋代，随着"崇文抑武"政策的实施，特别是科举制度的强力推行，使许多平民百姓的胸中燃起了希望之火——读书→登第→做官→发迹。而宋朝政府的科考取士，又一次比一次多，也给人们提供了更多实现梦想的机会。优厚的待遇和利益吸引，自然要烘起浓重的社会文化气氛，此是宋代民间出版业勃兴的社会基础。

1. 宋代的私宅、家塾出版

所谓私宅出版，是指某人某家某宅或他们的家塾，以私人私家之钱投资或主持刻印出版图籍的活动。其出版图书多以学问崇尚、文化推广、传播知识为目的，不以盈利为第一要务，所以出版品校刻精审，多可信赖。

宋代私宅刻书极其普遍，宋婺州市门巷唐宅刻印出版了汉郑玄注《周礼》10卷；义乌蒋宅崇知斋刻印出版了汉郑玄注《礼记》20卷；淳祐十二年（1252年）魏克愚刻印出版了《周易要义》10卷、《仪礼要义》50卷、《礼记要义》33卷，此为现存宋代私宅刻印出版经部书之实例。

宝祐五年（1257年）赵与𥲅在湖州刻印出版了宋袁枢《通鉴纪事本末》42卷，称为天下之善本。此为现存宋代私宅出版史部书之实例。

宋崇川于氏刻印出版了《新纂门目五臣音注扬子法言》10卷、《新增丽泽编次扬子事实品题》1卷、《新刊扬子门类题目》1卷；王氏取瑟堂刻印出版了宋阮逸《中说注》10卷，此为现存宋代私宅出版子部书之实例。

宋婺州王宅桂堂刻印出版了《三苏先生文集》70卷。咸淳年间廖莹中世彩堂刻印出版了《昌黎先生集》40卷、《外集》10卷、《遗文》1卷、《朱子校昌黎先生集传》1卷，又刻印出版了《河东先生集》45卷、《外集》2卷。景定元年（1260年）陈仁玉刻印出版了宋赵抃《赵清献公文集》16卷，此为现存宋代私宅刻印出版集部书之实例。

家塾刻书与私宅刻书在概念与性质上，没有本质区别。在中国封建社会，官僚、地主、富商大贾，都常常设立家塾，聘师教授自己的子侄。被聘的教师虽未必有什么科第功名，但往往德高望重，具有真才实学。他们在教书的过程中，常常就自己的志趣和所长，或著述、或校勘、或整理、注释、阐明前人著作，依靠主人的财力，兼事刻书。宋鹤林于氏家塾曾刻印出版过晋杜预《春秋经传集解》30卷，黄善夫家塾之敬室刻印出版了《史记集解索隐正义》130卷，蔡琪家塾刻印出版了《汉书集注》100卷，乾道七年（1171年）蔡梦弼东塾刻印出版了《史记集解索隐》130卷，黄善夫家塾之敬室刻印出版了《王状元集百家注分类东坡先生诗》25卷，这些都是现存宋代家塾刻书出版的实例。但这些家塾后来实际上都衍化为书商坊肆。

2. 宋代的坊肆出版

宋代的坊肆书商，有的专门接受委托，刻印出版和售卖书籍，有的坊肆主人本身就是藏书家，而且兼事编撰、刻印、售卖，也就是说编撰、出版、发行，往往集中在一坊一肆。所以坊肆出版之书常常名目新、刻印快、行销广，使整个宋代的出版活动显得十分活跃。宋代全国有四大刻书中心，杭州、川蜀、福建和汴京。蜀中与杭州早在唐末就有刻书出版的基础，到宋代继续发展，渊源有自。福建后来居上，但只是速成量多，质量较差。汴京乃全国政治、经济、文化的中心，刻书出版自不减杭州和其他地方。

杭州可考的出版商号有二十余家。其中太庙前尹家书籍铺、张官人诸史子文籍铺、桔园亭文集书房，是杭州有名的出版商。最有名的还要属陈起家的书籍铺。太庙前尹家书籍铺，前后刊印出版过《述异记》、《续幽怪录》、《北户录》、《康骈剧谈录》、《钓矶立谈》、《渑水燕谈录》、《茅亭客话》、《曲洧旧闻》、《却扫编》、《箧中集》等小说家作品，一看便知其出版倾向。这些书极具普遍性和可读性，发行面宽，有利可图。荣六郎家，本住东京大相国寺东，靖康之变，避地临安，在中瓦南街东面继开了一家经史书籍铺和经销店，继续出版书籍。

福建是宋代出版事业，特别是私人出版事业最发达的地区，在宋代出版事业中占据着重要地位，在中国出版史上也占据着光辉的篇章。这与当地的人文环境有关系。"城里人家半读书，学校未尝虚里巷"①，反映了福建人的读书热情。加上程朱理学在此地的升华，使得福建学术气氛更浓。此为福建出版业兴盛的重要社会基础。建阳县与建宁府的建安县则是福建的出版中心。建宁府出版的书籍，被戏称为当地"土产"。建阳县西七十里的麻沙、水南、崇化、长平等地，书坊林立，比屋弦诵。尤其是麻沙、崇化两坊，号为"图书之府"。现在仍可以考知的，有建邑王氏世翰堂、建安蔡子文东塾、建安余唐卿宅、建安余彦国励贤堂、建安余仁仲万卷堂、建安余恭礼宅、麻沙刘仕隆宅、建宁府黄三八郎书铺、建阳崇化黄及甫家塾等37家。宋王叔边刻印出版了《后汉书注》90卷、《志注补》30卷。王叔边本为钱塘人，在杭州开书铺，从事出版事业，后因临安成了首都，对图书出版控制较严，故迁移到了控制较为宽松的福建建安，继续从事出版活动，此《后汉书》之刻，即是他迁移之后的出版品。

坊肆出版除上述两个地区，浙江、四川、江西等地也分别有不少坊肆。成都早在唐末五代就有出版传统，宋代驾轻就熟，继续发展。成都府市西俞家、西蜀崔氏书肆、临邛韩醇家、广都北门裴宅、广都费氏进修堂，尤其是眉山地区，其出版数量与质量都堪与杭州媲美。

3. 宋代的寺观出版概况

寺院、道观本是佛、道教的香火之地，与出版没有必然的联系，尤其是世俗作品，更无由寺院、道观出版的内在逻辑。可事实上不然，尤其是宋代的寺院、道观，不仅出版与佛、道教紧密相关的单经、大藏，也出版一些所谓世俗的四部书，从而使寺院、道观也成为宋代出版事业中不可忽视的组成部分。

刻印出版释家大藏，始于朝廷开雕的《开宝藏》，也称《蜀藏》。其后宋代寺院、道观刻印出版大藏经接二连三，好像形成了一股潮流。神宗元丰三年（1080年）由冲真、普明、咸辉等主持，于福州东禅寺募捐开雕的《大藏经》，至徽宗崇宁二年竣工，前后历时23年，凡雕印6 430卷，580函，经折装。这部藏经可以说是我国民间寺院募

---

① 《全宋诗》，第七册第四三八五页，北京大学出版社，1999年。

刻出版《大藏经》的滥觞，也是藏经由卷轴装改为经折装的滥觞。

民间募捐出版《大藏经》的先例一开，各大寺院争相仿效。有宋一代共历319年，公私前后开雕出版《大藏经》6部，凡35 181卷，其延续时间之长，规模之大，空前绝后。

宋代朝野对佛教如此崇尚，对道教也很提倡。太宗命五代降臣徐铉、王禹偁等搜求校正道书，得3 737卷，缮写成书，贮藏在大内后苑太清宫。真宗更是道教的狂热鼓吹者，他把秘阁道书和太清宫道书悉数送往余杭，命学士戚纶、漕运使陈尧佐、道士朱益、冯德等，专事修校，命王钦若总领其事。凡得书4 359卷，分为三洞、四辅、十二类，赐名《宝文统录》。

到了宋徽宗，则更是有名的道君皇帝。他进一步搜访道家遗书，命道士刘元道就书艺局校定《大藏》，又增至5 387卷，于政和年间（1111—1117年）送往福州闽县万寿观，令福州知州黄裳鸠工镂板，进于京师，因名《万寿道藏》。这是我国第一部刻印出版的道教总集。

第四节　宋代的重要出版家及其出版事迹

在出版活动中，或一生以刻书出版为职业者；或虽非以此为主业，所出版之书或规模大，或印制技术新而影响深远者；或老店新张，家族子嗣相继，在出版业中贡献突出者，都可以称为出版家。古代出版家的出版活动大致也有策划组稿、编审校稿、刻印出版、销售发行等环节。宋代够得上出版家称号的不胜枚举。

一、江浙地区的重要出版家及其出版事迹

浙江是宋代三大刻书中心之首，其刻书出版数量之多、质量之高，不是其他地区能比拟的。因此自北宋以降，中央和地方官署的很多书刻都下杭州镂板，乃至当时高丽的某些著作，也到杭州付梓。这就使浙江地区的出版业显得更加繁荣。反过来，出版业越是繁荣，出版家越是会不断涌现。

1. 杭州地区的出版家陈起

宋代的杭州地区是出版家麇集之地，而杭州的出版家中，又以陈家书籍铺最具代表性。陈家书籍铺第一代主人陈起，字宗之，一字彦才，号芸居，又号陈道人。宁宗时举乡贡第一名，故又称陈解元。陈起和其子陈思，多年经营书肆，既出书，也卖书。有时为了策划好的出版项目，又常常广搜珍本善本，故能眼别真赝，心识古今。

陈家在临安除在棚北睦亲坊巷口开有书籍铺，在洪桥子南河西岸和鞔鼓桥南河西岸还开有两间分店，规模和实力都相当可观。至于他们父子到底出版过多少种书，现已无法勾稽出确切数字，张秀民先生的《中国印刷史》说其刊书可考者有32种，恐怕也只

是个参数。国家图书馆至今还藏有陈宅书籍铺出版的宋赵与峕《宾退录》10 卷、《王建诗集》10 卷、《朱庆馀诗集》1 卷、《周贺诗集》1 卷、《唐女郎鱼玄机诗》1 卷、唐罗隐《甲乙集》10 卷、唐李建勋《李丞相诗集》2 卷，凡 7 种。还有一些版式规制、行款字数、字体刀法都很类似的唐人诗集，当也是出自陈宅书籍铺。

一个私人出版商能编刻出版这么多书，在当时的世界上是不多见的。陈起编刻出版图书有明显的思想倾向，且卖书"收价清于卖卜钱"，即价格低廉。还"赊书不问金"，贫穷文人一时拿不出钱来买书，不但可以赊账，还不计较多少钱。还"成卷好诗借人看"，对实在买不起的，干脆就借给人看。他这种经营理念和为满足文化人需求而表现出来的大度品格，博得了"江湖名姓香"的盛誉。

2. 婺州地区的出版家唐奉议

江浙地区除杭州，还有绍兴、明州、婺州、湖州等地出版业也很发达。尤其是两浙东路的婺州，即今浙江的金华，南宋时出版业与临安、建宁、四川眉山等地齐名。婺州市门巷唐宅，是颇负盛名的出版家。虽然唐宅一共出版过多少种书已无法切实稽考，但唐宅是南宋婺州的出版名家则无庸置疑。唐宅，指的是唐尧封、唐仲温、唐仲义、唐仲友父子一家。奉议，乃奉议郎的简称和别名，在宋代是寄禄官的官名。唐尧封做过殿中侍御史，唐仲友做过秘书省正字、著作佐郎，都可称为奉议郎官，简称奉议。唐家满门文化人，可又都是小官，收入并不优厚。一为推展文化，一为牟取薄利，故经营出版，且为校刻出版《荀子》、《扬子》，向台州公使库敛钱，将多部化归己有，发往婺州售卖；并窝藏私镌东南楮币印版的配犯蒋辉，为其雕刻《荀子》、《扬子》、《文子》，而遭到朱熹弹劾。可证唐宅确是利益思想较重，乃至贪赃枉法。

3. 湖州地区的出版家王永从弟兄子侄

两浙西路的湖州，宝庆元年（1225 年）改名安吉州。此地有王永从、王永锡兄弟子侄，曾在思溪建寺院、修宝塔、雕印出版《大藏经》，既是功德主，又是出版家，在雕印出版史上也颇负盛名。

史载绍兴二年前后，王永从出家资雕印出版了 5 480 卷 550 函的大藏经《思溪圆觉藏》，且以余板又刻印出版了《唐书》和《五代史》。后来这两套书的版片，连同宇文时中守吴兴时所刻印出版的《新唐书纠谬》、《五代史纂误》版片，均被杭州国子监取去充作监板了。137 年后，即嘉熙三年（1239 年），安吉州思溪圆觉禅院久已改称思溪法宝资福禅寺，又用王永从旧板补刻而成《思溪资福藏》。

二、四川地区的重要出版家及其出版事迹

早在唐五代时期，四川的刻书出版事业就较别处发达。剑南两川刻印历书，成都龙池坊卞家印卖咒本，成都樊赏家印卖具注历，成都书肆雕印阴阳杂记、占梦相宅、九宫

五纬、小学字书，五代西蜀毋昭裔刻印出版《九经》、《文选》等，都是唐五代时四川出版家的杰作。宋初政府开雕《开宝藏》之所以安排在四川，也是因为这里有娴熟的刻工和丰富的出版经验。成都附近之广都县（今双流）以产楮皮纸、竹纸出名，蜀中出版经史子集书多用广都纸刷印。广都北门裴宅，南北宋均刻卖《六家注文选》。广都费氏进修堂出版大字本《资治通鉴》。临邛韩醇在南宋淳熙年间刻印出版韩愈、柳宗元的文集。南宋初期，四川的出版中心由成都向眉山地区转移，出现了一些新的书肆和出版家。其中井宪孟主持刻印出版的《南北朝七史》，在出版史上较为有名。

1. 井宪孟与眉山七史

井宪孟名度，宪孟盖其表字，郡望为南阳，故人称南阳公。从兴元知府升为四川转运使。绍兴十四年（1144年），他来司四川漕台，便命各州学官搜求嘉祐旧本《南北朝七史》，令眉山地区刊行出版。南北朝七史总共465卷，卷帙规模也很可观。其版式为每半版九行，行十八字，可谓行格疏朗。版历三朝，多次刷印，模糊不清，书铺子称为"三朝本"或"邋遢本"。

2. 蜀刻唐宋人文集

眉山还以出版唐、宋人文集而驰名。眉山地区庠塾聚学者众，文学之士彬彬辈出。宋高宗曾说"蜀中多士，几与三吴不殊"[①]。王称更说"吾乡抑文章之所自出"[②]。蒲叔献亦说"吾蜀文籍巨细毕备"[③]。文人多，文化气氛、学术空气浓，直接推动出版业兴旺发达。其中蜀刻唐人文集，在出版史上之声誉不亚于眉山七史。关于唐人文集，过去多泛称蜀刻本，近人研究多认为出版于眉山地区。传世蜀本唐人集有两个系统：一为十一行本，约刻于南北宋之际，今存骆宾王、李太白、王摩诘三集；一为十二行本，约刻于南宋中叶。

眉山是三苏的老家，《苏文忠公文集》，眉山出版过大小两种版本。苏辙的《苏文定公文集》，也由眉山出版。另外此地还出版过《三苏文》。眉山程舍人宅出版过邑人王偁的《东都事略》。眉山还编刻出版过《新编十七史策要》、《国朝二百家名贤文粹》、《梅亭四六类稿》、《后山诗注》、《册府元龟》等。足见眉山确是出版家云集之地。

三、福建地区的重要出版家及其出版事迹

宋代图书出版量最大的地区是福建，而福建出版家云集之地则在建宁府的建安与建阳。涌现出了许多值得称道的出版家，如詹光祖、詹天祥、詹天麟、廖莹中、叶武子、

[①] ［宋］李心传：《建炎以来系年要录》卷一一一。
[②] ［清］杨绍和：《楹书隅录》卷五《国朝二百家名贤文粹》。
[③] ［宋］李昉等：《太平御览·圣学宏博》。

刘应李、韩元吉、俞闻中、叶筠、严粲、吴炎、叶时、黄垺、赵与迥、林经德、余仁仲、蔡纯父、魏仲举、魏齐贤、黄善夫、蔡梦弼、吴坚、余恭礼、余文兴、余静庵、余唐卿、余彦国、刘之问、刘叔刚、刘日新、刘仕隆、刘仲立、刘仲吉、虞叔异、魏忠卿、陈彦甫、王朋甫、江仲达、黄及甫、陈三八郎、王懋甫等，正是他们打造了福建的出版事业，也将宋代社会的出版业推向了高峰。

1. 建安出版家余氏

叶德辉《书林清话·宋建安余氏刻书》谓："夫宋刻书之盛，首推闽中。而闽中尤以建安为最，建安尤以余氏为最。且当时官刻书亦多由其刊印。"叶氏之说无误。余氏先祖入闽，远在南北朝时期。传14世有余继祖、余同祖生。余同祖曾于北宋时任广西安抚使，任满致仕归乡，于建阳蹈书林，见其山水胜状，于是安家于此。此事当在北宋至道三年（997年）以后，嘉祐八年（1063年）以前。此为余氏定居书林之始。书林既是地名，又确是书坊林立的出版之乡，受其薰染，余氏于南宋起，也开始大肆经营出版业。现在仍可考知者，余仁仲以万卷堂或家塾名义出版过《陆氏易解》1卷、《尚书注疏》20卷、《尚书全解》40卷、《尚书精义》50卷、《周礼注》12卷、《纂图互注重言重意周礼》12卷、《礼记注》20卷、《春秋经传集解》30卷、《春秋公羊经传解诂》12卷、《春秋谷梁经传解诂》12卷、《事物纪原》26卷等。其所刻《春秋公羊经传解诂》卷后镌印六行广告性的告白，足以反映出余仁仲的出版态度。告白曰："《公羊》、《穀梁》二书，书肆苦无善本，谨以家藏监本及江浙诸处官本参校，颇加厘正。惟是陆氏释音字或与正文字不同，如此序醲嘲，陆氏醲作讓；隐元年嫡子，作適归；含作唅；召公作邵；桓四年蒐作廋，若此者众，皆不敢以臆见更定，姑两存之，以俟知者。绍熙辛亥孟冬朔日建安余仁仲敬书。"绍熙辛亥乃光宗赵惇绍熙二年（1191年），时值南宋中叶的开端，经济形势尚好，出版家刻书也很严肃认真。

2. 建安出版家蔡梦弼

蔡梦弼，字傅卿，号三峰樵隐，南宋初年人。他所刻印出版的书中，以《史记集解索隐》合刻最有名。经书正文、注、疏合刻在一起出版，始于南宋初期两浙东路茶盐司官雕。史书中的《史记》正文、刘宋裴骃《集解》、唐司马贞《索隐》合刻在一起出版，盖即始于蔡梦弼的《史记》二家注合刻。国家图书馆今藏两部。此前经文、注、疏各自单行，览者不便。史书也是正文、注、解各自单行，览者病焉。这种经史正文、注释的合刻，是出版史上的创新，表明出版家首先是为了读者便于披览，注重社会效益，其次才是赢得读者，获取经济效益。

3. 建安出版家黄善夫

黄善夫，名宗仁，善夫当是其字，南宋建阳人。受蔡梦弼合刻《史记》二家注启发，他将刘宋裴骃《史记集解》、唐司马贞《史记索隐》、张守节《史记正义》三家注都分解到《史记》各相关正文之下，出版了《史记》三家注合刻本，这就更便于披阅了。一书在手，原来各自单行的正文、三家注四部书全来眼底，实在是出版史上的创格。该书每半版10行，行18字；注文双行，行22～23字不等；细黑口，左右双边。宋讳缺笔至敦字，表明其出版当在南宋光宗赵惇之世或稍后，较蔡梦弼合刻《史记》二家注，晚20余年。此书每版带有书耳。所谓书耳，系指每版左边栏之外上角，以左边栏为内线向左向下镌印一长条框围，像是长出了一个耳朵，故称书耳。书耳不是艺术鉴赏的尤物，而是在其中镌印本版所属之篇名、年份、体裁等标示性简略文字，以方便阅读。这种在书耳中镌印的文字叫作耳题或耳记。这显然是以读者为上帝经营理念的表现。这是出版思想的一大进步，是出版版式上的一种创新。

黄善夫另一著名出版品，是刊于南宋中叶的《王状元集百家注分类东坡先生诗》25卷《东坡纪年录》1卷。此书题为宋王十朋纂集，实则很可能就是黄善夫自己组织力量纂集的。其基础是已流行的苏诗"五注"、"八注"、"十注"，而后又"搜索诸家之释"，"铲烦剔冗"，最后编成这个汇注本。手法与三家注《史记》基本相同，号称百家，广告宣传力度更大，卖点更多，销路更广。该书字体端庄清秀，刀法剔透，属建本上乘。果然此书一出，大获成功，因而招致"闽中坊肆遂争先镌雕。或就原版以摹刊，或改标名以动听，期于广销射利，故同时同地有五六刻之多。而于文字，初无所更订也"[①]。

4. 建安出版家刘氏

刘仲吉（1131—1202）名大成，字仲吉。子刘崇之，是朱熹的学生。他曾于绍兴三十年（1160年）刻印出版《新唐书》225卷；乾道（1165—1173年）刻印出版《类编增广黄先生大全文集》50卷。目录后镌有告白："麻沙镇水南刘仲吉宅，近求到《类编增广黄先生大全文集》，计五十卷。此视先印行者增三分之一，不欲私藏。"其次子刘将仕，名立之，字信父，登淳熙科进士，官莱阳县令，授将士郎。他曾刻印出版过《皇朝文鉴》150卷，每半版13行，行21字，黑口，镌"麻沙刘将仕宅刊"。

5. 建安出版家朱熹、祝穆

还有两位建阳的著名学者值得提及，一位是朱熹，一位是祝穆。朱熹一生安贫乐道，潜心理学。《宋史·朱熹传》说："熹登第五十年，仕于外者仅九考，立朝才四十日。家故贫，少依父友刘子羽，寓建之崇安，后徙建阳之考亭，箪瓢屡空，晏如也。诸生之自远而至者，豆饭藜羹，率与之共。往往称贷于人以给用，而非其道义则一介不取也。"如此困窘的生活，逼得朱熹不得不走当地众人谋生之同路，这就是出版图书，盈

---

① 傅增湘：《藏园群书题记》卷一三《元建安熊氏本百家注苏诗跋》。

利以自给。他的刻书出版作坊在建阳崇化（今书林乡），名为同文书院，由其子朱在、女婿刘学古经营。门人蔡元定、蔡渊、林择之等，则在其中编校。同文书院不但刻印出版了不少图书，而且通行四远，乃至于日本和高丽。这跟朱熹的名气有关。正因为他的名气，他的一些著作，如《论语集注》、《孟子集注》、《周易本义》等，在未定稿之前就被出版商设法弄到手而出版发行，获取厚利。同文书院的开设，则保护了自己的知识产权，自己出版，自己获利。

祝穆，初名丙，字伯和，又字和甫，自号樟隐，南宋建阳人。其曾祖祝确，是朱熹的外祖父，朱熹辈份上高于祝穆，故祝穆从小便师事朱熹。20岁时由朱熹高足黄幹为其行冠礼。祝穆未走理学之路，而是注意地理疆域和类书。他所编纂的《方舆胜览》70卷、《事文类聚》170卷及《四六宝苑》等，都曾自己主持刻印出版，且受到社会的重视与欢迎，乃至"蜀中人士来购者，一次竟以千部计"①。书既这么好卖，其他书铺就窥伺盗版，为防止盗版现象发生，他便向福建路转运司乞行约束，保护版权。

四、江西地区的重要出版家及其出版事迹

江西处长江中游，人杰地灵，经济繁荣。故刻书出版业也相对发达，出版名家层出。其中尤以宰相出版家周必大最值得称道。

周必大（1126—1204），字子充，又字洪道，号省斋居士，晚号平园老叟。淳熙十四年（1187年）拜右丞相，后进左丞相。光宗时封益国公。宁宗即位，庆元元年（1195年）三上表引年，遂以少傅致仕。周必大主持的一项出版工程最为人称道，那就是编刻出版《欧阳文忠公集》。此书可以说集搜采、编校、出版于一身，这是古代出版家的一种模式，与当代之组稿、编辑加工、版式设计、发排出版很近似。编辑开始于绍熙二年（辛亥）（1191年）春，完工于庆元二年（丙辰）（1196年）夏，进行了五年又三个月。开始时，周必大尚在相位，四年后退休，直接主持其事，又一年才版行于世。真可以称得上是宰相出版家。

周必大还有一项出版工程值得表彰，这就是他在退休后又主持重修和出版了一千卷的《文苑英华》工程。

《文苑英华》是宋太宗诏修的一部大书，但由于仓促上马，用人失当，存在不少问题，不但在弃取编排上存在严重缺陷，在文字上也鲁鱼亥豕，舛谬颇多。故在成书后二十年，也就是真宗景德四年（1007年），便又重新组织力量进行校勘。南渡以后，高宗中兴，文事继续受到重视。至孝宗赵昚又命儒臣校勘过《文苑英华》。但这次校勘是敷衍塞责，不足凭信。庆元初年，周必大致仕，告老还乡，摆脱了繁忙的政务，故又由他主持，再次对《文苑英华》进行校勘，才算最后有了定本。

---

① 谢水顺、李珽：《福建古代刻书》，83页，引〔元〕方回：《瀛奎律髓》夹注。

《文苑英华》自北宋雍熙三年十二月（987年1月）编纂蒇事，至南宋嘉泰四年（1204年）定本梓行，前后共历217年，才得以面世。而在这200多年中，一部编纂粗糙的《文苑英华》，经历了规模大小不同的三次校勘。前二次校勘，没取得任何结果。最后一次由于是周必大主持，严肃认真地进行，才有了较为可信的传本。

非但如此，周必大还在出判潭州时再造泥活字，排印出版了自己的《玉堂杂记》二十八事。他是目前所知最早仿效毕昇泥活字印书法而加以实践的第一人。

周必大去世后，其子周纶编刻出版了他的文集。周纶所刻《周益文忠公集》，加上周必大主持编刻出版的《欧阳文忠公集》和《文苑英华》，被后世称为"庐陵三绝"，是两宋乃至中国出版史上的亮点。

第五节 宋代出版图书的主要内容及出版思想

宋代出版之地遍及全国，出版机构和出版家众多，他们将两宋以前及当代产生的各个门类的图书，几乎都版行于世，所以使得宋代出版业空前繁荣。但仔细分析，全国出版重心主要集中在两浙、八闽、四川及江左江右，而就中央和地方各种出版机构及出版家所出版的图书内容来说，也有鲜明的倾向和特色。

一、宋代出版图书的主要内容

1. 宋代刻印出版的经部书

宋代处封建社会的全盛时期，对待儒家经典格外看重。太祖开宝七年（974年）二月便"诏《诗》、《书》、《易》三经学究，依《三经》、《三传》资叙入官"①。太宗则继承五代国子监校刻出版《九经》的传统，于端拱元年至淳化五年（988—994年），先后命国子监校刻出版《三经正义》和《五经正义》，并予颁行。真宗专撰《崇儒术论》，因而于咸平中又命国子监校刻出版《七经正义》，景德至天禧（1004—1021年）中，又命国子监校刻出版《九经注疏》、《十二经传注》。咸平四年（1001年）六月丁卯，又"诏州县学校及聚徒讲诵之所，并赐《九经》"②。哲宗元祐（1086—1094年）时，又把《孟子》列入经典，《十三经》之名始出。南渡后，南宋国子监先后校刻出版《十二经正文》、《十二经正义》及《十三经传注》。嘉定十六年（1223年），国子监还刊定出版过《六经》。

朝廷如此，下必尤之。如南宋绍兴初年，叶梦得于建康刻印出版的《六经》；严州刻印出版的《六经正文》；四川刻印出版的《六经义疏》、《九经正文》；婺州刻印出版的《五经》、《八经》白文；两浙东路茶盐司及绍兴府刻印出版的所谓越州本《六经疏

---

① 《宋史》卷三《太祖本纪三》。
② 《宋史》卷六《真宗本纪一》。

义》；兴国于氏刻印出版的《九经》；抚州公使库刻印出版的《六经》、《三传》；建阳余仁仲万卷堂刻印出版的《九经》；廖莹中世彩堂刻印出版的《九经》等等，举不胜举。至于单经，则学校、书院、私宅、坊肆所刻之多，更无法枚举。

2. 宋代刻印出版的史部书

宋代重视史书，特别是正史出版。自太宗淳化五年（988年）诏选官分校《史记》、前后《汉书》，下杭州镂板。到后来天圣四年（1026年）十二月，《南史》、《北史》、《隋书》校毕，雕造。嘉祐六年（1061年），《宋书》、《南齐书》、《梁书》、《陈书》、《后魏书》、《北齐书》、《后周书》七史校毕，如法书写样，渐次封送杭州镂板。《新唐书》225卷，于嘉祐五年（1060年）准中书门下省札子，亦奉旨下杭州镂板。欧阳修死后，其《新五代史》遗稿进呈，亦付国子监刻印颁行。以上总计16史，均由北宋国子监出版，杭州刊行。南渡以后，国家艰难，史籍多为地方所刻，取板于监中，便是南宋国子监本。北宋原刊南北朝七史，曾颁于民间学官。靖康之变，中原板荡，几乎全失。时四川五十余州皆无兵燹，绍兴十四年（1144年）井宪孟为四川漕司，始檄诸州学官，搜求当日所颁之本，因命眉山地区重新版行，七史复全。民间刻印史书也很普遍，如麻沙镇水南刘仲吉宅刻印出版《新唐书》，建溪三峰蔡梦弼家塾刻印出版《史记》二家注合刻本，建安黄善夫家塾刻印出版《史记》三家注合刻本。

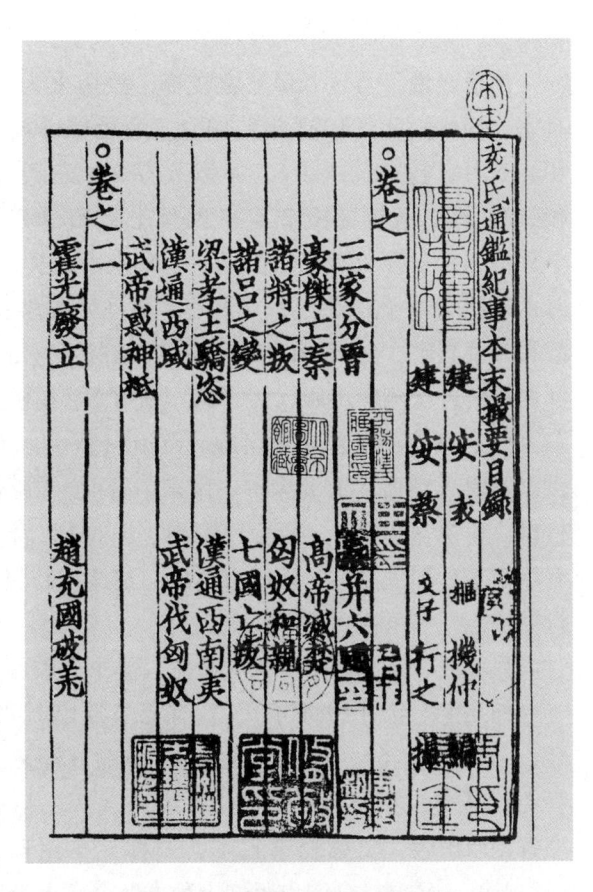

宋刻本《袁氏通鉴纪事本末撮要》

《资治通鉴》乃司马光奉敕编撰的编年体史书。书成进览之后，奉旨下杭州镂板，元祐七年（1092年）版行于世。至绍兴三年（1133年），两浙东路提举茶盐司公使库又委托绍兴府余姚县印造版行。此外又有蜀广都费氏进修堂、建康、建宁、鄂州鹄山书院等，也先后刻印出版过《资治通鉴》。表明正史及《资治通鉴》这类史书，是宋代社会出版的重点书。至袁枢将《通鉴》之文分类排纂，以一事为一篇，各详起讫，开创史书之纪事本末体，《通鉴纪事本末》数次刻印出版。

宋人私撰宋代史较多，如《东都事略》、《三朝北盟会编》、《隆平集》、《九朝编年备要》、《皇朝编年备要》、《皇朝通鉴纪事本末》等等，在宋代也都先后出版，有的还不只出版一次。其他如诏令奏议、传记年谱、地理方志、金石、目录等史部之书，也层出不穷，陆续出版。

3. 宋代刻印出版的子部书

诸子之说，乃《六经》之支裔，故历来为君臣所重视。宋代遍刻秦汉诸子，如宋真宗"咸平六年（1003年）四月，命杜镐等校《道德经》，六月毕。景德二年（1005年）二月，校定《庄子》，并以《释文》三卷镂板。……祥符四年（1011年）三月，校《列子》，五年（1012年）四月上新印《列子》。十月校《孟子》，孙奭等言《孟子》有张镒、丁公著二家撰录，今采众家之长，为《音义》二卷。七年（1014年）正月上新印《孟子》及《音义》"①。司马光要求将《荀子》及扬子《法言》一并出版，故在神宗熙宁、元丰中由国子监刻印出版了这二子。南宋淳熙八年（1181年），钱佃于江西漕台再次刻印出版《孟子》、《荀子》、《扬子》、《文中子》四书。其他如《颜子》、《曾子》，南宋国子监亦曾出版。贾谊《新书》有潭州州学本、建宁府陈八郎书铺本行世。刘向《新序》有北宋本、南宋本行世。《说苑》有淳熙本、镇江府学教授李士忱本行世。荀悦《申鉴》，尤袤于淳熙九年（1182年）出版于江西漕台。《孔子家语》北宋有汴京本、蜀大字本，南宋有监本、建康本行世。待朱熹之学盛行，《晦庵语录》则版行更广。

兵、法、杂家之书，天文算法、类书、农桑、医药、法令条格之书，也出版不少。

如元丰七年（1084年），就有秘书省校书郎叶祖洽及赵彦若等六人校定《九章算经》、《周髀算经》、《五经算法》、《海岛算经》、《孙子算经》、《张丘建算经》、《五曹算经》、《缉古算经》、《夏侯阳算经》、《算术拾遗》等算学十书，并经神宗批准，由秘书省刻印出版，史称秘书省本，或称元丰京监本。括苍鲍澣之知汀州，于嘉定六年（1213年）又重行刻印出版这十种书，今藏上海图书馆和北京大学图书馆者，即嘉定汀州本之遗存。明代大算学家程大位曾说算书："元丰、绍兴、淳熙以来刊刻者多，且以见闻者著之。"② 又如宋人陈旉自撰《农书》三卷，内容涉及农事、养牛及种桑、养蚕，由真州知州洪兴祖首刻出版，高邮军知军汪纲再次版行。

建筑技术之书，宋代出现了喻皓的《木经》及崇宁二年（1103年）颁印全国的《营造法式》。《营造法式》始编于宋神宗熙宁时，后由郑州管城（今河南新郑）县人李诫重修，成《营造法式》34卷《目录看详》2卷，分为释名、制度、功限、料例、图样五大部分，可以说是集古建筑之大成，是世界建筑史宝库中的巨大财富。李诫以博学多艺、精书画，得徽宗奖誉，官至匠作监，完成此书，遂于徽宗崇宁二年由内府刻印

---

① [宋]王应麟：《玉海·景德校诸子》卷四十三。
② 《算法统宗·算经源流》。

颁行。

北宋仁宗康定（1040—1041年）中，朝廷恐群帅昧古今之学，遂命天章阁待制曾公亮等采古兵法及本朝计谋方略，凡五年而成《武经总要》40卷，仁宗为之序。虽大部分内容古已有之，但其所记录的用焰硝、硫黄、木炭及松脂、沥青、蜡、药等三个火药的配方，及用人工磁化法制作的指南鱼，则均具科学价值。所以《武经总要》的编撰与出版，非但在军事上，在军事科学上也极具水平。

针灸是我国独创的医疗技术，宋仁宗以针砭之术传法不同，俞穴有差，或害人命，遂命医官王惟一考明堂气穴经络之会，铸铜人式二件，天圣五年（1027年）下诏一置医官院，一置相国寺。以为医学学生和医者实习之用，对针灸技术发展起过很好的推动作用。王惟一更纂集旧闻，订正讹谬，撰成《铜人腧穴针灸图经》三卷，天圣五年亦命摹印颁行，七年又颁赐诸州。

宋建宁建阳人宋慈多年提点刑狱，有实践经验，又总结前代法医成果，编成《洗冤集录》五卷，淳祐七年（1247年）奉旨摹印颁行。这是世界上最早最有系统的法医学专著，早于西方350多年。

4. 宋代刻印出版的集部书

集者，有别集，有总集。我国有个人别集当始自东汉。然汉魏六朝，时代久远，有文集传世者屈指可数，充其量不过三十四五家。唐人文集三百余家。总计唐五代以前，有别集不过400家，两宋时几乎都曾刻印出版。宋人自著诗词文集，约有1500种，绝大多数当时已正式版行。迄今，宋以前之文集而尚有宋版可考者，大约260余家。

宋人喜韩、柳文，故两者板刻最多，韩集竟多至28个版本。廖莹中世彩堂所刻韩、柳集最为精绝。而在众多宋刻唐人文集中，规模大而又较有系统的出版，要算是蜀刻和临安陈宅书籍铺刻。雕板印书，唐人尚未盛为之。300多家唐人文集在两宋先后刻印出版，使每个人的文集化身千百，广泛传播，并大量流传后世，这是雕版印刷术出现以后为出版事业作出的一大贡献，也是中国出版史上宋人继往开来的突出表现。

可考知的宋刻宋人诗文集大约有155种，单刻词集也有10余家。其中像苏东坡的《文集》也梓行过20多次，可与唐代《韩愈文集》的出版相媲美。

现存总集之最早者，属梁昭明太子萧统所辑之《文选》。李善注《文选》，真宗大中祥符四年（1011年）就有国子监刻本行世。又有仁宗天圣七年（1029年）刻本。李昉等于太平兴国七年（982年）编辑的《文苑英华》，到南宋嘉泰元年至四年（1201—1204年）由周必大刻印出版于筠州临江军。赵孟奎的《分门纂类唐歌诗》，收1300余家4万余首诗，南宋咸淳间（1265—1274年）也刻印出版。另外陈起编刻过《江湖前集》、《江湖后集》、《江湖续集》，陈思编刻过《南宋六十家名贤小集》。这些总集的出版，大大繁荣了整个宋代的出版事业。

词人词作，是宋代文学的主流特色。宋代词人百余家，晏殊、晏几道、柳永、欧阳修、苏轼、秦观、黄庭坚、周邦彦、李清照、辛弃疾、陆游、姜夔、吴文英、周密等则是其中的代表人物。宋代长沙书坊就刻印出版过《百家词》。陈振孙《直斋书录解题》歌词类著录词集凡128家。词之产生和发展，乃是律诗走入绝境的"柳暗花明"，故宋时词人辈出，文学复盛。宋时的出版及时反映了这种文学的繁荣。陈振孙《直斋书录解题》的著录更表达了这种盛况。

二、宋代的出版思想

宋人刻书，归纳起来，反映在出版思想上，大概在行教化、存史鉴、精雠校、广流传、共享用、敢创新、便披阅等几个方面表现得比较明显。

"行教化"。刻书出版为了推行教化，是封建社会出版业的主流思想，也是封建社会出版业的共同特点。反映在出版图籍上，便是特别重视儒家经典的校刻出版。宋代自太宗时便已命在太祖时九经及第之孔维与学官校定《五经疏义》，刻印出版。至真宗时，宋代立国已40余年，对儒术更加推崇。宋真宗自撰《文宣王赞》，歌颂孔子是"人伦之表"，孔学是"帝道之纲"。并撰《崇儒术论》，刻石立于国子监，谓"儒术污隆，其应实大，国家崇替，何莫由斯！"一下子把儒学抬到了宋王朝统治指导思想的地位。故到景德二年（1005年）夏，真宗亲幸国子监视察书库，问及当时的国子监祭酒邢昺雕印出版的经书情况时，邢昺不无骄傲地回答："国初不及四千，今十馀万，经、传、正义皆具。"

"存史鉴"。存史以借鉴是一切史书编纂与出版行世的宗旨。故宋代自太宗朝开始，频繁校理史籍，官私出版不绝。

"精雠校"。一书出版之前，精加校雠，使之没有或少有讹文脱字，乃是封建社会官私出版者共同的理想和奋斗目标。宋代中央官署出版作风严谨，一部《五经正义》，从太宗端拱元年（988年）至真宗咸平元年（998年），十阅寒暑，反复校勘，最后才由国子监正式刻印出版，足见其对校雠的重视。官署如此，带动私宅、坊肆仿效。隆兴间（1163—1164年）王叔边所刻《后汉书》目录后镌有牌记五行，谓："本家今将前后《汉书》精加校证，并写作大字，锓板刊行，的无差错。收书英杰，伏望炳察。钱塘王叔边谨咨。"

"广流传"。书籍出版，目的就是要使其传播久远，使更多人能够得以披阅。南宋绍兴三十年（1160年），饶州董应梦集古堂刻印出版的《重广眉山三苏先生文集》卷二十八后镌有刻书题记："饶州德兴县庄豁书痴子董应梦重行校证，写作大字，命工刊板，衡用皮纸印造，务在流通，使收书英俊得兹本板，端不负于收书矣。绍兴庚辰除日因笔以记岁月云。"明确说是"命工刊板"，"务在流通"。"广流传"之意溢于言表。

"共享用"。宋刻《东莱先生诗武库》目录前亦镌有长方牌记，云"今得吕氏家塾手抄《武库》一帙，用是为诗战之具，固可以扫千军而降勍敌。不欲秘藏，刻梓以淑诸天下，收书君子伏幸详鉴。谨咨。"

"敢创新，便披阅"，也是宋代出版的重要思想。"创新"几乎成了宋代出版的一大特色，它不仅表现在版式上，例如边栏、界行、象鼻、鱼尾、卷端上下题、版心标识、书耳题记等，都是宋代出版家创出来的，且多为后世所继承。还表现在从读者的角度出发，努力使自家的出版品更便于披阅上。两浙东路常平茶盐司首先大胆创新，从经、注、单疏开始，一改以往各自单行的出版形式，而将经、注、疏合刻在一起，使注文、疏文分散在各自相关的经句之下，读者披览一目了然，免却长期以来读经左顾右盼、东寻西找之苦。这种在正经正史编次出版形式方面的创新，由于符合读者意愿和需求，很快便在子书、文集中也实行开来。

宋代这种行教化、存史鉴、精校雠、广流传、共享用、敢创新、便披阅的出版思想，可以说大至政治安危、国家兴替，小至精校正、便披览，嘉惠读者学林，形成了全方位的出版理念。这种理念，不仅符合当时的朝野需求，也表现为理念先进，放之四海，所以影响其后历代封建王朝。

第六节　宋代出版图书的装帧艺术

书籍的装帧艺术包括版式设计、插图形式和装帧形制三方面内容。就这三个方面加以阐释，可勾勒出两宋出版图籍在装帧艺术上所取得的成就及其对后世的影响。

一、宋代出版图籍的版式行格

五代刻书的版面文字四周已镌印墨色单线边栏，但镌印粗糙，美与用结合的水平还不高。至宋代，刻书出版进入了黄金时代，版面设计与镌雕工艺也达到了前所未有的水平。当然，北宋初期也有较为粗糙者。

纵观两宋的版印图籍，前期多四周单边，后期多左右双边，少数亦有四周双边者。所谓四周单边，指的是在版面上沿文字四周镌刻一道粗黑栏线，形式上与五代版印图籍边栏没有什么区别。但在镌刻刀法、栏线匀直、四角转接、粗细程度等方面，都已超过了前代，有了严整而不呆滞的美感。所谓左右双边，指的是在左右粗黑竖直栏线的内侧再镌刻一道较细的墨线，形成一粗一细两道竖直边线，所以称为左右双边，也称为文武边。所谓四周双边，指的是沿着四周粗黑栏线的内侧，再镌刻一道细墨线，使四周都形成一粗一细的双栏线，所以称为四周双边。左右双边也好，四周双边也好，都要比四周单边镌刻费事，但显得精细。

宋代刻书每版版面当中还出现了书口，这是五代版印图籍所没有的。所谓书口，也称为版口、版心。书口是指一版中间分离上下两版的隔行，目的是为折叶时取作标准的中缝线。如果简单处理，刻上一道细线完全能起到同样的作用。但宋人没有采取简单从事的办法，而是将用与美巧妙地结合起来，精心设计版口形象。两宋刻书几乎都是白口，少数是细黑口，个别是粗黑口（也称为大黑口）。两宋版印图籍，白口者多，细黑口者少,粗黑口几无,这是镌雕精细、版面讲究的表现。

除了前边所说的书口形式之外,值得一提的还有鱼尾。所谓鱼尾,指的是版心骑中缝线所镌刻的鱼尾形的饰物。两宋版印书籍大兴,随着版面的讲究,几乎书书有鱼尾,版版有鱼尾。

为了方便读者披阅,宋版书还常在版框外左上角紧贴边栏竖着雕出一长方形框围,像是边框长了耳朵,所以称耳子或书耳。耳中镌印本卷主要内容之事目,称"耳题"。

二、宋代出版图籍的插图版画

随着版印图籍的兴盛,宋代版画及书籍插图也进一步发展和提高。此从画稿、镌刻、刷印以及插图形式诸方面都表现了出来。

宋代插图版画的形式,已打破了唐五代卷首扉画的单一模式,出现了在经卷或书籍中间插图或连续插图的形式。如北宋崇宁间(1102—1106 年)江苏地区版印的《佛顶心观世音菩萨大陀罗尼经》,就是一幅图版分数段描写故事内容的连环画。这种卷中连续插图的形式,开了以后书籍插图连环形式的先河。

宋代对于插图格式也匠心独运,有上图下文之式、前文后图之式、前图后文之式、不规则插入等。目的是使读者看了文字之后,即能一目了然地看到与这段文字有关的插图。或是看了插图,即能看到与这插图有关的文字。这说明绘图者与编排文字者是有过全盘计划的。宋代讲究刀法。宋代版印典籍的插图版画,其特点犹如绘画的单线勾勒,都以阳刻为主。而阳刻又多以双刀平刻,力求刻线稳健流利。这就要求用刀的疾迟转换、点划起伏、折转顿挫,都得精熟巧丽,都得将原画忠实地镌刻在版片上。宋代的版画,无论形式、款识以及刀法,都具有承前启后、继往开来的价值。

三、宋代出版图籍的字体与符号标识

宋承五季之乱,在刻书出版兴起之时,宋朝自己的书法大家,如苏、黄、米、蔡,还尚未形成,影响刻书字体的还是唐代的欧、柳、颜诸家。总的看,宋代刻书出版的字体是很有特色的。特别是经书,字体大多严整端庄,楷法有则。

宋代刻书出版的字体大小,与行款一样,取决于出版家的财力和崇尚。一般视行款而定,求其比例协调,版面整齐美观。宋代出版的图籍,每半版的字数常是行数的 2 倍,如 8 行 16 字,9 行 18 字,10 行 20 字等,当然也有不成倍数的。这样就使版面显得整齐、大方。宋代刻书字体上特别值得一提的是,正文大字、注文小字同时出现在同一版面上。如南宋绍兴间经、注、疏合刻在一起的《周易注疏》、《尚书正义》、《周礼注疏》,为每半版 8 行,行 19 字,注、疏文则用小字,在正文一行中刻两行,每行字数也是 19 字,全双行便成为 38 字,看上去大小搭配适中,版面十分协调。这一字体大小搭配的刻书出版形式,横向很快荫及经、史、子、集四部要书,纵向则为其后的金、元、明、清所继承。这样既省材料,降低成本,又便于披阅,是出版形式和技术上创出来的新路。

宋代图书的出版，还有一种现象特别值得一题，那就是有些书上出现了类似标点的标示符号。宋代袁采《袁氏世范》中有所谓"次可以习点读，为童蒙之师"之语。"点读"也就是"句读"，即对古书读到该停顿的地方，用一个实黑点"●"或小圆圈"○"标识一下，表示一个意思至此应该已断。其他还有些符号，如长线"——"称为墨掷，大概是类乎"墨等"，即刻板时某字某句尚未定稿，刻划一长线表示不等了，扔掷了。"——"这种符号有时出现在要句旁，有时出现在行中，代替引用的文字，类乎现在的省略号。还有其他一些符号，如类乎后世圈点精要之句的句旁墨线，本是读书人随读随用墨笔抹画墨线，以作为自己再读或别人用读时的提示，宋朝人称此为"标抹"。

四、宋代出版图籍的用纸

宋代图籍出版的用纸，尽管名色很多，但就其质料而言，多数都是皮纸和竹纸。宋代刻书有三大中心：两浙、四川和八闽。这三大地区均地处江南，桑、楮生长相当普遍。闽北盛产竹子，就地取材，造纸印书，既经济又方便。还有江西，出版图籍用纸也多是上好皮纸。据目前所见宋版书，浙刻本与蜀刻本多用皮纸，闽刻本多用竹纸。

五、宋代出版图籍的装订形式

宋代，版印书籍大兴，制作书籍的技术由手写变为雕版印刷。书籍的形式也不再是手写时那样毫无间隔地一行行连写下去，而是一版一版地间隔开来。这种书籍制作技术的变革，必然影响到书籍装帧形制的变化。唐以前长期采用的卷轴式、唐代出现的旋风装和经折装，对于一版一版印刷出来的书籍来说，都不尽适用，于是出现了蝴蝶装和包背装。册叶式的蝴蝶装和包背装，是书籍制作方式改变的必然产物，把册页装帧的方式向前推进了一大步，是宋代对书籍装帧形制的大胆革新，是书籍发展史上值得大书特书的一笔。

蝴蝶装是随着版印技术大兴，适应书籍雕印成一版一版的新形式而出现的新的装帧方式。这种装订方法，是将一版一版印好的书叶，以印字的一面为准，字对字地相对折齐，形成版心在里、四周朝外的形式。然后把若干如此折好的书叶戳齐，使折边向右形成书脊，然后将右边相互粘联，再用一张厚纸对折之后粘于书脊作为书衣或叫作书皮，最后将上下左三面剪齐，一书就算装订完毕。这种装帧的优点适应了雕版印书的形式，保护版心和版框之内的文字；天头地脚和左边外露，但都是框外无字的余幅，虽易磨损，却无伤正文。缺点是书叶均是单层，每翻开一叶，首先看到的并不是文字，而是背面的空白。且书脊处只用浆糊粘连，容易脱落，所以到了宋代后期就又出现了"包背装"。

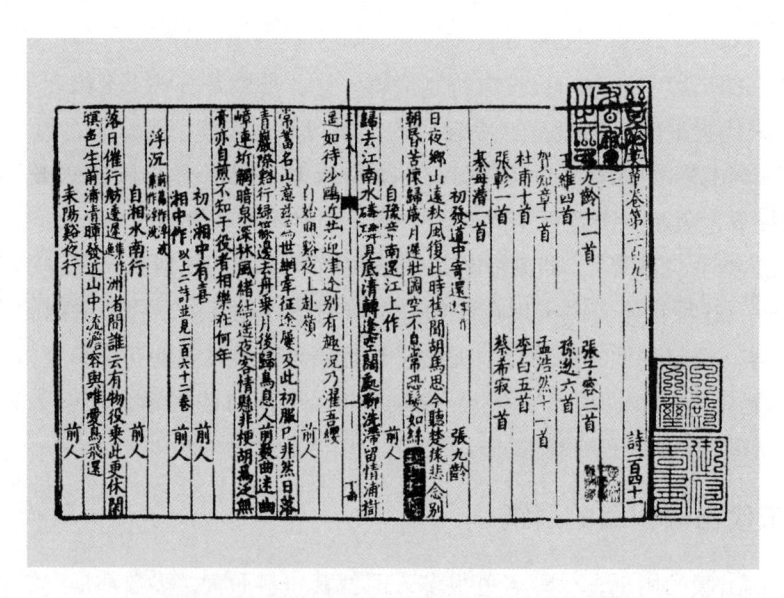

宋嘉泰元年至四年周必大刻本《文苑英华》蝴蝶装

包背装的特点是将书叶无字的一面面对面地折叠，版心向外，书叶左右两边版框外的余幅向着书背，形成书脊，然后将如此叠好的若干叶书叶戳齐，在右边余幅的适当位置打眼，用纸捻订起，砸平，裁齐右边，再用一张较厚的纸对折，用浆糊粘于书背。这种装订形式，从表面看仍像蝴蝶装，但一打开已不是单叶像蝴蝶翅膀一样地展开，而是合叶装订的正面文字。

第七节　宋代出版物的发行流通

宋代出版事业空前发达，与广阔的文化市场紧密相关。有出版，有用向，能发行，可流通，便成了活水。归纳起来，宋代出版品的发行流通方式，有朝廷宣赐、书贾经销和外贸出口等几种形式。

一、朝廷宣赐价卖

宋代尊经崇儒，皇帝和朝廷常将图书宣赐于官员、士人及学校，这是图书流通的重要方式。此时国子监大量校刻群书，为朝廷的宣赐准备了充分的条件。而由官方主导的兴学之风，亦为国子监所刻经书的发行打开了广阔的用场。另外，宋时官刻图书也采用定价售卖的方式发行。国子监出版的图籍"许人纳纸墨钱收赎"[1]，即定价出售，各级各类公署单位出版的图书也依此施行。不少图书还将定价、用料等信息印在书中，起到广告的作用。如淳熙十年（1183年）象山县学刻印出版宋林钺辑的《汉隽》十卷，有

---

[1] 叶德辉《书林清话》卷四。

杨王休题记云:"象山县学《汉隽》,每部二册,见卖钱六百文足。印造用纸一百六十幅,碧纸二幅;赁板钱一百文足,工墨装背钱一百六十文足。"又题云:"善本锓木,储之县庠,且借工墨盈余,为养士之助。"① 非常诚实的广告,连借刻书出版,经销盈余以为养士助学的用意都告诉于人。这种例子还可以举出一些,表明宋代刻书出版,包括各级各类官刻之书,已作为文化产品而进入了商业流通领域。

二、坊肆书贾经销

宋代实行"崇文抑武"的基本国策。读书应考,考中得第,得第为官,成为社会时尚。文化人一多,藏书、买书者就多。一些学者、读书人,乃至隐士,嗜书如命,以藏书为乐。湖州归安县东林隐士沈思字东老,喜藏书,苏东坡引用唐人吕岩《题沈老东壁》诗说他"白酒酿来因好客,黄金散尽为收书"②。开封隐士蔡致君,"不事科举,不乐仕宦,独喜收古今之书。空四壁,捐千金以购之,常若饥渴然"③。正是这一社会群体,构成了宋代书籍出版流通的广阔市场,吸引私宅、坊肆竞相刻书,大大繁荣了宋代的出版事业。宋代坊肆、书贾众多,经营活动活跃,有力地促进了出版物的流通。在北宋的都城东京汴梁,南宋的都城临安,以及成都、建阳等地,书籍流通均十分红火,在学校附近和一些文化机构周围,常常书坊林立,招牌高悬,并伴有各式推销手段,一派兴盛景象。

相传宋初文学家穆修买到了韩、柳《文集》的善本,自己出资召雇匠人刻印出版,就在大相国寺出卖。有士人来买,但议价不相当,穆修便说你若"但读得成句,便以一部相赠"④。

三、对外宣赐与行销

两宋图书的出口,大概有朝廷宣赐、回赠以及民间市场经销三个渠道。日本、高丽等国的僧人,不断来华,访求佛经和各类图书;宋与辽、西夏、金之间在和平时期于边境榷场互市;东南泉州、四明港口与东南亚海上往来等,都是图书随同其他商品销往境外的渠道。

两宋时期日本僧人来华人数虽较唐代减少,但仍有一定数量。来华日僧常常获赠书卷,他们也在市场上购买大批经论章疏、诗文集和医书运回日本。

"熙宁五年(1072年),有僧诚寻至台州,止天台国清寺,愿留,州以闻,诏使赴阙。诚寻献银香炉、木槵子、白琉璃、五香、水精、紫檀、琥珀所饰念珠,及青色织物

---

① 《天禄琳琅书目后编》及叶德辉《书林清话》卷六。
② 《全唐诗》卷八五八有吕岩诗,苏轼引在诗题中,见《东坡诗集注》卷四。原诗题很长,此略。
③ [宋]苏过:《斜川集》卷五,《夷门蔡氏藏书目序》。
④ [宋]朱弁:《曲洧旧闻》四。

绫。神宗以其远人而有戒业，处之开宝寺，尽赐同来僧紫方袍。"① 同时还应其请，诏印经院将新译经 413 卷赠他。他还到市场上采买佛画和大量四部书，第二年由他的弟子赖缘等五人带回日本。

高丽一向与中国往来密切，入宋从太祖建隆三年（962 年）至孝宗隆兴二年（1164 年）的 202 年中，高丽先后派使者来华达 30 余次。太宗端拱二年（989 年），高丽王王治遣使来贡。"先是，治遣僧如可赍表来觐，请《大藏经》，至是赐之。仍赐如可紫衣，令同归本国。"（淳化）二年，遣使韩彦恭来贡。彦恭表述治意，求印佛经。诏以《藏经》并御制《秘藏诠》、《逍遥咏》、《莲华心轮》赐之。……四年正月，治遣使白思柔贡方物，并谢赐经及御制"②。这种有求有赐的出版品流通，《宋史》中还多有记载。

总之，宋代出版的图书，在国内外广阔的市场上，以多种形式广泛流通。它不但作为朝廷的宣赐恩典、回赠礼物在海内外流通，更作为商品在市场销售。它以传播知识、介绍经验、宣扬思想、阐述主张、表明观点、承传文明等特殊商品功能，推动着两宋社会的进步，也向邻邦传输了治国经验、中土文化，大大促进了人类社会的文明与进步。

第八节　宋代朝廷对图书出版流通的管理

书籍是人们交流思想、传播知识、介绍经验、宣扬主张的重要工具，所以历代的王朝对书籍的传播都很重视，并采取一定措施实行管理。雕版印书出现以前，书籍主要靠手写流传，它的流通范围受到一定限制，影响所及还不像后来那么广泛。

版印书籍出现以后，书籍的流通范围扩大了，好坏影响随之更加深广了，朝廷对书籍出版流通的管理也就更加具体了。唐代是版印书籍刚刚兴起的时代，但只要某书的印行有乖朝廷政令的推行，朝廷就要出面干涉。进入宋代以后，一方面是版印书籍大兴，一方面又要极力加强中央集权统治。特别是宋代政权从建立到最后灭亡，始终与北方的少数民族处于对立的状态。"和"、"战"政策的矛盾与斗争，反映在对版印书籍的流通管理上，就是凡涉及时政、边机，违背儒家经义，有伤社会风化及谣言惑众等书籍，都在禁印、禁毁之例。

一、禁止雕印流通事干国体、军机边政等文书

宋仁宗景祐三年（1036 年）"秋七月丁亥，禁民间私写编敕、刑书"③。可证法律、敕令格式等有关国家法规政令等书籍，民间不得私自传写摹刻。原因是这种文件代表着国家的权威和皇帝的尊严，一字之差，会误伤千百，必得国家职掌。

---

① 《宋史》卷四九一《外国传七·日本》。
② 《宋史》卷四八七《外国传三·高丽》。
③ 《宋史》卷十《仁宗本纪二》。

第五章 宋、辽、西夏、金出版事业的勃兴

哲宗元祐五年（1090年）七月，由礼部拟定了对刻书出版的管理原则，制定了具体的管理条例：凡批评时政和议论边机的文字，连传写都不许，何谈雕印出版；本朝会要、实录，涉及国家的典章制度和朝廷机密，既不许传写，更不许雕印出版，违者判刑，并鼓励告发；其他有关学术的一般书籍，虽许雕印，但雕印之前需要有选官审查，雕印之后还得送秘书省审定。就是说一般书籍的印行都要经过两道关口，一道是雕版之前需有选官审查通过，方可镂板，一道是镂板之后还需秘书省复审。两道审查都通过了，才能印行出版。至于黄色戏谑之文，则根本不许雕印，违者要受刑法处置，并由州县监司和国子监时时监察。礼部的这个规定，很快得到了皇帝的批准施行，并形成了宋代对版印图籍实施管理的纲领，以后的历次禁令，都不外这几个方面。

进入南宋时期，朝廷对图籍出版和流通的管理，随政治、军事形势的变化时紧时松，但总体上处于不放松的状态。宁宗庆元年间颁行的《庆元条法事类》对版印图籍就有了严格的规定："缘边事应密，凡时政、边机文书，禁止雕印"；"诸雕印御书、本朝会要及言时政、边机文书者，杖八十，并许人告"；"诸私雕文书，不纳所属详定即印卖者，杖一百"；"诸举人程文辄雕印者，杖八十"；"事及敌情者，流三千里，并许人告"。这几条对版印图籍的规定相当严厉。

到宁宗嘉泰二年（1202年），举国上下备战气氛更加浓厚，出师北伐的声浪愈来愈高，防止泄密，对刻书出版的管理也愈益严格。嘉泰二年七月政府再次下令："应有书坊去处，将事干国体及边机军政利害文籍，各州委官看详。如委是不许私下雕印，有违见行条法，指挥并仰拘收缴申国子监。所有板本日下并行毁劈，不得稍有隐漏及冯藉骚扰。仍仰江边州军常切措置关防，或因事发露，即将兴贩经由地分乃印造州军不觉察官吏根究，重作施行。委自帅、宪司严立赏榜，许人告捉，月具有无违戾闻奏。"① 可见主战的空气越浓，兴师北伐的战鼓越紧，对版印图籍的管理也就越严了。

二、禁止雕印流通违背儒家经义等文书

宋代自建国之初起就开始用科举考试的办法，选拔统治阶级所需用的人才。科举考试的主要内容是儒家经典。

宋徽宗大观二年（1108年）七月二十五日，新差权发遣提举淮南西路学事苏棫札子称："诸子百家之学，非无所长，但以不纯先王之道，故禁止之。今之学者程文短晷之下，未容无忓。而鬻书之人急于锥刀之利，高立标目，镂板夸新，传之四方。往往晚进小生以为时之所尚，争售编诵，以备文场剽窃之用，不复深究义理之归，忘本尚华，去道逾远。欲乞今后一取圣裁，傥有可传为学者式，愿降旨付国子监并诸路学事司镂板颁行，余悉断绝禁弃，不得擅自卖买收藏。"② 这就是说，诸子百家虽各有所长，但以其不纯先王之道，遭到了禁止。那种专供晚进小生、场屋士子投机取巧的程文短晷，则

---

① 《宋会要辑稿》第一六六册《刑法》二之一三二。
② 《宋会要辑稿》第一六五册《刑法》二之四八。

更在禁印之例了。

到宁宗庆元二年（1196年）六月十五日，"国子监言：已降指挥，风谕士子专以《语》、《孟》为师，以六经子史为习，毋得复传语录，以滋盗名欺世之伪。所有进卷、待遇集，并近时妄传语录之类，并行毁板。其未尽伪书，并令国子监搜寻名件，具数闻奏。今搜寻到《七先生奥论》、《发枢》、《百炼真隐》、李元纲文字、刘子翚《十论》、潘浩然子《性理书》、江民表《心性说》，合行毁劈。乞许本监行下诸州及提举司，将上件内书板当官劈毁。"①

三、禁止雕印流通妖言惑众等文书

宋代政权从建立到灭亡，始终处在民族矛盾与阶级矛盾复杂而尖锐的斗争中。公开的武装起义，如王小波、李顺、钟相、杨幺、宋江、方腊等领导的农民起义，此伏彼起，如火如荼；暗地里有人利用宗教制造舆论，宣传宋世的气数末劫，动摇宋王朝的统治，所以宋朝廷对这类书的禁印也非常严格。

如宋徽宗政和四年诏："河北州县传习妖教甚多，虽加之重辟，终不悛革。闻别有经文，互相传习鼓惑致此。虽非天文图谶之书，亦宜立法禁戢。仰所收之家经州县投纳，守令类聚缴申尚书省。或有印板石刻，并行追取，当官弃毁。应有似此不根经文，非《藏经》所载，准此。"②

第九节　雕版印刷术的高度成熟与活字印刷术的发明

有宋一代，把雕版印刷技术锤炼得炉火纯青，把刻书出版事业推向了历史的高峰，把对版印图籍的管理与国家政治、文化风尚和边塞烽火紧紧联系在一起。整个宋代，不但继承并创造了丰富的文化典籍，在中国出版史上占有光辉的篇章，在技术传递和刻书出版的管理上，也给后世提供了丰富的经验。

以雕版印刷为主要技术载体的宋代出版业，反过来也将雕版印刷技术推向了高度成熟，同时又催生了活字印刷技术的发明。

一、宋代雕版印刷术的高度成熟

自初唐有了雕版印书术，迭经五代国子监的官方采用，至宋代盛行，中间经历了将近400年。特别是进入宋代以后，官私出版几乎全部采用雕印技术，因而使这一技术逐渐炉火纯青，高度成熟。

雕版印刷技术包括三道主要工序：第一道工序是写样画式；第二道工序是上版镌刊；第三道工序是敷墨覆纸刷印。如果加上折叶装订，也可称为四道工序。

---

① 《宋会要辑稿》第一六六册《刑法》二之一二七。
② 《宋会要辑稿》第一六五册《刑法》二之六三至六四。

第一道工序是预备性工序，但却十分重要。它的好坏决定着未来版式的面貌形象，所以讲究的出版机构和出版家，都特别重视这道工序。这道工序也分两部分：一部分是依原稿内容工整地写出版样；另一部分是由画匠设计并画出边栏、界行、版心、鱼尾、象鼻、书耳等版式形象。版样写得如何，版式设计画得如何，直接关系着出版质量。北宋太宗端拱（988—989年）年间国子监校刻《五经正义》，至真宗咸平元年（998年）才校定《五经正义》始毕。而"国子监刻诸经正义板，以赵安仁有《苍》、《雅》之学，奏留书之，逾年而毕"①。赵安仁长于书法，善于楷隶，由他来为国子监出版《五经正义》操笔写样，不难想象宋代国子监首刻之《五经正义》是多么的端庄厚重而又秀美多姿！其字体楷中兼隶，铁画银钩，藏锋蕴力，令人看了当倍长精神。宋代刻书，非但国子监注意书手写样，就是民间刻书也很注意延聘书家写样。廖莹中世彩堂刻韩、柳集，其书写字体似欧，既端庄又秀美。唐仲友在台州刻《荀子》，以北宋监本为祖本，用能刻伪楮币版的犯人蒋辉操刀，其书之端庄隽美可想而知。

还有就是描绘版式，这是画匠的职责。他们要根据出版者的意愿，设计出版式行款及每行大小字数，每半版总计字数，还要设计版框大小、边栏样式、版心鱼尾，乃至于牌记形式、所在部位。草图有了，然后画出笔直粗黑的外框边栏，细致匀净的左右内线边栏或四周内线边栏，画出细直匀称的界行，绘好鱼尾及相关标识符号图样，这一叶才算基本完成。若有插图，还需设计位置、形式，临摹或创作描绘在版样稿纸上。这一切都准备停当了，才能翻过来贴在事先预备好的版片上，操刀镌刻。因为刻出来的版面，唯有字是反字，图是反图，画是反画，刷印出来的书叶才一切是正的。

版式描画以及文字书写都完成了，第一道工序，即版样书、画也就算完成了。而后才能进入第二道工序，即雕版镌字阶段。其实远在雕版刻字之前，还有一个备木开板过程。宋代刻书镌板已多用梨、枣，取其木质硬，刻出来的笔划、线条清晰耐磨，刷出来的印纸也就清晰匀净秀气。刻书版片准备好了，版样也写好了，下边就看刻字工人的手艺了。

宋代，巴蜀、两浙、江右、福建等地都有大批刻字工人，他们在一定地域内游动佣工，为出版者雕版镌字。其中尤以杭州、绍兴、婺州、明州等两浙东路地区，出良工为多。他们技术娴熟，操刀如走笔，表现出良好的镌刻艺术素质。刻字镌画，其笔划、线条都很讲究流畅。一撇一捺，一竖一勾，左提右弯，不但要求刻字工人如实反映书手画工的原意，还得为书手画工的败笔做挽救工作。今天我们评论某篆刻家的作品，不仅看他篆字的间架结构，还要看他的刀法是否也能笔走龙蛇而富于动感。那时雕版镌字，也很讲究刀法。跟写字一样，潇洒的一撇，速出的一竖，稳健的一横，甩出的右勾，均见刻手的功力。行刀稍有迟滞，这一笔便死无生气。我们看宋版书，特别是好的宋版书，如廖莹中世彩堂刻的韩、柳《集》，陈起书籍铺刻的唐宋人文集，眉山地区的蜀刻唐人

---

① ［宋］王应麟：《玉海》卷四十三《端拱校五经正义注》。

文集，浙刻《荀子》，周必大筠州临江军刻本的《文苑英华》，苏诩筠州公使库刻的苏辙《诗集传》，福州开元寺刻的《毗卢大藏》，建安黄善夫家塾之敬室刻的三家注《史记》、《王状元集百家注分类东坡先生诗》，建谿蔡梦弼东塾刻的二家注《史记》，余仁仲万卷堂刻的《春秋公羊经传解诂》等等，不但字好，刻工刀法也好，玲珑剔透，一丝不苟，完全反映出宋代开板镌字这道工序已十分精熟。

敷墨覆纸刷印是第三道工序。这道工序当由黑墨匠和刷印匠配合完成。宋代制墨业十分发达，张邦基云："近世墨工多名手，自潘谷、陈瞻、张谷名振一时之后，又有常山张顺、九华朱覬、嘉禾沈珪、金华潘衡之徒，皆不愧旧人。宣、政间如关珪、关瑱、梅鼎、张滋、田守元、曾知微，亦有佳者。唐州桐柏山张浩制作精致，胶法甚奇。"①宋代不特墨工造墨，士大夫亦喜藏墨、品墨，乃至造墨。造墨的基本材料是松烟或桐油的油烟，宋人尤贵黄山松，故徽墨最为有名。宋代这种精良的造墨工艺，也是雕版印刷技术高度成熟的必备条件。有好墨固然重要，但印刷用墨靠墨砚相研恐怕不行，得靠调制成汁才好受用。所以古时刷印作中的黑墨匠，主要职责盖是调制稀稠适用的墨剂。稠了印不好，稀了四处漶，必须适度才能刷印。中国墨的特点是不变色，不褪色，一经写、印纸上，一两千年仍漆黑发光，且遇水亦不湮染。

有了质量好且浓淡适度的墨，剩下的环节就是刷印了。古时刷印匠的工艺有三个方面要掌握：一是敷墨要匀，在一块书版上不能这儿墨多那儿墨少，这儿稠那儿稀，那样刷出来的印张，字迹就会显得深浅不一，浓淡不一，成了花脸。必须涂墨均匀，刷出来的印纸才墨色一致，显得干净整洁。并且在多块书板上敷墨都要保持均匀，印纸之间才能墨色一致。若是这块板墨重，那块板墨轻，刷出来的印纸墨色就会很不一致，也影响书的品位。所以刷印工首先要掌握的，是敷墨手法和工艺。二是覆纸要正，上纸不正，刷出来的印纸板框行字就会歪斜，那就是废品。必须覆纸快且正，才能保证刷出来的印张是成品。三是刷印力度要匀称适度。敷墨覆纸后就差一刷，这一刷也很要功夫。用力不匀，印纸着墨程度就不同。用力大的地方，墨色会湮透纸背；用力小的地方，墨色又会显得淡薄不实。因此刷印时必须掌握用力技巧，务使印纸着力均匀，墨色一致。这方面，宋代所表现出来的刷印工艺也高度成熟。

最后一道工序是装订，这要摺配匠与裱褙匠默契配合。装订虽是印刷以外的环节，但也是出版当中必经的步骤。装订不仅是收拾印好的书叶以成册，便于典藏和阅读，亦有如为人梳妆打扮，是典雅还是低俗，是大方还是小气，书品之格调，装帧要负很大责任。所以古人于书籍装帧也单要配备摺配与裱褙两方面的工匠来加以保障。

另外能表明宋代雕版印刷技术高度成熟的实例，就是宋代已掌握雕版套印楮币的技术。由朱熹状告台州知州唐仲友私印会子的文书可知，当时雕印会子需要套印，其中的面值、专典官及字号还必须雕成一组一组的活字，以便同一票面印制不同的面值。从这

---

① [宋]张邦基：《墨庄漫录》卷六。

个角度讲，雕刻活字或组字而印制纸币的技术久已有之。

有如此成熟的雕印技术来承担图书的出版，出版的图籍其工艺何以不精湛！出版业何能不兴盛发达！反过来，宋代兴盛发达的出版事业，又何能不带动雕版印刷技术更加炉火纯青！

二、宋代活字印刷术的发明

雕版印书比用手写书、抄书有不可比拟的优越性。但雕版印书也有其自身无法克服的弱点，那就是一种书必须雕一套版，一套版只能印一种书。刻一部《开宝藏》，就得13万版。国子监刻经、传、正义也要10万版。何等惊人的规模和耗费！能否克服这种弱点，使之既省工本，又能随意生新？这是摆在宋人面前重大的技术创新课题。布衣毕昇发明的泥活字排版印书法解决了这个课题。

沈括《梦溪笔谈》卷十八《技艺门》载："板印书籍，唐人尚未盛为之，自冯瀛王始印五经，已后典籍皆为板本。庆历中，有布衣毕昇，又为活板。其法用胶泥刻字，薄如钱唇，每字为一印，火烧令坚。先设一铁板，其上以松脂、腊和纸灰之类冒之。欲印，则以一铁范置铁板上，乃密布字印，满铁范为一板，持就火炀之。药稍熔，则以一平板按其面，则字平如砥。若止印三二本，未为简易；若印数十百千本，则极为神速。常作二铁板，一板印刷，一板已自布字，此印者才毕，则第二板已具，更互用之，瞬息可就。每一字皆有数印，如'之'、'也'等字，每字有二十余印，以备一板内有重复者。不用则以纸贴之，每韵为一贴，木格贮之。有奇字素无备者，旋刻之，以草火烧，瞬息可成。不以木为之者，木理有疏密，沾水则高下不平，兼与药相粘，不可取。不若燔土，用讫，再火令药熔，以手拂之，其印自落，殊不沾污。昇死，其印为余群从所得，至今宝藏。"

毕昇发明的泥活字排版印书法，除了尚显古拙原始外，其在工序原理上已与后世铅字排印没有多大区别。而在他之后400年，德国人古登堡才掌握活字印刷法。这是中华民族的伟大发明，又是中华民族为人类文明与进步作出的伟大贡献。

毕昇发明的泥活字印书法，是原理、原创性的发明，其后海内外相继出现的木活字、锡活字、铜活字、铁活字、铅活字排版印书法，虽然每一新法在排版、印制等方面也都克服了不少困难，解决了不少技术上的难题，但不管怎么说，那只是制字材料上的更新和改进，并不是原理性的发明，不属原创之功。不管哪种材料制成的活字，其排版印书的真谛，都不出最初泥活字印书法的原理。

当我们将宋代出版业的方方面面描述后，几道史的轨迹已清晰地呈现在人们面前。一是宋代出版者涉及社会各个方面，官刻私雕共同发展的格局贯彻始终，为其同时的辽、西夏、金，为其以后的元、明、清，开创了出版业的模式与格局。二是知识不据为私有，而是资源共享，公诸同好，以广流传，嘉惠学林，这种出版思想尽管有时也难免流于口号，但毕竟是出版者不能不高扬的旗帜。这一点影响到元、明、清三代。三是官方出版行教化、重经史，坊刻看销路、重实用、应世需，这也深深影响到元、明、清。四是对出版流通管理的原则，不离稳固政权，不离稳定社会秩序，不离尊经崇儒，不离正面的社会教化。这些都深深影响到后世出版管理。

第十节 辽、西夏、金出版事业概况

一、辽代出版

1. 辽代图籍出版的社会背景

辽是以契丹族为主体建立的封建政权。契丹族在很长的历史时期内，都是以游牧和渔猎为主要社会生产活动的民族。这个民族，很长时期以来就是由八个部落组成，各部落共同选出一个可汗作首领，每三年改选一次。公元907年，耶律阿保机当选为八部落可汗，成了契丹族的领袖。阿保机建国号之后，社会生产和社会生活便随着汉化的过程急剧发生变革。阿保机任用一批汉人做他的政治顾问，并在一定程度上采取汉族封建制的生产方式，向汉人学会冶铁、种田和其他生产技术。在官制上也采取南院、北院分治的办法。

公元916年耶律阿保机称帝，建国号为大辽。是年春天，辽太祖阿保机立长子耶律倍为太子，彻底改变契丹族固有的可汗选举制，代之以汉人教给他的帝位世袭制。辽代立国伊始便有崇儒、奉佛的社会基础。为了巩固刚刚建立的辽代政权，辽太祖在崇尚儒术的同时，亦颇为尊崇释、道两家。

公元1004年，辽宋签订澶渊之盟。此后，宋在边境开辟榷场，用茶叶、丝织品、麻布、粳糯、瓷器、图书、犀角、象牙、香料等产品，换取辽的羊、马、骆驼和皮毛。这种互市的发展，加强了契丹与宋的联系，丰富了契丹民族的经济生活和文化生活。至于契丹人学习汉族文化的事例，则始自辽太祖时代。而辽代的刻书出版事业也多在这个汉化的过程中逐步发展。

契丹族原无文字，有事便以刻木为约。清代李有棠所撰《辽史纪事本末》中，辽太祖神册"神册五年春正月乙丑，始制契丹大字，未几成，颁行之"条下"考异"，引陶宗仪《书史会要》云："辽太祖用汉人以隶书之半增损之，制契丹文字数千，以代刻木之约。"这是契丹人建国之后采取的一项重大文化措施，目的在于提高整个契丹族的文化素质。

上述政治、经济、文化政策的实施，为辽代刻书出版事业的发展提供了必要的社会条件。

2. 辽代图籍出版概况

辽代的雕版印书，从辽圣宗耶律隆绪到辽道宗耶律洪基这100余年间较为发达。其

第五章 宋、辽、西夏、金出版事业的勃兴

中最著名的雕版印书就是《辽藏》。辽自圣宗统和元年至道宗清宁十年（983—1064年）的82年中，尝以"契丹"为国号，故《辽藏》又称为《契丹藏》。《契丹藏》在我国历史上是非常有名的《大藏经》。1974年7月，于山西省应县佛宫寺释迦塔内四层主像——释迦牟尼像腹内，发现了12卷《契丹藏》。

就版式而言，这些经卷绝大多数为四周单边，少数上下双边。而现存《开宝藏》则每纸23行，行14字。两者版式行款截然不同，且同经的译者、卷数也很不相同。而勘以直接覆刻《开宝藏》的《赵城金藏》，则知《契丹藏》前480帙忠实于《开元录藏》，而与《开宝藏》前480帙迥然有别。可证，《契丹藏》并不来源于《开宝藏》，而来源于唐代的《开元录藏》；上述《契丹藏》的款式、经文也反映的是《开元录藏》。在汉文《大藏经》的历史上，《契丹藏》的价值和地位应高于《开宝藏》。

辽刻《契丹藏》本《妙法莲华经》卷第二

"北朝皇帝好佛法，能自讲其书。每夏季，辄会诸京僧徒及其群臣，执经亲讲。所在修盖寺院，度僧甚众。因此僧徒纵恣，放债营利，侵夺小民，民甚苦之。然契丹之人缘此诵经念佛，杀心稍悛，此盖北界之巨蠹，而中朝之利也"①。这是北宋苏辙出使辽国之后，写给北宋皇帝的奏章之一。表明当时以皇帝为首的上层人物崇信释教。上行则下效，自然会形成社会风气。因此，辽代公、私之雕印佛经和与佛教有关的书籍为多。

辽代崇佛，不仅表现在大型释教丛书《契丹藏》的两次雕印出版上，还雕印出版

---

① [宋]苏辙：《栾城集》卷四十二《北使还论北边事札子之二：论北朝政事大略》。

了许多单经和与佛经有关的其他书。除佛经之外，辽代也还刻印出版过一些四部书。开泰元年（1012年）"秋八月丙申，铁骊、纳苏等送乌舍百余户至宾州，赐丝绢。纳苏乞赐佛像、儒书。诏赐《护国仁王佛像》一，《易》、《诗》、《书》、《春秋》、《礼记》各一部"①。这是辽代在崇信佛教的同时，又尊崇儒家的具体表现。

辽代的燕京（即辽南京）是个刻书出版的中心地区。宋代以浙江、四川、建阳为刻书的中心地区。辽与北宋基本同时，其以燕京为中心开展刻书出版事业，使北京成了我国历史上北方的刻书出版中心。这在中国书史和中国出版史的研究上，具有极为突出的价值。如果再把西夏刻书出版的中心地区西北，金代刻书出版的中心地区山西综合起来加以研究，则10—13世纪的300余年中，在神州大地，雕印出版事业已遍及大江南北、大河上下、西北边陲、燕山脚下，在当时的世界上，无疑它是最先进最辉煌的，占有绝对领先的地位。

3. 辽代出版图籍的装帧艺术

辽代出版图书的版式有许多特别之处，很值得研究。其印纸多为唐人写经习用的硬黄纸。辽立国早于北宋，而国祚与北宋相差不多，地处朔北，故仍多用麻类植物造纸。所谓硬黄纸，多是经过染潢的麻纸。辽代版印释家大藏《契丹藏》肯用硬黄纸，这在中国释家大藏雕印史上还是仅见的，足见其诚心恳到和不吝铺张的虔诚。

山西应县木塔所出辽刻《契丹藏》12单卷，均四周刻有边栏，行字之间无界行。但四周边栏的状况经与经之间却有不同。如《大方广佛华严经卷第四十七》是左右单边、上下双边。《称赞大乘功德经一》、《大法炬陀罗尼经卷第十三》、《大方广佛报恩经卷第一》、《中阿含经卷第三十六》、《阿毗达磨发智论卷第十三》都是左右单边。表明辽刻大藏四周单边者多。应县木塔发现的辽刻单经，有15件都是左右单边，上下双边、左右单边者2件，上下单边、左右双边者4件，四周双边者6件。辽刻《妙法莲华经序品第一》版式则完全是四部书的书叶状。四周双边，每半叶8行，行16、17字不等。行字之间没有界行。首行为空行，镌有界行线。这一行的上端则镌印墨色鱼尾。上下版之间已开雕版口，形成版心。版心竖直的中间通上到下镌印一道墨线，显然是当作折叶时的中缝线。版口上下的中间，骑着中缝线又镌印长方形线框，框内上镌"第一"，即"序品第一"之简化。下镌叶码。这显然是五代刻书至宋代刻书的过渡性版口形式。卷首扉画则为四周双栏，内外栏线之间镌印钱纹、鱼尾及金刚杵图饰。道宗以后雕印的《佛名集》，则左右双边，开镌版口。版口上下的中间又上镌一道横线、下镌一道横线，两横线之间镌印叶码。燕台大悯忠寺常住院内新雕《诸杂赞》，则为四周双边，无界行。版口形式与《佛说八师经》相类。首行有界行，界行上镌鱼尾，鱼尾下镌"燕台大悯忠寺常住院内新雕诸杂赞随名各列如后"，字下又镌一横线。第七行上端又镌鱼

---

① ［清］李有棠：《辽史纪事本末》卷六《西北部族属国叛服》。

尾，鱼尾下镌"诸杂独会赞四十五会"，隔三字又镌"毗卢佛赞一"。这里的鱼尾显然为标示题目而用的。这种版式极为少见，别具一格。辽兴宗之后所刻《蒙求》，为该书现存最早的孤罕刻本。版框高20.4厘米，广25.8厘米。左右双边，上下单边。每半叶10行，行16字。由于是韵文，每四字一句。每行每句之间都有间隔，所以整个版面横向形成三道未着墨的白空格，空格不整齐。中间开雕了版口，但版口极窄。版口中间镌印叶码，其余无任何镌饰。每卷卷端镌题"蒙求卷上、中、下"，这一行题名的左边竖直镌有界行。卷下首叶书楣镌饰手舞足蹈人像，为历来版印图籍所仅见。

从这些图籍的版式，看得出是从唐五代刻书的版式脱胎而来，但较前精细。其特点是未定型，未定格，重实用，轻美备。但古朴大方，庄重肃穆，这本身也是一种美。

应县木塔发现的大藏、单经，有不少都带有卷首扉画，可见辽代版印图籍的插图形式仍以卷首扉画为主，至少卷轴装的大藏、单经是如此。同时还发现单独镌印的佛画数幅，如《南无释迦牟尼佛像》、《药师琉璃光佛说法图》、《炽盛光九曜图》等，都是极为珍贵的版画。这些木版雕印的佛教版画中，价值最高、最值得称道的是彩印《南无释迦牟尼像》。"释迦扶膝端坐于莲台，披红色衣。头部光圈内红外蓝。肉髻之下微见白毫相。顶部华盖饰宝相花，帛幔下垂。华盖两旁饰以天草，其外印有'南无释迦牟尼佛'七字，字左反而右正。佛前四众（比丘、比丘尼、男居士、女居士）合十肃立于下两角。另有合十肃立、头有钗饰者，似为供养人。两化生童子，身绕祥云。画面结构繁复，布局紧凑"。这幅画的"印制方法，我们认为属于丝漏印刷。似是以两套版印刷，先漏印红色，后漏印蓝色。至于字地上的黄色，则是用笔刷染的。这和我国民间镂孔印染花布的方法基本相同。由于漏印方法不容易印出精细的线条，因此以笔勾画眉、眼、口、鼻、手、足和服领，而身形穿着显得不甚清晰"。足见辽代在雕版印刷术上，特别是在套色彩印的技术上，在我国出版印刷事业史上占有重要的地位和光辉的篇章。

辽代版印图籍的装帧形式，统和《契丹藏》为卷轴装式。应县木塔所出12卷此藏，轴、杆、飘带、别子还多为原物，证明了它们是卷轴装。35件单刻佛经，30件亦为卷轴装，而《妙法莲华经卷第一》、《佛说八师经》、《佛名集》、《八师经报应记》四件则是蝴蝶装。其中《妙法莲华经卷第一》（Ⅲ），原为卷轴装，后改为线装，即右上角用线横索穿连。而应县木塔所出杂刻中的《蒙求》、《新雕诸杂赞》、《卜筮书》则亦为蝴蝶装。这说明辽代图籍，特别是佛经，大部分是卷轴装，少数佛经和四部书是蝴蝶装，和北宋图籍的装帧形式相近。

二、西夏出版

1. 西夏图籍出版的社会背景

宋宝元元年（1038年，夏天授礼法延祚元年）元昊正式立国为帝，国号大夏，世称西夏。西夏是中国中古时期一个重要的多民族王朝，它以党项族为主体，境内还有人数众多的汉族以及回鹘、吐蕃等族。西夏先与北宋、辽鼎立，后与南宋、金对峙。西夏历十代帝王，享国 190 年，有广袤而大体稳固的领土，有完备的典章制度。它武功赫赫，文教兴盛，在宋、辽、金、吐蕃、回鹘之间，有着举足轻重的地位。西夏的出版事业比较发达，这与它的历史文化发展有密切关系。

西夏的文化事业很发达。西夏统治者提倡民族文化，重视民族礼仪，保留原始民族宗教信仰，同时也大力吸收其他民族文化，时而强调蕃礼，时而强调汉礼。西夏在不同时期强调蕃礼或汉礼的过程中，使汉族文化和党项族文化都能得到发展，交相辉映，融汇吸收而形成有民族和地方特点的西夏文化。西夏文字的创制和推行，在西夏的文化事业中具有极为重要的意义和突出的民族特点。西夏文字创制于西夏正式立国前两年（1036 年），在元昊的倡导和支持下，由大臣野利仁荣创制。西夏文制成后不久便有了西夏文书籍的出版。西夏立国当年就着手翻译佛经，可以说创制西夏文字的一个重要原因是为了译经。

西夏文属于表意性质的方块字，文字形式和汉字相近，共有 6 000 多字。西夏文在境内作为国字广泛流行，汉文也同时使用，有时也使用藏文。在西夏立国 190 年的时间内，出版了大量的西夏文、汉文书籍和一些藏文书籍。这些出版物是西夏文化最重要的载体。

2. 西夏图籍出版概况

出版事业是西夏文化事业中很重要的一项。现存的西夏图籍近 500 种，共有数千卷册。

西夏统治者深知中原王朝有源远流长的文化，有丰富的典籍，要提高和发展西夏的文化，必须大力吸收、借鉴中原地区的文化营养。因此，翻译、出版中原地区的著作成为西夏出版的重要组成部分。西夏不仅从中原汉族地区引进、翻译世俗著作和佛教经典，还把西部藏族地区的藏传佛教经典翻译过来，特别是还把本朝编纂的重要西夏文著作译成汉文。西夏出版中译著的繁荣不仅与同时的宋朝不同，与同是少数民族为主体的辽、金王朝也很不相同。辽、金王朝虽也创有民族文字，但少数民族文字的应用和出版都难以和西夏相提并论。

西夏建国前，元昊命野利仁荣创制西夏文字后，将《孝经》、《尔雅》、《四言杂字》译为西夏文。所译《孝经》、《尔雅》、《四言杂字》应是翻译著作，可能是西夏最早出版的书籍。

西夏人不仅翻译儒学经典，还为中原地区有影响的儒学著作注释解义。西夏仁宗时的国相斡道冲"八岁以《尚书》中童子举，长通《五经》，为蕃汉教授。译《论语注》，别作义二十卷，曰《论语小义》，又作《周易卜筮断》，以其国字书之，行于国中，至今存焉"[①]。斡道冲是番族（即党项族）人，儿时以《尚书》中童子举，当时

---

① ［元］：虞集：《道园学古录》卷四《西夏相斡公画像赞》。

第五章 宋、辽、西夏、金出版事业的勃兴

《尚书》可能已译成西夏文，成为出版物，并进入学校教学。斡道冲所作的《论语小义》和《周易卜筮断》属于西夏学者以中原经书为基础撰著的作品。由于西夏统治者和社会的需要，西夏还将中原地区影响较大的史书和类书翻译或节译为西夏文本。唐代吴兢编撰的《贞观政要》，总结了贞观之治的经验，是一部被历代统治者十分看重、流传很广的资治之书。西夏在接受儒学的同时也接受了中原王朝治国的原则和理论。西夏把《贞观政要》节译为西夏文本，名为《德事要文》，刻印出版。

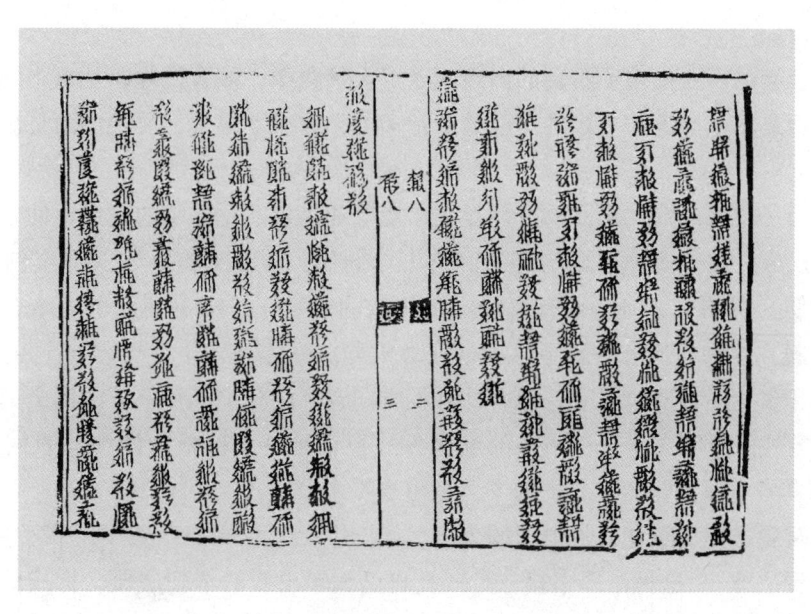

西夏文译《论语》

西夏后期编印出版的另一部重要书籍是番大学院教授曹道安编译的西夏文《德行集》，根据节亲嵬名渊计的序言可知，此书是奉敕命为刚登基不久的桓宗皇帝治国参考而编辑的，其序言明确写道："因此圣旨已出，乃命微臣纂辑古语，择抉德行可观者，备成一本。臣等……欲使圣帝察前后兴衰本，知古今治乱源。然无直入之门，无所行道，今悟不存。因得敕命，敬上顿首，欢喜不尽，结合众儒，纂集要领。……引古代言行以为本，名为《德行集》。谨以书写，献于丹池。"不难看出，作者编辑此书目的即摘译中原古代经史中有助于治国安邦的言论，供年轻的皇帝披览，以明治国之道，以利维护统治。当然此书的印刷出版又大大扩充了它的使用范围①。

西夏大力提倡佛教，统治者率先尊崇，在政策上加意保护，佛教始终是西夏的第一宗教。

西夏文字创造后，大规模翻译出版佛经的事业就开始了，这为佛教在西夏进一步流传、发展打下了基础。西夏文《过去庄严劫千佛名经》发愿文中记有："夏国风帝新起

---

① 《俄藏黑水城文献》，第 11 册，142~155 页。参见聂鸿音：《德行集研究》，甘肃文化出版社，2002 年。

· 245 ·

兴礼式德，戊寅年中，国师白法信及后禀德岁臣智光等，先后三十二人为头，令依蕃译。"又藏于德国的西夏文《妙法莲华经》序明确记载了"风角城皇帝，以本国语言，兴起蕃礼，制造文字，翻译经典"的史实①。"风帝"和"风角城皇帝"都指元昊，"戊寅年"为元昊称帝的1038年。西夏建国初期用了50多年的时间将《大藏经》翻译成西夏文，称作"蕃大藏经"。这部大藏经共有820部，3 579卷②。它是西夏王朝数量最大的出版物，在西夏出版史上占有重要地位，在中国佛教史，乃至中国文化史上也有特殊的地位。

西夏社会的需要推动了西夏的出版。除了大量翻译一些著作外，从出土的西夏图籍可以看出西夏本土撰著的书籍种类也是非常多的，数量也很大，反映出西夏出版的规模和繁荣程度。

西夏为了发展民族文化，推行西夏文，规范和扩大西夏文字的使用，便效法中原王朝和其他民族，编印多种类型的字书和韵书。例如，西夏文韵书《文海宝韵》是类似汉文《切韵》的韵书，但它又有解释文字构造的内容，是字书和韵书的结合。西夏文字书《音同》全书将所有西夏字以声母分为9类，每类中又分为若干语音相同的字组，每组中包含多少不等的西夏字，也有部分没有同音字的独字。每字下以同义词、反义词和注释等方式解释字义。这种字书的编排方式也很独特。包括韵图和韵表的《五音切韵》是西夏另一部重要的西夏文韵书，也出自黑水城。

编纂西夏法典是西夏出版史中的大事。《宋史·夏国传》上载西夏开国皇帝景宗元昊"案上置法律"。这种法律书籍，是西夏自己编辑出版的本朝法典，抑或借鉴其他王朝的法律著作，难以确定。在出土的西夏文献中有比较完整的西夏王朝法典《天盛改旧新定律令》（以下简称《天盛律令》），《天盛律令》是一部系统、完备的王朝法典，是成书于12世纪中期、以西夏文刊印的大型法律著作③。此外又有以《天盛律令》为基础的《新法》、《法则》等。此外还有军事法典《贞观玉镜统》。

西夏还出版了一种大型西夏文类书《圣立义海》，它直接记录了西夏的自然状况和现实社会制度与生活。由于西夏社会教育的需要，除官修的经、史、类书外，又有多种蒙书出版。例如，西夏文—汉文双解词语集《番汉合时掌中珠》就很有特点。全书共37页，以天、地、人分类，将社会上常用词语按天形上、天相中、天变下、地体上、地相中、地用下、人体上、人相中、人事下分为九类，其中以人事下内容最多。《新集碎金置掌文》（以下简称《碎金》）也是蒙书的一种，约成书于12世纪初期以前。全文1000字，每句五言。西夏还编辑了一种汉文本《杂字》，这是西夏保存至今为数不多的汉文世俗著作之一。

---

① 史金波：《西夏佛教史略》，卷66 - 67页，宁夏人民出版社，1988年。
② 史金波：《西夏文〈过去庄严劫千佛名经〉译证》，《世界宗教研究》，1983（1）。
③ 史金波、聂鸿音、白滨：《西夏天盛律令》，《中国珍稀法律典籍集成》甲编第五册，科学出版社，1994年。

此外，西夏还编纂出版了一些文学作品、历书和医书以及佛经。过去有专家认为西夏只翻译佛经，没有自己编撰的佛学著述。其实西夏一些僧人编撰了不少佛学著述，有的以汉文出版，有的以西夏文出版。

西夏的出版是在中国总体文化底蕴的基础上兴盛起来的，其出版形式也受到中原先进而多样出版形式的重要影响。西夏在文化事业迅速发展过程中，为了满足社会对书籍的需求，重视图籍出版的复制技术，大力发展了刻印出版事业。西夏在当时宋朝发达的刻印出版的影响下，不仅应用了汉文书籍的出版，同时开创了西夏文字图籍的雕印出版。特别是北宋毕昇发明活字印刷术以后，西夏很快将活字印刷应用于图籍出版，并形成相当规模，发展了活字印刷出版。与此同时，西夏还有不少图籍以写本的形式流传。

西夏雕印出版的书籍不仅种类很多，有的一种刻本就有很多卷册。如西夏法典《天盛律令》共有20卷，类书《圣立义海》也有15卷之巨。不少佛经也是多卷本。有的刻本书籍还有不同的版本。如世俗著作《音同》、《番汉合时掌中珠》都非只一种版本，西夏文佛经《金刚般若波罗蜜多经》、《现在贤劫千佛名经》、《大乘圣无量寿经》、《佛说阿弥陀经》、《种咒王阴大孔雀明王经》、《圣大乘大千国土经》等，汉文佛经《金刚般若波罗蜜多经》、《大方广佛华严经普贤行愿品》、《观弥勒菩萨上生兜率天经》等也都有多种版本。可见现存的西夏刻本书籍数量之多。西夏当时出版的刻本书籍的数量就更难以估量了。

3. 西夏出版图籍的装帧艺术

西夏出版书籍数量大、种类多，因而它们的形制也是十分复杂，多姿多彩。

西夏书籍版面大小不一，多种多样，主要分为写本、刻本两种。写本书籍不像印本那样受到印板等条件的限制，其大小随意性较强。西夏蝴蝶装多数叶面大小相差不远。如西夏文《孝经》每面（一页为两面）宽和高为14.7×24厘米。有的极小，如西夏文《妙法莲华心经》为5.5×7.4厘米，可算作微型本。西夏经折装写本都是佛教著作，如西夏文《大般若波罗蜜多经》其大小与世俗著作相比稍高，为13.5×29厘米，很多高度超过30厘米。也有极小的版本，如西夏文《佛说长寿经》为3.5×4.2厘米，是目前所见最小的书。长卷装除个别世俗著作外，绝大多数是佛经。其高度一般在30厘米上下，也有的在20厘米左右；其宽则因经文长短和书写情况而相差很大，有的几十厘米，有的几百厘米。这些长卷多是由很多幅纸前后粘贴而成，但因年代久远，粘连处多数已经脱节。梵夹装一般宽50或60多厘米，但它又比藏文长条书高大，这可能与西夏文竖写有关，因为竖写时若叶面不高每行写不了几个字就要另起一行。

西夏的木刻本蝴蝶装多为世俗著作，版面相近。如《文海宝韵》为18×29厘米，《音同》为18×24.5厘米或19×26.5厘米等。其版面与当时流行的宋、金版本很相近。一般说来，西夏文刻本经折装书籍宽在10～13厘米左右，高分别在20、25、30厘米左右三个档次。

西夏木刻本也有个别卷轴装，如西夏文《诸说禅源集都序》因文中有类似图表的很多连线，不便分页而用卷装的形式，此经宽314厘米、高24厘米，由若干纸粘接成卷，每纸25行。

西夏书籍还有多种多样的装帧形式。有卷装、蝴蝶装、经折装、缝缋装、包背装、梵夹装（长条书式）等，还有两种形式之间的过渡形式，其中以中古时期流行的卷装、蝴蝶装、经折装为大宗。

西夏卷装书多是写本，且大部分是佛教著作。如西夏文《魔断问答要论》是长380厘米、高20厘米的长卷。有的刻本佛经因有表、图，难以按固定页面折叠，便采用卷装形式，如前述《诸说禅源集都序》。蝴蝶装在宋朝才开始出现，是西夏流行的装帧形式之一，西夏的写本和刻本都有不少蝴蝶装，尤以刻印的世俗著作为最多。写本中世俗文献有西夏文《文海宝韵》、《五音切韵》、《义同》、《三才杂字》等，佛教文献有西夏文小本《妙法莲华经》、《佛说父母恩重经》等。刻本中有西夏文—汉文对照的《番汉合时掌中珠》，西夏文《文海宝韵》、《音同》、《天盛律令》、《贞观玉镜统》、《三才杂字》等，佛教著作有西夏文《大方广佛华严经普贤行愿品》、《摩诃般若波罗蜜多经》等。西夏文活字版《三代相照言集文》也是蝴蝶装。有的蝴蝶装书背松散后为防止散乱、页面颠倒，便加线钉，如《圣妙吉祥真实名经》。经折装也是当时常见的装帧形式，多用于佛经。写本如西夏文《大般若波罗蜜多经》，此书共有几种写本，约两千卷。又有《大方广佛华严经》也是多种卷册。缝缋装是写本的一种装帧形式，把单页纸左右对折再上下对折，或上下对折再左右对折，将若干折叠好的单页在中缝线订成迭，然后再根据需要将数迭缝缀成册。装订后再书写。宁夏方塔出土汉文《诗集》、《修持仪规》就是缝缋装①。粘叶装也是写本的装帧形式，将双叶纸对折后逐叶粘贴折缝的边缘，有时加粘单叶纸，纸质较厚，双面抄写。俄藏汉文《金刚亥母集轮供养次第录》、《拙火能照无明》等皆是②。包背装是在蝴蝶装的基础上发展而成的一种册页装订形式。其特点是书页正折，版心朝外，在与版心相对的书页余幅处打眼用线捻穿钉，然后用一张厚纸对折后粘于书脊，把书背包起来。如西夏文写本《圣六字增寿大明王陀罗尼》、《大悲心陀罗尼经》等。梵夹装大约起源于印度的贝叶书，后来藏族借鉴这种书籍装帧方式，发展为长条书。西夏的梵夹装由又藏文长条书装式发展而来，在西夏书籍装帧中很有特点。这种书由很多规格相等的长条纸页组成。如《慈悲道场忏法》、《大方广佛华严经》、《圣大悟阴王随求皆得经》、《圣大乘守护大千国土经》等。这种把用来书写横写拼音文字的长条书式改进成书写竖行方块字的书籍装帧形式，是西夏人的一种创造，它丰富了中国书籍的装帧形式。

不难看出，西夏的书籍装帧形式是多种多样、丰富多彩的，不但有中古时期几乎所有的装帧形式，而且有多种过渡形式，为研究中古时期的写本和印本书籍形式提供了大

---

① 牛达生：《从拜寺沟方塔出土西夏文献看古籍中的缝缋装》，《文献》，2000（2）。
② 《俄藏黑水城文献》，第5册，第236－258页。

量的实际资料。西夏书籍在古籍装帧形式中占有重要的地位。

由于西夏书籍写本、刻本多种多样，版本大小不一，装帧形式复杂多变，这就决定了西夏书籍行款、边栏和版心的丰富多采。

西夏书籍的行款随意性较强，并没有一个统一的规范。例如：写本一般每面5－8行，每行十几字至二十几字不等。写本卷装佛经系由一纸纸粘连而成，每纸也因纸幅大小、字体大小而不同，每纸一般有30－40行左右，每行约在20字以上。然而有的本子很小，如《妙法莲花心经》每面只有3行，每行7字。写本长条书装一般每页纸幅较大，每页行数较多，如《大方广佛华严经》每面21－24行，每行字数不等，约为10－13字，有的每面30行，每行14字；《种咒王阴大孔雀经》每面30行，每行13字。也有纸幅小的如《圣摩利天母总持》每面17行，每行6－7字。书籍的边栏和界格不仅规范了书籍的行格，也美化了页面。西夏的边栏和界格的形式也很丰富，与宋朝的书籍一脉相承。由于它的种类很多，丰富了我们对中古时期书籍边栏和界格的认识。比如写本《文海宝韵》上下单栏，左右双栏；《五音切韵》有的四周单栏，有的上下单栏，有的则没有栏框；《新法》一般没有栏框，有的上下有单栏；《新集碎金置掌文》上下单栏。写本卷装很多无边栏，如《常所作法事》。写本经折装多为上下单栏，写本蝴蝶装有的四周单栏，个别是四周双栏，如《圣慧到彼岸庄严注释补》。写本包背装有四周单栏，有的上下单栏。写本梵夹装有的无边栏，有的上下单栏，如两种《大方广佛华严经》；有的四周单栏，如《圣摩利天母总持》。版心又称页心，指书页折叠的地方。西夏刻本的版心与同时代的宋版书一样，有白口和黑口之分，其中为折叠作标记用的鱼尾以及版心中的书名、卷次、页码、刻工姓名等项内容，也很丰富。如刻本《文海宝韵》白口，上下皆无鱼尾，上部有西夏文书名《文海宝韵》的简称"文海"二字，以及标志本页属该书平声部分、上声部分或杂类部分的简称标志"平"、"上"或"杂类"字样；下部有西夏文页码。

西夏书籍和其他中国古书一样，有附带物件。有的为了使用方便，如卷轴；有的附件为了保护书籍，如书皮、封面、系带；有的为了便于查找翻阅，如书皮上的签题。这些附件也可以起到装饰和美化书籍的作用。

三、金代出版

1. 金代图籍出版的社会背景

金代是女真族建立的封建王朝。女真族是个极其古老的民族。契丹族建立辽国之后，女真族便处在契丹贵族的统治之下，并确立了"女真"的译名。公元1115年，即天庆五年的正月初一，阿骨打即皇帝位，国号大金，建元"收国"。阿骨打就成了金朝的开国皇帝，史称金太祖。

阿骨打建立大金国之后，立即命欢都之子完颜希尹创制文字。《金史》卷七三《完颜希尹传》载："金人初无文字，国势日强，与邻国交好，乃用契丹字。太祖命希尹撰本国字，备制度。希尹乃依仿汉人楷字，因契丹字制度，合本国语，制女直字。天辅三年八月，字书成，太祖大悦，命颁行之……其后熙宗亦制女直字，与希尹所制字俱行用。希尹所撰谓之女直大字，熙宗所撰谓之小字。"金熙宗天眷元年（1138年），又颁女直小字。同年九月，金熙宗下诏，凡任命女真、契丹和汉人官员的诰命，都可各用该民族的文字书写。这表明契丹字、汉字和女真字，都是当时官方通用的文字。这种文字的通用，意味着女真人视野较宽，善于吸收比他发达的契丹文化和汉文化，从而很快地壮大了自己、提高了自己。

女真人建国后，非但在创制文字方面煞费苦心，在立官制、建都城、营宫室、定礼仪等方面，也极力模仿汉族制度。并且大胆利用汉人，参与谋立金朝的典章制度。特别是其中的文化、教育机构，则几乎与汉制无殊。

女真人建国后，从大小女真文字的创制，到兴学立教、尊孔读经、科举选士，乃至于大量索取宋刻图籍、版片，这一切，表面看来似乎与金代刻书出版事业没有什么直接关系，但金朝政府这一系列的文化举措，却把整个社会的文化气氛烘托了起来，构成了金代出版事业也在不断发展的社会背景。

2. 金代图籍出版概况

金代在太祖、太宗时期，还处在以武功开创基业的阶段，尚难顾及刻书出版事业。然自熙宗亲祭孔庙、尊孔读经，海陵王天德三年又置国子监以养士，贞元元年迁都燕京，到大定、明昌间，则典章礼乐灿然大备，其刻书出版事业亦随之而兴盛起来。

金代中央朝廷刻书出版首推国子监。然在金代国子监建立之前，北宋汴京旧监仍在刻书，亦未尝不可视为金代监刻书籍的序幕。金代自己创设国子监是在海陵王完颜亮天德三年（1151年），较皇统四年晚七年。其职能率由北宋国子监之旧章，除培养士子之外，还担任刻书出版的任务，尤其是正经正史，其标准的范本，盖皆由国子监雠校刊印出版。

《金史·选举志》称："凡养士之地曰国子监……凡经，《易》则用王弼、韩康伯注，《书》用孔安国注，《诗》用毛苌注、郑玄笺，《春秋左氏传》用杜预注，《礼记》用孔颖达疏，《周礼》用郑玄注、贾公彦疏，《论语》用何晏集注、邢昺疏，《孟子》用赵岐注、孙奭疏，《孝经》用唐玄宗注，《史记》用裴骃注，《前汉书》用颜师古注，《后汉书》用李贤注，《三国志》用裴松之注，及唐太宗《晋书》、沈约《宋书》、萧子显《齐书》、姚思廉《梁书》《陈书》、魏收《后魏书》、李百药《北齐书》、令狐德棻《周书》、魏徵《隋书》、新旧《唐书》、新旧《五代史》；《老子》用唐玄宗注疏，《荀子》用杨倞注，《扬子》用李轨、宋咸、柳宗元、吴祕注。皆自国子监印之，授诸学校。"足见金代国子监设立之后，为了给士子确定读本，由国子监雕印出版了九经、十四史和三子，凡26种书。表明金代国子监设置伊始，就紧紧围绕教育的需要，刊行出版了经、史、子三部的重要图籍。这是金代国子监从事刻书出版业的事例与明证。

金代中央除国子监专司刻书之外，秘书监、史馆等机构似也兼事刻书出版。金代史

第五章 宋、辽、西夏、金出版事业的勃兴

馆刻书，有例可证。泰和六年（1206年），宋李爽率兵围攻寿州。金刺史徒单义募人往斫爽营，寿州人魏全在募选之中。待魏全斫营时，为李爽所执捕。李爽对魏全说，你若能为我骂金主，便免你一死。执全至城下，反骂宋主。爽怒而杀之，全至死骂不绝口。事奏金帝，帝"赠全宣武将军、蒙城县令。封其妻为乡君，赐在州官舍三间、钱百万。俟其子年至十五岁，收充八贯石正班局分承应，用所赠官荫，仍以全死节送史馆，镂板颁谕天下"①。表明金代史馆是刊印出版过这类忠义节烈性传记文字的。

金代除有些中央机构从事刻书出版，还在平阳（今山西临汾）设有专门的刻书出版机构。这种机构的性质，类乎后世清朝各省的官书局。由于官书局的带动，平阳麇集了很多刻书坊肆和出版家，很快发展成为中国北方出版中心。如此地刊印出版的《黄帝内经素问》、李子文刊印出版的《增广类林》，王宅中和轩刊印出版的《道德宝章》等，都出自平阳书铺之手。其刊印之精，亦不下于南宋。如姬家雕印出版的《四美图》，便极为精致，是靖康之变以后平阳坊刻招贴版画的代表作。是用墨版印在一张高二尺五寸、横一尺有余的黄纸上，可以看成是我国现存最早的独幅招贴画。是我国木刻版画中带有划时代意义的杰作，也是金代刻板印刷工艺高超水平的代表作。

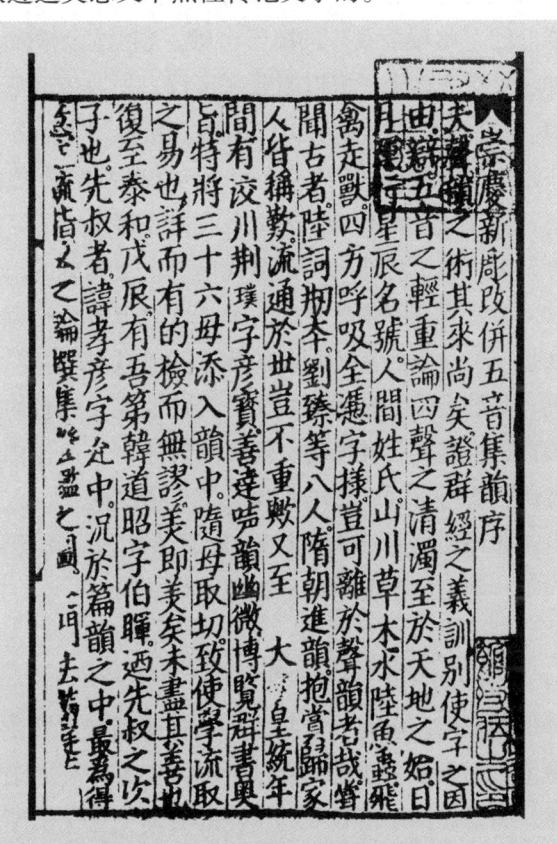

金刻本《崇庆新雕改并五音集韵》

金代统治者，起初并不怎么崇奉佛教，直到金世宗完颜雍大定十四年（1174年），金主仍谕宰臣曰："闻愚民祈福，多建佛寺，虽已条禁，尚多犯者。宜申约束，无令徒费财用。"② 这反映了两方面的问题：一方面固然反映了统治者对佛教，或者说对人民崇信佛教的态度；但另一方面也表明了人民对佛教笃信之深。历史上无数的经验证明，当限制、反对人民的普遍信仰而可能引起社会混乱，动摇、干扰统治基础的时候，统治者又会反转过来适应百姓的积习，以维护自己的统治。金代统治者对佛教的态度，就表现得比较典型。

---

① 《金史》卷一二一《忠义传一》。
② 《金史》卷七《世宗本纪中》。

金代的大寺院，几乎都是大地主和高利贷的发放者，蓄资之后，便想做功德，发愿刻经。皇统九年（1149年）太原府榆次县小冀村刻印出版《大方广佛华严经合论》。大定四年（1164年）僧正明净尽出粟帛、赵统经酒官视局五台山捐金，合力刊印出版《清凉传》、《广清凉传》、《续清凉传》。贞元初年（1153年）善昶和尚在宝坻大觉寺"建内经一藏，漆函金饰，工制瑰玮"①。这些都是金人雕印补刊佛经的真实记录。

金民间信佛积习日深，朝廷不做的事，却由民间募化集资完成了，这就是迄今仍然传世的《赵城金藏》的雕印出版。《赵城金藏》又称《金藏》，其之开雕，是由潞州崔进之女崔法珍十三岁以断臂之苦行，先后带动五十人断臂，募化众缘，共同做成的大功德。《金藏》依《千字文》编帙，起自"天"字，止于"几"字，凡782帙。"几"字帙收有《万善同归集》，这表示功德已经圆满之意，说明《赵城金藏》于大定时已经刻完。综计《金藏》应有7 182卷，今存4 800多卷。《金藏》的出版，虽是民间僧俗的募刻本，但工程浩大，是金代出版史上光辉的篇章，在中国出版史上也是光辉的一页。

金代除雕印佛教单经大藏外，对道教也很崇信，于道教典籍的刊印出版也很积极。这是与契丹、西夏所不同的地方。道教自从王喆创立全真教之后，谭处端、马铨、丘处机、刘处玄等到处宣扬教义，失业的流民入教的也很多。因为一入道观，非但可以解决衣食，逃避兵役和捐税，还可随时还俗。这比佛教的清规戒律要宽松得多，故教徒发展极快，势力日强，影响日深。道士道姑既众，宣传道教教义的道教典籍自然也就刊布日广。如谭处端的《水云集》，在百年之内竟刻印出版4次，流布非常普遍。至于道书的刊印，则更是空前绝后，雄视百代。

3. 金代出版图籍的装帧艺术

在金代，东北、华北、西北各地都有造纸业。且北方麻科植物多，金时仍以造麻纸为主。迄今山、陕仍有麻纸生产，盖为传统之余绪。金时北方有如此优越的纸墨生产条件，为金代刻印出版纸墨精良的典籍奠定了丰厚的物质基础。

金人破汴时，不仅对公藏私弃的典籍及典籍版片，车载斗量地席卷而去，而且对各种工匠，其中包括刻字匠、刷印匠、装裱匠，也掳以北还。这些工人，特别是汴京的刻印工人，他们训练有素，技艺高超。人虽为金人北掳，但到北方后却让他们旧业重操，继续进行刻板刷印工作。这就决定了金代刻书的版式、插图、装帧，均带有浓重的宋刻风格，品位也与宋刻方轨并驾。

存世的4 800多卷的《赵城金藏》，约开雕于金皇统九年（1149年），相当于南宋高宗绍兴十九年，竣工蒇事于金大定十三年（1173年），相当于南宋孝宗乾道九年，7 000余卷，通为麻纸印造，卷轴装。全藏分为两种版式，属于翻译过来的经、律、论、赞为一种版式，每版框高22厘米，23行，行14字，上下单边，无界行；属于中土的

---

① 《金史纪事本末》卷二三，金张瓒：《大觉寺碑记》。

入藏著述，每版框高25.2厘米，26行，行25～26字不等，上下单边，无界行。《金藏》是崔法珍以断臂苦行募资镌刻而成的，然每经究由谁发愿出资，便镌刻愿主姓名，崔法珍决不贪天之功据为己有。该经字体质朴厚重，严谨肃穆，颇具唐人写经神韵，颜体风格犹存。镌刻刀法娴熟稳健，一丝不苟。

世俗著作如平水刻《刘知远》诸宫调，框高10.3厘米，广7.8厘米。每半版12行，行20字，白口，左右双边，有界行。诸宫调《刘知远》与董解元《西厢记》齐名，是传世诸宫调两种最古的脚本。此书版口为双顺鱼尾，而这种鱼尾符号又用来标示"商调"、"回戈乐"、"尾"、"正宫"、"应天长缠令"等题调名称。又镌有句读圆圈"○"。这是我们见到的较早的文学书籍的版式。平水刻《黄帝内经素问》框高18.3厘米，广13厘米。每半版13行，行约26字。注文双行，行30字。白口，四周双边，有界行。中医金元四大家，金占其三，表明金对医人治病十分重视，故出版印制医经、药书也较著名。此为医经之首。版式取白口，四周双边，足见其精雕细镂。

《天禄琳琅书目》金版史部著录金刻《贞观政要》十卷，为大定五年（1169年）南京路都转运使"梁公出公府之资，命工镂板"。此书叙录称"此本字宗颜体，刻印精良，与宋版之佳者无异。藏书家知崇宋本，而金版多未之及，盖缘流传实少，耳目罕经，似此吉光片羽，真为希世之宝也"。这里引用这几句话，因其可以概括金刻图籍的版式特点：一是字宗颜体，一是刻印精良，一是与宋版无异。

纵观金代刻书出版的版式，大致与宋代刻书趋同，这是强势文化超越政治壁垒而产生的强大影响。辽与金，先后与两宋南北对立并峙，政治上水火不容，但文化上却逃不脱尊孔读经的儒家范式，刻书出版也跳不出中华文化的模式。我们无意模糊曾经存在过的历史个性，但历史个性却在相互渗透、相互磨合中创造了灿烂的中华文化。

金刻图籍由于传世者少，对于插图形式、构图样式、镌印水平，向无专篇专著研讨者。传世4 000多卷的《赵城金藏》，由于采取传统的卷轴装，所以其插图形式仍是卷首扉插。且《赵城金藏》的卷首扉画，并非原解州天宁寺开雕经文时就已镌印，而是入藏赵城县广胜寺之后补雕补印而接裱上去的。其佛说法图，构图严谨而简洁。释迦牟尼佛端坐须弥座上，位置突出，背绕佛光，胸藏万法，怡然传教。两旁僧众神态各异，闭目聆听。天王手持金刚杵侍立两边。长老须菩提正面居中合十恭听。整个构图与唐懿宗咸通九年（868年）王玠为给父母祈福而雕印的《金刚般若波罗密经》卷首扉画相似，但较之简练。线描豪放，刀刻雄浑，一看便知是北方版画风格。其他如大定二十六年（1186年）平阳书轩陈氏刻印出版的《铜人腧血针灸图经》5卷，明昌三年（1193年）平阳地区刻印出版的《新刊图解校正地理新书》15卷，泰和四年（1204年）平阳晦明轩张氏刻印出版的《经史证类备用本草》30卷，贞祐二年（1214年）嵩州福昌孙夏氏书籍铺刻印出版的《经史证类大全本草》等，都有精美的插图。

最能反映金代版画特点和水平的，还要算是黑水出土至今仍藏在俄国圣彼得堡的平阳姬氏所刻《四美图》及平阳徐氏所刻《关羽图像》。《四美图》描绘的是我国历史上四位不同时代的美人：一位是汉成帝时宫中女官婕妤、后来立为皇后、体态轻盈、能歌善舞的赵飞燕；一位是怀抱琵琶出塞和亲的王昭君；一位是才华出众、继班固完成《汉书》写作的班昭；一位是晋代石崇的爱妾绿珠。构图富于变化，人物形象生动自然。赵飞燕、绿珠居前，王昭君、班昭在后。绿珠面左朝正，其余三人均面右朝正。但衣裙向左飘斜，因而画面的视线既集中而仿佛都在微风中款步徐前，故画面又显得动中有静，静中有动，动静结合，跃然纸上，颇有呼之欲出的效果。人物的背后又布置有玉阶、雕栏、牡丹、假山，并细绘花边，饰以鸾凤，因而画面又显示贵妇人深居宫苑的庄重却又兴致萧然的气氛。线刻精致入微，墨印协调自然。

金代图籍的装订形式，卷轴装、经折装、蝴蝶装并行。《赵城金藏》等释家典籍，多取卷轴装。《玄都宝藏》等道家典籍，则取经折装。宋王十朋的《集注分类东坡先生诗》之金刻本，则是蝴蝶装，说明金刻世俗四部书盖多取蝴蝶装式。这和当时宋代流行的装式是一致的。当然今天我们所能见到的金版图籍都已是线装形式了，那是后世改造蝶装而成的，并非原来的装式。原来均应当是蝴蝶装。

第六章 元代出版事业的继兴

第一节 元代的政治、经济、军事、文化政策

元朝，是起自朔漠的蒙古族贵族靠金戈铁马建立起来的封建王朝。起初，蒙古族只谙弓马，未遑文事。但随着蒙古族政权在全国的逐步确立，蒙古族贵族统治者也逐渐认识到夺取政权靠武力，稳固政权却还要靠文治。因此，元朝自"太祖、太宗即知贵汉人，延儒生，讲求立国之道"①。此后，元朝历代统治者对文治的设想更加系统化，先后采取了尊经崇儒、兴学立教、科贡并举、招贤纳隐、保护百工等一系列文治措施，用来巩固他们以强弓硬弩打下的江山。

尊经崇儒。尊经崇儒是自汉武帝以来历代封建帝王所奉行的思想政治路线。元朝统治者也毫不例外。

世祖中统元年（1260年），忽必烈登上皇位。随着军事和政治形势的发展，他越发重视文治。他在登基诏中明确指出："朕惟祖宗肇造区宇，奄有四方，武功迭兴，文治多缺，五十余年于此矣。盖时有先后，事有缓急，天下大业，非一圣一朝所能兼备也。"②

至元元年（1264年）二月，元世祖"敕选儒士编修国史，译写经书，起馆舍，给俸以赡之"③。加紧总结历史经验，寻求立国之道，宣传和运用儒家思想。

至元四年（1267年），元世祖将经籍所由平阳迁至京师，改名宏文院，抓紧经、史书籍的纂集。

至元九年（1272年），置秘书监，命掌历代图籍，并阴阳禁书。

至元十三年（1276年），元军渡江南下，攻破临安。世祖"命焦友直括宋秘书省禁书图籍。伯颜入临安，遣郎中孟祺籍宋秘书省、国子监、国史院、学士院图书，由海道舟运至大都"。并接受许衡的建议："遣使取杭州在官书籍板，及江西诸郡书板，立兴

---

① ［明］陈邦瞻：《元史纪事本末序》。
② 《元史》卷四《世祖本纪一》。
③ 《元史》卷五《世祖本纪二》。

文署以掌之。"①

所有这些，都从不同的侧面反映了元世祖尊经崇儒的文治思想更加明朗，对历代图籍的重视也更加明显。

兴学立教。兴学立教是元朝统治者尊经崇儒、文以致治思想的进一步发展和具体实施。元朝统治者对兴学立教极为重视，其原因完全是为了培养人才，维护自己的统治。在他们看来，"学校者，士之所受教，以至于成德达材者也"②。

早在至元初年，元世祖忽必烈就设置国子监，以儒学大师许衡为集贤馆大学士、国子祭酒，教养国子与蒙古大姓人员，选拔七品以上朝官子孙，并许随朝三品以上官员推选凡民之俊秀者入学，作为陪堂伴读。至元十四年（1277年）又置蒙古国子监，立蒙古国子学，选随朝百官、怯薛（禁卫军）、蒙古及汉人官员之家子弟入学。至元二十四年（1287年），立国子学，置博士、教官掌教生徒，并规定在学生员二百人，伴读二十人。可见元王朝十分重视教育。

与此同时，元王朝还十分注意地方各级儒学的建置和生徒的培养。据至元二十三年（1286年）大司农司的统计，元朝立国不到20年，"诸路学校凡二万一百六十六所，储义粮九万五百三十五石，植桑枣杂果诸树二千三百九万四千六百七十二株"③，足见元朝学校之盛之富。元王朝除在全国各路、府、州、县普遍设立儒学外，至元二十八年（1291年）又命在"其他先儒过化之地，名贤经行之所，与好事家出钱粟赡学者，并立为书院"④，以作为正规学校的补充。这样由上到下，在全国就形成了有系统的教育系统。

不仅如此，为了保证学校有足够的经费，供师生廪饩和其他开支，元朝廷还规定各学校都有学田，所收全部由学校支配，从法律上保证了学校办学所必要的经费，以便真正达到兴学立教、培养人才、维护其封建统治的目的。这些措施不但大大活跃了社会文化气氛，也为兴学校、倡出版，提供了市场条件和经济基础。

科贡并举。科举、贡举是中国封建社会选拔统治人才的主要途径和手段。元朝统一全国后，为了实行其野蛮的阶级压迫和民族压迫，曾把全国人分为蒙古人、色目人、汉人和南人四等。这种阶级等级制度决定了最高贵的是蒙古族，但其文化却很落后；最低下的汉人和南人，文化教养却比较高。如果只采取科举考试的办法，学优则仕，那么元朝的各级政权，就要重新落在汉人手里，这在当时身为统治阶级的蒙古贵族看来，是绝对不能容许的。然而，对于素称文明礼仪之邦的中原和江南，只用蒙古族原有的落后、野蛮的种族压迫实行统治，又达不到目的，因而又不得不"贵汉人，延儒生"，学习汉人的立国之道。这种矛盾的心理和社会现象，反映在选士方法上，就是科举、贡举交替

---

① ［清］钱大昕：《补元史艺文志序》。
② 《元史》卷一八一《虞集传》。
③ 《元史》卷一四《世祖本纪十一》。
④ ［明］陈邦瞻：《元史纪事本末》卷八。

使用，或科举、贡举同时并用。

招贤纳隐。招贤纳隐是封建帝王笼络知识分子，维护自己统治的常用手法。

元朝建国之后，除通过兴学立教、贡举和科举考试等渠道，为自己选拔统治人才外，还采取举荐贤良，招徕隐士的手段，进一步加强其组织建设。

至元十三年（1276年）南宋的行在临安刚刚归附，世祖即下诏："前代圣贤之后，高尚僧、道、儒、医、卜筮、通晓天文历数、并山林隐逸名士，仰所在官司，具实以闻。"并谕："该亡宋归附有功官员，并才德可用之士，穷居无力，不能自达者，所在官司，开具实迹，行移按察司体覆相同，申台呈省，以凭录用。"①

延祐七年（1320年），元仁宗再次下诏："比岁设立科举，以取人材，尚虑高尚之士，晦迹丘园，无从可致。各处其有隐居行义，才德高迈，深明治道，不求闻达者，所在长官具姓名行实牒，报本道廉访司复查相同，申台呈省，闻奏录用。"②

元朝统治者举贤招隐的实际动机，完全是为了笼络知识分子及前代遗民，收买帮办，维护自己统治。但于客观上，元朝政府这种抬高知识分子地位的做法，实际上促进了社会文化的发展。

保护百工。百工即手工业者，保护百工是元朝统治者推行的一项很重要的政策。元朝统治者要想支撑社会生活的各个方面，满足蒙古族贵族的生活享受，稳定社会情绪，光靠他们本民族原有落后的百工技术，是根本办不到的，所以才有所谓保护工匠的政策。

太宗四年围攻汴梁时，由于"金人抗拒持久，师多死伤"，大将速不台便遣人请示太宗："城下之日，宜屠之。"但由于耶律楚材以城中"奇巧之工，厚藏之家，皆萃于此。若尽杀之，将无所获"，谏阻太宗屠城之谕，太宗便制止了这次大屠杀，结果得到"避兵居汴者"147万人，其中就有很多是"奇巧之工"。此后便成为定例，各地屠城，"唯匠得免"，并于战争中还特别注意俘获匠户。1236年灭金之后，刮中原民匠72万户；1279年灭宋之后，又刮籍人匠42万户；1284年再次刮籍江南诸路匠户。而在这种"唯匠得免"，刮籍匠户的过程中，一些自宋朝就以刻书出版为业的书坊，如余氏勤有堂、叶氏广勤堂等保存了下来，并在元代继续发展。一些以刻书出版为职业的工匠也幸存了下来，继续从事刻书出版事业。这就构成了元朝刻书的人才和技术基础。

第二节　元代的官方编修机构与编修活动

元代的官方编修机构，主要指元代中央所设的某些机构。有的是专职编修，有的是兼事编修，有的是常设，有的是临时，有的还兼事出版。

---

① 《大元圣政国朝典》卷一《典章二·举贤才》。
② 《大元圣政国朝典》卷一《典章二·举贤才》。

一、编修所与经籍所

元人蒙古时期，虽金戈铁马，势力强大，但犹未定鼎中原，确立全国政权，中书令耶律楚材深悉文事之重要，便于太宗八年（1236年）建议置编修所于燕京、经籍所于平阳，负责编译经史。至世祖忽必烈至元元年（1264年）二月，又敕令挑选儒士编修国史，详写经书，并起馆舍，给薪俸以赡之。至元四年（1267年）忽必烈已迁都燕京四年，但后距正式定国号还差四年，便诏改经籍所为宏文院。六年（1269年），徙平阳经籍所于京师，并入宏文院。这两个机构到底编纂过什么书，已无由详考。清阮元《四库未收书目提要》著录《元秘史》一部15卷，无撰人姓氏；其纪年以鼠儿、兔儿、羊儿为纪，不用干支；内容仅记蒙古太祖、太宗两朝事迹，特为详备。这些特点，使我们推想其或为编修所时期的作品。

二、秘书监

元世祖至元九年（1272年）设秘书监，秩从三品，大德九年（1305年）升为正三品。其监丞皆用大臣奏荐，选世家名臣子弟为之。"秘府奉图史，无倥偬之务，简牍希阔，公会有期；郎吏陟降，堂序进退，揖诺，礼容甚都"；"视它职为华要"①。其职事仍掌历代图籍并阴阳禁书，又兼领天文历数的部分职责。至元十八年的十一月，秘书监、太史院与司天台曾合并为一，由大司徒领翰林国史集贤院、会同馆和秘书监。但次年却又革罢大司徒府，三者的隶属关系是掌天文历数的太史院仍与司天台并存，而使"颁历之政归院，学校之设隶台"。延祐二年，掌观象衍历的回回司天台也划归秘书监管领。至元十年集贤院辖下的掌雕印文书的兴文署也曾隶属又并入翰林院，但其每年印造历日的事务仍归秘书监领属。可见元代的秘书监不但是个职掌藏书和编纂的机构，同时也是刻书出版机构。特别是每年历书的印造，一直由秘书监承办。在元代秘书监的纂修工作中，以参与编修《大元一统志》最为显赫。此书前后历时十八年纂成，共1300多卷，沿唐、宋旧志成例，按中书省、行中书省和所辖各路行政区划分篇，以府、州为记叙单位，分建置、沿革、坊郭、乡镇、里至、古迹、宦迹、人物、仙释等目，书中内容多取材于前代与当朝地志，部分内容出于编者辑纂。这是元朝初期由中书省下帝诏责令秘书监纂修的一部皇皇巨帙，是元代中央官方编修机构编纂大书的实例。

三、奎章阁学士院

奎章阁学士院"秩正二品，天历二年立于兴圣殿西，命儒臣进经史之书，考帝王之治"②。奎章阁学士院之建立，乃"陛下出独见，建奎章阁，览书籍，置学士员，以备顾问"。元文帝认为，"昔我祖宗，睿智聪明，其于致理之道，生而知之。朕早岁跋

---

① ［元］王士点、商企翁：《秘书监志》卷三《公移》。
② 《元史》卷八十八《百官志四》。

涉难阻，视我祖宗，既乏生知之明，于国家治体，岂能周知？故立奎章阁，置学士员，以祖宗明训、古昔治乱得失，日陈于前，卿等其悉所学，以辅朕志。若军国机务，自有省院台任之，非卿等责也。"①可见奎章阁学士院一建立，就是国家文化机构的性质，旨在明史鉴，资治道，故建立后的第二年正月便受命编修《经世大典》。《经世大典》原称《皇朝经世大典》，也称《元经世大典》，凡880卷，目录12卷，《公牍》、《纂修通议》各1卷，分帝号、帝训、帝制、帝系、治典、赋典、礼典、政典、宪典、工典等10门，其中六典各系子目。体例仿《唐六典》和《宋会要》，于元代典制，如职官、赋役、礼仪、宗教、军事、刑法、造作诸制，无不详载。

四、翰林国史院

中统二年（1261年）七月"癸亥，初立翰林国史院"②。其职掌是起草诏令，奉旨撰写文件，撰修国史，一看便知是翰林院、国史院两院合署的职掌。起草诏令文件，当是翰林院的职责；修起居注、实录、国史，乃是国史院的事。中统二年（1261年）七月，便以右丞相史天泽监修国史。至元十年（1273年）闰六月辛未，"以翰林院纂修国史，敕采录累朝事实，以备编集"③。泰定帝泰定元年（1324年）十二月丙寅，"命翰林国史院修纂英宗、显宗《实录》"④。上述这些事例，充分表明翰林国史院是一个常设的编修机构，职责是编修历朝实录和国史。

元惠宗至正三年（1343年）三月决定"各与正统"，下"诏修辽、金、宋三史"，辽、金、宋三史之纂修，也是由翰林国史院分局进行的，局名就是各称辽、金、宋史馆。至正四年（1344年）三月《辽史》修成，《金史》也在这一年的十一月告成，至正五年（1345年）《宋史》告成，这是翰林国史院编纂大书的实例。翰林国史院除编纂这些大制作外，也还编纂一些别的书，如至元十三年（1276年）五月戊寅，还奉命编纂过《平金录》和《平宋录》。元代除上述这些专业编修机构各司其职，分别奉敕完成某些编修任务外，还有些政府职能机构也遵旨编修一些与所职有关的书籍。如太史院是专职天文历算，负责制订历法，编修每年历书的专门机构；司农司编纂了自己的职务作品《农桑辑要》，并正式刊板颁行，还编刻出版过《农桑杂令》；而太医院则新编《本草》。这些都是典型的职能部门编修职务作品的实例。

第三节 元代的私人撰述

《元史·儒学传序》指斥前代史传皆将儒学之士一分为二：专精经义者入儒林，以

---

① 《元史》卷一八一《虞集传》。
② 《元史》卷四《世祖本纪一》。
③ 《元史》卷八《世祖本纪五》。
④ 《元史》卷二十九《泰定本纪一》。

文章名世者入文苑。认为《六经》乃道之所在，而文则所以载道者也，"经非文则无以发明其旨趣；而文不本于六艺，又乌足谓之文哉！"①故《元史》不分儒林、文苑，而统称为儒学。且谓"元兴百年，上自朝廷内外名宦之臣，下及山林布衣之士，以通经能文显著当世者，彬彬焉众矣"②。今举其例，以见有元一代个人撰述之梗概。

赵复字仁甫，学者称为江汉先生，德安人。蒙古太宗时，兵围德安，城破，德安数十万民皆俘戮无遗。时遇姚枢奉诏在军中求儒、道、释、医、卜士，凡儒生挂俘籍者，辄脱之以归，赵复则在其中。在姚枢百般劝导之下，复勉强从之，归顺蒙古人。复至燕，学子从者百余人。此时杨惟中与姚枢谋建太极书院，"立周子祠，以二程、张、杨、游、朱六君子配食，选取遗书八千余卷，请复讲授其中。复以周、程而后，其书广博，学者未能贯通，乃原羲、农、尧、舜所以继天立极，孔子、颜、孟所以垂世立教，周、程、张、朱氏所以发明绍续者，作《传道图》，而以书目条列于后。别著《伊洛发挥》，以标其宗旨。朱子门人，散在四方，则以见诸登载，与得诸传闻者，共五十有三人，作《师友图》，以寓私淑之志。又取伊尹、颜渊言行，作《希贤录》，使学者知所向慕，然后求端用力之方备矣。枢既退隐苏门，乃即复传其学，由是许衡、郝经、刘因皆得其书而尊信之。北方知有程、朱之学，自复始"③。此盖为元代传程、朱理学的开山人之一。

吴师道字正传，婺州兰溪人。善记览，工辞章。至治元年（1321年）进士。召为国子助教，寻陞为博士。"其为教，一本朱熹之旨，而遵许衡之成法，六馆诸生，人人自以为得师。……所著有《易诗书杂说》、《春秋胡传附辨》、《战国策校注》、《敬乡录》，及文集二十卷。"④

马端临字贵与，号竹洲，饶州乐平人。生于南宋理宗宝祐（1253—1258年）间，卒于元英宗至治三年（1323年）。他是宋宰相马廷鸾之子，咸淳（1265—1274年）中举漕试第一。入元后历任慈湖、柯山书院山长、台州儒学教授。他前后用20余年时间，以杜佑《通典》为蓝本，编成田赋、钱币、户口、职役、征榷、市籴、土贡、国用、选举、学校、职官、郊社、宗庙、王礼、乐、兵、刑、经籍、帝系、封建、象纬、物异、舆地、四裔等二十四考348卷的《文献通考》，其体量为杜佑《通典》的五倍，郑樵《通志》的二倍，是《通典》、《通志》后最为通博的典章制度方面的通史巨著。此为元代私人史撰中之最有名者。

苏天爵的《国朝名臣事略》15卷，是元代杰出的史部传记之作，所涉人物从木华黎到刘因，凡47人的传记行实在书中都有翔实记载。"《元史》列传亦皆与是书相出

---

① 《元史》卷一八九《儒学一·序》。
② 同上。
③ 《元史》卷一八九《赵复传》。
④ 《元史》卷一九〇《吴师道传》。

入，足知其不失为信史矣。"①

元代史部著述中，还有地志与行纪方面较有成就。官修的《元一统志》1300卷，超迈前代，开启未来，前已叙述。私家撰写的全国性总志，则有虞应龙的《统同志》、萧㪺的《九州志》、郝衡的《舆地要览》、滕宾的《万邦一览集》、朱思本的《九域志》，还有佚名氏著的《元混一方舆胜览》等，这一点可以说是空前绝后，成就突出。

元代是杂剧和散曲创作的黄金时代，作品极为丰富。关汉卿的《感天动地窦娥冤》、《关张双赴西蜀梦》、《诈妮子调风月》、《关大王单刀会》、《闺怨佳人拜月亭》、《杜蕊娘智赏金线池》、《赵盼儿风月救风尘》、《望江亭中秋切鲙旦》等，都是很有名的杂剧。其他如马致远的《西华山陈抟高卧》、《马丹阳三度任风子》、《破幽梦孤雁汉宫秋》、《吕洞宾三醉岳阳楼》、《孟浩然踏雪寻梅》、《江州司马青衫泪》、《夜半雷轰荐福碑》、《开坛阐教黄粱梦》；王实甫的《四丞相高宴丽春堂》、《吕蒙正风雪破窑记》，也都很有名。

第四节 元代的官方出版机构与出版概况

一、兴文署的出版

元代"朝廷于京师创立兴文署，署置令丞并校理四员，厚给禄廪，召集良工剞劂诸经子史版本，流布天下，以《资治通鉴》为起端之首。可为识时事之缓急，而审适用之先务云云"②。可证兴文署一创立就在北京，且专司刻书出版事务。兴文署曾先后在秘书监和翰林国史院统辖之下，但一直以刻书为务。可以肯定地说，元代兴文署是元政府中央机构中典型的刻书出版机构，也是当时北京的专门刻书出版机构之一。

二、国子监的出版

元代国子监隶属于集贤院。国子监历来是作养之地，先王治道，先圣善教，先儒正学，都在传习之列，故历来兼事刻书出版。如延祐三年（1316年）国子监所刻之小字本《伤寒论》10卷，至元六年国子监牒呈中书省批准，下浙东道宣慰使司都元帅府分派庆元路儒学召工镌刻的《玉海》200卷、《辞学指南》4卷、《诗考》1卷、《地理考》6卷、《通鉴答问》5卷等，都可算作元代国子监出版之书，证明元朝的国子监也是中央官署中重要的刻书出版机构。

三、其他局院台司的出版

印历局的出版：太史院下有印历局，专事印造每年历书。时令历书，关乎观天象，

---

① 《四库全书总目》卷五十八《元朝名臣事略提要》。
② 《天禄琳琅书目》卷五《资治通鉴》叙录。

察时变及农事，稍乖敬授，便被视为大事，所以历来政府严禁私造。元政府为了制止私印历书，不但设院立局，统一印制，还规定"诸告获私造历日者，赏银一百两。如无太史院历日印信，便同私历造者，以违制论"①。可见元代历书的印造是由太史院及其特置印历局垄断的。

太医院的出版：太医院主要管皇家医疗，但为表示惠民，有时也刻印医书、药书、方剂。大德四年（1300年）太医院刻印的《圣济总录》便是这方面的实例。其他如御史台、司农司、徽政院等，均有刻书出版之举。

大都出版的藏文著述：元代中央政府出版藏文著述，是个新的发现。长期以来，提到藏文出版物多以明永乐年间中央政府出版的藏文《大藏经》为最早。近年在古籍普查过程中，继元刻《因明正解藏论》被发现之后，元大都所刻藏文《释量论》又被发现。《释量论》是六世纪末到七世纪初南天竺法称论师重要的因明学著作，虽未传入汉地，但藏文却有传译和阐释之本。公元1282至1286年，八思巴侄子达玛巴拉在大都出任忽必烈第三任帝师，他建议朝廷出资将《释量论》刊行，帝纳其言，由皇室发愿捐资将之版印于大都，较之永乐时刻印藏文《大藏经》大约要早一百年。

四、元代各路儒学的出版

学校乃作养人才、研习学术之地，自宋以来，都非常积极地参与出版活动，元代尤盛。元代行省儒学刻书活动兴旺，以江浙行省为甚。现可考知该行省儒学尝于至大元年（1308年）刻印出版过元杨桓的《六书统》20卷、《六书统溯源》13卷；至大间（1308—1311年）该行省儒学还刻印出版了杨桓的另一种书《书学正韵》36卷。至大元年（1308年）刻印出版金元好问编、郝天挺注的《唐诗鼓吹》10卷；至正八年（1348年）刻印出版元宋褧《燕石集》15卷。元时该行省儒学还刻印出版过宋朱熹《晦庵先生朱文公文集》100卷、《续集》11卷、《别集》10卷。

行省儒学以下，各路儒学的刻书出版也很活跃。其中以集庆路、福州路、宁国路等儒学比较突出，出版规模可观。而这些能够参与出版活动的儒学，绝大部分集中在江浙、江西、福建行省，少数在湖广行省。这些地区宋代就处于刻书出版的中心地位，至元代仍不减其优势，最根本的原因就是这些地区经济富庶，文化发达，构成元代出版业的轴心地区。

五、元代各地书院的出版

元代将书院视同孔庙与官学，书院学生与官生同等待遇，书院在很大程度上官学化。书院本为授学研习之所，故有关学问图书的出版活动，也显得极为活跃。元代书院出版以东山古迂书院和杭州西湖书院为最，总计陈氏东山古迂书院在元大德间刻印出

---

① 《元史》卷一〇五《刑法志四·诈伪》。

版图籍 12 种 454 卷，且极具特色，是元代书院出版史上耀眼的一页。西湖书院刻书据今天可考的，总计 7 种 480 余卷。

顾炎武所谓的"宋元刻书，皆在书院"，虽然未必是事实，但其评论书院刻书的优点，则是较正确的。后人对元时书院刻书尤为重视，也是完全有根据、有理由的。

第五节 元代的民间出版

元代的民间出版亦颇为兴盛，表现在私宅，坊肆和寺观出版三个方面。

1. 元代的私宅刻书出版

元代私人私宅刻书出版者甚众，有两家名声更巨：一是范氏岁寒堂，一是荆溪岳氏家塾。岁寒堂是范仲淹家塾的堂号，自宋至清一直沿用。至八世孙范文英已届元代，尝于天历和元统间以岁寒堂名义刻印出版过几种范仲淹及其子范纯仁的著作。荆溪家塾是元代岳浚的读书、校书、刻书的堂号。家塾积书万卷，延致名儒雠校群经，梓行《九经》、《三传》。岳氏荆溪家塾刻印出版的经书在元代是著名的出版品。

2. 元代坊肆的刻书出版

元代幅员辽阔，万象更新，百业待举，其中刻书出版业也出现了新格局。自唐末五代刻书出版业就很发达的四川，入元后一蹶不振，戛然失去了以往的辉煌。而随着政治、文化中心的北移，及辽、金经营刻书出版的实践，北方以平水为中心的刻书出版业，很快在山西、河北、大都等范围内发展了起来，形成为新的刻书出版中心。而在两宋时期就以刻书出版而驰名的江浙，特别是杭州；福建，特别是建阳，刻书出版业则继续发展，仍然处于中心地位。这些地区不乏上述的官刻私雕，但坊肆的刻书出版，在这几地却承担了主要角色。

平水又称平阳，即现在的临汾，地处山西晋南，物阜民丰，经济、文化生活都比较发达，有刻书出版的社会基础。此地最有名的书铺之一就是晦明轩。晦明轩主人张存惠，自金至元，刻印出版了不少图书。

此外，平阳王氏中和轩、曹氏进德斋、司氏颐真堂也刻印出版了不少经籍。这些事实充分说明，山西平阳地区在金、元时期的确是北方的刻书出版中心。

元时杭州坊肆出版较为发达，出版了许多适应市场需求的图书，以从中牟利。其时杂剧创作繁荣，形成潮流，杭州的一些书铺便争相刻印。

书铺子最集中、刻书也最多而又行销天下者，还是福建，特别是福建的建阳地区，现在仍然可以考知者有 40 多家。13 世纪后半叶，到 14 世纪中叶，在一两个县的弹丸之地就同时有这么多出版商云集于此，在当时的世界上是绝无仅有的盛况。元代建阳地区坊肆中，余志安勤有堂则刻书出版量大，影响深广，成为元时建阳崇化镇的名肆。

元刻本《赵氏孤儿》

其他如刘氏翠岩精舍、刘氏日新书堂、虞氏务本堂、郑氏宗文堂等，也是当时有名的书肆。他们在习惯、利益、生存、发展的共同目标下，辈辈相沿，踏出中国出版史的道道轨迹。

元代书坊遍布全国各地，有的百年老铺，旧店新张；有的开业新营，不让旧铺。这些书肆有的集选题、编纂、刻印、发行于一身，独立全方位经营；有的多承应刻印，少自办出版；有的只办经销，少营出版。形形色色，五花八门，这才正常，这才能繁荣出版事业。至于出版倾向、出版思想，各坊各肆不完全一样，各有侧重，各具特色，于是才有生气，有生命力。

3. 元代寺观僧人的刻书出版

元朝廷在思想上笃信佛教，实行宗教信仰与政治杂糅而生出的政教合一的体制与策略，从社会现象上看，就是上面尊崇，下面肆行。寺院遍天下，僧侣满域中。表现在刻印出版单经大藏上就显得尤为频繁。元代寺院所刻单经大藏，有的是朝廷出资，有的是施主发愿，有的是寺田积累，有的是募化众缘，不完全都是民间性质。

世祖至元三十年（1293年），由朝廷筹资于杭州路大万寿寺开雕河西字即西夏文的《大藏经》。自至元六年（1269年）起，杭州路余杭大普宁寺开始镌雕《普宁藏》版，由道安、如一、如贤诸禅师总领其事。元大德十年（1306年），福州开元庄严禅寺住持沙门，募缘补刊《毗卢大藏经》板一副。

有元一代，寺院雕刻了西夏文、藏文和蒙文的《大藏经》，将朝廷的宗教信仰落在实处。当然，还有些寺院虽未刻印出版过大藏，但也刻印出版过一些单经，乃至于世俗的四部著作。还有和尚也参与刻书出版，意在广传教义。至正七年（1347年）嘉兴路大中祥符寺募资刻印出版过元释念常的《佛祖历代通载》22卷。延祐三年（1316年）苾蒭和尚刻印出版过宋释道原的《景德传灯录》30卷、《西来年表》1卷。至正十四年（1354年）元释觉岸刻印出版自己编撰的《释氏稽古略》4卷。

第六节 元代出版图书的装帧艺术

一个时代有一个时代的社会习俗和文化风尚。这些社会习俗和文化风尚反映在书籍出版的版刻风格上，也会形成若干不同的时代特点。纵观元代所刻之书，一般而言，其特点大略可用八个大字概括：黑口、赵字、无讳、多简。

所谓黑口，系指每版的中缝线为粗大黑线，书史和版本学上称其为黑口。元代刻书绝大多数是黑口。元朝刻书之所以多是黑口，原因就是刻书的主持人或工匠们，或是贪图节约成本，速成易售；或是不甘于奴役的地位；或是对技术掉以轻心，苟且敷衍；或是因经济困惑，无力精雕细镂。总之一句话，元朝社会政治、经济的某些倒退，反映在雕版印书上，非但在镌刻刀法、印纸敷墨上显得毛糙，即使在书口上也借用铺陈夸张的手法，将宋朝出现的细黑口加以夸张，一下改变为粗黑口，或称大黑口，借以偷工取巧，节时省工，此为元朝刻书多是黑口的内在原因。这虽然是不好的现象，但社会上的刻书都采取这种形式，那么也就形成了一代刻书的版式特色。这是元代刻书出版在版式上的一大变化。

所谓赵字，系指元朝刻书大多数都是模仿赵孟頫的字，即所谓的吴兴体。此为元朝刻书版面风格的又一明显特点。元版书的字体之所以会形成如此的风格特点，与赵孟頫的身世、地位、学问以及在书画方面的高深造诣有直接的关系。

赵孟頫出身高贵，博学多闻，书画绝伦，为朝廷所重，亦为士林所宗，赵孟頫的书法成就，实系晋王羲之之后的第一人。因此，在元代社会，不但士大夫竞学，即是一般文人也刻意摹仿。直至版印图籍中的官刻私镌，也附庸这种社会风气，皆以效法赵字为美备。所以元代所刻的书，无论官刻私镌，几乎都是赵字的风貌。这也是元刻书籍版面上的风格特点。

所谓无讳，系指元朝刻本书不像宋版书版面那样，皇帝的嫌名御讳处处可见，而是没有讳字。

避讳，是中国历史上特有的习俗，大约起于周，成于秦，盛于唐、宋，旁涉辽、金，沿及明、清，前后垂2000余年。但于元朝，则为特例。元代讳例只限于全用御名。而元代诸帝的名字又多是音译多字的长名，这样在前代旧籍以及当代学人的著述中，碰上全用御名的地方就极为少见，甚至是没有。加之元人礼制观念薄弱，查禁不严，所以在元代出版的图籍中，就几乎见不到讳字的痕迹。这也是元代刻书在版面上呈现出来的特色。当然也有宋讳缺笔者，那是元人翻刊宋本，或宋末遗民刻书不改旧习所致。

所谓多简，系指元朝刻书多用简体字或俗字，这与宋版书相比，应该说是个弱点，也可以算是一个特点。中国汉字当中，有些字笔划过多，结构过繁，写起来劳神费时。如果将这些字贴在版面上，再操刀镌刻，其费时费工不说，还极易刻穿笔画。故自南宋末期书铺子刻书，就大量使用简体字、异体字和俗体字。进入元朝，非但书铺子，某些官府、儒学、书院，刻书也常用一些简、俗、异体字，目的无他，就是为了节省刊版工本。

元朝早在定鼎之前就创造了蒙古新字，并明文规定以这种字为通用国字，所以对汉字书写和传刻的要求就不那么注意，也不那么严格。加之书铺子图快，书手图简，刻工图省，于是在刻书过程中，特别是一些书铺子所刻的书，就将平时一些常用的简体字或俗体字也用上了。这种现象在元朝以前的宋版书，以及元朝以后的明、清版书中，都是比较少见的。因此，在某种意义上讲这也可以说是元代刻书在版面上表现出来的独有特点。

在宋、金刻书事业的基础上，元代的版印图籍呈继续发展之势。其在版式风格、插图艺术等方面，也形成了自己的特点。元代的山西、北京、杭州、建阳等各地，刻书出版业都很发达，插图版画也有新貌。在构图绵密和刀锋线条的净练深厚上，都显示了时代的风格。

元代有几部颇具代表性的插图书籍，都和群众的思想教养、精神生活、文化活动有关系，很值得关注。至大元年（1308年）贯酸斋主人序刻的《新刊全相成斋孝经直解》，其插图就很有代表性。这部《孝经直解》，书版共15叶，图版占版面的三分之一，上图下文。图版据《孝经》15篇章的内容而构绘镌雕。始于"仲尼居曾子侍"，终于"卜其宅兆而安措之"。一图有的连续三五页。人物形象比例适度，位置布列也颇具匠心。配景中的栏楯、几案、竹木、云水等与人物形象也很协调。进一步发展了宋代已经出现的连环插图的版画形式。

元至顺二年嘉兴路顾逢祥等刻本《妙法莲华经》

元代至治年间福建建安虞氏务本堂先后刻印出版了《全相武王伐纣平话》、《全相平话乐毅图齐七国春秋后集》、《全相秦并六国平话》、《全相续前汉书平话》、《全相三国志平话》等有关讲史的平话小说。这几种书图式相同，刀法一致，盖均出自良工吴俊甫、黄叔安等人之手。每页一图，上图下文。每图约占版面的三分之一。每图各有小标题，或居页前，或居页后。图中的主要人物，也用小长方围镌印姓名。在绘图方面，人物形象、动作，生动活泼，变化传神。

元陈元靓辑撰，至元六年郑氏积诚堂刻印之《纂图增新群书类要事林广记》42卷，是元时人民群众日用的百科全书，分农桑、花品、果实、竹木、货宝、医学、文籍、器用、音乐、文艺、武艺、算法、技术、茶果、酒曲、面食、饮馔、禽兽、牧养、地舆、胜迹等53门。其后屡刻屡增，分集分门亦各不全同。整版插图，随事连续类插。构图合理，刀刻浑沦古朴，黑白对照鲜明。人物、面形、衣着、几案、房舍、耕织等，都能反映元时的生活风貌。

至大重修的《博古图》，是一部古器物的图录。其临绘之逼真，其刀刻之稳健，其敷墨之匀净，其刷印之平实，均足称道。但迄今已难见到真迹，传世者多为明代翻雕。

元代带有插图版画的图籍决不止上述几种，但仅就这几种，我们便可以看出元代版画在取材方面更加广泛了，在构图方面更带有生活气息了，在刀刻技法上更加精熟了，在插图方式上也将卷首扉插、上图下文连续插图以及整版连插等形式固定了下来，对其后的明代插图版画影响极深。特别是小说、平话、戏曲书籍的插图，几乎成了书籍内容不可分割的部分。

元代版印图籍的装帧形制，可以说是卷轴装、经折装、蝴蝶装并行，并均趋于定型而更臻于完美。但此期的卷轴装不但用于佛经，也用于书画了。经折装几乎是专用于大藏，而经、史、子、集四部群书，几乎全是蝴蝶装。

第七节 元代出版物的发行流通

一、朝廷宣赐

元代出版，特别是官署的出版，其目的或是资治，或是训导，或是劝诫，或是恤民，所以出版之后的去向也或是进览，或是宣索，或是颁赐，或是庋藏。这是官署刊刻出版书籍主要的目的和流通方式。

至元十七年（1280年）十二月丙申，忽必烈"敕镂板印造帝师八合思八新译《戒本》五百部，颁降诸路僧人"①。大德十一年（1306年）五月甲申，武宗海山即帝位于上都。八月辛亥，"中书左丞孛罗铁木儿以国字译《孝经》进，诏曰：'此乃孔子之微言，自王公达于庶民，皆当由是而行。其命中书省刻版模印，诸王而下皆赐之。'"②这一年，武宗还将《大学衍义》、《孝经》、《列女传》等书宣赐臣下，资政、训导之意昭然若揭。泰定元年（1324年）正月甲辰，"敕译《列圣制诏》及《大元通制》，刊本赐百官"③。这是个很大的工程，但也要在翻译成蒙文之后刊印出版，宣赐百官。

元代自世祖起，几乎每朝每帝对书籍典章都有宣赐、颁行。从本质上说，这完全是帝王的行为，目的是为了政治，并不是要推动书籍的出版发行。但历朝帝命宣赐和颁行的书籍很多，却也成了官版书籍发行流通的重要渠道，客观上促进了书籍的出版发行。

二、市场营销

元代出版物市场营销的主体，是各地书肆；元代出版物的消费主体，是童蒙学生，是场屋举子，是有识的官员，是学问家、藏书家，是平民百姓。两者以"销"、"消"二字为纽带而结合在一起，构筑了元代的图书市场。元代书肆遍布全国各地，特点是集选题、出版、发行于一身，实行综合经营。

元代行销图书，以蒙学教材和场屋用书为主。走乡串村的书倌，是教材课本的推销人之一。

书肆在推销场屋用书时，为了吸引买者，还常在书中做广告，如建阳书坊刻印出版的《类编皇朝大事记讲义》。目录前镌告白："吕府教旧游庠序，惯熟国史，因《资治通鉴》摘其大纲，分为门类，集为讲义，场屋用之，如庖丁解牛，不劳余刃。昨已刊

---

① 《元史》卷十一《世祖本纪八》。
② 《元史》卷二十二《武宗本纪一》。
③ 《元史》卷二十九《泰定帝本纪一》。

行,取信天下学者有年矣。今旧板漫灭,有妨披览,重加绣梓,视原本大有径庭,幸鉴观。"先说这个书"取信天下学者有年",意在昭示读者自可相信,不必犹豫;再说"旧板漫灭,有妨披览",所以才"重加绣梓";但又怕读者手中已有旧本,不肯买新,故紧盯一句"视原本大有径庭",这就使有无原本的举子都得考虑采买。

元代图书销售,公私收藏是一个很大的销售市场。公藏中上至内府,下至各地儒学、书院,都有各自的藏书。

私藏以藏书家为主。藏书家以搜购群书为乐,自然成为书肆的重点营销对象。元代藏书家收藏都极为宏富。例如袁桷(1266—1327)能"承祖父之业,广蓄书卷。国朝以来,甲于浙东"①。苏天爵(1294—1352)家也是四世为学,代代藏书,积书至数万卷,是河北正定著名的仕宦、世儒型的藏书家。贾辅(1192—1254)字元德,今河北固安人。虽从张柔南北征战,却生平喜为学,聚书数万卷。

三、元代出版图籍的外贸流通

元代图书对外贸易的流通对象,主要还是高丽、日本、安南及东南亚的周边国家。

高丽素称文物之邦,与元廷有姻亲这种特殊的关系,又有向中原搜讨典籍的传统,所以多次有使臣、士人、僧人、商贾来中国求赐或搜购图书。为了兴学立教,早在元成宗、武宗时期,高丽的成钧馆提举司就曾派遣博士柳衍、学谕俞迪前往中国东南购买书籍。延祐元年(1314年)高丽中宣王入元访问,亲自在大都购书,且派人至江南购书万卷而归。元与高丽曾在两国边界集镇开设権场,进行互市贸易,其中中国出版的图书也通过権场传入高丽。这些情况皆表明,高丽是元代图书行销海外的重要市场。

元朝的庆元(今宁波)港,日本的博多港,是元、日之间的贸易港。两港之间,航海时间一般10天即可到达。当时"中国商人向日本出口的商品以铜钱、香药、经卷、书籍、文具、唐画、什器以及金丝织品、金纱、唐锦、唐绫、毛毡等商品为主"②。宁波地处东南,濒临大海,江浙、福建、江西出版的图书,都可以经这里销往海外,其中日本就是个主要出口市场。

元时,大量中国图书通过商船贩运到日本。此外日本僧人来华者也不少,在日本史册上留名的入元僧就有220余人。当他们回国时则会带回佛经和其他书籍。泰定三年(1326年)日本僧安禅来华,购求福州版《大藏经》。日僧安公入元、十禅客等人,先后从中国购回元版《大藏经》。

安南来华使臣中也有注意购买图书的。但由于安南与元的关系时好时坏,因而互相防范,图书贸易显得不如元与高丽的规模。

元代福建的出版业最为发达,而福州、泉州又都是对外贸易的商港。尤其泉州更是闻名于世的大商业都市。金、银、食糖、生姜、瓷器、丝绸、棉布、茶叶,其中也包括

---

① 孔齐:《至正直记》卷二《别业蓄书》,上海古籍出版社,1987年。
② 郑士德:《中国图书发行史》,高等教育出版社,2000年。

书籍等商品，丁香、豆蔻、胡椒、钻石、珠宝等进口商品，都在这里集散和起运。

第八节　元代朝廷对图书出版流通的管理

一、对书籍出版的管理

元朝的礼部、中书省管理刻书出版事务，尤其是要管理镌刻有关政治教化的官书。

延祐五年（1318年），由集贤院呈请中书省，札付礼部议准，发下江西等处行中书省所辖各路儒学，刻印了郝文忠的《陵川集》。至治元年（1321年）御史台根据监察御史的呈请，申报中书省札付礼部议准，发江浙、江西行中书省刻印了王恽的《秋涧先生大全集》。至正八年（1348年），御史台又根据监察御史段弼、杨惠、王思顺、苏宁等呈请，申报中书省札付礼部议准，牒下江浙行省，发各路儒学刻印了宋褧的《燕石集》。

元代从中央到各行省的官府，同时也兼行管理版印图籍。这在封建社会，其前其后都差不多，只是元代表现得更为突出，更为严整。这大概跟元朝是少数民族入主中原的政治防范心理有关。元代各级官府在图书出版前，特别是由各级官署、儒学出版的图籍，其书稿要经过有关机关审查，审查合格后再逐级报批，最后才能刻印出版。这种管理实际上最多只能管到官书或官刻之书，而于私宅、坊肆等民间出版，是怎么也管不了这么细的。

二、对书籍流通的管理

元朝是大一统国家，奄有四海，八方来朝，无多少军国机密对外可守，只怕人民起来从内部动摇、瓦解其统治，故对煽惑民心、鼓动人民造反、或谶说元朝气数短长、伪推天时朔晦、不利元人运祚的图书，都在禁印禁行之列。

元初，佛道二教竞争激烈，后道教失宠，导致道藏道书被禁毁。至元十八年（1281年），元世祖下令除《道德经》外，《道藏》经文并印板尽行烧毁。还集百官于大都悯忠寺，焚《道藏》伪经杂书。并向诸路派遣专督使者，监督焚毁。这是中国历史上最严重的灭道毁典事件。

元代是杂剧创作的黄金时代，作家多，作品也多。《元史·刑法志三·大恶》中规定：""诸妄撰词曲，诬人以犯上恶言者，处死。""这是一款十分严厉的法条，对"伪撰词曲"而恶言犯上的，要处以死刑。

第九节 元代对出版印刷技术的推进

元代在出版印刷技术上有两大进步，一是活字印刷，包括泥活字、木活字的排版印刷；一是套色印刷。这两大技术，既承前启后，又推陈出新，不容低估。

一、元代木活字印刷技术的成熟

毕昇在创制泥活字排版印刷的过程中，就曾试制过木活字。他之所以"不以木为之者"，是因为"木理有疏密，沾水则高下不平，兼与药相粘，不可取"。看来是因为固版与拆版上的技术问题不易解决，用木质材料制造活字的方法才为毕昇所扬弃。

毕昇之后的250年，即元大德二年（1298年），由农学家王桢试制成功木活字并有了详细的记载。他把制造木活字印书的方法，撰成《造活字印书法》，记录整个过程，附在自己《农书》的卷尾。

该文称："今又有巧便之法：造板木作印盔，削竹片为行，雕板木为字，用小细锯锼开，各作一字，用小刀四面修之，比试大小高低一同，然后排字作行，削成竹片夹之。盔字既满，用木楔楔之，使坚牢，字皆不动，然后用墨印刷之。"这是王桢从制字、排版到印刷程序的简要概括。既是他实践经验的总结，也是具体施工的蓝图，较毕昇泥活字印刷，有了进一步的发展。王桢创制这套木活字的目的，本是为了排印自撰的《农书》。但当大德二年（1298年）木活字制成时，先用它来试印了自己主持纂修的六万多字的《旌德县志》，不到一个月，百部齐成，效率极高，效果甚好。这是目前所知我国历史上较早的一部木活字排印的志书。

在王桢创制木活字印书法试制成功之后20余年，有个广平人马称德，字致远，在浙江奉化知州的任上，也制造了一套木活字，并用它摆印了《大学衍义》等书。木活字印刷术，还影响流传到西北少数民族地区，敦煌千佛洞中就曾发现过几百个用硬木刻制的回鹘文活字。

二、元代对套色印刷技术的推进

套印技术，是雕版印刷技术发展到一定程度的产物。它的发生，既是对手写本书籍形式的继承，又是对雕版单色印刷的突破；它的发展，既是在雕版印刷技术上的发展，同时又是对这种固有技术的大胆革新。它使中国特有的雕印技术之花根深叶茂，异彩纷呈，为人类艺术的百花园增添了特色。

当我国雕版印刷术兴起之后，人们是在不断地摸索套印途径的，以期印出色彩分明的印刷品。

到元代，雕版印书越发普及，套印技术终于施于印书，印出了如同以前手写图籍时朱墨灿然、经注分明的图书。其代表作，也是举世孤罕、海内外知名的作品，便是元后至元六年（1340年）中兴路（今湖北江陵）刻印资福寺无闻和尚注释的《金刚经》。

这部《金刚经》，每半叶五行，行大字十二，小字二十四。凡三十七版，每版印五半叶，版心记有版次，经折装。经文大字，印以朱丹，注文双行，印以墨色。圈发、句读符号，亦多朱色。卷首释迦牟尼说法图、卷尾无闻和尚《注经图》及《韦陀像》，亦为朱色。这是迄今为止，我国现存最早的利用印书的普通版片，套色印出来的书籍。它的问世虽然大大晚于辽代用丝漏方法套色印制的《南无释迦牟尼像》，但在技术上它却跳出了墨印彩绘及移用民间印染花布的窠臼，使雕版套色印刷获得了成功。从印纸留下的红色洇染和错位擦染的墨迹看，该经确是一版分朱墨两色敷彩套印的印刷作品。说明我国早期套版印刷，实际上只是一版而套色印刷。标志着我国传统的雕版印刷术又进入了一个新的阶段。

有元一代，其在中国出版史上的突出贡献，一曰对图书出版的管理制度更加严整；二曰将木活字排版印刷技术试制成功，并由此得到推广；三曰真正有了木板套印的出版品，使古已有之的朱、墨套写在雕印的木板上得到了实现。

第七章　明代出版的繁荣

第一节　明代出版事业概况

一、明代出版事业略述

1. 明代出版事业概况

元朝末年，天下大乱，群雄四起。朱元璋在1352年起兵，削平长江上游的陈友谅和下游的张士诚。1368年建国后，南北用兵。洪武元年北伐，元帝仓皇北走；洪武十五年（1382年）平定云南，完成了统一大业。

明朝建立之初，政治气氛比较宽松，朝廷也比较重视文治，对书籍出版行业政策优惠。洪武元年八月，朝廷就下诏免除了书籍税，同时免除了笔墨等与图书生产相关的材料、器具的税，以后又将政府征集的图书交由民间刻印。这些措施的实行，有力地推动了图书行业的发展，使得明朝的出版事业呈现出蓬勃、繁荣的景象。

明代的出版机构有官刻、坊刻、私刻三种。官刻中最重要的是南北国子监和司礼监经厂，此外还有礼部、兵部、都察院、钦天监等中央部门。地方机构则有各级官署和儒学、书院，军事机构卫所及经济机构如漕运司、盐运司等也刻书，在明代后期的修志高潮中，几乎每一个省、府、州、县都刻过书。而分封在各地的"藩府"刻书，则是明代出版的特有现象。明代的坊刻集中在金陵（今南京）、福建、苏州、杭州、徽州、湖州、北京等地，其中最突出的是福建、苏州和徽州。福建的建阳地区，刻书千百种，连续数百年；苏州府常熟县的汲古阁，重视质量，校勘精审，出版了许多重典精品；徽州地区的刻书，后来居上，工艺精湛，材料丰富，人才济济，取得不少新的成绩。明代私家刻书蔚然成风，所刻之书大都是自己或先人的著作，也有家藏、秘藏的善本，其中部分家刻质量上乘。此外，刻书机构中还有寺院等宗教团体，有的刻印单本佛经，有的则刻印规模庞大的佛藏和道藏。西方教会在北京、山西、杭州等地也设有刻书机构。

以上官刻、坊刻、私刻三类，都有主持其事者。杜信孚《明代版刻综录》一书中著录这种"主持其事的人"共有五六千家，每家机构所出的书，少则一二种，多则数十百种。

从图书的编辑角度来看，明代图书引人注意的首先是它强烈的政治取向，这在明初的"制书"和明末的经世致用书中表现得尤其明显。明初，大量出版"帝皇之书"，有制典立法的宪章，有教训皇室宗族的内训，有诰诫文武百官的官诫，有总括历代文献的《永乐大典》，有树立正统思想的《四书大全》、《五经大全》、《性理大全》。这类书中还有总结朝政大事、公告世人要案经过的，如胡惟庸案的《昭示奸党录》、《清教录》，蓝玉案的《逆臣录》等。这种做法后来常被采用，嘉靖朝有总结议礼的《明伦大典》，天启朝有总结三案的《三朝要典》。为了编撰这类图书，皇室充分调动出版力量，任命重臣主持其事，开馆设局，克日完成，颁行天下，企图齐一人心。而明朝末叶的经世致用之书则与官府无关，大都由有识的文人主持。他们看到国事日非，国运可危，企图吸取历史教训，有所振兴，便团结同道，广泛收集有关文献，从现实需要分篇立章，汇聚成书。由于当时刻印能力已经十分发达，这类书的篇幅往往十分巨大，且一边收集编纂，一边开雕印刷，出版速度极快。这类书中最著名的是陈子龙等编纂的《皇明经世文编》。明初和明末的这两股出版思潮，是出版的政治功能充分发挥的表现。

此外，在子部图书中，科学图书的编撰也相当发达，尤以兵书和医书为多。《本草纲目》、《农政全书》、《天工开物》、《徐霞客游记》被称为"四大科学巨著"。这四部书就体定例，重视实证，详尽精审，具有科学巨著的恢弘气派和不朽作用。明代的学者们还与西方学者一道，翻译了200多种科学书籍，内容涉及基础学科和各种应用科学，翻译的方式有严格的直译，也有编译、选译、译著、译述等，这些图书发挥了中国科学与世界科学接轨、互补的作用。子部和集部中特别为人津津乐道的还有小说和戏剧的收集、整理和编纂，《三国》、《水浒》等长篇小说在明初"写定"；"三言二拍"之类的小说总集，《元曲选》、《六十种曲》之类的戏剧选编，满足了广大读者的需求。各种各样的总集、别集、选集，林林总总，品类繁多。在大量编辑实践中，编辑理论也有所发明，图书编纂之学得到了发展。

图书的品类和体式是逐步发展、积淀、丰富起来的。万历年间，焦竑编的《国史经籍志》中，在制书、经、史、子、集五大类之下，分成50个子目，子目下再分细目、小目，终端子目有342个之多。例如，史部下面有15个子目，在"地理"这项子目中，又分了10个细目。这种细密的多级目录，说明明代图书品种繁多，形式多样，体例富有变化。明代图书品类和体式的丰富，还可以从类书、丛书、选本上看出来。明代出版了类书之最《永乐大典》，还有多种日用的"小类书"；各种类型的丛书也丰富多彩，嘉兴成为"丛书之乡"，各种角度的选本出版得很多。这些都反映了随着知识的极大丰富，产生了系统和选优的需要。明代还出现了期刊、连环画的萌芽，十分值得重视。

图书的刻印工艺自宋初基本定型，其后只有一些量的变化。明初图书的字体，大致由近似颜、柳、欧、赵的楷体，逐步定型为四角崭方、横细竖粗的"宋体"，醒目端正。这种"宋体字"后来成为我国图书字体的主流，一直沿用到今天。图书版式多样，用纸考究，装订方式则简化为方册线装。这些定型是由雕版刻印的方式决定的，也是当时生产力水平不断进步的结果。

在印刷工艺上，明代有所突破。一是采用活字印刷，以提高生产力、节省材料。活字印刷的书籍，可以查知的有二百多种。这种尝试一直延续至清朝，但始终没有成为印刷业的主流。二是彩色印刷，有三色套印、五色套印，还有饾版和拱花等。这些富有创造性的探索和尝试，在出版史上留下了珍贵的实迹。

明代图书的销售和经营，也有不少成就。全国大城市中，往往有专营图书的坐商们组成的"一条街"，如南京的三山街、苏州的阊门、杭州的涌金门等。大城市中还有所谓的"聚书地"，兼营批发和零售，有些产书地还有定期举行的集市，还有从事长途贩运的行商，车运船装，销往全国各地。东南苏嘉水乡地区则出现了用船装着书到处销售的"书船"，湖州的织里村成为"书船之乡"。图书的地区差价引发了大批量、远距离的图书流动，福建、苏州等南方地区所产的书，到了北京，可以增值二三倍。每逢科举考试之年，更是销售的大好机会。还有些书则远销到了周边国家，这便是所谓的"汉字文化圈"。

在销售中，广告宣传被广泛运用，在书上印牌记或书目。版权意识也逐渐成熟，版权的买卖、转移时有发生，不少书印上书商传统的标志（商标），严词申明"翻刻千里必究"。

明朝的图书除部分赠送或分发外，绝大多数是有价销售的，刻书业有利可图，竞争相当激烈。竞争带来了许多良性的结果，有的以校勘精审取胜，有的以珍本奇书标榜，有的着眼于识字不多的人，印制小说、戏剧、唱本。同时，竞争也带来了一些消极的后果，出现了质量低劣以及作伪的图书，淫秽图书也着实不少。马虎粗疏的学风也造成了一些低质量的书籍。

在明代，出现了不少经营图书业的集中地区，专营书版的如建阳地区、徽州地区，印了不少家谱和别出心裁的商品广告。专营童蒙书和图片、年画的有河北的武强和河南的朱仙镇、福建的四堡，这些地区都有作坊百余家，从业人员百千人，有的专管招揽，有的主事绘画，有的负责刻印，家庭妇孺也参与其中，分工合作。经营的历史赓续数百年，形成十分庞大的出版行业。在城市里有一些规模很小的小书坊，一幢房子，门面开店，后面做作坊，楼上则是编辑部，编、印、发一体，看到什么书好销，几天里就可以赶印出来。《桃花扇》中"逮社"一出，形象地描绘了这种小型出版经营者的面貌。专业工人的流动，行业的协作，也颇有规模。大型的集团、小型的坊肆、内部的协作流动，说明了出版业正向着近世化迈进。

在明代出版事业的发展过程中，出现了一大批卓越的出版家，他们中有藏书家、编辑家、出版家、目录家、选家、画家、刻工等。其中最著名的有：收藏了大量图书，为出版事业提供资源的藏书家祁承㸁、叶盛、高儒、范钦、唐顺之；能驾驭大局完成复杂工程的解缙、陈济；记录图书出版实迹的目录家周弘祖、黄虞稷；精编细校、务求精审、"十年校一书"的袁褧、王延喆、顾元庆；有强烈责任感、出版了大量精品的毛晋；善于经营开拓、顺应大众需要、集编印发于一身的熊大木、余光斗；毕生致力于通俗文学收集和编纂的冯梦龙；编刊大型经世文集的陈子龙；广延文人参加增订佛藏的僧人紫柏真可；孜孜追求印刷新工艺、尝试活字和彩色印刷的华燧、安国、胡正言；精于绘制和镌刻插图的徽州黄氏家族……真是群星灿烂，不胜枚举。

2. 明代出版事业的历史位置和分期

明代的出版事业，完成了从古代向近世发展的历史进程，其主要标志有以下几点。

第一，从图书的复制技术而言，雕版书远远压倒了缮写本。最初的图书多以传抄方式复制流通，明初永乐十九年（1421年）整理皇室藏书，共得二万余部、近百万卷，以抄本为主，所谓"锓板十三，抄本十七"。到明代的后期，刻本书占绝对多数，抄本只是不重要的补充而已。

第二，从刻书的机构而言，由官府扩展到民间，私刻和坊刻远远超过了官刻机构。明代的官刻机构仅占15%左右，私刻和坊刻占80%以上，刻书机构从官府一家独占成为鼎足而三。

第三，从刻书的地区分布而言，由中央扩展到地方，无远弗届。外地的刻书机构远远超过首都的刻书机构。古代刻书地区集中在首都，外地刻书较少，后来逐渐扩展，明后期全国各省府州县几乎都刻印过图书。

第四，从图书品种而言，世俗图书远远超过宗教图书，市民图书大量出现。雕版图书初期，佛教图书数量极多，故而有人认为我国雕版事业是从佛教图书开始的，其后，世俗图书才超过宗教图书。明末，更出现了大量市民图书。

第五，从流通方式而言，以商品销售方式流通的图书，远远超过无价颁赠的方式。最初的图书，或由皇室文士专用，或由政府颁发到各级政府、学府，以商品买卖形式流通的仅是一部分。明代中后期，书籍的流通以商品销售形式为主，出版成为一种产业。

以上五个方面综合起来，充分说明，明代的出版事业完成了近世化的进程。

明代的出版事业，以正德为界，可以分为前后两个时期。

明代前后期出版事业面貌的迥异，当时人就有深切的感受。生活在嘉靖至万历时期的江阴人李诩曾说："余少时学举子业，并无刊本窗稿……今（指隆庆、万历年间）满目皆坊刻矣，亦世风华实之一验也。"① 李诩生于弘治十八年（1505年），他学举子业大概是20岁左右，即嘉靖初年。这说明，明代出版事业的勃兴，是在嘉靖中叶之后。顾炎武也多次提到明末出版事业"大畅"的形势。

二、明代出版物总数估计

借助著录明代出版图书的目录，可以大略了解明代出版的图书的数目。这样的书

---

① [明]李诩：《戒庵老人漫笔》卷八"时艺坊刻"条，中华书局，1982年。

目,以《千顷堂书目》及《明史·艺文志》最具代表性。

《千顷堂书目》是明末清初人黄虞稷编撰的。黄虞稷是福建泉州人,生于明崇祯二年(1629年),卒于清康熙三十年(1691年)。他学问渊博,家富藏书,在父亲著述的基础上编成《千顷堂书目》。后来,黄虞稷入清廷的明史馆,负责编艺文志,以《千顷堂书目》为基础,编成《明史艺文志稿》(已佚)。明史馆总裁王鸿绪在此书目的基础上,整理删削成《明史稿艺文志》(现存)。再后来,后任《明史》总裁张廷玉又一次整删,成为定稿《明史》的《艺文志》。黄虞稷编撰书目既有家学基础,又有清廷的丰富文献;而他撰述的时代在明亡以后三四十年,此时前朝已经结束,资料尚未散失,某些禁忌又有所松动,正是整理前代史籍的最佳时机。

《千顷堂书目》收书以明代为主,因为元代所修的"三史"都没有艺文志,所以也兼收前代宋、辽、金、元人的书,作为"补"附在后面。更前时期的书(唐朝及唐朝以前)则完全不收。全书按传统的编法,以经史子集分类,共32卷,收书15 600种。除著录作者和书名之外,不少书还附有作者生平、成书经过的资料,加以简要的考证。因为它内容丰富,记载翔实,所以对研究明史很有用,故有"明史之门"之称。《四库全书总目提要》对这本书十分推崇,说道:"考明一代著作者,终以是书为可据,所以钦定《明史·艺文志》颇采录之。略其舛驳,而取其赅赡可也。"

在《千顷堂书目》的基础上删削而成的《明史·艺文志》,采纳了前书的优点。删削之处主要有两点,一是选精,从15 600种减为5 033种(108 974卷),大约选取了三分之一,选择颇为得当;二是删去了宋、辽、金、元的材料,对此颇遭人非议,认为是失去了黄氏的"原旨"。可以说,《千顷堂书目》是一本明代出版物的"长编",而《明史·艺文志》是其"精编"或"简编"。

1959年,商务印书馆编刊"十史艺文经籍志",其中有一部《明史艺文志·补编·附编》汇刊了6种明史艺文志、经籍志:《明史·艺文志》、《明书·经籍志》、《续文献通考·经籍考》、《钦定续文献通考·经籍考》、《国史·经籍志》、《国史·经籍志补余》,这6种书目收书的总数是"共著录书约有二万九千余种(重复者尚未计在内)"(见该书的"出版说明")。这"二万九千余种",可以作为明代出版物总数来看待。

不过,这个数目不能说已收罗齐全,可以补充还有不少。例如:从《中国地方志综录》等书可知,明代地方志存佚的总数是2 892种,而《千顷堂书目》中只有1 877种,可补充的当有数百种;从《中国通俗小说总目提要》等书可知,明代出版通俗小说有217种,而《千顷堂书目》只有近百种,可补充一百多种;《曲品》、《明代杂剧全目》、《明代传奇全目》载明代各种戏曲出版物至少533种,《千顷堂书目》中没有戏曲书;根据《在华耶稣会士列传及书目》等书所载,明代外国传教士和中国学者合著的科技书和宗教书,至少有250—300种,而《千顷堂书目》收录极少;据《美国哈佛大学哈佛燕京图书馆中文善本书志》载,该馆有明版图书1 400多种,其中170种是该馆独有、任何书目都没有著录过的;明代有大量童蒙书、应举书、劝善书、日用小类书、木版年画，这些书在一般书目中都不载，可补充的数字很可观。

根据以上材料，如果我们把明代出版物的数字暂定为3.5万种，大概是不会太离谱的。

三、明代出版管理

明代没有专门的出版管理机构，出版事务由相关的政府部门负责，史书上有一些有关出版管理方面的记载。

（1）命令各地编纂某种图书。洪武六年（1373年）令各府绘上山川险易图；十一年（1378年）下令各府州纂修志书；十六年（1383年）诏天下都司上卫所、城池、地理、山川、关津、亭堠、水陆道路、仓库图；十七年（1384年）令朝觐官上土地人民图。永乐十年（1412年）、十六年（1418年），两次正式颁布《修志凡例》，详细规定地方志的体例和完成时间。以后几朝，又多次颁布修志法令。

（2）颁布图书样本。为了防止重要图书在翻刻过程中发生错误，洪武时颁布过《大诰》的大字样本，命各地照样翻刻。嘉靖十一年（1532年）福建提刑按察使发出牒文，召集书坊主到衙门，颁发经书的"钦定官本"，要坊主照样翻刻，具结保证不得违反。

（3）关心出版灾祸。弘治十二年（1499年）曲阜孔府阙里失火，损失若干典籍；同年，福建麻沙书坊也失火，烧坏大量书版。给事中许天锡给皇帝报告，皇帝派人到阙里和麻沙去"厘正"，调查受灾状况，帮助恢复。

（4）为中央出版机构调集人力物力。内府经厂刻书的工匠是各地的"班匠"充任的，或二年一轮，或一年一轮。印书所用的纸张向各地调集。为了保证纸张供应，还派出内府官员到产地置官局造纸。

（5）监督图书质量。嘉靖十一年（1532年）皇帝派出官员到麻沙去监督图书的校对质量。这事在清人傅维鳞的《明书·经籍志》和梁章钜的《归田琐记》里都有记载，施鸿保《闽杂记》一书记载尤为详细。

明代的文字狱并不严重，大都发生在重大政治事件的同时，如洪武后期的所谓"表章之祸"，曾对文书表章中的一些违碍字样（例如奏章中有"则"字，朱元璋怀疑是骂他"贼"；有"生"字，便怀疑是骂他做过"僧"；有"光"字，则怀疑是骂他"光头"）实行过严厉处罚；禁毁《剪灯新话》等小说；禁毁异端邪说之书，最突出的例子是禁李贽的《藏书》和《焚书》。

总的说来，明代的出版管理比较宽松，不像宋朝那样前后数十次颁布禁令，也不像元朝那样有事先审查的制度，更没有禁止书籍流向外国的法规。到了明朝后期，《金瓶梅》那样的书竟至"悬诸国门"，私人撰写的当代国史也到处流传，出现了我国出版史上的活跃时期。

明朝出版史上，还有一种平民向皇帝直接"献书"之事，在清傅维鳞的《明书·

经籍志》和沈德符的《万历野获编》,均有多处记载。所献的书大都是经书的注解,或对时事的议论。皇帝收到后,或亲自阅看,或发交有关官衙审议。其结果颇不相同,有的得到奖赏,有的则被斥责,甚至有的被杀了头。

第二节　官府编撰的图书

明代的图书编撰者,有官府、私家和书坊三者。其中官府,又可分为中央政府和地方政府。

一、中央政府的编撰活动

中央政府集中了全国的俊才英士,当然也就成为全国的编撰中心。文官们根据皇帝的旨意和国事的需要,制典修史,编撰种种图书。翰林院是最主要的常设专职机构,此外,当国家有重要编纂任务时,常随时开馆设局,延聘人才。终明之世,这种编纂之事没有停止过。朝廷中的各业务部门,也编撰过种种图书。朝廷常设机构和特设机构所编的图书,较重要的有明初的大量制书、前朝和本朝的史书、经书的辑订、各种典章制度的制订,还有大型类书《永乐大典》等。

1. 中央常设机构的编撰活动

从明代史书可知,翰林院的编撰之事,大体有以下四个方面:

(1) 编修实录。包括日历(指按日记载的大事记)、宝训、玉牒等。如洪武年间完成《大明日历》,以后各朝,完成15朝皇帝的《实录》,共3 000余卷。

(2) 修史。修前朝的史籍如《元史》、《宋元通鉴纲目》、《历代通鉴纂要》,万历年间编本朝国史(未完成)。

(3) 修书。翰林院"纂述之事,迨无虚日",所修书有些是皇帝下令编撰的,如《昭鉴录》、《稽制录》等,洪武朝可以查知的有30余种。这些书虽然署名皇帝"御制",实际上是"令本院儒臣议而行之"。

(4) 订辑经传文字。如《书传会选》、《性理大全》、《四书大全》、《五经大全》等。

以上各种编撰活动中,《实录》的编撰是最重要且经常性的工作。

2. 中央特设机构的编撰活动

中央政府遇有特别重大的编撰任务时,常采用"开局"或"开馆"的办法进行。洪武时编纂《大明日历》、《元史》、《书传会选》;永乐时编纂《永乐大典》、《四书大全》、《五经大全》、《性理大全》;嘉靖时编纂《明伦大典》;万历时编纂本朝正史;天启时编纂《三朝要典》;崇祯时编纂《历书》,都曾采取这种做法。

3. 中央职能机构的编撰活动

明代中央各职能部门，常根据其业务上的需要，编撰各种图书。如：中央监察机构都察院编撰了《都察院巡方总约》、《唐策》等；六部中的礼部编《礼部志稿》、《历朝登科录》，兵部编《九边图说》、《大阅录》、《昭代武功编》，工部编《工部厂库须知》等；钦天监每年编《大统历》，还编有《天文刻》一书；太医院编有《医林集要》、《铜人针灸图》、《经验奇效良方》等书。

这些由职能部门编的书，有的由该部门自己刊行，有的由内府刊行。

二、各级地方政府的编撰活动

省、府、州、县各级地方政府没有专设的编撰机构，往往根据特定的需要，由地方行政长官领衔，广延宿儒，编撰各种图书。最主要的成就是各级地方志、乡邦文献等。各省编撰图书的成绩差别颇大，偏远省份虽然编撰典籍较少，但也不乏有价值的图书。

1. 各级地方政府编撰图书概况

明代的行政建置有两京、十三布政使司，一千多个府、州、县。明初，布政司和各府都有编撰图书的活动，州和县则大都没有编书活动。明后期，皇帝下令全国各级政府编纂方志，使编书活动在全国展开。

各级地方政府的主要长官都有编纂图书的能力，幕僚属员中也不乏能手，甚至有的乐此不疲。这些人员所编的书，一般用政府的名义刊行，书版也藏在本衙，出版史研究者都将其作为官刻统计；如果是用个人的名义编刊的，则归属私刻之列。

各省、府、州、县编刊的图书，数量相差悬殊。出版事业发达的地方，历任长官在任期间，都要编刊若干种图书，以示不落人之后，相沿成习。例如"出版之乡"福建的建宁府，每个莅任的知府都有编刊的实迹。正德十六年（1521年）知府张文麟刻真德秀的《西山先生真文忠公文集》55卷；嘉靖十七年（1538年）汪佃刻李频《李建州诗》，汪佃原来在翰林院任职，后来被派到福建专门负责"校正图书"之事；嘉靖三十五年（1556年）知府程秀民刻胡广的《性理大全》，嘉靖三十八年（1559年）又续刻两本史书《少微通鉴》和《宋元通鉴》；嘉靖末年，知府杨一鹗编刻《周易程朱传义》。以上种种，可见知府们编刊之勤。

2. 地方政府编刊图书的主要成就

地方政府编刊的图书，集中在以下几方面。

（1）各级地方志。地方志的编撰都由上级长官任监修，当地主要长官任总修，其他人员有协修、总纂、分纂、总校、分校、提调、采辑、监刊、绘图等，还聘请当地有识之士参加。实施时往往也采取"开局"的做法，编成后请上级审定，然后在本地开雕，或交由外地代办。编撰刊印的经费由地方经费支付，又往往由地方官捐俸襄助。编撰的体例由中央颁布，各地有创新。方志的篇幅大有区别，有的多达数十百万字，有的只有二三万、甚至几千字。明代方志质量不等，有的价值很高，有的迂阔，识陋见短，议论空泛，所以明代的地方志淘汰不传的很多。

（2）乡邦文献。为了标榜本地人文之美，地方官们往往致力于地方文献的编辑。如武昌知府孙承荣编《黄鹤楼集》3卷，收集了有关黄鹤楼的诗赋文，江西布政司编刊了《滕王阁集》、《河汾诸老诗集》，九江府署编刊了《陶靖节集》，山东布政使编了《泰山志》、《阙里志》等书，福建按察使编了《晦庵先生朱文公集》100卷，云南省由布政司济用库出资编刊了好几任守官的奏议，贵州编刊了《诸夷图》。

（3）前代或当代重要典籍。这类图书的选择编刊，都由当时地方长官决定，并无定规。山西布政使刊印了《史记》130卷，江西按察使司刊行了《资治通鉴纲目》59卷，浙江按察司校刊了《资治通鉴》324卷，江西按察使司刊行了《唐诗品汇》100卷。有些地方政府由于地处雕版中心，刊行了特别重大的图书。最为人乐道的是福建建宁刊行的两部大书：《文苑英华》和《册府元龟》。这两部大书都是1 000卷，宋朝刊行后数百年都没有再印过。《册府元龟》的抄录、校订长达20年，参加校订的官员前后有90多人。

（4）有关当地国计民生之书。其内容涉及社会生活的各方面。浙江巡抚编刊了多种海防之书如《筹海图编》、《海防考》以及几种操法、律令；苏州府刊刻了几种有关太湖水利之书，以苏州巡抚张国维的《吴中水利全书》最为著名；两浙运司编刊了几种关于盐运的书，如《两浙鹾志》、《两浙盐法条酌》、《盐法要览》、《行盐事宜》、《招商事宜》等。不少地方刊行了各种医书，江西布政使司首先刊印了李时珍的《本草纲目》，陕西和浙江的布政使司都刊印了《救荒活民补遗》。《重修政和经史证类备用本草》一书，有好几个地方政府刊行过。

三、"帝皇之书"的编刊

焦竑编撰的《国史·经籍志》中，在经史子集之前，另加了一种"制书类"。

所谓"制书"，实即"帝皇之书"，是直接体现皇帝意志的书。"御制类"是皇帝署名亲撰之书；"中宫御制"是皇后之书；"敕修类"是皇帝下令编撰之书；"纪注时政"是有关皇帝的重大事件之书。

明代其他书目上也大都把这类帝皇之书置于书首，或称"制书"，或称"圣制"，或称"本朝"。入清以后，有关图书各归入经史子集门类中。

在"帝皇之书"中，有很大一部分是为巩固皇朝统治而编撰的，有强烈的政治色彩。有教育皇子皇孙要勤政爱民、善保帝业的，如《公子书》（训世臣子弟）、《储君昭鉴录》、《圣学心法》、《务本之训》、《文华宝鉴》、《帝训》（训东宫）、《鉴古韵语》（人君鉴戒诗60首）等；教育藩王们要听命中央，善抚子民，安分守己，如《祖训条章》（命各藩王书于墙壁）、《昭鉴录》（辑录汉以来亲王中好坏事例）、《纪非录》、《永鉴录》（辑录历代宗室中之悖逆者）；教育皇后恪守女则，外戚奉法守纪，如永乐时重编《列女传》、《内训》、《女则》、《女鉴》、《历代公主录》（介绍历代公主善恶事实）、《外戚事鉴》（辑历代外戚中善恶事实79人）；教育功臣不要恃功凌法，如《稽制录》（辑历代功臣爵位、食邑、名号，供功臣比照）、《稽古定制》（规定可享礼制，戒僭越）、《相鉴》（辑萧何、文天祥等贤相82人事迹，不贤相田蚡、贾似道等26人事迹）、《世臣总录》（记周公以后大臣事迹）等；教育臣民遵守法纪，如《御制大诰》、《大诰续编》、《大诰三编》、《臣戒录》（历代逆臣212人事迹）、《逆臣录》（蓝玉案狱词）、《集犯谕》（开国初罪犯姓名及罪状）、《昭示奸党录》（胡惟庸案狱词）、《清教录》（胡惟庸案中之僧徒）、《省躬录》（汉唐宋以来灾异之应于臣下者）、《醒贪录》（公布官员月薪有多少，相当于多少农人的劳作）、《志戒录》又名《历代奸臣备传》（晋至宋以来悖逆之臣百余事）、《彰善瘅恶录》等；教育武臣，如《大诰武臣》（武臣中不守法事32件）、《敕谕武臣》、《武臣训戒录》、《武臣鉴戒》、《忠义录》等。

从以上所列可以看出，明朝的皇帝很知道运用出版物的力量，或亲自编写，或命令编写了大量图书。这类图书在开国几代比较多，据《明史纪事本末补编》卷一《秘书告成》著录，由朱元璋亲自编写或命令编写的制书达49种之多；而到了最后几代，几乎就没有了，这也是明后期朝纲不振的一证。

四、订辑经传

所谓"订辑经传"，是指对"五经、四书"的原文以及传文、注解、解释等著述进行整理、审辨，合则取之，不合则舍弃。经过取舍之后，成为一部能体现编者意图的新著。这类书如果是皇帝"敕修"，命令"颁行天下"，又规定科举考试必须从中出题，那么，这部书就具有无上权威，成为最显赫的官修经书。

明朝以前，儒家学者有许多注经解经的著作，形成了以程朱为主的理学系统，在思想、学术上占统治地位。明代尊崇程朱理学，订辑经传，目的就在确定理学的统治地位，提供一套权威的文本。这个工作，是洪武、永乐两朝完成的，但洪武朝只能算是先行或准备，真正全面系统地订辑，是永乐朝的事。

永乐十二年（1414年）十一月甲寅，永乐帝决定对五经四书进行一次全面的订辑，以确立理学的统治地位。他任命翰林学士胡广，侍读杨荣、金幼孜三人为纂修，又从朝中和外地请来39人，共计42人，在东华门外开馆，订辑"三书"。

所谓"三书"，指《五经大全》、《四书大全》、《性理大全》三种。俗称"三大全"，如果把"五经"分开来，则成为"七大全"。

这七部书在永乐十三年（1415年）九月完成。永乐帝亲自写了序文，命礼部刊行天下，颁六部、两京国子监及天下郡县学。对胡广等人各赐钞币，还在礼部赐宴，十分隆重。

这七部书的基本编纂方法相似，都是对前人的原著和传、注等进行订辑，以理学为取舍标准，合则采用，不合则删去。

这七部"大全"是官修经书，皇帝敕修，礼部颁行，科举考试以此命题，在整个明代影响极大。明朝后期，理学式微，心学兴起，但科举考试仍依此出题，并没有退出正统的地位。

"七大全"虽然处于显赫的地位，但是在经学史上却评价不高，有的批评十分激烈。批评最烈的是顾炎武、朱彝尊、纪昀等人，认为七部"大全"束缚了经学的发展。纪昀等人的批评是从经学创新的角度出发的，其实永乐皇帝和胡广等人原本不图创新立说，而是选取一种符合理学的前人之说，使经传定于一尊，如此而已。

五、史书的编纂

1. 前朝正史的编纂

新的王朝为前一代纂修史书，是我国编写历史书中最重要的工程，已经成为一种惯制。明朝立国时，这种"正史"已经有17部。明嘉靖时校刻史书，增加了宋、辽、金、元四史，共21种，通称"二十一史"，清代修成《明史》后，成为"二十二史"。

纂修《元史》是明王朝的历史任务。洪武元年（1368年）徐达北伐攻入元都，封存了府库的图籍，得到了元十三朝的实录。这些文献运到南京后，明太祖即命准备修史。次年二月丙寅，在天界寺开局修史，八月癸酉，《元史》修成，共计159卷，计：本纪37卷、志53卷、表6卷、列传63卷，由李善长领衔进呈。但占元朝三分之一时间还多的顺帝一朝，因为没有实录而无法编撰。于是派欧阳佑到北平去搜集材料，洪武三年（1370年）还朝，再开史局，至七月又修成53卷，即：本纪10卷、志5卷、表2卷、列传36卷，二次修史经"厘分而附丽"，合计成210卷，另有目录2卷。

《元史》的刻印由司礼监经厂负责，只用了三个月，于洪武三年（1370年）十月十三日完成，称"洪武本"。后来在嘉靖年间又重刻过"南监本"，万历年间又重刻过"北监本"。

两次修《元史》一共只用了331天时间，在正史的纂修中是最快的（清朝修《明史》先后用了100年）。朱元璋这样亟亟于早日完成，是因为他要向国内外宣告明朝的统治已经巩固，元朝已经完结。因为明朝之初，元帝仅仅是被逐向北方，所谓"败而未亡"，这和清代修《明史》的情况很不一样。

《元史》的质量较差。一是详略不均和杂乱重复。如《世祖本纪》14卷、《顺帝本纪》10卷，两个皇帝占了本纪的一半以上，而太宗、定宗只合成1卷，定宗死后3年，竟一字未记；又如震惊世界的三次西征，许多重要事情都失记；元朝的开国四杰只二人有传，开国四先锋只三人有传。为了赶时间，《元史》还故意略去了一些内容，如没有"论"、"赞"，也没有《艺文志》。二是杂乱重复非常严重。由于《元史》是两次修成的，后一次纂修者不愿去改前次的文稿，只是简单地合二为一，以致颠倒错乱，全书重复立传18人，有的是因为译音不同误作二人，还有父子二人误作一人的，祖孙二人误作一人的；又如耶律楚材、张柔、董俊等人都是世祖或世祖以前的人，书中却列于顺帝时的余阙、福寿、月鲁不花等之后。三是记载的地区狭小。元代国土辽阔，《元史》却只限于明代疆域之内。此外，译名不统一，错、倒、脱、衍更是多得不可胜计。

《元史》虽然有不少错误，但仍有重要价值。它所据的史料，大部分是可靠的，《选举》、《百官》、《食货》、《兵》、《刑法》等志，取材于虞集所编《经世大典》；《天文》、《历》等志，取材于郭守敬的《授时历》；《地理志》取材于岳铉的《大一统志》；《河渠志》取材于欧阳玄的《河防记》。这些志原来编得较好，编入《元史》时，质量也就比较好。

2. 本朝正史的编纂

明朝后期，曾经有纂修本朝史书的活动。先是在万历初年时，在首辅张居正的倡导下，完成了三部本朝正史的"备史"，即是《世宗实录》、《穆宗实录》、《大明会典》。在此基础上，着手全面进行本朝正史的编纂准备，准备工作有：恢复起居注的记载，整理前朝的实录，健全修史机构等。

万历二十一年（1593年）礼部尚书陈于陛正式上《恭请圣明敕儒臣开书局纂辑本朝正史以垂万世疏》，疏中力陈史书的作用、正史的意义、取材的原则等，又认为资料已经具备，可以动手进行。当时，朝中诸臣对修本朝正史看法并不一致，反对者也颇不少。酝酿争论的结果是，万历帝同意修史，于是任命王锡爵为总裁，要他择日开馆，悉心考究，编出一部"一代不刊之典"。

万历二十二年（1594年）八月，正式开史馆，总裁王锡爵，陈于陛、沈一贯、刘虞夔（后被罢免）、冯琦四人为副总裁，余继登、萧良有等19人为纂修官，礼部正卿以至詹事、翰林等分款受事。后来，主持人曾多次增补调动。政府还正式下令在全国范围内征集资料。

这次修本朝正史共历时三年，任务虽没有完成，但阶段性、局部性的收获却不小：一是本纪完成了七朝，成《皇明七朝帝纪》40卷（今佚）；二是预定的28个志（一说是22个志），都已"纲目犁然"，完成了8个志（河渠、经籍、典礼、兵制、四夷、乐律、职官、赋役），其中《国史·经籍志》成为研究明朝著述的重要文献；三是列传预拟26类，完成了一部分。更使人始料不及的是，由于《实录》的抄录外传，实际上成为"解密"，引起了民间修史的兴趣，明末出现的私史有上千种之多。①

六、佛藏、道藏的增辑

佛藏和道藏都在南朝时开始编修，唐朝时完成编目工作，以后各代又陆续增补。明

---

① 谢国桢：《增订晚明史籍考》，上海古籍出版社，1981年。

代的皇帝有的佞佛,有的溺道,有的先佛后道。佛道二教的势力时有消长。各个皇帝对佛教或道教态度不同,执行不同政策,沉迷的程度也不同。皇后和皇太后往往也参与其事。他们进行多种宗教活动,都以刊印《大藏经》为最高追求。在一次次重刊时,往往不断收入佛学新译本和新著,使佛藏的种数卷数有所增加。

1. 佛藏的编纂和出版

佛藏的编定是在唐开元时,智升撰《开元释教录》中确定,佛藏的内容是1 076部、5 048卷,著译者176人。北宋初,当雕版图书刚进入批量生产时,便大规模编刊《大藏经》。宋代《大藏经》有6种版本,辽、金、元也有编刊。

据有关记载,明代刻佛藏前后有6次。

(1)《洪武南藏》(官刻),又称初刻南藏,洪武年间编刊于南京,共佛经1 600余部、7 000卷。1934年四川曾发现仅存的孤本。

(2)《永乐南藏》(官刻),通称南藏,永乐年间依洪武本重刻,编次略有不同,收佛典1 625部、6 331卷,存世较多。

(3)《永乐北藏》(官刻),通称北藏,永乐到北京后刊刻。正统五年(1440年)完成,比南藏略有增加,共佛典1 657部、6 361卷。

(4)《武林藏》(私刻),永乐二十年(1422年)刻于杭州。这部佛经是1982年发现的,因为是残本,不知原来有几种、几卷。据考是根据《洪武南藏》或《碛砂藏》翻刻的。

(5)《万历藏》(私刻),万历年间刊刻,历史上无记载。1983年在山西宁武发现,是据《永乐南藏》复刻的。

(6)《嘉兴藏》(私刻),明末清初编刊。这部佛经十分重要,因为是私刻,放到下面一章再谈。

官刻佛藏大都是皇帝或皇太后发愿编刊的,由内府刊刻,印好后赏赐给天下名寺。例如正统五年完成北藏后,曾印若干部赠天下寺院,南京的灵谷寺、鸡鸣寺都得到一部。天下寺院都可以向藏版处"请经",请经的事务工作交给某些大寺院经管,礼部的祠祭司订了一套详细的请经办法,共有十一道手续。寺院里有专司其事的"管经僧"。据葛寅亮统计,向南京报恩寺请《大藏经》的,每年约二十部,终明朝一代,南藏总共印了约千部之多。

明官府刻的佛藏还有少数民族的版本。当时称为"蕃藏"(一作"番藏")。14世纪初,西藏嘉漾比丘曾刻了三藏中的"经藏"和"律藏",藏语称"甘珠尔",保存在西藏的奈塘寺。永乐八年(1410年)成祖遣使到西藏访求经典,取了"甘珠尔"全部翻刻,后来又翻刻了"论藏"(藏语"丹珠尔")中的要典《般若》、《中道》等。这便是永乐版"蕃本"《大藏经》。万历三十三年(1605年)又翻刻了永乐"蕃本"。

2. 道藏的编纂和出版

道教经籍的编汇始于六朝,正式纂辑道藏是唐开元中的事,当时有《三洞琼纲》

3 000余卷。宋初有《大宋天宫宝藏》，但没有刊刻。道藏的刊刻始于宋徽宗政和时，书名《政和万寿道藏》，共5 481卷，在福建闽县镂刻，部分经版保存在东京（开封）。印本现已不存。金元时印的道藏都以这部为蓝本，今亦不存。

明代刊刻道藏始于明成祖。永乐四年（1406年），明成祖命四十三代天师张宇初纂辑《道藏》。永乐八年（1410年），张宇初卒，其弟张宇清继领主纂。不久，成祖去世，这事便延搁下来。正统九年（1444年），又诏京师道教事邵以正督校，正统十年（1445年）全藏完成，称《正统道藏》，共收书1 426种、5 305卷，分装成480函。以《千字文》为目，始"天"终"英"。印行后，颁赐各地道观。

《正统道藏》收罗不全，到了万历三十五年（1607年），皇帝又命五十代天师张国祥刊《续道藏》，仍以《千字文》为序，始"杜"终"缨"，50种、180卷、32函，史称《万历续道藏》。

正续两藏合计512函，收书1 476种、5 485卷。这两种合起来简称《道藏》。版片藏在京师灵佑宫，入清后移到大光明殿，八国联军入北京时散佚。

明代刊印的《道藏》，是唯一传本，十分珍贵，至今有一些被保存下来。1923年，商务印书馆用白云观本影印出版。1988年，文物出版社、上海书店、天津古籍出版社又联合出版了一次。

七、地方志的编纂

1. 明代地方志的数量和类型

明代地方志编刊的数量很多。据统计，共有2 892种，比宋元两代加起来还要多出4倍（北宋140种、南宋230种、元代205种）。现存1 017种。

巴兆祥把明代地方志的编纂刊行分为四个阶段：起步阶段——洪武至天顺，1368—1464年，共96年，出版了257种；蓬勃发展阶段——成化至正德，1465—1521年，共56年，出版了460种；鼎盛阶段——嘉靖至万历，1522—1619年，共97年，出版了1 622种；渐趋沉寂阶段——泰昌至崇祯，1620—1644年，共24年，出版了66种。这说明，明代出版的近3 000种地方志，56%以上是嘉靖、隆庆、万历时期出版的。

明代地方志有"通志"、"专志"、"杂志"等多种类型：一是全国总志，有《大明志书》、《大明清类天文分野之书》、《寰宇通衢》、《大明一统志》等；省级通志，明代十三个布政使司和两个直隶，都有通志（或称总志）编成，而且各有特点，并多次修订；三是府、州、县志，这是地方志的主体。明朝府、州、县几乎全都编了志书，有的还修订多次，如《萧山县志》修订过七次，《杭州府志》、《六合县志》都修订过六次；四是乡镇志，主要是在江南经济发达地区，如《贞溪编》、《湖隐外史》、《乌青镇志》、《鄞西桃源志》等；五是卫所志，如《靖海卫志》、《大田所志》；六是边关志，如记载九边的《辽东志》等；七是土司志，如《腾冲司志》、《平茶洞长官司志》等；八是杂志，专记一座山的有《献花岩志》（南京祖堂山）、《清凉山志》、《天台山志》，专记一个寺院的如《栖霞寺志》，专记一个书院的如《崇正书院志》，专记一个湖泊的如《石湖志》，还有专记一地名胜的如《金陵古迹图考》等。

2. 明代地方志的体例和理论建设

明代地方志的编纂体例，大都依照永乐年间颁布的《修志凡例》，设置"门目"或"纲目"，这是地方志最基本的体例。后来，有种种变通和创新，如纪传体，模仿《史记》、《汉书》的体例，设纪、表、志、传四体，正德时胡缵宗的《安庆府志》、嘉靖时冯继科的《建阳县志》都是如此；政书体，按吏、户、礼、兵、刑、工分类记事，有弘治年间周瑛纂《兴化府志》、正德年间周瑛纂《漳州府志》等；编年体，如王启《赤城会通记》、颜木《汉东编年志》等；三宝体，即记载土地、人民、政事，万历时唐枢纂《湖州府志》即据此定体。

明代在纂修地方志的过程中，还产生了丰富的编辑理论。永乐颁布的两个"凡例"既是操作的条例，又是编志的经验总结，对有明一代纂修实践有重大的指导作用。这两个"凡例"对编志中的重大问题都有明确的分析，例如，如何处理纵横的分割联系，如何处理古今的详略问题，资料如何辨别取舍，人物褒贬如何做到得当，与邻近地区如何关照，信史与传说如何区别等。

在各级地方政府所编志书的序言、凡例等文字中，也蕴含着不少修志理论。明代以前的方志很少有凡例，到了明代，不少方志都前缀凡例，其中有不少新见。

对于方志的属性，明人大都认为应该归属史类。基于这样的认识，明人所编地方志都模仿史书的体式，采取修史的方式，这对于保持志书的真实性具有重要作用。

明人对于方志的价值，认为它有"四思"的意义，"企先贤而思齐，睹名宦而思政，慨风俗而思易移，观利病而思兴革"[①]。强调方志的资政和教化作用。认为它可以使"君子观之以通其变，小人观之以守其业，方司观之以省其风，庙堂观之以通民物"[②]。指出了方志对各阶层都有益。

在材料取舍、修纂要求上，明人提出了"七不书"的主张，"言非史册传记不书，文非名贤金石不书，非郡乘旧所载记不书，非耳目显著不书，非出山氓故老缙绅贤者公论不书，荒唐不书，疑似不书"。对修纂人员的素质，提出要"学博、见精、心公"三者兼备的要求，对于领导修志的地方长官提出了更高的标准："学博、才优、见定"[③]。

清朝的学者如章学诚、李兆洛、顾千里等人，对明代地方志颇多疵议，认为有三个缺点：一是文人习气，二是昧于史法，三是繁简失当。这些批评是中肯的，但不能一概而论。明代的方志中颇多良志，应该给予应有的评价。

---

① 明正德《朝邑县志》跋。
② 明嘉靖《永丰县志》序。
③ 同上。

八、《永乐大典》的编纂

1. 编纂经过

明朝建国之初，明太祖朱元璋经常阅读的是阴时夫的《韵府群玉》和刘向的《说苑》。中书庶吉士解缙看到后向皇帝进言，说这两部书都有缺点，建议"集一二志士儒英"另编一部，并自荐愿意"执笔随其后"。朱元璋很赞成，但终其世没有行动。

明成祖登位后的第一年（1403年）七月，就命令解缙、胡广、杨士奇等编纂一部大型类书，并交代了编纂的宗旨："天下古今事物，散载诸书，篇帙浩穰，不易检阅。朕欲悉采各书所载事物类聚之，而统之以韵，庶几考察之便如探囊取物耳。尝观《韵府》、《回溪》二书，事虽有统，而记载太略。尔等其如朕意，凡书契以来经史子集百家之书，至于天文地志、阴阳医卜、僧道、技艺之言，备辑为一书，毋厌浩繁。"①

解缙等人衔命从事，召集了147人，第二年十一月就编成了《文献大成》，献给明成祖，前后只用了一年零四个月时间。明成祖看后认为太简单，"所纂尚多未备"。于是在永乐三年（1405年），命姚广孝、郑赐、刘季篪、解缙等重新修纂，召集的人达2 169人之多。到永乐五年（1407年）定稿，由领衔的姚广孝进呈给明成祖。全部工程共计五年。

《永乐大典》的篇幅，在几本书上说法不同：《永乐大典序》作"总二万二千九百三十七卷"，"其书凡一万一千九百十五册"；《明史·艺文志》作"二万二千九百卷"；《明实录》作"二万二千二百一十一卷"；《四库全书总目》作"二万二千八百七十七卷、目录六十卷"。修纂《四库全书》时从《永乐大典》中辑录了已经亡佚的典籍，曾经对《大典》嘉靖副本不论现存还是亡佚的卷数作过认真的清理和查检，所以《四库全书总目》所记《大典》的卷数，应当是准确可靠的。

明嘉靖抄《永乐大典》副本，图左为第3519卷"门"部

---

① 《明太宗实录》卷二一"永乐元年七月丙子"。

2. 编纂体例和缮写

《永乐大典》的编纂凡例是解缙制订的，这是整个编撰工作的依据。凡例共 21 条，详细说明了《大典》的收录范围、编次体例、音韵训释、选用字体等方面的规定。

凡例的第一条提出了本书的基本体例，即"用韵以统字，用字以系事"。用的韵是洪武韵，每一韵下有若干单字，每个单字先详注该字的音韵、训释、书体，再把和这个字有关的天文、地理、人事、名物、诗文等依次收载，所收入的内容，有的是一节，有的是一篇，有的是整本书都收进去。

《永乐大典》在永乐五年（1407 年）完成，永乐七年誊写完毕，保存在南京文渊阁。永乐十九年（1421 年）迁都北京，《大典》的誊正本也运到北京，保存在皇宫的文楼，原稿可能仍在南京。经历 130 年后，到了嘉靖三十六年（1557 年）宫中失火，三殿被毁，庋藏《大典》的文楼就在三殿附近，嘉靖帝一夜下四道命令抢救，结果保全无损。由此，嘉靖帝产生了重抄一份的想法。嘉靖四十一年（1562 年）开始重抄，隆庆元年（1567 年）四月完成，字体版式都依原样。

这样，《永乐大典》共有三个本子：一是原稿本，一般认为仍留在南京；二是誊清正本，即永乐本，在北京；三是嘉靖重抄本，也在北京。据《四库全书总目》称，嘉靖重抄本有两部，但此说未能证实。

《永乐大典》编成后没有刊刻，万历年间国子监祭酒陆可敬曾上《刻书疏》，建议由各省分刻，合作完成，万历帝表示同意，但未能实行。崇祯二年（1629 年）五月朔，发生日蚀，时刻和预测不合。这时，崇祯帝想起了《大典》中的"日食"卷，便命令抽印这一卷，这是《永乐大典》唯一的刊本。

3. 应用、流传和散亡

编纂《永乐大典》的原意是供皇帝阅读和文臣制作文诰之用。据记载，弘治帝、嘉靖帝最喜欢读书，常翻阅《大典》。弘治帝曾把《大典》中的药方抄出，赐给太医院，嘉靖帝则把《大典》放在案头，订出了"日阅三卷"的计划。

《永乐大典》在清朝发挥了另一种作用。修《四库全书》时，安徽学政朱筠建议从《大典》中辑书，乾隆采纳这个建议，但规定辑什么书要皇帝决定，辑书的结果是："凡经部六十六种、史部四十一种、子部一百三种、集部一百七十五种，共四千九百二十六卷。"由于清代统治者修纂《四库全书》的目的在于加强封建专制统治，不少思想内容优异和学术价值高的著作，因为不符合其统治需要而摒弃未辑，在编纂《四库全书》之后，继续辑出的书有嘉庆时徐松抄出《宋会要》300 卷，近人缪荃孙辑出《顺天志》、《泸州志》、《镇江志》等。时至今日，不少学者仍从《大典》中辑出有价值的典籍，故《永乐大典》被称之为"辑佚之渊薮"。

《永乐大典》三个本子，前两个在明末就已不存，只有嘉靖重抄本原存北京皇史戚。清康熙时，徐学乾、高士奇发现皇史宬藏此书，但有些残缺。雍正时，这部书搬到了翰林院。乾隆时，为了编《四库全书》要从中辑书，作了一次清点，发现少了一千多册（2 422卷），约缺失十分之一。修完《四库全书》后，修纂者认为《大典》"精华采尽，糟粕可捐"，便束之高阁，不加管理。有些官吏乘机偷窃，早晨进馆时带一件棉袍，打成包袱，晚上离开时穿上棉袍，包袱里则包两本书带出去。据说仅光绪帝师文廷式偷去的就有一百多本。光绪元年（1875年）重修翰林院清点时不到5 000册；次年只剩3 000册；光绪二十年（1894年）六月，翁同龢入翰林院检点，只有800本。

　　帝国主义的侵略加速了《永乐大典》的散失，1900年八国联军之役，存放《大典》的敬一亭被毁，侵略者用《大典》代砖，支垫军用物，太史刘葆真在灰烬中还拾到几本。帝国主义者还以十两银子一本的价格收购了一批，经营一代的《永乐大典》，就这样最后消亡了。

　　现在存世的《永乐大典》保存在8个国家和地区的数十个图书馆、博物馆中，20世纪80年代末，共收集到近800卷，不到原书的3.4%。我国大陆和台湾省以及日本，都出版过《永乐大典》的影印本。中华书局的影印本收录797卷（正编730卷，续编67卷）。2003年8月，上海辞书出版社又将海外新发现的《永乐大典》残本17卷影印出版。这样，现在存世的《永乐大典》共影印出版超过800卷。

第三节　私家的编撰

　　随着出版技术的成熟、出版事业的昌盛，明代私家的图书编撰活动也十分活跃。

　　明代的私家编撰，由于时代、社会、学风的变化，再加上世界观、治学取向、旨趣好尚的差异，作者队伍的结构趋向多元，有形无形地形成了若干作者群体，同时，在图书编纂方面也出现了若干特色。在理学被怀疑、心学兴起的时候，一些作者突破理学的旧樊，编撰了种种儒学新著；忧世愤时之士则编撰了不少私史和经世致用之书；务实的学者们苦心撰写了有用的科技图书。至于别集和总集的编纂，更是热闹，各个文学流派杰作纷陈，或编纂当代文人的作品，或辑集前人的选集，标榜自己的文学观点。教徒的虔诚投入，文人的积极参与，扩大了佛道藏的入藏内容，改进了编纂方式，使佛道藏廓新了面貌。此外，明代私撰中还出现了山人们别出心裁的清闲之书，乱编胡凑的书帕本等。

一、私家编撰图书概况

1. 私家编撰的基本做法

　　文士们为官府编撰，为书肆编撰，都要受制于人，有功利的目的。只有在为实现自己的意愿而编撰时，才体现了他们本身的取向。

　　私刻图书编撰者人数众多，有尚未入仕的士人，有在职的官吏，有已经致仕的官员，他们是私家编撰的主体。此外，还有儒学、书院的教谕、山长，社会上的宿儒名流，以及医生、僧道等人。

私家的编撰活动绝大多数是个人行为，同时也有志趣相投者结合起来的群体活动，这在明末更为明显。这种群体是松散的，没有约束，但撰作取向互相投合、十分明朗，与别的群体也面目迥异、互不相容。

私家编撰的内容，涉及经史子集各部类。其中不少是传承前代的样式。例如在经部中，有不少文字音训、考误质疑、疏解名物的图书，史书中则颇多兼及文史掌故的笔记，集部中的别集、总集，其编撰方法也和前人无异。

明代私家编撰有不少新的情况。一是明中期和后期出现了不少私人撰写的史书，这主要是因为明代中后期《实录》外传，种种禁忌有了松动。二是明末一些有识之士看到国事日非，力图寻找解救之道，于是撰写了大量经世致用之书；三是明代中后期心学崛起，其学说来不及细细推敲琢磨成书，于是种种学术随笔、语录、通信录等被编撰成书，广为传布；四是科技图书较多出现，其中以医学、农学、水利、兵学等门类最为突出。

编撰活动促进了图书编辑学的发展和成熟。在一些图书的序跋、凡例中，蕴藏积累了丰富的编辑之学。

2. 几种特殊的私家编撰

(1) 党社成员的编撰

晚明时，社会上出现了众多党社，以东南地区为多，最著名的是东林党、应社、复社、几社。这些党社的性质兼有政治性和文学性，党社成员都是文人，又都活跃在出版事业发达的地区，和书坊有密切的关系，著作丰富。他们用个人名义编撰的图书，多不胜数，用"社"的名义编撰的图书，以制义为主。如复社编选的《国表》，作者700余人，诗文2 500多篇。

(2) 山人编书

晚明时，东南地区出现了一批所谓"山人"，他们或者是没有考上功名的读书人，或者是官场角逐的失意人，或者是年老致仕的官吏，人数颇多，有"山人遍天下"之说。编书刻书是他们的雅趣之一。代表人物有陈继儒、屠隆、周履靖、高濂、项元汴等。

山人们编书的能力很强，能够在很短时间里编出大量书来，因此著作很多。如陈继儒著作51种，屠隆19种，周履靖35种，高濂32种。所编书以两种为多：一类是笔记杂录小品，如陈继儒编《文奇豹斑》，杂抄诸书，分成十类；《珍珠船》，杂抄小说家言。这类书了无体例，资料缺略，无益考证，无补学术。还有一类是消闲玩赏之书，琴棋书画、瓶器茶酒、纸墨笔砚、花鸟虫鱼、鼎彝古玩，无所不有。他们标榜清言、清供、清秘、清玩之趣，甚至枕头、蟋蟀之类小事物，也可以编成洋洋数十卷书。把消遣玩乐之书，推到了极致。他们善于遣词造句，韵散结合，四六并用，雕句琢字，开后世格言小品的先河。

(3) 书帕本流行

明代后期，社会上流行一种把自编的图书送人的风气。一本书，再加上一块手帕，用来赠人、晋见、交换。这种书被称为"书帕本"。地方官晋见上级，新进士拜见师友，外官进京公干，都要用上。士绅巨商这样做，意在表示其风雅。

这种"书帕本"的编纂十分马虎，或者找一本前人的集子翻刻一通，或者用几个本子拉杂凑合。例如衡州知府周诏编的《石鼓书院志》4卷，是将一本旧志稍加增损而成的。郭惟贤做湖广巡抚，因为屈原、岳飞、孔明都与湖广有关，就从这三人的文集中取一些材料，编成一部书，取名《三忠集》14卷。淮徐分巡道朱东光取《老子》、《庄子》、《管子》、《淮南子》四书合在一起，起名《中都四子集》。这些书的共同特点是所做的编辑工作极少，只要抄抄摘摘、拼拼凑凑就可以了。

二、私史和经世致用之书的编撰

1. 民修史书

修史主要是中央政府史馆的事，而且由众多史官集体作业，个人修史书历来相对较少。明代末期，个人修史纷纷出现，原因是多方面的。一是核心史料的解密，主要是《实录》流向民间。二是明前中期一些敏感的话题，如建文逊国、英宗夺门、嘉靖议礼等，到明后期已经有了比较一致的说法。三是晚明政局紊乱，国步日艰，有识之士意图从历史中吸取教训、寻找出路；明亡之后，遗老们怀着"国可亡，史不可亡"的特殊心情，缅怀前朝，更加想用历史来有所挽救。如此种种，都刺激着晚明和清初的私人修史之风。

据谢国桢《晚明史籍考》的著录，晚明私史有1000种之多。据钱茂伟的研究，晚明成部的私修史书有200种左右。其中《昭代明良录》、《名山藏》、《皇明史概》、《国榷》是其中佼佼者。

童时明著《昭代明良录》，仿纪传体撰成，意为"致慨臣主相遇之其艰，而有明良之慕"（该书序中语），详记臣事，略举君事。全书20卷，臣事16卷，共记臣900多人。分成13类：计开国名臣23、靖难名臣30人、翊运名臣25人、馆阁诸臣86人、卿贰名臣138人、理学名臣37人、直节名臣69人、循良名臣87人、忠义名臣334人、武胄名臣29人、外戚名臣2人、隐逸名臣37人、内监名臣11人。史料的来源主要是明代前期各种名臣录和私史。

何乔远《名山藏》是其回乡讲学期间独立完成的，先以抄本流传，崇祯十三年（1640年）正式刊行。全书109卷，不分纪传志表，全都称为"记"，共典谟记、坤则记、开圣记等37个记，史家称为"分类体"。全书记述简洁，重视民间历史的记载，但有好猎奇的缺点，人称其"嗜奇无识，引断失据"①。此外，他还著有《闽书》，是福建省通志，崇祯二年（1629年）刊行，人称"一代良史"。

朱国祯曾入本朝国史馆工作过一段时间。修史失败后，他立志独立完成明史的撰写，此即《皇明史概》。大约完成三分之一时，请叶向高预为作序。崇祯三年（1630年）开雕，去世时大约刻成十之五六，118卷，约158万字。这本书吸取纪事本末和宝训体的体例，全书分为"五纪"、"五传"。"五纪"是大政纪、大事纪、大训纪、大因纪、大志纪，前三纪已刊成；"五传"是开国臣传、逊国臣传、列朝臣传、类臣传、外臣传，前二传已刊成。朱氏详于考核，敢于直书，对朱元璋杀戮功臣、朱棣篡位、英宗好大喜功等都不循旧说。这部书没有刻成，遗稿为同镇人庄氏购去刊印，酿成了清初一场残酷的文字狱。

谈迁所著《国榷》为编年体，天启七年（1627年）完成初稿，因家贫未能刊行。顺治四年（1647年）时，原稿被窃，他发愤重写，顺治八年（1651年）完成，又不断增修，顺治十年（1653年）北上，居京二年半，遍访降臣、皇亲、宦官、公侯门客，搜求遗闻。前后共写了三十多年，共104卷，约400万字，是明代私史中篇幅最大的一种。取材主要根据《明实录》，旁及200多种著作。一般的编年体史书只写到月，而《国榷》具体到日。叙述史事时，间附评论或考辨。文笔简洁，敢于直书，对明太祖杀功臣，成祖残害黄子澄、齐泰、方孝孺都直言不讳。在整个清代未能刊行，以抄本流传，也因而未被窜改。直到1958年，才由中华书局出版。从完稿到出版，间隔300多年，这在出版史上是少有的。

2. 经世致用之书的编撰

明朝末叶，皇帝昏庸，宦官弄权，大臣水火，北方的女真虎视眈眈，社会动荡不安，种种衰象十分明显。在这样严峻的时刻，文人中的有识之士，抛弃空疏之学，寻求实用之道，企图以图书为手段，唤起人心，达到振兴国运的目的，把国事和出版紧密结合起来。陈子龙等的《皇明经世文编》是其代表。

《皇明经世文编》共504卷、补遗4卷、总目1卷、姓氏爵里1卷、凡例1卷。该书选收有关国家经世致用的奏议、书信、杂文，以人为纲，年代先后为序，合计430人，共收文3 145篇。

从凡例中可以看到，选文的标准有三：（1）明治乱。只要对国家社会的治乱有重大价值，便要收录。（2）存异同。主张并录不同意见。（3）详军事。全书内容广泛，涉及国家社会的各个方面，如礼仪、职官、国史、兵饷、马政、边防、边情、边墙、军务、海防、火器、贡市、番舶、灾荒、农事、治河、水利、海运、漕运、财政、盐法、刑法、钱法、钞法、税课、役法、科举、宗室、谏诤等。

---

① 吴炎：《吴赤溟先生文集·答陆丽京书》。

这部书的缺点是，编者虽以国事为重，却也有所顾忌。万历的三大案、东林党是非、明末的农民起义等内容，都没有收入。还有少许重复的文章，还存在着断限不严的毛病，也误收了一些元代的篇章。

该书在崇祯十二年（1639年）出版。五年以后，明朝就灭亡了，没有能起到预期的作用。清代列为禁书，没有重印，直到1962年，才由中华书局影印出版。

这类经世实用之书，明末还编刊了一些，如茅元仪的《武备志》、顾炎武的《天下郡国利病书》等。

三、儒学新著的编撰

1. 儒学著作的编撰模式

明代的儒学，经历了理学式微、心学勃兴、异端崛起的历程。明代儒学显现出与前代不同的特点，表现在著述方式方面，有以下几种体式。

一是语录。语录体的鼻祖是孔子的《论语》，后来宋代的《朱子语录》是又一个典型。明代，语录体著作当以王阳明的《传习录》为代表，由其门人弟子编纂。类似的语录书还有吕柟门人辑的《泾野子内篇》、胡直门人辑的《胡子衡齐》、曹端门人辑的《月川语录》等，数量很多。这类语录的内容如果数量较多，就要有一番分门别类的工作。如，胡居仁的弟子余祐编其师讲学时的语录《居业录》，共收1 199条，遂分为道体、为学、主敬等12类。

二是摘要和阐注。对古代经籍摘出要点并加以阐述，是一种治学方法。明人把这类书称为"钞释"。"钞"是指摘要，"释"即辑录者的阐述和理解。这类图书，看起来似乎是读书笔记，实则在去取之间，暗蕴着编者的见解，成为推戴某一种学派的手段。钞释前人之学的如吕柟的《周子钞释》3卷，从《周子全书》中摘出；《张子钞释》6卷，从《张子全书》中摘出；《二程子钞释》10卷，从《二程全书》中摘出；《朱子钞释》2卷，从《朱子全书》中摘出。明朝当代儒者的著作，也有种种"钞释"本。如王阳明的《传习录》，篇幅本不算多，也有人作节本，有无名氏的《传习录略》、戴经的《传习录节要》、刘宗周的《阳明传习录选》等。胡居仁的《居业录》，原文有1 199条，陈凤梧认为没有诠次，不便观览，便把它改为31类，编成31卷，以《居业录类编》为名出版。吕坤的《呻吟语》原来有6卷，到了晚年，他自己大加删削，存十之二三，改名《呻吟语摘》刊行。陈献章的学说散见在他的各类文章中，张诩从《白沙文集》中爬剔出来，分成十类，成《白沙遗言纂要》一书。影响极大的《性理大全》一书，也有多种节本，如杨道会辑成《性理钞》，钟仁杰辑成《性理会通》，詹淮、陈仁锡辑成《性理综要》、《性理标题汇要》等。

三是自撰随笔心得。儒者自己用随笔等形式记述其学说，并不多见。但也有些学者喜欢用这种直捷而可靠的方式。最有名的有薛瑄的《读书录》、《续录》两种共23卷，所记都是躬行心得之言。罗钦顺晚年先记下心得156条，后来又得113条，整理成《困知记》和《续记》4卷。王廷相博学好议论,他记自己的议论成《慎言》一书,13卷。

2. 总结明代学术的《明儒学案》

后人企图清理明代儒学的流派渊源,作了不少努力。明代周汝登著《圣学宗传》,清代孙奇逢著《理学宗传》。写得最好的是明末清初黄宗羲的《明儒学案》一书。

《明儒学案》共62卷,把明代学术归结为17个"学案",即:崇仁、白沙、河东、三原、姚江、浙中王门、江右王门、南中王门、楚中王门、北方王门、粤闽王门、止修、泰州、甘泉、诸儒、东林、蕺山。全书共论述了200位学者,每人都先列小传,再载其语录,扼要记述其生平、著作、思想和师承关系。这是我国第一部有系统的学术史专著。书中以王学为中心,对明儒中"一偏之见"、"相反之论"都很重视,加以评介,对朱程之学则"阴致微词",但对"异端"也颇为歧视,李贽之学,不及一语。

《明儒学案》开创了撰写学术史的新体式。紧接着,黄宗羲又和其子黄百家一道,撰著《宋元学案》,没有完成,后来由全祖望继续,一直到黄宗羲玄孙稚圭手上才最后完稿,共100卷,列学案99个、学略3个,体例又有创新。《清儒学案》则是近人徐世昌完成的,208卷,共论述清儒1 169人。此后,"学案"成为记述思想学术史的一种重要体例。

四、科技图书的编纂

1. 明代科技图书的成就

明代科技图书长足发展,下面是有代表性的出版物。

(1) 农学

元代农学著作有很大成就,明代承前朝余绪,也出版了一些,但数量并不太多。主要有:《便民图纂》16卷,邝璠著,内容涉及农、畜、气象各方面;《元亨疗马集》4卷,喻仁、喻杰兄弟编,书中有马病72种、牛病56种、驼病48种,当时有40多种翻刻本,日本翻刻后改名《马经大全》;《致富全书》,陈继儒据多种资料整理而成,介绍作物10种、蔬菜38种、树木22种、果树30种;《群芳谱》30卷,4部14谱,王象晋著,论述植物与天地环境的关系、育种理论等。清康熙帝命汪灏在此书基础上重编成《广群芳谱》100卷;黄省曾撰《农圃四书》,谈稻、蚕、鱼、菊四门;耿荫楼撰《国脉民天》,谈耕作技术;马一龙撰《农说》,谈水稻栽培技术;涟川沈氏撰《沈氏农书》,谈逐月农事。

(2) 医学

明代医书特多。医学经典阐述有马莳的《黄帝内经素问注证发微》9卷、《黄帝内经灵枢注证发微》12卷等。医学百科有张介宾《景岳全书》64卷。各种疾病的治疗有名医王肯堂的《六科证治准绳》120卷等。药物书有李时珍的《本草纲目》52卷。方剂有朱橚的《普济方》180卷,收方达61 759种。临床各科已经有十三科之分,专著很多，如傅山的《傅青主女科》，陈实功的《外科正宗》。还有一些特殊的专科，如王伯学的《痔漏论》谈痔疮，薛己的《疠疡机要》谈麻风，陈司成的《霉疮秘录》谈性病。又有种种医论、医话、医史等专著。还出现了一批医学方面的丛书，如《薛氏医案二十四种》等。

（3）数学

明代是中国古典数学衰落的时期，数学基础理论新创和阐述的图书很少，但也有两件影响深远的成就。一是在《永乐大典》中有 36 卷的篇幅汇聚了中国的古典数学之大成（卷 16 329—16 364），起到了保存作用。二是在 16 世纪的后半叶，出现了多种以珠算为主的计算方法图书，如徐心鲁的《盘珠算法》，该书曾传入日本；还有柯尚迁的《数学通轨》，是珠算的小结。程大位的《算法统宗》，收 595 个应用题，多达 179 卷。黄龙吟的《算法指南》2 卷，是一本切合实用的启蒙书，销路很好，有多种版本。

（4）技术类

水利方面有治理黄河、运河、淮河的书。如：潘季驯《河防一览》14 卷、万恭《治水筌蹄》2 卷，这两本书提出"束水攻沙"的正确主张；刘天和的《问水集》6 卷，对百余个水利问题作了阐述；王琼《漕河图志》8 卷，记明前期运河的面貌；谈海塘修筑的书有仇俊卿的《海塘录》8 卷；南北水运书有徐贞明的《潞水客谈》；水利工程有李熊的《木兰坡集》。

明代战事频仍，引发了军事书的编刊。最大的军事百科书有茅元仪的《武备志》240 卷，介绍的兵器达 2 000 种。专谈工事和要塞建设的书有孙承宗的《车营叩答合编》4 卷，刘效祖的《四镇三关志》10 卷。焦玉的《火龙神器阵法》1 卷则专讲火器。

建筑方面的书有午荣、章严、周言的《鲁班经》，介绍南方民居及家具的制作。计成的《园冶》3 卷，是园林建筑的专著。

造船的书有沈啟的《南船记》4 卷，讲工艺和用料；李昭祥的《龙江船厂志》8 卷，着重讲管理和技术。

地理方面的重要图书有罗洪先编的《广舆图》，收图 112 幅，这是我国出版的第一本地图集，明代重版 6 次。[①] 明后期还有地图集《皇明职方地图》、《地图综要》等。

以上这些技术书大都有丰富的插图，图书的作者则大都是有丰富实践经验的官员。

2.《本草纲目》的编纂和出版

"本草"是中药的总称，因为中药以草类为多。我国最早的本草书是《神农本草经》，托名神农氏撰，收药物 365 种。到了南朝，陶弘景编《神农本草经集注》，药物增至 730 种。《本草》历来是官修的，唐朝由大臣长孙无忌领衔，编成《新修本草》，收药 844 种，这是我国第一部官修药典。宋朝有《开宝本草》，收药增至 983 种，后来

---

① 陈潮：《中国古代地图史略》，载《出版史研究》第六辑，中国书籍出版社，1998 年。

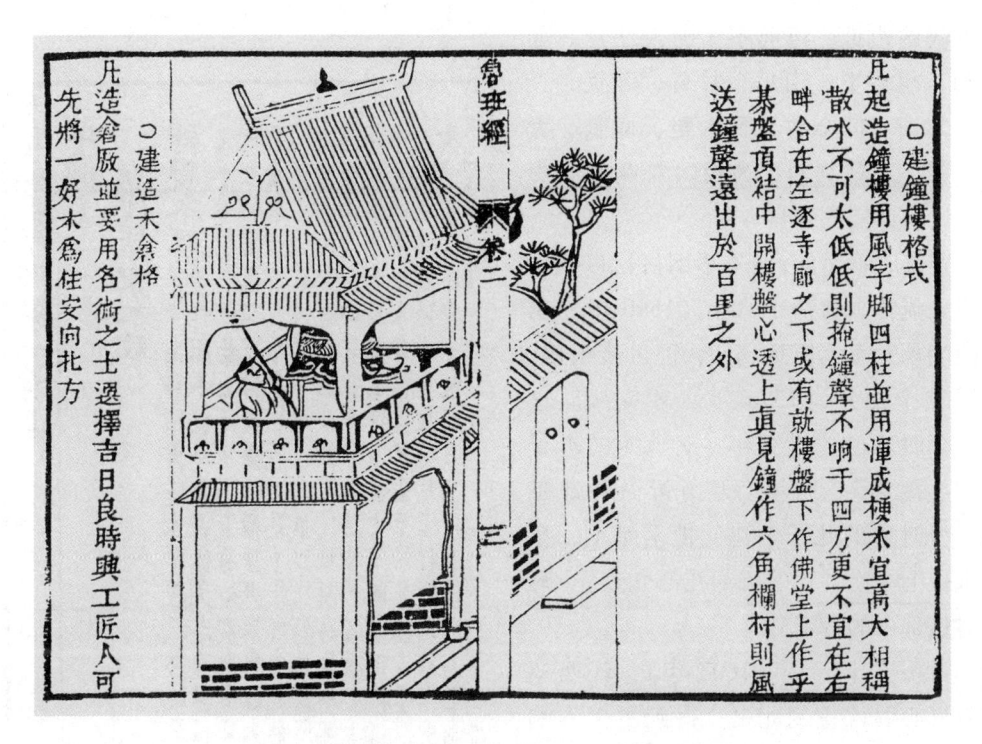

明代手工业技术书《鲁班经》中的"建钟楼格式"

又修《嘉祐本草》，收药1 082种，又修《证类本草》，收药1 455种，附方3 000多个。

明朝弘治年间，由太医院使刘文泰负责修《本草品汇精要》，收药1 815种，附彩色插图，弘治十八年（1505年）完成，但没有刊行，书稿流落到了罗马。明代由私人修的《本草》还有好几种，李时珍的一种最为完善。

李时珍（1518—1593）出生于医药世家，乡试落第后改业医，同时编写图书。他在嘉靖三十一年（1552年）开始编写《本草纲目》，历时二十七年，万历六年（1578年）完成。《本草纲目》共52卷，约190万字，共收药物1 892种，其中374种是李时珍新增的，书中共收古代及民间药方11 096个，附药物形态图1 160幅。

全书分为16部：水、火、土、金石、草、谷、菜、果、木、服器、虫、鳞、介、禽、兽、人，每一部又分为若干类，全书共60类。每一种药物，先以"释名"定名称；再以"集解"叙述药物的产地、形态、栽培及采集方法；再以"辨疑"、"正误"考订真伪，纠正文献记载的错误；再用"修治"说明炮制方法；用"气味"、"主治"、"发明"分析药物的性味和功用；最后是"附方"，收载经过选择的古今验方。

李时珍以实践为基础，对前代的本草进行了全面的证实、考订、补充。如历代本草都说常山可以治疟，三七可以止血，延胡可以止痛，都经证实无误。李时珍在"常山"条下选用了常山治疟验方20多个。又如古代认为水银可以炼药，服石可以长生。李时珍指出，自古以来服食丹药丧生者"不知若干人矣"，表现出十分严谨的态度。

《本草纲目》的另一个特点是增加了374种新药，这些药大都是从外国传来的，或产于我国边地，以前不大为人注意。如葡萄、胡萝卜、南瓜、甘薯、豇豆、三七、茉莉、郁金香、香木鳖、樟脑、大枫子等。这些材料，为我国农业发展史记下了最详实的资料。

在李时珍生前，《本草纲目》以手抄的形式流传。万历十八年（1590年）出版商胡承龙表示愿意刊印，但进展很慢，万历二十四年（1596年）才完成。这时，李时珍已去世三年。胡承龙的本子称"金陵本"。同年，万历帝命各地献书，李时珍的儿子李建元把书献上，皇帝批了七个字："书留览礼部知道。"算是对这部书的肯定。

万历三十一年（1603年），江西巡抚夏良心倡议重刻此书，得到不少人响应。这一次刻得很快，六个月就完成了，称"江西本"。以后董其昌又重刻了一次，称"湖南本"。明代前后刻过多次。这部书在万历三十五年（1607年）传至日本，日本学者林罗生得到一部后，献

李时珍的《本草纲目》万历三十一年（1603年）张鼎思刻本，即夏良心本、江西本

给德川幕府，于是在日本得到流传，1637—1714年，日本有8种不同刻本，研究《本草纲目》的书有数十种。《本草纲目》被译成拉丁文、法文、德文、俄文。达尔文说这是一本"中国古代的百科全书"，李约瑟称赞这本书是"登峰造极的著作"。

3.《农政全书》的编著和出版

《农政全书》的作者徐光启（1562—1633）是明朝高官，曾任礼部尚书、东阁大学士等。他生长在农村，深知农业的重要，青壮年时又长期从事垦殖，试种过多种新品种，如在北方种水稻、棉花，在南方种甘薯、芜青，在瘠地种救荒草。这些是他编纂《农政全书》思想和学术基础。

《农政全书》共60卷，约50万字。全书分为12目："农本"，列举经史典故中重农的论述，其中第三卷是明人冯应京的《国朝重农考》；"田制"，其中一卷是徐光启著的《井田考》；"农事"，介绍农耕、垦殖、农时方面的内容；"水利"，介绍各地水利，还有他和熊三拔合译的《泰西水法》；"农器"，介绍农具的质料、形制、用途；"树艺"，介绍谷类、瓜类、果类、蔬菜等种植经验；"蚕桑"，介绍栽桑养蚕的经验，大都

采自王桢《农书》；"蚕桑广类"，介绍棉麻种植方法；"种植"，介绍园圃、木材、药材的种植；"牧养"，介绍禽、畜、蜂、鱼的养殖；"制造"，介绍酿酒、建屋、衣服等；"荒政"，引《救荒本草》14卷，还有徐光启的《备荒考》一文。

该书引征文献资料约八分之七，徐光启自己的著作约八分之一。征引的部分，有的全引，有的只取片段。他自己的见解，除了整篇的以外，都散见于引文编次之中，更多的是渗透在编纂体例中，这是一种十分独特的著述方法。

徐光启去世时，这部书还没有最后定稿。徐光启关照孙子徐尔爵说："速缮成《农政全书》进呈，以毕吾志。"徐光启去世后，陈子龙从徐尔爵处借来原稿过录了一遍，送给十府巡抚张国维。张国维看到后，惊喜不已，就请陈子龙加工整理。陈子龙把60卷改为46卷，"删者十之三，增者十之二"。张国维便请他的好友松江知府方岳贡刊刻。崇祯十二年（1639年），在陈子龙的宅中平露堂付梓。这时，徐光启已去世六年了。《农政全书》正式出版后一再重印，17世纪传入日本，又传到朝鲜。其中的"蚕桑篇"被译成法、英、德、俄等国文字，"植棉"部分译成英文。李约瑟称赞这本书是"一部农业方面的卓越巨著"。

4.《天工开物》的编纂和出版

《天工开物》，宋应星（1587—?）撰。崇祯七年（1634年），宋应星出任江西分宜教谕，官冷职闲。就在这段时间，他开始写《天工开物》，崇祯十年（1637年）完成。《天工开物》是一部全面系统地记述我国古代农业、手工业生产的书籍。"天工"指自然规律，"开物"指人工，二者合起来共同作用，可以开创万物。全书3编、18卷，约30万字，插图123幅，画面生动，细节精致。

该书上编：卷一"乃粒"，讲谷物种植技术和灌溉机械；卷二"乃服"，讲养蚕缫丝和麻棉栽培；卷三"彰施"，讲染色技术，记24种颜色、7种染料；卷四"粹精"，讲谷物加工；卷五"作咸"，讲制盐；卷六"甘嗜"，讲制糖。中编：卷七"陶埏"，讲制砖瓦、缸瓮、陶瓷；卷八"冶铸"，讲制钟、鼎、锅、炮、钱、镜、佛像；卷九"舟车"，讲车船的制造；卷十"锤锻"，讲冶铁、炼钢、冶铜；卷十一"燔石"，讲煤炭、石灰、硫磺的开采；卷十二"膏液"，讲油脂生产；卷十三"杀青"，讲造纸。下编：卷十四"五金"，讲金银铜铁锡的开采和冶炼；卷十五"佳兵"，讲兵器制造；卷十六"丹青"，讲颜料生产；卷十七"曲蘖"，讲酿酒；卷十八"珠玉"，讲珍珠、玉石、玛瑙的开采。

《天工开物》是崇祯十年（1637年）写成的。宋应星的同年朋友涂伯聚看到书稿后，表示愿意刊刻，这是这本书的初刻本。稍后，书商杨素卿又重刻了一次。这两种版本很快传到日本，但国内却很少流通。清朝修《古今图书集成》时，引该书十分之七，修《四库全书》时没有采用。民国初，国内学者找这本书，"遍索之厂肆无所得，询之藏书者均谢不知"（丁文江语）。但这时在日本却有一个"菅生堂本"流传。菅生堂本

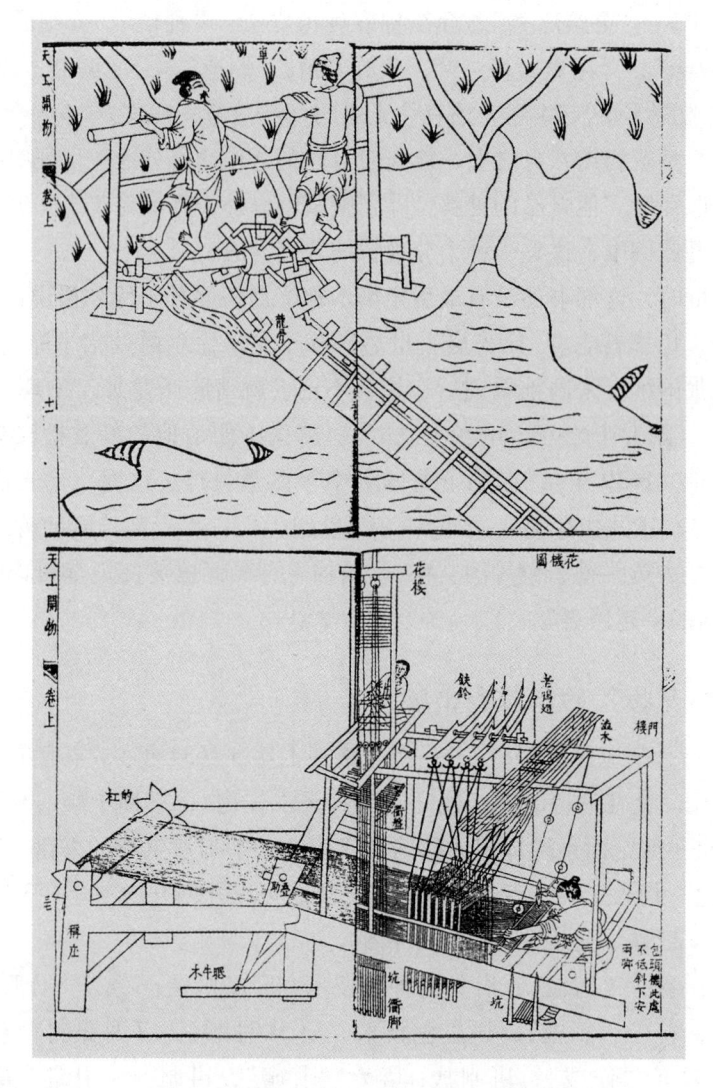

《天工开物》中的"人车"和"花机"

是根据明刻本翻刻的,印得不大好,插图都走了样。1926 年,武进人陶湘据此重印,才返传回国。1952 年,浙江宁波李氏墨海楼向国家献书,其中有该书的崇祯初刻本。1959 年由中华书局影印出版。

这本书在国际上有很高评价,19 世纪在英、德、俄、意广泛流传。法国儒莲曾摘译成法文,书名为《中华帝国工业之今昔》,称赞它是"技术百科全书"。美国在 1966 年出版译本,书名是《十七世纪的中国工艺学》。

5.《徐霞客游记》的编著出版

徐霞客(1587—1641)名弘祖,从小喜欢看舆地图经之类的书,对应举时文不感兴趣。22 岁时,徐霞客开始了游历生活。起初,游踪在近处,春出秋还。母亲去世后,徐霞客放志远行，东渡普陀，北历燕冀，南涉闽粤，西北攀太华之巅，西南至贵州边境。一直到55岁，在云南患重病，纳西族木土司派人护送他还家乡，次年逝世。

《徐霞客游记》的记载始于万历四十一年（1613年）三月游天台山，终于崇祯十二年（1639年）九月十四日。前后共26年，约60万字。全书按日记载，大体蝉联，以游踪分成若干部分。

全书共4卷。"第一卷自天台、雁荡以及五台、恒、华，各为一篇。第二卷以下，皆西南游记，凡二十五篇。首浙江、江西一篇，次湖广一篇，次广西六篇，次贵州一篇，次云南十有六篇，所缺者一篇而已。"[①]

各篇日记中间，夹有一些专文。日记的内容涉及山川、岩洞、峰峦、瀑布、温泉、动物、植物、矿产、农业、手工业、居民点、人口、交通、集市、民情、少数民族、边防等，几乎包括自然地理和人文地理的一切方面。

《游记》的科学价值主要在四方面。一是对水道地理的考察。他对广西左右江，湘江支流潇、郴二水，云南南北两盘江以及长江江源的探索，都亲证目验，做出了正确的结论，写出了《江源考》等科学论著。特别是对长江江源的考察，纠正了长期以来的源于岷江的错误。二是对石灰岩岩溶地貌的考察。他一共考察了一百多个岩洞，踏勘了七星岩的15个洞口，详细记下了岩洞的有关数据。他厘定了溶洞、钟乳石、石笋等一系列名词，至今沿用。欧洲人对石灰岩的研究，是在以后一百多年。三是对地热现象的考察。寻访观察了西南地区的热泉、冒汽穴、硫磺塘等奇异现象。四是对气候南北差异的观察和论述，对植物生长和海拔、纬度的关系等物候学作了详细生动的描写，提出了"候同气异"的见解。

五、《径山藏》的编刊

明代的《径山藏》，是以佛教徒本身力量为主完成刊印的《大藏经》，内容比《南藏》、《北藏》多出许多，在佛藏的刊印史上，有重要的地位。

《径山藏》的编刊由紫柏真可倡议，憨山德清支持，紫柏的弟子密藏、法铠、法本做了大量实际工作，东南地区著名文人、官员在编辑校勘上给予积极帮助。经藏的刊刻以东南地区佛寺为主，早期曾在山西五台山刊刻了一部分，后来南迁，动员了东南地区不少地方的刊刻力量。花费了佛教徒们大量人力、财力，费时近百年，最后终于功德圆满。

紫柏等人发愿刊刻增补佛藏的动因有三：一是鉴于南北藏日久板坏，请经很困难；二是鉴于有许多佛学的新著作、新译本，应该补充进去；三是想采用"方册装"来替代"梵夹装"，使佛藏减低成本，便于阅读。

《径山藏》的编刊地点，经过了嘉兴、山西五台山、嘉兴周围地区的历程，前后过

[①] 《四库总目提要》。

程很长。全部《径山藏》从万历七年（1579年）开始，中间时刻时停，一直到清康熙十五年（1676年）才全部完成，共90多年，这在出版史上是少有的。《径山藏》的完成，经历了几代僧俗人士的努力，参加刻书的工人来自江浙闽等五个省，有署名的刻工387人、书写工84人、绘画工3人，有些工人毕生为《径山藏》工作。

《径山藏》的全部内容是：正藏1 665种，7 829卷，装成211函；续藏252种，1 820卷，装成90函；又续藏217种，1 195卷，装成43函；合计2 134种，10 844卷，装成344函。① 收入"续藏"和"又续藏"的书大都是明代人的佛学专著。佛教史籍，如如惺的《大明高僧传》8卷、明河的《补续高僧传》26卷；佛教禅宗传灯录，如玄极的《续传灯录》36卷、屠隆的《佛法金汤录》、夏树芳的《名公法喜志》4卷；还有著名禅师的讲道语录等。

《径山藏》的发行也采取"请经"的办法，天下寺院凡有需要的要到嘉兴的楞严寺去接洽，举行郑重的请经仪式。因此之故，这部经也称"嘉兴藏"。

六、别集和总集的纂辑

1. 别集的编纂

别集是指个人的诗文汇编。其编辑并非轻而易举，要得到一种完美的本子，常要经过几代人的努力。下面介绍几种明代有代表性的别集。

（1）从禁绝到重见天日：方孝孺《逊志斋集》

方孝孺在洪武三十年（1397年）任蜀藩教授时，曾自编过一本集子，未付印。靖难被杀后，他的文集当然不能出版，"藏孝孺文者罪至死"，幸而有门人王稌录了一部《侯城集》，手抄流传。天顺七年（1463年），临海教谕赵洪才搜集"遗文二百六十首"，捐俸在成都刊印成书，称"蜀本"。成化十六年（1480年），黄岩人黄孔昭、谢铎又从缙绅家"遗藏得文千二首"，合为30卷、拾遗10卷，由海宁知县郭绅等重刻，称"邑本"。这本书的缺点是博而未精。正德十五年（1520年），台州知府顾璘删定为文20卷、诗2卷，刻置郡斋，称为"郡本"。嘉靖四十年（1561年），提学宪副范惟一和唐尧臣、王可大等重加校订刊行。万历四年（1576年），建文帝重新被写进历史，方孝孺获平反，奉祀于南京表忠寺，他的文集也又重修了一次。在多次搜集整理过程中，既要寻找遗佚，又要辨别真伪，十分艰苦。方孝孺文集从禁绝到整理成完本，历经170多年。

（2）从不完善到完善：归有光《震川先生集》

归有光是著名散文家，其门人王子敬在福建建宁县令任内，刻了一部文集，称"复古堂本"，只有上下两卷，文既不多，流传也不广。万历年间，归有光的嗣子子佑、子宁刻"昆山本"，32卷。又有归有光的族弟道传刻了"常熟本"，20卷。这两种本子

---

① 此为故宫藏本的统计数。另有云南图书馆藏本，种数和卷数与此均有出入。

都收文 350 篇左右，有无参差，各自流传。明末，钱谦益认为这两种本子都不完善，疑有杂伪，且有遗漏，就重加编纂，得 596 篇，编为 30 卷、又外集 10 卷。到了清代，归有光的曾孙归庄等又重加整理，加上"凡例"。在康熙年间重刻，但不久就受到汪琬的批评，认为其中有改窜之处。此后，归有光的各种选本、注本杂出，有数十种之多。从最早的两卷本，到清朝嘉庆年间的《震川大全集》50 卷，愈收愈齐全。现在通用的是归庄的本子。

（3）从"各自为书"到定本：王阳明的文集

王阳明的学说，其门人听讲时作记录，各自保存了不同的记录稿和通信稿，"各自为书"，因此有多种文集。隆庆六年（1572 年）谢廷杰按浙，认为王阳明著作各自为书，不利于王学的学习和传布，便"汇而寿诸梓，名曰全书"，这便是后来的《王文成公全书》38 卷。同时，又有其他各种选本、注本。如《文成先生文要》2 卷、《阳明先生文粹》11 卷、《阳明先生文选》4 卷本和 8 卷本、《阳明先生要书》8 卷、《阳明先生集抄》16 卷、《王文成公文选》8 卷等。

2. 各种文体的总集的编纂

汇聚多人的一类或多类著作成为一书，便是总集。汇聚纂辑时，有一定的标准，最常见的是以同一文体或同一时代为标准。如偶桓编的《乾坤清气集》14 卷，收元代的诗；李袭编的《宋艺圃集》22 卷、《元艺圃集》4 卷，分别收宋代 288 人、元代 109 人的诗。有些总集以一个家族为收录标准，如《文氏五家诗》收文徵明家几代人的诗。有的以同一地区、同一流派为收录标准，如《广州四先生诗》4 卷，收明初黄哲等四个粤东诗人的诗；《闽中十子诗》收明初林鸿等十位闽人的诗；云南木公收录明初流寓到云南的 20 人的 300 多首诗，成《沧海遗珠》一书。

有些总集不只是简单的以类相聚，而且渗透着自己的学术观点，并加上弁言、小序、识语、品评、作者小传等材料，成为有价值的选本。明代总集中最为人注意的有：

（1）茅坤编《唐宋八大家文钞》

明初，已经有朱佑选编过《八先生文集》（书不传），归有光也有《八大家文选》39 卷。茅坤在这基础上重新编纂成书，164 卷，杭州初刻。后来，又经茅坤的孙子茅著订正重刊。这部书对每一家都有"引"，每一文都有"评"。后人对此书虽很推崇，但也"疏漏尤不可枚举"。然而这本书还是深受后人欢迎，因为八家的文集内容浩繁，遍读为难，书肆中的选本又漏略太甚，而"坤所选录尚得繁简之中，集中评语虽所见未深，而亦足为初学之门径"。唐宋派的文学主张深蕴在文章的取舍和评语之中。这部文选"一二百年以来，家弦户诵"[1]，"其书盛行海内，乡里小生无不知茅鹿门（茅坤别号鹿门）者"[2]。

---

[1]《四库全书总目》卷一八九总集类四。
[2]《明史》卷二八七《茅坤传》，中华书局，1974 年。

(2) 高棅编《唐诗品汇》90卷、《拾遗》10卷

《唐诗品汇》收入682人、诗6 823首。诗的编排有三个层次,第一个层次以体裁来分,即按五古、七古、五绝、七绝、五律、七律来分;第二个层次以时代来分,即初唐、盛唐、中唐、晚唐四个时期。这两层都是常见的分法,并没有什么新意;第三层是按"流变"来分,分为九格,即正始、正宗、大家、名家、羽翼、接武、正变、余响、旁流。这样,繁多的唐诗就可以各就其位,秩然有序。这本书还有完善周密的附录和注释,对一代诗的评论放在书首,对一个人的评论放在姓氏之后,对一首诗的评论放在本诗之前,对一句一字的评论放在该句该字之后,有条不紊。后来,高棅又编了一本精选本《唐诗正声》。这两部唐诗选"终明之世,馆阁宗之"①。

(3) 张溥编《汉魏六朝一百三家集》

明初,张燮曾编汉魏作家的作品成《七十二家集》,在此基础上,张溥又从《古诗纪》、《历代文纪》中广收博采,得103家、118卷,收入汉魏六朝诗文集。张溥在编集此书时,以"兴复古学"为手段,以挽救当时"文章日衰,而道亦以散"的现实社会,指出学习汉魏六朝的文学,是要吸收其"先质后文,吐华含实"的精华,抛弃"陈季之浮薄,周隋之骈衍"。对百三家其人其文,都提出了自己的看法。家家有题辞,人人有论述。分开来看是作家各论,合起来则成为一部汉魏六朝文学简史。

总集的编纂有两种不同的取向。一种是追求齐全、完整、系统。冯惟讷的《诗纪》,上薄古初,下迄陈隋,全书156卷。后来,梅鼎祚为了和这部书配套,编成《文纪》一书,也是从上古到陈隋,250余卷。两部书,一诗一文,力图尽收上古至隋朝的全部诗文。这两部书虽然有"真伪错杂,抵牾舛漏"的毛病,但诗文家都十分看重。收得最丰富的还有曹学佺的《石仓历代诗选》506卷;胡震亨的《唐音统签》则多达1 027卷,成为清代编《全唐诗》的基础。

与力求齐全相反,总集的编纂者又从另一角度着眼,追求少而精,特别有意义的是,有些编纂者先编纂了力求完备齐全的总集,接着又从中选出精编本,这种精编本格外受人欢迎。高棅在编了《唐诗品汇》之后,又从中精选140人的931首诗,成《唐诗正声》一书,两部书同时流行。黄宗羲从五六千部文集中,先编成《明文案》一书217卷,后来又收到了三百多部文集,编成《明文海》480卷,明代的文章从此有了全集,但数量太多,刻书者视为畏途,于是又从中精选了一本"家传简捷之本",名《明文授读》,62卷,经历了从少到多、再到精的过程,学者认为"尽收精择,各有攸当"。

3. 剧本的编印

明代的戏剧有北方的杂剧和南方的传奇两种。北南两大剧种互相影响,北剧南流,南戏北行。不少剧作者既能作杂剧,也能作传奇。北南两大剧种主要是所唱的曲调不

---

① 《明史》卷二八六《高棅传》,北京,中华书局,1974年。

同,所演的故事则往往相通。一些流行的故事,大都既有杂剧,又有传奇。演戏所用的剧本,起初主要记台词,说白和动作比较简单,只有一些提示,这类书被称为"当场之书";脱离演出专供阅读用的剧本,称"案头之书"。

剧本的创作、编纂,都是爱好戏剧的文人完成的。明初剧本刊印很少,一些书目上也少有记载,直到明中后期书目上才见到,往往只是抄本而不是刻本,可见剧本是一种后起的出版物,到明代后期才兴盛起来。

明代剧本编纂和出版的形式有三种:一种是剧本的专集,一个戏印成一本书,这是基本形式;第二种形式是剧本的总集,如《元曲选》收入元曲100种,毛晋编的《六十种曲》收传奇60种;第三种形式是折子戏的选集,黄文华的《词林一枝》收20个折子,胡文焕的《群英类选》收折子157种,清代的《缀白裘》收明清折子493个,是收得最多的。

除了以上剧本之外,明代还出版了不少戏剧理论书。唱法研究和格律研究有魏良辅的《南调引正》、沈宠绥的《度曲须知》,编剧理论和表演理论有徐复祚的《曲论》、孟称舜的《古今词统序》,品评理论有吕天成的《曲品》、祁彪佳的《远山堂曲品》、《远山堂剧品》,还有种种剧本的评点。

明代剧本一共出版了多少,很难确指。庄一拂的《古典戏曲存目汇考》,收明代戏文36个、杂剧362个、传奇740个,共1 138个,但所列是剧目数,而不是出版物数。因为有些戏只有剧目,却没有出版,没有成为图书。据庄氏的统计,在1 138个剧目中,刊印成书者为354种(不同版本533种),这说明在戏剧中,大多数只在舞台上演出,没有成书。

七、丛书的编纂

丛书的编纂比类书要滞后得多。一般认为,第一部丛书是宋朝的《儒学警悟》,而真正意义上的丛书是宋朝的《百川学海》和元朝的《说郛》。到明代,丛书事业有了很大发展。究其原因,一是明代小本子书很多,客观上有汇聚起来的需要;二是印刷力量发达,印刷丛书并不费事;三是藏书家众多,资料相对集中。

明代最著名的几种丛书有:

1. 《金声玉振集》　袁褧辑,51种、62卷
2. 《汉魏丛书》　程荣辑、何允中补,76种、454卷
3. 《百陵学山》　王文禄辑,100种、119卷
4. 《纪录汇编》　沈节甫辑,121种、216卷
5. 《格致丛书》　胡文焕辑,186种、449卷
6. 《宝颜堂秘笈》　陈继儒辑,234种、475卷
7. 《津逮秘书》　毛晋辑,15集、141种
8. 《稗海》　商濬辑,70种

9.《唐宋丛书》 钟人杰、张遂辰辑，103 种、149 卷

10.《两京遗编》 胡维新辑，11 种、57 卷

集众书为丛书，要有丰足的原始文献和新颖的选择角度。明人丛书所采取的原始文献，大都是罕见秘籍，篇幅往往只有一二卷，把这些材料集中起来，价值很明显。选择的角度，是丛书的灵魂。明代市场经济介入图书业，别出心裁的选择角度十分重要。但也有些丛书，选择的角度虽与众不同，却弄巧成拙，遭致非议。如吴从先、何伟然所编的《快书》50 种、50 卷，标榜的是编书的速度，一个晚上把几种书拼凑成一部丛书，周亮工批评它是一部"鄙俚无用之书"。

八、笔记的撰著

明代私家编撰了许多笔记类图书。其内容一部分是综合性的，天文、地理、人事、诗文、鬼神，无所不包；另一类是专门性的，专谈诗文评骘、读书体会、朝野典故等，以史事为主的称"史料笔记"，以小说、小品为主的称"笔记小说"，还有"笔记小品"。这些图书大都记实事，或传闻佚事，有文献价值，而且文笔优美，颇具阅读价值。

传统的图书四部分类中没有"笔记"这一目，根据其内容的侧重，各归入某一部类中。如李清的《三垣笔记》入史部的"杂史"中；焦竑的《玉堂丛语》、陆容的《菽园杂记》都归入子部的"小说"中。

谢国桢先生在《明清笔记谈丛》的"重版说明"中认为，明清笔记的兴起和源流，可分为七个时期，前面四个时期是发生在明代的，后三个时期是发生在清朝的。明代的四个时期是："第一期是元末明初……当时的记载如林，这可以说是野史笔记写作的初期。第二期是弘治、宣德以后，时局较为稳定，记述不多，这是野史笔记缓和较少的时期。第三期，正德、嘉靖以来，这是野史笔记极为兴盛的时期。第四期，明末清初……政治形势更加紧张、复杂……许多文人学士情绪慷慨激昂，学术思想极为活跃，百家争鸣，各抒己见，在笔记的著述中，表现得尤为突出。"

谢国桢先生认为明代笔记种类很多，按内容可以概括为 10 类：

1. 记农业生产的。如徐光启《农政全书》、邝璠《便民图纂》、佚名《沈氏农书》等。记载外来新农种的有田艺蘅《留青日札》、姚旅《露书》、周亮工《闽小记》等。

2. 记手工业、商业的发达，如张瀚《松窗梦语》、宋应星《天工开物》、杨明《髹饰录》；记社会风俗的有范濂《云间据目钞》、屈大均《广东新语》。

3. 记政治制度、朝章典故、社会经济、士风民俗的。如王世贞《弇州山人别集》、胡应麟《少室山房笔丛》、沈德符《万历野获编》、谢肇淛《五杂俎》、朱国祯《涌幢小品》。

4. 记明代农民起义的。有谢蕡《后鉴录》、李世熊《寇变记》、戴笠《怀陵流寇始终录》。

5. 记载少数民族情况的。有萧大亨《夷俗记》、杨慎《滇载记》、田汝成《炎徼纪闻》。

6. 记我国历史地理及自然地理的。有王士性《广志绎》、顾炎武《天下郡国利病书》、顾祖禹《读史方舆纪要》、徐宏祖《徐霞客游记》。记述世界地理的有艾儒略《职方外记》、张燮《东西洋考》、严从简《殊域周咨录》。

7. 记载对外关系和对外贸易的。有叶权《贤博编》、王临亨《粤剑编》、王在晋《越镌》。

8. 通记历史文献和人物传记的。有王世贞《弇州山人四部稿》、《弇州山人史部前后集》、焦竑《国朝献征录》、《玉堂丛语》、李乐《见闻杂记》、何乔远《名山藏》等。记述甲申之际的不下千家。

9. 记述科学技术及工艺美术的。有高濂《遵生八笺》、屠隆《考槃余事》、王徵《奇器图说》、方以智《通雅》、《物理小识》。

10. 记文史哲学家人物传记的。有黄宗羲《明儒学案》，记东林复社有黄宗羲《思旧录》、陆世仪《复社纪略》，记文学家传记有钱谦益《列朝诗集小传》、朱彝尊《静志居诗话》，记戏剧家有钟嗣成《录鬼簿》。

上面列举的大都属于"史料笔记"这一类，而其他笔记小说、笔记小品等类的图书还有很多。

第四节　书坊的编纂

在官刻、私刻、坊刻三驾并驱的出版格局中，官刻的编纂取向是皇朝秩序的巩固、意识形态的确立、典章制度的制订，私刻的编纂取向是个人修身立命、道德文章的传承、性情的抒发，坊刻则把目光投向社会各方面人士的日常生活和精神需要。官刻和私刻的图书，一部分用颁赐、赠予、交换等方式流通，坊刻则完全依靠市场的运作，遵循商品生产的规律。

坊刻图书编纂的内容，包括经史子集各部类。但各坊肆有所侧重。明代中后期，苏浙地区坊刻多科举应试之书，闽北地区多商人市民之书。毛晋重正史，福建余氏重演义，熊氏重医书。编纂的重点，具有明显的时代特色、地区特色和各个书坊主人的个人特色。

相对于官刻、私刻而言，坊刻图书在编纂方面的投入要少一点。他们遵照皇朝颁发的样本刊刻经书律令，只需认真校勘便可。同时，坊主们也聘请一些文人，根据市场需要编书写书，甚至坊主自己也动手编书，但为数不多，而且质量似乎并不佳。

坊肆主最大的贡献是，他们看到某种社会动向时，便迅速约请著名的文人赶编赶写，由此产生了许多新品种、新图书，这种书商与文人联手互动的编纂模式，具有现代出版的风格。

一、明代书坊编纂概况

1. 书坊编纂的几种方式

完整的出版活动包括编纂、复制、发行三个方面,编纂是第一位的。在官刻、私刻、坊刻三家中,书坊对于编纂这一环节的投入,相对来说是比较少的。

坊肆的编纂者,除了部分本身有学识的主持人可以自己动手以外,往往请社会人士参加。规模较大的坊肆,聘请较多的、固定的、有学问的人担当编纂之事。最突出的是毛晋的汲古阁。在毛晋身边,有常年为他编书的著名文人,如诗人陈瑚;有三个分别专门编儒、释、道三教图书的"编辑楼":汲古阁编儒家书,双莲阁编释家书,关王阁编道家书;还有一批亲戚好友编校各种专著:舅父戈汕编校《神农本草》,女婿冯武编校《十元人集》、《元四名家诗》,好友陆贻典编校《冯氏小集》,好友"江阴老儒"周荣起编校经史古籍,朋友释道源编校收入《径山藏》的释教书;他还曾计划过,十三经和二十一史,每一部都聘请一位专门学者主持其事。毛晋的编纂人员,是一个很完善的专业班子,有常年的,也有临时聘请的。

有些坊肆聘请到有本事的"能人"担任编纂工作。他们既能揣摩市场动向,设计选题,也能进行社会活动,物色作者,必要时可以自己动手,赶写赶编,很快把书送到市场。这方面最有名的是福建余氏及麾下的邓志谟,他们设计并组织实施了一批又一批的系列书,如"粹言"系列、"白眉"系列、"争奇"系列、"四游记"系列、"历代演义"系列等,书名奇特,构思新颖。他们把创作、编纂、经营几个环节结合起来。余光斗和邓志谟二人的编纂活动,前后达50年之久(万历十六年至崇祯十年,1588—1637年)。在东闽出版界可说是翻手为云、覆手为雨。

约请社会名人编纂图书,最为人津津乐道的是"三言"、"二拍"的编纂经过。明末,社会上流行着一些短篇小说,以单篇形式刊行。大约是在天启初年,苏州书坊天许斋主听说冯梦龙家中藏有许多单篇话本,便向他约稿,请他整理出来,此即《古今小说》(即《喻世明言》)。《古今小说》出版后,受到欢迎,书商"怂恿其成",接二连三地编纂出版了《警世通言》、《醒世恒言》。这便是所谓的"三言"。"三言"获得畅销,引起了苏州金阊尚文堂书商的注意,便向乌程(今浙江湖州)的文人凌濛初建议,要他照样另编一套。凌濛初应约编撰了《拍案惊奇》和《二刻拍案惊奇》,这便是所谓"二拍"。

"三言"、"二拍"的出版过程前后约十年,涉及江浙二省近十家书林,由此促成了"话本"、"拟话本"两种脍炙人口的文学体式的出版和热销,这是明代书商和文人互动产生的最成功的典型。

2. 坊肆编纂的图书类型

坊肆编纂的书,以市场需要为取向,但各时期、各地区、各个店家的做法各有不同。

坊肆编刊图书有一些共同之处。他们编刊的书，最多的是类书。读者对象都集中在中下层读者身上，都以科举考试、日常生活、经商开店、消闲解烦为需要。例如经书则以通俗经解为主，以考试需要为主；史书则以史钞、史摘、纂要和历史演义为主；类书则寻求日常生活、用典修饰、文书活套的方便以及消遣娱乐之用；集部则着重选脍炙人口的诗文以及近人的房卷。这些类书大都分量不大，切合实用，很受使用者的欢迎。同时，各地区各坊肆所编纂的书往往有不同的侧重。苏州地区有较多的戏剧和别集，福建地区有很多史钞和医药书。这些不同之处，便成为地区的特色。

出版界把坊肆编纂的类书称为"小类书"，以便与《永乐大典》等大型类书相区别，又有人称之为"日用类书"、"商人之书"等。下面略举几种"小类书"的书名：

生活用类书。《万事不求人博考全书》20卷，《万用正宗不求人全编》35卷。

经商用类书。《士商类要》4卷，《万事皆备类纂》4卷，《天下路程》20卷。

考试用类书。《经史子集合纂类注》32卷，《举业古今摘萃玉圃珠渊》10卷，《百家举业奇珍》4卷，《二三场百段文锦》4卷，《四六明珠》8卷。

官吏用类书。《翰墨文宗》10卷，《仕途悬镜》8卷，《簪缨必用翰苑新书》30卷，《官常政要全书》51卷。

社交应酬类书。《国朝名公翰藻超奇》14卷，《万寿类函》5卷，《天下通行书柬活套》5卷，《翰简大成称呼》2卷，《新刻时尚华筵趣乐谈笑酒令》5卷，《绮筵雅乐令谜昭华》4卷。

消遣类书。《新刻京台公余胜览国色天香》10卷，《燕居笔记》10卷，《新镌全像评释古今清谈万选》4卷，《万锦情林》6卷。

二、白话小说的编刊

最早的小说是用文言写作的短篇小说，基本上是文人的案头创作，写出来后又专供文人消遣。到了明代，出现了许多供平民阅读的白话长篇小说和短篇小说。这个新局面是由于说话艺人的世代增饰、文人参与整理以及书坊主人们的积极支持造成的。明末，小说的出版形成了"到处皆是"、"妇孺咸读"的局面。

明代小说编刊的成就有三：一是白话长篇小说经过长期口头讲说后，成熟定型，成为连贯的文本，如《三国》、《水浒》；二是文人独自创作的长篇小说开始诞生，如《金瓶梅》；三是白话短篇小说大量被整理出来，结集出版，如"三言"、"二拍"。

1. 长篇白话小说

很多长篇白话小说的故事往往先以说话、讲唱、演剧的形式流传，然后才由文人"写定"。写定也有一个过程，起初的写定本可能比较粗糙，后来才有大手笔写成定本。定本写成后，还有人继续参加进来，写"评"、"批"、"注"等东西，明末评注之风盛行，几种有名的小说往往有不同的批注本，使版本情况变得十分复杂。《三国演义》、《水浒传》、《西游记》，无不如此。

明代创作的章回体白话长篇小说约有100种左右①，不同版本未计在内。其内容集中在历史、明代时事、明代社会、神魔四个方面。

历史题材长篇小说有：《盘古至唐虞传》、《开辟衍绎通俗志传》、《有夏志传》、《有商志传》、《七十二朝人物演义》、《春秋列国志传》、《新列国志》、《孙庞斗智演义》、《两汉演义》、《全汉志传》、《两汉开国中兴志传》、《东汉十二帝通俗演义》、《三国志通俗演义》、《东西两晋志传》、《唐书志传通俗演义》、《残唐五代史演义传》、《隋炀帝艳史》、《隋唐两朝志传》、《隋唐演义》、《混唐后传》、《南北两宋志传》、《大宋中兴通俗演义》、《杨家府世代忠勇演义志传》、《岳武穆尽忠报国传》等30余种。从上古到宋，可以连贯起来，具备了整理成"历代演义"、"通史演义"的条件。

明代时事小说有：《英烈传》、《续英烈传》、《真英烈传》（开国时战事）、《鱼服记》（惠帝遁荒事）、《于少保萃忠全传》（土木堡事及于谦事）、《三宝太监西洋记通俗演义》（郑和下西洋事）、《神武传》（刘伯温事）、《皇明大儒王阳明先生出身靖难录》（王守仁擒朱宸濠事）、《胡少保平倭记》（胡宗宪平倭事）、《青词宰相传》（严嵩事）、《戚南塘剿平倭寇志传》（戚继光事）、《辽东传》（熊廷弼事）、《辽海丹东录》（辽东事）、《近报丛谭平虏传》（袁崇焕事）、《梼杌闲评》、《警世阴阳梦》、《皇明中兴圣烈传》、《魏忠贤小说斥奸录》（四书均写魏忠贤事）、《剿闯通俗小说》（李自成事）等30余种。差不多明代重大的时事，都及时写成了长篇小说，可谓反应迅速。

明代社会小说有：《金瓶梅》、《玉娇丽》、《绣榻野史》、《闲情别传》、《浓情快史》、《玉妃媚史》、《昭阳趣史》、《肉蒲团》、《杜骗新书》、《僧尼孽海》、《放郑小史》、《大英雄传》等约20余种。

神魔仙佛小说有：《西游记》、《续西游记》、《西游补》、《关帝志传》、《钱塘渔隐济颠禅师语录》、《天妃济世出身传》、《封神演义》、《三教开迷归正演义》、《达摩出身传灯录》、《韩湘子全传》、《二十四尊得道罗汉传》、《铁树记》、《飞剑记》、《八仙出处东游记》、《南海观世音菩萨出身修行传》、《牛郎织女传》、《北方真武祖师玄天上帝出身志传》、《五显灵官大帝华天王传》、《唐钟馗传》等20余种。

2. 短篇白话小说

白话小说的底本称为"话本"，据说南宋的皇帝很喜欢听说话人讲"话"，供奉局里有专门的说话人，说话人不单讲故事，还把"话本"进呈给皇帝。

从现有资料看，这种短篇话本最长的二三万字，最短的五六千字。如果一篇一本，刊行不方便，最好汇聚结集出版。这种短篇小说集最有名的有6种：

---

① 有关书目较多，如《中国通俗小说总目提要》，中国文联出版公司1990年出版。

（1）《六十家小说》，即《清平山堂话本》。嘉靖年间洪楩编，共6集，为《雨窗集》、《长灯集》、《随航集》、《欹枕集》、《解闲集》、《醒梦集》。每集上下两卷，每卷五篇，共60篇。现存27篇。

（2）《喻世明言》，即《古今小说》。冯梦龙编，出版时间约为天启元年（1621年），收短篇白话小说40篇。

（3）《警世通言》。冯梦龙编，天启四年（1624年）出版，收短篇白话小说40篇。

（4）《醒世恒言》。冯梦龙编，天启七年（1627年）出版，收短篇白话小说40篇。

（5）《拍案惊奇》。凌濛初编，崇祯元年（1628年）出版，收短篇白话小说40篇。

（6）《二刻拍案惊奇》。凌濛初编，崇祯五年（1632年）出版，收短篇白话小说40篇。其中一部分并不是流行于社会的"话本"，而是编者凌濛初模仿"话本"的创作。鲁迅给这种作品起了个名字为"拟话本"。

短篇小说中还有公案小说的出版，也十分繁荣。这些小说类似今天的法制文学，它往往把许多案件的侦破都集中寄挂在某一个清官身上，全书由一个个案件串成。明代出版的此类小说有《包龙图判百家公案》、《龙图公案》、《海刚峰先生居官公案传》、《郭青螺六省听讼录新民公案》、《皇明诸司廉明公案》、《国朝宪台折狱苏冤神明公案》、《国朝名公神断详刑公案》、《名公案断法林灼见》、《明镜公案》等十余种。

三、科举、经商及日用之书

士子应试、商人经商、百姓日用是古代人们生活的重要部分，坊肆刻书自然会顾及这些方面。明代坊肆刻书发达，因而科举应试之书、商人经商之书以及百姓日用之书也颇为突出。

1. 科举应试书

科举考试是读书人入仕做官的最主要的途径，书坊的经营也以此为重点。科举应试之书，有一些是基础性的，间接为考试服务，如启蒙读物、四书五经之类。直接为考试服务的则是"场屋之书"，即帮助考试的书。

根据当时考试的种种规定，坊肆编刊的应试书，主要是以下这些品种：一是经史要籍的通俗解释和提要；二是前朝和本朝考试卷子的选评，这是应试类图书中数量最多的一种；三是文体模式以及典故辞藻的书。这些图书的作者，有状元翰林，有前科举人进士，有没有考上功名的落泊士人，也有书坊主人，更有伪托的名人。这些作者中的能人，被人称为"选家"，他们的工作被称为"选政"。这类书的编撰以苏、杭以及松江为多，而刊印以福建为多。

2. 百姓日常用书

坊肆主人适应市民需要，设计编刊了多种供日常生活使用的工具书。这类书在福建编得最多，一再重版，销行全国。书的体例也采用类书的形式，有的还附有插图。从读者对象来分，大部分适用于城乡普通人家。一般人家购买这种图书后，经常翻检，破烂后随手抛弃，随生随灭。收藏家对这类书也看不上眼。所以，这类书虽然在当时编刊了不少，流传下来的却不多。

日常居家之书满足市民衣食住行、婚丧喜庆、应酬社交、出门造屋等方面的需要，分类辑录实用资料。这类书往往从大型类书上摘来，互相转抄。民间把这类书叫作"万宝全书"或"不求人"等，这名称沿用数百年不衰。

如《天下便用文林妙锦万宝全书》38卷，简称《万宝全书》，万历四十年（1612年）福建书林刘双松安正堂刊本，再版过三次。全书38门，每门有一幅插图。38门的内容是：天文、地舆、人纪、诸夷、官品、历法、武备、八谱、琴学、棋谱、书法、画谱、文翰、启札、侁俪、丧祭、体式、诗对、涓吉、卜筮、星命、相法、茔宅、修真、养生、医学、全婴、训童、算法、农桑、劝谕、侑觞、笑谈、风月、玄教、卜员、法病、杂览。同类书还有《新刻天下四民便览三台万用正宗》43卷，简称《万用正宗》，日本历史学者仁井田陞认为此书是"十六世纪具有代表性的日用百科全书之一"。

3. 商人和小官吏之书

在日常应用工具书中，有一些是专门为商人或下级官吏用的。明朝以前，元代大德五年（1301年），就曾有此类书出版。有人把专供政府官员用的这种书称为"习吏书"，如徐元瑞编的《习吏幼学指南》。这类书的内容颇多实用常识，如：文书契约活套（规范的格式）；书信格式，如邓志谟编撰的《一札三奇》，每种事情为一札，设计三种信件、三种复信，后面还附有解释；经商路程，如《一统路程图记》、《一握乾坤》；计算方法，如《盘珠算法士民利用》；官、商所需的社会资料，如歙县人陆嘘云所编《新刻徽郡原板诸书直音世事通考》，介绍各地风俗习惯，分类细致，有时令、人物、身体、病症、五谷、荤食、衣冠、首饰、丝帛、靴鞋、百工、杂货等门类。此外还有各地主要官员的名录《缙绅便览》，商业常识如《新镌士商要览》、《士商类要》，做官常识如《仕途悬镜》。

这些以商人、雇员为读者对象的图书，以社会进步、经济发展、教育普及为前提，在出版史上有重要的里程碑的意义。

四、杂志雏形的出现

明末的出版物中，出现了一部分类似今天杂志一样的图书。

这种书大致有两类。一类以传奇故事为主，如《国色天香》、《燕居笔记》、《万锦云林》等；一类以戏曲唱词为主，如《天下时尚南北新调》、《鼎锲徽池雅调南北官腔乐府点板曲响大明春》、《乐府名时曲万家锦》等。除了这两类主要内容以外，还大量刊载诗词、笑话、谜语、小曲、书信、对联等，作为"增饰"，招徕读者。

这类通俗书的编辑颇有点杂乱无章，又多互相抄袭。在《国色天香》的上层中，既收了《加徐达右丞相兼太子少傅诏》这样的历史文献，又收了淫秽的《风流乐趣》。在另一处，既收了时文《贺正德皇帝南巡回銮帐词》，又收了《金莲供状》和《赵氏谋杀亲夫供状》。

杂志需要具备的两个条件：一是内容多样，二是定期出版。明末出版的这些书，第一个条件是具备的，但第二个条件还没有成熟。

这类书在形式上有自己的特色。如《国色天香》又名《幽闲玩味夺趣群芳》，页面分上下两层。下层是故事性传奇或话本，各卷所载有传奇《龙会兰池录》（即"拜月亭"）、《刘生觅莲记》、《寻芳雅集》、《双卿笔记》、《花神三妙传》、《天缘奇遇》，话本《相思记》（即"风月相思"）、《东郭记》（即"中山狼"）、《张于湖传》（即"玉簪记"）、《续东窗事犯传》、《古杭红梅记》。上层是诗词赋、各种杂著，名目有珠渊玉圃、搜奇览胜、士民藻鉴、规范执中、名儒遗范、台阁金声、资谈异语、客夜琼谈、修真秘旨。这9个名目，和今天杂志的栏目设计很相似。

第五节 明代的出版机构

一、明代出版机构概况

明代出版机构与前代相似，有官刻、坊刻和私刻三种基本类型。此外还有明代特有的藩刻以及书院和寺院的刻书。

据有关书目记载，明代出版机构的总数有六七千个之多，但其中很大一部分是那些只刻印过一种书的私家或县级地方政府，很难说是一个"出版机构"。

出版机构中最多的是私刻，约占总数的80%左右。商业性的书林坊刻，有名可查的约有近千所。各省县的分布很不均匀，刻书的数量也相差悬殊。官府的刻书情况，省一级政府都有刻书记载。特别是在编刊地方志的高潮中，几乎所有的州、县都有过出版活动。

明代刻书的集中地区有的是继承前代的，如福建、南京、苏州等；也有新兴的，如南直隶徽州、浙江等。各地的刻书还各有各自的地方特色。

出版史上，通常把主持刊刻的人或单位作为一个"出版机构"来看待。刊刻者的姓氏、单位，一般在扉页、牌记上标明，由此可以判断其为官刻还是私刻或坊刻。

与前代相比，明代的出版机构出现了一些新的特点：省、府、州、县出版机构大增，主要是在明代后期，全国各府州县全面编刊地方志，各级地方政府都成了出版机构；藩王府和远裔宗室从事出版活动，有些王府有一套完整的出版设备和人员；延续几百年的传统书坊继续出书，还出现了不少新的书坊；由于社会风气的原因，私刻数量大为增加；出现了几个新的出版集中地区。

著录明代出版机构的书有两部，作者都是近人杜信孚先生。一本是 1983 年出版的《明代版刻综录》，另一本是 2002 年出版的《全明分省分县刻书考》，两书都以"刊者"为纲，前者共著录"刊者"5 200 家，后者共著录"刊者"5 400 家，相差不多。但杜信孚的这两部书都不收地方志，因此上千个府州县都没有计入，如果把这部分算进去，官刻机构的数量就要大大增加了。

二、各级政府的出版机构

1. 中央出版机构

明代有两个最重要的国家出版机构，一个是国子监，一个是司礼监经厂。前者略同于"国家"出版机构，后者则是"皇室"出版机构。

明初南京国子监集中了两方面的文献：一是大将军徐达平定大都时所获的图书、版籍、法服、祭器、仪象；二是杭州西湖书院所藏的宋元旧版，又从南京集庆路儒学等处调去一些版片。在国子监里，集中了大量典籍、稿本、版片，具备了刊印图书的基本条件。永乐元年（1403 年），又设北京国子监。这样，就有了南北两个国子监。

国子监中有专人负责刊印图书之事。南北国子监都以出版正经正史和其他儒学重典为主要任务。

南监成立之初，集中了大量版片，总数有 300 种 158 755 叶。与原书相比，缺损不多。南监所获集庆路儒学 21 种书的版片，原数应该是 26 052 片，缺失 1 386 片，所缺不到 5%。例如篇幅最多的《新唐书》应该有 4 981 片，实有 4 796 片，只缺少 85 片，稍事补刊，就可以再次印刷。理所当然，南监把工作重点放在补版重印上。据记载，南监曾大规模补版 7 次，最早一次在洪武年间，最后一次在天启年间。可以说，整个明代，南监都在忙这件事。这样，在我国的图书版本中，就产生了一种"宋元明三朝递修本"。一项出版工程持续三个朝代、几百年时间，不断地修补重印，是文化传承中罕有的事，可以看出雕版印刷术的巨大生命力。到了明代的后期，南监也刻了不少新版书。最重要的十七史，全部重刻了一遍。

南监补刻和新刻的书，据《古今书刻》的著录是 273 种，《南雍志》著录 305 种，《明代版刻综录》著录 28 种。三者去重后为 360 种。出书的结构是：制书 19 种、经书 60 种、史书 52 种、子书 25 种、文集 23 种、类书 9 种、韵书 9 种、杂书 109 种、其他 4 种。

北监出书以翻刻为主。《古今书刻》著录 41 种，《明太学经籍志》著录 69 种，《明代版刻综录》著录 20 种。去重后为 100 种。北监最重大的成就是依闽版刻《十三经》。还用 10 年时间（万历二十四年至三十四年，1596—1606 年），依南监本的样式刻了《十七史》。北监刻的书，评价较差。看来，明代的政治中心虽然在北京，出版中心却在南京。

明代皇室由宦官掌管内府二十四衙门，司礼监居二十四衙门之首，管理皇城之内一切礼仪、刑名、当差、听事诸役。后来,又专掌机密,批阅奏章,实权极大。经厂是司礼监的下属单位,负责刻印皇室所需图书和皇帝批准出版的各种图书。

国子监由学问渊博的儒臣负责,出版正经正史等学术价值高的图书。司礼监则由太监负责,出版以佛道经书为大宗,并出版皇帝批准的政治、诰谕、内务等方面的"制书",以及谱牒、御制诗文等书。国子监也出版"制书"和政法类图书,但不出佛道宗教书;经厂则不出正经正史。司礼监所出的书,一般称"内府刻本",中央其他机构所出的书,也通称为"内府刻本"。

经厂的规模很大,管理人员有掌司、提督、监工等。印刷工人很多,大都由"班匠"充任。所谓"班匠",是一种徭役制度,也就是无偿到皇城当差。明初,内府有制字匠150名,两年一轮。明嘉靖十年(1531年)皇府整顿内府工匠,革去老弱残疾有名无实者15 167名,实留12 255名,其中司礼监为1 583名,其中一部分便是在经厂刻印书籍的人员。这是一个十分庞大的出版机构。

经厂所出的书,《内板经书纪略》著录158种,共566 358叶(包括三部经藏);《古今书刻》著录83种;《中国古籍善本书目》和《明代版刻综录》等著录的经厂本都只有数十种。几种统计数字去重后为192种。具体内容为:制书72种、经书39种、子书25种、史书21种、医农卜筮18种、诗文17种。一般说法,经厂出书200种。

经厂刻书经费充足,人力物力富裕,所刻书讲究气派,用料考究,开本大,字体也大,很容易辨认。但经厂的主持者是宦官,校勘粗糙,内部管理也不好。

此外,中央其他部门,如都察院、钦天监、礼部、兵部、工部、太医院,也出版图书,但大都是与部门职能相关的,如钦天监之《天文刻》、兵部之《九边图说》、太医院之《医林集要》等。

2. 各级地方政府的出版机构

明代有两京十三省,省的正式名称是布政使司,十三个布政使司都刻印图书。由于各省文化基础和经济条件不同,出版图书的数量相差悬殊。在省级机关中,布政使司出书最多,其次则为按察司、学署、书院等,还有一些专门机构如盐运司、督粮道等,卫所巡道等也偶有刻印图书的,如福建、两浙、两淮的盐运司都有刻书的记录。

我国有些边远的省份,在宋元时没有出版图书的记载,明朝时才出现坊刻或私刻,这是十分值得重视的。例如在今青海省境内,明朝开始有私刻;今云南省境内,明朝开始有坊刻,并且有彝文的图书。

省一级官府衙门刻印的书,以陕西为例,书目著录"陕西布政司"的书,《古今书刻》中有35种,《明代版刻综录》中有4种。这39种书的内容是:经类3种、史类11种、医农类10种、诗文类11种、其他4种。在史类中,和陕西有关的志书有3种,即《陕西通志》、《长安志》、《马政志》,其他是一般的史书,如《国语》、《史记》、《汉本纪》等。其他省出版的书,情况大体相似,如湖广出《湖广通志》、河南出《河南通志》、云南出《滇南志》、贵州出版《诸夷图》。除了这些有地方特点的书以外，其他则有很大的随意性，不限于一端。

明代全国共有府和州百数十个，县一千一百多个，大多数府州县都有刻书活动。府、州、县刻书时，或从外地请几个工匠来，或委托邻县代办，书上虽然标明"某某县署刊"，其实没有刻书的实体。从现有的资料看，南直隶和文化发达行省，下属府州县刻书较多。如南直隶的应天、苏州、常州、扬州、淮安、松江、镇江诸府出版的书较多。

地方政府刻印了不少当地名贤等地方文献，给后人留下了不少有价值的书。如建宁刻《西山真文忠公文集》（真德秀，建州浦城人），宁波刻《清容居士集》（袁桷，鄞县人），宁国刻《八代诗乘》（梅鼎祚，宣城人），宁德刻《石堂先生遗集》（陈普，宁德人），长兴刻《天目先生集》（徐中行，长兴人），太平书院刻《韦刺史诗集》（韦应物，曾在滁州为官），九江郡斋刻《陶靖节集》（陶渊明，九江人）。

各府州县还注意出版介绍本地风光的书，例如山东的泰安在嘉靖时刊《泰山搜玉》（袁稔撰）、万历时刊《岱史》（查志隆撰）、《泰山纪事》（宋焘撰）等。出版这些书的目的是标榜本地人文之美，让子民们见贤思齐。

各级地方政府刻的书，除了政府部门之外，还有儒学和书院也刻书。山西有河东书院、河津正学书院、解梁书院、河汾书院。南直隶有长水书院、礼宗书院、正谊书院、东林书院、敬业书院、维扬书院、苏州府学、吴江县学。江西有江西学宫、紫阳书院、白鹿书院、濂溪书院、崇正书院、白鹭洲书院等。藩府刻书和书坊刻书有些也用"书院"的名称。

三、藩王府刻书

明代实行封王制度，除太子外，其他皇室诸子都封为亲王，又称藩王。为加强边防，防止藩王在京城生事、骨肉相残，封地有的在边远地区。诸王到一定年龄，一定要离开首都到封地去，称为"之国"、"就藩"。如不及时"就藩"，留在京城，就会有种种猜疑。到封地后，不许随便回首都，即使皇帝死了到京城奔丧，丧事完毕后便要立即回去。诸王之间，不许来往。为引导诸王把精力投向无害的方面去，皇帝刻印或缮抄了图书，都要送给诸王一部。在这种特殊的政治气氛中，产生了一批读书修文的藩王，他们筑楼藏书，写作诗文，刊印图书，藩王府也就成了刻书机构。在明代之前或之后，都未曾如此繁盛过。

藩刻的总数，各本书目记载不同。《古今书刻》载142种，《千顷堂书目》载244种。一般都标明"某府"、"某藩"、"某国"字样，也有的采用堂、轩、书院等名称。

藩府刻书的内容包括经史子集各个方面，多随藩王所长所好去选择。总的说来，刊刻正经正史较少。藩王刻书有所谓"四宝"之称，指宁藩的医书（如《病机气宜保命集》）、吉藩的子书（如《二十家子书》）、晋藩的文集（《汉文选》、《唐文粹》等系列)、益藩的茶书(《古今茶谱》等系列)。

藩府刻书有几个相对集中的热点,一是藩王们自己的诗文集,二是医药养生书,三是琴棋书画、花鸟虫鱼书,这和他们的生活环境有关。藩刻本质量不等,大都比较讲究,有些藩王养着一群文人,精心校勘,刊印了一些较好的本子。藩刻本中还有一些活字印本,如蜀府的《栾城集》84卷、益府的《辨惑篇》、《辨惑续篇》等。晋府几代人刻了《文选》、《文粹》、《文鉴》等文学总集。嘉靖皇帝曾称赞晋府"好学崇文",赐给"养德书院"之称。

藩府刻书中的著名人物有:太祖第五子朱橚,著有《元宫词》等书。他在开封种植可以充饥的野草400多种,一一绘图,成《救荒本草》一书。太祖第十七子朱权文武全才,著书50余种,如《通鉴博论》、《汉唐秘史》、《史断》、《文谱》、《肘后神枢》、《太古遗音》、《异域志》、《采芝吟》等,以《太和正音谱》为最著,有杂剧12种,今佚。朱橚五世孙朱睦㮮,家有藏书楼称"万卷堂",有著作《五经稽疑》、《授经图》、《大明帝系世表》、《陂上集》、《河南通志》、《中州人物志》等,还有家藏书目《万卷堂书目》等共38种。朱橚长子朱有燉(号诚斋),著有《诚斋杂剧》,共收杂剧31种,又著有散曲集《诚斋乐府》。朱载堉,郑藩朱厚烷长子,著有《乐律全书》、《律吕正论》、《嘉量算经》、《瑟谱》、《历学新说》等有关音乐、历算方面的书。

四、坊肆刻书

明代的书坊刻书十分发达,并显现出明显的地域集聚特点,且形成了各自的地域特色。

1. 福建坊刻

福建坊刻有两个中心:一个是以建阳为中心的闽北坊刻,一个是以四堡为中心的闽西坊刻。

建阳刻书历史悠久,宋代有所谓八大姓,即余、刘、魏、熊、蔡、陈、黄、王,可考的书林有55家,传世图书300多种,元代又增加郑、叶、吴、詹、张、朱、杨、高、傅诸姓,书林也有增加,传世图书169种。建阳书坊林立,居民大都从事刻书业,各家刻坊印书的墨水沿溪南流,汇聚在云海衢桥北河滩地,日久积成"积墨池"。元末,建阳书坊毁于兵火,但很快就恢复过来,明弘治十二年(1499年)书坊又遭到一场大火,惊动了皇帝,专门派人"厘正",几年后再次得到恢复。嘉靖、万历年间,建阳的刻书业达到了最兴盛的时期。

闽北建阳的刻书地有许多名称。建阳的府治在建安,管辖8个县:建安、瓯宁、建阳、崇安、浦城、松溪、政和、寿宁。建安和瓯宁合称"建瓯"。这些地区的版刻事业集中在建阳县的麻沙街和崇化坊。所以,诸凡建宁、建安、麻沙、崇化等,实即一地。建宁附近有一座芝山,建阳又名大潭城,建安在历史上曾被王延政占有,称富沙。所以，芝城、潭城、潭邑、富沙等又成为那里的别称。凡是用以上名称的，其实主要指建阳的麻沙和崇化二地。那里的版本，泛称建本、闽本、麻沙本。

明代后期，在福建西南部又兴起了一个四堡坊刻中心。四堡位于长汀、连城、清流、宁化四县的交界处，方圆百余里，村落数十个。成化年间四堡马屋村的马驯，官至二品，致仕后在家乡刊刻诗文、族谱。万历年间，四堡雾阁村人邹学贤辞官回里，带回制元宵灯和雕版印刷术，发展印书事业。到了明末，四堡地区刻书业大盛，从事印书业者1 200多人，书坊数十所。所刻书远销江西、浙江、湖广、两广、川滇，乃至越南北部，成为南方刻书中心。有一本叫做《年初一》的书，又名《一年使用杂字》，是四堡的"招牌书"。

2. 苏州坊刻

苏州有大量坊刻图书，可以查知的苏州坊刻共有67家，前面冠"金阊"或"阊门"字样的（阊门是苏州书坊集中地）共39家，如金阊映雪草堂、阊门席鉴（玉照）扫叶山房等；前面冠"东吴"、"吴门"、"姑苏"、"吴郡"、"古吴"等字（这些都是苏州的别称）的14家，如东吴书林、吴门文汇堂等；前面冠"吴县"、"长洲"（苏州的属县）的11家，如吴县书林大观堂等；其他的两家是张氏大雅堂、映雪斋。

从现存图书来看，苏州坊刻本的年代，都是万历及万历以后，嘉靖年代的绝少，嘉靖以前的未见，这说明苏州坊刻是在明代后期兴起的。

3. 金陵坊刻

金陵（今南京）坊刻十分兴旺，可考的有上百家之多，大都集中在今三山街一带，其中有不少是同姓的。张秀民《中国印刷史》列出93家，从其他文献上还可以补充一些，例如《江苏刻书》中可以补充十余家。

金陵的书坊中，唐、周、王三姓特别多，可惜他们的世系不大清楚，对他们家族的经营情况也不清楚。

4. 杭、嘉、湖及衢州坊刻

杭州的坊刻也很发达，据张秀民《中国印刷史》有24家，据顾志兴《浙江出版史研究》（元明清时期）有36家，如钱塘清平山堂、武林（又作虎林）容与堂、胡文焕文会堂等。

嘉兴书坊刻书有周履靖荆山书林，曾刻《夷门广牍》，收书106种。

杭州西南的衢州，坊刻也很兴盛，有衢州童应奎书林，书林徐瑞鳌，书林大酉堂，叶氏如山堂，书林徐应瑞思山堂，书林舒承溪，书林舒用中天香书局等，都有刻书的实迹。

5. 徽州坊刻

徽州书坊，张秀民《中国印刷史》上列10家，徐学林《徽州出版史叙论》多出几家，如歙西鲍氏耕读书堂、歙县吴勉学师古斋、新安黄诚等。

与徽州其他商业活动一样，徽州的书商们走出徽州地区，到外地开设书林。到金陵的有胡正言的十竹斋、汪云鹏的玩虎轩、郑思鸣的奎璧斋，到杭州的有胡文焕的文会堂、唐琳的快阁刻坊等。

6. 北京坊刻

北京坊刻比较少，有永顺书堂、二酉堂、洪氏剞劂斋等。1967年，上海嘉定县出土了一批明代印刷品，是成化七年至十四年（1471—1478年）的一批唱本，用竹纸印刷，共11种，如《薛仁贵跨海征辽故事》、《包龙图断乌盆传》等，书上有"北京新刊"四字。文献家认为，可能是北京的永顺书堂所刻。这是今天可见的最早的明代唱本，当是刊印通俗唱本的书坊的产品。

五、私家刻书

1. 私刻概况

明代三种类型的刻书机构中，私刻的数量最多。在《全明分省分县刻书考》的5 400多个刊者中，其中私刻在4 000个以上，约占84%以上。这仅仅是从传世图书统计的。更多的私刻在历史的长河中被淘汰湮没，没有流传下来。

明代私刻特别多，是政治、经济、文化等条件促成的，而明代的社会风气更是重要原因。在明后期，刊印图书成为时尚，士人中试，官员晋升，官场干谒，朋友酬酢，往往要刻一种书相赠。

私刻主持人的典型身份是那些考中了进士（至少也是举人）又做了官的人。他们的刻书活动或在中了进士后，或在做官的任上，或在致仕告老还乡以后。据《全明分省分县刻书考》中的记载，浙江私刻859家，具有进士出身后来又做官身份的528家，占61%；湖广205个私刻中，具有上述身份的170家，占80%；河南176个私刻中，具有上述身份的146人，占80%。可见私刻的主持者主要是这一类人。除此之外，也有一些医生等布衣之辈。

在这些私刻主持者中，有些人在考试中名列前茅，后来又官至极品，学问淹博，财产盈万，家富藏书，如果他们对刻书事业情有独钟，便会产生极有价值的精品图书，这类的例子极多。

私刻的内容林林总总，经史子集，各类都有，而以集部为最多，或者刻自己的诗文奏议，或者刻父祖的著作、乡贤的传世名著、自己喜爱的某一部书，或家藏的一种奇书等。朱熹后人刻书的情况，颇有代表性。正统十三年（1448年）朱熹八世孙朱洵刻

《朱文公年谱》，万历十七年（1589年）朱熹的十三世孙朱世泽刻《考亭志》、《潭阳文献》。建阳蔡有鹍编了9位姓蔡的名儒遗著，合称《蔡氏全书》。这些私刻的目的都在缅怀祖荫，以示家学渊源。岳珂的十六代孙岳元声把岳珂的稿本《玉楮诗稿》刻印成书，也是一个例子。

相当多的私刻主持者有极好的业务素质，有的关心国家大计，奔走呼吁，刊刻经世文集；有的广收版本，择善而从，改正差错，数十年成一书；有的荜路蓝缕，九死不悔，家产用尽，刻成极有价值的传世巨著；有的孜孜以求，追求新的工艺。没有众多的私刻，明代的出版物不会这样丰富多彩。

私刻图书的去路一是赠送给亲友等人，二是与同好交换。明代所刻图书上，不管是官刻、坊刻还是私刻，都不印定价，只有极少数书上用红色木戳钤上定价。

私刻的制作规模各不相同，视各人的投入而异。有的私刻主持者仅仅备一部原稿，拿出一些银子，委托某一印书铺刊印若干部，自己并没有刻印的设备和人员。有些私刻者家里延请了编、写、刻、印、钉诸种人员，既有场子，又有班子，自称"开局"，有一定规模。山东曲阜孔府是其中佼佼者。孔府设有多个刻书坊，先后用过的名称有：忠恕堂、红萼轩、安怀堂、诗礼堂、聚文斋、金丝堂、萃贤堂、微波榭、仪郑堂、玉虹楼等名称，据不完全统计，宋时刻书27种，金元刻书6种，明代刻书49种，清代刻书103种。

2. 私刻和坊刻、官刻的融通

私刻、坊刻之间，有转型、融通的现象。一种情况是由家刻转为坊刻。文人们家中刻书，往往贴钱赔本，但也有一部分私刻者后来成为坊刻家。最明显的是吴勉学和臧懋循二人，前者是因为获利而走向坊刻，后者是因为拮据而走向出售。这种转型的经营虽然并不多，但代表着一种由儒而商的趋势，读书人不肯轻易走这条路。至于由坊刻而转向私刻，则是不会有的事。

明代有不少书，是某一地方官发起倡议的，同僚、同年、地方士绅都出资相助，然后委请一个刻印铺制作成书。这一类书，是官府和私家合作的产物，最后以发起其事的主持官员署名，不以官衙署名，但版子则往往保存在官衙。这种书一般作为官刻统计。这一类私刻、官刻之间相融通的做法可以用两部特大图书来说明，一部是《文苑英华》，一部是《册府元龟》。两部书都是宋代的官修书，元明间数百年没有重印过，后来都是福建的官员们捐俸刻印的。《文苑英华》主持者是福建巡抚胡维新和总兵戚继光，他们发动官员"捐廪奠费"，隆庆元年（1567年）出版。《册府元龟》主持者是建阳知县黄国琦，他发动官员们"合捐薪廪"，崇祯十五年出版。由于福建刻工力量强大，两部书的刊刻都十分快。前者一年多，后者只用了八个月。两部书都不用官衙署名，而是用个人署名。前者称"胡维新、戚继光刻本"，后者称"黄国琦刻本"。这两本书常说成官刻，但不能说是纯粹的官刻。

明末私刻、坊刻之间，还有一种很值得注意的现象。有些文人的著作，一部分交给书坊刊印，一部分用自己的名义刊刻。例如苏州作家冯梦龙、湖州作家凌濛初二人的作品，一部分用真实姓名自刻，而他们的小说都交给书坊刊行。他们这样做，可能因为小说虽然受到欢迎，但社会地位并不高，因此不愿把它作自己的私刻。

六、寺观和教堂刻书

明朝的皇帝皇后大都佞佛，常施助寺院刻经，广施功德，造成了佛寺刻经的繁荣。皇帝敕建的寺院，大都刻制经书。

多个寺院合作刻印经藏，最突出的是紫柏真可在浙江刻印的《径山藏》，参与刊刻的有几个省的20个寺院。

刻印单本佛经的寺院更多，著名的如北京的大隆福寺、大慈恩寺，南京的天界寺、清凉山，杭州的灵隐寺、昭庆寺经房、玛瑙寺、报国院、姑苏兜率园、承天寺，河南少林寺，山西长治宝云寺，五台山妙德庵，太原崇善寺，庐山法云寺，广西全州湘山寺等，这些寺院所刻的经书，都有实物流传至今。边远省份的佛寺刻经兴起较早，远远超过该省其他品种的图书。云南大理刊印的佛经，至今还珍藏在西藏。青海也有专印藏传佛教经书的寺院。

佛教徒用个人名义刻书的也不少，天全刻《镡津文集》22卷，成湛刻《指月录》32卷，明昱刻《佛祖统纪》54卷，福贤刻《大方广佛华严经》80卷等。世俗的佛教信徒用个人名义刻的书最著名的有郑和陆续造成的大藏尊经十一藏。

还有一些社会上的"经房"，是商业性刻经单位，为世俗信徒们刻经还愿。经房除了为个人刻经外，也接受寺院交办的刻印任务。例如明皇室曾把《南藏》经版颁赐给报恩寺，海内寺院可以向报恩寺请经，报恩寺里有"管经僧"主持其事，收取"板头银"若干，再把任务交给经铺去印刷装订。为此，礼部定出了详细的"请经条例"，规定一应手续和收费标准。《南藏》的刻版在司礼监经厂，印制和发行则在寺院。这是一种特殊的出版形式。

寺院、经坊刻的书，并不限于佛教经典，也有相关门类的书。最多的是解读经书的文字音训书、名僧的语录、僧人的诗文集。如金台衍法寺刻印音韵书《五音集韵》15卷、佛经经籍的提要《大藏一览》等。

明代后期，天主教传入中国，刻印了不少天主教教义和科学书籍。这些书有的利用当地印刷机构的力量，有的是教堂聘请一批工人在教堂里刊印，由此形成了几个专刻天主教图书的机构，如北京的南堂、福州的钦一堂等。

七、刻书集中地的形成和特色

由于政治、经济、文化各方面的原因，明朝全国境内出现了一些刻书的集中地。这种集中地在各个时期常有变化，有新兴起的，也有衰落的。今人杜信孚、杜同书所撰

《全明分省分县刻书考》记载最详，从中可以看到出书的集中地和非集中地出书的数字，相差是十分悬殊的。例如南直隶、浙江省坊刻数百家，私刻数千家。而广西省只有私刻2家。

出版集中地的形成与政治、经济有密切关系，但又不是简单的正比关系，其他诸如物资供应、水陆交通、社会风气、文化氛围、历史因素等，和出版业的兴衰也有密切关系。个人因素也十分重要，具有强烈事业精神的出版家往往造成一个地区出版事业的繁荣。有时，负面的因素也会促使出版集中地的形成。例如交通不便的平阳，在元代之所以被确定为经籍所，就是因为它"不当要冲"，可以少受战乱影响。

刻书集中地在形成的过程中，呈现出不同的特色。这种特色，是官刻、坊刻、私刻三方面力量汇合形成的。明代出版业特色最鲜明的是福建闽北特色、徽州特色和苏州特色。

福建闽北特色，一是年代久远，布局密集，刻书机构数量众多，在一个不太大的地区，集中了上百家刻书机构，俨然一个出版之城；二是把出书重点放在下层各界人士的需要上，灵活地开拓各类品种，并相应地改进生产组织；三是大力进行低价销售，努力开拓市场。建阳地区发挥当地盛产纸张、版刻工价低廉的优势，采取低定价的办法竞争，建版书的定价只有苏版、京版的一半，同时编印书目广为散发，制定商标保护版权，在本地举办书市吸引各地书贩前来批售，又充分利用水陆商道运到外地销售，在北京、南京设专卖店，结果是出现了"建版图书遍天下"的盛况。

徽州属南直隶，领6个县：歙、休宁、婺源、祁门、黟、绩溪。刻书的历史可以上溯到宋元。明朝后期，刻书业"骤精"，和"苏、常争价"。徽州刻书业的特色，一是从事刻书业的主持者往往亦儒亦官亦商；二是徽州的出版人和其他商人一样，富有向外开拓精神，在金陵、杭州、苏州开设书林，打破地域界限，使技术得到交流；三是有一

徽州地区刻制的《程氏墨苑》

批世代敬业、技术精湛的绘工、刻工，为本地和外地的出版业服务；四是既刻印传统的经史子集精品，又开创了多种新的品种，如谱牒书、商业广告书、地图；五是追求新的印制技术，图书的插图丰富多彩，把插图版画艺术推向历史的高峰。还和南京、湖州的

出版人一道，研究创制了套印书和饾版、拱花技术。

苏州的出版业和它的人文精神、地方风气是一致的。其出版特色，一是儒学正宗的价值取向，不大肯去出版离开正宗思想的书籍，从毛晋汲古阁出书的总结构可以看得很清楚；二是注重质量的精审，苏州官方刻的书以方志为多，其中很多成为名志，私刻书更是务求精良，文人们刻了一批学术价值很高的书；三是出版家识见敏锐卓越，虽以儒学正宗为最高取向，但对新事物往往有灵犀独通的识见，努力提倡，冯梦龙的"三言"和《山歌》足以为证。

除了上述闽北、徽州、苏州三地外，其他出版集中地区也有各自的特色。金陵地区刊刻了大量戏剧小说，郑振铎估计有300种，来新夏估计有二三百种，《江苏刻书》中著录现存130多种。杭州地区藏书家特多，在丰富的藏书支撑下，出现了大量聚零为整的丛书，著名的有《格致丛书》、《唐宋丛书》、《汉魏丛书》、《古杂剧》、《重订欣赏编》、《稗海》等，杭嘉湖一带因此被称为"丛书之乡"。容与堂出版的戏剧小说大都有精美插图，风格和徽派有明显不同。湖州的套印、嘉兴的佛藏，也是该地区的特色产品。

第六节　明代著名出版家

明朝有许多杰出的出版家，著名的有常熟汲古阁的毛晋，福建建安的熊氏和余氏。此外，如无锡的华氏（华燧）、安氏（安国）以活字著称，吴兴的闵氏（闵齐伋）、凌氏（凌濛初）以套印闻名，苏州的王延喆、袁褧等以校勘驰誉，南京胡正言的饾版、安徽歙县黄氏的插图、宁波范氏的藏书等，各有建树，为中国古代出版史增加了异彩。

一、毛晋和汲古阁

常熟汲古阁主人毛晋（1599—1659）的出版活动，是明代乃至我国古代出版史上值得大书一笔的盛事。汲古阁的出版物以品位高、校勘精、品种多著称。他的活动涉及藏书、选题、编校、刻印、发行等各个方面，每个方面都有出色的建树。

常熟具有深远的儒文化传统，毛晋深受家庭儒学薰染，又师事"文宗"钱谦益深研经史。这些条件，为毛晋的出版活动孕育了特定的取向，必然采取选择经典文史、务求质量精审的方向。两次应试未能中举，毛晋便在44岁时回家读书，从事出版事业。毛晋之子毛扆继承父志，也从事刻书事业。

汲古阁的全部出版活动是毛晋、毛扆父子两代人的活动，大约从明代天启初年到清康熙中叶，前后数十年时间，是跨明清两朝的出版活动，一般都放在明代记述。

据《汲古阁校刻书目》所载，汲古阁刻书总数为587种，出版时间集中在明崇祯初期，所刻的重要图书如《十三经》、《十七史》、《津逮秘书》、《汉魏六朝百三家集》等，都是崇祯年间刊印的。刻书的内容，可以用"系列化的精品"来概括。

毛晋汲古阁所刻的丛书，最有价值的是《津逮秘书》、《宋六十家词》和《六十种曲》等。《津逮秘书》的基础是胡震亨的《秘册汇函》。胡震亨家富藏书，他把家中所藏古籍汇编成《秘册汇函》，略印了几种，后来书版被烧毁，残版为毛氏所得，便在此基础上，增补自己所藏的书，编成《津逮秘书》。凡是胡氏的原版，书名都在鱼尾之下；毛氏增补的，书名在鱼尾之上，鱼尾之下则有"汲古阁"三字。《津逮秘书》的内容偏重掌故琐记。在此以前的丛书如《百川学海》、《宝颜堂秘笈》等书，每多不足之本。《津逮秘书》则大都补成全帙。

毛晋父子汇辑了历代名家诗文精品，以时代、文体、流派、作家编次，成为系列。综合起来看，蔚然成为一部以作家作品为主线的大文学史。汉代取乐府，有郭茂倩的《乐府诗集》；汉魏六朝取辞赋，有张溥的《汉魏六朝百三家集》；唐代取诗，有一系列的唐人诗选50余家；宋代取词，有《宋名家词》、《词苑英华》等90余家；元代取诗词，有《元人十集》、《元四大家诗》等10余家；明代取传奇，有《六十种曲》等。

这些诗文集，有的是采用已有的本子，认真校勘后出版，有的则是毛氏父子的选本，并且还撰写了题跋，最能说明毛氏文学观和出版观的是《宋名家词》和《六十种曲》。

毛晋是一位学者型的出版家，在编刊图书时，他为一部分书写了题跋，介绍版本源流，编纂经过，内容特色，学术评价，当时士人很喜欢看这些题跋，便怂恿毛晋把题跋集中起来编成一册。毛晋应请刊刻了《隐湖题跋》一书，共收题跋110则，后来又有续跋42则，共152则。有陈继儒、胡震亨等人作序或跋。他自己也有不少著作。据《汲古阁校刊书目补遗》载，有《明四秀集》、《明诗纪事》、《明方舆胜揽录》、《明词苑英华》、《海虞古文苑》、《海虞今文苑》、《虞乡杂记》、《昔友诗存》、《救荒四说》、《隐湖小识》、《隐湖唱和诗》、《宗谱先贤》、《隐湖遗稿》等，大都是"自著未刻"。

古人刻印活动的价值，主要在于选定版本和校勘的功夫。毛晋力求以宋版为底本，不惜耗尽千金，上天入地。很快，毛晋积聚到84 000册书。于是便造了两座藏书楼——汲古阁和目耕楼（一说还有一处"双莲阁"）。

毛晋校勘图书，大都亲自动手，同时也延请名士帮助。帮他校过书的有"江阴老儒"周荣起，校经史古籍；释道源校佛经《径山藏》；毛的舅父戈汕校《神农本草经》；外甥冯武校《十元人集》、《元四名家诗》；学者陆贻典校《冯氏小集》；释明同校《牧潜集》；闵元衢校《癸辛杂识》；诗人陈瑚应聘于毛家，专门选书校书，犹如专业的编审。

毛晋的出版事业，基本上是家庭经营式的。陈瑚《为毛潜在隐君乞言小传》中说："家蓄奴婢二千指"（即200人），又有雷雨津赠毛晋的诗说："入门僮仆尽抄书"。雇工、连同僮仆等人，大约200人，这在坊刻中，是很大的规模。

汲古阁的书价格低，质量好，销行全国各地，而且流传的时间很久，以致二百多年后的清光绪初，京师、湖南等地的旧书铺还是"插架皆是"。

二、余氏、熊氏和通俗读物

1. 余 氏

余氏是福建建阳地区最重要的刻书世家，宋元时期就刻印了大量图书，明初略为沉寂，到了明中期，有余继安中兴祖业，出现了余氏刻书的黄金时代。余继安的两个孙子余彰德和余象斗又光大祖业，有了更大的发展。

余彰德父子用的堂号是"萃庆堂"，他们的文化程度都不高，粗通文墨而已。他们聘请江西人邓志谟做塾师，一面教书，一面写作书稿后刻印出版。用"萃庆堂"名义出版的书现在可考的有29种，大都是经史简释一类的科举参考书，其中邓志谟撰写的有8种。邓志谟本身并没有多少学问，却能编写神魔小说。他在萃庆堂出版的神魔小说有《铁树记》、《飞剑记》、《咒枣记》三种，还有一套"白眉"的系列书，有《艺林聚锦故事白眉》、《艺林唐故事白眉》、《精选故事白眉》。他还编了《旁训古事镜》、《事类捷录》，都是润饰文章用的。

余象斗是余彰德的堂兄弟，他的书肆有"三台馆"、"双峰堂"两个名称。余象斗本人头脑灵活，是编书能手，他看到《西游记》、《东游记》受人欢迎，便编写了《南游记》和《北游记》，大受欢迎。还编了一本《新刻皇明诸司公案传》（即《全像续廉明公案》），并把已经行世的历史演义润饰整理，从先秦到明朝，连贯了起来。他善于创新，设计了好多套系列书。一套叫做"正宗"，包括《诗林正宗》、《韵林正宗》、《遵韵海篇正宗》。还有两套书，书名上大出新样，一套叫做"讲说"系列，是通俗释经的书，包括《四书拙学素言》、《四书披云新说》、《四书梦关醒意》、《四书萃谈正发》、《四书兜要妙解》；另一套叫"品粹"系列，是科举作文的讲评：《诸文品粹》、《二续诸文品粹》、《历子品粹》、《广历子品粹》、《再广历子品粹》、《史记品粹》、《群英品粹》、《汉书评林品粹》。所刻书可考的有40多种。郑振铎说他是一位"与人民大众密切结合的出版家"。

2. 熊 氏

熊氏的先世是官员，从江西迁闽。宋元时代刻书不多，属于私刻的范围。明正统至嘉靖间，用"种德堂"名义大量刊刻医书，万历年间，熊成治用"中和堂"名义刻书，内容不限于医学一种。熊氏刻书，走了一条从家刻到坊刻、从单科到多科的道路，这在明末出版界有一定的代表性。

熊氏用"种德堂"名义刻书，可以考知的书有40多种。其中突出者当属熊大木，他从事编书、刻书大约在嘉靖年间。他是一位写英雄传奇小说较早的作者，编撰了几种讲史小说，现存的有《全汉志传》、《唐书志传通俗演义》、《南北两宋志传》、《大宋中兴通俗演义》等。这几本书都是专门为书林杨氏清白堂编写的。《大宋中兴通俗演义》后来衍化为《说岳全传》，《南北两宋志传》后来衍化为《杨家将演义》，这两部小说读者众多，久传不衰，在我国小说史上有重要的地位。熊大木自刻的书，所知的只有《新刊大字分类校正日记大全》一种，嘉靖二十一年刊本，是一本日用小类书。

三、闵氏、凌氏和套印书

明代后期，"湖刻、歙刻骤精，遂与苏常争价"。所谓"湖刻"，主要指湖州的闵氏和凌氏，有些文献上将这两种书统称为"闵板"。

1. 闵 氏

闵氏的主要人物是闵齐伋，所刻书可考者共46种，计经部18种、史部5种、子部4种、集部19种。其中35种是套印本，计朱墨两色套印31种，朱墨蓝三色套印4种，即《楚辞》、《批点杜工部七言律》、《春秋公羊传》、《东坡志林》。所刻书大都是集部，次为经部，再次为史部、子部。印书最早为万历二十四年（1596年），最迟为崇祯十三年（1640年），集中于万历末至天启初，整个刻印活动大约是闵齐伋18－60岁左右。还有一些姓闵的人，大概是闵齐伋的兄弟子侄辈。他们所刻的书现存11种，其中朱墨二色套印10种，另一种是五色套印本——闵绳初刻的《文心雕龙》2卷。

2. 凌 氏

凌濛初（1580—1644），乌程（湖州）人。他编有《拍案惊奇》和《二刻拍案惊奇》两书，共80篇，开创了"拟话本"这种文体。他还编有《南音三籁》、《国门集》及《虬髯翁》、《红拂记》等传奇。他刻的套印书，与闵氏齐名。所刻书计26种：经部4种、史部1种、子部4种、集部17种，以集部为多。其中套印书可考者有23种，其中单色1种，朱墨套印21种，朱墨蓝三色1种。刻印的时间在万历、天启年间，以集部为多，传奇次之。

闵氏和凌氏所刻书的总数约一百三四十种，大都是套印本，最早的是万历七年（1579年）凌稚隆所刻的《史记纂》，最后的一种刻于天启年间。明代套印书大概就盛行在这段时间里，前后约数十年。

四、徽州黄氏刻工

雕版印刷术中最重要的技术工种是雕版。刻工们往往以地区同姓结合成族群。明代最著名的雕版族群是安徽歙县仇村的刻工，起初有黄、仇二姓，后来只剩下黄氏一姓，仇村改称虬村，又称虬川。

歙县是雕刻之乡，"以剞劂为业"，世代相传，子孙"皆能世其业"，雕刻的品种起初是作建筑装饰用的砖雕和木雕，后来分衍出书籍雕版一支。

黄氏的远祖中有做过大官的人物，唐朝末年，黄氏始祖迁入仇村，族谱上称为"一世祖"，他们聚族而居，到了明代，多以雕刻为业。明代有些书籍上，署了黄氏刻工的姓名,当时所以署名,是计算工资用的。

　　黄氏刻工除了在本地刻书外,到外地售艺的也不少。苏州、北京、杭州、扬州、金陵、湖州等重要出版城市,常不惜巨资延请聘用,在这些地方的出版物上,留下了他们的名字。吴兴闵氏、凌氏有些书的插图,也是聘请黄一彬等刻制的。郑振铎说:"万历中叶以来,徽派画家起而主宰艺坛,睥睨一切,而黄氏诸父子昆仲尤为白眉。时人有刻,其刻工往往求之新安黄氏。"①

　　黄氏刻工的人数,可考的在 400 名以上,技艺娴熟的上百名,其中 30 余人尤其高超,不单能刻字刻画,而且能绘制画稿。

　　黄氏刻工群在技艺上的成熟表现在三方面。(1)拥有一支庞大的有各种技艺特长的成员,能胜任各种复杂的刻印任务。(2)新手、老手人才辈出,技艺愈出愈精,形成梯队。(3)能够迅速组织起各种技艺搭配齐全的"匠班",向外地辐射。(4)能不断创造出新技艺。

　　在雕版技术方面,黄氏刻工的成就主要有两点。一是书版文字的雕刻,二是书版插图的雕刻。

　　黄氏刻工所刻的书,可考的有 241 种。最早的一种是明正统年间黄文显等补刻的《纂图互注荀子》,最后的一种是清道光黄华之刻的《黄山纪述》。其中明代所刻 213 种,清代所刻只有 28 种,前后赓续约 400 年,明清各 200 年,但入清后的作品很少。

　　在书版插图方面,黄氏刻工为东南地区书坊刻制了大量插图。当时一些小说和戏剧,都盛行插图,这些插图几乎都出于黄氏之手。如黄一楷为起凤馆刻《西厢记》和《南琵琶记》插图,黄一凤等为顾曲斋刻《牡丹亭》插图,黄一彬为凌濛初刻《西厢记五剧》插图,黄德修刻武林本《还魂记》插图,黄应光为容与堂刻李卓吾批评的《浣纱记》、《玉合记》、《红拂记》、《琵琶记》、《水浒传》插图。《金瓶梅词话》100 回本的插图也是黄氏绘刻的。此外的工艺技术、舆地图形类书,必须有插图起图解作用。黄氏为这些书绘制插图,简直无所不能,不仅品类繁多,而且精致活脱,如黄惟敬绘刻的《齐云山志》,黄瑚绘刻的《筹海图编》,黄兆文绘刻的《地图综要》,黄惟敬绘刻的《新制诸器图说》,黄德时绘刻的《考古图》和《宣和博古图录》,黄钟绘刻的《欣赏编》,黄应组绘刻的《坐隐先生精订棋谱》。书画等方面的书,对刻工有更高的要求,必须技艺上乘才能神韵毕现,这方面的书有黄德宠绘刻的《图绘宗彝》,黄文敬绘刻的《草字千字文》,黄一梧绘刻的《篆诀》,黄应乾绘刻的《古今印章》,黄于皋绘刻的《印范》。

　　黄氏刻工还能制作精致的商品广告,如:黄鏻绘刻《程氏墨苑》,黄德时绘刻《方氏墨谱》,黄德宠绘刻《方氏巾谱》。此外,还有娱乐纸牌《酣酣斋酒牌》,黄应绅刻;《水浒叶子》,黄君倩刻。

---

① 郑振铎:《中国版画史序》,载《西谛书话》,三联书店,1998 年。

第七节　明代与东西方国家的出版交流

明代出版事业与东西方国家的交流，呈现为两种不同的文化现象。

明代之初，郑和七次下西洋，给东南亚国家带去了一些图书。整个明朝期间，中国和东方周边国家有着频繁的出版交流。这些周边国家最初都使用汉字，被称为"汉字文化圈"。出版交流的方式和前代基本相似，即中国的书籍通过赠送和贸易传到日本、朝鲜、越南等国，影响了这些国家的政治、文化等各个方面。在汉字文化圈国家中，除了购买汉籍、翻刻汉籍外，还产生了诸如"翻案"等形式，深层次地吸纳、嫁接汉文化，互相渗透。印刷技术和印刷工人的交流，也十分频繁。

和西方国家的出版交流，主要是在中国本土上进行的一场有相当规模的翻译活动，代表人物是徐光启和利玛窦，参与的人共有数百个，出版的书有五六百种，宗教书和科技书大约各占一半。中外学者对这次译介活动评价很高，梁启超说这是中国历史上第二次伟大的译介活动（第一次是唐朝），其作用是使"中国的智识线和外国的智识线相接触"。英国人李约瑟则说，"从此，中国的科学和全世界汇成一体了"。这次译介活动主要是中国摄取西方文化，虽然也有少量中国典籍被介绍到西方，但为数不多。

一、郑和下西洋与出版传播

郑和当时所到的东南亚国家，其社会的文明程度和中国相比，有相当的差距。两种不同层次的文化状况，决定了中国和这些国家的出版交流，只能是浅层次的。郑和向他们展示的中国文化，主要是靠舰队和军队的气势、冠服和礼仪的高尚、物资的丰富、丝绸和瓷器的精湛工艺等，这些属于形象直观的东西。图书的赠予，也是重要的一个方面，但只能限于初级的文化层面上。见于记载的赠予图书，有《历书》和《列女传》两种。

郑和下西洋后，产生了一批记载海程的海图，以及记载这些国家风俗民情的异域志，为我国图书宝库增添了异彩。主要有《郑和航海图》、《西洋朝贡典录》、《星槎胜览》、《瀛涯胜览》、《西洋蕃国志》。

二、明代出版物在汉字文化圈的流播

在我国，自从有典籍以来，就和周边地区以及远方国家交流图书。从历史上看，只有宋朝曾经禁止书籍运向外国。

中国典籍向国外流播，以汉字文化圈国家为主。朝鲜、日本、越南这三个国家，属于汉字文化圈。大约公元前三、四世纪的时候，汉字先后传入这三个国家。最初，这三国都使用汉字，诵读汉籍。后来，他们在汉字的基础上创制了自己的文字。大约16世纪，汉字文化圈解体，但汉字依旧流通，汉籍依旧流播，在许多方面和汉文化认同。例

如在伦理上信奉四书五经的教义，实行科举制度，在文学上写作五七言诗等。因此，汉籍在这三个国家，流播依旧很广。

明朝时，和中国关系最密切的国家是朝鲜。汉籍输入朝鲜的渠道：一是政府赠予、使臣往来；二是贸易往来。据《明史·外国传》等书的记载，明朝皇帝赠给朝鲜的书有：洪武二年（1369年），"赐之《六经》、《四书》、《通鉴》"，又赐《春秋会通》、《大学衍义》；成祖十年（1403年）又赠给儒学经典；宣德八年（1433年），"赐《五经》、《四书》、《性理》、《通鉴纲目》诸书"；景泰五年（1454年），赠给朝鲜久所企盼的《宋史》。朝鲜的使臣住在会同馆里，可以和中国商人自由贸易，朝鲜使团的人员更喜欢自己上街购买。

安南（安南自1803年起改称越南）使用汉字，奉行明朝正朔。据记载，明洪武二年时，曾赐给《大统历》以及织金文绮纱罗等物。永乐十七年（1419年）明政府派监生唐义，向安南颁赐"五经"、"四书"、《性理大全》、《为善阴骘》、《孝顺事实》等书，而且一直颁送到府州县一级的儒学。事后，这些府州县还派人到中国向明政府表示谢意。在边境互市时，书籍也是重要的一宗。安南人用汉文写作的史书有《大越史记全书》（吴士连著）、《大南实录》（张登桂著）、《大南一统志》（高春育著）、《越史通鉴纲目》（潘清简著）等。这些书从史学思想到体例语言，都受中国的影响。

日本引进书籍的途径很多，主要有官方渠道和民间渠道两种。明朝的赠予是官方渠道之一，民间商贸图书交流更为可观。中国出版的图书，不要多久就会传到日本，引起研究的兴趣。明朝制订的《大明律》，是有明一代法治的基础。处于南北分裂的日本，十分注意邻邦中国的情况。日本周防大内大夫多多良义隆从中国私商手中得到了《大明律》，就派僧人随贡船到中国，"愿识中国礼法，奉命到国施行"。以后，研究《大明律》持续不断。李时珍的《本草纲目》在万历十八年（1590年）出版后，很快传到日本，引起重视。从日本宽文十二年（1672年）到宽政三年（1791年）有三种校正翻印本出版。

日本的图书出版还有两种特殊情况。一是日本人直接用汉文写作刊印的书，称为"汉籍"。二是完全照中国书翻刻的图书，这种书称为"和刻本"。明代的和刻本，经部有《古文尚书》、《毛诗郑笺》、《春秋经传集解》等；子部有《老子》、《庄子》的讲义；集部有韩柳文、李杜苏黄诗，还有《三体诗》、《联珠诗格》、《皇元风雅》、《古文真宝》、《诗人玉屑》、《翰林珠玉》等。通俗图书也被翻刻，如通俗历史书《人镜阳秋》，汪廷讷撰、汪耕图，一传一图，绘刻精工，日人翻刻，书名改为《劝惩故事》。

中日图书的交流，产生了一些很特殊的文化交融现象。一是"翻案"，就是采用外国作品的主旨、情节，换上本国的人名、地名、时代、名物。这是一种特殊的翻译方式，是仿作、嫁接、移植，把外国作品来一番入乡随俗、移花接木的改造。例如《剪灯新话》、《剪灯余话》被改编成《奇异怪谈集》（又名《奇异杂谈》）；"三言"被翻成三本小说集：《古今奇谈—英草子》、《古今奇谈—繁野话》、《古今奇谈—莠名册》；

《水浒传》被翻成数十种长篇小说,如《湘中八雄传》(北壶游著)、《本朝水浒传》(建部绫足著)、《坂东忠义传》(三木成为著)、《女水浒传》(伊丹椿园著)、《建久水浒传》(振鹭亭著)、《梁山一奇谈》(山东京传著)、《天明水浒传》(多岛散人著)、《天魔水浒传》(瓢瓢舍千成著);《金瓶梅》中的西门庆换成西门启十郎,潘金莲换成阿莲,时代换成室町时代。

一是"返传"。中国书籍传到国外,被妥善保存着,年长日久之后,中国本土已佚失,而在国外却保存完好,重新返还到中国,这便是所谓"返传",又称"逆向流播"。唐颜师古注的《汉书》,中国已没有,日本有二卷抄本。唐抄本《春秋经传集解》、《翰林学士诗集》、《翰苑》、《新撰类林抄》、《文馆词林》这几种书在中国都已不见,而日本京都藤井齐成会藏有。唐魏徵纂的《群书治要》50卷,中国久已失传,日本金泽文库藏有镰仓僧人的抄本,万历四十四年(1616年)德川家康用活字排印,重新传到中国。这些都是"返传"的实例。明代有一些很有价值的书,也是靠返传重新问世的。《剪灯新话》、《剪灯余话》两本明初的禁书,是清末时由董康返传回中国的。1930年,鲁迅写《中国小说史略》时,只看到"三言"中的两种,《喻世明言》这一种未能看到,因此语焉不详。一直到1946年时,才由王古鲁从日本拍了照片,返传回中国。日本各级图书馆中,藏有中国的地方志达4 000种之多,其中40多种在中国本土已不存,靠"返传"使中国重新见到了这些书。

三、西学书籍的翻译出版

在我国历史上,有过两次规模巨大、影响深远的翻译活动。一次在唐朝,一次在明朝。两次都和宗教活动有直接联系,都有中外学者密切合作,都引进了大量外国图书,对我国和世界文化产生了融通作用。二者也有相异之处,明朝译介的图书中有很多自然科学著述,代表当时世界的先进水平。

1. 西学书籍翻译出版概况

明代的中西文化交流,以意大利教士利玛窦(Matteo Ricci, 1552—1610)和中国学者徐光启(1562—1633)为代表。此外到中国来传教并从事著译活动较著名者还有意大利人熊三拔(1606年)、龙华民(1597年)、艾儒略(1613年),西班牙人庞迪我(1599年),瑞士人邓玉函(1621年),德国人汤若望(1620年),法国人金尼阁(1610年)等;与徐光启差不多同时入天主教并从事著述活动者,还有瞿太素、冯应京、李天经、张焘、孙元化、王徵、韩霖、段衮、金声、瞿式耜等。

这次利玛窦和徐光启为代表的中西文化科学交流活动从万历初期(约1580年前后)一直延续到明朝灭亡还没有停止,在明代计活动60年左右。

这个有相当规模的中西文化交流,造成了两个显著的结果,一是天主教从此在中国传开,二是出版了大量传播天主教教义的宗教书和介绍科学技术的书。据1667年毕嘉

(Gabani)神父在广州狱中写的报告称,从1561年到1664年(即明万历九年到清康熙三年),耶稣会士共印天主教书籍131种,算书100种,学术、伦理、物理书55种,另有中国教徒所刊教义书14种,合计300种。

这一时期著译中最早出版的一本是罗明坚的《天主实录》,用中文写成,又名《圣教实录》,这是欧洲人最早用华语写成的传教书。由利玛窦和肇庆文人修订,万历十一年(1583年)完成,次年在肇庆印出1 000部送人。这批图书中影响最大的是李之藻编印的丛书《天学初函》,崇祯元年(1628年)出版。这是一部天主教义和科学技术的综合性丛书,共52卷,教义8种,各科学术20种。这20种科学书是:《西学凡》(艾儒略撰)、《天主实义》(利玛窦撰)、《辩学遗牍》(利玛窦撰)、《畸人十篇》(利玛窦撰)、《交友论》(利玛窦撰)、《二十五言》(利玛窦撰)、《七克》(庞迪我撰)、《灵言蠡勺》(毕方济撰)、《职方外纪》(艾儒略撰)、《泰西水法》(熊三拔撰)、《简平仪说》(熊三拔撰)、《浑盖通宪图说》(利玛窦撰)、《同文算指通篇》(利玛窦撰)、《几何原本》(利玛窦、徐光启译撰)、《圜容较义》(利玛窦撰)、《表度说》(熊三拔撰)、《测量法义》(利玛窦撰)、《天问略》(阳玛诺撰)、《勾股义》(利玛窦撰)、《测量异同》(徐光启撰)。

这些图书的编译方式多种多样。最

徐光启和利玛窦

典型的一种方式是西人原著,外国传教士口述,中国学者弄明白后斟酌成文。例如《几何原本》,题"利玛窦口译,徐光启笔授"。有些是来华教士直接用中文写作的,如利玛窦的《交友论》;也有的是中国学者编译西人的著作,加进自己的领会、发挥、模仿、引伸,如王徵和孙元化、金尼阁、邓玉函一起编译了《新制诸器图论》,后来又加进他创造的24种"奇器",成《额辣济亚牖造诸器图说》,以后又增加24种,成《忠统日略》;还有一些著作则将中西方法进行比较,例如徐光启比较中西测量方法后,撰写了《测量异同》一书。从以上诸多方式,可以清楚地看出中西学术交融的深度。

西方来华教士们十分注意中国的印刷术,充分运用成熟的雕版技术印行书籍。利玛窦认为:"中国使用印刷术的日期,比人们规定的欧洲印刷术开始的日期,即大约1405年,要略早一些。可以十分肯定,中国人至少在五个世纪以前就懂得印刷术了。"又说:"他们印书的方法十分巧妙。……(关于雕版的具体过程略)熟练的印刷工人可以以惊人的速度印出复本,一天可以印出一千五百份之多。……"①

2.《几何原本》与其他科技书

中西合作著译活动的代表作是利玛窦和徐光启合作译述的《几何原本》。翻译这本书很困难,利玛窦和徐光启合作翻译的具体操作方法是先由利玛窦逐章、逐节、逐句口头讲述,徐光启弄明白之后再写下来,加以整理。当时徐光启在翰林院任庶吉士,他每天做完"馆课"之后,下午和晚上都扑在这项工作上。翻译时,徐光启创造了一套名词术语,既切合原意,又便于中国人理解。学科的名称便是徐光启创意的。他在"原本"(原书名)前加上"几何"两字,后世便一直沿用"几何学"的名称。书中的一些基本概念也是徐光启拟定的,如点、线、面、平面、曲线、钝角、锐角、三边形、四边形、多边形、平行线等。这些术语现在还在沿用,说明徐光启翻译时推敲的精审。

《几何原本》影响深远,明清以来大批数学家和天文学家都受到它的影响,还编写了不少简本、改编本。《几何原本》的深远意义远远超过了数学本身,它所采取的实证方法在各学科中广泛应用。徐光启预言:"百年之后,必人人习之。"梁启超称赞这本书"字字精金美玉,为千古不朽之作"。

继《几何原本》之后,徐光启等译著的数学书还有:《同文算指》、《圜容较义》、《测量法义》、《测量异同》、《乾坤体义》、《勾股义》、《几何体论》、《泰西算要》、《几何用法》、《大测》、《割圆八线表》、《测量全义》。

明后期的西书翻译,科技书自然是其专项,主要有火炮技术、机械制造、水利工程、地学、医学等。

火炮技术有:赵士桢从外国书籍中编译成的《神器谱》,徐光启门人孙元化编著的《西洋神机》,李之藻门人张焘、孙学诗合著的《西洋火攻图说》一书,其中以汤若望口述的《火攻挈要》(又名《则克录》)最为详尽。

机械制造有:"邓玉函口授,王徵笔述"的《远西奇器图说》,王徵编写的《新制诸器图说》、《额辣济亚牖造诸器图说》("额辣济亚"是拉丁语"天主圣宠"的意思)、《忠统日录》、《两理略》等。

水利工程学有:熊三拔向徐光启传授的《泰西水法》,这是第一部介绍介绍西方农田水利的专著,徐光启将其编入《农政全书》的水利部分。

地理学和地图有:利玛窦的《山海舆地图》,这是在中国出版的第一份用西法绘制

---

① 〔意〕利玛窦、〔意〕金尼阁著,何高济等译:《利玛窦中国札记》,第四章,中华书局,1983年。

的世界地图。利玛窦之后,耶稣会教士继续绘制世界地图,艾儒略刻印《万国全图》,华方济、南怀仁、蒋友仁都刻印过《坤舆全图》。中国的官员和文人对利氏地图感到新奇,采取摹绘、翻刻、简缩、转载等方式传播。先后有:王泮刻本、郭子章的《山海舆地全图》缩印本,冯应京的《东西两半球图》,李之藻的《坤舆万国全图》。据载,从万历十二年至三十六年,《万国舆图》各地共翻刻33次。地图高四尺六寸,阔一丈零六寸。这些地图的四周,大都印着船只、禽兽、五洲风物、天文地理知识、测绘仪器等。

医学。西洋医学传入中国,以理论为先导,这些理论大都是在宣传宗教的图书中附带提及。最早的一部医学专著是邓玉函的《泰西人身说概》,题"邓玉函撰,毕拱辰译",是一部医用人体解剖图说。另外,罗雅谷也著有一本《人身图说》。熊三拔著有《药露说》一卷,这本书附在上述《泰西人身说概》的后面,1935年才被发现。这是最早介绍西药制造技术的书,介绍了用蒸馏法制药的方法。

3. 人文社科译著

在科技书译著之外,人文社科译著也卓有成绩,主要体现在以下学科领域。

伦理学。如利玛窦的《交友论》,汇集中西哲人有关友谊的言论,具有人文主义的思想,引起了中国知识分子的注意。另一本是西班牙人庞迪我著的《七克》,内容是克服七种罪恶——伏傲、解贪、防淫、熄贪、塞饕、平妒、策怠的诱惑,把天主教义和儒家道德观结合起来,既是宗教宣传,又是伦理阐发。明清间重印7次,1931年还在上海出版白话本。

教育方面的书有《西学凡》一书,艾儒略著,天启三年(1623年)出版,题"杨廷筠序,许胥臣引"。介绍西欧大学的各科教学大纲,包括六门学科:文科、理科、医科、法科、教科、道科。作序的杨廷筠是"南畿学政",即南京方面最高学府的长官,这本书对他定会有许多启发。

语言文字学。适应中西方文化的交流和人际来往需要,产生了一批中外文词书。如西班牙人奥斯汀、地理学家拉达根据泉州方言(闽南话的一种),用西班牙文编著的《华语韵编》;郭居静和利玛窦合编的《西文拼音华语字典》,按拉丁字母和中文读音编排;利玛窦又和罗明坚合编的《葡华字典》,中文题为《平常问答词意》。影响最大的字典是法国传教士金尼阁编著的《西儒耳目资》,该书上册"译引谱",按音韵排华字;中册"音韵谱";下册"旁正谱",按字旁排列华字和拉丁拼音。"耳以听字之韵,目以视字之拼合",故称"耳目资"。这本书解决了中西在语言文字上的阻隔,成为中西文化沟通的钥匙。金尼阁也是第一个把《伊索寓言》译成中文的人,他从修辞"比况"的角度着眼,书名称为《况义》。

逻辑学。如葡萄牙籍教士傅泛际诠释古希腊亚里士多德的《名理探》,费时五年。题"傅泛际译义,李之藻达词",共两编,十卷,译笔简洁明白。上编五公论、十论理,下编讲三段论。李之藻去世后,傅泛际想独立完成后面的20卷,但没有完成。到了清朝,由比利时教士南怀仁补译完成,康熙二十二年(1683年)进呈给康熙皇帝,书名改为《穷理论》。傅泛际和李之藻合译的还有亚里士多德的《论天》四卷,题《寰有诠》。

绘画和音乐。西洋绘画最初传入中国的是宗教图。利玛窦呈给神宗皇帝的贡物中,有天主像和圣母像。利玛窦还曾赠给程大位(新安人,著《算法统宗》四卷)三幅宗教图,程大位把它刻印到《程氏墨苑》中(卷六下)。此外如罗如望著《天主圣像图说》,其中图像是据比利时雕版画翻刻的;毕方济著《画答》一卷本;艾儒略著《出像经解》,又名《天主降生言行纪略》,有图57幅,书名的"出像"两字,显然是受了中国通俗小说"出像小说"流行的影响。利玛窦曾呈给神宗一张西琴,并撰《西琴曲意》(一作《西琴八意》),阐述乐理。该书附在《畸人十篇》后面。

第八节 明代出版物的装帧与印制

明代的图书雕版工艺达到了十分娴熟的程度,特别值得重视的是两项工艺的定型化:一是图书的字体定型为宋体字,二是装订方式定型为方册装。这两项成功的改革使雕版图书的工艺规范化、近世化。

一、"宋体字"成为图书字体的主流

我国古代雕版图书的字体,北宋质朴,南宋挺秀,大都仿欧阳询、颜真卿、柳公权的字体,结构方正匀称,称为"宋体"。到了元朝,又多了一种体形圆润的赵孟頫字体,称为"元体"。

明朝初期刻书的字体,基本上和前代相同,并无多大变化。明后期,在文学复古运动风气中,版刻字体也受到影响,追求宋代的风格,并在这个基础上更前进一步,成为横细直粗、字形方正的"宋体字"。这个变化,在嘉靖时已经初步形成,不论是笔势还是间架、结体都十分明显;到隆庆时,更显出了变化;到了明末,这种变化已成定型,不可逆转。

"宋体字"的定型化,在出版事业上具有里程碑的意义。它具有规范化的品质,便于学习,便于书写,便于运刀,使雕版书书写、上版不再需要精于书法的人,一般工匠都能胜任;后来铅活字的铸字,也成为可能。所以,从16世纪以来直到现在,一直成为我国印刷业不可替代的主流。

二、活字印刷的进步

我国的活字印刷术从宋朝开始,即毕昇所发明的泥活字。元朝王祯所著《农书》附录的《造活字印书法》记载其所用活字有"烧熟瓦字"(泥活字)和木活字两种。

到了明代，活字印刷有了一定规模的发展。据考证，明代的活字图书大约有 200 种左右，其中木活字约 100 多种，金属活字约六七十种，泥活字尚无确证。活字印刷集中在南直隶省的无锡、常州、苏州等地，并辐射影响到其他地方。

明代活字有泥、木、金三种材质。用泥作材料的有泥活字、瓷活字，用木作材料的有枣、梨、黄杨等，用金属作材料的有铜活字、铅活字、锡活字。王祯《农书》书末所附《造活字印书法》，详细记载了木活字的制字、印刷的大致过程。

木活字因为木材容易得到，制作的工艺又接近雕版，因此明代尝试木活字的人较多。例如南京监生胡昱制成一副木活字，印了《庄子鬳斋口义》；万历时，南京李登家有一套"合字"，用来印自著《冶城真寓存稿》8 卷；嘉定徐兆稷向别人借来一套木活字，为其父徐学谟印了 100 部《世庙识余录》26 卷。谱牒中相同的字极多，用木活字印谱牒最相宜。到了明末，还用木活字印政府的"邸报"。

文献中提到的金属活字有锡活字、铅活字、铜活字三种。其中锡、铅两种推行不广，又没有实物传世，只有少量文献记载。明代的铜活字书，最著名的是福建游氏、饶氏摆印的《太平御览》。

三、版式略有变化

版式指正文在版面上安排的形式，包括字距和行距的安排、界行、边栏、书口、书名页、插图的位置和大小等。我国图书的版式，在两宋时已经定型，以后并无多大变化。明代图书的版式，略有变化的是以下几方面。

版框的四周边栏，有的用双边，有的用单边。有些出版物的四周边栏，刻上了竹节、回文等连续图案，如金陵富春堂在万历间刻的《白袍记》、《虎符记》等，这类书被称为"花边"，具有时代（明末）和地区（金陵）的特色。

明代图书还有所谓"二节版"和"三节版"。二节版是把版面横分为上下两部分，上面刻图，下面刻文字，或相反。也有少数的上下都刻文字。个别书有很特别的做法，例如崇祯雄飞馆刊《精镌合刻三国水浒全传》。上半部刻《三国》，下半部刻《水浒》，因为《水浒》字多，被删掉了一些。上下栏之间，没有什么联系。两种书印在一起，实在没有任何意义。因此，这种做法未能推广。三节版是把版面横分为上中下三个部分，三部分的内容有的是有机联系的，上面刻注释，中间刻图，下面刻正文。如建阳余氏刊的《全像忠义水浒志传评林》、《全像列国志传》都是这样安排的。有的三部分是不同的内容，例如《新调万曲长春》一书，上下栏是曲文，中栏是"汇选江湖方语"。

明代不少书有书名页，相当今天的封面。书名在正中，占一行或二行。上下左右四周，可能署有关文字。

明代图书中的插图，在版面安排上趋于多样化，或整页，或半页，或双幅合页，或只是一小块图，四面包围文字。

四、插图广泛使用

图画的刻印是和文字的刻印同时产生的。到了明代，随着版刻事业的发展，图书的插图也大为盛行。特别是晚明，出现了"中国历史上版画艺术的黄金时代"（傅惜华语）。明代图书的插图极为普遍，成为各类图书的有机组成部分，数量十分可观。以金陵富春堂所刻的传奇来看，这家书坊共刻传奇10套，即100种，每种传奇上都有插图，多的三四十张，甚至上百张，最少的也有三四张。以平均每种10张计，合计有千幅。再如《古本戏曲丛刊》的1—3集，其中明刻本212种，共有插图3 800幅。一些图书的插图，动辄数十百幅：《新刊大字魁本全相参订奇妙注释西厢记》150幅，《农书》281幅，《人镜阳秋》、《闺范图说》都有数百幅，《三宝太监西洋记》100幅，《新镌海内奇观》130幅，《李卓吾先生批评忠义水浒传》200幅，茅元仪辑《武备志》图740幅，王鸣鹤撰《登坛必究》图560幅，郑若曾《筹海图编》地图114幅。

明代图书插图在书中所占的篇幅，大致有两种情况。一种情况是所占篇幅在一面以内的：（1）插图只占极小的一块，包围在文字之中；（2）篇幅占三分之一，在三节版中占一节；（3）篇幅占二分之一，在二节版中上图下文或上文下图，左右分的则左图右文或左文右图；（4）占整幅版面，图的四周仍保留框线和书口。另一种情况是所占篇幅超出一面的：（1）双幅合页，两面合成一幅图，使画面增加一倍，明代后期才看到有这种形式；（2）连续若干幅，有些山水画采取这种形式，实际上是把长卷分段，画面相衔接；（3）连环画，一幅幅图画情节相连，但画面不相衔接。

明代图书的插图，大致可以分为三个时期，每个时期有其特色。明代初期，配有插图的书不太多，图的篇幅尚没有超过一面的，人物和背景都比较简单，线条粗犷古朴，有名的画家还没有参加到版刻事业中来。明代中期，有插图的图书大大增加，一些有名的画家参加进来，专门从事绘画，画幅增大，出现了双面合页的形式；版画作风多样，工致细密的徽派版画大为风行，形成时代特色。明代后期，图书插图的应用更广，在小说和戏剧方面更是无书不有；工细雅丽的作风进一步发展，其他作风的插图也有发展；除了双幅合页以外，又出现了多页连续和连环画的形式；以图为主的画册大量问世，如图录、画传、画谱、图像、诗配画等。

明代中后期，著名画家参加进来，使插图的质量大大提高。如唐寅画《西厢记》，仇英画《列女传》，陈洪绶画《离骚》、《水浒》，郑千里等画《名山图》，顾正谊画《百美图咏》，汪耕画《北西厢》，陈询画《小瀛洲社会图》，刘素明等画《玉簪记》，陆武清画《燕子笺》，程起龙画《孔圣家语》，丁云鹏画《观音变》、《墨苑》等。杭州刻的《玄雪谱》（曲选）有画家26人作画，著名的仇英、沈周、唐寅都在内。

明代插图按地区分，有几大派别：金陵派、杭州派、苏州派、建阳派、新安派（即徽派）。各地区风格的差别，除了表现在构图上以外，也表现在所用的刀法上。但由于刻工的"走穴"，风格逐渐趋同，而以徽派执牛耳。徽州的版画大量为小说、戏剧服务，而且遍及其他各种图书，数量日多，技艺日精。晚明时期徽州版画的精品很多，最著名的戏剧方面有：汪光华玩虎轩的《北西厢》、《琵琶记》、《红拂记》，观化轩和青藜馆合刻的《玉簪记》，浣月轩的《蓝桥玉杵记》，黄应道刻的《梦境记》，黄伯符刻的《大雅堂杂剧》、《四声猿》，吴左千的《古本荆钗记》；科技方面有黟县鲍山刊的《野菜博录》，休宁程冲斗的《耕余剩技》，汪应斗刊的《新制诸器图说》；历史故事、释道方面有《养正图解》、《状元图考》、《闺范》、《列仙全传》、《观音三十二大悲心忏》、《性命双修万神圭旨》；还有不少民间酒牌。

五、装订固定为线装方册

装订的基本要求是：牢固不散，操作简易，翻阅方便。这三个基本要求是互相矛盾的，所以最佳方式的获得，竟费了数百年的追求。

自从纸张成为印书材料后，中国的图书装订方式依次经历了几个阶段：经折装、梵夹装、蝴蝶装、包背装、线装等。明初时，主要是蝴蝶装和包背装两种，佛经则还保持梵夹装的方式。蝴蝶装有两个明显的不合理处：一是因为书页有文字的一面对折，阅读翻页时，两面有文字，接着两面没有文字，不大方便；二是对折后在书脊部分用浆糊，着浆的部位不多，一旦失散，书页便会脱落。梵夹装也有类似毛病，古代笔记常有讲经时书夹散落、书页错乱的记载。改用线穿订后，书页无文字的一面向内对折，解决了第一个不合理问题。同时，叠起来的书页要用纸捻订固定，称为"草订"；加上封面后再用线穿订（即线装，又称"缝缋"），这实际上是"二次固定"，即使外面的线断烂了，还有里面的纸捻订，根本上解决了散叶问题。这种书称为"线装方册"。

由于线装的优越性，所以明后期的佛经《径山藏》舍弃了梵夹装的传统形式，不理睬"梵夹尊重，方册轻亵"之说，也采用了线装方册的装订。这在装订方式上，是一次重大的改革。线装的优越性是十分明显的，7 000卷的梵夹装，用线装只要1 200册，省料在一半以上。我国古籍的装订方式，终于最后固定了下来。从明代到清末，一直采用，这在我国古代印刷史上，是一次重大的进步。

第九节　明代图书的经营、流通和收藏

古代图书的流通形式，一部分采取颁发的方法，一部分采取商品销售的方式。到了明朝，特别是到了明代后期，商人、市民大量增加，图书读者面扩大，图书进入商品流通的部分大大增加，渠道纵横密布，产生了聚书地、书市、坐商、异地设店等多种流通方式。陆地上有骡马车辆，水路有专事贩书的书船，还有一批特种书商出入藏书家门户，专事访求异书善本。

图书市场的形成和成熟引发了激烈的商业竞争。竞争的积极效应是推动作者和书坊编刊新的图书品类，改进印刷技术和发行方式；竞争的消极效应是出现了以牟利为务的

书商,他们印制的作伪低劣的图书泛滥书坛。版权意识在这时萌生成熟,"翻刻千里必究"成为书坊的行业习语。

出版事业中,藏书有特殊的作用。编书往往以丰富的藏书为前提,藏书是出版的准备和基础;而出版的图书又要靠藏书家来收藏保存。所以,藏书既是出版事业的开端,又是出版成果的归宿。明代有大量藏书家、藏书楼,成为出版繁荣发达的见证。

一、明代读者群和图书市场

一个时期出版事业的规模,除了文化本身的需要之外,同时也是由生产力水平和图书市场大小决定的。

首先来看明朝有多少读书的人。这里述及的是读者数量最多的以及有特色的几类。还有一些常规的情况,如僧道和宗教书、医生和医药书、官吏和刑政法令书等。

1. 儿童与蒙学读本

出版事业中最大的读者群是蒙童,销售最多的读物是蒙学读本。明代有多少学童,未见记载。从人口统计的基本数字来推算:人口总数中一般有15%是学龄儿童,那么,明代的学龄儿童约为八九百万人。明朝的政府或民间,都没有拟订"教学大纲"。一般说,学习的第一步是识字,第二步是读"四书"以及其他部分经书和习字、作对、作诗文,进而再读应举文字。

元朝初年,程瑞礼撰《读书分年日程》3卷,拟订了学童逐年读书的次序。元政府把这份"日程"颁行郡邑校官,作为模范,明代也将其奉为圭臬,清代的陆陇其竭力推崇这份"日程",刊刻流传。元明清三代的初等教育,实际上和这个"日程"是一致的。这份"日程"规定的教学科目和用书计划是:

8岁以前:读《三字经》、《百家姓》、《千字文》、《千家诗》,目的是识字。或以《性理字训》代《千字文》,又以《童子须知》贴在壁上,每天记说一段。

8—15岁:先读《小学》,次读《大学》、《论语》、《孟子》、《中庸》、《孝经刊误》。

15岁以后:读《论语集注》、《孟子集注》、《中庸章句或问》、《论语或问》、《孟子或问》,次读《易经》、《尚书》、《诗经》、《仪礼》、《礼记》、《周礼》、《春秋经》(并"三传")。读完"五经"后,每五天之内,用三日读史,二日温习"四书"、"五经"。读史的次序是先《通鉴》,参看《纲目》;次《史记》、《汉书》、《唐书》、《唐鉴》;再次读"韩文"和"楚辞"。

20岁左右,温习上述书籍,并用两三年时间专门学做文章。

这份计划所学的内容,便是童蒙类图书销售的品种。

明代刊印这种童蒙书的出版机构极多,其中印得最多的当是"三、百、千"之类,还有与此相辅的书,如《日记故事》(有郑世豪刊本、建安刘氏刊本等多种)、《五官训解故事》（西清堂刊本）、《类纂皇明新故事》（刘友田刊本）、《古今幼学联珠统宗故事》（金陵王氏刊本）等。

2. 士人和科举图书

明代教育事业比较发达，中央在京师和南直均设立有国子监即太学，是大学性质。学生最多时有数千人，永乐二十年（1422年）达9 900多人，后来虽逐渐减少，也还有上千人。中央所设还有武学、医学、阴阳学，都是专科学校性质；还有一种宗学，专收宗室子弟，则是贵族学校性质。

地方设立的学校有府、州、县所设的府学、州学、县学，统称"儒学"。全国共有140个府、193个州、1 138个县，则地方学校约有1 500所。各个卫也设立学校，大都是两三个卫或三四个卫合起来办一所学校。全国有493个卫，则卫所设的学校约有近二百所。明初，曾确定生员的数目"在京府学六十人，在外府学四十人，州、县以次减十"。教员加上弟子，这一大群人是科举图书的重要购买者。

以上各类学校初年级所用的图书，与上一小节所说相同，到了高年级或专科学校，则要增加不同的图书。例如国子监要学刘向的《说苑》和律令、书、数等；宗学要学《皇明祖训》、《孝顺事实》、《为善阴骘》等；武学要学《百将传》等。

明代实行科举制度，270多年时间一直是"三年大比"，科举考试科目规定的图书，当然成为有明一代常印不衰、有很大市场的图书品种。科举中所作的文章，也就成为出版的畅销书。

士人群所需的图书有以下各类：（1）各种考试规定科目的图书，如《四书大全》、《五经大全》等，以及对这些五经四书的阐释。（2）各级考试的优秀答卷汇编，以及答卷的评点和揣摩猜测。这类图书出得很多很快。（3）每次考试过后，出版《登科录》和《会试录》等。

3. 市民和通俗读物

市民是城市生活的主体，他们是宋明以来出版业面临的新的读者群。为这批读者出版的图书，大致有以下这些：

（1）政府法令：如《昭代王章》（内有《大诰三编》等）、《仕民悬镜》（政策法令和契约格式）。

（2）经商用书：如《士商必要》、《商程一览》、《水陆路程宝货辨疑》、《五刻徽郡释义经书士民便用通考杂字》。

（3）文史科技常识：如《史学提要》、《古今舆图指掌》、《鲁班经》。

（4）日常生活用书：如《万事不求人》、《万宝全书》。

（5）小说戏曲杂唱：如《清平山堂话本》、"三言"、"二拍"、《西湖二集》。

（6）卜筮、情色图书。

二、图书的流通渠道和聚书地

图书到达读者手里，有两条主要渠道。一条是非商品的渠道，直接由主印者分发给读者。例如国子监印的经史典籍发给各级儒学，经厂印的佛藏、道藏发给寺院，内府印的政令、法典发给各级政府和藩王，钦天监印的历书发给地方政府和奉行明历的周边国家，邸报发给有关部门等。这些书没有定价，不经过图书市场，不具备商品的性质。另一类是作为商品流通的，经过图书市场，有定价，用货币作为交换手段，到达购书者手中。本节讨论的是后一种情况。

1. 书店、书市

图书流通最基本的形式是开设书店，当时称书坊、书林、书铺。起初，刻书和卖书是结合在一起的，刻印者兼营销售，刻书集中之处也就是书店集中的地方，店主即刻书者。例如福建建阳的麻沙、崇化两地，既是刻书集中之地，又开设着数百家书店。明末福建长汀的四堡乡有书店100家以上，直隶武强地区开设刻书兼销售的作坊140家。

在这种刻印和销售兼营的集中地，甚至有买卖图书的定期集市贸易。福建建阳"书市在崇化里，比屋皆鬻书籍。天下客商贩者如织，每月以一六日集"①。这种书市沿袭数十百年不衰。康熙年间还有这样的记载："是日，里人并诸商会聚，各以货物交易，至晡乃散，俗谓之墟，而惟书坊书籍比屋为之，天下书商皆集。"②

2. 聚书地

除了上面所介绍的刻书地和销售地结合在一起的形式之外，还有互相分离的形式，那便是城市中出现的"聚书地"。古代经济发展过程中，常有各种商品的集散地，如米粮集散地、木材集散地、药材集散地等。集散地并不一定是产地，以便于集中和分散为形成的条件。聚书地在明朝开始出现并趋向成熟，这是出版产业内部分工细致的标志。聚书地往往在大城市中。胡应麟在《少室山房笔丛》卷四《经籍会通》中详细地记载了北京、南京、苏州、杭州四个地方的情形。

聚书地形成的条件大致有：一是交通方便，"四达衢也"；而是地处名胜，"游人渐众也"；三是靠近刻书地，"其地梓也"；四是靠近文化中心，如贡院、太学、佛寺。还可以看到，书商的经营是十分勤奋灵活的，可以归纳如下：

①大城市中有书店的集中地"聚书地"。有些城市的聚书地不止一处，如杭州就有镇海楼等四处。

②书店常采用流动设摊的办法出售图书，流动的办法因时令节日而定，或因地点对象而异。

---

① [明] 冯继科：[嘉靖]《建阳县志》卷三。
② [清] 柳正芳：[康熙]《建阳县志》卷三。

③科举会试是图书销售的黄金时刻，书店不再用流动设摊的办法，而是采用租赁房子开设临时书店的方式售书，时间约一个月。

④小巷冷摊中可以买到"奇书秘简"，这是后来"访书"的滥觞。

3. 远途贩运、异地设店

远途贩运图书原因有二：一是图书成本有地区差价；二是品种需要调剂。《少室山房笔丛》记载，当时北京图书价格最贵，北京买一本书，在苏州可以买到两本，这是运费贵的原因；而品种也以苏州、南京为多，大部头的书大都是这两地刻印的。全国各地图书市场的书源，十分之七来自苏州、南京，十分之三来自福建，北京、杭州两地则排不上队。

当时图书贩运的工具和路线，可见的资料很少。据福建省《长汀县志》记载，长汀县的四堡乡以书籍为生，刻印发一条龙。该地以通俗启蒙图书为主，印好的书由当地经销，"城市有店，乡以肩担"。以售书为业的有"百家以上"，四堡销售图书"足迹几遍天下"，福建、广东、广西、江西几省几乎由四堡包揽，形成了一个庞大的家族书籍推销网，经营达数百年之久。他们向远地销售图书，有习惯的陆路路线和水路路线。

在明代，一些大的刻印机构往往在外地设立销售处。这是徽州商人的拿手好戏。徽州书林在南京开设的有汪云鹏的玩虎轩、郑思鸣的奎璧斋、汪廷讷的环翠堂、胡正言的十竹斋等。胡文焕在杭州刻书用文会堂名义，在南京刻书则另取别的名称，在常州也开设销售处。福建建阳的慎独斋在北京也有营业处。

三、明代出版物的版本记录

1. 出版物上的牌记

版本记录是出版管理中最基本的记载。现代出版物的版本记录集中在版权页上，记录的项目由国家规定。在古代，虽然政府对此没有什么规定，但出版者自己大都有所记载，记录的位置和内容则并无定规。从宋朝开始，采取"牌记"的方式。大多数牌记用墨围成一个长方形。有些牌记还加上美化，如上覆莲叶、下托莲花，或画上一个小孩，或三个老人等。有些书不用牌记，而把有关版本的记载放在别的地方。例如在全书的最末一行记载，在序跋中记载，在凡例中记载，在扉页的正面或背面记载，在书口上记载等。要知道一本书的版本记载，必须把这几方面的材料汇总起来作综合的考虑。

明代图书的版本记录，用得最多的形式是"牌记"，基本内容则是表述这本书的出版年月以及出版者的姓名。有些书的牌记也说明该书是根据什么本子刻印的，版片藏在什么地方。如《新刻全像音注征播奏捷传通俗演义》牌记是"万历癸卯秋佳丽书林谨按原本重镌"，说明此书有所本。又如《豫章罗先生文集》，明嘉靖三十三年（1554年）沙县谢鸾刊，序后面有识语："刻板八十三片，上下二帙，一百四十一叶，绣梓工资二十四两。"

明代后期，常有版权转移的事情发生。简单的方式是甲方把版片卖给乙方，乙方则把原版上的牌记剜改成自己的堂斋名或坊肆名。如《吴越春秋音注》一书，最初是冯念祖刊本，目录后有牌记云："万历丙戌之秋武林冯念祖重梓于卧龙山房"；后来版片转给杨尔曾，杨将牌记剜改成"万历辛丑之秋杨尔曾重梓于卧龙山房"，继续发行。

2. 图书宣传及其他

有些出版商在牌记上或在其他地方，向读者交代出版的意图。如《古今小说》（即《喻世明言》）明天许斋刊本，前有天许斋题辞："小说如《三国志》、《水浒传》称巨观矣。其有一人一事，足资谈笑者，犹杂剧之于传奇，不可偏废也。本斋购得古今名人演义一百二十种，先以三之一为初刻。天许斋藏版。"这个题辞说明了出版者天许斋主人对小说的评价和出版的打算。

书林出版的图书，常在扉页上刻广告。如《新镌缪当时先生四书九鼎》13卷，缪昌期撰，明末长庚馆刻本。扉页上刊："四书九鼎：金鎞在手，开万古迷蒙；宝筏横川，济四来跋涉。一言定鼎，片字明心。□□重赀聘梓，以广流通，诚明宋之合璧也。惟智眼识之。"

四、图书的收藏

藏书家和出版事业有着密切的关系，在出版事业中，藏书起着"一头一尾"（编著撰述与汇总保存）的重要作用。

1. 明代藏书家的贡献

明代的藏书家集中在东南地区，最多的10个市县是：苏州268人、杭州198人、常熟146人、湖州94人、绍兴93人、宁波88人、福州77人、嘉兴75人、海宁67人、南京60人。

明代藏书家有800多人。据明末人姜绍书《韵石斋笔谈》卷上"名贤著述"条的记述，明代最著名的藏书家有50多人。这些藏书家各有特点。胡应麟认为藏书家有好事家、常鉴家两种；清人洪亮吉《北江诗话》卷三则把藏书家分为五种，即考订家、校雠家、收藏家、赏鉴家、掠贩家。利用所藏的书出版行世，是他们共同的旨趣之一。

藏书家对出版事业的贡献主要有：

（1）保存稿本，抄缮写本

原稿的价值是人所共知的。有些书由于各种原因，长期以原稿保存，未能刊刻。如顾炎武的《天下郡国利病书》原稿保存百年多才刊行，谈迁的《国榷》原稿保存300多年，一直到新中国成立后才出版。

抄书也是一种保存传播的手段。抄本保存了近于绝灭的出版资源，还可以纠正通行本的缺失。《书林清话》"明以来之抄本"一节中列出明代著名抄书家23人，吴晗的

《江浙藏书家史略》著录明代"抄书的藏书家"114人。姑苏的丛书堂吴氏和宁波的天一阁,在所藏的图书中,抄本和刊本大约各占一半。

在私家藏书家之间,存在着所谓的"传书网"。一种是纵向的传书,子承父业,有的三五代相传不衰,常熟的张海鹏家甚至传了21代之久。还有一种是师生、朋友、亲戚之间的横向传书,互相探讨、借抄,结成一个网络。这种传书网是古老的"网络组织",其结果是使一些书改变了孤本单传的险境。

(2) 编制书目、撰写校勘记和题跋

藏书家收藏既丰,便很自然会想到要编一份目录,或者写上品评的识语、题跋,这种书目和题跋都是重要的文献资料。明代的藏书楼,除浙江天一阁以外,现在都已不存,正是靠这种书目题跋记载了一代文献。

题跋识语实际上是内容提要、图书简介之类的短评。明代重要的藏书题跋有毛晋的《隐湖题跋》、都穆的《南濠居士文跋》、徐𤊹的《红雨楼题跋》等。这些题跋是出版者刊刻图书的重要导引。

藏书家收藏的某一种图书如果有多种版本,便可以相互比勘,发现问题,改正错漏,写出校记,出版新的校勘本。苏州黄氏三兄弟(黄省曾、黄鲁曾、黄贯曾)志趣相同,他们倾尽家产购买图书,又精心校勘,刊刻了《两汉博闻》、《高士传》、《山海经》、《水经注》等精品书。

(3) 辑佚钩沉、聚零为整、汇编罕见图书

藏书家收集到奇书、孤本等难得之书,都亟亟地要汇刻问世。汇编的方式,有的是浅层次的聚合,只在汇编的书上加一个"某氏×种"之类的名称,如宁波天一阁范钦的《范氏奇书》就是如此。《范氏奇书》共21种,所收都是罕见之书。

有些汇聚起来的书有很强的专业性,成为某一学科很重要的书籍。归有光世美堂藏书辑集而成的《诸子汇函》,从周代鹖冠的《鹖子》开始,到明代宋濂的《龙门子》为止,共94家,成为子书收录最多的一种。汇收小说的书更多,钮石溪的《稗海》收74种,李如一的《藏说小萃》收11种。专收戏剧的臧懋循的《元曲选》,除了自己"家藏杂剧多秘本"之外,又从御戏监抄出内府本,达到了空前绝后的地步。完全可以说,没有藏书家们的努力,我国的典籍不会有今天这样的丰富多彩。

2. 天一阁藏书楼

在明代众多的藏书楼中,最有名的是浙江宁波的天一阁。

天一阁是范钦修建的。范钦,浙江鄞县人,嘉靖十一年(1532年)进士,官至兵部右侍郎。后去官归里,专事藏书、读书、刻书。大约在嘉靖四十年至四十五年之间(1561—1566年),在家乡宁波建了藏书楼天一阁。

藏书楼为砖木结构,六间,二层,阁前凿池。乾隆皇帝曾派人去考察,参照天一阁的形制造了"四库七阁",皮藏图书。天一阁在清代和民国期间曾多次修葺,基本形制

没有变化。

天一阁藏书来源有四：（1）范钦在湖广、江西、广西、福建、云南、陕西、河南等省做过地方官20年，在各地收集了不少图书；（2）向藏书家借来抄录，与王世贞订了藏书互抄的契约，还曾从扬州借来《吹剑录外集》，抱病用四天时间抄毕；（3）购买丰氏万卷楼、袁忠彻静思斋故家散出的书；（4）朋友赠送，天一阁所藏《赵圄令碑》的背面，有"凤洲送"三字。在范钦去世时，天一阁藏书总数达7万卷。

我国古代的藏书大都毁于水、火、兵、虫之灾。只有天一阁能保存至现在。究其原因，是因为范钦有一套严密的管理体制。（1）以水制火，火不入阁。天一阁建在月湖附近，阁前凿一池塘，传说这个池塘通月湖，池水终年不涸。藏书楼的东西两侧都有高大的封火墙。严格规定禁止烟火入阁，阁内通道不准堆放杂物。（2）代不分书，书不出阁。范钦规定子孙分家析产时，不能分书。他死后，大儿子大冲分到全部书，小儿子大潜分到万金。以后几代，都没有分书，由众子孙共有共管。又规定书不能出阁，采取全封闭管理办法。"子孙有志者，就阁读之"。不少有名学者想去看书，结果都吃了闭门羹。（3）芸香辟蠹，曝书除湿。书柜下放芸香和英石二物，据说芸香可以驱书鱼，英石可以吸收潮气。同时，还合理通风、翻页、曝晒。所以，虽然宁波气候潮湿，书却保存得很好。

天一阁虽然有很好的管理，但7万多卷图书历经四次大的劫难，终究未能完全保存下来，新中国成立之前，只剩下1万余卷。

天一阁的书每次有重大损失后，都要重编一次目录。最近一次目录是1979年编的。目录内容包括"天一阁遗存书目"1 537种、1 676部、8 472册、21 245卷；"天一阁访归书目"185部、710册、3 067卷。

天一阁藏书共7万余卷，除了传统的图书外，特别重视明代当时的文献。如明代地方志共出版了近3000种。在范钦去世时大约已出版了1000种左右。天一阁藏有435种，现存271种，其中164种是海内孤本。

范钦收藏大量图书后，从中选出一部分刊行。其中有些是范钦亲自校订过的，约有20种，汇刻成《范氏奇书》（也称《范氏丛书》等）。

第十节　明代出版和明代社会

明代社会和明代的出版事业，表现为热烈而积极的互动关系。

明代发生的政治事件，几乎都有相应的出版物。在事件之前或事件之中，发挥了呼风唤雨的作用。在事件刚一结束的时候，往往由皇帝下令，开馆设局，编纂有关图书，颁发全国，作为历史定论。然而事后翻案之事，却又时有发生，成为新一轮斗争的契机。

出版物十分敏捷地传播了思想新潮。瞬间的思想闪光被记录为语录，驳诘论辩常辑录在书信中，同道的切磋推戴则常常在序跋中反映。这些，都为明代思想的发展画下了清楚的轨迹。

明代末年，被称为末世陆沉、人欲横流的社会。贪官污吏、惯偷剧盗、奸商丹客、僧尼恶道、妓女虔婆、恶少劣绅，他们的恶行秽德，在明人的笔记、小说中，有淋漓尽致、绘声绘色的描写，成为形象生动的历史画卷，既反映了世俗社会，又影响了世俗社会。

一、政治漩涡的映照

明代社会发生的大大小小政治事件，往往都形成为一定的出版物，显示了出版事业的政治功能。

开国之初，还在洪武朝的时候，曾经有过胡惟庸和蓝玉两个重大逆案，朱元璋大开杀戒之余，又敕令编了一批图书，关于胡惟庸案的书有《昭示奸党录》、《清教录》，关于蓝玉案的书有《逆臣录》，把他们的罪行用图书记载下来。

靖难之役的出版物起初未见，文件上连建文的年号也不准用，似乎历史上从来没有过这个皇帝。事过百年，对建文帝有了新的口径，于是有关建文帝的书出版了不少，如《建文事迹》、《建文逸史》、《建文野史》等，还有《从亡随笔》、《致身录》、《扪膝录》等野史笔记，层出不穷。

明朝其他政治大事，如高煦之变、宸濠之叛、沿海倭寇、东林党争、辽东军事等等，都有相应的出版物问世，其形式则有史书、奏议、笔记、野史、小说、戏剧等。

明朝的一些特别重大的政治事件，朝野震动，议论纷纷，奏章连篇。事情过去后，往往由皇帝下令将有关文献编纂成书，同时奖惩一批人，算是事情已经告终。其实在书出版的时候，事情远未了结，而编书的大权又掌握在少数人手里，因而这类书往往编得颠倒是非，不久又要推倒重来。

二、思想新潮的鼓吹

朱元璋建国后，要寻求一种可以"武定祸乱，文致太平"的理论。他询问宋濂："帝王之学中，什么书最重要？"宋濂回答是《大学衍义》。朱元璋便把这书抄在宫殿两庑墙上，亲自带群臣请宋濂讲解。

明成祖朱棣登位之后，更加重视理学的建设，最重要的行动是辑订了三部经传：《五经大全》、《四书大全》、《性理大全》。朱棣之所以化大力气全面辑订经传，不单是为了要编出一部规范化的注本，更重要的在于思想意识的统一作用。朱棣亲自为三部"大全"撰写了序文，说有了这三"大全"，"圣贤之道，粲然复明"，天下之人可以穷理明道，立诚达本，"使家不异政，国不殊俗"。全国上下，思想归于一致。

明代中期，思想界十分活跃。打破早期沉寂局面的是陈献章和王守仁（王阳明）。

王阳明建立了一整套自己的哲学思想体系，即所谓"心学"。王阳明注重事功，积极进取，敢于冲破旧思想的樊笼，启发了明末的进步思想。王阳明的主要著作有《大学问》、《传习录》。后人把他的著作编成《阳明全书》，亦称《王文成公全书》、《王阳明先生全书》，共38卷。前面3卷是《传习录》，这是他讲学的记录。末附《朱子晚年定论》，这是王阳明对朱熹思想的理解和解释。其他还有文录、别录、外续编、年谱等内容。

明代中期诸多哲学家的探索寻求，为新的思想作好了准备，到了明后期，一种全新的"异端"，终于"掀翻天地"出现了，其代表人物是王艮、何心隐和李贽三人。

李贽起初学王阳明心学，曾出仕，54岁时辞官讲学，自称"异端"，剃发而留须鬓，斋居而吃酒肉，又招收女弟子。讲学时攻击孔孟，言辞激烈，听众"一境如狂"。他学说不容于世，明廷以"敢倡乱道，惑世诬民"的罪名把他关入牢中。李贽不堪侮辱，在牢中割喉自杀。李贽的著作主要有《藏书》、《续藏书》、《焚书》、《续焚书》、《明灯道古录》、《九正易因》、《说书》等，还有不少通俗小说的评点。明清时代，他的书都被列为禁书。

三、世风丕变中的通俗读物

明代末叶，世风丕变，出现了资本主义经济的萌芽。社会上产生了许多前所未有的现象，深入到道德标准、风气习俗、人际关系等深层次的领域。这些变化，在小说、戏剧、山歌等出版物上，都有生动而形象的反映。同时，这些出版物又极大地影响了社会风气、道德和习俗。

资本主义萌芽的发生，造就了许多新的读者。他们感兴趣的是小说、戏剧、唱本，以及日用常识、通俗医学等读物，这使出版物的内容产生了结构性的变化。

《金瓶梅》可以说是反映明代世风的一个代表。这部小说以土豪恶霸西门庆的发迹暴亡为中心，描写了西门庆这个"衣冠禽兽"的一生，反映了明代嘉靖年间的糜烂社会。小说通过西门庆罪恶的生活和污秽家庭的描写，

《金瓶梅》崇祯刻本书页

刻画了上自封建上层人物、下至市井无赖的鬼蜮世界。

在《金瓶梅》之后，有续书《续金瓶梅》，明末清初人丁耀亢著，此后又有这部续

书的删改本《隔帘花影》、《金屋梦》。开启了为著名作品写续书的风气，这是出版史上一件值得重视的事。《金瓶梅》之后，又有一些人"取其糟粕，去其精华"，仿作了若干种淫秽图书，如不题撰人的《绣榻野史》、嘉禾餐花主人编次的《浓情快史》等。

　　文艺作品中鼓吹的伦理，离不开历史的继承和当代社会的倡导。"三言"、"二拍"各篇小说的主旨，都没法离开忠孝仁爱、礼义廉耻的范围。但"三言"、"二拍"的作者不满足于一般的道德行为，极力追求非凡的表现、异乎寻常的作为，不但极大地丰富了固有道德的内涵，而且挣破了固有道德的樊篱，成为思想的升华和亮点。这种新思想的曙光，构成了这两部小说的历史地位。

　　明代末期，社会窳败，世风丕变。各个行业，各界人士，都有一些腐败现象。明代的出版物中，有一些书直接、形象地反映了这方面的情况，留下了一幅幅末世陆沉的图景。这类图书对腐败现象的描写十分细致具体，以暴露为主，类似后来的"黑幕大观"。其中有一本《江湖历览杜骗新书》，可以作为代表。

第八章 清代前期出版

清王朝是以满族贵族为主体、联合汉族地主阶级和少数民族上层贵族建立起来的封建政权，它统治中国长达268年之久，是中国历史上的最后一个封建王朝。

清前期的历史和文化具有不同以往的显著特点，表现在出版事业方面，其发展状况、出版思想、出版内容、出版机构、出版技术、出版管理、版式特点、行款字体、装帧形制等方面都打上了时代的烙印。勤劳、智慧的中国人民为人类文明与社会进步作出了巨大的贡献。

第一节 清前期出版业发展的社会背景

清前期的历史从顺治元年（1644年）开始，至道光二十年（1840年）为止，共197年。从清朝的兴衰来看，我们可以把清前期的历史分成三个阶段。第一阶段是从顺治元年（1644年）到康熙二十二年（1683年），清朝在全国的统治逐渐巩固。第二阶段是从康熙二十三年（1684年）到乾隆三十九年（1774年），清朝开始出现盛世。第三阶段是从乾隆三十九年（1774年）到道光二十年（1840年），清朝统治出现危机和衰败的征兆。

与历史和学术的发展相对应，清前期是我国出版事业发展史上的恢复、发展和兴盛时期。在这段历史时期内，中国典籍出版规模、典籍出版数量、典籍印刷的质量以及典籍的装帧设计都举世罕见。清朝前期出版事业恢复、发展和兴盛的深层原因是什么？要从这一时期的社会经济、政治等方面去探究和考察。

一、清前期政治环境与经济概况

顺治元年（1644年），清军入关并定都北京。清兵初入关时，为了稳定政权，清政府曾颁行一些安民措施。这些措施对争取中原地区汉族的人心起了很好的作用。虽然各种反清势力的活动也不断持续，但清军最终镇压了各种反清势力，并且通过采取一系列的军事和政治措施，进一步巩固和发展了统一的多民族国家。

清朝在康熙、雍正、乾隆时期，先后开展了平定"三藩"之乱、收复台湾、平定准噶尔贵族叛乱、抗击沙俄入侵等同外部侵略势力和内部分裂割据势力的一系列重大斗争,从而建立起一个空前统一和巩固的国家。

在进行军事斗争以统一政权的同时,清政府还采取了一系列的政治措施来巩固中央集权。一是完善中央政府的各种政治制度。军机处的设立是清代中枢机构的重大变革,标志着清代君主专制中央集权发展到了顶点。二是建立完善的地方统治制度。在地方机构方面,分省、道、府、县四级。在边疆地区也逐步建立起了比较完善的统治制度。

清前期的统治者采取各种政策巩固了中央集权,使社会保持了长时期的稳定局面,这就为出版业的发展和繁荣创造了良好的条件。

清初,经过长期的战乱和厮杀,社会经济遭到了严重的破坏。耕地大量荒芜,广大农民流离失所,无家可归,到处是荒凉的景象。面对严酷的现实,顺治帝吸取了历史上汉族统治的经验,实行与民休息的政策。

康熙初年,为了减轻农民负担,康熙帝实行蠲免政策,他还招集流亡人口,开垦荒田,恢复、发展农业生产。康熙帝亲政后,又施行了重要的农业政策——更名田。雍正帝即位后,在全国推行"摊丁入亩"政策,使地丁合一。这一举措废除了人头税,减轻了农民的负担,有利于农业生产的发展。乾隆帝即位后,实行减免赋税、招集流亡、开荒的政策。在其前辈的基础上继续发展生产,治理黄河、淮河水患,兴修水利,推广高产作物,提高了农作物的产量。

康熙帝、乾隆帝还实行恢复、发展手工业的政策。乾隆时期,废除匠籍。从此,手工业者的人身获得了自由。这一政策有利于发挥手工业者的才智和创造力,促进了手工业的恢复和发展。随着手工业的发展,资本主义萌芽有所增长,商业出现繁荣,商品经济进一步发展,全国普遍出现了丰裕的景象,社会由凋敝转向了繁荣。这是清前期出版业发展与繁荣的经济基础。

二、专制统治与文化政策

顺治、康熙、雍正和乾隆诸帝深知"帝王敷治,文教是先",为此,逐步确立了崇儒重道的基本国策,把争取士人作为施政的基本方针。对士人采取了恩威并施的两手政策,既优容和拉拢,又加以压制和迫害,在思想文化领域实施了一些重大举措。

1. 宣扬儒家思想

顺治元年(1644年),御史曹溶就提出优恤死节之士,以鼓励风化。顺治帝采纳了他的意见。同时,尊崇孔子,宣扬儒家思想,以之为其政治服务。康熙、雍正和乾隆等几朝帝王通过给孔子上尊号,亲自到曲阜致祭等活动,确定儒家思想为治国思想,并采取多种措施宣扬儒家的社会理想和生活理念。这些举措对汉族士人产生了积极、有效的影响,增加了他们对朝廷的好感。

2. 大力兴学取士

为了扩大清政权的统治基础,争取汉族士人的归心,顺治帝沿袭明朝的科举制度,开科取士。康熙帝亲政后，推动各地的学校建设。康熙十二年（1673年）颁谕举荐山林隐逸之士；康熙十七年（1678年）在原有正科之外，特设博学鸿词科，吸收学行兼优、文词卓越的汉族士人。同时还增加"经济特科"和"孝廉方正科"等科举科目。增加科举考试的科目和录取的名额，有利于中央集权的统治，有利于国家政权的巩固。汉族士人通过科举入仕，成为封建王朝的拥护者，国家统一的维护者。

3. 推崇程朱理学

清前期的几代皇帝都熟读经书，特别是程朱理学。康熙帝认为，"发挥圣道者，莫详于有宋诸儒"，他极力推崇程朱理学，亲自撰写《性理精义》，并诏令李光地审校。康熙帝还特意把朱熹从孔庙中的圣贤之列提升到大成殿"四配十哲"之次。康熙重用一批理学名臣，提倡尊孔读经，使士人潜心于程朱理学。这批理学名臣在阐述义理、宣传理学方面发挥了重要的作用。

4. 重视文化建设

康熙帝说："治天下者，莫亟于正民心，厚风俗"，因此，他大力开办学校。同时，将《大学衍义》、《春秋》、《易经》、《孝经》、《孔子家语》、《劝善要言》等古代典籍翻译为满文，并刊刻、颁发。雍正帝同样重视文化建设，多次诏令各州县修志。乾隆帝不仅继承其祖、父之志，修志多达100种，而且还进行大规模的图书收集、整理活动。同时，为了笼络汉族士人，他还鼓励著述、刻书。他网罗大批汉族士人，投入大量的人力物力，大规模地搜集、编纂、注释、刊刻和出版古代典籍。

5. 厉行文化专制

清朝入主中原后，汉族士人反清复明的民族意识和反抗专制统治的思想并没有泯灭，为此康熙、雍正、乾隆诸帝对文化、思想领域进行严厉的控制，厉行文化专制主义，主要表现在迭兴文字狱和销毁、禁止出版不利于其专制统治的书籍等方面。

文字狱是专制皇帝以文字作品定罪，在文化、思想方面采取的非人道的极端残暴的措施。康熙、雍正、乾隆三朝，因文字触怒统治者而获罪的狱案数量极多，有人统计，仅仅乾隆朝文字狱总数就在130起以上。[①]

与文字狱相联系，清朝皇帝实行的文化专制主义政策的另一重要手段是毁禁书籍。

明清易代，满族贵族统治，有些汉族士人以笔做刀枪，在著述中表露了一些反清的思想，引起清朝统治者的恐惧和不安。为了加强专制主义统治，严禁违禁书籍出版。顺治、康熙、雍正、乾隆和嘉庆朝均多次重申对刻印"淫词小说戏曲"的禁令。例如，乾隆三十九年（1774年）八月，颁布谕旨，下达禁书之令，同时追究地方查禁不严之

---

① 谢苍霖、万芳珍：《三千年文祸》，457页，江西高校出版社，1991年。

责。这一道禁书令，通行全国，销毁了大量珍贵的书籍。与此明令禁止相呼应，乾隆帝还利用编纂《四库全书》在民间征收书籍的机会，销毁书籍3 100多种，151 000多部，销毁书版8万块以上。禁毁之举对中国古代的书籍造成了极大的破坏。[①]

三、出版业全面发展

出于封建统治的需要，历代统治者对文化、出版事业都非常重视，清朝也不例外。尽管清初的统治者迭兴文字狱，对知识分子进行残酷的迫害和打击，但是他们又利用科举、编撰、刻书来拉拢汉族知识分子。因此，清前期出版事业比明代有了很大的发展，在出版书籍的数量、规模和质量上都明显地超过了前代，是中国书籍出版的盛世。

1. 完整的刻书体系

清前期的出版机构继承并弘扬了两宋以来的官刻、私刻、坊刻三大系统，虽然这三大系统出版机构的性质迥然有别、出版宗旨各异，但共同营造了清前期的出版格局，为清前期出版业的发展和繁荣作出了各自的贡献。

官刻主要集中在内府即武英殿。清康熙、雍正、乾隆三朝，武英殿刻书达到极盛。根据统计，康熙、雍正、乾隆三朝内府刻的钦定诸书有：经部类27种、953卷；史部类79种、5 738卷；子部类32种、12 479卷；集部类19种、3 410卷，共计157种、22 580卷。[②]

地方官刻有府、州、县学、儒学、书院刻书，地方官府刻书主要是刻印地方志和殿本书籍，也刻少量其他书籍，其刻书曾经出现质量不佳的状况。

根据孙奇逢《日谱》所载，康熙初年，私人刻书禁令极严。后来何时解禁未详。"三百年来，刻书之多，超乎前代。考证校雠之学至乾嘉而极盛，校刻之书，多精审可靠"。[③] 私人刻书解禁后，刻书盛极一时，他们刻的书大都是自写的书稿或先贤的诗歌、散文。其中一部分家刻，质量上乘。

坊刻是手工业作坊以赢利为目的的出版形式。清前期"称得上名坊，公认为善本的书坊及其所刻书自是寥寥无几"。书坊刻书，是一种通过交易赢利的经营行为，所以首先要树立品牌，考虑所刻书能否适应市场，吸引读者；其次是千方百计设法降低成本。这样书坊在面临市场竞争压力的同时，自身内部所积聚的创新动力也被激发出来。[④]

清前期的书坊以北京为中心。书坊"以五柳居、文粹堂为最"。[⑤] 还有老二酉堂。

[①] 黄爱平：《四库全书纂修研究》第三章，中国人民大学出版社，1989年。
[②] 冯天瑜：《中华文化史》，855页，上海人民出版社，1990年。
[③] 毛春翔：《古书版本常谈》，80页，上海古籍出版社，2002年。
[④] 黄镇伟：《坊刻本》，57页，江苏古籍出版社，2002年。
[⑤] 孙殿起：《琉璃厂小志》，32页，北京古籍出版社，1982年。

北京的五柳居、三槐堂刻书上百种。除北京外，其他的主要分布在南京、苏州、扬州、上海和广州一带。这些书坊有的经营数百年，出版了许多精品书籍。

刻书机构中还有宗教寺院，雍正十三年（1735年）刊刻佛经汉文《大藏经》，总共724函。包括《续藏》，7 168卷。乾隆三年刻成。有的刻印单本佛经，有的刻印大部头佛藏。外来的传教士在北京、山西、杭州等地也设有刻书机构。

整个清前期官刻、私刻、坊刻三大刻书主流，各具特色，构成了一个完整的刻书体系。

2. 丰富的出版内容

在图书的编辑出版方面，清前期有很多突破。杨家骆统计"明代著作共有14 024部、218 029卷，清代著作126 649部、170万卷"[①]。这些数字说明了清代著述远远超过明代。

清前期出版了很多校勘、注释、阐明经义的经部书籍。康熙时编的《日讲四书解义》和《性理精义》、《朱子全书》、《通志堂经解》反映了清前期统治阶级的思想、意识。史部的书籍除了编撰《明史》之外，还刊刻了《续文献通考》、《续通典》、《续通志》以及其他各种体裁的书籍。在子部书籍中，科技图书的编撰也很丰富。在医学方面，乾隆时编撰了《医学精粹》、《医林改错》；天文方面有《高厚蒙求》；数学方面，雍正时编撰有《梅氏丛书》，嘉庆时编撰有《数学五种》、《翠微山房数学》，精微深奥，具有重要的科学价值。学者们还翻译、编撰了《历象考成》、《历象考成后编》、《数理精蕴》等多种国外的科学著作。集部中有《聊斋志异》、《儒林外史》、《红楼梦》、《长生殿》、《桃花扇》等著名的小说和戏剧。

图书的品类和体式都有新发展。孙星衍的《孙氏祠堂书目》改变了传统的四部分类法，按照经学、小说、诸子、天文、地理、史学、金石书画等十二大类划分。十二大类下再划分细目，在分类法上前进了一大步。清前期出版分类书有一百四十多部，各种类型的丛书丰富多彩，实为前代所不及。

3. 多样的刻书工艺

刻书的版式和字体发生了变化。清代刻书的字体，清初尚沿前明旧习，至康熙时便发生了变化，形成了所谓馆阁体，具有舒展圆秀、笔势精神的灵气，嘉庆朝，又变成为团头团脑、呆滞乏神的样子。

刻书的装帧程序严格。线装书籍装订时，从折叠、打孔、截纸到缝线都有具体的规定。要求程序严格，讲究装订的考究、严密。

刻书的纸张种类增多。清前期印刷书籍的纸张种类很多。主要有开化纸、榜纸、棉

---

① 杨家骆：《中国古今著作名数之统计》，《新中华》复刊，第4卷第7期，1946年。

纸、竹纸、毛边纸及竹连纸。

印刷工艺方面，也有新的突破。清前期武英殿刻书的印刷形式多种多样，采用铜活字、木活字、彩色套印等各种方法。多种制作方式的结合，反映了图书制作整体水平的提高，形成了图书制作形式的时代特色。

4. 广泛的图书流通

清前期图书流通方式呈现多元性，图书市场较前代明显增加，书市竞争日趋激烈，图书贸易范围扩大。从事长途贩运的行商，车运船装，沿着便捷的陆路或水路，把书籍运销到全国各地。尤其科考之年，更是销售的旺季。还有些商人将书运到周边国家和地区销售；那一时代的人们就已经有了版权意识，在销售的书籍上印着统一的标志，防范盗版。

5. 阶段性的发展脉络

清前期出版业的发展，呈现阶段性特征。

入关之初，清统治者就把明代的经厂刻书处继承下来，并派专人主持刻书。因此，这个时期清代的官府刻书仍然保留了前明的风格，皆白纸、黑口、长方字体、横细竖粗。这个时期的内府刻书数量很少，而且内容多数是教化人民的《劝善要言》和讲究统治策略的《资政要览》之类的典籍。

康熙十二年（1673年），朝廷为了适应官府刻书事业的发展，设置了武英殿修书处。刻书数量比顺治时期成倍增长。在刻书风格上非常讲究刻书质量，用纸、字体皆精，世称"康版"。在内府刻书的影响和带动下，地方官府的刻书事业也有较大的发展。

雍、乾时期，政治安定，经济繁荣，因而官刻图书事业达到全盛时期。就数量而言，雍、乾两朝共刻书380种、26982卷，分别占清代刻印种数和卷数的73%和51%。就刻印技术而言，也较康熙时期有新的提高。用铜活字和木活字分别印行的《古今图书集成》和《武英殿聚珍版丛书》是其中的代表。

这一时期的坊刻也得到长足发展。江南地区的南京和苏、扬二州的坊刻事业继续发展，全国各地也出现了大量的刊刻和销售图书的坊肆。坊刻进一步扩大和各书坊间不同程度的分工，不但标志着坊刻图书的兴盛，而且对文化积累和文化传播也作出了可贵的贡献。乾隆中叶以后，私人出版业也急剧发展，涌现出大量的刻书名家，如阮元、张海鹏、鲍廷博，等等。

嘉、道时期，清政府在政治、经济上开始处于非常困难的境地。作为官刻图书机构，武英殿刻书大量减少。此时的出版业已经不及康乾盛世。

第二节 清前期中央官署的图书编纂

清朝入关之前，满族在经济上和文化上相对落后，但在历史赐予的机遇中，其贵族集团成了中国最高统治者，因而在初期不可避免地遭到汉族和其他民族在武力上和思想上的强烈反抗。清统治者一方面用武力镇压，另一方面努力学习和仿从汉文化，采取一系列迎合知识分子的"文治"政策予以钳制和疏导，诸如开科取士，高扬"稽古右文"的旗号，宣扬文治，提倡程朱理学，大兴出版事业，组织大批知识分子为朝廷编书，等等，很快在全国范围内形成了一种有利于清朝统治和文化发展的氛围。

一、中央官署编修机构

从清代内阁、军机处、国史馆、宗人府等机构的有关档案中，可知自康熙朝以后，随着修书活动的开展，各种专门书馆如雨后春笋般相继开办。它们或为常设，或为临时设置。

每个书馆，清朝皆配备一定数量的、级别不同的编纂官员，分别负责编纂及事务性工作。其官职和职责主要有以下数种：总裁、副总裁，一般各设2人至多人不等，由皇帝特简。提调，主管修书的具体事务。总纂、纂修，负责撰写书籍，多由纂修写成，再交由总纂删定、改正。协修，由官阶较低、具备撰修才能的人担任。收掌，负责书籍、文献的保管和收发。校对、翻译、誊录，校对负责书稿文字的校勘、校订，翻译负责满、汉文字的对译，誊录负责抄录所修书籍和有关资料。供事，经办各种具体繁杂事务，如登记考勤、记录功课、登载各种文档等。

众多的书馆和纂修项目，都依赖一个有效的管理机制来作保证。这一机制是在纂修的过程中逐渐建立起来的，主要有如下几方面：按期开馆；严加考勤；勤于考课；自备资斧，勒限完成；奖惩并行。一切都按照严格的程序办理，既保证了工作的紧张和有序，也保证了书籍编纂的质量和进度。

二、中央官署出版物的内容及其文化贡献

清代是历代文化积淀最为丰厚的时期，在此基础上出现了对传统文化进行总结的大趋势，古籍整理工作由此全面开展，在整个学术研究领域占据了重要地位。其特点是以古代语言文字学的成就为核心，目录、版本、校勘、辑佚、编纂、考证等全面开花，硕果累累，有很多是总结性的大部头著作。据学者统计，这一时期的著作数量是中国历史上最多的，达126 649部、170万卷。就政府方面而言，整理古代群籍一直是书籍编刊活动中未曾中断过的重要方面，同时，又编撰了大量新著。最高统治者以文化活动为手段达到政治目的的活动得到空前强化。

1. 古籍整理与出版

（1）校勘、辨伪与考证。清代的校勘已成为专门学问，盛极一时。乾隆年间，大规模地校理古书，采用辨伪、校勘等实证方法，以求最大限度地恢复古书的原始面貌和内容的真实性。

（2）文献的辑补。包括辑佚和补阙。

（3）文献的解释。包括注释和翻译两方面的工作。

（4）文献的整序。即将文献的无序状态变成有序。整序的方法主要是编制书目。目录之书，不外著录与编排。如何著录、著录哪些内容、采用何种体例虽是方法和技术上的问题，其中却蕴涵着编制者的目录学思想和学术造诣，并由此显现目录学成果的学术价值。

（5）文献的汇编、摘编、续编。

清代的文献基础居历代之冠，可供撷取的内容较明修《永乐大典》时增加许多，又加上皇帝大力提倡，因而汇编类书籍获得长足发展。主要有丛书、类书、总集等。

清代的丛书接续明代进一步发展，内容亦日益精粹。规模最大、影响最深的，是乾隆年间纂修的百科性丛书——《四库全书》。

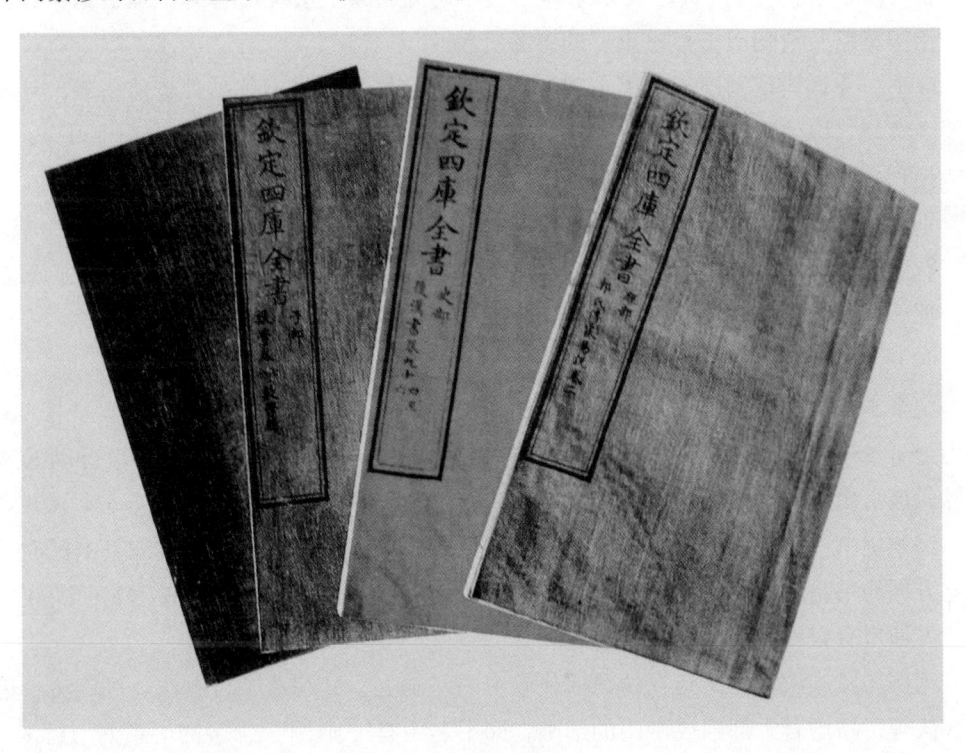

《四库全书》

官修类书以《古今图书集成》最为著名，也是一部达万卷之巨的规模最大的综合性类书。

在诗文总集方面,清代整理出版了《全唐诗》、《全唐文》,是文化史上的盛事。

综上所述,清代官方对古代文献的整理成果,就总体而言,学术价值、史料价值和文献价值都很高,为后世提供了一笔宝贵而又丰富的文化遗产,值得深入发掘、研究和利用。

2. 新著的出版

清沿明制,书籍编撰的体裁和形式亦多因袭前代,同时根据本朝的需要又有新的拓展。以下择要分而述之。

(1) 书籍编撰体裁的因袭与创新

纪传。《明史》是二十四史中最后一部官修正史,它的修撰是清前期的重要事件之一。《明史》所用资料极富,笔法、体例精当,本纪、列传务求详备、客观,在体例上也作了变通和创新。该书比较准确地把握了明代社会的特点,更为全面、深刻地反映了明代的政治、经济、军事、文化、民族和边疆等方面的状况。

诏令奏议。诏令类主要有各朝的《圣训》,从太祖高皇帝至穆宗毅皇帝,计10种,由新帝为故帝汇辑。《圣训》是语录体,对于研究满族上层统治者的伦理道德、哲学思想、治国策略及清朝历史都是重要的参考资料。

政书。专详典章制度的政书,现存者以清代官修最多。不仅品种较前拓展,且多数又屡经续修,以致数量骤增。

地理。清代沿袭元、明两代的做法,敕修全国性总志《大清一统志》。

别集。清入关后的10位皇帝中,顺治至光绪9位均有诗文集行世,有的是一次编就,有的则是分时段陆续纂成。如果说,清宫编刻的其他书籍大多反映了帝王意志的话,那么,每个皇帝的诗文集,则集中体现了帝王的思想和志趣。

(2) 书籍体裁与题材的拓展

纪事本末。清代官修史书以新创修的专史纪事本末最为发达。因是一事一书,又被视为纪事本末体。清内府还印行过17种方略。所谓方略,即陈述重要军事行动的来龙去脉,极富史料价值。

民族史书。作为巩固清王朝统治的重要措施,满清统治者非常注重编纂本民族历史文化方面的书籍。乾隆帝发起编纂的民族史专著《满洲源流考》,是清代关于满族历史源流方面最有权威和代表性的专著之一。

则例与民族法规。清廷在仿袭前代政书的基础上,又编纂了行政法、民族法、边疆地区法等,新增若干部门或专门的细则,即书名中有"则例"二字的一系列书籍。

民族文字图书。清统一全国后,为适应各民族文化交流的需要,同时也为便于八旗子弟学习满文,由官方组织人力编纂了大量的满文字书、词书。

佛经。清帝崇佛,尤其是康熙、雍正、乾隆三朝,敕译、写刻了不少佛经。采取的是为我所用的实用态度,寓政治目的于佛经的编刊之中。

其他。清内府编刻的书籍涵盖了经、史、子、集各个部类。除以上群列者外,单部的、有价值的书籍还有很多。比如,在汉语辞书史上占有重要地位的《康熙字典》。再如有"数学百科全书"之称的《御制数理精蕴》,是康熙帝核定的数学著作。

3. 敕修书籍的主要特点

综上所述,官方编纂的书籍,在选题、旨趣、资料范围、功能等方面都与民间出版的书籍显著不同,有突出的庙堂特色。

(1) 官修书籍中的帝王意志。这一特点首先从内府书籍的名称上反映出来,书名冠有"钦定"、"御纂"、"御批"、"御撰"、"御制"、"御定"、"御录"、"御选"、"御注"等字样者,不胜枚举。这些书籍都是秉承皇帝的旨意编刊的,在整个编刻过程中,皇帝都要对书籍进行批点、评论,还就书籍的内容增删、体例编排、材料取舍等颁发敕旨,而且每书编纂的组织、纂修人员的任命和遴选,乃至具体的刊刻、装潢等事宜均需按皇帝"旨意"进行。

书籍是思想文化的载体,清帝为了巩固统治,一方面通过大规模的编书、校书、刻书等"文治"活动来标榜自己的文化功绩;另一方面,借聚书、访书之机,清洗了一大批所谓"违碍悖逆"的书,又对保存下来的许多书籍加以酌量改易,从而达到思想控制的目的。

(2) 官修书籍的"资治"和教化功能。多数书籍的编撰,都是出于"资治"的需要和动机,尤其是敕编的各种史籍,提供了前代治乱得失的经验教训及圣君贤臣的经国之言,统治者可从中取得鉴戒,以守住天下大业。

很多具有"资治"功能的书籍,往往需要通过教化才能实现。这种教化,一是帝王的自我教育,通过经筵日讲系统地学习四书、五经和诸史等,增长才识,博古通今,获得治国安邦的本领;二是针对不同的对象,向皇室子孙、后妃、中央及地方的臣僚乃至全国的百姓施教。

(3) 官修书籍资料的完备性。清帝效法前代明君,励精图治,加上官府收藏的文献丰富,又拥有众多翰林学士、硕学大儒组成的编纂群体,故所编书籍广征博引、资料宏富、内容全面,动辄万卷、数千百卷,前述《古今图书集成》等类书、《四库全书》等丛书,无不具有涵尽古今藏书的恢弘气势,显示出极大的魄力。资料完备的优势是一般官私、坊刻书籍均无法比拟的,这使得它们至今仍有相当大的参考价值。

三、翻译活动

清王朝广收博蓄的文化政策以及其多民族特性,加之与其他国家交往的进一步发展,使得清代翻译图书出版之盛,为历代之首。

明万历二十七年(1599年),清太祖努尔哈赤为适应满族社会发展的需要,命额尔德尼和噶盖以蒙文字母为基础创制了满文，后世谓之老满文，或称无圈点满文。既创满文，便颁行部中，复命巴克什额尔德尼、达海等记注政事，翻译《明会典》及《素书》、《三略》诸书。

早在关外时，清太宗皇太极就确立了接受汉族传统文化的方针，其主要手段是开始译刻有关的汉文图书，并吸收使用。

清入关后的翻译出版工作，仍旧是从满文与汉文字的翻译开始的。康熙帝亲政后，对汉文化的学习与吸收进一步成熟。乾隆朝时，清政府还专门设立翻书房，并由内府译刻了不少经学图书。清代出于民族团结的国家政策，还大量进行了汉文与其他少数民族文字或多种民族文字合一的图书译刻工作。

除了各民族文字之间的翻译，随着对外交流的频繁，中西文之间的翻译也逐渐展开，许多汉文典籍被翻译成西文并刊刻流传。

清代初期对外来文化的宽容态度，极大地促进了西方图书的翻译出版。通过1688年中西新旧历法之争，使康熙首次接触到西方科学，了解到其确有先进之处，从此开始钻研西学，使得西学图书的满译和汉译发展起来。康熙帝在初学西学时，就十分重视翻译和编纂西学书籍。在他的倡导和鼓励下，传教士与中国学者一起译述了大量的西方科技书籍。雍正皇帝即位后，由于传教士中发生关于传教的名词与礼仪之争，1724年2月雍正皇帝发布禁教令，规定国人信奉天主教者必须放弃，否则将处以极刑，使得在华传教士的数量大减，西学书籍的译刻自然大为减少。

第三节　清前期官署出版机构及其出版概况

清代的中央出版印刷，主要集中在武英殿修书处，它所印刷出版的书籍称为"殿本"。武英殿是内务府下设的机构之一，其他机构也或多或少承办过宫中刻印书籍事宜，并形成了接近于康熙时期的武英殿刻本的风格，被誉为"康版"。除了官书局的印刷外，各地书院也从事书籍印刷。由于这些书院多为政府创办，因此书院多成为政府印刷的一部分。

一、中央官署出版机构及其出版活动

早在顺治皇帝入关后不久，内府刻书活动即已开始。内府就有了版刻活动。现存清入关后最早的雕印印刷品，即为顺治元年（1644年）七月八日，清军进入北京后第四天印刷发布的《安民告示》，整版雕刻，四周的云龙边框应为多板块拼接刷印，版心由竖条文字版拼组刷印，是现代清内府整幅版面雕刻最大的印刷品。[①] 清朝政局初定之后，法制建设提上议事日程，思想教化也亟待加强，于是先利用明内府刻书条件刻印了

[①] 翁连溪：《清代内府刻书研究》，第28页，紫禁城出版社，2013年。

《大清律集解附例》刊布天下，这是目前所知清入关后内府最早刊刻的汉文图书之一。稍后，又编刻了一系列宣扬儒家伦理、劝善惩恶等内容的书籍，用以教育臣民及内宫眷属，这些都是为达到长治久安所采取的"文治"之举。

1. 武英殿刻书处

自明代开始，在宫内司礼监经厂专设刻书机构，用以刊印官府编纂的书籍，强化"文治"。清宫刻书初承明内府经厂之余绪，后针对其刻书内容校勘不精等弊端，改变了由司礼监经管的制度，在武英殿设立了修书处，隶属于内务府。

武英殿修书处

武英殿刻印的多是清代皇帝下令编纂的关乎"文治"的书籍，故书名前多有"钦定"、"御纂"等字样，带有强烈的皇帝个人意志和浓厚的政治色彩。在长达200余年的历史中，武英殿修书处先后刊行书籍数百种，在版本学上即以刊刻地点称为"武英殿刻本"，简称为"殿本"。

康熙帝雄才大略，有多方面的建树，在刻书方面也卓有成就。特别是在武英殿修书处成立后，编书、刻书活动走上正轨，不仅在书籍编纂体裁和内容方面有很大拓展，而且在版刻形式各方面皆别开生面，以全新的面貌卓立于书林之中，以后各朝书籍的编刊，无不沿袭康熙朝的既定之式继续发展。因此，康熙朝的刻书有着发凡起例之功。

雍正帝因皇族内部斗争，偶然以皇四子身份入继大统，这一特殊经历使其随时处于警觉防范状态，故雍正帝在位期间政争严苛，所刻书籍也带有十分浓重的政治色彩。

乾隆帝自幼受到严格、系统的教育，多才多艺，文化素养相当高。在位期间，文治武功均达于极盛。并将刻书事业推向极盛，刻印品种、数量最多，门类齐全，各种印刷技艺都广泛采用，似乎在各个方面都已到达顶峰。但是在隆盛的表象之下，已有虚衰的苗头内伏，因为此时的著作题材不再有大的拓展，以汇编、整理之作为主，印刷技艺的精细程度也已达到饱和状态。

嘉庆、道光以后，随着清朝社会走下坡路，内府刻书衰微之象渐显，刻印数量渐少，新纂之书已寥寥无几。光绪朝稍有反弹，也不过是"回光反照"，已无回天之力。因此，研究清朝内府刻书，应着重研究"殿本"，而研究"殿本"，则又以嘉庆以前为重点。

2. 各部、院刻书

除武英殿外，其他机构也或多或少承办宫中刻印书籍事宜，这些书通常被称为"各部、院本"。

各部、院刻本主要是清政府各衙门编刊的各部则例。当时不仅中央各部、院，无不编有则例，而且各个部、院之下，还有分司或专门性的则例，政书的品种和内容极为丰富。多数部门的则例还都经过数次续修，以确保其时效性和可操作性。续修除增补外，还包括修改、修并、续纂、删除四项内容。随着不断续修，内容一般会依次递增，新增的若干则例，皆为适应时务需要而修。

政书续修的连贯性，反映出清朝政治制度的稳定性，也反映了书籍编纂形式的因循性。而频繁的修订之举，则又反映出各种律例条规处于不断的变化之中。这些都说明清朝统治者将政书的编订作为加强统治效能的重要手段，在法制建设方面始终处于高度自觉的状态。

各部、院刻行的则例等政书广泛参考了大量书籍、档册，材料丰富具体，叙事详晰至微。作为成文的条规法令，与武英殿刊行的《大清会典》和《大清律例》等构成完整密致的典律网络和文本系统，代表着清代各期典制建设的阶段性成果，可供系统地了解和研究各朝规制的增损和沿革。

3. 扬州书局的出版活动

除各部、院本外，当时的扬州、苏州等书局也是内府的书籍承刻单位之一。扬州书局在校补、缮写、雕刻、印刷、装潢等方面，无不精益求精，反映了当时扬州书写、刻印艺人的高超技术水平，成为我国雕版史上公认的杰作之一。

扬州书局所刻各书校刻俱精，特点是细楷字精刻，字迹秀丽匀净，纸张选用洁白细薄而又坚韧的开化纸，墨色均匀，装潢考究，精致典雅，秀丽天成。版式风貌与"殿本"有所不同，被誉为"康版"。初印本是用开化纸所印，全部运送至宫中武英殿，再对外发放。因此,扬州书局也可视为武英殿的一个分号。

扬州雕版刻书已有 800 多年悠久历史,开始于我国印刷术发明不久的中唐时期,发展于宋元明代,至清代达到顶峰,其刊刻数量之多,规模之大与质量之精,为前代所未有。官刻、家刻、坊刻皆大为兴盛,成为当时江南三大刻书中心之一。

4. 汉满蒙藏文《大藏经》的出版

清前期对《大藏经》的整理出版非常重视,几部卷帙浩繁的《大藏经》的刊刻充分显示了清政府刻书的强大实力和水平。

乾隆版《大藏经》为清代官刻汉文大藏经,简称《乾隆藏》,又因经页边栏饰以龙纹而名《龙藏》,泛称《清藏》。全藏各函首册前有佛陀说法变相图,末册有护法天神韦驮图等。各卷末附音释。它以明《北藏》、《南藏》为底本,又出于政治目的增入明清著名僧人语录、杂著,撤出《出三藏记集》等重要典籍。印成后,乾隆帝还再三下令撤毁其中"违禁"的内容。因此,它比明刻诸藏更具有时代特征。自宋至清,木刻汉文大藏各代频出,唯有《龙藏》经版保存至今,其印本完整者亦极鲜见。因此,它在世界佛教史上占有重要地位。

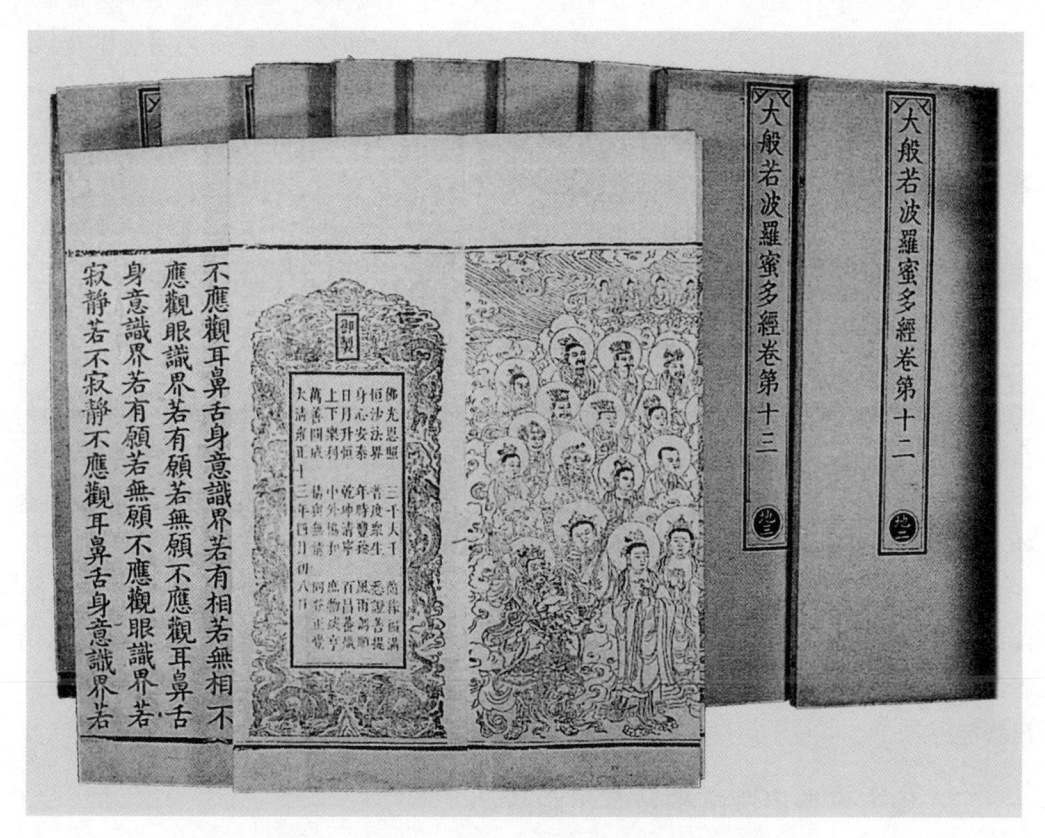

乾隆版《大藏经》,雍正十三年至乾隆三年内府刻本

满文《大藏经》译于清乾隆三十七年至五十九年（1772—1794年），是以汉文、藏文、蒙文、梵文《大藏经》为底本翻译刊刻而成，清代又称《国语大藏经》。经过18年的努力，至乾隆五十五年（1790年），满文《大藏经》翻译工作全部完成，部分经卷印刷成帙。满文《大藏经》及其经版不但为少数民族语言的研究提供了丰富的资料，而且也代表了清内府书籍雕版印刷及装潢的最高水平。满文《大藏经》中有大量精美的插图作品，均为整版独幅版画，有数十幅。这些佛教版画作品造型独特，镌刻线条流畅圆润，具有较高的绘刻水准，为佛像学研究提供了新的资料。

蒙文《大藏经》除了零散的翻译之外，大规模的翻译、刻印工作就进行了五次。元大德年间（1297—1307年），奉成宗之命，在国师却吉俄色的主持下，由藏、蒙、回鹘和汉族僧众将藏文《大藏经》译为蒙文，在西藏地区刻造印刷。

自公元7世纪松赞干布命大臣吞米·桑布扎创制藏文以来，藏族就开始了梵、汉、于阗等文的佛经翻译。到公元8世纪赤松德赞热巴巾执政时，吐蕃的佛经翻译、整理、编目达到了高潮。大约在13世纪中期夏鲁派高僧布顿大师在前人佛经翻译和编目的基础上编纂出第一部《甘珠尔》和《丹珠尔》藏经目录。其后，著名学者蔡巴·贡噶多吉聘请布顿大师共同编纂、审校完成了第一部藏文《大藏经》，遂成为定本，这就是后世著称的"蔡巴甘珠尔"《大藏经》。藏文《大藏经》除佛教经律论等内明著作外，还包括了因明（逻辑学）、声明（语言文字学）、医方明（医学）、工巧明（天文历算、工艺技术等）等方面的著述。因此，可以说藏文《大藏经》不仅是一部佛教丛书，还是一部古代的百科全书，备受国内外学术界的重视。

北京版藏文《甘珠尔》的刊刻是由康熙皇帝亲自颁赐御制序文，遴选和硕裕亲王福全领衔主持的一件盛事。从康熙二十二年动议刊刻《甘珠尔》至三十九年雕镌版片全部完成，其间经历了17年，是艰辛漫长的刊刻周期。

康熙六十年（1721年）二月初三日，康熙帝降旨拉锡"着刻《丹珠尔》经版，刻完之后即送西土"。这次制作《丹珠尔》经版，共挑选了符合要求的喇嘛、学者等五百余人。此外，又从武英殿造办处咨调画匠，以负责绘制《丹珠尔》里面的各种图案。同时，康熙帝还钦派理藩院尚书隆科多、礼部右侍郎罗瞻总负责《丹珠尔》经版的制作工作。到雍正时藏文《丹珠尔》刊刻完成。

可以看出，在当时条件下，藏文《大藏经》的制作成功，并不是一件容易的事情。仅这两种经版和所建盖的经版库房用银就达十几万两，参加制作经版工作的喇嘛、学者、工匠等有关人员达千人，前后延续50多年，充分体现了当时清政府的经济实力和出版能力。

二、地方官署出版机构及其出版活动

清初的地方官刻并没有太大的开展，后来因为修《大清一统志》，先后从全国征集志书，武英殿允许各省翻刻，各省的官刻书才逐渐增多，以刻书业发达的南方省份，如浙江、安徽等省的官刻本居多，以编纂与出版地方志书为主。例如，多种版本的《扬州府志》都在扬州府本署刊刻。清乾隆至道光年间，扬州府各县署如仪真县、靖江县、高邮州、兴化县、泰兴县、江都县、泰州、甘泉县、宝应县等也刻印了多种志书。

各地官署中的儒学、书院等机构，由于开展活动的需要，也从事书籍印刷。由于这些书院多为政府创办，因此书院刻书也是属于政府刻书的一部分，刻行过多种书籍。书院系统刻书成为地方官刻中不可忽视的一个支脉。

清代中期以后，武英殿允许各省翻刻，各省的官刻书逐渐增多。同治二年（1863年），金陵官书局开始在安庆设局，各省纷纷效仿。省一级的地方政府，大都有书局，编辑出版的书称为"局本"。各地书局相继成立后，形成了我国历史上前所未有的、遍布全国的政府出版印刷网。这些书局以重兴文化为名，所刊刻的书籍多是"御纂"、"钦定"的本子，其中以经史类居多，诗文类次之。同时，为了迎合一般读者的需要，也刊刻一些普通读物，价格低廉，求之易得。

第四节 清前期民间图书编纂与著述

一、民间古籍整理的辉煌成就

清代前期是我国图书编撰的极盛时期，无论是图书编撰理论或是图书编撰实践都取得了很大的成就。下面从古籍整理和新著编撰两个方面来介绍一下当时民间著述的概貌。

1. 古籍考辨

清代学者对古籍的考辨集前代之大成，考辨了大量的古籍。他们对古籍的考辨包括校勘、辨伪、注释、订误、补遗，取得了巨大的成就，其中代表著作有：

（1）经部。清代前期经部书整理之作甚富，仅据阮元主编的《皇清经解》、王先谦《续皇清经解》所收，就有157家，书389种，如黄宗羲《易学象数论》、阎若璩《尚书古文疏证》、朱鹤龄《毛诗通义》、孙诒让《周礼正义》等。未收者仍很多。

（2）史部。清前期对史部书的整理主要从校勘、注释、订误等几个方面着手。代表作有王鸣盛《十七史商榷》、赵翼《廿二史札记》等。

（3）子部。前期关于子部书的整理，多集中于先秦诸子及两汉子书，校勘、注释、辨伪、辑佚之作均有。

（4）集部。集部书分《楚辞》、别集、总集三类，清代前期的整理成果亦非常丰富。

2. 古籍辑佚

辑佚是从现存的有关古书中钩稽、缀辑佚亡古书文字材料的辑考工作，包括辑整部佚书，或辑一部书的部分散佚材料。清前期辑佚成就巨大，稽考内容更加完备，缀合更加精密，所辑书籍范围也更加扩展，搜罗比较彻底。

清康熙中期以后，汉学兴起。一些汉学家因不满于魏晋以后各家尤其是宋人对儒家经典的解释而上溯汉人旧注，为搜集资料因而出现了一些辑佚之作。随着四库开馆辑书，民间的辑佚活动也广泛开展。私家辑书，虽然不像政府辑书那样有丰富的图书和充实的财力，但是他们靠着辛勤劳动，辑书范围和成果都大大超过了官府辑书。

以辑书范围而言，乾隆间的官府辑佚只是从《永乐大典》一部书中辑寻史料。而民间很多学者扩大范围，遍及周秦诸子、群经正史的汉人笺注、唐人义疏以及明初以前的各种类书。由于辑书范围扩大，因而辑出书籍也多，如汉时已经亡佚的周秦古书、魏晋以后亡佚的两汉经师遗说、历代遗文以及各种小学训诂的书，凡有佚文者大抵都被辑了出来，从而出现了一大批辑佚名家，有的一人辑书多至数百种，并结合整理文献的其他程序，不但辑佚，而且结合校勘、注释、考证，并将这些成果汇为专书刊印行世。著名的如余萧客《古经解钩沉》，专辑唐以前之群经训诂；任大椿《小学钩沉》，辑录《苍颉篇》以下古代字书 40 种等。

3. 丛书编纂

和官修丛书相比，清代前期私修丛书不但门类更齐全，而且种类和卷数也都远远超过官修丛书，其中多因文献价值高或质量好而享有盛名。除了普通丛书之外，辑佚丛书、族姓丛书、地方丛书、专科丛书、独撰丛书也大量涌现。如顾祖禹《读史方舆纪要》，王之枢《历代纪事年表》，陈景云《纪元要略》以及姚文田《历代世系纪年编》等。

清代前期丛书编修事业繁荣，对古代图书事业的发展起到了巨大作用。据统计，全部现存丛书中保存的单种文献近 4 万种，其中约有万种文献保存在清代前期所编修的各种丛书中。尤其是那些私人编修丛书的学者，克服物质条件上的种种困难，千方百计地搜求各种价值较高的古籍，整理校勘，使一些濒临亡佚的珍本秘籍重与世人见面。

4. 类书编纂

清代前期，类书的编纂空前发展，私修类书的分量不大，超过百卷以上的很少，但种类却较多，见于《四库全书总目》的便有 48 部。而且内容丰富多彩，堪称百科全书。其中，较具代表性的有：康熙年间陈元龙编《格致镜原》一百卷、吴宝芝《花木鸟兽集》三卷、葛万里《别号录》九卷和厉荃编修《事物异名录》四十卷。

5. 版本目录

清代前期出版业的发达与学术研究的深入开展，大规模图书收藏及刊行之成为现实，不仅大大改善了学术研究及教学的条件，也为目录学和版本学的发展奠定了坚实的基础。清代目录学和版本学不但服务于藏书的需要，而且更服从于治学的需要，私家目录获得长足发展，充分反映了出版业的繁荣。附有详细说明及解题的图书目录已成为江南考据学发展的重要内容。

清代前期的私家目录数量众多，其中私藏目录指清代私人藏书盛行，很多藏书家都为自己的藏书编制了目录。

综观清代前期的古籍整理，集前代之大成，在整个学术领域占据重要的地位。其特点是以古代语言文字学的成就为核心和骨干，目录、版本、校勘、辨伪、辑佚、编纂、考证等全面开花，硕果累累，是我国古代文献整理的一个高水平的总结。这一时期的宝贵的学术遗产，为后人提供了极大的便利。

二、编撰形式的发展与丰富

1. 札记体著作的新发展

由于清代考据学的兴盛，带动了编著形式的创新，一个重要的表现就是札记体著作的新发展。

自晚唐以来，随着历史资料的积累与人们对社会历史认识的深入，产生了要求打破时代局限，打破纪传、编年等传统著述形式的"以类相从"的新著述形式，杜佑的《通典》、郑樵的《通志》、马端临的《文献通考》等应运而生，札记体著述方式也接着出现。宋代王应麟的《困学纪闻》、明代罗钦顺的《困知记》，可以看作札记体著述的雏形。所谓的札记体就是收集各种零星资料以成的著作。清初，经学大家顾炎武即选择这种提出问题、解决问题的形式来表达自己的学术观点，他的代表作《日知录》的成书，每成一条，大抵皆合数条乃至数十条之札记而成，都经过一番组织、归纳、批评的工夫。这部学术著作的典范，引导学者准确翔实地把自己的研究成果记录下来。

2. 史部工具书与"学案体"的出现

在史部典籍中，历史地理、年代、职官等工具书大量涌现。如顾祖禹《读史方舆纪要》、万斯同《历代史表》、钱大昕《疑年录》等。

学案体也在清代出现。"学案"是一种编纂和研究传统学术思想史的著述方式。"学"，即学者、学术，主要指儒学人物的生平事迹、学术活动、学术贡献；"案"即评论和考订，即辨章学术，考镜源流。"学案"之名，正式出现于明代中后期，耿定向撰《陆杨二先生学案》，刘元卿编《诸儒学案》，是以"学案"命名的早期著作。但真正内容系统完整、体例严密成熟的"学案"体著作，应以黄宗羲《明儒学案》和由黄宗羲创始、经全祖望纂定的《宋元学案》二书为最。《明儒学案》、《宋元学案》的出现，以完整的体例，系统记载学术源流、学派思想及其演变过程，是中国古代学术史著作的最高成就，也为中国古代史书体裁增加了新的内容。

3. 戏曲与通俗小说

明代嘉靖时期，由于经济的发展，市民意识随之产生，反映到文化方面则出现了新的变化，这就是小说、戏曲的空前发展。《三国演义》、《水浒传》、《西游记》、《金瓶梅》等古典长篇小说都在嘉靖年间定型或开始出现。这一时期在中国文学史上是一个重要的阶段，对后世的文学作品产生了深远影响。万历以后，戏曲、小说、小品文等成为当时文学作品的特色。其后更发展出许多著名的短篇小说。

明末清初，文坛上继续盛行戏曲的创作，当时这一类作品很多，其中以孔尚任的《桃花扇》及洪昇的《长生殿》最为著名。

康熙刻本《桃花扇》

4. 野史笔记的起落

野史笔记是那些在官修史籍之外，由在野的文人学士以及贫寒儒士所写的历史纪闻，属于四部之子部杂家类的杂记。它肇始于秦汉时期，盛行于唐代，至宋代几乎每个学人都写有笔记。元末明清时期，有心人士所写的野史笔记因当时社会环境与时代的推移，呈回旋式发展的态势。清初顺康之际的士人因袭明末余习，撰写的杂记斗志激昂，因而触犯了清朝统治的尊严，使其不得不严禁野史。随后出现了以王士禛、汪琬、周亮工为首的笔记。王士禛（1634—1711），山东新城人，官至刑部尚书，诗坛领袖，著名文学家，自号渔洋山人，博学多能，为当时人士所崇拜，所著《池北偶谈》影响极大。

之后杂记、笔记呈衰落之势，直到鸦片战争，外患频仍，民生涂炭，有心人士，触景生情，记载时事的野史稗乘如春笋丛生，由衰转盛。

这一时期的杂记，就其内容而言，可以分为十类，包括记述农业、手工业、政治制度、社会风俗、农民起义、地理、历史文献、人物传记和科学技术等各方面内容。

5. 宗教典籍的汉文著作

宗教类典籍也出现了很多新著，主要集中在伊斯兰教。清前期在中国伊斯兰教发展史上是一个重要的时期。这一时期，我国北方和西北的回族穆斯林建立了经堂教育制度，他们在南京、苏州等地进行了汉文译著活动。这些书籍涉及伊斯兰教的哲学、历史、典制、人物、文字等。当时，伊斯兰教译著很多，其中影响较大的有马注、刘智、马德新等人的著述。

三、图书编撰学的实践与理论

1. 弘扬"辨章学术、考镜源流"之旨

前清时期有两位著名学者即纪昀和章学诚对图书编撰学理论发展作出了很大贡献。纪昀（1724—1805），字晓岚（一字春帆），学识渊博，才思敏捷，曾多次主持官书的编撰工作，其中由他主持编撰的《四库全书总目提要》水平最高，影响最大。其成书过程与《四库全书》相始终。该书对官修和私撰两大类型进行了系统研究，同时在书目编撰方法方面，做了许多有益的探讨。

如果说纪昀在主持编撰《四库全书总目提要》的过程中，实践了辨章学术、考镜源流的编撰原则的话，那么，章学诚则是对于辨章学术、考镜源流做了理论上的阐释。首先，章学诚提出了考辨学术源流在《书目》编制中的重要性。其次，章学诚提出了以撰写小序和提要，而达"辨章学术、考镜源流"的宗旨。

2. 分类与著录的方法论探索

在分类和著录上，纪昀主持编撰的《四库全书总目提要》做了不少探索。就具体图书的分类而言，有三个原则性的方法：一是"不以书名分类"；二是对于内容复杂的图书，以内容重点分类；三是对于注释性著作，随原书分入同一类目。在著录方法上，《总目》也在总结前人经验的基础上形成了一套规范化的著录方法，每书著录书名、卷数、著者时代、著者姓名、著作方式、版本等，格式整齐划一。

与纪昀的探索实践不同，章学诚在分类与著录方法方面的贡献主要表现为理论的升华。章氏将古今史籍分为"撰述"和"记注"两大类。他以《易》的"圆神"、"方智"之义概括古今史籍，突出"撰述"与"记注"两大宗门说。两大宗门各有自己的形式与目的。章学诚认为，无论哪一种比次之书，都是为了著述而作基础，作准备。

章学诚区分"撰述"（著述）和"记注"（比类），是图书编纂学上的重要理论成就，对于后人著述具有重要意义。一方面，可以据此确定图书在编撰上的性质；一方面，可以根据编和著的不同性质，分别用"方以智"和"圆而神"的要求来提高图书的编纂水平。

第五节 清前期民间出版活动

清初，战争对社会和生产的破坏十分严重，加上文字狱迭兴，严重地影响了民间出版业的发展。但随着清朝统治的巩固，社会走向稳定，民间出版业开始恢复。到乾隆年间，出版业已经在全国很多地区兴盛起来。清前期的民间出版，表现出几个重要特征：一是民间出版业的规模超过了明代；二是民间出版业遍布全国主要的省份和城镇，分布比明代更为广泛；三是清前期出版业采用了雕版、木活字版、铜活字版、泥活字版等；四是出版物内容更加丰富。尽管如此，由于统治者大兴文字狱，也严重地摧残了学者、出版家、刻书工匠，有人甚至为刻书献出了生命。这种情况迫使民间出版者放弃了刻印当代学者编撰的书籍，转向翻刻殿本书籍，此时出版的书籍主要有经、史、子、集、训诂和考据等。乾隆晚期，政府调整了统治政策，使民间出版物数量大增，当代学者的典籍刊刻数量增多，小说、戏曲书籍的出版成为时尚。综观清前期的民间出版活动，无论是在数量还是质量上都有所突破，值得认真总结。

一、坊肆出版

坊肆出版是指民间手工业作坊为出售牟利而进行的书籍出版活动。由于多年的战乱和清政府的高压政策，坊肆出版受到严重打击。康熙二十年（1681年）清军平定三藩之乱后，采取与民休息的政策，社会生产力逐渐恢复，民间出版业也得以逐步振兴。北京成为全国图书出版发行的中心，苏州成为南方出版中心，浙、闽、徽、赣、粤、川、鲁、豫、晋等地区的坊肆刻书也有了发展。

1. 坊肆出版的代表地区

（1）北京。北京是清中央政府所在地，是全国政治文化中心，图书文化事业繁荣发达，书铺林立。"由于其重要的政治、文化位置，仍然成为全国重要的图书集散地和交流中枢"[①]。琉璃厂、隆福寺街都是京都书肆繁集之处。北京知名的书肆有老二酉堂、聚珍堂、善成堂、五柳居等。

（2）河南。河南的坊刻业大致兴起于五代后期至北宋初年，可谓历史悠久，此后各代时有零星的坊刻本出现。但直至清代，河南坊刻才进入最为兴盛的时期。

---

① 周少川：《藏书与文化》，182页，北京师范大学出版社，1999年。

清代也是河南私营雕印业最发达的时期。私刻图书的风气很浓。当地富裕人家纷纷刻印自著诗文集或教子启蒙读物,名门显族则刻印族谱、家史。此风一直沿续到民国年间。康熙、道光是河南私营刻印业的两个辉煌年代。康熙年间,河南私营刻印业,刻印图书100多种,刻印规模较大的丛书5种。道光年间,河南雕印的地区迅速增多,分布更广,并且雕印的规模也越来越大。道光三十年间,出书品种渐增。

(3) 江浙。清初设置两江总督,统辖今江苏、安徽和江西三省。康熙帝亲政后,分省治理,苏州成为江苏巡抚的驻地,扬州、镇江、金陵等发展成为发达的城市。纵横交错的河流、水路把这些城市联结起来。苏州成了江南刻书的集散地,其刻书在全国首屈一指。来往穿梭的舟楫载运书籍,促成了金陵书市的形成。江苏的坊肆出版形成了以苏州为中心,金陵、扬州等地共同发展的格局。

在浙江的绍兴、宁波、余姚、慈溪、嘉兴等地,也有一定数量的印刷作坊。宁波的群玉山房等书肆,刻印有《瘟疫论》、《瘟疫条办》等医类书籍。

(4) 闽赣。福建刻书始自宋元,至明代出现繁盛局面,其盛况一直延续到清代前期。顺治、康熙年间,福建建阳刻书业一派繁荣景象。

福建四堡书坊异军突起,使福建刻书业再次创造了辉煌。四堡坊刻,纸张质地好,装帧考究,精致大方;字体多为宋体,笔划齐整,字形清秀;校核精细,讹错甚少。而且书页天头高,便于读者批注。因而信誉极高,销量极大,"垄断江南,行销全国"。

(5) 其他地区。陕西的坊肆主要分布在西安、三原、朝邑、华县下庙等地。从清乾隆时期开始,广东的刻书业也发展起来,刻书从顺德一带发展到广州和佛山,这一带刻工云集,刻书价格很低。广东的刻工有许多妇女参加,工价较其他地区低廉,因而吸引了不少出版者。另外,吉林、山西、甘肃、西藏等,几乎所有的省区都有一定数量的印刷机构。印刷业分布如此广泛,这是过去所没有的。

2. 坊肆出版的主要特点

(1) 刻书地区扩大。清代的坊肆刻书分布广泛。初期刻书以南京、苏州刻书较多,苏州的刻本质量较好。福建刻书也多;北京是清代都城,政治经济文化中心,中央的官刻都在这里进行。在政府刻书风气影响下,坊间刻书事业繁荣发达,是全国的刻书中心地区。到中后期,刻书地区分布更广,湖南、湖北、江西、山东、山西、河北、广东、福建等省,刻书事业都有不同程度的发展变化。

(2) 刻书种类繁多。雕版印书,内容丰富多彩。经、史、子、集四部俱备。上自皇帝谕旨,下至民间日用杂品,应有尽有,品类齐全。这类书籍的刻印流传,对于发展传统学术研究、保存古代文化遗产,都起到了非常重要的作用。

(3) 形式多样。在书籍着色上,坊刻书籍有单色印、多色印之分。装帧基本上采用线装,但版框大小不一致,装订时以齐下栏为规矩。

二、私宅出版

私宅出版是指私人以传播学术、文化为主要目的，并非以赢利为主的刊刻、出版书籍的活动。清前期的私家刻书可分为两类：一类是文人所刻自己编撰的书籍和前人的诗文，这类书多是写刻上版，并选用上乘的纸墨刷印的精品书籍；另一类则是乾嘉之学兴起后，藏书家、校勘家辑刻的丛书、逸书和影刻本。除刻本之外，清代还出现了很多经过藏书家精校的写本和抄本，它们也非常值得关注。

当时的殿本及扬州诗局所刻的书，很多是精写上版。在此影响下，私刻也开始盛行精写上版。私人刻印丛书、逸书和旧版书籍成为风尚。

清代前期私家刻书使用精写上版的方法刊刻了大量书籍。当时的刻书家讲求出版书籍的水平，写刻求精成为风气。因为私人刻书的目的在于扬名，以求不朽，故不惜重资，延聘著名书法家手写上版。这一时期，精本佳刻不胜枚举。

除了私人刻书，清代前期还存在私人抄书。之所以存在私人抄书的现象，其主要原因有：第一，有些书籍刻印成本较高，价格昂贵，用者付不起资金，又有迫切的需要。如科举、学习、研究需大量的书籍。第二，书籍短缺，购书困难。清初禁毁图书，大兴文字狱，对出版造成影响，有些书籍印行有限，读者求购困难，就手工抄书，或雇人抄书。私人抄书以苏、常最多，湖、杭次之，金陵和徽州较少。

清代前期私人抄书的代表人物，主要有顾炎武、朱彝尊、吴翌凤等人。

顾炎武（1613—1682），字宁人，号亭林，江苏崑山人。晚年专志经学的研究。鉴于书籍价格昂贵，顾炎武经常抄书。

朱彝尊（1629—1709），字锡鬯，号竹坨，秀水人，参加编写《明史》，对书爱不释手，有善本必抄。

吴翌凤（1742—1819），字伊仲，吴县人，著名藏书家，手抄书籍数百种之多。后因昼夜抄写，积劳成疾，形神俱疲，眼睛失明。还有蒋衡、梁同书、倪模等人都是当时的抄书名人。

清前期私人抄书具有以下几个特点：

一是有无相易，精工缮写。二是重视借抄善本。宋代善本极佳，但是，宋本不多，很难得到。影抄罕见的宋本，黄丕烈乐而为之，他经常访寻借抄。三是清代抄本有不少戏曲、唱本、弹词小说。根据有关书目著录，百本堂、聚春堂、别野堂、燕翼堂等均以传抄戏曲唱本著称。

三、其他出版机构的出版活动

除了坊刻和家刻，清代还有一些机构也从事图书的出版刊刻活动，主要有书院刻书和寺院刻书。

1. 书院刻书

清初，清政府限制书院刻书，但到雍正时期，改为公开提倡书院刻书。由此，书院刻书也得到突飞猛进的发展。出于"化导士子"的目的，朝廷规定各省省会设立书院一所，书院经费由政府拨给，书院山长由各省督抚、学政聘请，学生由各省道员和布政司会同考核。这样，实际上把书院逐步办成了官学。由于清统治者采取扶持政策，清代书院几乎遍及各省通都大邑，甚至穷乡僻壤。综观清代书院，大致有四种类型。一是以讲求理学为主的书院；二是以博习经史词章为主的书院，这类书院在清中叶大盛，对于学术文化发展影响很大；三是以考课为主的书院，这种书院也很普遍。第四种则是近代人士举办的学习西洋科学的书院。这四种类型的书院刻书成为又一重要出版形式。

我国古代书院制度始于唐代，宋代得到发展。从那时起，"书院本"就以其技术精良、字体优美而成为当时地方刻书的代表。书院拥有大量藏书，其中多有善本，这不仅可以为刻书提供较好的底本，而且是校勘工作的重要保证。山长（或院长）学术水平较高，勤于校勘，又为书院刻书提供了质量保障。此外，书院的经费比较充足，再加上印刷术的广泛流行和普遍使用，这都为书院的刻书提供了条件。

清前期书院刻书活跃，范围也比较广泛，其所刻图书大致有学规、章程，各类古籍文献，书院师生自己的著述，各类方志等。

随着科举考试的废除，西学的输入，新式学堂的兴起，旧式书院制度亦完成了它的历史使命，但书院这种独特的教育方式，连同它的藏书和刻书活动，在我国的教育史乃至藏书史、出版印刷史上都具有重要的意义。

2. 寺院刻书

寺院刻书的主要内容是佛经，清代刊刻佛经的寺院很多，仅举其大要。

汉文佛经的刊刻以福建地区寺院为例：明、清以来，福州鼓山涌泉寺、怡山西禅寺、福清黄檗山万福寺均有刻经流通。

其他又如嘉兴楞严寺。清顺治、康熙二朝（1644—1722年）的民间刻经事业，以补续《嘉兴藏》为大宗。当时各地民间、寺院刊行的僧传、语录，经版皆集中于嘉兴楞严寺。

自明代开始刊印藏文《大藏经》以后，随着佛教文化的进一步发展，雕版印刷业在藏区空前兴盛起来，藏区较大的寺院中均有印经院，大量印刷藏文《大藏经》等典籍。

四、民间出版的地域分布特点

清前期是中国刻书事业普遍发展时期，全国各地都有刻书活动。由于各自的地理、自然、人文等条件的不同，民间刻书地域分布疏密程度也有区别，形成了刻书业的几个密集地区。刻书的地域主要分布在北京、江苏、浙江、四川、福建、湖南、湖北、江西、山东、山西、河北、广东等地。

要研究刻书家的地域分布,可以从藏书家的地域分布中得其端倪。因为藏书和刻书有着非常密切的关系。藏书家为刻书家刻书提供了丰富的书籍。清前期藏书家家藏的文化典籍极为丰富,他们利用自己的藏书从事著述,把撰著的成果付诸剞劂。

清初江浙、闽赣地区藏书家非常集中,这就为这些地区出版业的繁荣奠定了坚实的基础。清初藏书家、刻书家在地区分布上具有鲜明的地域性。

北京和河北地处清朝的政治中心,刻书家的数量比较可观。江浙地区出版家地域分布的密集程度首屈一指。广东和福建是出版家分布的第二密集地区。安徽的出版家数量可观,在清初出版家地域分布人数中也处在领先地位。江西地区的出版家数量处于劣势,到了乾隆年间,江西、广东的刻书业兴旺起来,发展成为刻书业的重要地区,江西金溪县的浒湾分布着很多刻书家;广东顺德刻书家分布密集,还有很多女刻书家。湘、鄂地区的刻书业也很兴旺。

从上述的分析我们可以看出,清代民间出版家之所以呈现地域分布的特点,主要有以下几个原因:

一是清初刻书家的地域分布与清初文化发展有密切的关系,文化发达的区域,就是刻书家分布密集的地区。刻书家地域分布的疏密程度与文化发达的程度基本成正比。

二是清初出版家的地域分布与地区经济发展有着密切的关系,出版家地域分布的密集程度与当地经济发展的繁荣程度基本上成正比。

三是清初出版家地域分布的疏密程度与当地藏书发达与否有密切关系。藏书家越多、藏书越丰富的地区,刻书家越多。

宁波天一阁内景

五、民间出版的历史贡献

清前期民间出版为中国文献的搜集、整理、保存和学术文化的发展付出了大量的艰辛劳动,出版了大量书籍,其中有些书籍是官府出版的书籍无法比拟的因而在中国出版史上占有重要地位。

清前期民间出版刊刻了大量的珍贵古籍,保存了大量的文化遗产。私人刻书家搜集散落在民间濒于亡佚的书籍,刻印出版,种类之多,不下数万种,使一些书籍得以保存下来,流传至今。如蒲松龄小说《聊斋志异》完稿后,家贫无钱刊刻,幸得鲍廷博帮助,将其刊刻出版,得以广泛流传。程伟元为了不使《红楼梦》失传,用木活字刊印这部不朽的著作。

为了提高刻书质量和速度,民间出版勇于采用新技术,出现了影印、活字、套印等方法,推进了书籍刻印技术的进步。有些影刻本酷似原刻,几可乱真,非细审之,实难辨出。

民间藏书家在书籍的整理、保存中,总结出系统的书目分类体系。刻书离不开书目,书目在刻书中起着重要的作用,目录是刻书不可或缺的。"目录在刻书过程中作用较大,受到刻书者的重视。他们在刻书过程中出于需要,编出了很多目录,这就推动了目录编制工作"。

第六节 清代前期印刷技术的发展

总体来说,清代的印刷技术在明代已取得辉煌成就的基础上又有所发展,但没有新的突破。若从横向考察,还可以看出官府、私宅坊肆、书院、寺观等不同系统在技术应用方面的旨趣不尽相同,加上物质材料和技术力量的悬殊,导致技术水平出现差异,呈现出一种非同步发展的现象。

一、雕版印刷术的普及与提高

在清代,无论是官府印刷业还是民间印刷业,无论是私宅刻书还是书坊刻书,雕版印刷都已非常普及,遍及全国。

清代前期,雕版印刷术的发展不仅体现在使用数量上,还体现在雕版印刷技术和质量的提高上。仅以内府刻书为例即可充分说明清前期雕版印刷技术的提高。清内府单色刻本有数百种,是内府印书的主流。

还有部分书籍是以艺术字体上版镌刻。如明嘉靖时陈凤梧曾刻印过《篆文六经》,康熙末年,圣祖命儒臣李光地等又增加《四书》,刻印了《钦定篆文六经四书》,通篇镌以小篆,以洁白莹润的开化纸印制,赏心悦目。

清代影刻宋元本的图书质量也大有提高,如康熙年间仿宋咸淳元年吴革刻本《周易本义》，略去版心下刻工姓名，其他版式等一切照旧，翻刻质量甚佳。

内府刻本的总体特点是写、刻、印各个环节皆一丝不苟，讲究精良纸墨、版式的搭配，对雕印技艺的运用可谓游刃有余，刻印质量达到近乎完美的境地，充分体现了清代雕版印刷的水平。

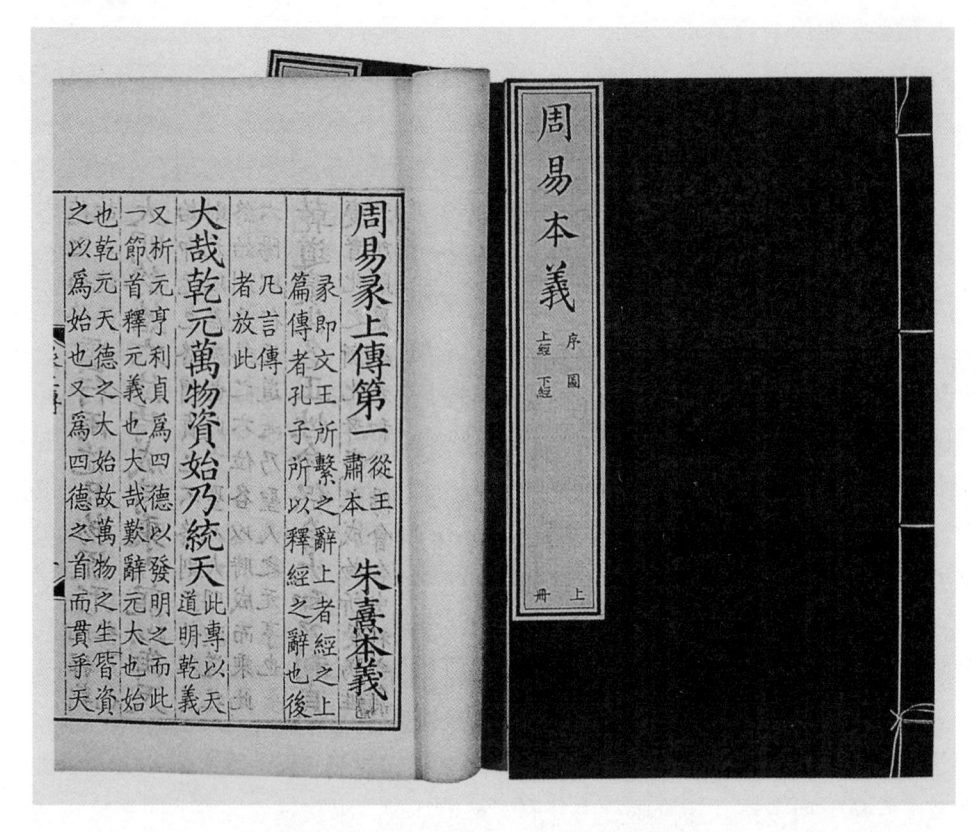

《周易本义》，康熙五十七年武英殿刻本

二、套印技术的不断完善

清代的套印精品多出自内府，它使这一精细复杂的技术也达到了近乎完善的境地。

内府套印本各色的用途已形成定式：除正文用墨、句读用红以外，还利用红色鲜明的特性，在人名、地名和注释引书等处做专名号；或用来印皇帝的朱批，使之醒目。

遇有评注、批语的书，而评注者又不止一位，则另加蓝、绿等色，用以分辨各家手笔。

套印技术的关键在于套印位置是否准确，颜料是否纯正，色彩施用是否得当。殿本在这些方面均无可挑剔，如朱色句读不偏不倚恰好落在当顿之处，未见有叠印和偏差现象，一丝不苟。

从套印这一印刷形式本身来看，主要有两方面的作用：第一，使段落、字句分明，词意显赫，使所要强调的局部醒目，在多方面起着助读作用；第二，由于在白纸黑字的书籍中增加了富于美感的色彩,又使它们在客观上具有艺术欣赏性,即在实际的效用之外,增添了观赏的意义。这种令读者赏心悦目、"精神为之一振"的作用是其他印刷方式所不具备的。

三、活字印刷技术的多种尝试

政府积极使用活字版印书也是清代的一大特点。清前期,木活字印书已在全国通行。各地的衙门、书院、官书局大都备有木活字,而且出现了如"活字印书局"或"聚珍堂"等专门采用活字印刷的店铺。最大的一项木活字印书工程,是乾隆三十八年(1773年)开始的丛刻《武英殿聚珍版丛书》。

《武英殿聚珍版丛书》共收138种书,其中有134种是木活字排印。总的来看,内府活字本比起外间活字本要精细。

《武英殿聚珍版程式》一书,将造木子、刻字、字柜、槽板、夹条、顶木、中心木、类盘、套格、摆书、垫板、校对、刷印、归类、逐日轮转办法(附轮转摆印课程)等各项分别条目,一一绘成生动的图示,并作出简要说明,从理论上概括总结了全部工艺流程。

尽管以木活字印书早在元明时期就有,但此次聚珍版的实践还是有它的特殊意义。

其一,摆印方法是雕板和活字并用,除了正文和版心的书名、卷次、页码以及校刊人姓名用活字版摆印以外,其余整个界栏和普通版刻一样,是在一块整版上刻成的,金代简称这种方法为"套格"。

其二,摆印过程中的制字、排架、拣字、拼版、打校样、拆版、还架等工序,已接近于现代铅印活版车间的一系列程序。

其三,《武英殿聚珍版丛书》的刊刻,是我国古籍印刷史上的一件大事。它继承和总结了宋明以来各种活字印刷术的成果和经验,把我国古代活字印刷术推向了发展的高峰。

其四,《武英殿聚珍版丛书》138种,以作者朝代论,汉至唐人的著作有24种;宋人的著作最多,达90种;金至清人的著作20种。其中有80余种书是名家撰写的汉唐以来稀见的亡佚之书。各种稀见之书借助聚珍版的流传而广泛传播,同时对全国的书籍出版也起到了示范作用。

由于乾隆皇帝为木活字取了"聚珍版"的雅名,又大兴木活字之役,因此,民间闻风而起,纷纷效仿。其木活字印刷在民间的广泛使用,大大超过了元明时代,地区众多,印刷内容十分广泛。

在明代的金属活字印刷取得了长足进步之后的两个世纪中,铜活字印本不断出现,而最大最著名的一部便是绝无仅有的内府本《钦定古今图书集成》。

清代民间采用铜活字印刷书籍,目前见到的清代最早的铜活字印本是康熙二十五年(1686年)江苏常熟县吹藜阁排印的《文苑英华律赋选》四卷。这是现在所知清代最早的铜活字本。其字体为笔写体，也就是所谓"软字"或"今体"，流利悦目，印刷清晰，十分精致，体现了很高的印刷水平。

清前期，还出版了其他活字技术的尝试。

磁版印书。有人认为所谓"磁版"使用的是泥活字上瓷釉后烧成的瓷活字，也可能是泥活字拼版后再上瓷釉烧成磁版，有人则认为磁版并非活字版，说法虽不一，但确是对此类技术进行的革新性尝试。

泥活字印书。探索使用泥活字印刷的，有道光十二年（1832年）苏州李瑶用胶泥活字排印其所校补的《金石例四种》和温睿临《南疆绎史勘本》。此外，在江苏常州、无锡和江西宜黄也都有人从事过泥活字印刷。

活字泥版印书。特别值得注意的是清吕抚采用的活字泥版印书工艺，与泥活字排版印刷方法不同。在雍正末至乾隆初正气堂活字泥版印本《精订纲鉴二十一史通俗演义》一书中，有两篇关于活字泥版印书工艺的文献，是该书编撰者吕抚对其自制泥活字字母、制泥版印刷此书方法及所用各种工具的详细记载。文中所述制字、制版方法，是我国古代印刷术中的又一新工艺，且鲜为人知。吕抚所创活字泥版印书方法，不但是我国古代印刷术中的又一新工艺，也是我国劳动人民对世界印刷技术的又一伟大贡献。

铅活字、锡活字。铅活字和锡活字在清代也都有使用。道光三十年（1850年），广东佛山镇唐姓书商，出资一万元铸造锡活字，共计铸成扁体字、长体大字、长体小字三套，约有20多万个。其扁体字为正楷，两种长体字近似仿宋体，比较美观。可见，早在近代铅合金活字传入中国之前，已经有人用铅做活字了。可惜早期的铅活字印本没有流传下来。

四、书籍版画插图的发展

版画是一种经过刻版再进行印刷的图画。清代版画延续了明朝的雕版印刷工艺。在明末清初交替之际，明末刻工艺匠大都健在，所以，顺、康时期的版画承袭明朝遗风，多有精品佳作，特别是宫廷版画异军突起，独树一帜。清后期逐渐步入衰落。

1. 宫廷版画异军突起

植根并生长于广土众民之中的木版画，于清代初年进入宫廷，这是绝无仅有的历史现象。这支宫廷版画流派异军突起，在清代版画领域掀起了一个高潮。

清宫木版画较多地应用于"钦定"书籍的插图，因此不可避免地受到种种宫规礼制的制约。从清宫木版画的题材看，大部分是因袭传统，同时根据统治的需要，也有新的拓展。

清宫木版画直接为帝王歌功颂德，或为宣扬其文治武功服务，从而决定了其题材的正统性。民间坊肆最喜刊刻的戏曲、小说的版画题材未见在宫中镌刻。

同时清宫木版画作为御用工具，势必带有浓厚的庙堂气息，与民间版画在审美和意趣方面构成明显的反差。主要体现在：其一，场面宏大，构图繁复。其二，画面规整，铺陈拘谨。其三，参用西洋透视画法。其四，画风细致，法度严谨。综观清宫木版画，虽然受到宫廷仪法的限制，有些作品一味称颂，不能自由挥洒，但在描写山川风物、寺观园林、各阶层人物形象和配景方面，可称生动活泼，绘刻俱佳，有些已成为可独立欣赏的艺术佳品。除了本身的艺术价值外，它们还有着与书中的诗赋等抽象文字相结合所产生的更为表情达意的互补作用，具有学术等多方面的价值。此外，据实景摹绘的器物、人物等，也程度不同地带有纪实色彩，故此类作品的史料价值不言而喻。

嘉道以后，国力渐趋衰弱，画家队伍逐渐解散，西洋的铅印、石印术逐渐取代了传统的雕版印刷技术，这意味着版画渐渐失去依附，其衰亡已是大势所趋。至光绪时，带有石印版画风格的《承华事略补图》一书刻竣，清宫木版画的发展历程就此终结。

2. 民间版画平稳发展

清代初期，民间对版画的刻印也十分热衷。其中，有很多是由著名画家提供画稿底本，由镌刻名匠雕版印刷，两方面优势相结合，刻印了一批保持较高水平的版画佳作。

清代前期也刻印了一批小说，其中所附插图也多以人物为主。如《红楼梦》、《聊斋志异》、《儒林外史》、《镜花缘》等，这些小说刻印时都附有插图。

清代彩色版画印刷代表作品主要有《耕织图》和《芥子园画传》。

此外，清初的年画印刷在很多地方发展起来，形成了一支独具风格的印刷门类。清晚期，戏曲、小说等通俗读物中虽然也多有插图，但是刻印水平低下，粗率不精，已不为世人所重视。正是此时，石印、铜版印刷相继传入中国，传统的木刻版画更迅速走向衰落。

从整体上看，我国古代的印刷技术，到明代已发展到高峰，到了清代，这种传统技术没有新的突破，只是应用领域更为广泛，技艺更为熟练。清代印刷技术有所发展，这与社会政治安定、经济发达、文事昌盛这一客观环境有很大关系。但在这一共性条件下，官、私、坊三大刻书系统间技术发展水平有很大差异，这又与清宫得天独厚的小环境有直接关系，可以说是多种因素的合力。主要因素有：特定的环境，优越的条件，造就出"殿本"等富于庙堂特色的版本，极尽精雕、精写、精绘、精印、精校之能事，集中了一个时代精神文明和物质文明的精华，所以单色刊本、套印本、铜活字本、聚珍本（木活字本）等都是精品，卓立于时代的前列。综观同时期一般官、私、坊间的各种版本，鲜有胜于"内府本"者，莫不与上述条件有关。

第七节　清前期图书装帧艺术

清代是古代册装书籍发展的最后时期，图书的版式行格、字体、纸张、装订形式基本定型，既具有时代特点，又在成熟定型中追求发展变化。

一、图书版式

我国古代刻印书籍的版面款式在宋代已有了比较固定的式样,以后各代大同小异。清代图书只是在前人基础上,根据出版者的喜好,选用或设计不同的版式规格。变化较多的主要是版框装饰和版心装饰。

官府刻本行距宽、开本大,舒展,有皇家气派,左右双栏或四周双栏,多白口,单鱼尾或双鱼尾。书前多冠有"御制序",有御笔,也有大臣代笔,手书上版;序后等处或有"体元主人"、"万几余暇"、"稽古右文"、"惟精惟一"等印记。

私家及书肆印书则多依各自喜好,采用不同的版式。私坊刻书版框大小不尽一致,坊间刻书多小型版本,以便于销售、携带,价格低廉。

二、图书字体

字体与时代风尚有关,也与帝王的个人偏好有一定关系。顺治朝刻书,上承明经厂本之余绪,故刻印风格与之相似。字体正方,横细竖重,结构呆板,人称"匠体";字大如钱,行格宽疏。武英殿修书处成立后,因康熙帝喜好明代书法家董其昌的字体,书手以圆秀、工整的楷书字体上版,工整秀丽,时称"软字",如《佩文斋书画谱》《御选古文渊鉴》等书即为此种字体。作为对称,将方体字称为"硬体字",如《历朝闺雅》即以此种字体印成。还有一种仿宋体,笔力遒劲,结构秀丽。其后的乾隆帝喜好元代赵孟頫的字体,故赵体字风行一时。这种字体笔画圆润遒劲,清丽整齐。嘉庆以后,欧(阳询)体字又渐渐流行。

三、印书用纸

造纸术发明之后,人类的探索仍在继续。探索的结果,一是不断发现新的造纸原料,二是不断改进制造工艺,纸张品种随之递增。古书纸张的生产受原材料和技术水平的制约,因而有明显的时代性和地域性。

随着社会经济、文化的发展,对纸张的需求量大大增加,原有的用麻、藤和檀、楮树皮造纸的技术,已不能满足生产需要,于是寻求更多新的造纸原料。竹纸的大量增产,便是适应当时社会需求的产物。清代印书用纸品种最多,除用竹纸较为普遍外,还有开化纸、开化榜纸、各种棉纸、连史纸、粉连纸、竹连纸、玉版宣纸、棉连纸、料半纸、毛边纸、毛太纸、罗纹纸等。下面简要介绍:

宣纸,由于宣纸选择原料严格,胶汁使用得法,制造技术娴熟、高超,所以制成的成品纸质地柔韧、洁白平滑、细腻匀整,色泽经久不变,且不易蛀蚀,便于长期保存。我国唐宋以来的书画作品多采用宣纸,有"纸寿千年"的美称。

罗纹纸,颜色有素白、浅黄两种,质地细薄柔软,有明显的横纹,韧性强,看上去与丝织的罗绸相似,故有罗纹纸之称。宋、元、明、清都有生产。

棉连纸，纸质白润如玉，细腻、柔软、匀密，富有绵韧性，无明显纹路。

棉纸，南方称为皮纸。以楮树皮等为原料做成，强度较高。质地细柔，纤维较多，极有韧性。从纸的纵面顺撕，断裂处有参差不齐的短纤维，因而叫棉纸。

竹纸因为颜色略呈黄色，故又称"黄纸"，品种繁多。主要有毛边纸，亦称南毛边，颜色米黄，多产于福建。纸的正面光滑，背面粗涩，韧性较差。

毛太纸，亦称南毛太纸，福建、浙江、江西都有出产。颜色浅黄，性能与毛边纸相仿，但纸幅较小，略薄。性质柔和，厚薄粗细稍有不匀，有明显的帘纹。因纸面清洁、光滑，清代中期以后用以印书的较多。毛太纸是修补旧书的必备纸张，补、镶、裱托竹纸书均很相宜，染色后也可以作为旧纸的代用品。

川连纸，产自四川。色泽略黄或白，质地与毛太纸相仿。这种纸较有韧性，但薄厚不匀，印出的书不够美观。

元书纸，产于浙江富阳、萧山等县，以富阳之大、小岭的出品为最佳。原料用石竹，色微黄，较毛边稍次。

连史纸，产于福建连城，故名。这种纸洁白匀净，正面光滑，背面粗涩发滞，但没有草屑粘附。纸料细而耐久性强，与棉连相似，唯韧性稍逊于棉连。托墨、写字易洇，清代乾隆以后用以印书者较多。

出版印刷业的主要原料是纸张。虽然江南造纸业在明清时期颇有发展，但是由于需求增长更快，因此仍然有相当一部分纸张从外地输入。

明清江南纸张来源地颇广，名目也颇多。① 但是从大宗贸易来看，明清江南纸张的主要来源地是皖南、浙东、江西与福建。其中特别是江西和福建，地位更为重要。

江南出版印刷业的产品不仅畅销本地，而且大量运售外地。明末毛晋所刻之书，远在数省之外的人都慕名来买，故有"毛氏之书走天下"之说。② 到了清代，江南出版的畅销书的输出，成了一项重要的生意。因此，江南的出版印刷业的外向化、商业化水平日益提高。

四、图书装订

清代的装订技术，基本上采用此期流行的线装形式（清代后期引进的西式装订法除外）。宫廷刻书兼或采用以前各代流行过的经折装、蝴蝶装和包背装，以求书籍形式丰富多彩。

私坊刻书版框大小不尽一致，坊间刻书多小型版本，以便于销售、携带，价格低廉，书籍装帧以齐下栏为规矩。在装订工艺方面的发展，主要是装潢考究、工艺精细、牢固耐用。殿版书籍版框大小要求严格，装订整齐。装帧设计庄重、典雅，初期多以

---

① 清代前中期通过浒墅关输入江南的外地纸张中，仅有名者就有光古、灰屏、黄倘、连史、元连、白鹿、毛长、对方、毛边、江连、黄表、桑皮、碑色、东坦等（见道光《浒墅关志》卷五小贩则例）。
② 叶德辉：《书林清话》，卷七"明毛晋汲古阁刻书"之二。

绸、绫等丝制品做书衣、函套。为保护书籍不受损坏，当时还以"毛装"的形式保存，即将印好的书页叠齐，下纸捻后不加裁切。用此法装订书籍，一是为表示书系新印殿本，二是为日后若有污损可再行切裁。

五、图书装帧

"装帧"是一个外来词语，中国古书中所使用的对等性词语则有"装订"和"装潢"等。从文献中对它们的使用来看，"装订"侧重于技术的方面，而"装潢"偏重于指书籍艺术性的方面。实际上，二者的关系密不可分：在对古籍装订时，必须同时考虑美观等艺术性的要求；而书籍的艺术性则主要通过装订体现出来。在古籍版本的鉴别和考证中，历来有这样一种倾向：古籍的装帧和装潢一向被视为"无关要义"的方面，它使得装帧这一与书俱来的、比字体墨色等带有更多时代痕迹的版本参考依据的作用未能得到应有的体现。

清代内府书籍的装帧和装潢设计，由于帝王的雅好和直接参与，使用了最好的材料，设计主旨得到了充分的发挥，与一般官、私、坊间书籍浅淡简朴的装帧装潢风格形成鲜明的对比。归纳起来，有以下特点。

1. 象征皇权的装潢色彩。中国社会的封建等级制度，可谓历史悠久，根深蒂固，曾经影响了社会生活的各个方面，对色彩的使用也未能例外，主要用它作为标志符号，表明社会阶层或等级身份。其实，就色彩本身而言，开始并不含什么尊卑意义。

2. 象征帝后的龙凤纹饰。除了以色彩区别尊卑外，还在书籍装潢中选用特定的图案。由于中国古代有龙为君象的观念，汉代以后，龙成为天子的化身，成为皇帝权威的象征。中国文化中另一种具有影响的神话动物——凤，作为鸟中之王也成为帝后的象征。因此，内府许多图书和各种御用器物一样，常常饰有龙凤图形。如绸缎书衣上织绣有水波藏龙、双龙戏珠等图案，书籍封面、边框等处绘有龙图，夹板、函匣上雕有龙纹。各种团龙舞凤随处可见，多彩多姿。

3. 装潢材质的等级差别。内府刻书有几种不同的用途，在刷印前有呈览本、缮录副本和付刻样本；刷印后则有陈设本、赏赐本和通行本之分，其刷印纸墨、装潢的要求亦各不相同，有明显的等级差异。一般都由武英殿奏请后遵旨承做。

4. 华贵富丽的装潢材料。书衣、书函等一般采用绫、锦、绢、缎等丝织品材料，属织物中最为贵重者，与纸质材料相比，显得华丽、厚实、凝重、丰满。函套上敷用的锦缎还织有团龙、云凤、寿字等图案，多至上百种，琳琅满目，美不胜收。书盒所使用的材料有金、银、铜、木、石、洒金笺纸等，应有尽有。

5. 丰富多彩的装帧形式。清内府书籍装帧以当时流行的线装形制为主，间或也有依照汉唐和宋元时期的卷轴装、经折装、梵夹装和蝴蝶装等多种形式的制作，以求形式的多样化。它们反映出数千年来中国书籍形制发展的历次重大变化，显现出各自革故鼎新的特点，令人追想神驰。

6. 典雅大方的装潢设计。无论是线装，还是包背装、蝴蝶装和经折装，均为长方形状，左上方沿书口垂直贴一款长形书签。如是线装则右侧钉有比例适宜、均衡对称的双行丝线。

7. 精致考究的制作工艺。以书册的制作来说，书口整齐，栏线划一，裁切、锥眼、订线、包角和书签的粘贴均达到很高的工艺要求，有的书签四周还镶以别色绫锦，非常精致。

各种护书用品如书函、书盒、书匣、夹板等制作非常精细。既可用以存贮图书，又是高斋清赏的艺术佳品，令人叹为观止。

8. 雍容舒缓的装潢节奏。以上特点，有的书籍仅具其一，有的兼具二三，而将上述各项特点集于一身的，也不乏其例，比如，清乾隆三十五年内府泥金藏文精写本《甘珠尔》即为其中的极品。此巨帙系专为庆祝乾隆帝的生母皇太后八旬万寿而特制，共108夹（函），每夹200—450余叶不等，为梵夹装式。经叶以磁青纸双面书写，栏线外有泥金八宝缠莲纹饰，细如毫发，极为精致。经叶排列以藏文字母为序，按次叠放后，四周的泥金八宝图案立现，构思颇具匠心。《甘珠尔》集皇家材质之精华，仅珠宝就用了14 000余颗。用料之考究，写绘之精细，装潢之华美，均无与伦比。

在中国古书中，有关书籍装帧艺术的理论虽然尚未形成，但是古典装帧艺术的发展已臻于成熟，其完整的设计理念和丰富内容已贯穿在实践当中。由于清代帝王的重视，加上皇室所拥有的得天独厚的物质条件和技术力量，匠人们调动了一切可以调动的艺术手段，全面吸收、继承了明以前书籍装帧的优良传统，又经过独具匠心的艺术创新和提高，熔多种风格为一炉，从而形成了鲜明的装帧装潢风格，也将中国古典装帧艺术推向了它璀璨的巅峰。装帧艺术与书籍的内容相辅相成，密不可分，统一在一个整体之中，以至于不看书籍内容，仅从装潢就可以断定是否为内府本。

第八节　清前期对图书出版流通的管理

一、官府图书发行渠道与方式

清康、雍、乾三朝是皇室书籍事业发展的鼎盛时期。三位励精图治的皇帝文化修养深厚，博学多才，对"帝王敷治，文教是先"也都有共识，因而在政局稳定之后，即接续致力于发展社会经济，大兴文教事业。除前述大大加强和发展以武英殿修书处为中心的中央撰修图书活动外，还加强了对书籍流通的调控，对全国私坊书籍的出版也采取了一定的干预政策。档案文献中保存了部分清帝就书籍编纂、写刻、刷印及发行范围等事宜发布的谕旨。

1. 图书的赏赐与颁行

自康熙朝以后相当长的历史时期内，清代中央官刻图书是以武英殿修书处为主，颁发全国。修书处虽隶属于内务府，但图书的编刊、发行、流通渠道都是由皇帝决定的。采取自上而下直接控制的流通方式。这些规定大都散见于皇帝谕旨、大臣奏折和《大清会典事例》、《礼部则例》、《学政全书》等文献。

清王朝对于图书发行流通的目的是很明确的，他们深知"稽诸史册"的成效和对培养人才、发展学术、裨益教化的重要性，更懂得"稽古右文"、"昌明性理"对于钳制人民思想、巩固统治的关系。因而，一而再、再而三地发布上谕，要求各省把这些图书重刊流布，以广诵习，甚至不惜动用存公银两。

清代内府刻书都有一定的政治目的，这种目的往往是通过施教的方式来实现的，所以为了扩大其影响，很注重图书的发行。除宫中陈设、存盘、赏赐和留存外，还有若干通行本颁发或售卖到全国各地。殿版书的发行工作也在最高统治者的直接控制之下，每一种书成，都要就印数和发行范围请旨。殿版书除用于宫内外重要殿堂陈设，恭送两部到盛京皇宫贮藏外，其外发和销售渠道主要有以下几个。

一是颁发。颁给中央各部、监、院及地方各级政府。主要将有关上谕和《大清律例》、《大清会典》及各部则例等有关政书作为施政机关的参考和依据。颁给各级官员。主要将《御制人臣儆心录》、《钦定训饬州县条规》等作为廉政修身的必读书。颁给各府、州、县学、书院等教育机构。主要将一些"钦定"的经史读本和"御纂"的经义、史评之类的书籍，作为教育资料。还颁给各省著名寺庙。主要将译刻的佛教经籍供奉其中，供僧侣们研习使用。

二是赏赐。赏赐对象为个人。每种书刊刻发印，通常在印数中包括颁赏本，被赏赐人员的名单都是经过奏批的。赏赐的对象包括宗室王公贵族，京师内外的文武大臣，参加纂修书籍的翰林，以及地方著名的学者、侍僧、外国使臣等，各书的赏赐数量不同，每种书在20—200部不等，如《钦定兰州纪略》和《明史本纪》赏赐数量为50部，《钦定盛京通志》和《钦定满洲源流考》为20部。

三是翻刻、刷印与售卖。翻刻的形式有两种：一是将殿版书颁发到省一级，即印行300部左右的通行本，以有偿的方式向社会发行，由省级机关组织重刻，再由地方官府印行或招募坊贾、个人纳款就版印刷；二是由书坊自行刊刻印刷。

售卖流通始于乾隆初年，至乾隆九年奏准，于武英殿修书处下设立通行书籍售卖处，并设专人管理。售卖书的来源有两个：一是武英殿专为发卖刷印的通行本，印行300部左右，多者也有千余部的。二是武英殿存贮的赏颁或备用的余书与残书。

清内府通过上述各种方式，将中央政府编刊的经、史、子、集书籍尽可能发行到全国各地，使其最大限度地发挥作用。各阶层人士通过以上各种渠道接触到无缘得见的殿版书，便可以达到统治者所期望的"人人诵习，以广教泽"的目的。

清帝认为，治天下以人心风俗为本，而要正人心、厚风俗，必崇尚正经正史，严绝非圣之道。于是，编纂了大量以"资治"为目的的"钦定"书籍，而这一目的最终要通过教化民众来实现，所以重视图书的发行。每种书籍编印完成后，除宫中陈设、赏赐和留存外，还制印若干通行本，通过颁发或售卖等方式，鼓励各省坊贾或个人翻印。

一大批官修书籍的编纂、刊刻发行和广泛传播，对当时的文化起了导向作用。

2. 官府对私坊图书刊行的干预

清统治者在大力推行官修书籍的同时，也对私坊图书流通施加种种干预，这与少数民族统治有较大的关系。清朝统治者入关后，为了巩固统治，制造文字狱，颁布了种种书坊禁律。

除了干预民间图书流通外，清统治者还通过征书从源头上消灭一切不符合统治要求的书。其最大举措就是通过纂修《四库全书》掀起了征书、禁书、毁书运动。

官府通过部署翻刻钦定、御纂诸书，发布书坊禁令等方式，使得官修书籍有选择地定向传播，直接控制各地的刊行品种，对各地的出版活动起了导向作用，并且发生了深远影响。通过抑制其出版自由，帝王对学术的褒贬好恶也随之影响到民间。如清宫编纂的《历象考成》、《数理精蕴》等自然科学方面的书籍，多是皇帝个人兴趣所致，如康熙皇帝喜爱天文、历法、数理等，他在位期间刊刻了不少此类书籍。这也影响到了民间，使清朝天文、历算之学大盛，出现了许多非常有价值的成果。但传播的主体仍是流通更为广泛的经史教化类书，由此导致民间出版业也出现了同样的倾向。

二、民间图书发行渠道与方式

清前期是我国出版事业发展史上的勃兴时期。康熙、雍正和乾隆几位皇帝都提倡文治，"稽古右文"。他们重视儒家经典，鼓励出版有利于其统治的书籍，大力促进其流通。当时书籍出版规模之大，出版书籍数量之多，都超越了前代。由此，书籍的流通进入了一个新的阶段，具有与以往不同的特点，除了商业性市场销售流通之外，还有非商业性的传送流通。传送流通包括抄写、馈赠、携带和征献。

抄写流通是抄写者从藏书家手中借抄书籍以实现书籍转移的一种流通方式。这种流通方式具有时间的规定性：抄写者从藏书家手中借抄是有期限的，书籍从藏书家手中转移到抄写者手中，在规定的时间内抄写，抄写完成后，书籍又还回藏书家。书籍的流通经过借抄、还书、再借抄的流通过程。

抄书的原因主要有两条：一是出版家、藏书家出于藏书的需要。二是社会对书籍的需求越来越大。这一时期，以抄书而名闻一时的学者不胜枚举，他们借书抄写既是书籍的复制过程，又促进了书籍的流通。

馈赠书籍是读书者从馈赠者手中得到书籍以实现书籍转移的一种流通方式。这种流通方式往往建立在相互了解、友谊的基础之上，把书籍作为纪念物。

西方商人、僧人携带汉文书籍出国，或将国外的汉籍带回中国，汉籍再次得到流通。也是一种流通方式。

还有征调和进呈。征调流通是自上而下实现书籍转移的一种流通方式；进呈流通是自下而上实现书籍转移的一种流通方式。

清廷对不利其统治的书籍的流通实行了干预政策。顺治初年，禁止民间流传话本小说。康熙帝即位后，认为"淫词小说，人所乐观，实能败坏风俗，蛊惑人心"①，不利于统治，令行禁止。乾隆帝认为，治理天下在于"正风俗，得民心，敦士行"，为此，他一即位就注意民间的情况，小说的影响很大，有碍其统治，所以严行禁绝，将板与书一并尽行销毁。我们从清朝查禁"淫书小说"的禁书书目来看，《红楼梦》、《西厢记》、《石点头》、《今古奇观》、《拍案惊奇》这些小说都被统治者列入"淫书小说"的禁书书目中。

乾隆帝为修《四库全书》，命人广泛征集民间藏书，许多珍贵书籍横遭销毁。乾隆帝禁毁书籍，严重阻遏了书籍的流通。

书籍的流通导致了藏书公用思想的萌发。中国古代一直存在藏书与书籍公用的矛盾。书籍具有社会性，而藏书则具有私有性。到了清初，随着文化事业的发展，书籍流通的发达，藏书家的藏书思想发生了变化，产生了藏书公用的思想。在藏书公用思想的影响下，有些藏书家把自己的藏书借给别人，供别人之需。

清代前期，为了适应书籍流通的需要，我国民间编撰书籍目录的数量远远超过前代。书籍的流通以及藏书的需要，促进了中国民间目录学的发展。

书籍流通促成中国多种民族语言书籍的翻译，密切了各民族之间的文化联系，加强了各民族之间的相互了解。

中国书籍在国外的广泛流通，为西方学者提供了重要的研究材料。康熙二十三年（1684年）康熙帝颁布了"展海令"，容许民间商船自由出海贸易，于是大量商船前往日本。随着贸易的发展，中外学者的联系加强。日本学者对中国文化进行了深入研究。欧洲学者对中国文化也进行了深入的研究。特别值得一提的是法国、德国和英国的学者。法国启蒙思想家笛卡儿、德国哲学家莱布尼茨、英国文学家和政论家约翰·弥尔顿等都非常重视中国文化，并取得丰硕的研究成果。

三、图书的对外交流

清代的图书出口仍以日本为主要贸易对象，朝鲜次之。贸易形式已经从官方的"贡赐贸易"转化为民间的商贸往来，既有出口，也有进口。

日本开放长崎为唯一的对外通商口岸。随着清朝对海禁的放松，中国去往长崎贸易商船的日益频繁，其中书籍是重要的出口货物。

除了进出口贸易，中日往来人员的就便购书也是图书交流的重要方式。随着中国商船去往长崎的增多，中国名僧应邀赴日的越来越多，他们去日本的时候也带去了大量的图书。日本人来华顺便购买图书或者专门购买图书的也为数不少。

---

① 《清圣祖实录》卷一二九"康熙二十六年二月"。

朝鲜贡使来北京，除进行"贡赐贸易"外，还有一项附带的任务就是购买图书。

清前期是华侨开发南洋的高潮时期，许多商人往返于祖国和南洋各国之间。佛山的书商抓住这个契机，开拓了东南亚华文图书市场，通过华侨商人、商船把图书销往东南亚，东南亚成为图书出口的又一个热点地区。

第九节 清前期少数民族文字书籍的出版

清朝建立后，使中国这个多民族国家的统一进一步巩固和发展。在北方和西北先后统一了蒙古各部；在西域先设伊犁将军，后设行省；在西藏派驻驻藏大臣，实行《钦定西藏善后章程》二十九条，清代奠定了现在中国各族人民所共有的疆土，中国各民族完全统一于祖国版图之中。清代前期国家统一，社会稳定发展，出现了康乾盛世。清朝后期朝政腐败，帝国主义列强入侵，使中国沦为半封建半殖民地社会，各族人民深受压迫、剥削，同时也使得各族人民更加紧密地团结起来，共同反对外来侵略。

一、四译馆及其编辑的《译语》

清沿明制，四译馆职责与明代相同，各馆设正教序班、协教序班各一人作为教师，下有译字官生若干。四译馆隶属翰林院，由太常寺汉少卿一人提督馆务。

会同四译馆成立后，编撰了一批《译语》，这批译语学术界称为会同四译馆《华夷译语》，或称丁种《华夷译语》。这批译语与明代《华夷译语》相比，有一个特点，就是只有杂字，没有来文。除一种外，均有民族文字。从内容上看，译语所涉及的地域大多包括四川、云南、西藏一带共 31 种，另有琉球、暹罗、缅甸、印度和欧洲等外国语言共 11 种。

丁种本《华夷译语》主要收藏在故宫图书馆，国家图书馆藏有 20 世纪 30 年代复印的晒蓝本。国外也有部分收藏。这批译语在语言学、民族学和文献学等方面具有重要意义。

二、满文书籍的出版

在现存的少数民族文字图书中，除藏文外，满文图书的品种与数量是最多的。综观中国历史，一个少数民族建立的王朝能保留下来这么丰富的民族文字图籍，是绝无仅有的。

满文图书从版本上讲可以分为刻本图书和抄本图书两大类，刻本图书又可分为官刻与坊刻两种。

1. 满文官刻本

清朝在关外时期，已开始用满文翻译汉籍。清朝入关后，满文出版业进入了一个新的发展时期。顺治年间满文书籍已出现了少数坊刻本，如听松楼刻印的《诗经》等，但是以内府刻本为主。

清代官修图书承袭明制，仍由翰林院负责编撰。为了适应汉籍满译工作的需要，专设翻书房于太和门西廊下。翻书房将汉籍译为满文后，即付刻印。顺治年间，宫内刻书还是利用明朝的刻书机构经厂。从满文文字看，顺治年间刻本的字体刚劲古朴，字里行间尚有老满文残存风韵，与康熙刻本的字体有较明显的区别。

康熙时代皇家刻书业发展繁荣。一个重要标志是武英殿修书处的设立。武英殿修书处从建立到清末，共整理、校注、辑佚、汇编古籍和编纂新书达700余种，其中半数印刷成书。满文的内府刻本也得以崭新的面貌问世。这时期满文的殿刻本变得更加规范，字体典雅，有些图书用开化纸大字印刷，纸张洁白细腻，字体墨色匀润，装帧精美考究，有一种特殊的宫廷特色。

进入乾隆时代后，满文官刻图书迎来了自己的鼎盛期。乾隆六十年中，内府所刻满文图书，无论从内容、数量和书品上看，都超过了前三朝，乾隆后历朝亦未有出其右者。

清代自嘉庆、道光以后，国力衰微，内忧外患日益严重。满文官刻图书也逐渐式微，最后变成一种官方的点缀。

满文官刻图书发展到顶峰后迅速跌入低谷，进入式微阶段，究其原因，除到了乾隆朝以后，政治腐败，内乱不止，帝国主义的入侵使中国变成了半封建、半殖民地社会等历史因素外，与当时满语文使用面急剧缩小也有直接的关系。

2. 满文坊刻本

民间刻本主要是指书坊和刻字铺印的书籍，另有一些私人的家刻本也属此列。清代的书坊虽遍及全国，并形成了北京、苏州、广州、佛山等几个刊印中心，但就满文图书而言，其刊印中心仅在北京一处。

坊刻图书与官刻图书的一个重要区别，就是它具有明显的实用性，因为它是将书籍作为商品，以追求利润为根本目的而刊行的。

3. 满文抄本图书

满文抄本图书主要是宫内抄本，其中当首推《四库全书》中的满文图书。

宫内抄本另一类是小说，这批小说都是从汉文翻译而来，全部用满文抄写。如《封神演义》、《连城璧》、《列国演义》、《南宋演义》等。

宫内抄本还有一类是装帧特殊的精品书，从其内容看，一是佛经，如乾隆年间的《无量寿佛经》、《摩诃般若波罗蜜多心经》等。另一类是歌谱，如《平定金川乐章》、《乾清宫普宴宗亲世德舞乐章》、《庆隆舞乐章》等。这些抄本都是在磁青纸上用泥金正楷精写，不但内容丰富，而且装帧考究，都是乾隆时代的遗存，现都保存在北京故宫图书馆。

满文图书在中外文化交流方面起到了独特的作用。满文在清代尊为"国书",尤其在顺治、康熙年间,满文使用面很广,是统治民族的独立语文,公文奏折多用满文,开科取士也按满汉分榜考试,并广开学校,教授满文。清初在北京的传教士、驻华使团等外国人也把学习满语文作为首要的任务。

满文是一种拼音文字,其动词的变化、动词词尾的变化、连贯语的连接词等语法特点对西方人而言较容易接受,而汉语文对西方人则如"天书"一般。正是由于这一点,清初的传教士多是通过儒家经典的满译本来了解中国传统文化的,他们还将一些汉籍的满译本译成西方各国文字。

外国传教士充分认识到满文图书的重要价值,所以在中国大量收集满文图书运回国内。现在许多国外图书馆收藏有满文图书,藏量比较多的有俄、日、美、英、法、德、意等国,其中有一些满文书国内已没有了。

满文图书以其独特的优势在历史上帮助了西方人了解中国传统文化,而西方的文化主要是一些科技知识又通过满文传到了中国,尽管接受的范围仅限在皇室和一部分上层官员的范围内,但满文图书在一定的历史时期内起到了中西方文化交流的桥梁作用,这一点是毋庸置疑的。

三、蒙古文书籍的继续出版

清王朝对蒙古实行满蒙联盟的方针,通过联姻、分封、赏赐等手段笼络蒙古上层封建主,同时实行盟旗制度,加强了对蒙古群众的直接统治,在宗教方面,大力提倡黄教,蒙古各部终于终结了几百年来分裂战乱的黑暗时期,在和平、统一、稳定的环境下,经济得到恢复和发展,人民生活有了一定改善,蒙古的文化也有了一个新的发展空间。在语言文字学、文学、史学等方面都有重要的作品问世,在医学、天文、历法等方面吸收了汉、藏等民族的传统精华,创造了新的重要成果。蒙古族十分重视教育,设立了蒙古官学、书院、书斋,寺庙兴办经文学校,民间开办私塾,到清末各地还兴办新式学堂。文化教育事业的发展促进了图书业的兴旺发达,清代蒙文图书的出版事业超过了历代的水平,进入了黄金发展期。

1. 清代蒙古文图书出版概况

(1) 佛教典籍。清统治者大力提倡藏传佛教,用宗教来巩固与蒙古各部的关系。由于清政府将藏传佛教作为统治蒙古诸部的重要工具,所以,清代蒙文官刻本中占大多数的是藏传佛教经典。翻译出版《甘珠尔》、《丹珠尔》是清代蒙文图书出版事业的两大工程。除此以外,还刻过许多佛经,这些佛经大多由藏文翻译而来,有一部分是蒙藏或满汉蒙藏合璧。

(2) 辞书出版物。辞书是清代蒙文图书中的一个重要门类,随着书面语言形成和规范化，蒙族学者编纂了许多蒙语语法图书和蒙语辞书，由于译经的需要和社会交往的扩大，还编纂了许多蒙文和藏、梵、满、汉等语言对照的辞书。《蒙文指要》、《蒙文总汇》是清代蒙古族学者赛尚阿编著的蒙文语法、词汇图书，这两部图书在蒙语语法研究和词典编纂方面有重要的参考价值，对后来的词典编纂产生过较大的影响。

（3）文学作品。蒙古文学在民间有着广泛深厚的基础，说书"好来宝"等讲唱形式在蒙古草原上广为流传，有许多作品开始是在民间传唱，后来才演变为书面文学的，卫拉特蒙古地区的《江格尔》就是这样，另外一部英雄史诗《格斯尔》也是如此。《格斯尔的故事》是一部流传在我国蒙古族地区、蒙古国及俄国布利亚特蒙古地区的英雄史诗，《格斯尔的故事》涉及蒙古族的语言文学、宗教、历史、生活习俗等方面，是研究蒙古族历史、文学的重要文献。

（4）史学作品。《蒙古黄金史》又名《大黄金史》，作者罗卜藏丹津利用《蒙古秘史》、《蒙古黄金史纲》及现已佚文献编写，大约成书于清初，此书与《蒙古秘史》、《蒙古源流》被称为蒙古族三大历史著作，其唯一的手抄本藏于蒙古国国立图书馆，此书原是察哈尔一个贵族家藏本，为梵夹装。《蒙古源流》原名《珍宝史纲》，是鄂尔多斯蒙古人萨冈彻洪台吉写的一部重要历史著作，成书于康熙元年（1662），作者参照藏文、蒙文文献，结合自己的经历、见闻写成此书，对蒙古历史的发展、与佛教的关系、帝王的世系等都有详尽的叙述。

（5）传记作品。《成吉思汗传》，全称名为《黄金史之成吉思汗传记》，1958年在内蒙古乌兰察布盟达茂旗新宝力格苏木一个山洞中被发现。根据抄本的文字和版本特点，研究者认为此部作品成书时间可能在16世纪末、17世纪初。

《乃吉托音传》，全称《圣者乃吉托音达赖曼殊室利传——开光显扬如意珍鬘》，最早在北京以木刻本问世。此书被认为是蒙古传记文学的典范，在蒙古文学史上有重要地位。

（6）翻译作品。清代蒙古僧人和文人翻译了许多藏文、汉文、满文的优秀图书，这些翻译作品丰富了蒙古族的文化宝库，许多翻译著作成为蒙古民族精神生活的重要组成部分，大大加强了各民族间的文化交流。

清代早中期汉文书籍的蒙译者大多是官员或是官方色彩较浓的文人，所译的作品大多以儒家经典和正史为主。19世纪以后，汉籍蒙译的情况发生了变化，以官方为主逐渐变成以民间为主，译者从以官方文人为主过渡到以闲散文人为主。这种变化使更多的汉文图书译成蒙文，汉文化对蒙古族的影响逐渐加大。

2. 托忒蒙古文书籍的出版

托忒蒙古文又称陶德蒙古文，这是顺治五年（1648年）卫拉特部高僧扎雅班第达（1599—1662）根据卫拉特部方言特点，对原有的蒙古文略加改动而成。以加圈点和改变字形的办法使一个字母只表示一个音，另外设附加符号使长短元音分明。识读时比原来的蒙文更为清晰,故称"托忒蒙文",意为"清楚的"蒙文。这种文字在新疆卫拉特部一直沿用至今。

托忒蒙古文图书存量较多。据记载,扎雅班第达创制托忒蒙古文后,从顺治七年到康熙元年(1650—1662),与他的弟子翻译了200多部作品,大多为藏传佛教经典,也有一些是世俗典籍,如《明鉴》、《四部医典》等。

四、察合台文书籍的出版

清朝统一新疆后,经济日益繁荣,各民族和睦相处,作为新疆最大的伊斯兰化的族体,维吾尔族迎来了一个空前发展时期,其文化日益发展。清代新疆原有的古老宗教都已衰亡,伊斯兰教已成为维吾尔全民族信仰的唯一宗教,因此这一时期维吾尔文化的伊斯兰色彩也更加浓厚。

清代维吾尔人继续使用察合台语作为统一的文学书面语。清王朝对察合台文十分重视,在一些与少数民族领袖人物有关的重要场所使用多种民族文字,其中便有察合台文。

在新疆用察合台文写作的大量作品不断涌现,其内容涉及宗教、历史、文学、医学、农学、天文等各个领域。可见当时察合台文书籍种类之多。用察合台文写作的文学作品更是名目繁多。

维吾尔文人还将很多伊斯兰国家的作品译成了察合台文,如穆罕默德·萨迪克·喀什噶里(1740—1849)将阿拉伯文《台白里史》译成察合台文,又自撰几章加入其中,更名为《斯坎德尔史和王冠书》。

察合台文图书内容丰富、数量众多,大多以抄本流传。19世纪末、20世纪初曾在塔什干、喀山等地有石印本、铅印本问世,在新疆流传的察合台文图书的封面多以羊皮制成,有些封面还压有花纹,不但美观而且经久耐用,成为察合台文图书的一大特色。

察合台文文献大多保存在俄国、中亚诸国、土耳其、德国、英国、法国、美国、日本等国家,我国自20世纪50年代开始大量收集察合台文文献,取得了很大成绩,目前新疆、北京等地保存有相当数量的察合台文图书。

五、藏文书籍的继续出版

明末清初,藏族地区为卫拉特蒙古的和硕特、准噶尔等部所钳制,后逐步作了重大改革和调整。清朝设置理藩院专理蒙古、西藏事务,采取了"兴黄教,即所以安众蒙古"① 的政策,正式册封格鲁派两大活佛为达赖喇嘛、班禅额尔德尼,确定了达赖和班禅的名位。雍正六年(1728年)设立驻藏大臣办事衙门,会同地方办理西藏地方行政事务。乾隆五十八年(1793年)清军击退廓尔喀人的入侵,颁布了《钦定藏内善后章

---

① 见北京雍和宫清高宗《御制喇嘛说》碑文。

程》，更加明确了治理西藏的政策。鸦片战争后英军入侵西藏部分地区，激起藏汉各族人民的坚决反抗。西藏地区直至在 20 世纪上半叶还保存着封建农奴制度。

1. 藏文《大藏经》雕刊的高潮

清代由于满族统治者在藏、蒙地区大力发展藏传佛教，藏文《大藏经》多次雕版、印刷，地域广，版本多，印量大，使藏文大藏经雕印事业达到高潮。先后又有北京版、卓尼版、德格版、那塘新版等，各种版本都有自己的特色。

除藏文雕版佛经外，藏族地区还有大量藏文写经。书写藏文经典不仅是一种重要的流通方式，也是虔诚信奉佛教的一种功德。因此抄写的藏文佛经大多工整、细致，因藏文特殊的字体和以硬笔书写，有的竟与刻本佛经相仿佛。特别值得提出的是藏文《大藏经》中有多种以金、银字书写。这种经以金、银泥字书写于磁青纸上。纸质厚实坚韧，金银字书写精工，字体优美，版面金光灿烂，高贵豪华。

2. 史学、文学、医学著作的出版

1643 年，五世达赖喇嘛阿旺罗桑嘉措，应顾始汗敦真却季嘉波的要求撰写《西藏王臣记》。五世达赖喇嘛在政治、宗教方面都有很大贡献。他曾应清顺治皇帝的邀请从拉萨到北京朝觐，密切了藏、蒙、满、汉各族的关系。他一生著述宏富，《西藏王臣记》是他 27 岁时的著作，详细记述了西藏有史以来直至当时顾始汗的历史，不仅有历代王朝的大事，还包括王嗣和大臣的事迹。它不仅是重要史籍，也是文学佳作，被藏族尊为珍贵古籍。此书也被国外专家所重视，现已有英、法、日、德、俄等多种外文版本。

智观巴·丹巴饶杰作《安多政教史》，亦称《史书之海》，成书于同治四年（1865 年）。书中着重记述甘肃、青海、四川等地藏传佛教寺院的建立和发展过程、政教合一实体的形成、中央政府的历史作用、主要历史人物及作用、部分地区的宗教斗争，以及学经制度、寺院庄园等内容。史料真实可靠，叙述完备，是研究格鲁派的要集。以木刻本传世。

五世达赖在最早的刻本医书《扎当居悉》的基础上，组织人力参阅了大量医学书籍于 1687 年重新校对、修订，刊印了确切的《四部医典》，1689 年在藏首次发行。1704 年，全藏的名画家收集了各地药物标本，根据《四部医典》的内容，又重绘了 79 幅彩色医学挂图，约 1 000 张。这些挂图立意清楚，用笔精细，具有重要的科学价值，历经沧桑而保留到今。

3. 德格印经院

为了满足藏文书籍的需要，藏族地区相继出现了若干印经中心，即印经院，其中以德格印经院为典型。

在历史上，德格因宗教文化和民间艺术的繁盛，使它与西藏拉萨、甘肃夏河（拉卜楞寺所在地）一起组成了藏族的三大文化中心。雍正七年（1729年）由德格第十二代土司曲吉·登巴泽仁（1689—1750）创建。他崇信佛教，熟悉文字，精通藏医，被清廷封为德尔格忒军民宣慰使。

登巴泽仁首先刻印《大藏经》中的《甘珠尔》，请曾留学印度的著名学者、德格八邦寺司徒却吉牛勒活佛整理佛藏《甘珠尔》，并编纂800多页的目录和说明。这样每一个环节都很完备，很顺利地完成了刻印，当时共印刷103部，使举世闻名的《大藏经·甘珠尔》有了最完善的版本。

登巴泽仁去世后，其次子彭措登巴与其兄弟一起继承父业，扩建印经院，发展藏文书籍的出版事业。其刻印出版的重点是《丹珠尔》。

除《大藏经》外，德格印经院还刻印了很多其他佛教经典，以及天文、地理、历史、哲学、医学、文学等各方面书籍，多达4500余种。

德格印经院后多次修缮扩建，成为藏区规模最大的印刷中心，全称"德格吉祥智慧院"。

所印书籍除供藏、川、滇、甘、青诸地藏区使用外，还发行到印度、尼泊尔、不丹、日本及东南亚各地。

六、纳西东巴文和哥巴文书籍的出版

纳西族是中国古老的民族之一，是古羌人的一部，居住在长江上游的金沙江流域，高山大川构成了雄奇优美的自然景观。纳西族不仅有悠久的历史，还有灿烂的文化。纳西族大约在宋、元时期创制、使用东巴文，并形成了大量的书籍。这一时期东巴文化处于昌盛阶段，东巴文书籍也呈现繁荣景象。

1. 纳西族和东巴文的创制

纳西族在长期的历史发展中，创造了灿烂的纳西东巴文化。东巴文化是纳西族传统文化的主要构成部分，因保存于东巴教而得名，与东巴教密不可分。东巴文化是中华民族文化史上一颗璀璨夺目的明珠，她不仅包含宗教、哲学、历史、文学、民俗、医学、天文、历法、地理、生产知识等多种学科的内容，而且是一座纳西族古代文学艺术的辉煌宝库。其中包括卷帙浩繁的以东巴文写成的神话、宗教、史诗、古歌、民谣、经词等作品；也包括有世界上最早的象形文舞谱和内涵丰富的数十种古典舞蹈，东巴舞蹈是东巴文化的重要组成部分。此外，还有堪称天籁之声的东巴音乐和多种形制、音色的乐器。

纳西文大约有1000多年的历史，称为纳西东巴文，是在云南丽江纳西族地区流行的象形文字，记录的是纳西语的西部方言，一般用来抄写纳西族的经书。

东巴文是人类文字发展史上的一个典型范例，是闻名于世的古文字资料，是世界上至今仍在使用的唯一的象形文字。东巴文是人类记录语言的初始性文字，是"文字的活化石"，通过其字源和字意，可以了解纳西族原始社会的不少情况。纳西文虽然不能为群众社会生活提供尽善尽美的服务，但它在文字发展史上却占有极其重要的地位，因为它展现了文字远古阶段的面貌。

纳西象形文字以其独特的形态、稀见的结构和特殊的社会人文含义著称于世。世界上与之可比的类似书写体系只有中国的甲骨文、埃及的古象形文、古巴比伦的楔形文字，但这些古文字已成为历史。

2. 东巴文典籍

东巴文典籍一般都是以东巴经书形式流传。东巴经内容广博，具有很高的学术价值，其成书和流传也很有特点，类别也是多种多样。

丽江纳西族东巴文经书《人类迁徙记》，又名《创世纪》，纳西语名"崇邦统"，被称为纳西族的史诗，内容有人类的起源、血缘家庭、父子联名、刀耕火种、陪嫁奴隶、迁徙路线和民族关系等，歌颂了纳西族祖先崇仁丽恩的英雄事迹和英雄气概。

纳西族和藏族文化有密切的关系，他们除信仰东巴教外，也受到藏传佛教的影响。这种影响也反映在东巴文经书上。

纳西族是性格开朗、能歌善舞的民族，东巴经中有一部令人惊叹的舞蹈教程即《蹉姆书》，这是一部纳西族古典舞谱，共两册，分跳神舞蹈规程（《舞蹈教材》）和东巴舞蹈来历（《舞蹈来历》）。专家们都认为它是用古文字系统记录下来的最早舞谱著作，具有重要的学术价值，是研究人类原始舞蹈起源和早期舞谱形成极难得的经典。据有关专家考证，它的产生比著名的西班牙"拉班舞谱"还要早许多世纪。

在文学方面以浪漫主义和现实主义表现手法创作的韵文体东巴文学（包括诗歌、谚语和神话故事等），语言精炼优美，抑扬顿挫，朗朗上口。特别是各类神话故事，情节曲折，神奇浪漫。

东巴画有木牌画、竹笔画、纸牌画、神像轴画、巨型布卷画之分。画技各有特色，或线条粗犷、造型古拙，或色彩艳丽、笔法细巧。用东巴文字写成的《东巴画谱》被誉为稀世艺术珍品。《神路图》更是少见的绘画艺术珍品，是东巴绘画的代表作，它长约17米，宽约0.24米，上绘三界以及360多个栩栩如生的艺术形象，有人称它是中国美术史上的"直幅长卷之最"。

3. 东巴经的版式、收藏与传播

东巴经的用纸由丽江山地生长的一种叫山棉皮的植物精制而成。纳西族自制的白色土纸，纸质厚韧，两面书写，不怕虫蛀，历经千年也不会坏。

纳西东巴经书一般对封面、首页和正文分别装饰。在封面上打出长方形图框，框内书写经书所属仪式和本书名称，有的横写，有的竖写。框外多以墨色或彩色绘制八宝图案。书的首页多绘制与书籍内容有关的彩色图画。有些书包括正文在内的所有页面以彩色书写，使页面色彩鲜艳，美观漂亮。①

东巴经书的抄写与增补，完全是由东巴们自己进行，所以东巴经书都由东巴们收藏在自己家中。每一经书多用木板制成的书夹分上下合紧，再用麻绳或皮绳捆扎，置于经台或楼上，或放置在灶台上方的搁板上，令烟熏蒸，防止受潮。②

4. 哥巴文和玛丽玛萨文、阮可文书籍

纳西族还有一种文字是哥巴文。哥巴文是音节文字。音节文字是表音文字的一种，一个文字符号记录一个音节。同一个符号可以记录意义不同但语音相同的音节。哥巴文是在以云南丽江为中心的纳西族居住区流行的文字，记录的是纳西语。

纳西族还有玛丽玛萨文，是居住在云南省维西县拉普等地的纳西族一个支系玛丽玛萨人使用的文字。他们原无文字，其象形文字是向维西当地东巴学习的，共有 105 个单字，一个单字代表一个音节，类似哥巴文，皆自东巴文中派生而出。玛丽玛萨文的社会功能不同于东巴文和哥巴文，它不是记录宗教的经文，而是记录社会生活、生产内容，有很强的世俗性。

阮可文是居住在四川省木里县、云南省中甸县的纳西族所使用的一种文字，也有部分独立的文字，因使用者为纳西族阮可人而得名，流传于木里县俄亚、中甸县白地、洛克、东坝等地，其字形与东巴文大致相同，主要记录宗教经典。用阮可文记录的《阮可超荐经》有 33 本之多。

七、彝文书籍的继续出版

清代，彝族社会有了新的发展。彝区的文化也有较大的进步，汉族和彝族交往加强，文化交流增加。云南、四川建立学习汉族文化的义学数百所。彝文书籍更加丰富，流传也很广泛。

1. 综合类典籍《西南彝志》的形成

彝文书籍众多，至清代有人把很多书籍整理、汇编在一起，形成综合类典籍。《西南彝志》就是这样一部较全面地记载西南地区彝族历史的彝文文献，被誉为"百科全书式的巨著"，彝语名称为"哎哺啥额"。

《西南彝志》既是史书，也是一部天文历法书，较全面系统地论述了彝族先民对宇宙、人类起源的认识，认为天、地、人的产生都是清浊二气分化演变的结果。记述了人类经历了人兽不分以及男不知娶、女不知嫁、知母不知父的历史时期，生动形象地描绘出原始人群一幅幅生活图景。书中记录了彝族先民对季节气候的认识和彝族的历法。书

---

① 李国文等：《古老的记忆——云南民族古籍》，云南教育出版社，2000 年。
② 和志武：《纳西东巴文化》，吉林教育出版社，1989 年。

中还记述了彝族从希慕遮到笃慕的31世和笃慕之后"六祖"以下的各主要家支世系，各家支间的互相关系，主要人物和历史事件及彝族的分布状况。同时记述了古代彝族的狩猎、耕牧、手工业的经济情况，以及宗教、哲学思想等，较全面系统地呈现了古代彝族社会历史的发展状况。

2. 史书的继续编写

有一种难得的史书是《彝族农民起义史册》，作者为百衣巴，写于云南省新平县杨武成花庙。成书年代不详。据书中内容推测约为清咸丰年间作品。内容包括序言和正文两部分。序言书写形式非常特殊，按八卦形式记述，各行文字从中间向四外辐射，全书自左至右竖行书写。每行20字，分四句，每句五言。每句上下用三角符号隔开，这也是此书版本形式的一个特点。

国家图书馆馆藏的彝文典籍中，还有历史类书籍，如《呗耄史》、《家谱》、《德勒氏族史》、《尼糯氏族史》等，都是研究彝族社会历史的重要文献史料。又如军事类名著《阿者乌撒兵马记》记载了彝族古代战争史实和战略战术及其军事思想，是研究彝族古代军事战争的重要文献资料。

3. 文学类典籍整理

彝族创造了很多脍炙人口的文学作品，不仅在民间传唱，还记录在典籍中。比如为国内外所熟知的《阿诗玛》就是在彝族地区流行的叙述长诗。叙述撒尼彝族姑娘阿诗玛为追求自由幸福生活，反对强迫婚姻，同阿黑一起不畏强暴，向封建统治者进行不屈不挠的斗争。此外有《妈妈的女儿》，也是诗歌体文献，以抒情的方式诉说了妈妈的女儿从呱呱落地来到人世开始，度过了天真烂漫的童年，在繁重的劳动磨练中长大成人，后来被迫嫁到婆家，终日痛苦哀叹，过着凄凉悲苦的生活。

再如文学类中的《古代说唱书》，其内容极为丰富，在彝族中影响极大，其中的一些唱段，至今在彝族民间广为传唱，是研究彝族传统文学和诗歌艺术的珍贵文献资料。

4. 医书和字汇书的编写

彝族编著医药书籍早有传统，在明代彝文医书的基础上，清代又有彝文医书问世。发现于四川的一部彝文医药书，作者为阿初八、李正伯巴等7人，写于道光二十年（1840年）十月初五日。以棉纸书写，长20厘米，宽18厘米，每页约20行，共5 039字，记录病症80例和200余种动植物药名、药方。书中所列病症是彝族山区的常见病、多发病。彝文文献中有《作斋献药供牲经》、《献药经》等，记载了动物、植物、矿物药的名称，还指明治疗何种病，对彝族地区开发传统医药具有借鉴价值。

八、方块壮字书籍的编辑和流行

壮族世居广西、云南一带，源于古越人，历史悠久，人口众多，经济、文化发展。

是我国人口最多的少数民族。

壮族有历史悠久、丰富多彩、灿烂辉煌的文化。在发展本民族文化的同时与汉族和邻近其他民族互相交流、吸收，更加丰富了自己的民族文化。

1. 方块壮字

壮族有自己的语言，属汉藏语系壮侗语族壮傣语支。在广大的壮族农村地区，人们以壮语为主要交际工具，有半数以上的人兼通汉语。

壮族先民曾经历过"刻木为契"的时代。历史上，壮族民间曾经模仿汉字创制过壮族文字，俗称"土字"或"土俗字"，现在一般叫"方块壮字"或"古壮字"。由于壮语存在各种方言与土语，各地壮语语音差别较大，这些方块壮字在各地的读音也不同，这些壮字也出自多人之手，往往有互相不识对方文字的情况。虽然用方块壮字书写的壮语经书很多，能看懂的人却很少。因此，方块壮字未能成为壮族规范通用的文字。壮族多用汉文进行书面交流。20世纪50年代，中央政府帮助壮族创制了拉丁字母的拼音文字，壮族开始有了自己的正式通用的文字。

从有关文献分析，方块壮字约有1000多年的历史，它是从汉字演化而成的，是唐、宋时期利用汉字形声及偏旁，模仿汉字"六书"中的一些方法构造而成的。用方块壮字记录了不少文献，形成了有特点的重要古籍。古壮文在保存壮族文化遗产方面起到了重要历史作用。

壮文作为一种仍在民间通行的文字，在中国文字学中占有重要地位，它的造字规律和借用汉字的方式反映了整个中华民族对汉字的共同认识，其中对音读和训读的处理办法可以加深我们对整个汉字系统文字的理解。

2. 方块壮字古籍

古壮字书籍以当地纱纸抄写。所谓纱纸是壮族地区的特产，以灌木纱皮树树皮制成，质地洁白柔韧，防潮、防蛀，可存放数百年而不变质。

古壮字记录的书籍范围很广，如壮族远古创世神话《摩则杜》，共36篇，全是五言律诗。内容反映壮族先民对客观世界朴素、天真的解释。

方块壮字古籍中的麽经《布洛陀》，有多种写本流传。布洛陀是壮族传说中的创世神，流传于民间的《布洛陀》经诗展示了壮族原生态文化的丰富内涵。记录了壮族麽教仪式、经文、教义，反映了壮族的世界观、宇宙观、道德观、人生观，寄托了壮族人民对生活的意愿和追求。

又有古壮字书籍《董永》和《舜儿》合订本，也是七言叙事诗。其中包括《董永唱故事诗歌》44页，内容叙述董永与天仙女悲欢离合的爱情故事。

方块壮字用来传抄宗教经典，主要使用者是布麽。壮族老人去世后，都要请布麽念唱超度经文。这类经文大都用方块壮字传抄。

此外，还保留了一些用方块壮字镌刻的碑石，如位于广西上林县、刻于唐神功元年（697年）的《智城洞碑》，刻于唐永淳元年（683年）的《六合坚固大宅颂碑》等。

由于中原汉文化的广泛传播，有不少少数民族都曾尝试着利用汉字或汉字的变体来记录自己的语言，其文字形式类似方块壮字，而比方块壮字更为简约，甚至没有形成体系，这些字仅偶然用于民间，如布依族、侗族、苗族、瑶族、哈尼族等都有借用汉字、字形构造类似方块壮字的文字。

九、其他少数民族书籍的编写和流传

1. 傣文书籍的编写和流传

清代以来多称傣族为"摆夷"。傣族地区也实行了大规模的改土归流，主要在澜沧江以西地区改流，而澜沧江以东地区仍然属车里宣慰司统治，至清末甚至民国时期依旧保存着土司制度，实行严格的等级制度和封建领主制度。在清代编写了不少傣文书籍。其中用贝叶抄写的佛经仍是傣文书籍的大宗。贝叶经《本生经》中最末一个佛本生故事扩写本傣文称为《维先多罗本生经》，记佛祖释迦牟尼修成正果的故事，在西双版纳傣族、布朗族中流传极广，当地佛寺在每年佛事活动、佛诞日讽诵，对傣族风俗习惯、宗教礼仪和日常生活影响很大，颇受信徒们的崇奉和喜爱。信徒们一般都把它作为佛教规范来遵循。《本生经》的大部分故事已被傣族诗人、歌手改编为脍炙人口和富有地方民族特色的叙事长诗。

在傣族佛寺的藏经、藏书中，还有文学、历史、天文、历法、法律、心理学以及医药、自然、生产知识，也有体育、武术等方面的内容。

傣族有丰富的文学作品。西双版纳傣文《秀萨》是一部通过主人公秀萨的生平经历，讲述许多寓言故事，从而宣扬教义的作品。此书既有贝叶经本，也有棉纸手抄本。

傣文的民间叙事长诗很有特色。家喻户晓的《召树屯》，有的称《孔雀公主》。内容讲勐板加王子召树屯（意为勇敢的王子）出猎时在金湖与孔雀神女公主喃木诺娜之间曲折动人的爱情故事，反映了傣族人民的古代生活与思想感情。

傣族还有语文学著作，西双版纳傣文有《傣文典大全》，傣语称"戛拉乍散"。书中分析傣文字母的发音方法、发音部位及拼写规则、韵律等。傣族有众多的民间歌谣、情诗、谚语、俗语、格言、谜语等。

傣族通过自己对天象的观察和借鉴其他民族的有关知识，对天体及其运行有一整套的认识。西双版纳傣文《纳哈答勒》是有关天文分野方面的专著。

傣族不仅有法典，还有断案故事集。西双版纳傣文有《甘特莱的缘由》，傣语称"蒙腊戛甘特莱"。法律方面还有《腊扎干旦兰广蚌》（政治法律和管理制度）、《腊扎干巴迈列谢赏》（犯罪罚款和奖赏法）等。傣文法律法规、天文、历法、医药卫生、生产生活知识、伦理道德教科书等，都是传抄在棉纸本里，其中也有少量的折叠本记载佛教经典。德宏瑞丽一带还有缅式巴利文经册，折叠装，厚者装木盒，更加珍贵。

2. 方块白文书籍的编写和流传

白族历史上称"僰人"，又称"民家"，居住在云南西北部，有人口约160万，主要聚居在云南省西部以洱海为中心的大理白族自治州。自古以来，就形成了稳定的白族群体。大理历史悠久，素有"文献之邦"的雅称。由于白族风俗尚白，历史上曾有"白人"、"白王"、"白史"之称。白族地区经济繁荣，文化发达，白族人主要从事农业。

白族有光辉灿烂的文化。建筑、医学、史学、教育、文学、音乐、舞蹈、戏曲、绘画、雕刻、天文、历法、气象、医学等方面均有杰出的成就。大理古塔星罗棋布，遍及山乡城野，以大理三塔的古建筑最为著名。大理崇圣寺三塔、剑川石宝山石窟造像、《南诏中兴国史画卷》、《大理画卷》等都显示了白族人民悠久的历史和在建筑、雕刻、绘画等方面的卓越才能。

白族有自己的语言，属汉藏语系藏缅语族彝语支，也有专家认为白语是单独的一个语支。绝大部分白族人使用本民族语言，多数白族通晓汉语，并作为与其他民族交际的工具。历史上使用汉文、方块白文。

白族人民从唐代开始曾经使用过以汉字为基础的方块白文，以记录白语。白文流行于云南大理一带，是白族使用的一种土俗文字。为了和新创制的拉丁字母白文相区别，人们通常将其称为"方块白文"。方块白文借源于汉字，一部分是借用汉字的形和音，不取义；一部分是借用汉字的形和义，不取音。这些类似形声字或会意字。还有一部分是取汉字的某些部件按汉字的造字法而创造的新字。有时全用汉字的形、义，实际上是汉字白读。

古本佛经最有代表性的是写经《仁王护国般若波罗蜜多经·嘱果品第八》。此经卷轴装，正文有汉字1800多个，旁注方块白文1700个，白文疏记4300字。旁注和疏记白文字体小。在书写汉文正文时似乎并未专门留出旁注白文的空当，旁注白文是在正常的两行汉文正文中间见空夹写的，有的地方甚至还与原汉字笔画交叉、叠压。由于古代的白语和现在的白语已经有了很大的差别，而上述白文经典中自创字比较多，文字又是行书、草书相杂，所以不易辨识。尽管释读有了一定进展，初步总结出用白文记录白语的一些主要方法，但仍需进一步研究。

此白文写经，文字墨色浓黑，字体流畅，全篇前后书法统一，可见书写者十分熟悉白文，白文已有固定的书写体系，证明白文当时已经是一种成熟的文字。其纸质洁白细腻、厚韧光滑，类似宋代的藏经纸。

留存于世的古白文还有一些金石铭刻，如12世纪的刻于铜像背部的《段政兴资发愿文》等。14世纪的《段信苴宝摩崖》，15世纪的《词记山花·咏苍洱境碑》、《故善士杨宗墓志碑》、《故善士赵公墓志》、《处士杨公同室李氏寿藏碑》等。

3. 水书书籍的编写和流传

水族主要聚居在贵州省黔南布依族苗族自治州的三都水族自治县和荔波、都匀、独山以及黔东南苗族侗族自治州的凯里、黎平、榕江、从江等县，少数散居在广西壮族自治区的西部。水族远祖是古代"百越"的一支。

水族语言属汉藏语系壮侗语族水语支。水族先民曾创制过自己的文字，所记录的是水语。水书主要用于占卜，难以记录水语中的每一个词，所以通常称为"水书"而不称为"水文"。现存水书只有500多个单字，且多用于宗教巫术活动。

水书可以分成改制汉字和自创符号两类，笔画简单，形体古朴。有人因其中部分字形和中原的甲骨文相近，推测其创造年代可能与甲骨文同时。这种推测虽无可靠的证据，但具有悠久的历史。可能在秦汉之际，受中原文化的影响，水文有了一定的发展。后来由于战争、迁徙等各种原因，它的发展又受到了限制，还不能完全成为交流思想的工具，多为民间占卜择日所用。尽管如此，水书毕竟是水族人民固有的文化，是研究水族社会历史和哲学思想的重要资料。

水书结构大体可分为象形、会意、指事和假借四种。

现存的水书文献资料不多。水书古籍的分类，就其性质而言可分为吉、凶两类，吉祥类有代旺、鸠高、鸠笨等40多个条目；凶祝类有棱顶、鸠火、花消、都居等近600个条目。若按形式来划分，可以分为阅览本、朗读本、遁掌本、时象本、方位本、星宿本等。朗读本是学习水书的基础读本，阅览本是水书的主体部分，是择定各种日期的主要依据。这些古籍记载了水族的历法、农事、征伐等方面内容，与水族社会的发展关系密切。

在水族人民日常生活中，水书的影响相当广泛，其中受制约最大的要算丧葬、婚嫁和营造三方面。此外，如日常生活中驯牛、吃新米等细小活动也受水书的制约。可见，水书对水族人民思想意识和生产生活都有着深刻的影响。水书没有统一规范，没有进入学校，全靠民间口传手抄，但其内容基本一致，差异不大。

4. 尔苏沙巴文古籍

尔苏人是藏族的一部，称为"扎拉玛"，分布于四川凉山彝族自治州的甘洛、越西、冕宁、木里，雅安地区的汉源、石棉，甘孜藏族自治州的九龙等地区。尔苏人是土著民族，以农为主，善种桑、麻，养蚕、丝织是尔苏人的主要副业。尔苏人精于建筑，能将不规则的石块砌垒成雄伟壮观的城堡——邛笼和碉楼。信仰万物有灵，经师被称为"沙巴"。沙巴经常被请去占卜祸福，驱鬼祛灾。尔苏人有自己的语言尔苏语，属汉藏语系藏缅语族羌语支。当地使用象形文字尔苏沙巴文记录沙巴使用的占卜书。

尔苏沙巴文有很悠久的历史，它是一种处在初级阶段的象形文字，只有200个左右的单体字，文字形体与其所代表的事物有明显的一致性，可以从单字体推知它所代表的事物；有少量的衍生字和会意字；用不同的颜色表达不同的附加意义，常在文字中配用白、黑、红、蓝、绿、黄色来表示不同的字义，这似乎突出地表明了文字的图画性质。尔苏沙巴文无固定的笔顺和书写格式。这种文字不能准确地反映尔苏人的语言。当一组字组成复杂图形时，文字本身不能完整地表示复杂的意义，要靠沙巴们加以发挥和引申。尔苏沙巴文表达功能系统还很不完备。它是由图画脱胎出来，刚刚跨入文字行列的原始图画文字。

尔苏语由于尔苏人的分散居住而有很大差异，沙巴们也彼此无来往，但各地的尔苏文却有明显的一致性，写法、读法、释义都大体相同。据说曾流行过数十种经书，已发现的书籍仅有数种。

第九章 清代后期出版

第一节 经世之学的视角转换

一、内外交困的中国近代前夜

晚清，中国处在一种十分窘迫的境地。1840年是道光二十年，离所谓康乾盛世才45年，中国已经没落了。当时西方已经达到了"自然力的征服，机器的使用，化学在工业和农业中的应用，轮船的行驶，铁路的通行，电报的使用，整个大陆的开垦，河川的通航，仿佛用法术从地下呼唤出来的大量人口，——过去哪一个世纪能够料想到有这样的生产力潜伏在社会劳动里呢？"① 而我们当时还是一个与千年前景象一样的男耕女织、皇帝专制的小农经济社会。

清代贵族在全盘接受含有保守基因的儒家思想的同时，又强调它自己的"祖宗家法"不能变。所以清代在经济政策上仍然继承汉初的重农抑商政策。

政权衰败的典型特征是政治腐败。清王朝把皇权专制推到历史的极点，必然加剧中枢和地方机构的低效和腐败。

统治阶级的日益腐化，作为统治阶级组成部分的士人，也被侵蚀，与官僚腐败相表里。由于清代恪守重农抑商政策，不仅农民只能挤在农田上讨生活，知识分子也是过剩，只能在考据中讨生活。

二、正眼看世界者

整个鸦片战争，清廷以中世纪的世界知识、中世纪的政治、中世纪的社会、中世纪的武器和战略战术面对近代化的入侵者。这就使皇皇上国遭遇到屈辱，割地赔款，严酷的现实暴露了中国与世界的差距。一批爱国知识分子考察了这种差距。林则徐的可贵之处，正在于他最先拿起西方这把尺子从横向量出了中国与西方的巨大差距，承认我们的短处，提出赶上的途径。魏源则将这一思想结合实际，详尽介绍世界知识和御敌对策，

---

① 马克思、恩格斯：《共产党宣言》，《马克思恩格斯选集》，第1卷，256页，人民出版社，1972年。

完成了《海国图志》。此外还有徐继畬，经几年采访，完成了《瀛环志略》，介绍世界地理。

1.《海国图志》

鸦片战争发生后，魏源编写了《圣武记》和《海国图志》。这两书互为表里：《圣武记》是为"里"，叙满洲灭明到道光重定回疆，满族还是有力量、有作为的，意在激励国人。《海国图志》则为"表"，前后有50卷本、60卷本、100卷本，都分作三部分：第一部分是"筹海篇"，论述他的海防思想；第二部分分量最大，是以地理为中心的外国知识；第三部分是杂录。

2.《瀛寰志略》

《瀛寰志略》是由徐继畬编写的，按亚洲、欧洲、非洲、美洲的顺序依次介绍了世界各国的风土人情。全书共 10 卷，约 15 万字，图文并茂。徐继畬率先突破根深蒂固的天朝意识和华夷观念，将中国定位于世界一隅，显示出观念上的巨大进步。该书 1844 年完成初稿，1848 年出版。

《海国图志》

三、昏睡 20 年后

1. 最早研究地理的人士姚莹

姚莹（1785—1852）是桐城派古文家首领姚鼐的文孙。小时即跟祖父学习，以博通知名。功古诗文，留心经世学问。道光二十六年，奉檄赴藏。访察西藏、印度形势，搜集地图，考订前人著述，并著《康輶纪行》一书，记录海外形势。他另有《东溟奏稿》、《东溟文集》、《识小录》等著作共 9 种，汇刻为《中复堂全集》。鸦片战争期间，王蕴香以烽烟告警，海外地志宜加留意，汇辑《海外番夷录》出版；道光二十二年（1842 年）以静观斋斋名辑刻《域外丛书》，收书 9 种。道光二十三年琴川郑光祖辑、郑氏青玉山房刻《舟车所至》丛书，收域外和边陲地志书 21 种。

我国的地理学，其他学者原先一直将研究区域所在位置作为史学附庸，考察地志仅为读史。而世道变化，现在地理在某种程度和不同角度成为研究外国，服务经世思想的载体。新的时代内容形成一股开眼看世界的时代思潮。

2. 墙内开花墙外香

然而可悲的是，这第一步跨出后又有停顿。类似梁廷枏（主修《广东海防备览》、《粤海关志》，并撰写《合众国说》、《海国四说》）、夏燮（以战时所闻，辑《中西纪事》)姚莹、何秋涛(有《朔方备乘》,并续有所作)等的著作再无出现。文献上能见到的、注意《海国图志》、《瀛寰志略》这两部书的仅广州学海堂的陈澧和张维屏(张南山),而真正重视的是日本人。中国人认识这两部书是20年后!

据复旦大学邹振环教授调查,《海国图志》、《瀛寰志略》两部书都有十多个版本,有这十多个版本当然不算少,但初期仅有作者家刻本,较之在日本受重视就相形见绌了。

3. "国耻足以兴之"

从1840—1860年这20年间,清廷经历了内外两大打击:太平天国运动和英法联军之役。

道光前期国内已经非常不安定,鸦片战争更使社会矛盾加剧。"……广州不再独占对外贸易之利,内地土产出口,外来洋货内销,取道粤北者日少,成千成万以挑运、护运及开设旅店者,失了谋生之路。"① 这一背景下发生了太平天国运动。清廷八旗和绿营军队在太平军面前无一能抵挡。很快,不再是清廷,而是汉族地主对抗太平军。英法联军至天津、北京,"车驾北狩"、"出巡热河",外国大兵在京师奸淫掳掠;圆明园收藏被外国大兵抢掠一空至无法掩饰地步而放火灭迹;咸丰帝为保面子阻止红毛番进北京而丢尽面子。沙俄乘机订约,掠夺割去乌苏里江以东大片领土。

"国耻足以兴之",痛苦促使以国是为己任的读书人进行了新一轮的研究,出版了一系列著作。比如俞正燮的《俄罗斯事辑》、《俄罗斯佐领考》,沈垚的《新疆私议》,林则徐的《荷戈日记》等,都可见他们的忧患之心。再有何秋涛的《朔方备乘》、《北徼水道考》、《北徼城邑考》、《色楞格河源流考》、《额尔齐斯河流考》、《库叶附近诸岛考》、《尼布楚考》、《雅克萨考》、《俄罗斯诸路疆域考》等20多种书。张穆的《蒙古游牧记》、《签记》、《俄罗斯事补辑》。稍后有缪祐孙的《通俄道里表》、《俄罗斯源流考》、《俄罗斯户口略》、《取中亚细亚始末记》、《俄游日记》等九种。管斯骏的《俄疆客述》等。所以研究这些从不被读书人重视的学问,因为"彼时群谓足为中国之大患者,以壤地之毗连,必为俄国,而西北受害最先。"② 从海域转而关注西北、东北边疆。

也有海域、陆地全面关心的,这位叫沈敦和,他著有《英吉利志略》、《法兰西志略》、《弥利坚志略》、《德意志志略》、《俄罗斯志略》等。这时《北徼汇编》等又一批边疆丛书陆续出版,直到光绪初《皇朝藩属舆地丛书》、《俄国疆界风俗志》丛书的出版。乾隆时有位户部郎中祁韵士,被充军伊犁,两年后被召回,在新疆期间,他考察史地,写有《藩部要略》、《西陲要略》、《西陲总统事略》、《西域释地》、《万里行程记》、《己庚编》等,到同治元年(1862年)陆续被广雅书局雕版传播。

---

① 郭廷以:《近代中国史纲》,85~86页,中国社会科学出版社,1999年。
② 顾颉刚起草:《禹贡学会研究边疆计划书·百年来中国之边疆学》。

4. 从根本上认识

英法联军之役后不久，除研究边疆地理，有条件的人还开始接触社会治理。其中具有代表性和前瞻性的有冯桂芬、马建忠、黄遵宪、王韬、郑观应、郭嵩焘等。

冯桂芬（1809—1874），字林一，又字景亭。江苏吴县光福镇人。著有《显志堂稿》、《弧矢算术图解》、《西学新法直解》等；而其论集《校邠庐抗议》最被人重视，收晚年议论42篇，极具见解。《抗议》在上海写作，其中多篇是代李鸿章拟的奏折，如《上海设立同文馆议》。全书完成于1862年。该书最具价值的是力主改革腐败的胥吏制度。

马建忠（1845—1900），江苏丹徒人，字眉叔。光绪二年（1876年）被派赴法国留学，并任清使馆翻译。回国后马建忠入李鸿章幕办洋务。曾因办理外交事务去印度、朝鲜。他以在法、印、朝鲜所见闻，撰有《适可斋纪行》；他在法国留学获得法学博士学位，精于法律，留心经世之务，于时事有所发，撰有《适可斋纪言》，于政事改革颇多建言，其中有《拟设翻译书院议》一文。

黄遵宪（1848—1905），广东梅州人。他在日本完成的《日本国志》和《日本杂事诗》两本书对我国近代社会影响极大。黄遵宪是第一个对日本有研究的中国人。《日本国志》是国人第一部依靠自己研究完成的外国史志，不仅对被研究的主体的认识深，而且角度选择正确。《日本杂事诗》2卷，共154首短诗，从日本历史、民情以及风俗到当时维新，每首咏一事，其中咏中国影响于日本的有35首，而讲传入日本的西方事物有41首。这实是了解日本学习西方从而富强的便捷途径。

王韬（1828—1897），初名利宾，后改名瀚，字濑今。1870年（同治九年）他随理雅各回香港；1873年理雅各受牛津大学聘请回英国，王韬和黄胜等集资接盘了理雅各英华书院的印刷器材，办了中华印务总局，即创刊《循环日报》。

当时，所有议论时政的人，没有谁能比他和外国人接触的时间长、接触深，他对时局的看法真是"一时无两"，文字又犀利，一针见血，切中肯綮。

郑观应（1842—1921），广东人，字正翔，号陶斋。郑观应是近代著名爱国实业家，他在香港、上海英商洋行当买办。因为地缘，和洋人接触多，从而了解西方。他的著作共有十部，以《盛世危言》最闻名。《盛世危言》是由最早的《救时揭要》，进而扩充成《易言》，再而成《盛世危言》。《盛世危言》出版后被广泛翻印，甲午战争后成为最受欢迎的读物之一，为维新变法提供了思想资料。当时可能仅仅郭嵩焘与他同调，所以郭在出使英国时曾想请他随行。

郭嵩焘（1818—1891），字伯琛，湖南湘阴人，号筠仙，晚号玉池老人。郭嵩焘是清末外交官。道光二十七年（1847年）进士。光绪二年（1876年）八月，以大臣衔出使英国。逾年兼使法国。光绪三年奏请设新加坡领事，以保护东南亚侨民，四年二月批准，是为我国设领之始。他把从上海至伦敦途间50天所见所感写成《使西纪程》一册。虽然在英国仅两年，由于多方面的实践，加之他对我国传统学术有很深的研究，又亲自在西方注意见闻，所以他有独到见解。

四、出国笔记

自从慈禧与奕䜣合作罢斥八顾命，设立专理外交的总理各国事务衙门和成立同文馆后，外交开始走上轨道。虽然与洋人有所交往，但对外国情况仍然非常隔阂。后来总税务司赫德准备回英国休假，因为他"主管"同文馆，建议带几个学生跟随去欧洲见识世面。第三天，正月初八斌椿接到命令。他们一行五个中国人在外四个多月跑了十一个欧洲国家。斌椿回来后，他的记述由总理各国事务衙门出版，书名为《乘槎笔记》。

第二节 同光间地方官刻

一、同文馆译书

林则徐是近代译书第一人。而建议设译书机构以系统了解世界者，则是魏源。魏源在《海国图志》中提出"欲制外夷者，必先悉夷情始。欲悉夷情者，必先立译馆译夷书始。"① 培养外语人才和组织专门的翻译机构是了解外部世界的必要条件，虽然有识之士很早就提出，但清廷保守顽固，郭嵩焘搬老祖宗也没有用。结果是白白丢失了20年时间。

1. 同文馆的性质

在描写近代化的书籍里，同文馆有几项桂冠："我国第一个新式学校"、"中国近代最富典型意义的一所洋务学堂"、"我国第一所外交学院"、"它所开设的课程，除以外国语言为主外，还有天文、舆图、算学、化学、格致学、公法学、各国史略等"、"京师同文馆的译书在当时影响极大"，等等。这些都源自丁韪良在《同文馆记》开头一句话："有希望革新这古老帝国的是新教育，新教育的肇端是同文馆。"②

2. 同文馆的译书

因为乾隆时没有译书的文化交流，源自乾隆时俄罗斯馆的《新设同文馆酌拟章程》中并无关于译书的规定。③ 同文馆开始译书，是和丁韪良有关，他说："我一就职就组

---

① 魏源：《海国图志》，宋原放主编：《中国出版史料·近代部分》，第1卷，6页，湖北教育出版社，2004年。
② 丁韪良：《同文馆记》，宋原放主编：《中国出版史料·近代部分》，第1卷，361页，湖北教育出版社，2004年。
③ 《新设同文馆酌拟章程》，见《筹备夷务始末同治朝》，卷八，31～35页。

织一班译员，里面有教授，也有优秀的学生。这个办法是经过总理衙门批准了的，凡用力勤、成绩好的，都有奖励。"[1] 在《同文馆记》中，他列有《同文馆师生辑译书籍表》，列书22种，其中"中西合历"3年，习惯上算1种，则共20种。丁韪良的《同文馆师生辑译书籍表》中，至少他的《万国公法》、毕利干的《化学阐源》都是进"同文馆"前的译品。1864—1895年他任教同文馆，前后32年，他对同文馆有一种感情，把成绩说得大些也是情理中的事。

3. 有关《万国公法》的文献

丁韪良译的《万国公法》，译成草稿于同治二年（1863年）九月前，而那时他还没进同文馆。奕訢有关于《万国公法》的奏折，现已在《同治朝筹备夷务始末》卷二十七中找到。这个文字已不常见。

二、江南制造局翻译馆出版物

1. 江南制造局的建立和译书的开始

湘、皖集团创办有众多军工机构，江南制造局是其中之一，于1865年创办。

江南制造局翻译馆

作为军工事业的江南制造局而译书，是徐寿的提议。徐寿，江苏无锡人，读书人而

---

[1] 丁韪良：《同文馆记》，宋原放主编：《中国出版史料·近代部分》，第1卷，388页，湖北教育出版社，2004年。

精于工艺技巧，当时极少。曾国藩让他到江南制造局。到局后，徐寿向会办沈宝靖、冯焌光提出"设一便考西学之法，至中西艺术共相颉颃。……将西国要书译出，不独自增见识，并可刊印播传，以便国人尽知"。① 沈、冯二位请示后同意开办。据《江南制造局记》卷二"建置表"，"翻译馆同治六年设"，同治六年即1867年。

江南制造局翻译馆的译书，无一例外都是外国人口译，国人笔述。这和以前外人译书并无二致。但有两点：一是江南制造局翻译馆是我国第一所专门译书机构，二是江南制造局翻译馆所译书是按我们自己的需要确定选题。

2. 江南制造局译书概况

江南制造局翻译馆出版物，最早出版在同治九年（1871年）前，到1913年停止出版。其中光绪十二三年前出版最多。

江南制造局所译书，当时人评论甚好。梁启超1896年编的《西学书目表》，列出了他认为值得推荐之书。在所列之书中，江南制造局所译之书占三分之一。

然而，如傅兰雅所说，江南制造局译书，到1904年大部已落后没用处，即使《化学鉴原》等书没多少年也被更好的本子代替了。但他们苦心研究的化学译名原则，译名表的做法，至今还被我们使用，古人说"天道酬勤"，这或是出版的一个规律。

三、地方官书局

清末有两种官书局：一种是19世纪60年代太平天国结束后先由东南原太平天国地区清朝地方督抚办的书局，如"金陵书局"、"江苏书局"、"浙江书局"等。他们的招牌上并无"官"字，人们称呼他们为"官书局"。另外有一个，它的名称叫"官书局"，它是为应付言官不满康梁的强学会被封，既不能容他们继续办，又不得不恢复，想出一个不伦不类机构，叫"官书局"。而此"官书局"为应付舆论而设，所以没有基本活动，一年后并入京师大学堂，所以本节不涉及。近20年来，出版史对地方官书局毁誉不一。其实地方官书局是种历史现象，很难一言以蔽之，要紧的是弄清其产生原因、发展状况、社会效果和经验。评论图书的功过是离不开出版的时代背景的。

1. 曾国藩刻《船山遗书》和官书局无关

很多出版史专著和论文，都将官书局的兴起，归之于同治四年刊行的曾国藩刻《船山遗书》。《船山遗书》完成后，可能是因张文虎等治理《船山遗书》的先生后来都在金陵书局从事编校，所以都认为地方官书局始于曾国藩。但从现存的张文虎等的书信看，事情并非如此。

（1）书局必须经过皇帝批准才能是官书局。清代实行历史上最严格的皇帝专制。

---

① 傅兰雅：《江南制造总局翻译西书事略》，张静庐辑注：《中国近代出版史料初编》，12页，上海杂志公司，1953年。

地方上除了例行制度外，凡事都要上奏折请求。这种制度下难以想象一个找不到官方文件的出版机构可以称官书局。曾国藩在序中说了编辑《船山遗书》是"庀局于安庆，蒇事于金陵"。各官书局全部所刻在3 000种左右。不必细查，官书局"官"的性质就决定了《船山遗书》是和他们所出版的3 000种书配不上对的。

（2）曾国藩刻《船山遗书》，是用空格替代犯清廷禁忌的。刻《船山遗书》时，这部书是曾国藩自己校勘的，说明了他对这部书的谨慎。用空格，这是所有官书局刊刻的3 000多部书所没有的。这也说明这部书不是官书局的路子。

2. 李鸿章是官书局的始作俑者

金陵书局是李鸿章署两江总督时所办。李鸿章同治四年（1865年）四月署理两江，七月（此时《船山遗书》刚完成雕版），就旧址召集人校刻必要的科举用书。次年，李鸿章议论开设金陵书局，刻六经和史书。

李鸿章很关心设局刻书。同治七年（1868年）七月初十，李鸿章授湖广总督。因为他仍在军中照料兵后各事，到同治八年正月十六日才抵达湖北省城。二十一日才发出《抵鄂接篆折》，而123天后，即同治八年五月二十日，李鸿章就为组织江苏、浙江、湖北三省五个官书局合刻《二十四史》一事上报清廷。① 亦可见他在当时严重缺书的情况下，能利用时机，组织力量发展刻书事业。

3. 官书局的提倡

（1）产生官书局的传统因素。我国刻书是从传抄进化而来，技术不复杂。只要有需要、有兴趣、有钱，就可以刻。所以朝廷、衙门、书院、私人都刻书，成为古代出版的传统。清代中央六部、地方官衙很少主动刊刻图书。仅仅康熙、雍正、乾隆初期曾命令各省巡抚和布政使将颁发的御纂钦定经史重刻。武英殿聚珍版图书也颁发给各省重刻。这些命令重刻书，特别是御纂钦定经史，各省布政使都尽可能集资刊刻。所谓地方官刻仅此而已。朝廷的命令，是清代地方官刻的基本动力。清代官书局之能成为气候，离不开这点。

（2）产生官书局的原因。产生地方官书局的原因，是战争使战区的书籍受到严重损失导致的。兵灾使书籍遭殃，科举应用的经史原著，私人不会去刻，而坊刻完全不能胜任高质量供应的要求。作为科举标准的、清初几个皇帝钦定的几个版本，原由武英殿刊刻后颁发各省翻刻，此时已荡然无存，现在必须以公财力来处理。

（3）官书局奉命而兴办。同治五年颁发刻书上谕后，经济发达地区就陆续兴办官书局。因为仅就"先行敬谨重刊"的13种书就是600多卷。康乾盛世时，布政使筹些款还容易。现在一次600卷，哪年哪月才能弄完？即使正项有钱可以开销，年度又如何

---

① 光绪乙巳金陵刻本《李文忠公全集·奏稿》，卷十五，第2册，684页，时代文艺出版社，1998年。

报销。所以，不如筹笔闲款设一闲局慢慢做。这就形成一批专设官书局。

当时的官书局，主要有浙江书局，设在苏州的江苏书局，设在武昌的崇文书局，设在广州的广雅书局，此外还有金陵书局等。

4. 官书局的出版概况

官书局是在历史上分布10个省，前后40多年，出版书籍3 000多种的一个客观存在。官书局的出版物并不仅仅就是四书五经。官书局出版物的数量和质量，于文化传播非常可观。官书局由他们物色的学者决定其出版物的质量。众多官书局首推浙江和金陵两家及后起的广雅书局。

（1）浙江书局。浙江书局得益于俞樾。俞樾自咸丰九年（1859年）罢官后，一直在书院主讲著述。他自己的《春在堂文集》达500卷之多。浙江书局成立，他任总校，仍在书院。浙江书局有两件和俞樾有关的事。一是浙江书局刻《二十二子》。浙局的《二十二子》，收书限于立说改制，而且在各种子书的版本上亦尽量采择当时最佳版本。到现在看，浙局《二十二子》，除当时孙诒让的《墨子间诂》尚未问世外，其他各书后来始终没有更好的版本问世。一是组织江苏、湖北、浙江三省五局合刻《二十四史》。因其想改版式，但身为六品候补道，没资格上奏折，只能请李鸿章具奏。浙江书局还有谭献、黄以周等名家。浙局出版《十三经古注》、《九通》、《玉海》等大部头书，一直号称善本，受读书人欢迎。

（2）金陵书局。金陵书局主要由戴望、张文虎分任校勘；其他各位亦一时之选。他们校刻的《史记集解索隐正义合刻本》，"经张文虎根据钱泰吉的校本和他自己所见到的各种旧刻古本、时本加以考订，择善而从，是清朝后期较好的本子"，为世所公认。20世纪50年代，国家集合国内各史专家、全国图书馆所藏版本，组织校点出版《二十四史》时，《史记》一书顾颉刚先生就选择金陵局刻张文虎本作母本。金陵书局较为著名的书还有《四书》、《五经》、"前四史"、《昭明文选》等。五局合刻本《二十四史》该局担任十四史。光绪初年，金陵书局改称"江南书局"。

（3）广雅书局。广雅书局建立得比较晚，但它出的书很多。它由著名校勘家实际主持编务，著名的有王仁俊、叶昌炽等。叶昌炽以他的《藏书纪事诗》名世。他学识渊博，尤长金石版本之学。以这样的学者主持编务，出版物的质量必然上乘。广雅书局出书多而精，另一原因可能是运用了广雅书院的人力。广雅书局出版特别注重系列的完整，这是其他官书局所缺少的。一般官书局注重于正经正史，特别是钦定的十三部经。而广雅书局没有刻正经正史，而将力量用于释经、补史上。广雅书局刻书中最值得注意的是对一些个人无力刊刻、书坊绝不会考虑的大部头书的未刊稿。

5. 官书局的终结和遗产

随着民间经济、文化活力的逐渐恢复，私家刻书也得到了恢复。官书局则因为原先提倡的各官员的退职，和主持学者的凋谢，加之社会进步，文化需求变化，活动的领域日益缩小。但是，官书局毕竟克服了千余年来官刻、家刻、坊刻、寺庙刻互不关照，形成出版盲区的毛病。官书局另一给后人的积极影响是它的总办、总纂制和选题思想。书局的灵魂是总纂，另有总办，可使总纂专心于编纂。这个制度一直为后来有规模的民营书局所延续；现在的出版社也这样。

第三节　近代印刷技术和纸

文化的发展、书籍的刊行都离开不印刷技术和纸。曹聚仁在《文坛五十年》中《晚清》一文里谈到："一部近代文化史，从侧面看去，正是一部印刷机器发达史；而一部近代中国文学史，从侧面看去，又正是一部新闻事业发展史。"

一、近代印刷技术的进入

文化传播至关重要的技术和载体是印刷和纸，是我们祖先对世界文明的重大贡献。19世纪初，基督教新教进入我国。由于我国禁教，他们先在东南亚一带华侨中活动。相应地有些宗教出版物向华侨分发；逢到乡试时，他们也到沿海省城散发。这些传教士的宗教宣传品完全用我国的传统雕版方法。同时或稍后，东印度公司出于他们自身商业等活动需要，将新的印刷技术带入我国领土澳门。

鸦片战争《江宁条约》后英国人、《望厦条约》后美国人在我领土公开使用近代印刷。但与我国文化和出版发生关系，则是在19世纪末。1873年和日本订立《修好条约》，仅规定商业往来；1895年《马关新约》第六款第四条规定"日本臣民得在中国通商口岸城邑，任便从事各项工艺制造，又得将各项机器任便装运进口"。日本人遂开始在我国设印刷厂并发售印刷器材和汉字铅活字。因为他们不善于经营印刷业务，1901年后收缩印刷，但他们的技工丰富了我们的印刷工业。1873年法国天主教在上海徐家汇天主堂办印刷所，熟练技工也进入印刷市场。

二、铅活字技术的进入

凸版以往是印刷的最基本技术。我国固有的雕版和活字就是，新的凸版主要是铅活字，其次是铜锌版等图版。凸版的特点是印版的着墨部分突出于不着墨部分，经过适当压力，墨转移到纸上，成为"白纸黑字"。

1. 铅字

新式活字用铅锑锡三种金属的合金，能良好地着油性墨；它有大小不同而又能彼此配合的规格系列。这两点是我们原先的活字所没有的。我们传统的活字，或用木或用铜，用手工制成，尺寸不精细。所以只能以刷子在字盘上刷，不能用压力在上着墨，缺少印刷的机械化可能。现代铅活字用字模铸造，其精密到误差可用分度值 0.001—0.005 毫米的千分尺测量。因而铅字与铅字可以密合；铅字的高度基本一致，就可以用压力在上着墨，可以用机械印刷。

现代铅字有大小几种字号，使行文层次能比单一大小活字眉目清楚，并活泼版面。为了不同大小的字能组成版，铅字大小以统一的基数组成。基数称为"点"，它是 1 英寸的 1/72；某一大小的铅字，必须是另一大小铅字的一定比例。

2. 中文铜模制成

外国人最晚在 1834 年就设法制备中文铅字，但一直没有真正成功。外文铜模先在软钢的小四方柱上刻阳文反字，然后淬火使硬，成为钢冲。用钢冲冲紫铜片，得到阴文正字铜壳，裁下镶在铸模体上，就成铜模。铸铅，就成阳文反字。中文每个字笔画太多，刻钢冲非常难。从 1838—1859 年，外国人经过几个人 20 年工作，刻成的字模仅够印《圣经》用。直到发明金属电镀工艺，宁波美华书馆的技师姜别利运用电镀法，先刻木质单字，然后用电镀镀一层铜。当镀层有足够厚度，成为铜壳，再镶入字模体内，又好又省。

3. 活字排检法

汉字检字法曾经制约活字的使用。用活字印刷，活字必须存贮、检出和还原。武英殿使用铜活字和木活字印了《古今图书集成》，质量非常高。但这种方法却难以推广。

4. 石膏型版

有了铅活字后，人们却舍不得用铅活字直接印书报。现代铅印用压力使在纸上着墨，压力使铅字笔画变粗，同时使铅身变低。直到 1804 年英国人斯戴荷（Earl of Stanhope），一说英国格德（William Ged）1725 年，发明石膏型版才解决。

铅活字排版后用石膏制型再铸版印刷，印后并保存铅版，有实物和记录的，是江苏淮阴人王锡祺。他长于地理学，并热心收集文献。从光绪六年至二十三年（1880—1897 年）前后辑印《小方壶斋丛钞》、《小方壶斋丛书》、《小方壶斋舆地丛钞》、《小方壶斋舆地丛钞补编》、《小方壶斋舆地丛钞再补编》，共 1600 余种。他就是用石膏型铸铅版后印，保存其铅版供再印。

铸石膏型的根本原因是求得铅字不受磨损，以求得好的印刷效果。

5. 纸型

1855 年瑞士人德拉加纳（Dallagana）兄弟发明用柔软的纸制型版并浇铸铅版，替代了熟石膏型版。这就是我们以前熟悉的纸型。一片纸型可以浇铸十余次铅版，就没有必要保存铅版，节省了资金。纸型的重大意义在于，它能弯成一定弧度，铸出圆铅版，改变了原来铅版平置印刷机上往复运动而改为安置在圆筒上回转运动，大大加快了印刷速度。后来速度更快的用卷筒纸的轮转机也成为可能。

纸型传入我国，大概经由日本。1901年日本的修文馆印刷所歇业，资材盘给商务印书馆，商务印书馆开始使用纸型，或可见纸型在1895年后进入我国。

6. 活版在近代出版中的巨大贡献

铅活字技术的成熟和应用，对近代出版在技术上作了最重要的支撑。如果没有铅活字，近代出版的很多项目，如新闻报纸等讲究时间性的出版物就难以产生。原有的雕版印刷术，有原稿后，先要"写样"。因为雕版遇有错字要挖版才能改，技术要求高，费事，所以写好后必须校对无误后才能上版刻。刻好后必须刷出样张再校，才能印。因此，非常费事费时。旧时曾用木活字排印邸报，质量极差。面目可憎的邸报古人是不得已而读之，铅印报纸至少版面不至于让人讨厌。

出版物中主力是书籍。书籍使用铅活字后，因为铅字面积小，书籍的"体积"变小，减低了成本。而且加快了出书的速度，使出版的时效加强。

使用铅活字等新式印刷方法后，个人刻书由于印数少，单位成本高，极大地减缩了私人出书份额而由注重发行的新式出版成为出版主流。扩大发行对书籍的社会功能，是一种大的进步。

适应新式印刷的是应时而起的新式出版。在民族灾难面前，读书人中的先行者，为了唤醒大众，将自己主张以文字传播，选择快捷的新式印刷。开始是赠阅，后来逐渐认识到必须有所回收资金才能持久，于是选择经营道路，从事经营性的传播，成为自有出版以来的新面貌。他们为了能持久经营，收到好效果，着意于发行，以提高单本印数降低成本，减轻读者负担，同时亦为更好推广新思想。他们开始了自己的发行网。报刊则设代销点，书籍则开设分号，极大地提高了发行量，新的出版逐渐成为出版的主流。

三、平版技术的传入和使用

1. 平版的特点与种类

平版，顾名思义版子是平的。其实严格讲，平版的有文字图像部分高于空白部分，仅仅因为文字图像的高度实在太微细了，不是人们的感觉器官所能感觉到而已。

平版最早是石印，后来才有胶印。胶印原理和石印基本原理完全一样，但是把硬的印石改为薄的亚铅版做印版A，装在着墨滚筒上；再增加一个橡胶滚筒B，作为转写；载纸滚筒C接受B的转写，完成印刷。这样既快质量又好。印完后，可以保存印版。这张薄薄的亚铅版，涂上薄薄一层树胶，挂起来不占地方，以后洗掉树胶马上可以上机。

胶印用于纸张印刷后，有石印做不到的细致质量，有三色铜版所做不到的大幅面，以其特长，占领了整个彩色图片印刷市场。现在配合电脑和激光照排，亚铅版改用一次性预涂感光材料的镁铝合金薄板，所谓 PS 版，而且极度规格化，制版、装版效率极高，凸版的活，不论文字和图片，现在全由胶印在做了。

2. 石印术的传入与兴衰

石印利用油水不相容的原理在石灰石板上印刷。先将质地十分细腻的石灰石板打磨得非常平整光滑，然后用油性墨在上面绘图或写字，再刷上薄薄一层水，用墨滚在石上滚动。这时有油性图文线条的地方因为没有水就获得油墨；相反，空白处有水，不沾染墨，然后覆上纸，加压，就获得一份印刷品。

在清代晚期，石印印书业不断兴旺。石印集中在上海；苏州、武昌、宁波、杭州、广州等地也有石印书局。杭州的竹简斋能印大书。当时，同文书局影响最大，开始购置石印机 12 架，雇工达 500 名，专印大部头古籍。它除也印《康熙字典》外，《殿本二十四史》是它最早用石印翻印的。著名的多达 10040 卷的类书《古今图书集成》它或印过两次。

石印书局的贡献在于将一些原来应该普及而并不普及的书普及了。这些书除《四书》、《五经》外，主要指《康熙字典》和《殿版二十四史》。所以，《康熙字典》问世 200 年，传布极少。再如《殿版二十四史》，也是"版藏大内"。到 1851 年、1869 年广东才有两个翻刻本。

中国甲午战争失败后，一部分读书人觉醒，需要利用出版的时候，石印独领风骚。当时石印生意兴隆：影印古籍要用它，科举用书要用它，觉醒的读书人要用它。

石印印书方法后来转轨了并走向消亡在 1898 年，有些翻印古籍的石印书局，因

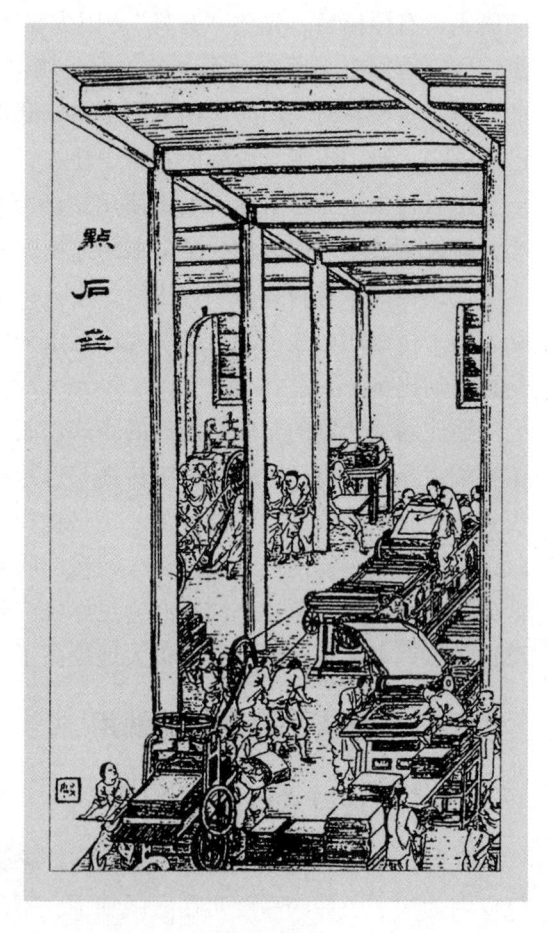

点石斋石印厂

为存货过量，难以周转，如同文书局就歇业了。到 1905 年 8 月，清廷下令立刻废科举，科举参考书的存书一夜之间变成废纸。在维新思潮影响下，铅印小厂开始多起来。这三者夹击下，石印印书业全军覆没。

四、图版

印刷除了铅字版，还有图版，在书报中或起辅助文字详细说明的作用，或起调剂活泼版面的作用。以前常用的有锌版和铜版，印刷界出版界称"铜锌版"。锌版用"单线平涂"构成；铜版有雕刻铜版和照相铜版之别。

雕刻铜版不是用刀刻铜，而是刻蜡。所以虽细如毛发的条纹亦能刻出。除了铜锌版，还有应用很少的黄杨木雕刻版。其雕刻图画比雕刻铜版细腻得多。除了凸版、平版印刷，还有凹版印刷。凹版技术要求高，成本高，因而不易伪造，常用于印制钞票等有价证券。

五、装帧形式变化

在19世纪末我国书籍的装帧都是线装。纸页单面印，对折，用线钉好。西方传教士虽然出书不少，或许用铅印，但也用单面印线装。

中文书籍用线装或"洋装"，并不是先进与落后的表现。装帧形式必须和用纸相适应，用纸则必须与纸张来源和社会承受能力相适应。线装是和我们国产纸薄、柔和、韧性大相适应的。用纸变化才有改变装帧的必要。而洋纸相当长时间一直比国产纸贵，我们现在还不富裕，一个世纪前更穷，出版必须为读者着想。我国的小学教科书，一直到20世纪20年代初，社会经济好一些，才不再用手工纸线装，而用新闻纸两面印洋装。

六、纸张

纸张的发明是我们祖先对世界文化的巨大贡献。但是由于社会发展缓慢，一直停留在手工阶段。手工纸一则厚薄不匀，机器印转速不能快；二则有纸毛，纸毛落在印版上就形成墨团。随着民族救亡活动的深入，出版物对机器印刷的需求日益增加，对机器纸的要求也随之增加。大致在光绪年间进口外国机制纸。但现在能找到的数字只是光绪二十九年（1903年）开始的。

进口纸虽然没有国产手工纸印刷时的毛病，但却留下了一个严重的问题。我们的手工纸，其原料都用自然条件沤烂分解成纸浆，再抄制，没有其他酸碱添加剂，所以能很好保存。进口纸张主要是新闻纸和有光纸，这两种纸填充剂多质脆、酸性大，不能长期保存，但价格低。至于用新闻纸印普通书，新中国成立前一直是"主流"。这些书报在图书馆里还保存着，成为图书馆最头痛的事，——目录上有书，都已经朽了，一翻就掉纸屑，特别是封面，订口处一翻就断裂。

第四节　在华教会和外国人的出版活动

一、禁教时代英国传教士的出版活动

1. 马礼逊来华

基督教新教最早来华是英国伦敦会（London Missionary Society）传教士马礼逊（Robet Morrison 1782—1834）。他于 1807 年 9 月 7 日到达广州，直到 1834 年 8 月 1 日逝世，他一直在我国禁教的法律下从事非法的传教和文化活动。

马礼逊在澳门一面向中文教师学中文，一面从事两项工作：继续翻译《圣经》、编写宗教宣传小册子和编写帮助外国人掌握中文的语法书和词典。从文化交流的角度，后者更有价值。

2. 助手米怜在马六甲开辟"阵地"

1813 年伦敦会派米怜（Willam Milne 1785—1822）来华协助马礼逊。米怜同样难于在华立足。两人商量，前往华人集中而官方无法控制的南洋活动。米怜考察后确定以马六甲为中心。后来在马六甲、槟榔屿、新加坡、巴达维亚（即今雅加达），有四个布道站，同时成为中文传道书的生产地。他们编纂的第一种中文杂志《察世俗每月统记传》就是在马六甲诞生的。

3. 中国国土上最早的期刊

国内第一份中文期刊是《东西洋考每月统纪传》，它创刊于广州，由普鲁士传教士郭施腊创办。该刊的出版情况说法极多，除了它于道光十三年六月（癸巳，1833 年 8 月 1 日）创刊一条外，其他情况说法就很不一样了。该刊现存实物比《察世俗每月统记传》要多，海外有 148 本，国内有 5 本。这 153 本除去复本（包括再版），共有 33

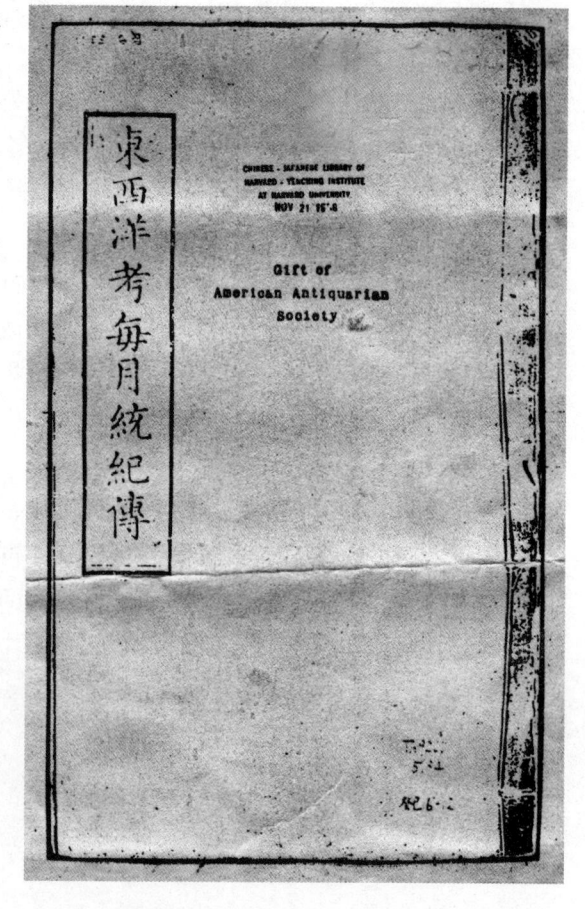

《东西洋考每月统纪传》原刊封面

期。最近,黄时鉴先生设法将哈佛大学藏 39 期(其中 6 期卷号虽不同,内容与 33 期相同)组织影印,为研究提供了重要材料,功德无量。

4. 中国益智会——外国传教士和外国商人的合作

广州的外商在 1834 年 11 月 29 日成立"中国益智会",郭施腊是积极参加者,并任中文秘书。此会之创立标志传教士和外国商人在对华文化上的合作。《东西洋考每月统纪传》1837 年开始由中国益智会接办。

二、《江宁条约》后传教士的出版活动

1. 早期传教士的出版物概况

1843 年 10 月 8 日《五口通商附粘善后条款》签约后,马礼逊在马六甲等地的后继者马上移到香港和上海。《望厦条约》后,美国、法国传教士也蜂拥而至。他们都用文字辅助传教,就形成了在我国国土上的一种外族出版。这种出版物由于不被传统学者认同,而且大多在劳动民众中传播,没有一个保存系统,现在国内能见到的极少。只能在当时西方学者的著作中和国外图书馆藏品中了解大概。

当时新教的传道辅助手段有两个:一是散发宗教宣传品,二是行医。

2. 第一个外国印刷机构和成员

墨海书馆是英国伦敦播道会在上海成立的专门的印刷机构。它的任务自然是印刷包括《圣经》在内的宗教宣传品。墨海书馆出版的世俗出版物虽然并不多,却开创了一个时代。

在翻译科技书方面与墨海书馆有关系的外国人除伟烈亚力外,还有艾约瑟。韦廉臣和慕维廉也是从事世俗出版物的重要分子。此外还有美魏茶、艾迪谨和一位重要人物合信。

3. 早期的中国合作者

墨海书馆世俗书刊的合作人最重要的是李善兰(1811—1882)。他是浙江海宁人,字壬叔,自幼于数学有奇才。他 1852 年到上海,和伟烈亚力合译明末利玛窦和徐光启所译欧几里德《几何原本》的后九卷(利、徐仅译了前六卷讲平面几何部分)。译了一半后又同时与艾约瑟合译《重学》,此外还译过《代微积拾级》、《代数学本》和《圆锥曲线论》。他最得意的除《几何原本》外就是约翰·侯失勒的《谈天》一书。

第二位当推王韬(1828—1897),他从 1849 年夏到 1861 年一直在墨海,连家眷都住在墨海。十多年他从事译述校对各事,大概属于宗教的居多。他当时对基督教并无信仰,因而对这类文字毫无感情,他说:这些书"支离曲学,非特复瓿糊窗,直可投诸溷厕"(《弢园尺牍·致朱雪泉舅书》)。大致到 1857 年《六合丛谈》创刊,他始参加世

俗文字的翻译。后来印的《弢园西学辑存六种》，除《泰西著述考》外，其余《西国天学源流》、《重学浅说》、《西学图说》、《西学原始考》、《华英通商事略》都是那时翻译秉笔，共 8 万多字。王韬在《西学辑存六种》跋文中说，他和艾约瑟译《格致新学提纲》附于中西合历之后，可见其内容属常识性小品。

此外，活动时间不长的还有蒋敦复、张福僖、陈萃亭等人。蒋敦复，字剑人，江苏宝山人，南汇慧南书院肄业。张福僖，浙江湖州府人。陈萃亭，浙江嘉兴人。

4. 墨海书馆的期刊

墨海书馆在咸丰七年（1857—1858 年）发刊《六合丛谈》月刊，除伟烈亚力发刊词外，则全用铅活字印刷。该刊的英文刊名为"Shanhae Serial"（见于每期英文目录页）。咸丰七年丁巳正月元旦创刊，逢阴历朔日出一期。丁巳闰五月，所以全年共出 13 期。毛边纸线装，幅面约书籍纸 32 开，每期约 10 余页。最少连封面 13 页，最多 18 页。全年 188 页，平均每期 14.5 页。每半页 14 行，行 28 字，铅字排印。该刊在每期封面署"江苏松江上海墨海书馆印"，是极少见的在书上署墨海"印行"的书籍。

三、外国人的常识书籍出版活动

第二次鸦片战争后，外国教会的译书相对寂静。

到 1877 年在华各基督教会鉴于各自有一些学校，而无力各自完成需要的课本，决定成立一个协调组织。它的英文名称叫"School and Textbook Series Committee"，中文称"益智书会"。益智书会各书，大多属初级。除几本国别史外，并没有其他可称高级的书。

当时还有美国长老会办的美华书馆。美华书馆出过一些书，但它对我国近代出版事业的影响，集中在铅印中文铜模和组织中文铅字字盘的贡献上。

四、广学会政治书刊的影响

中国近现代历史自鸦片战争后经过半个多世纪，甲午战争的失败才形成第一个重要的转折点，这个转折点的形成，是由很多因素构成的。其中之一是西方思想的冲击。在甲午前，除王韬、郑观应外，其他先进知识分子也已提出改变政体的主张。如陈炽，在甲午前陆续发表、后来结集为《庸言》的系列文章中已提出设"乡官"，"仿外洋议院之制"；认为议院"合君民为一体，通上下为一心，即孟子所称庶人在官者，英美各邦所以强兵富国纵横四海之根源也"。[①] 说明传教士的工作在读书人中的影响日益增大。其中，广学会的影响不能低估。

---

① 陈炽：《庸书》，《戊戌变法》（一），234、245 页，上海人民出版社，1954 年。

1. 同文书会和广学会

传教士的工作从介绍科学知识转入政治常识，应该说开始于1884年在上海成立的"同文书会"。上海同文书会英文名为"The Society for the Diffusion of Christian and General Knowledge among the Chinese"，意思是"在华人中传播基督教和普通知识协会"。1892年中文改称"广学会"。1905年，它的英文名称改为"The Christian Literature Society for China"，意思是"中国基督教文学协会"，表示他们的活动和政治脱钩。同文书会和后来广学会的成员构成成分不像益智书会那么单一，包括有在华外交官、商人、传教士。

《万国公报》内封

2. 李提摩太和他的《万国公报》

广学会成立后，成为西方在华宣传重镇。李提摩太担任总干事后，一则由于他的思想和能量，二则由于中华民族面临的民族复兴任务更加尖锐，广学会出版物对我国的影响为以往所有外国人宣传所难比拟。它将《万国公报》作为前哨。如《泰西新史揽要》，开始在《万国公报》刊载，受到李鸿章、张之洞的注意，张之洞还捐银1 000两给刊物，使该书翻译速度加快，并很快出版单行本。

3. 《万国公报》中影响大的文章

《万国公报》上发表的较有分量的文章都结集单行本，可从它的单行本了解。"广学会新译《泰西新史览要》、《中东战纪本末》、《时事新论》、《文学兴国策》，场中如考新学，舍此无以运典。"① 这点并没有夸大，舍此别无他书。另外，德国人花之安的《自西徂东》，林乐知的《中西关系略论》也是很有影响的。

第五节　新出版的开始

一、出版关注现实

1. 社会需要新的出版形态

随着中华民族日益沦入半殖民地、半封建的深渊，社会觉醒的人士日益增多，民族存亡逐渐成为读书人的自觉关注。

---

① 《万国公报》1896年11月号内封页阴面广告。

同时，关注民族命运的人增加，想要有《海国图志》等类似作品以供阅读。对新思想读物的提供者和需要者都增加。面对这种思想传播的矛盾状态，陆续就有文化人自办，或者与有志于为社会贡献的经商者合办新型的出版机构。这些机构有些接近原来的家刻，但讲究收回成本，便于继续。从收回成本上，似乎同于书坊，但它不追求利润而看重能陆续供应新书，以满足社会需要。这就产生了新形态的出版。

2. 新出版的诞生

时代需要新形态的出版，毫无疑问，这种出版形态的出版者，或者开创者，必然是关注社会的变革者。

新出版的第一人应该是王韬。他是苏州崑山甪里人。他是我国近代第一位以私人身份去欧洲的知识分子。后来又去过日本。前后两次，"经历数十国，往来七万里"。加以原在上海、后在香港和西方人多年接触，他完成了从一个旧式读书人到一个有新思想的人的转变。

同治十二年（1873年），王韬和黄胜等集资接盘，组成了中华印务总局，从事新闻出版，"癸酉（1873年），香海诸同人醵赀设印局，创行日报，延老民总司厥事"，即《循环日报》创刊。又利用中华印务总局的印刷器材办出版。王韬的欧洲之行使他接触了西方的实际，见识大增，对国家落后挨打的原因比其他人认识深刻；也懂得了报纸和舆论的作用。王韬自己主持《循环日报》开创了中国报纸言论。

《循环日报》声誉日上。郑观应受他影响，著有政论短文，汇辑名《易言》，后来又有所增补，即《盛世危言》。《日本杂事诗》和《易言》，包括《盛世危言》，出版后被人所认识，广泛翻印，1895年后成为最受欢迎的读物，为维新变法作了很重要的思想准备，或可说是提供了思想资料。

3. 《时务报》

北京强学会被封和上海强学会自行解散后，黄公度、吴季清、邹殿书、汪康年和梁启超以上海强学会余款和黄遵宪首捐千金开办《时务报》。

《时务报》因为观点鲜明，讲人们所没有想到的，言人们想到而不敢讲的，加以梁启超满含激情的文笔，所以深深打动了读者。

《时务报》最初是获得张之洞支持的，他命令下属订阅。但不久又禁止传阅，原因是刊载了严复的《辟韩》一文。清政府后来命令将《时务报》改为官办。该刊戊戌政变后自动停刊。

4. 必须把发行办好

《时务报》能起作用，不仅因报编得好，还在发行好。廖梅博士利用《汪康年师友书札》和《时务报》整理出了《时务报》扩展发行的活动及其成果：一种方法是利用朋友直接或托人游说，活动 17 位总督、巡抚、学政等官员命令下属订阅。这些饬札不仅增加了发行，而且在一定程度上使《时务报》获得了合法性。更重要的是利用关系设立代销处，使得《时务报》的派报处遍及全国十八行省和港澳 75 个城镇，及槟榔屿、新加坡、日本等国外 5 个城市，共 202 个销售点。①这正是古代家刻、坊刻所从来没有想到，更不能做到的。

5. 初次出版高潮

光绪二十三年（1897 年），又有《国闻汇编》、《知新报》、《湘学报》、《湘报》创办。七月《经世报》创刊于杭州，八月有《实学报》创刊于上海。这些刊物，宗旨虽同，观点不一，结局相似，除《知新报》在澳门，不受北京政治变化影响外，其余在戊戌政变后都结束了。

二、新式出版机构的诞生

新式出版机构的诞生与译书活动密切相关。《时务报》时代，必须译书已成普遍认识。自从被封的强学会改办官书局后，人们一度有所希望，但很快就又失望。张元济认识到译书的要求不能依靠"中央官书局"，转而寄希望于民间。由此开始了民间组织机构译书。

1. 大同译书局

光绪二十三年秋冬间，康梁一派开办大同译书局。由康广仁任经理。大同译书局的译书宗旨是："以东文为主，而辅以西文；以政学为先，而次以艺学。"具体计划"首译各国变法之事，及将变未变之际一切情形之书，以备今日取法。译学堂各种功课，以便诵读。译宪法书，以明立国之本。译章程书，以资办事之用。译商务书，以兴中国商学，挽回利权。大约所译，先此数种。"②

虽然计划很大，但一则康梁手中没有人手，二则大同译书局甚至不能利用《时务报》刊登广告，发行渠道不畅，就有资金周转问题。大同译书局开办时，梁启超已离开上海。

不久，清政府命令将大同译书局改为官办，不久戊戌政变，就此完结。梁启超为大同译书局所拟订的宗旨、计划，大同书局虽然没有做，但后来梁启超游澳洲的时候与当地维新同志认为在国内有创办文化事业的必要，由冯镜如出面办的广智书局，正是按那个计划活动的。

---

① 廖梅：《汪康年与〈时务报〉的诞生》，王元化主编：《学术集林》，卷九，上海远东出版社，1996 年。
② 梁启超：《大同译书局叙例》，张品兴主编：《梁启超全集》，第 1 册，132 页，北京出版社，2000 年。

2. 其他译书机构

(1) 译书公会。译书公会于光绪二十三年在上海成立。译书公会由董康、赵元益、恽积勋、恽毓麟、陶湘等集资组成。译书公会时间虽然短，但它开创了一个时代，前后约有10年时间。值得介绍一下《译书公会报》采用的，后来曾经流行过的"期刊"编排装订方式。它"每一星期将译成之书汇钉成册，以30叶为率，用三号铅字精印，俾各自为卷，以便拆钉"。① 到一定时期，读者可以将其全部拆散，将各书汇总，钉成若干本书。这种方法民元前后流行过一阵。30年代郑振铎为生活书店编的《世界文库》也使用这种方法。

(2) 算学书局。"算学书局，以刊印数理方面书籍为主，从'广告'（《申报》光绪二十四年九月初九日《算学书局告白》）看来，曾出《古今算学丛书》、《象数一门》、《曲线馀》等，卷帙较多；还有《古今算学书录》、《几何原本》等。"②

3. 南洋公学译书院

南洋公学译书院是晚清公立译书机构时间不长而档案保存最完整的一家。南洋公学先设师范院，并附设外院（小学），师院学生编写课本教授小学。这些课本是南洋最早的出版物，现在只剩留两篇课文。次年南洋公学督办盛宣怀奏请设立译书院。当时他认为最重要的是兵书，所以请日本驻上海领事介绍两位军官做翻译。译书以兵书为主。

张元济曾任职南洋公学译书院。后又兼理公学总理一职。其在译书院从1899—1902四年间，最重要的是出版了严复译的《原富》。这部书是我国第一部既拿稿费，同时再拿版税的书。

4. 商务印书馆

商务印书馆是我国现在历史最长、影响很大的出版社。光绪二十三年商务印书馆成立时，是个印刷厂。1901年夏季，商务印书馆的资本从3 750元变成50 000元，新增张元济、殷有模两位股东。庚子事变促使张元济兴学思想有了重要的变化，并编纂《文学初阶》的蒙学读本。此书出版不久后，清廷颁布《奏定学堂章程》，规定蒙学为四年，有八门课程。蔡元培提议，由爱国公学教师担任分课。但只有两位教师担任三门课程课本。不久商务中日合资，资本增加；聘请多位既有国学底子，又有新学基础，而且有过教授蒙童经验的青年学者；日方派三位有编纂课本经验的编辑出版人员指导。这三者是当时所有编辑教科书的机构、人员都无法企及的。

在经济实力、编辑队伍、销售渠道、信誉培植到达一定水准后，商务印书馆又组织出版了竞争力更强的书籍。

---

① 叶再生：《中国近现代出版通史》，第1卷，587页，华文出版社，2002年。
② 汤志钧：《康有为与戊戌变法》，238页，中华书局，1984年。

5. 中国图书公司

光绪三十年（1904年）商务印书馆的《最新教科书》获得成功后，就遇到废科举。科举停止，学校教科书的需求大大提高。当时唯一有完整中小学教科书的商务印书馆的教科书销路大增。当年扣除了沉积资本和折旧备抵后的净利润竟达资本额的73%。这样大的净利润，不免引起他人眼红。在商务印书馆的《光绪三十一年岁次乙巳结彩清册》发出后三个月，《申报》光绪三十二年四月初二，有一则《中国图书有限公司招股缘起（代论）》。十天后，四月十二日，《申报》刊出《中国图书有限公司章程》。"章程"除简述缘起外，提出计划招股100万元，先招50万元。这个章程署名的有张謇、曾铸、马良、刘树屏、席裕成、席裕福等二十四人。他们都是上海一带各界名人。

张元济的声望低于张謇。中国图书公司编译部长是沈恩孚，他是各省教育会中势力最大的江苏教育会的会长，比商务印书馆编译所实际执行人高梦旦的声望也高很多。从资金数和人员声望，中国图书公司都比商务印书馆强，但最后，中国图书公司没有能把商务印书馆挤出局。经过八年较量，原有50万资本的中国图书公司在1913年被商务印书馆以118 641元收购了；而那年商务印书馆的股金加上年公积是1 853 370元，当年净赢余是366 151元。中国图书公司以雄厚实力而垮台，其教训值得探讨。

6. 贵阳文通书局

文化和出版虽然能推动社会发展，但需要社会经济水平来扶植。晚清出版业集中在上海，东南中等城市则有小规模印刷厂，依托交通方便，文化、出版需要尚可满足。边远省份则比较困难，如果当地没有报纸，往往仅有一些不成规模的印刷所。然而贵州贵阳有个文通书局，从光绪晚年创办，直到1952年；在抗日战争时期，对后方的文化作出一定贡献。

贵阳文通书局由华之鸿创办，先是印刷厂，后来向发行，再向出版发展。

三、新一轮翻译的开始

自严复开始，翻译外文打破了传教士对西学介绍的垄断和仅仅局限于格致、史地等的肤浅介绍，而从一个新水平上引入西学。而我国学术突破了经史子集分类的传统，进入了经济学、法学、政治学、逻辑等现代学术范畴。

1. 介绍近世思想第一人——严复

近代翻译介绍西学，严复自然不是最早，但从理论层面介绍西方学术，他是第一人。严复所译以《天演论》最为著名，《天演论》的原书叫《进化与伦理》，作者赫胥黎是庸俗进化论者，他用研究生物界进化的理论推演人类社会的变化。而人类社会到一定阶段是需要用强力革命的，这是生物界所没有的。中国在当时，面对帝国主义侵略、封建制度和为这两者服务的政府，需要通过革命，才能谋得民族解放和民众翻身，而不是等漫长的演化。但是严复就当时民众还没有觉醒，用"物竞天择，适者生存"惊醒民众，却发生了重大意义。严复翻译的另一贡献是在《天演论》的《译例言》中第一句话："译事三难：信、达、雅。"① 提出了翻译标准，使人们明确对翻译质量要有一个探求，其功绩和他的翻译实践是不相上下的。

严复翻译著作共 10 种 190 万字，其中按语 19 万字；在他逝世后，商务印书馆汇集重要的 8 种成《严译名著丛刊》。其中可以看到，严复是把翻译和民族危亡紧紧相连系的。

严复

2. 严复同时代人译书

在国内，最早 1897 年初罗振玉等在上海办"农会"，农会的宗旨一为垦沙滩，一为办《农学报》。《农学报》为旬刊，当年 4 月创刊。它实际是定期出版的农学小册子丛刊，请日本人翻译农学小书。间有国人著的国内地区农业调查。它在戊戌政变时，因为是宣传农学，不受慈禧禁止办报的约束，一直办到 1905 年底，共出版农学小册 315 种。1898 年 2 月，罗振玉等成立东文学社。请《农学报》社日本翻译教授日文和英文。并且，罗振玉办东文学社是从培养翻译人才出发的。

3. 不识外文的翻译家——林纾

林纾虽不懂西文，但由于他与口述者的关系，他并不是以前传教士翻译时那种简单的"笔受"者。在他的多种译书的序、跋中可以看出他的主动活动。我们不能因为他后来的文学倾向而否定他前期的翻译活动。

林纾的文字中，最能见他热血的是美国排华时译《黑奴吁天录》的序跋。他是在美国严禁华工，而清廷对此毫无作为时翻译了《黑奴吁天录》。林纾翻译外国小说，是继科技、政治学说之后，为国人打开了一扇了解西方人生活的文艺窗口。林纾翻译的总数至今不太清楚。郑振铎于 1925 年林纾逝世后不久在《小说月报》上说他共译 156 种，其中 132 种已经出版（当指已单行——引注），有 10 种散见于 6—11 卷《小说月报》，尚有 14 种则为《小说月报》改版后的未发稿。台湾马泰来收集后，1981 年经过

---

① 严复：《天演论·译例言》，《严复集》，第 5 册，1321 页，中华书局，1986 年。

商务印书馆一位专家补充，共 179 种。樽本照雄编辑的知见书目《新编增补清末民初小说目录》著录林纾译著为 1 085 版次。他的译文被认为好的不少于 40 余种。

有一点要注意：林纾是晚清翻译小说起重要作用者，并不是最早翻译小说者。

四、利润是出版的双刃剑

1. 没有利润出版办不长

从宋代到共和国建国前，从古到今，从外国教会到中国寺院，出版靠拨款是办不长的。

我国传统有句话叫"何必曰利？亦有仁义而已矣"，出自《孟子·梁惠王上》第一句。它影响于我国古代读书人，而对古代的出版危害大矣！因为这个"何必曰利"，必然不考虑收回成本，更不会有利润。所以，官刻必然在遇到财政匮乏时难以为继。

个人刻书，主要是刻自己，或家人、师友的著作。因为古代个人缺少信息交流，没有图书流通的手段，个人刻书行之不远，主要用来赠与亲戚师友。所以在图书馆里，个人刻文集都是印刷清朗，可以说没有印版刓敝而致模糊的字迹出现。到明代，藏书家有把家藏罕见明元版汇集刻印丛书。到清代，爱国思想的曲折反映，流行刻郡邑丛书。凡是丛书，都是要设法流通的，而且书坊愿意代销。

作为复制社会热销书的坊刻，它的出版活动有利润。所以有能维持 400 年的字号，像扫叶山房。除了明末清中晚期有刻通俗小说外，坊刻它不增添社会信息资源。所以，它在运转，却是"长不大的"，在那个时代始终没有成为出版的主流。

2. 利润回报社会出版才能壮大

出版而有利润，而且能壮大，两者得兼，并成为出版主流，开始于新出版。有维持百余年的，像商务印书馆。因为文化是循着"马太效应"发展的，商务印书馆获得利润后增加设备、书稿、分销机构，形成良性循环，贡献是很大的。

如果一心想利润，出版是做不好的。只求投资回报，而不回报社会，供应品种必然难以增加，而原有品种的淘汰，就使出版没法做下去。

一心想利润，就很难会去研究读者的需要，而是"跟市场"，也就是所谓"跟风"。跟市场是很难跟出名堂的。旧时出版主体，仅民国期间，就有 8 200 家，绝大多数都失败了。失败的原因多种多样，其中之一就是过分追求利润。

第六节 晚清出版物

一、佛学书籍

晚清，中国知识界研究佛学成为一时的风气。与之相应，佛学著作的刻印、出版也受到士林重视，取得了不俗的业绩。晚晴佛学著作出版的主导力量，为崇信佛教的禅师和居士。其中以杨文会、丁福保用心最专，用力最深，成就最为突出。杨文会，字仁山（1837—1911），生于安徽石埭（现太平）诗书之家，家中略有田产。他借鉴金陵书局成规，与同好商量，订立章程，于同治五年（1866年）成立金陵刻经处。当年就刻了《净土四经》。此后杨文会一心从事刻经事业，不曾间断。杨文会刻经有三个做法，除不分门户，经疏合刻外，还对经进行研究，或比较版本，以去伪存真。信众最多的净土，杨文会就采用魏源所译辑《净土四经》本。研究版本后再刻，刻《贤首法集》最为代表。杨文会刻《大藏辑要》，不仅各派初学及重要经疏俱收，便于各派崇尚者学习研究，而且对以不用典籍为宗旨的禅宗，也有所收录。丁福保（1874—1952）是江苏无锡人。他终生行医和编书，是最早提倡中西医结合者。他注释佛经，有《法华经注》等十余种出版；书出版后虽一再重印，终觉佛经浩瀚，注释而能出版非个人精力、经济所能承载，且同一词语多种经书出现，因而改为编撰词典。自1912—1919年，成《佛学大辞典》，收条目三万余，共380万字。

1909年，丁福保曾被派东渡考察医学，他常去东京旧书店搜访我国已逸各书，得几十种，其中有慧琳《一切经音义》百卷，希麟《续一切经音义》十卷。前者公元807年完成而未刻，至五代失逸；后者也未刻印。但高丽曾从契丹获得抄本而雕版，传入日本。丁福保获得后，除影印流传外，因为《音义》查阅不便，将两书并更早的玄应编二十五卷本《一切经音义》共三部音义，去除重复，按现代词典方法编排词条，名《一切经音义汇编》。另有《翻译名义集》，也是较难检索的佛学译名工具书，亦按词典排列法重排，名《翻译名义集新编》。

二、教科书

教科书，或课本，是特指与国家规定学制相适应的课本。晚清废止科举，实行新式教育制度以后，教科书成为急需，各式教科书的出版迅速发展起来。在壬寅学制公布（1902年8月）时至癸卯学制公布前（1904年1月），出版课本和教育学用书的就不下40多处。他们是：教育世界社、文明书局、广智书局、（前）开明书店、大同书局、作新社、商务印书馆、时敏书局等。

以这些单位出版的课本，涉及广泛学科，就启蒙最不可少的语文类讲，当时最多，计《文学初阶》6册，商务。《改良小学新读本》初高两种12册，广智。《高等小学读本》2册，教育世界。《初等小学读本》2册，文明。《订正蒙学课本》3册，会文堂。《蒙学读本全书》7册，文明。《国文教授进价》1册，育材学堂。《绘图字课新说读本初编》1册，宁东蒙学堂。共9种34册。在光绪二十九年（1903年）底前出版教育学书籍最多的是罗振玉的《教育世界》杂志社，其次是康梁的广智书局，翻译的占绝大多数。课本最多的是文明书局，影响最大的是他的《蒙学读本全书》。

当时品种数量其次的科目是修身。其他算术、历史、地理、化学等格致科，生理卫生、体操、游戏、唱歌、家政等都有些课本。而且还有小学地质、地矿学等课本。虽然壬寅学制规定有年级和教育科目，但壬寅后编的所有课本，完全不按学制、年级。

在壬寅学制公布的同时，商务印书馆出版了署"亚泉学馆"，实为杜亚泉编的《文学初阶》首册。该套书6册，声明供蒙学，即初小三年之用。而壬寅学制规定蒙学为四年。该套课本的编写动议，当在辛丑兴学上谕公布之后、癸卯学制公布之前。

或许《蒙学读本全书》和《文学初阶》都是册数多、插图好而被采用最广的课本，也是这时期课本的代表。两者都是"混合读本"。课本讲述的是包含着算术以外的各科知识。这两种课本的编法，既有旧时因素的残存，如学塾每个学生一个时期只用一本书，和韩愈所说的"文以载道"，又反映了当时外国人，如英国印度广学会、朗文、麦克米伦等编的供亚洲人用的英语课本的影响。两种课本课文具有文学因素，讲述的却不是文学而是广泛的知识。

癸卯学制公布后，各省纷纷办学，学校教育有了发展，对课本有了广泛需要，许多出版机构开始涉足教科书出版。光绪三十一年清廷撤销原与科举有关的国子监、学正、教谕等机构和官员，成立学部，管理教育事宜。光绪二十八年京师大学堂奏准设立编书处，并订立章程；到三十一年十一月设学部，将其改称学部图书局，专司编辑教科书。学部图书局编的课本，不仅质量低，而且不配套，所以学部课本难以与民营课本抗衡。

教科书作为社会近代进程极重要的一个推动力，作为维持近代出版的经济支柱，研究其从无到有，从粗拙到成熟的发展过程，最足以了解近代出版人倾全力于此的拳拳爱国心。

晚清被广泛采用的课本有三套，它们前后逐步完善。

1.《蒙学读本全书》

这是我们能见到的最早并被社会广泛采用的国文课本。它对于研究教科书编撰者摸索的历史，较有价值。《蒙学读本全书》以两遍循环法安排内容。他的第1至3册与第6册，构成一个两重循环，以儿童日常所见为题材。第5册、第7册，同样构成一个两重循环，选读古籍名段。第4册是修身，全册分前后两部，构成一个两重循环。《蒙学读本全书》第1册每面顶上有一厘米宽的行，用小字注明该页首次出现的生字。该册后面有《字类备温》，集合该册所有生字。生字按名字、代字、动字、静字、状字、介字、联字分为7类。这些语言学名词是《马氏文通》所开创的。《马氏文通》出版于1898年冬天，在同年开始编纂的《蒙学读本全书》就采用这些概念，反映了当时读书人追求新文化的热情。但是以后各册不再注生字和《字类备温》。此后各家编纂的各语文和类似语文课本，将生字专门单独注明，则成为一个制度，应该是起源于此。生字表只在第1册，其余都没有。但开始于这本课本的做法，被后继各出版社的各种语文课本所遵循。

2.《文学初阶》

杜亚泉的《文学初阶》共6册，初版于1902年夏。《文学初阶》在编写上，是我国第一部基本以儿童身边事物为主要内容，用词汇教学，不用范文的初小课本。并注意了生字在课文中的均衡出现和反复出现。在教学的分量上较为适中。《文学初阶》在内容上也突破了传统，它是最早让学生直面社会的国民教育用教科书。它提出了人人读书，"读书识字之人愈多，国愈强"。指出："不独男子宜读书，即妇女亦宜读书，然后能以所知教其儿女。不独士宜读书，即农工商亦必读书，然后能行新法以兴其业。"（第6册6课《读书》）普及教育这是一个以小农经济为基础的专制社会进入近代最重要的条件之一，而这是在此前所有启蒙课本所没有接触的题目。并且，《文学初阶》所涉及教学范围较广，不仅教学生知书识理，还引导人生，同时也关心社会的另一面，在第6册第8、9、10课分别论述了乞丐、流氓、盗贼。其中内容还将民族命运与儿童结合在一起，这是自有启蒙读物以来第一遭。《文学初阶》因为和后来学制不符以及商务印书馆后来《最新国文教科书》的出版而发行时间仅几年，但它对后来各种国文或语文教科书的影响却不能抹杀。低年级课本课文全部编写而不用范文，是自《文学初阶》开始的。这一做法和它的某些课文的选题一直被后来的课本沿用。

3. 全套的中小学《最新教科书》

晚清唯一一套完整的中小学教科书是商务印书馆的《最新教科书》。《最新初等小学国文教科书》采取多人合议磋商，能更周到一些。编写采取由浅入深，循序渐进，符合学习心理，图文并茂以引起儿童兴趣的编写原则。编写者只能在规定的最常用字表中选字。这就使功课进程的适量性和均衡性得到严格保障。商务印书馆不仅为中小学编写出版了几近全部的学生用课本，还为每册编撰了相应的供教师用的教授法。现在小学的各科课本，还基本有相应的教授书，对文化欠发达地区还有很大作用；所以在100年前，教授法书的作用绝不能低估。教授法书对推进当时学校教育作用不小。

三、革命书刊

进入20世纪，帝国主义对中国的侵略进一步加剧，民众对清政府的所谓改革也失去了信心，革命思想获得空前发展，革命书刊如雨后春笋。

1. 邹容的《革命军》

1902年春邹容留学日本。在戊戌前他小小年纪读《时务报》等，便对维新极为推崇。到日本后认真阅读西方思想家著作，转变而具革命思想。后来因为惩罚留日学生监督姚文甫而被迫回国。4月，他回到上海后完成《革命军》的写作。

1903年5月《革命军》由章炳麟作序后大同书局出版。《革命军》全书2万字，分

8个题目。孙中山在海外几次翻印散发。共发行120余万册。辛亥革命,民国成立,孙中山就任临时大总统,为表彰邹容的革命功绩,临时政府追赠他"陆军大将军"衔。

《革命军》封面 　　　　　　邹容

2. 陈天华的《猛回头》、《警世钟》

因悲愤而蹈海的陈天华的《猛回头》和《警世钟》,也是这个时候值得注意的两本书。

陈天华是湖南新化人,《猛回头》写于1903年夏,所以先在《湖南俗话报》发表。他与杨仁等办《游学译编》,1903年8月又在《游学译编》11期重刊。《游学译编》重刊时曾说明,在《湖南俗话报》发表的《猛回头》文本,曾印过5 000册,十多天就卖完了。《游学译编》的文本是增订删改过的。

《警世钟》写作于1903年秋,直接刻印散发。《猛回头》和《警世钟》既然在前后完成,思想不会有很大不同。所以思想内容基本一致,仅仅文学形式不同。两本书的内容都是痛斥俄国和日本。

3. 章炳麟的《訄书》

那时和邹容、陈天华之作齐名的还有章炳麟的《訄书》。《訄书》初版于1899年,比他们二位早。

《訄书》最早的版本据说是倾向于保皇,后来修订,转变为宣传革命。章炳麟喜欢用古字、古义,可能只在少数人中间流传,但仍然影响了大众,尤其《民报》时期。这种影响不仅是政治,还包括文字。我们看鲁迅早期文字,翻开《鲁迅全集》的第一面,就看到章炳麟给他的影响。他在结集《坟》时说:早年"如《摩罗诗力说》那样,简直是生凑。倘若在这几年,大概不至于那么做了。又喜欢做古怪句子和写古字,这是

· 427 ·

受了当时的《民报》的影响；现在为排印的方便起见，改了一些。"

4.《民报》

《民报》是同盟会机关报，创刊于 1905 年 11 月 26 日，1910 年 2 月终刊。同盟会的成立，表示了中国革命形势的高涨，要求革命力量的组合。《民报》的创刊反映了这种形势。《民报》集合了各派写手，组成一个朝气蓬勃的班子，宣传民主革命思想，抨击清廷压迫民众的暴政，驳斥改良派的谬论。它创刊伊始，就与梁启超主办的《新民丛报》展开了大论战。《民报》宣传三民主义和《民报》六大主义，在读者，特别海外华侨中有极大影响。孙中山在《发刊词》中提出了民族主义、民权主义和民生主义的政治纲领。半年左右，梁启超已经招架不住，他求助在上海的徐佛苏。徐佛苏写了《劝告停止驳论意见书》，梁启超拿到后刊登在 1906 年 7 月的《新民丛报》上。但是《民报》认为，两报的论战，实际是面对民族危亡的决策的斗争，决不能停止。辩论两年多，1907 年 8 月《新民丛报》停刊，《民报》仍然就《新民丛报》所宣传的论说继续驳斥。《民报》对《新民丛报》的斗争，在华侨中的成绩很大。

四、科学刊物

科学不能离开实践发展，实践不能离开社会需要存在。实验科学在我国的传播，最早当推江南制造局译书，它的译书重在自己使用，所以以技术为主，兼有少数自然科学著作。

1.《中西闻见录》

在早期教会刊物中，零散有些涉及科学常识，严格讲属于谈助的文字。到 1872 年 8 月才有由丁韪良主持的《中西闻见录》在北京出版。丁韪良是同文馆总教习，他可以在同文馆教习中找到刊物的撰稿人；其中也有李善兰等中国教习；学生翻译实习中的有趣段落也可编入。它叫"闻见录"，表明是本综合性刊物，但科学知识占有相当比重，是此前外国人办的刊物所没有的。《中西闻见录》只办了 3 年，在 1875 年 8 月出满 36 期后停刊。

2.《格致汇编》

《中西闻见录》停刊半年后，1876 年 2 月上海出现了《格致汇编》。《格致汇编》由傅兰雅编辑，格致书室发行。傅兰雅是江南制造局译书处的首席"客卿"，格致书室是他与徐寿等为推广科学知识所办的民办书院。"格致"是我们祖宗就追求的——格物致知，《格致汇编》是我国第一个打出"科学"名称的期刊。创刊于 1876 年 2 月，至 1892 年停刊，前后 16 年。但实际只有 7 年出刊，其余时间因傅兰雅回国而停刊。《格致汇编》内容与《中西闻见录》不同，仅仅收录与科技有关的文字。值得注意的是除了介绍西方科学新知和技术，以及科技新闻、人物简传等内容外，刊物还与读者互动，回答读者提出的科技疑问。

3.《格致新报》

甲午战争以后，一部分先进读书人以国家兴亡为己任。其中有人认为鸦片战争以来50余年，深痛巨创，愈陷愈深，"实误于务末而舍本。本何在？在格致"。又说："已知旧习之不足振兴，而格致实该治国平天下之根柢也。"① 这可以说是最早的"科学救国"论，为顺应时事，格致新报馆于本年二月开设。值得注意的是，《格致新报》标志着国人已能独立翻译西方科技著作，而不再是"口述笔达"两人合译。《格致新报》共出16期，连载有法国白耳脱保罗的博物学，中文名《格致初桄》。这本书由临川人姜颙推荐，由宁波人王显理、定海人王幼庭、上海人朱维新分段合译。刊物有《格致新义》和《时事新闻》两个栏目，从英文和法文报刊选译文字，由张文彬、朱维新、陆悦理、朱飞选译。

4.《亚泉杂志》

《亚泉杂志》是由浙江绍兴人杜亚泉（1873—1933）办的。他认为，政治的发达，社会的进步，必须由科学技术的发展来实现，科学技术是立国的基础。他认为国家要摆脱外国欺凌，根本在发展科学。他也是位科学救国论者。《亚泉杂志》创刊于1900年11月29日，月出两期，1901年6月因读者太少至第10期后停刊。《亚泉杂志》虽然总共只出了10期，加起来仅仅160页，但首先，它完全是国人所办，是国人出资、国人编写而有一定水平的刊物。其次，它是向国人介绍科学。在近代科学出版中具有很大意义。

五、教育读本

中华民族是个注重教育的民族，教育历史之悠长，是世界公认的。但是有两个和现代社会不合拍的重大缺陷：一是受教育者的比例小，影响向工业社会过渡的步伐。二是缺少对教育方法的研究，灌入式是教育、教学的绝对方法，不仅教学效果差，而且不能培养受教育者的活跃思维，和西方教育有一段差距。

一些有识之士认识到，要想真正解决中国的问题，必须提高全民素质，要讲求普通教育。这时还是罗振玉出来，他办了一个刊物《教育世界》。这是五千年文明古国第一份研究普通教育的刊物。不仅是半月刊，而且从1901年4月创刊，一直办到1907年11月，连续办了6年半没有停，出刊166期。刊物办得如此长，在当时是很难得的。

中国近代最早研究教育学的是王国维。他曾受张之洞的邀请赴湖北督办农务学堂，

---

① 朱开甲：《〈格致新报〉缘起》，《格致新报》，1898年3月13日该报第1册，1页。

不久又被张之洞派到日本调查教育。之后，他撰写了一本《教育学》，一本《教授法》。我们的教育有着丰富历史。但把教育当成学问来研究，《教育世界》和王国维却是最早。《教育世界》介绍日本教育制度，翻译教育学著作，促进了我国新式教育的诞生。

1907年11月《教育世界》因为罗振玉要王国维进京协助他而停刊了。1909年1月商务印书馆创刊《教育杂志》。陆费逵以出版家著名，陆费逵早年参加革命组织日知会，1905年任《楚报》主笔，因言论忤当局逃亡上海。在上海他先后在昌明公司、文明书局任编辑，从此与出版结下不解缘。陆费逵1908年进商务印书馆，陆续担任多项重要职务，其中创刊、主持《教育杂志》极具社会意义。

《教育杂志》较之《教育世界》大不一样。《教育世界》着眼于介绍外国教育，有开创之功，但因为它没有广泛、专业的发行网点，不能发行到教育工作者手里，对我国的教育影响不大。而商务印书馆的《教育杂志》，因商务印书馆有广泛而专业的发行网点，又和教科书的发行密切相连，所以发行广泛，起的作用也就大些。按照1961年编、收集全国50个资深图书馆馆藏所编期刊联合目录统计，收藏有《教育世界》1907年最后一年刊物的，有3个图书馆，而收藏有《教育杂志》1909年开始一年刊物的，有25个图书馆。间隔一年而现存差8倍，说明了两个刊物当时的发行情况。《教育杂志》着眼于教育工作者实际经验的交流，问题的探讨，以及国外新理论的介绍。它是和基础教育发展的实际相适应的。

六、新型工具书

没有工具书，做学问就少慢差费，实在不适应社会的进步。所以近代出版刚露芽，就有人着手编纂工具书；待到初具规模，编纂工具书就成为出版的重要内容。

1. 百科全书的尝试

工具书中除双语词典外，最早出现的是尝试编纂百科全书。旧中国曾经有过几次编译百科全书的尝试。当时客观社会环境自然还不具备。

为了求得读者能珍藏，上海会文学社请范迪吉等译各类书100种，总名为《普通百科全书》。它分哲学、文学、教育、政法、史地、自然科学、实业各项，出版于1903年。它本是一部收书100种的翻译的综合性丛书，被称为"百科全书"，说明当时"百科"的观念已经进入读者的视线。

要编纂"百科全书"，不仅在晚清，就是在民国时期，也是完全没有条件的。因为仅仅读者需要是不够的，还要社会上有供稿的条件。整个民国时期，政治不清明，社会不安定。执政当局关注的是抢夺地盘和巩固已得的地盘，民众的生活都不是他们所关心的，文化科学就更难说了。不要说编纂，就是翻译外国百科全书，商务印书馆忙了半天也没成功。

2. 现代辞书的诞生

用处最大的工具书当数辞书。我们古代没有"词"的概念，只认"字"，只有字书。最有名的当推《康熙字典》，它是汇辑前人的字书而成，由张玉书、陈廷敬担任总阅官，因他们同时还有繁重的政务，不可能"字字"亲躬。

一个国家200年而没有新词典，决非正常。到上世纪初，有位不计个人名利的读书人担当了组织编纂新的辞书的重任，他就是高梦旦。1908年高梦旦到广州，遇见教育家陆尔奎，谈起辞书于教育之重要。归与张元济商量，张同意邀请陆尔奎主持辞书编辑。该项辞书编纂，原计划五六人花两年功夫，不久增到常年二三十人，历时8年才出版。前后参加者近50人，使用的资料10万多卷，耗资13万元。该书后来称做《辞源》。在编纂过程中有过两次大返工。词书编纂都从收集词汇开始，按其首字汇总，编写者按字头包干，分别释义。《辞源》是部百科性语词词典，古今中外、数理、技术、历史、地理、人物无所不包，释义者不能门门都通，所以写出词条质量不高。于是第一次决定进行返工，将词条按类交熟悉该学科的编辑校订或重写。至辛亥下半年，全书基本完稿，各类词目再按首字汇总，并请有关熟悉该科目的编辑审查。

他们还将稿件印出来让大家仔细提意见，将词条按专业汇总，请精于此道的编辑修改，如此精益求精，试问在90多年前哪家出版社能做到？这些措施保证了书稿质量。

七、儿童读物

中国古代的儿童读物，大多是具知识启蒙意义的识字书，如《三字经》、《童蒙训》，朱熹的《小学》等。这些读物的出发点是训诫，意在把孩子训练成循规蹈矩的人，严重窒息儿童的个性。

到了清末，新式儿童读物出现了，其代表就是《童话》。《童话》以丛书形式出版，由孙毓修主持。其编译者除孙毓修外，就是沈雁冰。《童话》丛书分一、二两集。这"一、二"不是先后，而是定价多少的区分：文字少的薄本，卖5分，入一集，文字多的厚本卖一角，入二集。每册不仅仅是一个故事。童话做少年儿童的课余读物，明显地有助于少年儿童的思想解放，让他们有一个可以幻想的世界。而幻想对一个儿童是十分重要的，它能激发对未知领域的探索的激情，促进心智的开发成长。

1908年12月，商务印书馆出版《少年丛书》第一种《哥伦布》。《少年丛书》是一部传记丛书，现在能找见30种。早期由林万里编纂《哥伦布》、《毕斯麦》、《纳尔逊》、《华盛顿》、《大彼得》、《加里波的》6种。这些题目，在当时的翻译作品中也很多，《少年丛书》则以浅显的文笔向孩子们介绍这些伟人、名人。可能1911年后林万里不再从事，1913年由孙毓修继续，编纂有《诸葛亮》、《班超》、《岳飞》、《文天祥》等。稍后名编辑钱智修也编纂了《林肯》、《达尔文》，还有《苏格拉底》。这部丛书因为选题稳妥，写作认真，从1908年开始，直到1947年还在重印。其中孙毓修的《诸葛亮》一书，印了不少于22次。

童话做少年儿童的课余读物，明显地有助于少年儿童的思想开拓和知识增长。

在《童话》、《少年丛书》获得成功的基础上，辛亥年正月，商务印书馆创办了《少年杂志》。显然，办一个少年儿童刊物，能补救少年儿童书籍的不足。《少年杂志》是月刊。开始时由谁主持不清楚，1917年前后由朱元善编。《少年杂志》创刊时，是全国第一份少年儿童刊物。

商务印书馆的《童话》、《少年丛书》、《少年杂志》等，开创了儿童读物。自此，儿童有了自己的读物，也便有了自己的天地，这对儿童获得开阔的视野，筑建多样的想象和理想，有着十分重要的作用。

八、小说与文学期刊

"小说"一词现在的内涵与古代不一样。晚清，是它内涵变化的过渡期，我们了解晚清的小说必须回到那时，而不能以现在的观念讨论。鲁迅说："小说之名，昔者见于庄周之云'饰小说以干县令'，然案其实际，乃谓琐屑之言，非道术所在，与后来所谓小说者不同。"[①] 按照这个说法，我国第一代文学小说期刊或者杂志当是"三琐记"，即《瀛寰琐记》、《四溟琐记》和《寰宇琐记》。

"三琐记"是《申报》老板、英国人查美在上海创办的，其中《瀛寰琐记》创刊最早，始于1872年11月（清同治十一年十月），三者均为月刊，线装。查美以赢利为目的，因此很注意发行量，他一开始就将文字工作交给中国文人，以求贴近读者。因而，《申报》以及其他诸如"三琐记"等都以我国文人的理念来处理。

《申报》的前后三个"琐记"，都是以定期期刊的原则处理的。每集把性质相同的文章排列在一起，前后52本都按同一原则排列，这就有一定的栏目性质。每本前面都是"经世致用"文章，然后是一定符合当时伦理的文章，再次是短什长篇，结尾往往是极无聊的描写妓女的文章。篇幅长的文章都连载，使每本尽可能多发不同文章。从形式到内容都是很标准的现代期刊。

甲午战争后，随着城市经济和救亡思想的发展，市民文学成为文学的主流。当时兴起的报纸杂志培养出一批写家，成为小说创作的主力军。代表人物韩庆邦、李伯元、曾朴等。韩庆邦（1856—1894），江苏松江人。字子云，别号太仙。屡应乡试不售，遂淡泊功名。常年居住上海，和《申报》总主笔钱忻伯、何桂笙交往，后在《申报》任编辑。在上海，他生活在花丛中，极熟悉妓女生活，故创作《海上花列传》以她们的生活为题材是当然的事。《海上花列传》在他创办的《海上奇书》上连载，先是半月，后来月出一本。

李伯元（1867—1906），名宝嘉，别署南亭亭长。晚清最重要的谴责小说家。他

---

① 鲁迅：《中国小说史略》，《鲁迅全集》，第9卷，5页，人民文学出版社，1981年。

1896年到上海任职《指南报》。《指南报》没有任何特色，难以与当时《申报》、《新闻报》等大报角逐，于是他自己仿照西方消闲性报纸的模式，决定另办一份报纸。基于这种想法，1897年6月24日他在上海尝试性地办起了我国第一张文艺小报《游戏报》。《游戏报》大量报道低俗色情，津津乐道因果报应之类的文字。它迎合低俗，发行得好，很快出现一批模仿者。李伯元喟然长叹："何善步趋而不知变哉！"（周杜笙《新庵笔记》卷三）他不屑于与这批模仿者为伍，1900年将《游戏报》卖掉，办《世界繁华报》。所著小说极多，最著名的是《官场现形记》、《文明小史》、《活地狱》、《庚子国变弹词》等。

曾朴（1872—1935），江苏常熟人。字孟朴，号铭珊，笔名东亚病夫。他原在北京任职，甲午次年入同文馆学法文8个月，靠不断自修，能翻译法文。他是同文馆少数几位在文字上有成就者之一。1904年他在上海开设小说林社，次年开始翻译法国小说。前后翻译有雨果、大仲马等《吕克兰斯鲍夏》、《银瓶怨》、《九三年》、《马哥皇后逸事》、《血婚哀史》、《影之花》6部。进入"五四"后，更着意于翻译雨果全集。他的小说《孽海花》最著名。

小说在我国古代属野语村言，难登大雅之堂，被文人视为小道。到了晚清，小说成了人们喜闻乐见的读物，梁启超的名作《论小说与群治之关系》，更认为小说是开启民智、推动社会进步的利器。小说的地位提高了，从事小说创作的人多了，一大批小说期刊应运而生。据统计，民元以前共有32种小说期刊。阿英称其中《新小说》、《绣像小说》、《月月小说》、《小说林》四种为"四大小说期刊"。四刊首推梁启超的《新小说》、《绣像小说》与它的办刊思想接近；而后两种略有不同，偏重商业利益。

开始有声势的《新小说》。戊戌前后以文笔撼动大众者，首推梁启超。梁启超是以带感情的笔写文章的，在他进入学术研究、从政坛退出以前，始终以文字鼓动群众。他也推广小说的作用，他所接触的期刊都有

《绣像小说》（第壹期）

小说。《时务报》从创刊号到结束，几乎每期都有小说。奇怪的是全为侦探小说。梁启超说，"小说有不可思议之力支配人道故"，"欲新人心，欲新人格，必新小说。"（《论小说与群治之关系》）

持续时间最长的《绣像小说》。《绣像小说》在4种小说期刊中维持时间最长，出刊最多，达72期。《绣像小说》能出72期，表示了它的非商业因素。梁启超译《十五小豪杰》刚出齐，商务印书馆就在上海排印他的书；《绣像小说》是在《新小说》创刊后6个月创刊的。《绣像小说》1903年6月创刊，在编满3年72期后于1907年1月停刊。在此前，商务印书馆骨干编辑蒋维乔从光绪三十二年（1906）十月初一至十二月二十五日，与谈筱连有5次接触，"商议改良《绣像小说》事"（见蒋维乔光绪三十二年十二月初一［1907年1月14日］日记，日记稿本现存上海图书馆）。

《月月小说》。四大小说期刊中，《月月小说》与《小说林》、《新小说》、《绣像小说》不同，它更多讲求经营。《月月小说》开始由乐群书局老板汪庆祺主持，成立"月月小说社"，自任总理，吴趼人和周桂笙分别主持著述和翻译编辑。1907年5月出版8期后因故停办；5个月后，1907年10月由群学社老板沈继宣和许伏民接办后续出第9期，至24期终刊，均由群学社出版。该刊前期文字上由吴趼人和周桂笙主持，后期则由陈冷血、包天笑主持。虽然后期编撰主持人名单中还有吴趼人和周桂笙，但在第10期就声明停载吴趼人的《两晋演义》，而且吴、周两人的文字大大减少。所以，前后《月月小说》应该看作是两个出版主体组织的两个刊物。4种小说杂志，唯独《月月小说》当时就没有留下被人称道的名篇。但是它开始了短篇小说，也是应该肯定的。

《小说林》。《小说林》是近代出版看似好做、其实难以经营的最好写照。《小说林》的主干是曾朴，他从事文学出版，1903年开设"小说林社"，请同乡徐悉义、徐念慈主管编辑。徐网罗周桂笙、黄振元、包天笑等，请他们译稿。当时社会上开始有侦探小说，小说林社第一套系列书《福尔摩斯再生案》的第一册在1904年2月出版。同年6月编纂《小说林》丛书而且很快重印。该丛书现在能见到的有64种。一年多后增资，丁芝孙、徐念慈等常熟同乡纷纷入股，加以前两年盈余，实力大增。于是招聘编辑，成立总编辑所，下设小说林杂志社和宏文馆两个部分。《小说林》总共出刊12期，其中最有影响的是曾朴的《孽海花》。

清末小说的总数是多少，难以统计。在《中国小说史略》中，鲁迅虽然以1/3篇幅用了6.5万字写清代，但那时还没有一本晚清小说书目，要概括，就比较费力。因而，出版史谈晚清小说有个难点：无法从文学史得到借鉴。除俞樾曾经为《七侠五义》改写一段和为之作序，读书人认为市民文学不登大雅，不入藏书家眼里，没有系统收藏。没有系统收藏，就得不到系统书目，很难作系统描述。历来小说史家以阿英《晚清小说目》和孙楷第的书目为根据，前者有1 160种，孙著多一些。但是这个数字离实际差得非常远。

至今为止，汇编晚清小说书目最下功夫的是以樽本照雄教授（1948—）为主体的日本的清末小说研究会。他们编纂的《清末民初小说目录》已出至第三版。该书共收录清末民初小说名目 19 000 条。这个数字较之阿英、孙楷第的数字多出许多，并且是近代小说研究者所陌生的。这个数字大，除了收录完全外，另一个原因是搜罗、记录了有些书的不同版本。

第七节　传统出版物的式微

一、日薄西山的宫廷出版

任何出版都服务于一定目的。宫廷出版服务于朝廷的政治、经济、文化，必然和朝廷的政治、经济和文化的状况相表里；更受经费制约。清廷所谓"康乾盛世"，在乾隆晚期已经外强中干，到嘉庆，正是由盛转衰的开始。嘉庆守成，必不超越前人的旨趣，这点不仅在政治上，即使在刻书上也有反映，他在位 25 年只刻了 36 种，远低于他父亲的 163 种。而且主要是规章，如《钦定吏部则例》、《钦定户部续纂则例》、《钦定礼部则例》、《钦定中枢政考》、《大清律例》、《钦定宫中现行则例》等，而不是文化著作。

继续嘉庆朝的衰落，道光的宫廷刻书更加少，仅仅 13 种，也都是则例等。最可代表的是，当时中央财政已经到了没有力量刻书的地步。

二、书院刻书

书院刻书是清代刻书的一种出版主体。清代书院刻书主要是刻自己书院生员的"作业"佳品。但刻书不仅要钱，还要书院主持者有兴趣。所以晚清书院刻书一般说既少，文化价值又不大。当然个别书院主持人亦有筹集资金刊刻非学生作品的。但这些都要有专门奏折向皇上请求同意。所以在晚清，值得一提的书院刻书并不多。大致有南菁、味泾两家。因有说广雅书院也大量刻书，故将有关材料附后，成为第三家。

1. 味经书院刻书

味经书院开办时间不详，开设书院的奏疏是许振祎上的，陈韬编的奏议集里，原件未署日期；其中有"惟自军兴以来"，可判定在同治初年后。味经书院设在陕西泾阳县。书院的馆舍在同治元年陕西回民起义时被毁。味经刻书中很多是属于"时务"：《天演论》、《强学会序》、《西洋通史》等。最多的是中西数学书：如《九数通考》、《白芙堂算学》、《微积溯源》等，所以如此，和刘古愚的观念有关。

2. 汇刻儒家经籍和南菁书院刻书

自从汉代尊孔开始，历代开始注意于儒家经典的注释，到宋代允许私家刻书，儒家经籍开始有释疏合刻本。儒家经籍最重要的是所谓"十三经"，宋代开始有十三经的经疏合刻本。但一直没有更好的本子。到清代，阮元找到宋版后校勘重印，即至今最流行的《十三经注疏（附校勘记）》，这是《十三经》经文的注疏，体现儒家学术发展的单经研究。

到光绪初，王先谦任江苏学政，管南菁书院。王先谦也从事刻书。南菁书院刻书是经学著作非常重要的最后一次总结性汇刻。南菁书院所刻正式名称叫《皇清经解续编》，收顾炎武等100位作者的209部1 430卷经学著作。它在光绪十二年开始。王夫之的著作曾国藩兄弟已经刻过《船山遗书》，所以《皇清经解续编》王夫之名下只收4种。

徐乾学编纂的《经解》按易、书、诗、春秋、三礼、小经、论语、孟子、四书和总经解10类归类。阮元所刻，按作者活动前后排列。王先谦也循阮元，按作者先后。

清代3部经解丛书，汇集了自唐至清代晚期的521部4 675卷主要解经著作，避免了可能的散失。《通志堂经解》中137部1 727卷，自唐玄宗到明末，历时900余年。后两部经解384部2 948卷，从清初到光绪十二年，仅仅240年左右。清以前的重要经解基本被收罗了，清代后期的则还有遗留。

3. 广雅书院刻书

书院的状况和当地督抚关系很大，督抚关心则好办，否则就困难，谈不上刻书。广雅书院与张之洞有关。他影响最大的著作之一是《书目答问》，完成于光绪元年四川学政任上。光绪十年，任两广总督，十二年吴大澂任广东巡抚，他感到可以托付，与他共同筹银4.3万两，发商生息，又有商人"报效"每年5 000两，年共有收益7 365两，创立广雅书局。光绪三十年广雅书局结束，版片等归入广东图书馆；当时还将广东历来，如学海堂等公有版片归汇一起。1920年广东图书馆徐绍启将图书馆收藏版片整理后汇编刷印成《广雅堂丛书》发行，共158种。

三、私家刻书

明代刻书，缪咏禾先生做过艰苦的统计，认为"如果我们把明代出版物的数字暂定为3.5万种，大概是不会太离谱的"。（《明代出版史稿》，江苏人民出版社2000年版）他主要根据的是书目。私家刻书是历代刻书最多的。清代多藏书家目录，有《清史稿·艺文志》和两个《补志》，都是著述目录，不是出版目录，难以据之统计出版种数。

1. 私家刻书难

前面提到王先谦刻《皇清经解续编》1 430卷，实用银16 303两。他"饬撙节动用"，还"饬苏州书局助刊多种"。苏州书局代刻，既然是"饬"，显然是不必给钱的；即使给钱，16 303两银子刻1 430卷，每卷合11.4两。这数字虽然并不算太大，但一卷书一般约30页，是不够订成1册送人的。所以，读书人刻书是件难事，我们在私家刻书上经常能见到是由后人刻祖上的著作。

2. 藏书家刻书

出版有横、竖两大任务。一是传播当代人的思想言论，是为横向传播。二是延续前人出版物的生命，是历史的垂直传播。在包括晚清在内的古代，延续前人著述，藏书家由于他们精于版本识别，富有财产，藏书众多，能选择最佳母本，所以他们在明清和民国时期，成为翻刻古书最重要的一股力量。他们往往将极罕见的书翻刻，使普通读者获得罕见旧本。就出版讲，他们起的古代文化传承作用，是专业出版者所无法比拟的。

从明代开始，因为宋本书的难得，藏书家开始翻刻宋版书。到清代，不仅宋元版，明初刻本也是翻刻的重要内容。众多罕见著作、罕见版本赖以保存，对于文化有特殊的贡献。

明清藏书家都翻刻罕见旧本，但做法不同。明代读书人好以己意改旧本，对不懂的字、句好以己意任意改动。到清代乾嘉，训诂之学兴盛，明代刻书的弊病被发现，藏书家遇有认为值得翻刻的书，都尽可能以各本校勘后出校记发刻。藏书家校勘后发刻的书恢复了古籍的原貌。

晚清藏书家翻刻宋元明古籍，由于一家一户，缺乏组织，虽以丛书形式，但受制于个人藏书的有限，缺乏系统性，是他们的共同不足。但他们不惜资财，不惜古本翻刻后母本身价降低，矻矻于传播古本，使他人阅读方便的精神，是极崇高的。晚清翻刻古籍，值得一提的还有黎庶昌，他购入大批流入市场的古籍，并影刻。所辑《古逸丛书》，便是抢救性的古籍翻刻。

3. 坊间刻书

说坊间刻书的宗旨就是为赚钱，大致不会错。以往政府档案没有记录，究竟历朝历代有多少书坊刻书，刻了多少，刻了些什么，只能靠现存书目和书籍。至今缺少足够的书目资料作为出版史可资借鉴的材料，而坊刻资料更少；但还是有一些踪迹可循，虽然不能全面。

（1）苏州书坊刻书。坊刻中心历代有所变化，一般从历代文人笔记中梳理。就晚清坊刻，应该以当时人叶德辉、孙毓修为准。北京是政治中心，官员流动多，又是会试所在，应试学子往来多，适应这两种情况，书坊以买卖旧书为主要业务。苏州刻书历时最长。苏州鱼米之乡，富有的读书人多，苏州书坊林立，不仅刻书，也还有旧书的流通。而太平天国时，书籍遭厄运，书业资本雄厚者，迁移到上海，本小者从此覆灭。

（2）福建四堡刻书。晚清坊刻的一个重要地方是福建四堡村。四堡村民中有邹葆初在外贩卖书籍获利，康熙二年回乡，开办书坊，逐渐乡人跟随，成为一个"专业村"，替代了明末被火灾烧毁掉的建阳刻书业，直至光绪末年。四堡刻书现在能找到的图书实物和文字记录表明，200年间出书489种，连重复品种计算是667种。当然这是根据保存下来的实物和文件所记录，年岁久远丢失必多，实际出书要大大超过此数。除了一般启蒙读物、科举实用图书，还有很多大部头书，如《康熙字典》、《佩文韵府》、《资治通鉴》。四堡地处乡间，书籍的出售靠外地书商（主要是江西浒湾书商）来批发。每年春节各家将可供书刷出样张贴在门口，彼此间协调，灯节时接待批发户订货。四堡自己有人专门从事外销，也有人到外地开书店。四堡刻书业虽延绵200年，但并没有发生大的影响，而且日渐衰落。

第八节 新式出版物的发行

一、依靠水运的图书发行

晚清时期，图书只有能在异地发行，才能扩大发行量。我国地域辽阔，因为古代重农抑商，相应交通不很发达，出版受制于发行。到近代，运输相对发达了些，也没能摆脱这种制约。当然最根本的是城乡居民的购买力限制了文化需要。此外，缺乏有效的图书宣传手段，使出版者与读者的供需信息不能沟通，也是原因之一。运输手段的重要是不言而喻的。因为古代图书用纸轻，体积和重量比小，陆路运费高，主要靠水路运输。而书籍依靠水运，极大地限制了发行半径。这种情形，到整个晚清都没有改变。同光年间地方官书局刻的书，也仅能在江左江右及其附近流传，北方流通极少。

由此可见晚清传统图书发行的局限，这种局限的根本在于社会经济水平。

二、新旧分界的发行死结

以上都是讲旧学书籍的发行。至于新学书籍期刊，则是另一景象。如果你翻开19世纪末20世纪初的新式出版物，不论书籍或期刊的版权页，你会惊奇地发现，在卖书卖刊的地方的名单中，书店、书庄竟然很少，而西药房、铜锡铺、茶馆、别发洋行、陆军医院等你想象不到的地方却是这本或那本书的代售处。还有某某牧师处、私人住家，等等，稀奇古怪什么都有。

这种现象，反映了新式出版物发行的艰难。而出版物发行困难，使出版难以为继，走上绝路。这种状况，一直延续到很晚，迫使新式书店开设自己的外地门市。出版者自己搞外地发行门店，最直接的结果是发行成本增加。

三、卖书只有小书店

发行渠道的不通畅，始终是困扰新出版的因素，直到解放前夕。开设外地门市并不是件简单的事：因为一个出版者自己的品种够不了门市的维持费用。最早除了《申报》的申昌书屋和点石斋有实力，而且自己有几百种书卖，一般出版者就完全没有这种条件。所以,他们都只能委托书店代卖。而卖新书新刊的新书店,与旧书坊有一个很大的不同:利润薄,很难发展,所以全国始终没有大书店。

因而,所有卖新书新刊的书店,无一例外地都兼卖文具和球类等体育器械,才能维持。因而很难发展成大店。旧书坊开始卖书,可以自己刻些畅销书,获得出版和发行两层利润。这些新书店是做不到的。因为售书业的利润薄,自身难以发展,所以旧中国直到全国解放,始终没有能产生大的书籍零售店,自然也没有书籍批发商。更何况晚清!

四、在外地开分店获得发展

晚清各出版社在外地开设分店,没有统计数字,可以借民国时期的一些情况来推测。

书业前辈张静庐,可以说是书业的多面手,而且经营出版颇有创新。他在1938年40岁时写了一本《在出版界二十年》,是本自传体的出版经验谈。其中谈到发行。且不说他编印出版了《小说林》和《滑稽林》两种杂志,交给马路上报摊和书店代售,到结账,人家根本不承认,① 就是正规的请人代销,也是满眼荆棘。

在民国时期,社会发展,读书人远比晚清多,情况尚且如此,同样受发行制约的晚清的出版经营绝不会比民国时好。很多书刊出版者都因此而难以持久。唯一能避开收不回欠账的办法是自己在外地开设只做发行的分支机构。在晚清能站住和发展的极少数出版社,无一例外都在上海以外开设有分支机构。但必须有足够的、为读者需要的出版物,才能支撑分支机构的开支,才有价值。

晚清能开设分号的仅仅两家:文明书局和商务印书馆。他们都是依靠教科书。

出版社自设门市的销售是有限的,必须依靠遍布各地的代销点,才能提高出版物的发行量,获得较多利润。专司发行的分支机构的积极意义在于能就近掌握代销同行的具体情况,及时收账,避免坏账损失。更因为能就近掌握情况,就敢于放账而扩大发行。

五、学者开书店

出版物的价值,只有到了读者手里才能实现。鸦片战争以来,整个时代,不仅仅有学者从事出版,宣传新学,推广民主意识,还有学者开书店,以推广这些出版物。在晚清读书人是新出版物出版的主干,办理发行的量也不在少数,只是惋惜记录难找。

---

① 张静庐:《在出版界二十年》,46~47页,上海书店翻印本,1938年。

第十章 民国出版

第一节 民国出版业的形成

一、晚清出版业的影响

民国时期出版业是建立在晚清出版业的基础之上的。作为民国出版业源头活水的晚清出版业，在半个多世纪的风雨沧桑中，经历了从传统出版向新式出版的嬗变和此消彼长的过程。在这一过程中，官府、改良派、革命派、民族资产阶级以及外国人都积极参与其中，从各个不同方面推动了晚清出版业的发展，并将这一影响顺理成章地延伸到随后的民国时期。

1. 传统出版业的延续和衰落

以木版刻印为出版技术特征，以线装竖排为装订排版形式，以经史子集为主要出版内容的中国传统出版业，自唐代以降，千余年连绵不绝，在繁荣中国传统学术文化、促进世界文明进步方面作出了巨大贡献。然而，就传统出版业自身的历史进程而言，我国出版业虽然出现较早，但发展却相当缓慢。正如雕版印刷取代手工抄写经历了上百年的历史时间一样，从西方引进的以铅活字排版为主要技术特征的现代出版业，也同样经历了一个较为漫长的历史过程。从晚清至民国时期，都不难在出版业的产业构成中找到传统出版的因子。我国古代刻书传统中早已形成的官刻、私刻、坊刻三大刻书系统，在近代刻书活动中依然一息尚存，不绝如缕。

官刻方面，以官书局为代表的官方刻书，在19世纪60年代以后甚至一度兴盛，时间长达二三十年之久。这些所谓"局刻本"，因多为学者名家从事校勘而质量精良，又因价格低廉而流布广远。随着洋务运动的失败和戊戌变法的兴起，以"中学"为主要刻书内容的官书局日渐凋零，繁荣不再。

与晚清官方刻书的大起大落情形不同，作为传统出版业另外两大支柱的私刻和坊刻，则显示出一种平缓式的衰落。日益衰败的晚清经济国力，日渐应用的西方出版技术，都在不同方面一点点地销蚀着民间刻书的活力。但私刻和坊刻因为依托于民间，比官刻的维系于官府更具有强劲的生命韧性。从晚清到民国的政权嬗递，几乎彻底摧毁了前朝的官刻系统，而私刻和坊刻却能在日益窘迫的困境中继续顽强地存活下来。

清代一些著名的书坊，如苏州的扫叶山房、南京的李光明庄、广州的五桂堂，以及北京琉璃厂的一些书肆等，一直延续到民国的大部分年头。北京的来薰阁、邃雅斋、富晋书社、通学斋、松筠阁，上海的古书流通处、忠厚书庄、博古斋、修文堂书局、中国书店，苏州的来青阁、文学山房，杭州的古欢堂、抱经堂，西安的阎氏古董店，长沙的文善书店、李集古书店，福州的聚成堂，广州的登云阁等各大城市的古旧书店，它们或创办于晚清以后，或成名于民国时期，主要从事古籍旧书的贩卖，也兼事传统方式的图书刻印，在民国书业界均有一定的影响。

而抱着崇尚学问、推广文化和传播知识之目的的私家刻书，因所刻书籍质量精良，历朝历代都被读书人和藏书家奉为上品。相对于官刻和坊刻，私刻既不仰仗官府又少依赖市场，表现出较强的稳定性。从晚清到民国，家资殷实且热心文化建设的学者文人、藏书家而兼作刻书家的，不乏其人，突出者有潘仕成、伍崇曜、丁丙、赵之谦、叶德辉、王先谦、缪荃孙、罗振玉、张钧衡、刘承幹、陶湘、董康、傅增湘、徐乃昌、丁祖荫、卢靖卢弼兄弟、刘世珩、李盛铎、张寿镛等。他们或汇刻经史著述，或经心于金石、目录、词曲之书，尤其在郡邑乡邦文献的刻印方面最有建树，是中国近代以来地方文献出版中最为核心的中坚力量。

如上所述，从晚清到民国的传统刻印出版，一方面在无可挽回地衰竭着，另一方面又在不屈不挠地延续着。这种延续，除了表现为传统出版技术的继续应用与一些出版机构的跨朝代留存外，凝聚在传统出版业中的某些遁于无形的出版因素，诸如价值观念、出版作风、审美习惯等，也在不知不觉中影响到了后来的新式出版。

2. 石印出版的潮起潮落和余波再兴

石印技术作为近代西方新式出版技术的一种，是由外国传教士传入中国并在清末光绪年间得到大规模应用的。它凭借出版工序省、出书速度快、存貌不失真等巨大的生产力优势，后来居上，一度取代中国古老的雕版印刷的主导地位而垄断出版业达二三十年之久。

石印首先出现在上海的一个名叫土山湾印书馆的教会出版机构，但真正光大门庭的则是英国人美查办的点石斋石印书局。点石斋全盛时期有石印全张机十多部，并在北京、浙江等地开设了20多个分店。19世纪80年代初，又有同文书局和拜石山房的创立，成为与点石斋齐名的鼎足而三的三大石印书局。同文书局有石印机12部，雇工500人，规模之大，可以想见。它所石印的诸如《殿版二十四史》、《古今图书集成》、《资治通鉴》、《佩文韵府》、《康熙字典》等巨著，都堪称当时出版界的大手笔，而它在印刷这些大部头时所采用的股印办法，又开创了后来民国时期图书预约出版的先河。因此有学者把其列为我国近代私营出版业诞生的承先启后者之一，具有不可忽视的地位。

在三家大书局带动下的石印技术,由上海而全国,迅速地得以传播和应用。据《贩书偶记》、《中国丛书综录》、《中国通俗小说书目》等书著录,从清末到民国,全国各地采用石印技术印者多达上百家之众。各地石印书局所印书籍种类,包括常用古籍、通俗小说、唱本、地图,以至报刊及新著等,但印得最多的还是各种科举用书。1906年清廷废除科举制度,给那些以石印兔园册子为营生的众多石印书局以致命性的打击,出版的存书乏人问津,兴盛一时的石印业几乎全军覆没。

然而,随着辛亥以后兴学存古、保存国粹思潮的影响,古籍图书又有了新的市场需求。新形势下的古籍出版方式,除了传统的雕版刻印和新式的铅排铅印外,晚清时期用得惯熟的石印技术再一次因其影印传真的优点而备受民国出版界的青睐。商务印书馆出版的《四部丛刊》、《百衲本二十四史》、《四库全书珍本初集》、《续古逸丛书》、《续藏经》、《道藏》、《国立北平图书馆善本丛书》等古籍,都是将千方百计搜访得来的第一流版本,以影印的方式使之化身为千百,满足了追求版本价值的古籍研究者和公私藏书家的需要。直到新的先进胶印技术的引进,民国时期原来的一些石印业务才逐步被取代,但就全国来说,直至20世纪50年代还是胶印与石印并存。在全国出版和印刷中心的上海,部分石印所改以胶印为主后,石印设备和业务仍保留了若干年。而全国其他中小城市,在20世纪50年代前仍以石印支撑局面。

3. 新式出版的星星之火和燎原之势

所谓新式出版,是与传统出版相对而言的一个概念,或指引入的西方先进出版技术,或指有别于传统的出版物内容,或指现代企业的组织运作方式和出版制度。中国新式出版的起步,并非源于传统出版内部条件的自身成熟,而是来自于外力的强力推动。19世纪上半叶西方传教士出于传教的需要,在中国沿海及附近的海外其他地区开办了一些教会出版机构。传教士们的出版活动,虽说最终目的都是为传教服务,但从客观效果来看,却在无意中把新生产技术所具有的巨大生产力优势直观地展现给了国内出版界,推动了我国近代出版技术的大力革新和出版物内容的结构性调整,促进了国人学习西方的热情冲动和对出版物巨大传播效果的觉醒性认识。

近代初期由西方传教士最先开拓的新式出版事业,在以后的历史发展过程中经历了数次出版主体的演变:从当初的教会出版机构独步天下,到洋务运动兴起后官方出版与教会出版的并辔而行,再到20世纪初叶的民营出版主体地位的正式确立与形成。这种演变是渐进式的,同时伴随着每一次的社会变革,后者的成分一次次地赶超前者。

19世纪上半叶由西方传教士导入中土的新式出版,是在国内传统出版已发展成熟的情况下登陆的。新式出版与传统出版在百余年的相处过程中,彼此之间有挤压,有交叉,也有融合。比如,雕版刻印明显属于传统出版技术范畴,可晚清时期的许多新式出版物又是通过这种古老技术方式生产出来的。如严复著名的西学译著《天演论》,最早的版本就是 1898 年的湖北沔阳卢氏慎始基斋木刻本。晚清官书局所刻印的主要是传统典籍，但也有部分书籍属于新学范畴。京师同文馆和江南制造局翻译馆以出版西学新书为能事，用的出版技术却有不少是传统的木版雕印；而平版石印引进于西方，自然归属于新式出版技术之列，可出版得更多的却是传统古籍和科举用书。这种交叉的情况，在近代出版界十分多见。我们说，新出版技术、新书刊内容和新组织制度，是新式出版的三大主要特征，但这些特征在 20 世纪以前的晚清出版界，更多地表现为选择性的"或"字关系而不是包举性的"和"字关系。随着时间的推移，到了民国时期，新式出版中"或"的成分已越来越少，"和"的成分则日益增多，表明新式出版已从星星之火发展为燎原之势。

二、民国出版业中心——上海

在中国新式出版业的演进过程中，上海长期扮演着中心的角色地位。这种角色地位的形成，是与近代上海城市的迅速崛起乃至称雄全国的局面紧密联系在一起的。上海出版业的发展，既依托于所在地的城市建设，同时又是上海这座城市近代化过程中的一个重要组成部分。

开埠以前的上海，不过是江苏省松江府下属的一个普通的县城。开埠以后的上海，则以超常的速度膨胀、发展，1930 年人口突破 300 万，成为中国特大城市、远东第二大城市，也是当时仅次于伦敦、纽约、东京、柏林的世界第五大城市。

在经济方面，上海工商业的发展，为上海出版业提供了技术革新的动力。各种新式的印刷机械和先进印刷方式被不断地介绍和引进到上海，落后的刻印被淘汰，石印、铅印、胶印这些崭新的印刷技术代之而起，成为出版技术的主流。近代以来，上海一直是全国印刷条件最好、印刷设备最先进的城市。外贸中心的地位，使出版业所需要的国外进口纸张源源不断地运送到上海。工商业一些先进的企业管理制度和运作方式，被书业领域所借鉴、吸收和改进。上海工商业的繁荣，吸纳了千千万万来自五湖四海的各地异乡人，这些人构成了城市主体的市民阶层，同时也构成了上海出版业发展进程中的重要读者群。

在政治方面，上海在近代的政治地位可能先不及北京、后不如南京，但却因其强大的经济和文化实力，为近代各派政治力量所必争，在戊戌变法、辛亥革命、五四运动、五卅运动、抗日战争、解放战争等一系列重大事件中，上海都充当了极其重要的角色，发挥了积极响应者甚至是带头先锋者的作用。政治的变革往往需要舆论为其呐喊助威，舆论的策应又有赖于出版的大力配合。上海的出版业便因缘际会，一次又一次地在政治运动的催生之下，把一个又一个的报纸、杂志，把一个又一个的出版社、书局从上海的大马路旁、小弄堂里、石库门边孕育出来。

上海设有全国最大的租界，公共租界与法租界的总面积，是中国其他 23 个租界总面积的 1.5 倍。由于一市三治，存在着政治控制和文化管理方面的缝隙，思想和言论的自由在这里得到一定程度的保护。正是这种特殊的环境，租界一度成为反抗清政府和北洋政府的进步人士的活动基地，也是民营报纸、杂志和出版机构等文化部门发展事业的理想场所。一些于政府不利甚至是反对政府的书刊，借助租界的庇护得以出版与传播，一些与出版业发展紧密关联的版权制度、稿费制度、报刊广告、出版法规等在这里得以孕育与形成。上海的确有着国内其他城市难以比肩的较为宽松的政治和文化环境，上海出版业正是在这种宽松的环境中得以迅速成长的。

在文化方面，上海自租界辟设以后，帝国主义在利用这个"国中之国"，对中国进行军事侵略、政治奴役、经济掠夺和思想侵蚀的同时，也把西方先进的近代文明直观地展现给国人。上海以其特殊的地位，在当时简直成了西学在中国传播的"批发站"和"中转站"，求西学、奔上海成为当时知识界的普遍心理。各种中外文字的图书报刊，成为了西学传播的主要工具，各类中西人士开办的出版机构，成为了西学传播的重要阵地。特别是在清末废科举、兴学校的教育改革潮流中适时而起的上海商务印书馆，其迅速的崛起与壮大，标志着中国近代民营出版业从起步走向了成熟。

根据上海市档案馆所藏的有关档案记载，1920—1935年上海市书业同业公会会员登录的出版机构有81家，其中资本在100万元以上的有2家（商务印书馆和中华书局），资本在50万至100万元的有1家（世界书局），资本在10万至50万元的有6家。1936年12月上海市书业同业公会会员登录的出版机构有66家，其中资本200万元以上的2家，10万元以上的9家，3万元以上的11家，3万元以下的44家。职工人数200人以上的5家，20人以上的14家，20人以下的47家。而像良友图书公司那样没有参加书业同业公会的出版机构尚有60多家[①]。上海出版机构如此之繁盛，从业人员如此之众多，出版资本如此之雄厚，是国内其他任何城市难以望其项背的。尤其是上海的商务印书馆、中华书局、世界书局这三大出版机构，可称得上是民国时期全国出版业中真正的巨无霸。

同其他大多数行业一样，上海的出版机构也随着自身的发展，自发地形成了一块相对集中的商业区域。在20世纪30年代，"上海市中心黄浦区内，东西方向的福州路、广东路，自河南中路起至福建中路一段，汉口路自河南中路至广西路一段；南北方向的河南中路、山东中路（其南段俗称麦家圈，北段俗称望平街），自延安东路至九江路一段和昭通路（旧称交通路）短短一段"[②]这一区域，报馆书店等文化机构林立，是上海有名的文化街。而其中的四马路（即福州路），更是书局书店云集之地，享有书店街的美名。

---

① 《上海通史·民国文化（第十卷）》，121页，上海人民出版社，1999年。
② 朱联保：《近现代上海出版业印象记》，6页，学林出版社，1993年。

上海书店街一瞥

1937年"八一三"事变爆发后,上海沦陷于入侵者之手。上海一些有实力有影响的出版机构,大多随着战事的推移,迁徙于后方各地,上海出版业昔日的繁荣戛然而止,其原有的全国中心地位,也在此后的八九年时间里无可奈何地拱手让给桂林、重庆等后方城市。然而,即便在上海"孤岛"时期,留在上海的一些出版人依然进行了不屈不挠的出版斗争,为中国的出版事业作出了可歌可泣的历史贡献。1945年8月15日,日本无条件投降,长达八年的抗战结束。在随后的一两年时间里,原在桂林、重庆的出版人又纷纷把机构迁回到上海,上海再次成为出版人展示身手的中心舞台。尽管随后而来的内战,多少粉碎了他们回沪之初的勃勃雄心,但就上海这座城市而言,它无可置疑地又恢复了抗战前全国出版中心的地位。这一地位一直维持到20世纪50年代书业公私合营之前。

三、中华书局崛起于出版界

辛亥革命诞生了一个新的国家政权,也诞生了民国时期第二大出版机构——中华书局。中华书局由25 000元创基,很快就发展成为与商务印书馆并驾齐驱的综合性大出版社。中华书局的崛起,打破了商务印书馆在清末出版物市场尤其是教科书出版上渐成垄断的势头。出版领域从一家的一枝独秀,发展到两家的分庭抗礼,意味着近代出版业激烈竞争机制的正式形成。

中华书局是由陆费逵(伯鸿)、戴克敦(懋哉)、陈寅(协恭)等人在上海创办的。虽说书局挂牌之日在民国元年元旦,而筹措却在辛亥革命以前。1911年,苟延残喘的清政府已奄奄待毙,作为日知会会员的陆费逵预感到一个崭新的时代即将来临,正是自己创业的大好机会,于是秘密组织同志,提前编写适合未来中华民国政体的教科书，结果随着民国的建立而大获成功，挤占了商务印书馆的教材市场份额。

1913年，中华书局改组为股份有限公司，成立董事局，公司下设编辑、事务、营业、印刷四所。随着中华书局规模的不断扩大和新厂房的不断重建，总公司地址也不断变更，1913年从河南路迁至东百老汇路，1916年又从东百老汇路迁至静安寺路，1935年澳门路新厂落成后又迁至新厂办公。每一次迁移都可看成中华书局出版实力增强的表现和结果。

民国期间，中华书局共出书5000余种。虽不能说中华出的每本书都质量优良，但我们确实不难从中感到文化的、教育的、思想的、科学的、学术的气息。中华书局通过出版活动，对我国的学术文化建设作出了重大贡献。概括起来讲，主要体现在如下五个大的方面。

第一，在教科书及教育类图书出版方面。中华书局编写出版的教科书，涉及学科门类广——政府颁布的课程标准中所罗列的几乎所有课程，中华书局都编写有相应的教科书；涉及教育层次多——从小学到中学、大学，从师范学校到专科学校，中华书局都有教科书供应；出版印刷数量大——全国各学校使用的教科书中，有十分之三是中华书局供应的。中华书局与教育有关的出版物还有：（1）有关教师及教育研究人员参考用的教育理论书籍342种；（2）有关孩子们课外阅读用的儿童读物近2 000种；（3）有关成人补习知识用的平民课本、民众课本14套，以及专门为民众策划的民众通俗读物丛书11套；（4）有关英语学习者学习语言用的英语读物347种；（5）有关普及国语教育用的国语图书93种。

1932年的中华书局总店

第二，在学术图书出版方面。中华书局历年出版的学术性图书，涉及学科门类既广，数量品种亦多，而且在出版方式上，多以丛书的形式刊行，主要有：《新文化丛书》43种；《新中华丛书》72种；《少年中国学会丛书》24种；《社会科学丛书》29种；《国际丛书》26种；《国防丛书》10种；《音乐丛刊》13种；《算学丛书》5种；《科学丛书》6种；《农业丛书》26种；《中国计政学会丛书》6种；《史地丛书》4种；《史学丛书》6种；《新世纪丛书》5种等。另外，《大学用书》91种，既可看成教材，也可视作学术性丛书。① 而在近现代学者的学术性著作出版方面，以梁启超的《饮冰室合集》最为著名。

第三，在工具书出版方面。中华书局出版了数百种语文词典和专科词典，以及一些其他类型的工具书，是我国近现代辞书编辑与出版的一支生力军。其中尤以1915年出版的《中华大字典》和1936—1937年出版的《辞海》最为有名。

第四，在古籍出版方面。中华书局排印的《四部备要》和影印的《古今图书集成》，堪称古籍出版的大手笔，对古籍文献的保存和传统文化的传播都有着十分重要的意义。除了这两部大书外，中华书局还出版了《中国文学精华》、《袖珍古书读本》等其他一些古籍，在当时的学术文化界也有相当大的影响。

第五，在杂志出版方面。中华书局素来重视杂志的编印与发行。民国38年中，中华书局或由自己编印，或代他人发行的杂志约有40种左右。民初发行了《中华教育界》、《中华小说界》、《中华实业界》、《中华妇女界》、《中华学生界》、《中华童子界》、《中华儿童画报》、《大中华》等杂志，在当时号称为"八大杂志"。20年代发行的《小朋友》，30年代创刊的《新中华》都颇负盛名。

四、商务印书馆在民国时期继续称雄

商务印书馆成立于1897年，由夏瑞芳等7人合资创办，经过十多年的经营，商务印书馆在民国建立之前已称雄于书业界，并在以后的出版岁月里继续发展，将其全国第一大出版机构的身份一直保持到中华人民共和国建立。

商务印书馆自创业开始至1949年，其发展可分为：创业阶段（1897—1902）、中日合资时期（1903—1914）、发展阶段（1914—1931）、复兴阶段（1932—1936）、抗战阶段（1937—1945）、衰退阶段（1946—1949）。

1914—1931年是商务印书馆的发展阶段。1914年初商务印书馆收回日股之后，于第二年成立总务处，作为统辖全公司的最高机构。1930年王云五任总经理后增设研究所，成为一处（总务处）四所（编译所、印刷所、发行所、研究所）的组织系统。到1931年，商务印书馆已有分厂两处（北京、香港），分支馆（分馆、支馆、支店）36处（含新加坡分馆一处），东方图书馆和尚公小学两个附属机构，上海各处职工约4 000多人（其中工人约3 500余人），各省分支馆局职工约1 000余人；1922年增资为500万元；营业额最大的年份是1930年，达到1 200多万元。1914—1930年共出版图书6 682种，15 111册。

1932—1936年是商务印书馆的复兴阶段。"一·二八"事变中，商务印书馆成为日军重点攻击的目标。商务印书馆总厂、编译所、东方图书馆、尚公小学等均遭受巨大损失。然而经过半年紧张而艰苦的善后及筹备工作，商务印书馆在当年8月1日就宣布复

---

① 以上统计资料根据《中国近代现代丛书目录（总目）》统计得出，上海图书馆，1979年。

业了。由于措施得力，上下合作奋进，商务的经营主干——出版业务迅速恢复并获得长足发展，表现为1933年出书量大增，出书品种增多，超过了"一·二八"前任何一个年份，并且至抗日战争爆发前，年年都有所增加。以1935年为例，商务印书馆这一年共出版各种图书1 689种，4 304册，大致分为三大类，分别是：教科书103种，210册；一般用书781种，1 005册；预约书805种，3 089册。教科书册数仅占本年度出版图书总册数的4.9%。

1937—1945年是商务印书馆的抗战阶段。由于商务印书馆较早地预料到战争的爆发，鉴于"一·二八"的惨痛教训，提早作了战时安排。为了适应战时的环境，1937年年底，商务印书馆将总管理处内迁至长沙，在上海、香港分设办事处。1938年11月13日长沙大火更使商务印书馆的临时工厂损失惨重。1941年12月7日太平洋战争爆发，上海、香港全部陷入敌手，商务印书馆在上海、香港两地的货栈及机器设备均遭日军劫持。当时总经理王云五正好在重庆参加国民参政会。得知日军空袭香港后，王云五决定不按原计划返回香港，他所代表的商务印书馆总管理处也就迁至重庆，直到1946年迁回上海。这一段战争时期，因为一般图书的购买力下降，商务印书馆的出版方针又恢复为以教科书出版为主。1937—1946年的九年中，商务印书馆共出版新书6 248种，9 142册，平均每年694种，1 016册。

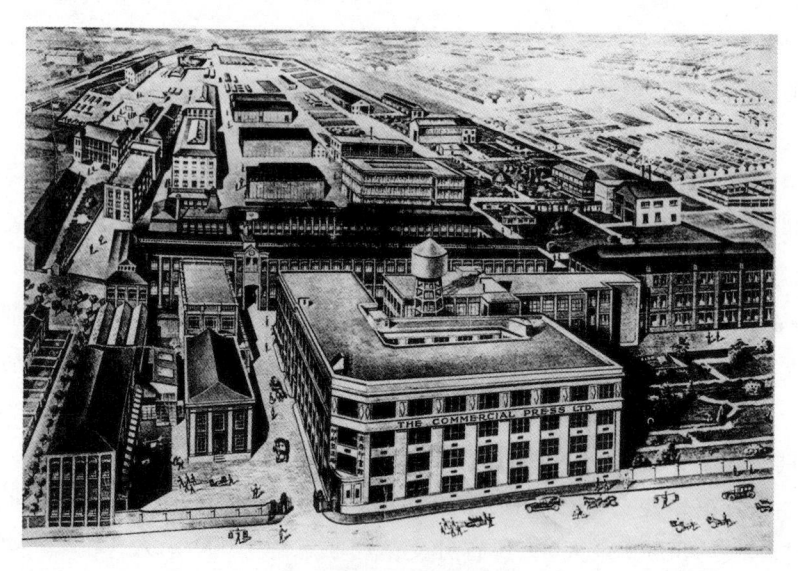

商务印书馆全盛时期全景

1946—1949年是商务印书馆的衰退阶段。抗战胜利后，商务印书馆回迁上海，开始复员工作，但却面临着比抗战时期更恶劣的情况。外因是内战爆发，人心动荡，通货膨胀，内因是商务印书馆在人事上的变动和纠葛。担任总经理16年之久的王云五因从政，于1946年5月辞职，之后商务印书馆一直为物色一位能干的总经理而犯难。多种因素导致商务印书馆在抗战后的几年日益衰落。1949年5月，中国人民解放军进入上海。1951年商务印书馆将编审部迁往北京。

在整个民国时期，商务印书馆堪称中国规模最大的综合性出版机构。它在出版的许多方面具有开创性，比如先进印刷术的引进与改革，领导出版业潮流的选题等。它通过数量庞大、种类齐备的出版物，在促进我国新式教育的发展及文化知识的传播、西学的引进、古籍的流传等方面作出了重大的贡献。

第二节 民国出版业的发展

一、五四新思潮下的出版变革

辛亥革命后，袁世凯政府对言论强力控制。袁世凯倒台以后，北洋军阀政府忙于应付内战，无力对全国实行有效统治，给这一时期思想文化的活跃提供了外部条件。陈独秀创办的《新青年》杂志适时而起，借助于出版与传播的力量，擂响了新文化运动的第一声战鼓。1917年1月，陈独秀进京就职，《新青年》也随之迁入北大。杂志从社会进入高等学府，北大又居全国学界执牛耳的地位，使《新青年》传播的新思想很快成燎原之势。

《青年杂志》创刊号 　　　　　　《新青年》

以《新青年》为代表的出版物在鼓荡新思潮日益澎湃的同时，也反过来哺育了出版业自身的创新式发展。新出版与新文化的互为推动，在五四时期体现得最为淋漓尽致。出版物数量的激增，出版物内容的革新，出版物形式的变化，出版机构的崛起与调整，都是新文化思潮直接影响下的结果。

五四时期出版上的冲动，也是市场新需求直接拉动的结果。人们对新思想、新学说、新内容的追求，刺激了出版家出版相关书刊的巨大热情。这种机遇首先被一些善于审时度势的中小出版社所率先利用,亚东图书馆、泰东图书局、群益书社、新潮社、北新书局等都是这个变革时代新式书刊出版的排头兵。即便作风稳健持重的大出版社如商务印书馆、中华书局等,也不可避免地要被裹挟进去。为了适应出版新书刊的需要,老牌出版社在用人方面进行了调整。如商务印书馆的两大元老张元济和高梦旦曾数次北上求贤,有意邀请新文化运动领袖胡适职掌编译所。1921年夏秋间,胡适南下商务作了一个半月的考察,对商务的工作提出了许多改进意见。胡适虽然最终未能留在商务任职,但他引荐的王云五却给后来的商务带来了新的气象。

二、《新青年》与五四前后的报刊

出版物作为思想与文化的载体,其荡涤人心、启发民智的功能为清末以来众多见识超卓的知识分子所深谙。著名者如严复、梁启超、孙中山、陈独秀等,都擅用书报刊来发表主张、鼓吹革新。其中陈独秀创办的《新青年》杂志,集中体现了在特定历史条件下,出版物在承担启蒙与救亡等重要历史使命之际的文化自觉和重要作用。

1.《新青年》

《新青年》是五四运动时期最重要、影响最大的期刊。它从1915年9月15日在上海创刊,到1926年7月25日终刊,历时10年,共出版63期。十年中的《新青年》不断有所发展变化,大致可分为三个历史阶段。

第一阶段是从1915年创办到1916年2月停刊。1915年,从日本回到上海的陈独秀创办《青年杂志》,由群益书社印刷发行。刊物创办之初,虽然也提出了科学和民主的口号,但影响不大,每期不过印1 000份,销量不多。

第二阶段是从1916年9月复刊到1920年夏。这一阶段,为避免与基督教上海青年会主办的《上海青年》杂志混淆,刊物正式更名为《新青年》,仍为月刊。1917年,陈独秀应蔡元培之邀,出任北京大学文科学长,《新青年》遂迁至北京。同年8月停刊。1918年1月复刊。从1919年出版的第6卷起,成立了编委会,由陈独秀、钱玄同、高一涵、胡适、李大钊、沈尹默分期轮流担任主编,鲁迅也参加了编委会的工作。此阶段的《新青年》,设有"政治·思想"、"历史"、"文学"、"戏剧"、"小说"、"诗"、"读书笔记"、"社会问题"、"国内大事记"、"国外大事记"、"读者论坛"、"通讯"、"世界说苑"等栏目,特别是第4卷第4号增辟的"随感录"专栏,为《新青年》所首创,后来仿效者甚多。"要目"在封面上刊出,十分醒目。从1917年开始,《新青年》受到社会的广泛关注,销量渐增,最多达一万五六千份。

《新青年》高举科学与民主两面大旗,对封建主义文化思想展开了猛烈的批判。如陈独秀发表了《宪法与孔教》、《孔子之道与现代生活》、《尊孔与复辟》等文,李大钊发表了《青春》、《今》等文,鲁迅发表了《我之节烈观》、《我们现在怎样做父亲》等文,吴虞发表了《礼论》、《儒家主张阶级制度之害》等文。这场来势迅猛的新文化运动,不仅冲破了封建思想的樊笼,起到了启蒙作用,还唤醒青年与妇女开始摆脱封建主义的束缚,追求新的思想和新的道路。

《新青年》高举文学革命旗帜,对封建主义文学展开批判,提出了一些新的文学主张,产生了一些新的文学作品。发表在《新青年》上的胡适的《文学改良刍议》、《历史的文学观念论》、《易卜生主义》及陈独秀的《文学革命论》等文论,鲁迅的《狂人日记》、《孔乙己》等新小说,胡适、刘半农、周作人等人的新诗,鲁迅、陈独秀、刘半农等人的杂文,和译介的屠格涅夫、莫泊桑、易卜生等外国作家的作品,迈开了建设现代文学的新步伐。《新青年》所倡导的文学革命,掀开了中国文学史新的一页,开创了中国文学发展的一个新的历史阶段。《新青年》从1918年1月第4卷第1期起,全部改用白话和使用新式标点符号,在期刊发展史上亦具有革新意义,影响十分深远。

第三阶段是从1920年9月到终刊。自第7卷第1号起,《新青年》由陈独秀一人编辑。1920年5月间,陈独秀在上海成立"马克思主义研究会";随之《新青年》编辑部也于9月第8卷第1期起正式迁往上海,成为中国共产党上海发起组的机关刊物,刊物的政治性明显加强。1921年7月1日,中国共产党成立,《新青年》迁到广州出版。1923年6月,《新青年》改组为季刊,成为中国共产党中央的机关刊物,主编瞿秋白,由广州平民书社出版。季刊出四期以后休刊。1925年4月始《新青年》改为月刊,编号另起。出五期后,于1926年7月停刊。到停刊前,《新青年》编辑发行了"共产国际号"、"国民革命号"、"列宁号"和"世界革命号"等专刊,详细介绍了苏联的革命和建设状况、世界和中国的革命以及中国共产党的情况。

《新青年》作为一个划时代的刊物,"为中国的社会思想放出有史以来绝未曾有的奇彩"[①],并触发了新文化运动,为马克思主义学说的传入和中国共产党的建立创造了条件,印证了出版在唤起民众觉醒、促进文化发展中的关键作用。

2. 其他重要报刊

五四期间思想、学术极为活跃,当时社团林立、出版繁荣的景象即是证明。以1919年和1920年为例,分别有139种和173种期刊创立,平均每两三天即有新刊问世。以期刊来说,影响较大的有《每周评论》、《新潮》、《少年中国》、《少年世界》、《新教育》、《建设》、《湘江评论》、《解放与改造》、《国民》、《星期评论》、《太平洋》等。加上《晨报》及其副刊、《时事新报》及其副刊《学灯》、《民国日报》的副刊《觉悟》等,声势非常浩大。新文化运动提倡什么、反对什么,都体现在这些出版物中。

《每周评论》(周刊),1918年12月22日在北京创办。每期出4开4版1张。初由陈独秀、李大钊主编;第26期起,因陈独秀被捕,改由李大钊、胡适主编;一个月后,由胡适主编。《每周评论》这一宣传新思潮的时事政治性周刊的创办,在很大程度上弥

---

① 《新青年之新宣言》,《新青年》季刊第1期,1923年6月15日。

补了《新青年》专注于启蒙、不谈政治的缺憾。杂志以"主张公理，反对强权"为宗旨，辟有"国外大事评述"、"国内大事评述"、"社论"、"随感录"、"新文艺"、"国内劳动状况"等栏目，还出版"对于新旧思潮的舆论"、"对于北京学生运动的舆论"等特别附录。该刊结合国内外现实，大力批判封建文化思想和专制政治，注重反映国内劳工问题，广泛报道欧洲无产阶级革命运动与十月革命后苏俄的状况。五四运动中，连续以全部篇幅报道与支持爱国学生运动。由胡适主编后，删削政治时事内容，大量登载杜威讲演录与罗素的著作。第31期上胡适发表的《多研究些问题，少谈些主义》引起了"问题与主义"的论战。1919年8月30日出至第37期被北洋政府查禁。

《晨报》初名《晨钟报》，1916年创刊于北京，是以梁启超、汤化龙为首的进步党的机关报。《晨报》副刊发表了许多宣传新思想、新文化的文章，也介绍俄国社会主义革命和马克思的学说，不少文章被其他报刊转载。1920—1921年间，《晨报》及其副刊也曾大量刊登杜威和罗素的讲演录、著作，以及许多讨论妇女问题的文章。1921年10月12日，原来的副刊扩版并正式题名《晨报副镌》，大量译载近代世界文学名著，对发展中国的新文学作出了重要贡献。1928年6月3日，《晨报》宣告停刊。

《少年中国》（月刊），1919年7月15日创刊于北京，是五四运动时期政治学术团体少年中国学会的机关刊物。原为竖排，自第4卷第1期起改为横排。第5期起改在上海印刷发行。李大钊、王光祈、黄演存先后任编辑主任。1921年编辑部迁上海后，由左舜生主持编辑工作。因会员分散，经常采用按地区分组轮流编辑的方法。主要撰稿人有李大钊、恽代英、张闻天、左舜生、曾琦、李璜等。刊物主张"本科学精神，为文化运动，以创造少年中国"，以文化教育界人士和高等学校学生为主要读者对象，着重刊登自然科学、文学、哲学、社会科学等方面的理论文章。1921年后，宣传国家主义的文章渐多，会员思想出现分歧，遂于1924年5月出至第4卷第12期停刊。

《湘江评论》（周刊），1919年7月14日在长沙创刊，是五四运动时期宣传新思潮的时事政治性刊物。毛泽东主编，湖南学生联合会出版。第1期为8开1张；第2期至第4期均为4开4版。第2期曾出版"临时增刊"。该刊宣传反帝反封建的民主主义思想，歌颂俄国十月革命的胜利，提倡民众联合起来进行革命斗争，但也宣传了一些无政府主义思想。辟有"西方大事述评"、"东方大事评述"、"湘江大事评述"、"世界杂评"、"湘江杂评"、"放言"、"新文艺"等栏目，全部采用白话文。第5期未及发行即被湖南军阀张敬尧查封。

三、世界书局的改组与发展

上海世界书局成立于1917年，创办人沈知方。1921年，沈知方得友人之助，筹得股金2.5万元，将世界书局从独资企业改组为股份有限公司，局址设在福州路山东路西首怀远里，并在怀远里口租下一门面作为发行所。为了吸引人们的注意，特将发行所房屋漆成夸张的红色，对外以"红屋"称名。"红屋"以后的世界书局，果然经营得红红火火,很快跃居为全国第三大书局。

作为与商务、中华并驾齐驱的全国第三大出版机构,世界书局在组织结构、经营管理与出书范围等方面,都对前两家有所模仿和继承。但世界书局也有与众不同的地方,比如,世界书局改组为股份公司的前两三年,曾设有信托部,专为顾客代购各种物品;约在第二次国内革命战争初期,世界书局又设有读书储蓄部,吸收社会游资达一百数十万元,进而于20世纪30年代初,成立了专为书局融资的世界商业储蓄银行,后来世界书局利用这些存款购买了好几处房屋地皮不动产,成立专门的房地产部,做房地产投机生意。世界书局的上述部门,因业务内容与出版不大关联,在同业中显得相当特别。

就出版物整体内容而言,世界书局也比商务、中华要显着商业化。20世纪20年代初、中期,正是鸳鸯蝴蝶派作品大行其道的当头,世界书局或是将旧小说加以整理,用新式标点排印后廉价发售;或是许以高额稿酬,特约张恨水、不肖生(向恺然)、程小青等名流作家,进行创作和翻译,很是出版了一些影响面大、行销范围广的通俗性畅销书。另外,世界书局采用书刊互动的出版策略,在出书的同时又出版相关杂志。李涵秋和张云石主编的《快活》、严独鹤和施济群主编的《红杂志》、严独鹤和赵苕狂主编的《红玫瑰》、江红蕉主编的《家庭杂志》、施济群和程小青主编的《侦探世界》,均在世界书局的强大宣传攻势下,一时风行海内外。世界书局也因此成为当时最为主要的鸳鸯蝴蝶派出版阵地,获得了不少经济利益。

五四运动之后,提倡白话文学习,世界书局迎合时代潮流,出版了许多文白对照的作文、尺牍等书,供人学习模仿,受到极大欢迎。而到了1924—1927年大革命期间,世界书局揣摩时局走势,特叮嘱它位于革命大本营的广州分局,就近搜集《全民政治问答》、《农民协会问答》、《三民主义浅说》等革命宣传小册子,分批寄到上海编辑加工,然后以广州世界书局、广州共和书局等名义出版发行。

20世纪20年代末,经新文化运动科学观洗礼的国人,已深感科学知识于现实人生的重要性。正当商务印书馆瞅准时机,忙着编印各种学科普及小丛书时,世界书局也看到了这种现实阅读需要,特约徐渭南主编了一套《ABC丛书》,前后共150余种,于1928年6月陆续出版。这套丛书早于商务印书馆的《万有文库》一年时间出版,以其学科范围综合、内容通俗浅显、作者阵容强大、适合读者需要,而获得巨大商业成功。与此同时,世界书局也一改过去在读者心目中专出鸳鸯蝴蝶派书刊的低级书局形象。

据朱联保先生统计,世界书局29年时间里一共出书5 580种。这些出版物中,固然有追逐商业利益而昙花一现的市场垃圾,但也有许多产生影响而载入史册的文化精品。

四、亚东图书馆与泰东图书局

1. 亚东图书馆

我国近代的出版机构,除了多数以书局、书店、印书馆等命名外,也有一些取名为

"图书馆"的，如交通图书馆、梁溪图书馆、亚东图书馆等。其中以亚东图书馆的名气最响、影响也最大。亚东图书馆成立于1913年，创办者汪孟邹，安徽绩溪人。汪孟邹在上海创办亚东图书馆之前，曾在安徽芜湖经营一家以贩卖新书为主的书店——芜湖科学图书社。辛亥革命时期著名的白话刊物——《安徽俗话报》，便是由芜湖科学图书社发行的。辛亥革命以后，汪孟邹在好友陈独秀的鼓动与促成之下，在上海福州路（四马路）惠福里租下房屋，挂起亚东图书馆的招牌，正式开始了他近40年的出版生涯。

亚东的名字被广泛知晓，是在五四新文化运动期间。1919年以前的亚东图书馆，6年时间才出了6本书，而且还多是些读者面比较狭窄的地图册之类。为了贴补出版上的亏空，汪孟邹甚至一度做过杂粮生意。1915年，章士钊主编的《甲寅》杂志改归亚东图书馆发行。由于《甲寅》敢于抨击时政，出版后一纸风行，使得代为发行的亚东图书馆，多少在名气上附上了骥尾。1917年，陈独秀北上北京大学任文科学长，得益于他的大力推荐，亚东获得了北京大学出版部书籍在上海及南方地区的经理权。由此开始，亚东的经营出现了转机。一方面，亚东经理销售北大出版部书籍，进而代派代售《新青年》、《科学》等30余种期刊，代印《新潮》、《少年中国》、《建设》等七种期刊，获得了较好的经济效益，完成了基本的出版资本积累；另一方面，亚东在代派代印新书刊的过程中，切实地感受到时代大潮的风云变幻，适时地调整了出书方向，出版了许多与五四运动主旋律同声应和的出版物，成为出版界的一匹"黑马"。1919年，亚东把店堂从原来逼仄的弄堂，搬到了棋盘街西首的大马路上。就在这装饰一新的店堂里，亚东迎来了它书业经营的黄金时代。

从1919年起，亚东年出书的品种数量逐渐多了起来，1920年4种，1921年7种，1922年8种，1923年7种，年营业额也随之逐年攀升，到1928年达到了亚东历史上的最高值，为79 690余元。这十年，既是亚东经营最为蓬勃兴旺的十年，也是亚东对中国现代文化建设贡献最大的十年。特别是1919—1922年间，在新文化运动高歌猛进的年代，亚东率先出版的新诗集、白话文存以及标点旧小说等，可视为新文化运动成果的直接反映，也是一个出版者对时代潮流积极响应和大力支持的表现。在新诗出版方面，胡适的《尝试集》、康白情的《草儿》、汪静之的《蕙的风》、俞平伯的《冬夜》等，均是我国新诗史上的早期代表作；在文存文集出版方面，新文化运动领袖胡适、陈独秀等人的《文存》，被青年人奉为"白话文的模范，新知识的渊泉"①；在翻印白话小说方面，亚东对《水浒传》、《红楼梦》、《西游记》、《三国演义》等古典白话小说的标点分段，是我国新式标点用于古籍整理的第一次，对当时标点符号的普及和国语教育的推行起到了积极的推动作用。这三类作品的及时出版，因为顺应时代潮流而被大批读者所捧读，印量之大，销路之广，一直是亚东多年的扛鼎之作。亚东凭借这些著作的印行，在竞争激烈的上海书业界赢得了重要的一席之地。

---

① 《水浒续集》再版附页广告，上海亚东图书馆，1925年。

在五四时期兴盛起来的亚东图书馆，随着新文化运动的退潮，也开始走向衰落。1928年以后，时代潮流的转向，使亚东失去了往日的出版优势。1953年2月13日，亚东图书馆被上海军管会宣布歇业，从而结束了它40年的书业经营史。

2. 泰东图书局

泰东图书局成立于辛亥革命以后的1914年，起初是政学系的出版机关，其股东既与政学系多有关系，出版的计划自然亦注重政治方面的内容。讨袁之役胜利以后，泰东的股东们都到北京做官去了，无形中将这家店铺交给了经理赵南公，任由他一手包办。民国初期，鸳鸯蝴蝶派小说正在市场上大行其道，赵南公也跟着出了好几种"礼拜六派"的消遣作品，如江山渊的《芙蓉泪》、李警众的《胆汁录》、陈伯熙编的《海铁事大观》、向恺然的《拳术见闻录》等。袁世凯称帝失败以后，泰东及时出版了杨尘因写的长达100回、70多万字的"洪宪演义"——《新华春梦记》。该书因选题契合时代，内容实录存真，宣传又大张旗鼓而畅销一时。尽管这本书替泰东赚了一笔钱，但赵南公并没有沿着这条路继续走下去，他敏锐地感觉到，鸳鸯蝴蝶派小说已到了回光返照的时代，于是"决定放弃过去的一切，重建理想的新泰东"①。

1919年新文化运动风起云涌的时候，泰东也在出版上作好了趟新路的准备。从1920年至1921年初的这一年多的时间里，泰东图书局编辑了两份杂志——《新的小说》和《新人》，承担了《民铎》、《评论之评论》、《家庭研究》、《国民》等期刊的发行，开发了《新人丛书》、《新潮丛书》、《小本小说》三个系列的图书选题，出版了胡怀琛编的《〈尝试集〉批评与讨论》，陶乐勤译的《政治经济学》，邵飘萍著的《失业者问题》，邹敬芳译的《劳动总同盟研究》，蔡晓舟著的《国语组织法》，覃寿公译述的《近世社会学》以及杜威的三个演讲集《教育哲学》、《哲学史》和《实验论理学》等单本图书。

泰东出版的这些新书刊，学术味较浓，销路并不理想。1921年2—4月，赵南公准备改组泰东编辑部。1921年4月，成仿吾抵达上海，与成仿吾同行的还有不请自来的郭沫若。成、郭二人原本是为他们的同人刊物寻找出版单位而来，恰好泰东图书局急需用人，给了他们一个接触出版界和施展才华的机会。

被泰东收留的郭沫若，在1921年4月至5月间，为泰东编定了自己的新诗集《女神》，改译了德国小说《茵湖梦》，标点了元代著名杂剧《西厢记》。这三本书都称得上是出手不凡。仅一年时间里，《女神》便印了3版，《茵湖梦》印了6版，《西厢记》也印了3版。郭沫若富有成效的出色工作，赢得了赵南公的首肯，同意为创造社出版同人刊物。1921年6月8日，五四新文学时期最为著名的社团之一——创造社宣告成立了。

从创造社在日本东京成立，至《创造周报》1924年5月9日停刊，前期创造社的

---

① 张静庐：《在出版界二十年》，92页。

活动时间近3年。这3年的"创造"历程是与泰东图书局紧紧联系在一起的。在这3年时间里,泰东出版发行的创造社书刊主要有:《创造》季刊共6期;《创造周报》共52期;《创造社丛书》共9种;《世界名家小说》共6种;《世界少年文学选集》共6种;《辛夷小丛书》共4种。

大革命前后,政治形势造就了新书业的黄金时代,泰东继续印行创造社的书刊。在以后的出版岁月中,泰东依然保持着锐进的风格,然而,它在创造社时期的风光景象已不复再现。泰东是图书促销做得比较频繁,也是花样名堂比较多的一家,民国时期出版社办读者俱乐部,借以促进本版书销售,就是从泰东开始。这也反映了泰东始终如一的新进作风。然而,不健全的人事制度,混乱的会计制度,一味"放账"而没有约束的销售方式,都给泰东的发展投下了阴影。随着赵南公1938年的逝世,泰东图书局也结束了它的历史,从创立到消亡,历时共24年。

五、新潮社与北新书局

1. 新潮社

1918年岁末,在北京大学红楼图书馆的一个房间里,北京大学一些受新文化运动影响的青年学生傅斯年、罗家伦、徐彦之、顾颉刚、俞平伯等人,在蔡元培、陈独秀、胡适、钱玄同、李大钊等师长的直接指导与帮助下,发起成立了北京大学的第一个学生社团——新潮社。在五四时期蜂起的各种文化社团中,新潮社算得上是创办较早的一家,也是很有影响的一家。它一开始就旗帜鲜明地站在新文化运动的立场上,与师长们的《新青年》同声相应,同气相求,与旧势力、旧传统、旧思想展开了激烈的斗争。

社团与期刊共生,是五四时期的一个重要文化现象。各文化社团都纷纷把创办期刊立为社团的首要之事,试图通过期刊的传播,向社会发表自己的言论,宣传自己的主张,从而影响文化学术、世道人心。新潮社最初的组织形式,就是一个杂志社。1919年1月,《新潮》杂志正式创刊。杂志甫一出版,便受到了社会读者的广泛欢迎,创刊号一个月内就再版了三次。

新潮社出版图书,在其成立之初,就有这方面的打算。1919年11月19日,新潮社举行全体社员大会,决议将该社从杂志社改变为学会,并正式启动丛书的出版。经过短期的筹备,《新潮丛书》的第一本王星拱编著的《科学方法论》(《科学概论》第一卷),于1920年4月出版。第二本陈大齐(百年)著的《迷信与心理》,于同年5月出版。第三本周作人翻译的外国近代名家短篇小说集《点滴》(上、下册),于同年8月出版。第四本蔡元培的《蔡孑民先生言行录》(上、下册),于同年10月出版。罗家伦考虑第一、二本的销售状况尚可,而周作人是大名鼎鼎的作家,内容又是大家比较爱看的小说,初版就印了7 000册;蔡元培是北大校长,社会上的红人,罗家伦以为销售当更容易,初版就印了1万册。不料,周、蔡的书因为上、下两册定价稍高,只卖出了一部分,印数过大而积压下来的书,造成了新潮社的资金一时难以周转,原先一两个月内出版新书一种的速度，减慢为一两年才出版一本。丛书第五本陶孟和著的《现代心理学》，拖至1922年2月才告出版。第六本李小峰、潘梓年译的《疯狂心理》，到了1923年4月才印行。而原计划作为丛书第七本出版的罗家伦译的《思想自由史》和作为第八本的陈达材著的《政治原理》，只好不能兑现了。当然，这其中，一方面固然是因为资金不足，另一方面更为重要的原因，则是学会的出版重点自周作人任主任编辑以后已转向了《文艺丛书》的编辑与出版。

《文艺丛书》在出版时间上大致与《新潮丛书》相衔接。丛书第一种是冰心的诗集《春水》，1923年5月出版；第二种是鲁迅译的爱罗先珂童话剧《桃色的云》，1923年7月出版；第三种是鲁迅的短篇小说集《呐喊》，1923年8月出版；第四种是川岛的散文集《月夜》；第五种是CF女士译的法国孟代的童话集《纺轮的故事》，第六种是孙福熙的散文集《山野掇拾》，第七种是李小峰译的丹麦爱华耳特的童话集《两条腿》，第八种是周作人译的诗歌和小品作品集《陀螺》，第九种是冯文炳的短篇小说集《竹林的故事》，第十种是李金发的诗集《微雨》，以上作品均出版于1925年。第十一种也是李金发的诗集《食客与凶年》，于1927年5月出版。

新潮社从创办到结束，一共出版了1种期刊2套丛书，从出版物数量上说，自然不能算多，但相比于同时期的其他文化社团来说，像这样的出版成绩，已是相当突出的。更为重要的是，新潮社的同人们在从事出版活动的过程中，从一开始就熔铸了强烈的时代感和文化使命意识，"批评的精神"、"科学的主义"和"革新的文词"，被确定为出版物应采用的三"原素"。在此目标下出版的书刊，自然出手不凡。《新潮》杂志一直站在时代变革的最前沿，提倡白话文学，翻译西洋文字，介绍国外思潮，批评国内问题，为文学革命呐喊助威，为思想革命鸣锣开道。它是《新青年》最坚实的同盟军，与《新青年》一道，共同擎起了新文化运动的大旗，扩大了新文化运动的影响，成为新文化运动的重要阵地。而继《新潮》杂志之后的《新潮丛书》和《文艺丛书》，虽然出版形式上与《新潮》有别，但在出版理念和出版精神上却是前后统贯，一脉相承。在这两套丛书中，不管是撰述文字，还是翻译作品，不管是名家名篇，还是新人新作，都以原创和革新的面目，探索和进取的精神，在那一时期的出版物中，占据着重要的地位。冰心的《春水》、鲁迅的《呐喊》、孙福熙的《山野掇拾》、冯文炳的《竹林的故事》、李金发的《微雨》，皆为作者的早期力作，独具艺术风采。这些作者后来都有重大的发展，他们的风格产生了影响，甚至还形成了流派，在现代文学的奠基和发展中具有不可低估的历史意义。

2. 北新书局

北新书局的"北新"二字，是北京大学和新潮社各取首字后的缩写。显然，北新书局有意要打着新潮社的牌子，借用新潮社在学术界、文化界的号召力，借用新潮社以前所出书刊在读者中的影响力。

北新书局出版的第一本书，就是鲁迅翻译的《苦闷的象征》，出版时间为1925年3月15日，北新书局也把这一天作为书局对外开张营业的日子。

北新书局自1925年创办，一直延续到解放初期。在旧时书局成活率不高的情况下，北新算得上一家历史比较悠久的出版社了。北新的历史，若从其出版活动之中心来划分，大致可分为北京时期和上海时期。北京时期的北新书局，初成立时的地点设在靠近北京大学附近的翠花胡同。北新在北京从事书刊出版的历史，约有三年多一点的时间。1927年春，张作霖入关进驻北京城。北新书局以宣传共产主义的罪名被查封，随后南迁上海，将原来在上海的分店改为北新的总店，而原来在北京的总店则改为分店。

南迁后的北新书局并没有一时改变它的出书方向，文艺书刊直到20世纪30年代初，依然是北新出版物中的重头戏。鲁迅、周作人、郁达夫、冰心、林语堂、柳亚子、章衣萍等作家的新作，依然源源不断地从北新书局送往读者手中。原来在北京被张作霖查封的《语丝》杂志，在书局的请求及在沪作家的努力下，也于1927年12月17日上海复刊后重归北新发行。另外，此后由北新发行的、孙福熙主编的《北新》周刊，鲁迅与郁达夫合编的《奔流》月刊等，都是以文学为主的刊物，在刊物周围聚集了一大批与北新发生过或大或小关系的作家队伍。在新文学的田地里，北新书局耕耘得既早，收获也大，一时间享有"新文艺书店的老大哥"的美名。然而，到1930年前后，北新掌舵人有意识地把出版航向从原来声成名就的文艺领域，偏向了儿童读物和教科图书的出版，虽然还时有文艺书籍面世，但已没有原来的锐气和锋芒。因而，北新的历史，又可以根据前后出版物重点之不同，分为文艺书刊出版时期和儿童读物与教科书出版时期。

1930年以后北新出版的教科书，品种上既多，范围上也相当的广，涵盖到了小学、初中、高中、大学等多个层次，内容包括国语、算术（包括代数、几何、三角等）、自然、公民、英语、历史、物理、化学、生物、生理卫生、乐理、图画、美术等多种学科。

北新的儿童读物，在当时的出版文化界，亦有相当大的声名。1930年，赵景深出任北新书局的总编辑，同年12月，陈伯吹又加盟北新，出任儿童编辑室主任。有此两位儿童文学创作家和研究者的主持和擘画，北新原本有些基础的儿童读物出版，更进一步跃上了一个新台阶。最为明显的一点，北新的儿童读物开始走向规模化和系列化。在1933年8月18日的《申报》图书广告上，我们可以看出，北新的儿童读物已覆盖了小学生读者的各层次年龄段，既有为低年级学生阅读的《连续图画故事》60册，也有为中年级学生翻看的《常识丛书》100册，而为中高年级学生准备的《小朋友丛书》，同样也达到了100册的庞大规模。这三套丛书，在当时十分畅销。另外，北新出版的成系列的儿童读物还有《儿童文学丛书》多种和《格林童话全集》14册等，在当时均有不俗的销路。

第三节　民国出版业的兴盛

一、出版业的兴盛

1927年，国民政府在组织形式上归复统一。1928年12月，东北军首领张学良通电全国，服从国民政府。至此，国民政府在形式上实现了全国统一。在以后的近十年时间里，虽然国民党军队一直进行着对红色苏区的军事围剿和追击，1931年后又发生了日本帝国主义对我国东北领土的侵略和占领，但就整体而言，国家政治上还是比较稳定的。在经济上，虽然全球性的资本主义经济危机同样波及到我国，20世纪30年代初的各种自然灾害也对国内经济造成不小的打击，但总的说来，国家十年中的工业、农业和交通运输等方面，都得到了不同程度的发展。在教育上，虽然整体上发展不尽如人意，但全国的学生人数规模和教育经费投入，基本上还是呈现出逐年上升的趋势。而作为出版业书刊购买大户的图书馆，自1928年大学院颁布全国各学校必须广泛设置的通令以后，其数量从1928年的557所增加到1936年的5 196所①，发展迅速。经济的发展、交通的进步、教育的提高和图书馆事业的增长，都为这一时期出版业的兴盛提供了良好的外部环境。因时应势下的出版业，在这一历史机遇下，迎来了民国成立以来的第二次出版高峰，同时也是民国出版史上最为辉煌的黄金年代——原有的大书局，规模进一步扩大；新设的中小书局，兴跌更替，生命力顽强；书刊出版的数量，更是逐年攀升，至抗战前夕达到历史的最顶峰，其中不少出版物质量上乘，对当时及后世产生了巨大的影响。

二、各地区出版业的成长

出版业地区分布不均衡，作为一种出版现象，几乎在世界各国都普遍存在，我国近代亦是如此。抗战前的上海，在全国图书出版业中，拥有绝对中心地位，在全国期刊和报纸出版业中，也占相当大的比例。上海以外的其他有代表性的大城市，如南京、北平、天津等，在全国出版业格局中可称为次中心城市，其出版情况概述如下。

1. 南京

在我国古代出版史上，南京是全国重要的刻书中心。近代新的出版印刷技术兴起后，南京古旧的刻印出版日渐凋零。1927年北伐战争后，南京被定为国民政府首都，以此为契机的南京现代出版业，在抗战前的短短十年期间里从无到有、从有到大，迅速发展起来。政府官办，民营商办以及上海出版业南京分店等三种不同的出版力量，共同

---

① 吴永贵、陈幼华：《新图书馆运动对近代出版业的影响》，《出版发行研究》2000年第7期。

擎起了这一时期南京出版业的繁荣。

南京出版业在报刊和图书的出版方面,都有相当大的建树。尤其自"九一八"事变以后,国家内忧外患,日趋紧迫,言论救国成为一时风尚。在这样的背景下,南京的报纸杂志,接踵而起,蔚为大观。据国民政府内政部的调查统计,1931年南京新出杂志期刊24种,1934年南京的杂志社为106家,当年全国杂志社830家,南京一市即占八分之一强。这些杂志有国民党官方色彩的,有共产党等一些政治党派性质的,但更多的是一些普通团体和民营机构创办的。内容涉及教育文化、政治经济、民族建设、军事及交通、外交及国际研究、法律、警政、农工商、边疆及边省、文艺、社会科学、自然科学、史地、医学、时事评论等各方面。在图书出版方面,据杨家骆《图书年鉴》统计,1933年以前,南京已有十多家民营书局和出版社,包括天一书局、京华书局、花牌楼书店、青白书店、新亚洲书局、新京书局、群众图书公司、钟山书店等。这些大大小小的书局,在竞争中发展,活跃了南京的图书出版市场。它们当中影响较大、较具特色的是钟山书局。该书局创办于1931年,以出版学术性著作及中小学教科书和大学用书闻名。缪凤林著的《中国通史纲要》、柳诒徵著的《中国文化史》、张其昀著的《人地学论丛》、胡焕庸著的《世界地志》等名著,都是由钟山书局出版的。

2. 北平

1927年以前的北京,从清廷到北洋政府,一直是全国政治的中心。1927年南京国民政府建立以后,北京改名为北平,不再是政治上号令天下之地,但昔日多年的政治中心,给后来北平的出版业打下了良好的基础。五四期间,北京作为新文化运动的发源地,涌现出了诸如新潮社、北新书局、平民书局、文化学社、新社、平社、朴社等一批新型出版机构。此外,北平的各学术机构,如北京大学、北京师范大学、燕京大学、中国大学、清华大学、交通大学、朝阳大学、平民大学、地质调查所,也从事相关学术书刊的出版。所以就现代出版基础而言,北平要远远好于同期的南京。

1927年以后,政治中心改为南京,文化中心南迁于上海,这些原本是推动北平出版业发展的外界因素,或已不复存在,或受到相对削弱。尽管如此,并不等于北平的出版业从此由盛转衰。事实上,从整个民国时期来看,1927—1936年这段时间,恰是北平出版史上最为繁荣的兴盛期,旧有的许多出版机构仍在继续经营,新的出版机构又在雨后春笋般大量涌现。新成立的出版机构中,较为重要的有世界编译馆、震东印书馆、传信印书局、海音书店、立达书局、民友书局、北京书店、人文书店、好望书店、著者书店、人人书店、文殿阁书庄、星云堂书店、三户书社、未名社、中华乐社、民社、中国营造学社、华北科学社、北平科学社、陆军大学、哈佛燕京学社、中法大学、辅仁大学、中央研究院历史语言研究所、静生生物调查所、社会调查所、中国地质学会、禹贡学会等。

学术出版或者说学术机构办出版,是北平民国时期出版业的重要特色。北平在民国时期出版图书总数超过 100 种以上的出版机构，据调查，有北京大学、燕京大学、文化学社、地质调查所、北平研究院等 5 家，除了文化学社发展成为专营的出版社外，其余都是学术性的机构兼营出版。尤其是北京大学，出版物的数量在 400 种以上。北京的这种出版特色与上海、南京都不一样，上海的出版业富有商业色彩，南京的出版业带有官方意味，而北平的出版业则具有学术色彩。

3. 天津

天津的古代出版业，除了杨柳青年画外，几乎寂寂无名。随着近代天津的开埠，清政府洋务派把天津作为北方的活动基地，这一时期的天津机器局、北洋武备研究所、北洋陆军编译局、天津丙午社等机构，都从事过西书编译工作，天津的近代出版业由此开始起步。辛亥革命前的十年间，天津出版了包括《大公报》、《北洋官报》、《中外实报》、《津报》、《天津商报》等在内的五六十种报纸。辛亥革命前后天津出版的期刊也比较多，各以其不同的政治背景而产生不同的社会影响。如中国地学会编辑的《地学杂志》、作为共和党——进步党喉舌的《庸言》、北洋大学的《北洋大学季刊》等。五四新文化运动期间，进步青年们在纷纷建立革命小团体的同时，也创办了许多以传播新思潮、新学说为己任的进步报刊，如《觉悟》、《导言》、《新生》等，特别是 1920 年马千里主编的《新民意报》及其十几种副刊，对传播革命学说、推动新文化运动发挥了很大的作用。抗战前的十年，得益于全国较好的政治经济形势，天津出版业也同样进入了民国时期本地区出版业的兴盛年代。

三、《申报》与《大公报》

1. 《申报》

《申报》1872 年由英商在上海创办，是我国近代历史最长、影响最大的一份报纸，一共存世 77 年，出版 25 600 期。《申报》初期几易其主，发展不快，直到 1912 年史量才接任总经理后，才开始大有起色。

1912 年，史量才与张季直、应季中、赵竹君、陈景韩五人组成合伙企业，以 12 万元的银价购进《申报》全部产权。五人推史量才为总经理，陈景韩为总主笔。由于史经营有方，短短几年，还清了购报款，也付清了张、应、赵三人的投资款，《申报》遂成为史量才独资经营的企业。史量才对中国新闻事业向有不凡抱负，他认为文化是国家兴盛的基础，而新闻是文化进步的先锋。由于他大刀阔斧致力于报馆的现代化、企业化、商业化发展，《申报》事业蒸蒸日上，日发行量从他接办时的不到 7 000 份，到 1916 年的 1.4 万份，到 1922 年的 5 万份，到 1934 年的突破 15 万份大关。报社资金积累成倍上升，1912 年 12 万元购得的《申报》，到 1918 年就以 70 万元建造了《申报》大厦，到 1938 年仅有形资产就达 150 万元，形成了具有相当规模的企业化大报。

重新闻，轻言论，是《申报》赖以生存和发展的重要办报方针。史量才接办初期，正是军阀混战、政局迭变的时期，为避免在政治动乱中遭受摧残，《申报》言论比较保守，对于重要的政治问题一般只报道，少评论或不评论，而用大量的政治新闻弥补言论的不足。《申报》对于新闻报道十分重视，视之为激烈竞争中出奇制胜的法宝，不遗余力地加强新闻报道。大量采用电讯，并将电讯分为专电、外电、战电等多个栏目，其中"北京通讯"、国外通讯和旅行通讯最具特色。《申报》还网罗了大批优秀的记者，先后聘请名记者黄远生、邵飘萍为北京特派员。黄远生发表了许多泼辣活泼的"北京通讯"，开创了"新闻通讯"的文体，被誉为"报界奇才"。邵飘萍每日发回北京专电并《北京特别通讯》，报道时局变化，揭露北洋军阀反动统治的黑幕，采访能力高超，写作文笔精妙。《申报》生动的新闻报道，不仅为当时读者所欢迎，而且为后人留下了一份珍贵的历史记录，为研究者提供了丰富的资料。

为了扩大《申报》的影响，增加社会知名度，促进发行量，同时也为了多辟财源，史量才还围绕《申报》大量地出版书刊。1922 年出版黄炎培主编的《最近之五十年》；1932 年创刊《申报月刊》，阐明国内外时事，介绍学术思想，提倡生产事业，指陈其动向，补日报之不足；嗣后不久又出版《申报周刊》，实际上是《申报》星期日版，除零售外，随《申报》附送；1933 年出版《申报年鉴》，每年出 1 册 4 卷，结集各种统计，供读者查考；1932 年起出版《申报月刊丛书》，共 11 种，如《淞沪血战回忆录》、《创作小说》初集、二集等；1933 年出版《申报丛书》，由上海文库编辑，申报馆发行，陆续编印国际情势和世界知识 40 种；1934 年开始出版《中国分省新图》，成为当时舆地书籍的精品；1934 年将《图画周刊》改为《图画特刊》，每周 1 至 2 刊；从 1923 年起又出版儿童读物，如《儿童之友》等。此外还出版各类图书 14 种之多。

1931 年"九一八"事变后，史量才政治态度有很大变化，主张抗日，反对蒋介石不抵抗政策。1934 年 11 月 13 日，史量才遭到暗杀。《申报》重要同人组织董事会代行总经理职权。1937 年 7 月，《申报》改组为股份有限公司。同年 12 月 15 日，因日军检查新闻，自动停刊。1938 年 1 月 15 日迁汉口复刊，同年 3 月设香港分版。1938 年 7 月 31 日汉口版停刊，10 月迁往上海复刊，抗战期间曾在日伪控制下出版。抗战胜利后被国民党政府接收。1949 年上海解放后终刊。

2. 《大公报》

《大公报》于 1902 年 6 月 17 日由英敛之在天津创刊，是我国近代最有影响的几大报纸之一。1916 年 9 月，英敛之把《大公报》售与王郅隆，王接办至 1925 年 11 月 27 日停刊。9 个月后，由吴鼎昌、胡政之、张季鸾组织新记公司接办，于 1926 年 9 月 1 日续刊。因此近代的《大公报》大致可分为两个阶段，前一阶段是 1902—1925 年，为英敛之创办和王郅隆续办时期；后一阶段是 1926—1949 年，为吴鼎昌、胡政之、张季鸾续办时期，史称新记《大公报》时期。

英敛之时代的《大公报》，以论说之"敢言"见称。倡导社会改革和文化科学，大力提倡开工厂、修铁路、办学校、译西书、介绍科学知识、讲究卫生等。在政治倾向上，《大公报》宣传君主立宪，反对共和革命，表现了较浓厚的保皇色彩，但反对残害革命党人。英敛之信奉天主教，学习法文，创办《大公报》时又得到法租界的保护，所以他的《大公报》又带有较浓厚的天主教和崇洋味道。1911年辛亥革命爆发，英敛之的上述办报思想受到了猛烈冲击，他无心继续经营报纸，后委托给别人经营，直至1916年9月将《大公报》盘卖给王郅隆。王郅隆接办后的《大公报》，实际上成了安福系的机关报。

1926年9月1日新记《大公报》成立。其办报方针与前不同。在1926年9月1日《大公报》续刊号上，刊载社评《本社同人旨趣》，提出"不党、不卖、不私、不盲"的"四不"办报方针，区别于党报，也区别于一般商业性的报纸，使"文人论政"具体化。新记《大公报》每天至少有一篇社评，由一个社评委员会掌握，国内外时事无所不议。续刊之初，吴鼎昌、胡政之、张季鸾等三人都写社评，稍后是胡、张二人执笔，张写的较多，并负责修改定稿。"九一八"事变后，开始吸收编辑部同人写社评。张的文章说理透彻，文笔锋利，常带有感情，富有感染力。《大公报》在报业竞争中领先，与张的社评吸引读者密切相关。

到20世纪30年代初，《大公报》已有几百名通讯员分布全国各地，新闻消息、特写通讯每天都有。有个时期，要闻版完全用自己的专电编辑，不用一条外稿，其中常有独家新闻，十分吸引读者。此外，《大公报》派记者到很多省份写旅行通讯，抗日战争时期又派遣了大量记者去各战场写战地通讯。在英国、美国、新加坡、印度、缅甸、日本等地，也派有驻外特派员，萧乾、杨刚、章丹枫等人都是当时有名的驻外记者。

《大公报》开设的许多特刊、副刊、周刊，丰富了报纸的内容，提高了报纸的品位。"星期论文"于1934年1月开办，此专栏延揽各界权威与名流发表论文，不论意见是否与报社相左，绝不干涉内容，不更改字义，以尊重作者。参加"星期论文"写作的原是8人，随着这个栏目影响的扩大，到抗战前作者的队伍已扩大到36人，约170篇文章。"经济周刊"邀请南开大学的何廉教授编；"文艺副刊"邀请清华大学的吴宓教授编；"世界思潮"邀请清华大学教授张申府编；"社会问题"邀请北京大学梁漱溟教授编。当然也有少数副刊，由报社自己编辑，如1936年7月复刊的"科学副刊"。正是这些专栏和副刊的创设，使《大公报》的版面由最初的12版扩充为战前的16版，大大增加了信息量。

抗日战争爆发后，《大公报》天津版于1937年8月4日被迫停刊，报馆随战局变化而迁徙上海、汉口、重庆等地，另一路去香港、桂林。因此便有了1936年4月1日创刊的上海版，1937年9月18日创刊的汉口版，1938年8月13日创刊的香港版，1938年12月1日创刊的重庆版，1941年3月15日创刊的桂林版。抗战胜利后，除保留了重庆馆，还陆续恢复上海、天津、香港三馆，总管理处设在上海。直到1949年1月15日天津解放，《大公报》天津版宣告停刊（后改以《进步日报》名义出版）。上海版于

1949年6月17日发表新生宣言，宣布《大公报》归人民所有，继续出版；1956年10月1日迁址北京，1966年9月10日停刊。《大公报》在中国内地总计出版64年。香港《大公报》至今仍在继续出版。

四、国民党报刊和正中书局

1. 国民党报刊

1927年南京国民政府成立以后，建立和发展了维护自身统治的新闻宣传机构，这就是以中央日报、中央通讯社、中央广播电台为主干的"三位一体"的新闻宣传体系。在报纸出版方面，除各省市地方党部办的地方党报外，国民党中宣部直辖的报纸有：南京的《中央日报》，南昌的《扫荡报》，北平的《华北日报》，天津的《民国日报》，汉口的《武汉日报》，西安的《西京日报》等。下面重点介绍《中央日报》和《扫荡报》。

《中央日报》是国民党中央的机关报，也是国民党报刊的网络中心。该报1926年冬创刊于广州，1927年2月移汉口发行，旋又移设上海。1928年，国民党颁布《设置党报办法》，规定首都设《中央日报》，遂于同年5月在南京创办《中央日报》。首任社长由国民党中央宣传部部长叶楚伧兼任。由于《中央日报》是执政党国民党的中央机关报，人力物力均较雄厚，业务发展较快。报纸由最初日出一大张发展到日出三大张，销量也由当初的几千份增至1935年的3万余份，跻身全国大报行列。这一时期的《中央日报》除宣传国民政府的内外政策，报道国内外新闻外，还用相当篇幅进行反对共产党的宣传。"九一八"事变后，日军对华北虎视眈眈，《中央日报》仍在大力宣扬蒋介石"攘外必先安内"的政策。1935年"一二·九"运动中，因为《中央日报》歪曲报道事实，丑化学生，南下请愿的学生愤怒之下曾捣毁该报社。抗战爆发后，《中央日报》因西迁，于1937年12月一度停刊，1938年9月在重庆复刊，抗战胜利后迁回南京，1946年5月1日发行《中央晚报》，同年7月恢复庐山分版。1947年5月30日起，《中央日报》改组为股份有限公司。1949年，国民党军事失败，《中央日报》迁往台湾。

《扫荡报》是国民党军报中规模最大、历史最久、发行和影响较广的一份报纸。一般军方报纸皆不对外发行，独《扫荡报》除外。该报于1932年6月在南昌创办，由国民党军委政治训练处处长贺衷寒主持，是为了配合国民党军队对中央苏区的第四次"围剿"而创办的。1935年5月《扫荡报》迁汉口，正式开始对社会发售。国共合作共同抗日后，《扫荡报》将有关抗战的宣传放在了首位。1938年10月1日，该报重庆版创刊，同年10月25日，汉口版停刊，迁至桂林出版，直至1944年9月停刊。1943年10月1日又增出昆明版。1944年9月1日，《扫荡报》正式成立有限公司，实行企业化经营。抗战胜利后，改名为《和平日报》，于1945年11月12日同时在南京、汉口两地出版。同年，相继发行广州版、沈阳版、台湾版、海口版等。1949年，各地方版相继停刊，总社迁到台湾，并于4月23日复刊《和平日报》。7月1日恢复《扫荡报》原名，终因财力不足，于1950年7月7日停刊。

2. 正中书局

南京国民政府成立以后，国民党除了加强党办报刊外，也十分重视官书局的创立。正中书局就是其中最突出者。

正中书局1931年10月10日由陈立夫创立于南京。1933年，陈立夫将书局全部资产捐献给国民党。国民党中央在此基础上进行扩充，并指派叶楚伧、陈立夫等为董事，吴敬恒等为监事，公推陈立夫为董事长，叶楚伧为出版委员长，指派吴秉常为总经理，从此正中书局隶属于国民党中央，成为国民党党营事业。扩大后的正中书局总局设于南京杨公井，设营业、编辑、印务三所，并在上海、北平、天津、汉口、杭州等城市设有分局、发行所。1937年机构调整，设经理室、编审处、业务处，撤销出版委员会。由于受到官方政治上和经济上的大力扶持，正中书局的出版业务发展迅速，很快在出版界立稳脚跟，并争得一席之地。抗战开始后，西迁重庆。抗战胜利后，正中书局复员南京，另在上海设分处。1949年，正中书局迁往台湾。

正中书局建立初期，以编辑出版中学教科书及课外读物为主，后来随着业务的发展，出书范围逐渐扩大，学术专著、民众读物、儿童读物、字典等类图书开始相继出版，不少有关社会科学、教育与新生活运动等方面内容的丛书也先后问世。《当代名人传记丛书》、《国学丛书》、《童子军丛书》、《师范丛书》、《中国文艺社丛书》、《卫生教育丛书》、《正中科学知识丛书》、《外交丛书》、《时代丛书》、《国防教育丛书》等，都是在抗战前的短短三四年间编辑出版的。据王云五《十年来的中国出版事业（1927—1936年）》一文统计，1935年正中书局新出版物为139种，到1936年即剧增为392种。出版物增长速度，是相当之快的。在教科书出版上，正中书局凭借官书局的优势，成绩相当不俗。

抗战初期，正中书局适应形势的需要，编印出版了大量战时读物，如《中等学校特种教材防空篇》7种、《战时民众训练小丛书》10册、《抗战丛书》40册、《非常时期民众丛书》第1-4集共40册、《抗战事迹》全7册、《战时国民义务》全7册、《现代战争》、《战时的日本》、《战时社会教育》、《民众教育与青年训练》、《抗战与生活》等等。抗战期间，正中书局仍以出版教科书及参考读物、自然科学、三民主义及国民党党政要人著作为主。主要的出版物有：《大学国文选》、《大学英文选》、《欧美经济学史》、《相对论》、《国际私法纲要》、《书学》、《宋元学案》等。战后几年，正中书局出书达1000种。出版的图书，除大学用书、中小学教科书外，主要还有《思想与时代丛刊》、《社会科学丛刊》、《儿童科学读物丛书》、《生活修养与心理卫生丛书》、《地理知识丛书》等。出版的期刊有《中山半月刊》、《三民主义半月刊》等。

五、开明书店与文化生活出版社

1. 开明书店

开明书店创立于1926年8月,创办人为章锡琛、章锡珊兄弟,其前身为《新女性》杂志社。到1928年,由夏丏尊、杜海生、丰子恺、吴仲盐、胡仲持等共同发起,将开明书店改组为股份有限公司,业务随之发展迅速,规模日益壮大,编辑机构迁至虹口梧州路,发行所从宝山路迁至上海书业集中的望平街。1932年1月,又搬到福州路,成立门市部,与中华书局毗邻。1934年,总公司参照商务、中华的组织体系,设有3个处所、1个室、18个部、33个课和4个委员会,员工一百多人。在当时的书业界,其规模仅次于商务、中华、世界和大东,排行第五,并在业界和读书界享有良好的口碑。

开明书店作为一家后起的出版社,在大书局林立的情况下,注意发挥自己的特长,凝练自身的出版特色,把书刊出版的重点集中在青少年读物、古籍图书和教科书等领域。据老开明人王知伊统计,开明的青少年读物数量约占开明出版物总数的3/4左右。这是因为开明的主持人和编译著作人,不少是浙江上虞白马湖春晖中学、江苏立达学园及江苏、浙江两省省立中学、师范的教师,有着丰富的教学实践经验,了解青少年的心理,出版青少年读物正是他们擅长的领域。开明的青少年读物,主要着力于两个方向的选题:其一是配合中小学各学科学习用的辅导性书籍;其二是新文艺小说。由青少年读物而到中小学教科书,既可看作是一种自然而然的过程,也是小书局进身为大书局必不可少的步骤和条件。开明从当初的活页文选开始,到后来全套的中小学教科书,做得有声有色。又由于夏丏尊、叶圣陶、王伯祥、宋云彬等开明编辑,本身即是学者,国学根底深厚,当20世纪30年代古籍出版兴起热潮之时,开明同步出版了一些重要古籍和相关工具书,既获得了经济上的收益,又不失行家编辑的本分。

正是开明人的文化人本色,使他们素来注重出版对社会的文化贡献,强调出版物质量,不苟且,不滑头。从开明的出版物目录中,几乎找不出一本不够"格"的书来,相反,一批又一批的好书在读者中产生广泛的影响。夏丏尊的译作《爱的教育》和林语堂的《开明英文读本》是最畅销的两本书。开明的中小学课本经久不衰,发行量很大,还有新文学作品,如《子夜》、《家》、《春》、《秋》等,发行量也很大。古籍类图书中,《辞通》、《六十种曲》、《二十五史》及《二十五史补编》、《十三经索引》等十分引人注目。自然科学读物中,科普读物影响了整整一代人,有顾均正的《科学趣味》、郑贞文的《化学与我们》、周建人的《花鸟虫鱼》、陶秉珍的《植物的生活》、祝仲芳等的《昆虫的生活》、高士其的《细菌与人》、贾祖璋的《生物素描》、索非的《疾病图书馆》等。还翻译出版了伊林的《五年计划的故事》、《十万个为什么》,法布尔的《化学奇谈》、《家畜的故事》等等。尤其以创刊于1930年以中学生为对象的《中学生》杂志,影响很大,发行量最大时达2万册之多。当时很多青少年是在《中学生》

的陪伴下，度过他们的人生花季的。

1937年，抗日战争爆发，在上海"八一三"炮火中，开明惨遭劫难，资产损失80%以上。在极其困难的情况下，开明同人没有气馁，相信"出版之业，实未穷途"①。抗战时期，在艰难的条件下，开明仍出版了不少新书，如朱东润的《张居正大传》、吴祖光的《风雪夜归人》、胡绳的《二千年间》等，维持了《中学生》和《开明少年》两种刊物的出版。抗战胜利后，在叶圣陶的率领下，开明重整旗鼓，继续奋斗。国内战争期间，开明同大多数书局一样，陷入尴尬局面中。1949年上海解放，1950年开明书店向国家提出公私合营，1954年与青年出版社合并，正式成立中国青年出版社。

2. 文化生活出版社

文化生活出版社是由吴朗西和伍禅发起在上海创办的。1935年8月巴金归国，正式成立编辑部。最初只出版、不发行，所出的书交由开明书店代为销售。1936年秋，随着业务量的增大，文化生活社在福州路436号大公报馆楼上自设营业部。此时，该社已出版《文化生活丛刊》、《文学丛刊》、《译文丛刊》等三套系列丛书和一个文学刊物——《文丛》月刊。到了1937年，文化生活社在接编以前三套丛书的基础上，又新增《新时代小说丛刊》、《战时经济丛书》、《综合史地丛书》、《现代日本文学丛刊》、《新艺术丛书》等五套丛书，业务蒸蒸日上，几乎两三天就有新书出版，重版书更是日日不断，月营业额高达万元。然而不久，"八一三"日军侵沪，文化生活社业务几陷停顿，留在上海的陆圣泉等人，一方面于1938年6月在法租界霞飞路设门市部，出售先前积存下来的10万册图书，使资金回转；另一方面则编辑出版《少年读物》半月刊和一套《少年读物小丛书》。因出售抗日书刊，陆圣泉于1942年4月13日被捕，最后惨死在日本宪兵队狱中。而辗转于西南各地的同人，在艰难的条件下，一边重印旧书，一边出版新书。《呐喊小丛书》、《烽火小丛书》、《烽火文丛》、《剧作家选集丛书》、《现代长篇小说丛书》、《文季丛书》、《文学小丛书》、《翻译小文库》等，都是抗战期间编印出来的。抗战胜利后，文化生活社复员上海，以前编印的丛书，赓续出版，组织上则改为股份有限公司。1954年，文化生活出版社并入公私合营的新文艺出版社，结束了它近二十年的历史。

从1935年创办到1954年公私合营，文化生活社出版发行了28种丛刊、专集、选集，计有226部作品，出版物的数量与大书局相比，自然不能算多，但对当时及后世的影响却很大。作为一家风格独特的文学出版机构，它在近代文化史上的意义至少表现在如下三个方面：

其一，文化生活社诞生于文学出版的低落时期，它的创办，对于20世纪30年代中期我国文学的创作与出版，起到了振衰起敝的作用。

---

① 语出叶圣陶复夏丏尊、王伯祥函。转引自王知伊《开明书店纪事》，书海出版社，1991年。

其二，在巴金的主持下，唯文学艺术是举、包容百家的出书宗旨，使其出版物别具一种恢弘博大的非凡气度和穿越时空的历史生命力。

其三，作为一个同人性质的出版社，文化生活社所追求的出版理想，在多年的出版实践中凝结成一种精神，在近代出版史上尤具有典型性代表意义。

六、良友图书印刷公司和上海杂志公司

1. 良友图书印刷公司

良友图书印刷公司是由广东人伍联德集资创办的一家出版机构。公司从1925年7月15日正式开张到1946年五六月间宣告停业，前后经历了二十多年的时间。在我国现代众多的中小型出版社当中，算得上是历史比较悠久、影响也比较大的一家出版机构。良友公司起初开展的业务是印刷，后来才从事书刊的出版。

受当时《伦敦新闻画报》等杂志的启发，伍联德计划在国内创办一份大型画报，以反映都市休闲生活与社会文化新闻为主要内容取向。1926年2月15日，在印刷所开办了7个月之后，一本连伍联德自己也承认是冒险的新型画报面世了。画报取名为《良友画报》，与公司的名字相一致。画报以它别具匠心的开本，图文并茂的形式，包罗万象、丰富多彩的内容，吸引了广大的阅读者，出版后风行一时，行销海内外，取得了极大的成功。正是这份画报所产生的巨大影响，使当时的广大读者熟悉了良友图书印刷公司的名字；也正是这份画报在商业上的巨大成功，使良友图书印刷公司的经营重点完成了从印刷向出版的转移，并由此跻身于当时的名社之林。

以《良友画报》的良好开端为基础，良友图书印刷公司首先在期刊出版领域开疆拓土，形成自己出版物的第一大特色。在《良友画报》出版一年左右，良友公司便推出了《艺术界》、《现代妇女》、《体育世界》和《良友银星》等四种定期刊物。从名义上说，这四种刊物存世的历史都不算长，但实际上却都以不同的刊名延续了下去，如《良友银星》后来成为《电影画报》；《现代妇女》后来改为《今代妇女》，最后成为《妇人画报》。除了《体育世界》时断时续以外，《艺术界》也演变为各种文艺期刊如《人间世》、《新小说》，以及昙花一现的《美术杂志》和《音乐杂志》等。《中国学生》、《健美月刊》、《小世界》等期刊在良友的期刊出版史上也占有一席之地。良友公司出版的这些杂志，除了《美术杂志》和《音乐杂志》专业性强、读者面相对狭窄以外，绝大多数走的是雅俗共赏的大众期刊的路线，其中的不少刊物受到读者的欢迎。尤其是《良友画报》，1929年的销量每期3万册，1933年的销量更是达到4万册，为全国少有的几个大销量月刊之一。总计出版达172期。《良友画报》的成功范式，吸引了众多的模仿者，从而在出版界引发了新一轮的画报出版风潮，《文华画报》、《现代画报》、《中华画报》、《时代画报》、《美术生活》、《大众画报》、《申报画报》和《新闻报画报》等相继而起。从某种程度上说，《良友画报》代表了一个画报出版的新时代，在画报出版史上具有里程碑式的意义。

《良友画报》作为一种以反映都市休闲生活为主要内容取向的刊物，非常注意对新潮生活方式的介绍。二三十年代，随着有声电影的兴起，一些好莱坞歌舞片中的歌曲和国产电影中的插曲风靡一时，良友公司紧握时机，预先收罗到这些歌曲，翻印就绪，待电影放映时及时推出，借风而行船，销量之大，往往每天在一二百套以上。良友公司前后印行的图片100多种，各种歌曲600多种。这些歌曲和图片，构成了良友出版物的第二大特色。

良友出版物的第三大块，则是各种文艺书籍的出版。主持良友文艺书籍出版的灵魂人物，是从上海光华大学毕业不久的年轻编辑赵家璧。赵家璧担任良友文艺书籍出版部主任以后，大胆开拓丛书的配套选题，注重名家名稿的约写，先后为良友公司编辑出版了至今还为人称道的，包括有鲁迅、老舍、巴金、徐志摩等名人作品在内的《一角丛书》、《良友文学丛书》、《良友文库》、《中国新文学大系》等。尤其是《中国新文学大系》，500万字选材，20万字导言，布面精装10大部，收集了中国新文学运动第一个十年（1917—1927年）的主要资料。全书由蔡元培作总序，胡适、郑振铎、茅盾、鲁迅、郑伯奇、周作人、郁达夫、朱自清、洪深、阿英等在文艺各个领域具有权威性的人物担任各集的编选。半个多世纪以后的今天，这套丛书以它不可替代的史料价值，依然被现今的出版社所重印。良友公司前后出版的文艺书籍，其数量不下120种，因为在1937年良友出版的《二十人所选短篇佳作集》书后，刊登了120种良友版文艺书籍的内容简介。

1938年六七月份，由于公司主事者矛盾表面化，最终导致公司宣告破产。后来留在上海的职工，以赵家璧为首，找到了一些新的投资者，接管了良友公司所有的产业，重组良友并改名为"良友复兴图书公司"。1939年2月1日，在上海复刊了《良友画报》。1941年12月，日本发动了太平洋战争，当月的26日，闯进上海公共租界的日军将良友复兴公司与商务、中华、世界、大东、开明、兄弟图书公司（即生活书店）和光明书店一起，以抗日或为共产党宣传的罪名悉数查封，直到第二年2月1日才启封。1943年，良友复兴公司迁往桂林，后来桂林战情不稳，公司又迁到重庆。在战时物资短缺的情况下，赵家璧曾用土纸重印了一部分文艺作品。抗战胜利以后，1946年赵家璧回到上海，原想恢复良友的全部出版事业，不料旧良友内讧的悲剧重演，是年五六月间良友再度宣告停业，从而结束了它二十余年的出版历史。

2. 上海杂志公司

在近代书业活动中，杂志往往由书店兼卖。专门贩卖杂志的书店，在我国出现较晚。1934年5月张静庐创办的上海杂志公司，是开先河的第一家。

作为一个在书业中摸爬滚打多年的老出版人，张静庐对当时书业形势的判断相当清醒。他认为，杂志以其价格的低廉受到购买力贫弱读者的欢迎，而市场需求反过来又拉动着出版生产，敏锐地意识到了杂志专业销售的可能与商机；而另一方面，杂志贩卖本钱无多的便利条件，也是当时经济困窘的他力所能及的现实选择。

1934年5月1日，上海第一家也是中国出版史上第一家专门贩卖杂志的书店开门营业。狭小的门面，老板伙计一起三个工作人员，20元的创办费，居然大获成功。半年经营下来，竟赚了好几千元钱。

有了这赚进来的几千元钱，加上朋友协助凑加了一些资本，公司在实业部呈请了注册登记，注册名为"上海杂志股份无限公司"。注册后的公司搬到了20世纪20年代初曾经出过风头的世界书局发行所旧址——四马路324号的"红屋"。其间，公司陆续新添了人手，新设了代办部，新增了业务内容——从原来单一的门市贩卖，扩展到"代订代办代理发行"。代订代办的范围，既有零星的邮购读者，也有外埠的贩卖同业。虽然代订代办业务本并非上海杂志公司首创，但公司向读者承诺"退定改定绝对自由"的大胆做法，却是以前经营者们不曾有过的新举。

公司有了钱，便不再满足于单一的杂志销售，开始涉足于杂志的代理发行，进而自己出版杂志和图书。《大陆画报》、《大上海画报》、《健美》、《印象》、《东流文艺》、《皇后》、《电影世界》、《先路》、《健康生活》、《现代文艺》、《现象》、《生生月刊》等，均在上海杂志公司的名义下，经销到全国。在出版方面，上海杂志公司最先刊行的杂志是李公朴主编的《读书生活》半月刊，接着又陆续刊印了《文艺画报》月刊、《青青电影》半月刊、《译文》月刊、《作家》月刊、《中流》半月刊、《自修大学》两周刊等其他刊物。其中的许多刊物由名家主编，在当时产生了较大影响。而在公司出版的图书中，以《中国文学珍本丛书》较受时人关注。该丛书的出版运作，充分演绎了杂志公司所固有的"杂志"元素，以"珍本大众化"——即在价格上一如杂志的低廉，和"丛书杂志化"——即在出版方式上一如杂志的定期连续，作为向读者号召的两大主题，从而把图书出版和杂志业务有机联系和衔接起来。这样一种出版策略，从创意的角度而言，应该说是相当高明的。遗憾的是，由于当初计划做得不够严密，兼之印刷技术等方面的限制，使得这套丛书在编校质量上不尽如人意，只出版了计划中的第1辑，共50种。

1937年"八一三"战事爆发后，各种本版和外版的杂志都一齐停刊。既无杂志可卖，杂志公司也就等于名存实亡。1938年春，公司从上海迁往汉口，后又徙转于长沙、桂林和重庆，并先后在广州、金华等地设立了12处分支机构。战争期间，公司出版的各种书刊数量在百种以上，其中以配合抗战宣传内容的占大多数，如舒群主编的《战地》半月刊、胡风主编的《七月》半月刊、中国作家协会主编的《抗战文艺》、刘群主编的《当代青年丛书》、郑伯奇主编的《每月文库》丛书，刘白羽著的《八路军七将领》、《游击中间》、舒群著的《西线随征记》、姚雪垠著的《战地书简》、碧野著的《北方的原野》等，对鼓动和宣扬民族抗战起到了积极的舆论宣传作用。抗战胜利后，公司迁回上海，1951年与几家书店组成文艺联合出版社，1955年在公私合营中并入新文艺出版社。

第四节　民国出版业的艰难历程

一、战争的打击与出版业的艰难

1937年日本侵略军全面侵华，平津先后沦陷，沪宁相继失守。在这种大动荡的情况下，以上海为中心，以北平、南京、天津为次中心的我国现代出版业，遭遇了前所未有的沉重打击，由盛而衰。

战争给予出版业的重创，首当其冲的是资财上的损失。这种损失，有被日军故意炸毁的，有被敌人强行劫掠的，有在转移和疏散中丢失损耗的。"八一三"事变中，"各家厂屋之在租界外者，多有损毁"。① 那些原本本钱小、基础弱的小出版社和小印刷厂，不少从此陷入绝境，再无复出。对那些大的出版和印刷机构来说，虽不至于到致命的地步，但房屋建筑、机器设备、书刊文具等有形资产的毁坏，从记录的材料来看，也是异常怵目惊心的。

八年抗战，战火随时局的变化而蔓延，出版业也一次次经历着浩劫。1938年11月12日，长沙大火使来不及撤走的长沙大小书局绝大部分化为灰烬。1944年春，湘桂战事爆发，被称为战时"出版城"的桂林出版业，苦于书籍笨重价廉，无法出高价租车皮把书运走，许多出版业者只带走了纸型，城中至少有三分之一的存书与桂林城一起同归于尽。而有能力抢运的出版业者，在撤退途中又遭遇了两次大劫：第一次是1944年7月间，柳州车站附近专堆托运书籍的仓库发生火灾，第二次是金城江火药库爆炸祸及堆书的临时仓库。从桂林城中抢运出来的书刊，经过这两次大火，几乎全部化为灰烬，安全到达重庆的，估计不到百分之一二。

重庆作为战时国民政府的陪都，也是出版业集中地带。既为都城，便成为侵略者飞机轰炸的主要目标。重庆是中国遭受日机野蛮轰炸次数最多、规模最大、持续时间最长、损失最惨重的一个城市。1939年5月3、4日，在日本飞机的轮番轰炸下，《新华日报》印刷厂、编辑部、营业部被炸毁；《大公报》排字车间被掀翻；西南日报馆被荡平；新民报社和国民公报社均遭到不同程度的毁坏；都邮街的商务分馆被烧；白象街的商务货栈中弹，房屋被毁；冉家巷的生活书店总管理处，陷入火海包围；读书出版社新装修的门面房，成为一片瓦砾；广益书局的所有货物于1938年5月25日被敌机悉数炸毁，这个前后曾印行1 000多种图书的老牌书局就此歇业。

战争造成出版业的巨大创痛，绝不局限于资财等有形资产的损失，更为严重的创伤还在于营业的缩减和编辑出版生产力的下降。

---

① 1948年3月28日中华书局股东常会：《十年来之报告》，2页。

二、战时出版业的后方大转移

"七七"事变发生时,上海的一些出版者就预感到战争有祸及东南沿海的危险,一方面向政府建议,希望政府协助上海的印刷工厂内迁;另一方面则未雨绸缪,着手进行紧急的财产处置。商务印书馆在上海租界中区租赁了临时厂房和仓库,将华界和租界东区工厂内的机器、材料、纸张和书籍等安全转移。中华书局也限期完成应造之货,分运各处,以免日后货源之枯竭,又将位于上海租界内的印刷总厂与美国人商妥,改为合资之永宁公司,试图打着美国人的牌子以资掩护。

面对战争的巨大威胁,出版者在自保财产的同时,有关今后出版生产的调配与安排,也在积极重新布置。从抗战期间出版业迁徙的路线和过程来看,呈现着出版据点分散不一、出版机构游移频繁的特点。在抗战初期,武汉、长沙、广州等地的出版业一时间十分繁荣,重庆、西安、兰州、迪化(今乌鲁木齐)的出版业也显露出过去未有的新气象。到抗战中后期,重庆、桂林、昆明、成都等地成为大后方出版业的集中地带,恩施、邵阳、蓝田、衡阳、耒阳、贵阳、曲江、上饶、泰和、赣州、金华、丽水、永安等若干中小城市,也相继跃为一省或数省出版发行的新兴据点。

战时出版机构的行止,要说有什么流动的规律,大概可以说出版人从主观上往往更倾向于选择那些文化基础较好、交通较为便利,尤其是政府教育机关和文化人汇聚的地方,作为发展基地。重庆和桂林,就因为上述各方面条件相对优越而跃升为大后方出版业最为发达的两个城市。

重庆原本是一座历史文化名城,出版历史较为悠久,木刻雕版印刷早已有之,兴办近代报刊亦开全川风气之先。抗日战争爆发前的重庆,据1935年的统计,已有较大的印刷局17家,大小书店40余家。这固然难以与当时出版业发达的上海、南京、北平、天津等城市相提并论,但对于落后的西南地区而言,却居于前列。抗日战争爆发后,由于国民政府移驻重庆,全国的政治、经济、文化中心地位促进了重庆出版业的雄飞,特别是在战略相持和反攻阶段,更是盛极一时,一举取代了昔日的上海和战初的武汉,而成为全国最大的出版中心。

与重庆一样,桂林也称得上是历史文化名城。抗战时期,桂林是广西省的省会,是桂系李宗仁、白崇禧、黄旭初的政治中心。桂系为了发展自己的力量,在政治上采取了较为开明的政策,为出版业的发展提供了宽松环境。

三、大后方出版业的发展历程

抗战期间,饱受战争重创而迁徙到内地的中国出版业,在至艰至苦的条件下艰难复兴与重建,屡仆屡起,显示了顽强的生命力。从规模和实力而论,由于日寇的破坏和战争的恶劣环境,战时的中国出版业较战前出现了较为明显的倒退,但就出版精神而言,现代出版业的先驱和仁人志士们,在国家民族危亡的生死关头,含辛茹苦,表现了为文化而奋斗的豪迈气概。八年中，大后方出版图书 22 552 种，出版期刊 2 000 余种。在当时物质条件十分艰苦、出版机构游移无定、出版物市场局限于内陆的情况下，能有这样一种出版成绩是十分难得可贵的。

战争风云变幻，大后方出版业深受时局的影响，出版物内容和数量波动起伏，呈现阶段性特征。据国民政府内政部的统计，从 1937 年 7 月到 1939 年底，全国一共出版书刊 10 014 种，两年多时间，才一万出头的书刊数量，较之战前，大为不及。1939 年下半年到 1941 年，是抗战阶段出书最少的时期，1941 年全国出书不过 1 890 种，为抗战以来的最低谷。到了 1942 年，出版情况有所改观，出现了较为明显的复苏迹象，1942 年全年出书 3 879 种，1943 年出书 4 408 种，较之 1941 年增长了两三倍。这一时期，虽然战争还在继续，但从出版物的内容与品种结构上看，基本上恢复了常规性的出版状态。这一时期，国定本的中小学教科书陆续编印，各大书局自编的教材和教辅读物继续发行，以政府力量组织和完成的"部定大学用书"出版了三十多种。尤值一提的是，这一时期还面世了不少堪称为名著的学术著作，如冯友兰的《新理学》、朱光潜的《诗论》、金岳霖的《逻辑》、钱穆的《国史大纲》等，都是半个多世纪以后还在重印的作品。然而，1942 年前后的书业黄金时代并未维持多久，到 1944 年，物价飞涨，社会购买力普遍低落，书刊作为非物质消费品受到打击。物价高涨，成本抬高，资金枯竭，购买力低，运输困难，邮资过重，捐税负担，以及出版审查过严等，使抗战胜利前的出版界气息奄奄，勉强挣扎着。

四、敌占区出版业的奴役与反奴役斗争

自 1931 年"九一八"事变到 1945 年抗战结束，长达 14 年时间里，我国东北、华北、华中和华南大片国土先后被日军占领。敌占区的出版业，特别是昔日书业发达的沪、宁、平、津地区，在遭日寇劫掠和破坏之后，又被日伪接管和控制，异化为一段扭曲和畸变的区域出版史。

日本帝国主义者为实现长期占领中国的卑劣目的，将军事侵略和文化奴役双管齐下。控制出版是日寇进行思想统治的重要手段之一：一方面严禁任何稍具民族意识的书报刊的出版与传播，对那些明显抗日、排日的出版物更是予以彻底肃清；另一方面则别有用心地大肆宣扬所谓"建设新东亚"、"日本在中国无野心"、"神圣防共战"、"中日亲善"、"中日提携"、"共存共荣"等言论，以欺骗世界和中国人民。无论是前期的东北，还是后来的华北、华中和华南，敌寇办的日、中文书报刊都充当了文化侵略和舆论欺骗的急先锋。这些直接为其法西斯侵略张目的出版物，部分是在日本编印运到中国发售，部分则直接选择在沦陷区出版。有人做过统计，整个伪满时期，平均每天涌入东北的日本报纸 15 余万份、杂志 2.2 万册、书籍 4.9 万多册，日寇在沦陷区出版的报纸有 198 种、杂志有 94 种，大部分集中于平、津、京、沪等各大中心城市。

日寇除了直接参与出版活动外，更多的还是间接利用傀儡政权做"代理人"，推行

其丑恶的出版文化政策。伪满洲国、伪蒙疆联合自治政府、伪中华民国维新政府、伪国民政府、伪华北政务委员会等一批傀儡政府，在日本帝国主义的直接操纵和控制下，先后在不同的沦陷区粉墨登场。一群寡耻鲜廉的无行文人和政客自甘堕落，下水充当敌寇的爪牙。

各沦陷区先后建立起来的多个傀儡政权，是日本侵略者在妄图鲸吞整个中国的不良居心下，采用"分而治之"手段的产物。在政治手段上既"分而治之"，相应地，在文化上也就互不通声气，因而各傀儡政权统辖下的出版业呈现出两两之不同，东北与华北有别，华北与华中、华南又互异。相比较而言，日伪在东北的新闻出版管制较为顺手，华北的北平和天津次之，最为棘手的是华中和华南，特别是上海租界的"孤岛"和英属领地的香港，在太平洋战争爆发以前，乃为敌占区的罅隙之地，也是抗日出版活动的中心，敌寇一时鞭长莫及，令其最为头痛不已。

在上海租界"孤岛"里，活跃着一大批爱国出版工作者，他们出版的抗日书刊，传递抗战信息，宣传持久抗战必胜的道理，极大地鼓舞了沦陷区民众的抗日信念。像《中美周刊》、《正言周刊》、《华美周刊》、《正言文艺》、《文林》、《文综》、《奔流》、《文艺丛刊》、《上海周报》等这样一些鼓吹抗日的刊物，无异于插入敌伪胸膛的锋利匕首。像《鲁迅全集》、《资本论》、《西行漫记》这样一些在当时风行一时的译著，可看成是与敌伪反共宣传展开的面对面文化交锋。在"孤岛"上海，

郭大力、王亚南合译的《资本论》

没有随众撤离的各书店出版工作人员依然在上海的分部、分店里，继续着旧书的重印和少量新书的出版，同时还肩负着大后方和敌后根据地的印刷造货任务。太平洋战争爆发后，日军侵入租界，所有抗战意识的报刊均强行叫停。1941年12月26日，日军将商务、中华、世界、大东、开明、光明等8家出版企业，以抗日出版机关为名，悉数封门检查，后经整顿重新开业，各家也仅以存书应市而已。

香港是位于华南的又一块政治飞地，就出版战略地位而言，正可与上海租界形成犄角和后援。商务印书馆、中华书局等大出版机构，早在战前就已意识到了这一点，在香港买地建厂，沪战发生后更是一度将总管理处迁移入港。抗战军兴，东北、华北、华中等沦陷区的大批文化人不甘做亡国奴，走马此地，共同促进和推动了香港出版业在战时的繁荣。华南沦陷以后，香港在沦陷区的重要性与上海"孤岛"一样突出，日寇虽然环伺于四周却又一时无可奈何，爱国出版者便见缝插针，把香港建成与上海"孤岛"

一样的抗日出版绿洲和大后方印刷造货基地。特别是在 1941 年"皖南事变"之后，一大批直接来自大后方的文化界、出版界人士避祸于香港，掀起了香港第一次文化出版高潮，直至 1941 年 12 月日军登陆香港，一时繁荣起来的香港出版业才突然地沉寂下去。

五、战后出版业的复员与重建

抗战胜利后，经历播迁之苦长达 8 年之久的大后方出版业开始了复员重建的工作。虽然复员的征途，因运力严重不足，受尽辗转颠簸，但最终还是克服困难，先后到达了目的地。战前的出版中心沪、宁、平、津，从沉寂中热闹起来。特别是上海，更成为战后出版业重建的首选之地，随迁而来的不只是那些老上海出版机构，还有一些在大后方新成立和新发展的异地书局书店。大后方出版业在战后复员中告别了特殊时期的历史辉煌，渐渐趋于平淡。全国出版中心由西而东，再一次折回到战前的格局上来。

抗战胜利初期，全国各地，特别是收复区，乘着抗战胜利的激情、审查放宽的机遇，出现了一个创办、复兴报刊的小小高潮。根据战后一项全国新闻纸杂志清查换证工作的统计，截至民国三十六年底，依法完成办理换证或新登记的新闻杂志，共计 1 763 种。当然，这个数字较战前 1935 年的 2 735 种还有不小的距离，但较战时 1943 年的 574 种已有很大的进步，表明报刊出版在此历史时期确实露出了复苏的迹象。

相对于报刊，此段时期图书的出版却难说有什么起色。1946 年全国出版图书 1 461 种，1947 年出版图书 1 569 种，这个数字甚至不及战时 1942 年的 3 879 种、1943 年的 4 408 种的一半，更难与战前相提并论。[①] 图书出版业的萎缩，真实地反映了抗战胜利后国统区出版业复苏的艰难。报刊出版之所以还相对活跃，乃因它短平快的出版特性——信息快、容量大、周期短，迅速有效地适应了抗战结束初期几乎处于"知识真空"状态的广大沦陷区人们的文化需要。更为重要的一点是，抗战结束后活跃一时的各政治力量团体，更多地选择报刊而不是图书，作为舆论宣传、扩大影响的阵地。图书出版只在 1946 年春有过短时期的好转，但很快就昙花一现了。出版需要安宁的环境，而 1946 年下半年开始爆发的内战，使国内出版大环境甚至不如抗战时期的大后方。

第五节　出版法律与出版管理

一、出版法律与法规

我国近代意义上的出版专律制定于晚清时期。清光绪三十二年（1906 年）颁布的《大清印刷物件专律》和清宣统二年（1910 年）颁布的《大清著作权律》，虽然实施时间短暂，不久便因清政府的寿终正寝而失去法律效力，但其影响却十分深远。民国时期

---

① 《出版界月刊》1 卷 6、7 期中的统计，1944 年。

经历的北洋政府和国民政府，在制定《出版法》与《著作权法》时都直接继承了它们的法律框架和基本条款。

1. 《出版法》

民国南京临时政府初建，为了弥补法律真空，内务部于民国元年（1912年）3月公布了《民国暂行报律》三条，内容大致为：（1）报纸、杂志的出版机构要事先登记，否则不准出版；（2）用流言煽动妨害共和国体者，除停止出版外，发行人和编辑人要坐以应得之罪；（3）由于调查失实损害个人名誉者，被害人可以要求其更正，否则向法院申述，根据实际情况给以处罚。由于报界的反对，该律很快取消。

袁世凯上台后，颁布了一系列出版法规和书刊审查法令。其中的《出版法》正是公布于1914年12月4日。该法全文23条，大多是限制性的条令。如第11条规定，文书图画有下列各款情事之一者，不得出版：淆乱政体者，妨害治安者，败坏风俗者，煽动曲庇犯罪人、刑事被告人或陷害刑事被告人者，轻罪、重罪之预审案件未经公判者，诉讼或会议事件之禁止旁听者，揭载军事、外交及其他官署机密之文书图画者；但得该官署许可时，不在此限。

1916年袁世凯垮台后，《出版法》仍继续生效。1919年7月，北洋政府内务部警政司通令全国，按照《出版法》，禁止出版"妨害政体治安"的文书图画；同时，那些在国外发行的文书图画，如果违反以上各款的，也不准在国内出售或散布传播。该令还规定对违反者进行严厉的处罚，若出版或散发上述查禁书刊，主管警察公署认为必要，可以没收其印本及其印版，甚至还要判处著作人、发行人和印刷人有期徒刑或拘役，并处罚金。直到1926年1月29日，经北京报界要求，临时执政段祺瑞明令废止北洋政府《出版法》。

国民政府制定的《出版法》颁布于1930年12月，共44条。包括总则、新闻纸及杂志、书籍及其他出版品、出版品登载思想之限制、行政处分、罚则，共六章。这部《出版法》比北洋政府的《出版法》详细了许多，把出版品分为新闻纸、杂志和书籍及其他出版品三种，在登记制度方面也区别对待，分别予以详细规定。

1931年11月，国民政府出台了《出版法施行细则》共25条，对出版法的原则和办法，作出具体的规定，对出版物的审批更趋严格。

1937年7月8日，国民政府对《出版法》进行修订，修订后的条款增至54条，将查禁书刊的权力下放到市县政府。7月28日，又颁布《出版法实施细则》。

抗战胜利后，围绕《出版法》的争论，涉及到对言论自由、宪政、宪法权威以及民主政治的向往等问题。在社会各界的呼吁下，1947年10月24日，行政院临时会议通过《出版法修正草案》，送立法院审议。该法全文共分六章43条。第一章和第六章是总则和附则，第二章是新闻纸及杂志，第三章是书籍及其他出版品，第四章为出版品登载事项上之限制，第五章为行政处分。同战前的出版法规相比，国民党对《出版法》

的修正，实质上是加强了对出版系统的控制。同时还制定了《出版法施行细则》19 条，对修正后的《出版法》进行了详细的说明和解释。

2. 《著作权法》

中华民国成立之初，许多法律来不及重新制定，部分可以沿用的前朝法律就被暂时保留了下来，其中包括《大清著作权律》。直至 1915 年 11 月 7 日，北洋政府才以大总统的名义发布了新的《著作权法》。

北洋政府《著作权法》，在体系上秉承《大清著作权律》，对于后来国民政府的著作权法有延续性的影响。该法包括 5 章 45 条，分为总纲、著作人之权利、著作权之侵害、罚则、附则 5 章，共 45 条。该法是以《大清著作权律》为模式拟定的，条文基本相同，仅对少量条文进行了增删与合并，有关注册、承继人著作权的起算与著作权侵害的处置等条不完全一样。此外，北洋政府还于民国五年（1916 年）2 月 1 日公布了《著作权法注册程序及规费施行细则》，共 16 条，对申请著作权注册的具体程序以及交纳规费作了详细规定。

国民政府上台伊始，即着手制订新的《著作权法》。经过各方的商讨和修改，新《著作权法》于同年 5 月 14 日由国民政府予以公布。它吸取了《大清著作权律》和北洋政府《著作权法》的立法经验，在它们的基础上作了一些修改、补充。基本上没有超出前两法的范围，仅在著作权内容、登记注册生效制度、外国人作品保护等方面作了一些补充。共分为总则、著作权之所属及限制、著作权之侵害、罚则、附则等 5 章共 40 条，连章节的名称都几乎和北洋政府的《著作权法》一样。

关于受保护著作物的范围，第一章第一条中列了五种，与北洋政府《著作权法》基本相同；之后增加了"就乐谱、剧本有著作权者，并得专有公开演奏或排演之权"的条款。关于著作物的注册，规定由国民政府内政部掌管，并强调对于应受大学院审查的教科书，未经大学院审查不予注册。

第二章的"著作权之所属及限制"中，增加了"著作物于著作人亡故后始发行者，其著作权之年限为三十年"的条款（第六条）。在第九条中，对于照片的著作权的规定相比前两法则更为详尽了。关于著作权的年限，在第十一条规定"自最初发行之日起算"，而前两法均规定自注册日算起。新增加的第二十一条对于报纸、杂志转载事作了明确规定："揭载于报纸、杂志之事项，得注明不许转载，其未经注明不许转载者，转载人须注明其原载之报纸或杂志"。另外第二十二条中增加了"显违党义者"和"其他经法律规定禁止发行者"得"拒绝作品注册"的内容，使《著作权法》在某种程度上成为国民党限制言论和出版自由的工具。

第三章的"著作权之侵害"与前面的两法相比几乎没有变化，只是去掉了"著作权之转让及抵押，非经注册，不得与第三者对抗"一条，以及关于合理使用中对于"仿他人图画以为雕刻模型，或仿他人雕刻模型以为图画者"的特别规定。

第四章的"罚则"中对各种侵犯著作权行为的惩罚，基本与北洋政府《著作权法》相同，只是对未经注册却于其末幅假填某年月日业经注册字样的行为的罚金予以提高。

为了保证《著作权法》的实施，根据《著作权法》规定，国民政府在公布《著作权法》的同日，也公布了《著作权法施行细则》，共15条，主要规定有关注册的各项事宜，其中值得注意的是第14条中对于外国人著作物注册的规定，是前两法中都没有的："外国人有专供中国人应用之著作物时，得依本法呈请注册。前项外国人，以其本国承认中国人民得在该国享有著作权者为限。依本条第一项注册之著作物，自注册之日起，享有著作权十年。"这一条其实与1903年中国与美国、日本所续签的商约中关于著作权的协定的原则是一致的，但在著作权法规中予以正式规定，这还是第一次。

民国三十三年（1944年）4月，国民政府公布《修正著作权法》，共5章37条。关于著作物的载体。先前的著作权法上没有明确列出许多已有的载体。这一点在1944年的著作权法中作了补充，将发音片、照片和电影片都列入了受保护的著作物，并规定就乐谱、剧本、发音片或电影片有著作权者，并得专有公开演奏或上演之权。

第三章"著作权之侵害"中增加了对著作权执照核发前作品受侵害的保护办法："著作物在声请注册尚未核发执照前，受有前项侵害（按：指翻印、仿制或以其他方法侵害利益）时，该著作物所有人得提出注册声请有关证件，提起诉讼。"（第十九条）还增加了对已注册作品的使用必须取得授权的规定，第二十五条中规定使用已经注册之著作物——"一、用原著作物名称继续著作者；二、选辑他人著作，或录原著作加以评注、索引、增补或附录者；三、用文字、图书、摄影、发音或其他方法重制，或演奏他人之著作物者"——应征得原著作人之同意。

第四章"罚则"中再次将各项侵犯著作权行为的处罚金额都予以提高，有的还要追究刑事责任。可见当时翻印等活动之猖獗及司法机关之重视。

同年9月5日，又修正公布了《著作权法施行细则》13条，其中增加了对电影片等新载体注册的规定，以及定价过高的著作物须酌减的规定。

1949年1月13日，当时的国民政府代总统李宗仁公布了新修订的《著作权法》。新《著作权法》较1944年的《著作权法》几乎没有什么变化，只是再次调整了原来第四章罚则中罚金的数量。

3. 其他出版法律法规

袁世凯政府颁布的其他出版法规还有：《审定教科用图书规程》（1912年9月13日）、《修正审定教科用图书规程》（1914年1月28日）、《报纸条例》（1914年4月2日）、《修正审查教科书规程》（1916年4月28日）等。《报纸条例》于1914年4月发布，完全按袁世凯的意志制定，所以被称作"命令式之法律"。1916年袁世凯垮台后，出版方面的法规律令依然是萧规曹随。从1916年至五四运动期间，北洋政府又相继颁布了其他一些更为苛细的法律、法规，如《管理印刷营业规则》、《报纸法》、《管理新闻营业条例》等。

国民政府期间，颁布的有关出版方面的法律法规相当之多。据《近现代出版新闻法规汇编》（上海学林出版社1992年版）统计，1927—1949年颁布的出版法和施行细则的解释共26项，图书呈缴、审查法规共56项，新闻检查和取缔的法规24项。

民国时期相关出版法律法规的制定和出台，是近代出版业发展到一定阶段政府实施其管理职能的产物。这些或粗或细的法律条文，反映着各个时期的执政府对出版业进行管控的意图和执行实际管理时的重要依据。这些出版法律法规，有些对出版业起了保护和推动作用，如《著作权法》的日渐完善和实施；有些则可能相反，如受到当时和后人挞伐的《出版法》中的一些条文，以及臭名昭著的书刊审查制度等。

二、书刊审查制度

民国时期书刊审查制度的形成与逐步完善，是相关出版法律体系建构与成熟后的产物。民国各时期制定的《出版法》与审查条例等法律，为审查制度提供了重要的法律依据。从历史来看，开始把图书送审纳入法制化轨道的，是袁世凯政权于1914年12月颁布的《出版法》。中国近代最早的图书审查制度，由此开始发端。

国民政府建立以后，对图书、杂志、报纸的检查趋于严格，除对《出版法》、《著作权法》有关条款的援引外，还专门颁布了许多审查法规，并逐步设立专门机构，实施书刊的审查制度。1929年1月10日，国民政府公布了《宣传品审查条例》，同年6月公布了《取缔销售共产书籍办法》及命令。1930年12月颁布的《出版法》规定，报纸、刊物在创刊前必须申请登记，禁止在书刊上发表反对国民政府的言论，并规定了违反《出版法》的种种处罚办法。1931年11月又公布了《出版法施行细则》，对出版物作了严格的限制。这一阶段主要由国民党各级党部按照国民政府颁布的《宣传品审查条例》和《出版法》进行检查。

1932年11月，国民党中央宣传部公布《宣传品审查标准》，规定了所谓"反动宣传品"的范围及其处理办法。"九一八"事变之后，为更好地控制舆论，国民政府在南京、上海、北平、天津等地先后成立了新闻检查所。1933年9月，国民党中央常务委员会通过《重要都市新闻检查办法》，在国防委员会下设置中央检查新闻处（后改隶中央宣传部），订立了检查标准并确立了各级检查机构的组织系统，实行全面的新闻检查制度。

1934年2月，国民党中央宣传委员会突然发文，一举查禁上海出版的149种文艺图书，牵涉到25家书店、28位作家，震动了上海书业界。为此，一些书商出于商业利益的考虑，便联合建议由官方审查原稿，即实行"事先审查"。这个事先审查的办法，既能杜绝"反动"书刊的出版，又能保全书商的"血本"，因而很为国民党各级党部所赏识。于是，一个全称为"中国国民党中央宣传委员会图书杂志审查委员会"的机构于1934年4月正式成立。6月，审查委员会开始运作，颁布《图书杂志审查办法》，规定一切图书杂志须于付印前将稿本送审，甚至翻印古书也不能例外；如不送审，即"予以处分"。在审查过程中，检查官随意删改，而且被删的地方不许留下空白（即"开天窗"）。图书杂志审查官员的滥禁滥删，给文化事业造成的破坏是极大的。

图书杂志审查委员会存在了一年多时间。1935年5月发生了《新生》周刊《闲话皇帝》事件，日本认为这是"侮辱天皇，妨碍邦交"。国民政府迫于日本压力，查封了《新生》周刊，撤销了书刊审查委员会。

1937年8月，国民政府公布了一个《书籍杂志查禁暂行办法》。1938年7月，国民党第五届中央常务委员会第八十六次会议通过《修正抗战期间图书杂志审查标准》和《战时图书杂志原稿审查办法》，决定以"适应战时需要，齐一国民思想"为名，筹备成立中央图书杂志审查委员会，作为全国最高图书杂志审查机关，于1938年10月开始工作，又在上海恢复了图书杂志原稿审查办法。其后还相应设立了武汉、西安、吉安、福建、江西、重庆、桂林、云南、广东、湖南等地的"图书杂志审查分处"，各地方的最高党政军警机关都参加了当地的图书杂志审查工作。中央图书杂志审查委员会将《审查法规》和《审查手册》以密件形式寄发各地，作为审查人员的依据和参考，并要求各县把图书杂志的审查工作作为各县党部中心工作之一。当时负责审查的除了专门的图书审查机构，内政部也有一定的审查职权。

1939年2月16日，国民党中常委会议通过《修正印刷所承印未送审图书杂志原稿取缔办法草案》及《修正检查书店发售违禁出版品办法草案》。3月，中央图书杂志审查委员会密订《图书杂志原稿审查工作纲要》87条。5月4日，国民党中常委会议修正通过《图书杂志查禁解禁暂行办法》。1941年国民政府公布《杂志送审须知》。1942年4月23日，国民党政府制定《统一书刊审检法》、《杂志送审须知》，同年公布《图书送审须知》；5月5日，公布《书店印刷厂管理规则》。1943年公布《新闻记者法》、《图书印刷店管理规则》、《通讯社报社管理暂行办法》。1944年6月20日，国民政府颁布《战时出版品审查办法及禁载标准》，同年，颁布《修正图书杂志剧本送审须知》。

抗战胜利后，1945年8月31日，重庆八大杂志主办人举行会议，一致认为战争时期业已过去，审查图书杂志制度已无存在的必要，决定除致函国民党中宣部、参政会、宪政协进会，请命令废止外，不再送审。9月12日，在国内各界强烈要求拒检送审情况下，国民政府被迫宣布废止战时新闻检查制度。重庆、昆明等地杂志界出版界纷纷联合发表声明，成立联谊会，要求出版自由。9月22日，国民党第十次中常会通过决议，宣布从10月1日起，撤销对新闻和图书杂志的检查，废除原稿检查制度。

尽管原稿检查制度废除了，但并不等于说国民政府就放弃了对出版的管制。随着1946年下半年内战硝烟又起，从1946年底开始，国民党政府进行了全国性的新闻杂志清查换证工作，对不合己意的书刊，在办理重新登记手续时予以多方推延和阻挠。这可视为一种变相的舆论控制。继出版法重新修订之后，1947年12月，国民政府更是发布了《危害国家治罪条例》。至1948年7月，中共领导和影响的报刊悉遭封禁。

三、书刊查禁与出版压制

与审查制度相对应的,则是各种禁书活动的层出不穷。袁世凯窃取政权以后,重视舆论的作用,一面提倡尊孔读经,一面压制革命宣传。在袁世凯和国民党的矛盾激化、宋教仁被刺后,1913年6月,袁世凯政府内政部发出布告,禁止报纸刊载"宋案"和"借款"的新闻。同年12月,颁布查禁命令。翌年7月,袁世凯政府的总统办事处下令查禁孙中山等所撰著的各种进步图书。10月,应日本驻我国公使之请,袁世凯政府颁发了查禁上海会文堂出版的《高等小学论说文范》的文告,责令各省巡按使通饬所属严行查办,同时令教育部审查修正。

1914年12月,袁世凯政权颁布《出版法》,这是其实行文化统治的重要举措,也是其禁书活动法律化的重要依据。从《出版法》公布到1916年袁世凯一命呜呼的这一年半时间里,其政府先后查禁了《新爱国歌》、《民国春秋》、《中国白话报》、《甲寅杂志》、《时事新报》等图书报刊30余种,其他由各地方军阀所禁图书报刊还不计算在内。

袁世凯死后,其政权先后落入直系、皖系、奉系军阀之手。军阀们忙于政治和军事上的斗争,在文化统治方面相对有所松动。直到五四运动后,才逐渐加紧了在文化领域的统治,主要是严防俄国十月革命后马克思主义的流传。一些著名的书刊,如《湘江评论》、《觉悟》、《浙江新潮》等先后遭禁。北洋政府国务院在1920年2月,曾一下子查禁了83种"过激主义印刷物"。《新青年》在北京难以生存,迁到上海,也遭查封,又迁到广州。中国共产党成立后,其主要宣传书刊,如《向导》、《工人周刊》、《先驱》、《中国青年》等都在重点查禁之列。1926年4月,奉系军阀张作霖掌权后,查禁图书更是肆无忌惮,先后查封了《京报》、《语丝》,杀害了邵飘萍和李大钊。

1927年南京国民政府建立后,采取的种种禁书措施,不论规模还是手段,都要远远超过北洋军阀集团。上海版的《出版史料》上,曾连载了张克明所辑录的国民党政府查禁书刊目录,查禁书刊数量,计1927年8月—1937年6月间2 000余条,1938年3月—1945年8月间1 000余条。而这些辑录出来的禁书目录,还只是其公开查禁的部分,至于被密令查封、销毁和被各地特务查抄、焚毁的书刊,则无法统计,因而是一个不完全的数字。

在大后方,国民党不断进行书刊查禁的同时,沦陷区的敌伪政权也在大规模取缔进步及抗日书刊。1938年7月1日,在上海出版的《众生》半月刊第五号上,载有一个《北京市政府警察局检扣书籍刊物一览表》,共计查禁书刊786种。到1939年,日本侵略者编了两部《禁止图书目录》,共查禁图书1 841种。战火之中,出版物本来就少,侵略者一下子就禁了近两千种,显示了敌寇企图摧毁中华民族文化的险恶用心。

抗战胜利后,虽然审查制度废除了,但禁书活动并没有就此结束。内战爆发后,禁书活动更是明目张胆。中国共产党出版的《群众》周刊、外文版《新华周刊》,民主建国会出版的《民主生活》周刊,反映国统区学生运动的《学生报》、《复旦人》、《交大生活》等 64 种刊物，自香港流传到国统区的《中国革命与中国共产党》、《毛泽东思想》、《新民主主义与中国经济》等 30 种书刊，斗争性很强的《文萃》周刊，中华职业教育社黄炎培等创办的《国讯旬刊》等，先后被禁。即使鼓吹"中间派的政治路线"的刊物，如《观察》、《新路周刊》、《世纪评论》等，也难逃遭禁的厄运。

民国历史统共不过 38 年时间，其间所禁之书，据张克明根据中国第二历史档案馆资料粗略统计，其种数达近五千种之多。禁书量之大，令人心惊。而且执政当局在禁书的同时，往往还和流氓政治、特务政治相结合，查封捣毁出版机构，迫害出版界人士。如 1926 年查封了上海书店，1929 年查封了创造社、春野书店、第一线书店、晓山书店、励群书店、引擎社等，1930 年查封了平凡书店，1931 年查封了北新书局、华兴书局、现代书局等，还指使暴徒恫吓、捣毁销售左翼书刊的光华书局、良友图书印刷公司、神州国光社等书店的门市部，1933 年查封了湖风书店，1940 年和 1941 年查封了生活书店、新知书店和读书出版社的多家分支店，1946 年捣毁了民盟中央的机关报民主报社和新华日报馆，搜查了北平的解放报社与新华社北平分社，查封了广州的兄弟图书公司、广州杂志社等十余家新闻出版单位，以及汉口的联营书店等。1947 年至 1948 年间发生在书业界的"富通"事件、《大众文化》事件、《文萃》事件、"利群"事件等，均因涉及暴力、逮捕乃至杀害，而成为轰动一时的文化迫害事件，在历史上留下了耻辱的一页。

四、版权纠纷

1. 中外版权纠纷

自西学东渐西方版权观念引进国门之日起，中外之间的版权争端就几乎没有停止过。

民国时期最为轰动的一起中外版权纠纷，是 1923 年美国米林出版公司状告上海商务印书馆出版《英汉双解韦氏大学字典》案。上海公共租界会审公廨受理了此案。《英汉双解韦氏大学字典》是商务印书馆自 1919 年开始，聘请了 35 位知名专家、学者，耗资 15 万元，历时 4 年，以美国米林公司 1910 年出版的《韦氏大学字典》译编而成的一部英汉双解字典。1923 年 6 月，商务请蔡元培、黄炎培等名人为字典作序，正在待要发行之际，原字典著作权人米林公司的代表克雷斯律师提起诉讼，状告商务印书馆侵犯其著作权和商标权。会审公廨立案后，中方律师在公堂辩护时援引 1903 年订立的《中美续议通商行船条约》。其中的第十一款明确写明，中国的作品可以在美国得到全面的保护，但是美国的作品在中国得到保护是有条件的：（1）美国人的作品必须是以中文写的，必须是为中国人写的（而《韦氏大学字典》不是用中文写的，不是专给中国人用的，是给世界上所有学英语的人看的）；（2）对美国人作品的保护只有 10 年期限；（3）美国人的作品只能禁止翻印而不能禁止翻译（而商务该字典是翻译而不是翻印）。面对中国律师有理有据的辩论，上海公共租界会审公廨否定了美国公司对商务侵犯著作权的控告。但由于商务印书馆散布的《英汉双解韦氏大学字典》"说明书内所刊图样与其字典上商标类似，于营业上不无损害"，因而被判定赔款1 500两白银。

民国初期以商务印书馆为代表的出版机构，以及代表出版界利益的上海书业商会，从国家发展大局和出版界实际利益出发，反对加入国际间的版权公约，并以既有的《中美续议通商行船条约》和《中日通商行船续约》为依据，使外国列强在版权纠纷中难以获得实际成果。这在当时是有时代积极意义的。从世界历史来看，中国当时的做法并不算是国际特例，很多西方国家如美国和日本，在其经济、文化都不发达的时候，也如当时的中国一样，不愿加入版权双边同盟。

民国初期频频发生的中外著作权纠纷，到了20世纪20年代中期以后逐渐减少，出版界翻译翻印西书，屡见不鲜，甚至出现了如龙门书局那样的一些专门翻印西书的出版机构，直到1946年《中美友好通商航海条约》的签订，西书翻印机构才告消失。

2. 书业同业之间的版权纠纷

书业同业之间发生版权纠纷，在民国时期十分常见。纠纷涉及盗版作伪和抄袭剽窃两种情况。

早在民国初期的1914年，上海总商会议就向全国商会联合会提议，请求呈转司法部通令各省严办翻版，得到了司法部的批转。从司法部批转的文告中可看出，民国初期的盗印活动"几乎无省不有"。尽管司法部下了严办的通令，但实际效果并不理想。在1932年华通书局出版的《中国新书月报》第2卷4、5期合刊和7、8期上，便刊载了调查所得的201种翻版书目录。在抗战前的《申报》上，常能见到被侵权书店通报追拿翻版的声明，以及书店间对簿公堂的报道。

民国时期不法书商的盗版方式多种多样，有直接进行翻印的，有任意出人选本的，有盗印与作伪双管齐下的；盗印图书的门类众多，教科书、字典、小说、歌曲等，几乎是无所不包。盗印者在20世纪30年代甚至形成了专门的盗印组织和渠道。20世纪30年代北京的东安市场、西单游艺场、城南劝业场第一楼、杨梅竹斜街青云阁及宾宴楼等处，便是盗版书"泻货"小书摊的集中之地。

为打击猖獗的盗版活动，1932年7月，北平成立了中国著作人出版人联合会，查获了双义书店、卿云书店、宝仁堂书局等翻版书大本营。上海书业公会为取缔盗版，制订了十条办法。然而，盗版依然是防不胜防，禁不胜禁。书价的高昂，一般读者购买力的低弱，图书发行渠道的不畅，被侵害作者和书店的容忍，以及法律对于盗版的处罚不力等，都是当时翻版书所以公然流行的原因。

民国时期书业同业间告他人抄袭而引起争端的，在报刊上也见过几例。如1930年8月，中华书局数次登报指责世界书局1930年出版的《初中本国史》，抄袭了它1923年出版的《新中学教科书初级本国历史》；同年8、9月间，开明书店称世界书局出版的三册本《标准英语课本》，抄袭了林语堂编的《开明英文读本》。这两起发生在20世纪30年代初的版权纠纷，以挤压对方为主要诉求目标，以教科书为指说对象，反映了当时教科书市场竞争之激烈。至于一般图书的抄袭侵权，出版者出于时间、金钱、精力等方面的考虑，认真过问的似乎并不多见。

3. 作者出版者之间的版权纠纷

民国时期，一些有影响、注重长远发展的出版机构，大多能注意维护作者的权益，尽可能不拖欠作者的版税，稿成以后即使不能出版，也要说明理由并酌情支付稿费。不过，民国时期的出版界同样存在着许多盘剥著作者的书贾，轻者拖欠克扣作者稿酬，重者则强行盗取掠夺，随便印发作者的文章与论著，既不征得同意，更不用说付酬。不少著作者不甘于遭人宰割，拿起法律武器，保护自己的合法权益。

1927年在上海成立的上海著作人公会，1932年在北平成立的全国著作人公会，是著作人联合起来的维权组织，在联合出版业共同打击盗版的活动中发挥了相当大的作用。不少著作者个人也在侵权发生后勇敢地站起来，与书贾进行斗争。鲁迅先生因为北新书局老板李小峰过度克扣其版税，几乎与之对簿公堂，南社领袖柳亚子也多次与李小峰交涉，索要明显不足的稿费，最终都得以妥善解决。20世纪30年代参加近代中国社会性质论战的主要人物之一的李季，得知有书店把郭沫若翻译的《政治经济学批判》冠以他的名字发行时，借《读书杂志》发表郑重声明，要求依法办理。这样的声明，已不仅仅是著作财产权的诉求，同时还包含有著作人身权的保护。诸如此类，说明当时中国著作界版权意识的觉醒和成熟。

五、书业行业组织

同业公会是中国近代特别是民国时期，普遍成立的新式工商行业组织。书业公会作为近代重要的文化商业团体，在全国许多地方都曾建立过组织，并在各地的书业活动中发挥了重要作用。比较而言，上海作为全国的出版中心，书业公会成立时间早，开展活动多，作用影响大，因而特别值得关注。

上海的书业团体组织，以上海书业崇德堂公所成立最早，时间为光绪十二年，即1886年。参加者为出版木版、石印线装书的旧书业，几年后停办。1905年10月，由叶九如等人重新组织公所，删去"崇德堂"三字，改称上海书业公所。同年12月，上海的一些以铅印平装书为主的所谓新派书业商人，又另外成立了一个名为上海书业商民协会的同业组织。进入民国以后，这两个书业同业组织各自存在了较长的一段时间。1928年12月，又有以泰东图书局、光华书局、现代书局、亚东图书馆、开明书店等为代表的书局，邀约了21家以出版一般新书为主，在书业界往往被称之为新书业的出版机构，新成立了一个名为上海新书业公会的书业同业组织。这样在20世纪20年代末，上海一地就有了3个书业同业团体。到了1930年7月，上海商人团体整理委员会在市党部的主持下，将各自为谋的三个书业团体合而为一，合组为上海市书商业同业公会。

虽说上海书业公会的最后归并是政府力量推动的结果，但书业公会的性质，与其他行业公会一样，属于民办性的同业团体组织。会员入会，以自愿为原则。会员单位的数量，据陆费逵1932年为《申报》60周年纪念而写的《六十年来中国之出版业与印刷业》一文说，当时为40余家，几近上海全部100余家出版者和印刷者数的一半。到1936年12月，我们根据宋原放辑录的书业公会档案资料统计，已有67家。会员入会的自主性和普及性，说明书业公会在所起的作用和存在的价值方面，已被广大出版者所认可。

上海书业公会以"联络商情，维持公益"为宗旨，并围绕这一宗旨开展了八个方面的工作：一是维护同业版权；二是争取出版自由；三是谋求经济利益；四是协调业内外纠纷；五是规范同业经营；六是查究不良读物；七是开展书业调查；八是举办福利事业。

上海书业公会称得上是书业同行的重要组织和依靠力量，在维护书业的同业利益、发挥行业的自治与自律方面，起到了不可或缺的重要作用。同时书业公会在很大程度上，又是政府进行出版调控与管理的重要市场中介组织，是书业行业管理的主要承担者。

上海的书业公会组织存在有半个多世纪。抗战期内，上海书业公会随着出版业的萧条而极度困窘，抗战胜利以后，各大书局纷纷从大后方重返故地，上海书业公会新添了100多家生力军，较战前的会员数量大有增加。中华人民共和国成立以后，由于社会制度的改变，书业公会在协助政府完成资本主义出版业的社会主义改造后，也随之完成了自己的历史使命。

民国时期的书业界，不曾建立全国性的书业同业组织。在全国其他地区，建立书业公会组织的还有北平、南京、广州、武汉、重庆等城市。其中，重庆出版商业同业公会成立于1943年，其时的重庆作为战时的全国出版中心，各出版机构为公会的组建、制定章程、推选理事、规划任务、活动内容一如战前的上海书业公会。重庆同业公会的新建，再一次说明了公会组织存在的必要性。

第六节　出版经营活动

一、机构组织与人员构成

1. 机构组织

民国时期各出版机构之间规模差别极大，大书局如商务、中华，数百万的资本，数千名的员工，而一些初建不久的小书店少的甚至只有两三个人。当然，更多的还是那些资本在万元上下、职工数十人不等的中型出版机构。大小不一的资金实力，多寡悬殊的职工规模，决定了各书局机构设置上的巨大差异。大书局不仅编、印、发各部门齐全，彼此间分工细密、各职所司，小书局的机构组织自然要比大书局粗略许多。

就某一个具体出版单位而言，其机构组织也随出版业务的发展呈现动态变化。初建之时，出书少，机构简单，后来生意好了、人手多了，部门也便随之增加，编辑部、发行所、门市部，甚至印刷厂、推广部、外地的分支机构等依次建立，于是便具备了一个中型书局的规模；若再发展，部门的设置就开始向商务印书馆看齐了。

商务印书馆的机构设置呈复杂的树型结构，最高机构是股东大会，之下是董事会，然后是由负责具体业务的总经理分管的各个业务部门。其中总务处是最为核心的管理部门，将原本各不相关的三所（编译所、发行所、印刷所）统筹起来，建立起由总经理、经理和三所负责人参加的三所会议协商制度，来筹划行政、人事、财务、物流、稽核、监察等管理层面的事务，决定公司的大政方针乃至相关的具体事项，是整个企业正常规范运转的保证。

编译所是商务印书馆的头脑部分，负责所有产品的生产，即各种出版物的出版。编译所按照出版物类型分为三大部分：一般图书、工具书、期刊。在图书组里，又按照学科分为不同的小组。分工细致、上下级关系明确的机构设置，有利于编辑事务有条不紊地展开，也方便出版社按需招纳人才。

由于商务印书馆是我国最早按现代企业制度建立起来的出版机构，具有示范效应，所以后起的一些大书局，如中华、世界、大东、开明、正中等，基本上都效仿商务的组织确立业务编制，虽偶或有些变通，但大格局基本相似。至于中小规模书店的组织，则是对大书局诸多部门的删减合并，或多或少，缩略化程度不同而已。

当一个书局业务规模由小到大发展时，其机构组织必然要随之扩充和变化；另外，当业务内容发生变革或出现经营危机时，其机构组织也往往要进行相应调整，增加新的，删减冗余的，整合含糊不清的，使各个部门职能更加明确，管理更加方便。

通过以上分析可以看出，民国时期出版机构的组织设置，一方面有其成熟和稳定的一面，体现了这一时期出版企业的自身特点和发展的基本定型；另一方面又有其变革和发展的一面，体现了出版企业因时而变和适应潮流的基本特征。两者的结合，推动了出版企业组织结构的日趋合理和经营管理水平的不断提高。

2. 人员构成

出版企业的人员构成，与其机构设置互为对应。机构复杂的大书局，固然人员众多，分工细密，层次亦相当明显，上至总经理、总编辑，中至各部门主任，下至书店一般员工，可谓一应俱全。而机构简省的中小书店，层次界限则要相对模糊，人员一身而二任的情况，亦所在多有。人事管理中的员工来源、职责权限、薪水福利等，也因各书店规模大小、资本性质等因素的不同，往往有着较大的差异。

从名义上说，总经理的职权和地位，在书店中应是至高无上的，而在实际上，虽有的书店是如此，但也有和一般小伙计无异者。那些老板自兼总经理的，总经理一职自然位高权重，如北新书局的李小峰和李志云兄弟、上海杂志公司的张静庐、亚东图书馆的汪孟邹等。那些先为个人独资而后股份制经营，由创始人摇身一变为总经理的，如中华书局的陆费逵、世界书局的沈知方、开明书店的章锡琛、生活书店的邹韬奋、现代书局的洪雪帆等，也大都权重一时。即便完全聘请而来的总经理，有权的也不少，如商务印书馆的王云五、世界书局的陆高谊等。而另一方面，那些"来无所为，去无所由"的总经理，在民国时期的出版机构中也不乏其人，如新月书店的总经理，差不多隔不了多少天就换一个，华通书局的总经理究竟是谁，也常使人捉摸不定。

每个书店的工作，大而言之，可分为两大部分，一为编辑出版，一为营业推广。如何推进营业，自然是总经理的份内之事。不少书店的总经理兼任营业部主任，有些书店甚至不设营业部主任一职，营业之事完全由总经理总揽。而作为书店营业基础的编辑出版，虽有总经理兼任总编辑者，但大多数书店则延揽专人专任其事——大书局多称之为编译所或编辑所所长，中小书局则称为总编辑或编辑部主任。一个书店大至出版方针的制定，小至图书选题的确立，均为总编辑的职责所在。总编辑的个人知识背景和兴趣喜好，往往孕育为书店的出书路数和个性化风格。开明书店在其发展初期，章锡琛从《妇女杂志》的主编而为《新女性》的主干，他对妇女问题的浓厚兴趣，使开明当初这方面的出版物颇见付印，而到夏丏尊主持开明编辑部后，夏氏原本中学教师的身份，便把开明带入了中学生读物出版新天地，以《中学生》为代表的书刊被大批中学生所捧读，开明书店借机而雄起；新生命书店的编辑部由陶希圣、樊仲云等先后主持，因而关于中国问题及国际政治经济的书籍出版得最多；黎明书店的孙寒冰、伍蠡甫负责编辑部多年，于是它政治经济的书籍，尤其是大学教本与英文文学书，便出版了不少。正因为总编辑如此重要，各书店无不十分重视总编辑的人选，除了学识才情需要考虑外，不少总编辑或者原本就是与书店极有关系之人，或是聘用后即成为书店股东与董事的。过去书店总经理常见有易手者，而总编辑的地位则相对稳定。

中华书局编辑所

总编辑分管的编辑部（所），是出版企业知识含量最高的部门，提供着企业运转最为关键的智力资源，因而也成为书店中人才最为集中的部门。

编辑之外其他部门的一般职员，过去习惯上称为店员。店员的来源，大书局如商务、中华，新型书店如生活等，大多通过招考的方式进入。而与大书局招考为主的用人方式不同，过去中小型书店却盛行着雇用同乡和亲戚的书业陈规。

通过各种途径进入到书业界的从业人员，在市场化的资本主义雇佣方式下，表现出自由流动的特点。人员流动是双向选择的结果，一方面增加了就业者的压力意识和职业危机感，有利于经营者对员工的管控利用和提高效率；另一方面也培养了出版者重视人才、养成人才的风气，有利于形成人才竞争的良性循环机制。

二、资本构成与资金管理

民国时期书店的资本，与其他行业一样，就集资方式而言，不外乎独资、合伙和股份制公司三种。独资与合伙，资本额有限，采用这两种形式的，多是一些中小书店。独资书店中，有自当老板、自主经营的，如汪孟邹之于亚东图书馆；也有只管出钱、经营另请他人的，如20世纪二三十年代一些军政党国要人出资开办的书店。而那些在20世纪20年代中后期纷起的合伙书店，多为三两文人集资开办。书店独资也好，合伙也好，若幸而招股成功，就有望于做成大书局了。从民国出版史看，多数大书局都经历了从独资、合伙再到股份制的过程。

股份制既是一种招募资金的方式，又是一种资金管理和企业管理形式。在股份制出版企业中，企业的产权归股东所有，股东的意志通过股东大会表达和实现。股东大会最主要的工作是讨论通过关于企业经营管理的各项规章制度，并选举董事来监督执行这些制度，这样一来，整个企业的经营发展与财务分配都受到股东的监管。董事实际上是股东大会的常设委员，代表股东的意志对管理人员实施领导和监督，并决定企业的经营方针大计，对股东大会负责。一般来说，负责经营业务的企业经理由董事会委任，既对董事会负责，又对职工负责。股东的利益在于获得股息和红利，股息是股东定期按一定的比率从上市公司分取的盈利，红利则是在上市公司分派股息之后按持股比例向股东分配的剩余利润。

出版企业采用股份制经营，其益处是多方面的。公司化的运作，使企业责权利关系明晰化，有利于企业的经营与管理；公司员工，特别是一些高级职员和管理人员，持有企业部分股份，有利于激发员工的主人翁精神，增强其责任感。当然，最为重要的是，通过股份制形式，能广泛吸纳社会资金，弥补出版企业资金之不足，为企业进一步扩大经营规模做好必要的资金储备。

通过招股筹措资金，是过去出版企业最为重要的一种融资方式。除此之外，还广泛利用其他一些融资手段。比如出版企业吸收存款，早期的商务印书馆、中华书局，后来的世界书局、开明书店、儿童书局，都采取过这种办法来筹措资金。20世纪30年代初的银行存款，长年利息不过七厘，书店存款则在八厘和一分之间，高于银行钱庄的存款利率，却低于它们的贷款利率。如此筹资，从理论上说，于出版者和储蓄户双方均为有利。但也有实际上的弊端，一旦书局发生经营和信用危机，就容易造成挤兑风潮，从而使出版企业雪上加霜，中华书局和世界书局都有过这方面的教训。

过去民营出版机构融资的对象是多头的，除了面向社会上的一般民众吸收存款外，也有借助官方和政府背景资本的。特别是当经营出现危机、出版企业依靠自身力量难以渡过难关时，官僚资本最容易介入这一具有文化宣传功能的行业。如此一来，出版社作为民营企业的性质就大打折扣，大东书局和世界书局在其后期，都曾陷入官僚资本的掌握之中。

还有一些书店在融资上打作者的主意，方法是动员作者将其在该书店出书应得的稿酬，拿出一部分作为入股，这样作者就变成了新股东，书店则增加了新资本。这种集资方式在一些文人开办的合伙书店中相当普遍，开明书店就是这方面的老手。五四时期著名作家汪静之，曾把小说《耶稣的吩咐》和诗集《寂寞的园》交开明书店出版，两本书都没有支取现金稿酬，而是全部当作股本投资开明。《开明英文读本》的作者林语堂，也曾从版税收入中拿出一部分投资开明。这一方面固然体现了作者与书店关系之密切，另一方面也看出过去出版机构在融资上的无孔不入和筹措资金的艰难与不易。

借用读者的钱造货，也是过去出版企业融资的高招之一。开展预约出书、期刊预订和为读者分立户头邮购书刊等措施，都能有效地缓解资金不足的压力。出版者的预约和预订，是以将来书刊出版后较大购买折扣为优惠条件，吸引读者在书刊未造之前就把钱交到出版者手中。在读者，固然得到了价格上的利益；在出版者，既得到了一笔造货的资金，也减少了发行上的风险，可谓一举两得。而书店开展邮购业务，不光有一笔发行利润入账，而且在为每个邮购户建立往来账务卡的同时，还有可能得到一笔较大的购书存款余额以资利用。过去生活书店因为信誉好、邮购户多，抗战前的存款余额甚至高达10万之多。

资金的来源除融资所得外，还有相当一部分是企业经营利润。利润的流向分成两块，一块直接分给投资人，另一块则留下来作为企业今后发展的积累资本。

资金流的管理和运作，实际上包括两个相辅相成的方面——开源和节流。节流的工作，凡是成功的出版企业同样做得相当到位。商务印书馆称得上实力雄厚，但编译所所长张元济和总经理高凤池内部写信，用的却是废纸。"要节约"的口头禅，总是挂在亚东图书馆主人汪孟邹的口边。开明的精打细算，在当时出版界是有名的，人员少，效率高，大大节约了生产经营中的成本。而"以需定产"、"以销定产"、"少印勤印"的原则，为生活书店加快资金周转、节约仓库管理费用发挥了重要作用。

三、选题与组稿

1. 选题

选题是出版流程的起点,也是影响出版物质量的主要环节。决定出版者确立选题的因素是多方面的:对时代趋向的预测,对目标读者的定位,对市场需求的估计,对自我出版风格的塑造等。民国时期图书选题的操作,与现在并没有什么大的不同,既有许多追逐市场的跟风型选题,亦有模仿基础上的改进提高型选题,同时也不乏引领潮流的创新型选题。选题的好坏,反映着编辑出版者的学识眼光和市场嗅觉,并最终从出版物的文化价值和市场效益两个方面体现出来。

由于各书局编辑人员素质、规模组织的大小、编辑出版方针等因素的不同,其选题范围、选题重点与选题质量,往往有较大差别。一般而言,大书局出书综合,编辑力量雄厚,选题范围广,质量也较有保证。商务印书馆作为全国最大的出版机构,出书以激荡潮流自居,兼之网罗了一大批高精尖的编辑人才,其选题的创新水平与策划含量大大高出当时的出版同行。商务印书馆在近代出版界能冠诸群雄,与其图书选题总体上的保持领先大有关系。中华书局的编辑力量稍弱于商务,在选题的自主开发能力方面不及商务,但它善于借鉴他人成功选题的思路,并注意进行改进和提高,因而也能取得成功。如《四部丛刊》和《四部备要》同为古籍丛书,商务的《四部丛刊》出版在前,中华的《四部备要》印行在后。《四部备要》强调的是古籍的实用价值和聚珍仿宋版的精美排印方式,这与《四部丛刊》讲究古籍的版本价值、采用影印传真的出版方式区别开来;再如,中华书局1936年出版的《辞海》,较之商务1914年出版的《辞源》,也是后出转精:《辞源》用句逗,《辞海》则用新式标点符号;《辞源》引用书证只注书名,而《辞海》引用书证则注篇名,从而给读者查证提供了更大方便。

过去出版业竞争十分激烈,一些实力较弱、规模较小的中小书局为了在夹缝中求生存,往往刻意在选题上独辟蹊径。如开明书店的《开明活页文选》,选题思路着意于选文范围的精广和装订形式的灵活方便,其"因班因人制宜"的特点,出版后受到广大中学校的欢迎,由此开辟了开明书店教科书出版的新坦途。再如亚东图书馆的标点本白话小说,率先使用标点符号并分段,外加仔细校勘和附录考证,既符合时代潮流,又突出学术意味,成为亚东图书馆当年的畅销书和多年的常销书。一些中小书店在某一类图书选题上耕耘既久,往往能形成自家出版特色,如光华书局、现代书局的文艺类图书选题,儿童书局的少儿类图书选题,勤奋书局的体育类图书选题,竞文书局的英语类图书选题,武昌舆地学社的地图类图书选题,新文化书社、中西书局的标点书图书选题,均构成各自的优势选题领域,所出图书受到当时读者的关注和认可。

2. 组稿

任何选题只有通过组稿才能落实。民国时期的稿件来源,主要有作者自投稿、关系推荐稿、出版社征稿、出版社约稿、编译所内部稿等五种形式。其中编译所内部稿，是当时特有的普遍出版现象。过去大书局教科书、工具书等的编写，往往由编译所内的编辑人员完成。编辑人员职务工作时间所完成的稿子，当时称为内稿。撰写内稿的编辑，有作者署名权，而其他版权则归属于书店所有。商务印书馆1932年"一·二八"事变后，因以编审委员会取代了原来的编译所，稿件才全部改成外稿。中华、开明等书局的编辑所则一直保留了下来，内稿在著作稿件构成中一直不曾中断过。至于民国时期其他四种稿件来源形式，与现在的出版情形类似，只是在不同历史时期各自的比例不同而已。

一流的作家才会有一流的出版物，一流的出版物才会造就一流的出版社。民国出版史上的几个著名出版机构，无不注重联络作者，广交人才，在自己周围团结一大批站在时代前列、有真才实学的著译家队伍。中华书局总经理陆费逵明确提出"作者是衣食父母"的主张，在出版实践操作中，中华书局从不拖欠作者的稿费，对作者的约稿恪守信用，稿成以后即使不能出版也要说明理由，并酌情支付稿费。中华书局的诚信作风赢得了作者的信任，不少作者多次把书稿交给书局出版，大大稳定和丰富了稿件的来源，保证了书稿的质量。世界书局总经理沈知方善于用高稿酬吸引作者。20年代鸳鸯蝴蝶派当红作家严独鹤、不肖生（向恺然）、施济群、江红蕉、王西神、沈禹钟、程瞻庐、程小青、李涵秋、姚民哀、朱瘦菊、许指严、陆士谔、张恨水、赵苕狂等人，之所以源源不断地给世界书局供稿，"盖世界书局对作者所致报酬极为优厚"，如张恨水的稿酬是每千字4—10元，而当时通俗小说稿费平均水平约为每千字3元左右。

民国时期的组稿活动，是在著作权已形成社会共识的前提下进行的。出版者与作者之间，或签有书面合同，或达成口头协议。根据双方约定，作者可将书稿一次性卖给书店，版权归书店，以后印多印少、重印不印，均与作者无关；作者也可选择抽取版税的方式，版权归己或与书店共有。无论是一次性卖稿还是分批性版税，民国时期除梁启超、胡适、鲁迅和林语堂等少数大家外，真正依赖稿费即可谋生者凤毛麟角。在这种环境下，编辑出版家对作者的温情关怀常常令人难忘。有不少作者靠出版社借支稿费渡过生活难关。得到过文化生活出版社帮助的剧作家曹禺有这样的回忆："那时穷呗，有时就跑到出版社去吃饭，'打牙祭'嘛。"[①] 孤傲固执的才子朱湘常常衣食无着，赵景深在开明书店当编辑时与其结识，此后朱湘生活陷入困难的时候，赵景深多次给予帮助。朱湘投江自尽后，也是赵景深帮助料理后事，整理出版朱湘的遗稿，并将版税转交给了他的遗孀，体现出一位厚道的编辑对作者的爱护和同情。[②] 良友图书印刷公司编辑赵家璧出版丁玲的作品《母亲》时，丁玲正身处狱中，版税不能自取，赵家璧则将全部版税分批汇寄给丁玲的母亲，解决了丁母生活的困难。赵家璧所策划的《一角丛书》、《良友文学丛书》和《中国新文学大系》等文学丛书，之所以屡屡得到诸多名家支持，产

---

① 纪申：《记巴金及其他：感想·印象·回忆》，131页，宁夏人民出版社，1994年。
② 赵景深：《记朱湘》，《我与文坛》，179~180页，上海古籍出版社，1999年。

生较大影响,正是他作者工作细致体贴、卓有成效的结果。他曾经总结说:"得不到作家的支持,编辑将束手无策,一事无成!"①

编辑与作者的宝贵情谊,还表现在对作者新人的发现、培养和扶持上。如宗白华"发现"郭沫若,叶圣陶"发现"巴金、丁玲,巴金"发现"曹禺,《科学》杂志编辑部"发现"华罗庚等。编辑的"发现"和赏识,给原本默默无闻的作者以莫大的精神鼓励,为其今后的创作人生增添了重要的勇气和信心。多年后已成为著名作家的丁玲在回顾自己的文学道路时,对当初叶圣陶从来稿中慧眼识珠发现她的处女作《梦珂》,并在《小说月报》头版位置予以发表的举动表达了内心的感激:"要不是您发表我的小说,我也许就不走这条路。"既出书又出人,体现了出版对文化发展的双重贡献。而作者的茁壮成长,又反过来哺养着出版业自身,在两者的相辅相成和相互促进中,推动着出版文化和出版经济的向前发展。

四、装帧与印刷

1. 装帧

中国古代的图书装帧,从当初的简策装经过千余年的历史演变,最终定格为统一的线装形式。到了光绪末年,随着石印、铅印技术的广泛应用,书籍装帧开始发生一些新变化,如在线装书的书衣上舍去书名签条,改排铅字,或用书法题写书名。到20世纪初,有些书的封面上开始出现装饰花边的框线,封面纸变换不同颜色等。到清末民初之际,铅印本书刊的外在形式受到了日本的多方面影响,弃线装而为平装,封面和封底出现了诸如美女肖像、文房四宝、花卉鸟兽、香炉如意、火车轮船、西洋人物等图画装饰。在鸳鸯蝴蝶派的出版物中,多年来就保持着这种流风余韵。这些虽说幼稚但也相当可喜的变化,为现代书籍装帧艺术的建立准备了条件。

轰轰烈烈的五四新文化运动在推动出版业迅猛发展的同时,也极大地促进了书籍装帧艺术的巨大变革。鲁迅和他引导下成长起来的青年装帧设计家们,在书刊装帧实践中勇于创新,大胆尝试,从技术手法到艺术形式,既借鉴吸收外来影响,又注意继承民族传统,从而使中国的书籍装帧艺术迈入历史新纪元。从五四到"七七"事变以前这段时间,可以说是我国现代书籍装帧艺术史上人才辈出的时期。

陶元庆在鲁迅的鼓励下,以新颖手法为新文艺书籍作装帧设计。他博采众长,融国画、西画、图案于一炉,其装帧设计的《苦闷的象征》、《彷徨》、《坟》、《朝花夕拾》等鲁迅的著作,幅幅具独之处,深得鲁迅的赞许。丰子恺以漫画制作封面堪称首创,而且坚持到底,影响深远。陈之佛从给《东方杂志》、《小说月报》、《文学》设计封面起,到为天马书店作装帧,坚持采用近代几何图案和古典工艺图案,形成了独特的艺术风格。钱君匋运用过各种主义、各种流派的创作方法,但始终没有忘记装帧设计中的民

---

① 赵家璧:《编辑忆旧》,三联书店,1984年。

族化方向。其他如司徒乔、孙福熙、王青士、徐悲鸿、林风眠、庞薰琹、倪贻德、关良、张光宇、叶浅予、黄苗子等人，在书刊装帧设计上都形成了各自的个性化风格。

这一时期，除了画家们的努力以外，还有不少作家本人也参与到书刊的设计创作中。作家中常作封面的，除鲁迅外，尚有闻一多、叶灵凤、沈从文、胡风、巴金、艾青、卞之琳、萧红、邵洵美等人。他们主要为自己的作品设计封面，也为别人的版本做装饰，如闻一多为新月书店，叶灵凤为创造社出版部，邵洵美为时代图书公司等，就设计过多种封面。他们当中不少人曾学过美术，有的仅出于爱好，设计水平往往不下于专业水平。胡风为《七月文丛》、《七月诗丛》设计的封面，喜欢选用相关的外国美术作品作装饰，卞之琳则依靠铅字的组合变化来设计封面，并自称是受了法兰西派装帧风格的影响。另外，如胡适、蔡元培、钱玄同、刘半农、叶圣陶、郭沫若、周作人、魏建功、郑振铎等学者名流，喜用各自的书法和名章装饰书衣，显示出独有的民族化特色。作家学者们的深厚修养，给当时的书籍装帧界带来了一股浓郁的书卷气息。

随着现代书籍装帧艺术的正式确立，以及人们对书籍审美需求的不断提高，装帧设计作为出版流程的环节之一被固定了下来，并受到各大小出版机构的高度重视。大书局如商务印书馆、中华书局等，都配有专门的书刊设计人员。生活书店的郑川谷、莫志恒，开明书店的钱君匋，北新书局的郑慎斋等，亦成为各自书店相对固定的书刊设计者。中小书局由于受到人手的局限，书刊装帧多假借于外手。丰子恺、叶灵凤、钱君匋、孙玉麟、方雪鸪、郑慎斋、杨超尘、糜文焕等人的装帧设计，在20世纪30年代初的出版界一度享有盛名，成为各书店重要的购稿人选，孙玉麟甚至还与顾其城成立了"黑猫美术社"的组织，为各书店专门作书刊设计。而像文化生活出版社那样，由巴金、丽尼、陆圣泉、吴朗西等自家编辑、自行设计封面的情况，在出版界也有一些，但并不普遍。

在书刊美术工作者和出版者双方的共同努力下，那个时期的出版物装帧呈现出不拘一格、百花齐放的特点。一般而言，大书局出版作风稳重，不尚冒险，书刊装帧偏向于严肃与规整，偶或请一些外面的美术工作者来设计封面时才见有明显的变化。中小书局在市场夹缝中生存发展，出版作风相对新锐大胆，书刊装帧更趋向于新奇与变化，个性化特色鲜明。正是这些手法不一、风格各异的书刊装帧艺术，把出版物百花园装点得争奇斗艳、异彩纷呈。

这一时期书籍装帧的进步和成熟，还表现在整体书装设计意识的加强上。不光是封面，还有封底、书脊、勒口、环衬、目录、衬页、扉页，甚至广告页等书籍其他部位，都一同纳入到设计者的视线范围之内。不光是图案，还有颜色、字体、版式，乃至材料、印刷与装订工艺等其他设计元素，均在设计者手中组合与变化、布局与安排，不同的只是设计水平存在着上下高低之别罢了。在丛书的设计上，设计者多能顾及丛书集束性推出的特点要求，作统一性的装帧，偶或有所局部变化，也是为了使整套丛书在保持醒目大气的同时又不失灵动。

作为书籍装帧重要元素的插图，运用得更加普遍，类型上也日渐丰富。除了传统的版画，人们在书籍中还能欣赏到照片、漫画、油画、水墨画、素描、钢笔画、碑文拓印等多种类型的插图，提高了书籍内容的表现能力，带给读者更多样的视觉感受。

抗日战争爆发后，全国形成了大后方、沦陷区和抗日根据地三大出版区域。战前出版机构印制封面所普遍采用的铜版和锌版技术，在战时的大西南和延安等地，因印刷设备和纸张供应的欠缺，不用或用得很少。印刷条件限制了装帧的表现手法。而版画那种一块木板、一柄刻刀即可制版印刷的简单工艺，更能适应战时的恶劣环境，一时间被许多书籍设计者所采用。加上"中华全国木刻协会"等全国性版画团体组织的推波助澜，木刻艺术空前繁荣，成为当时书籍装帧的一大特色。从当时来看，版画中运用最多的艺术表现形式是漫画。丰子恺、钱君匋、张光宇、丁聪、廖冰兄、余所亚、特伟、黄苗子、郁风、新波、梁永泰、朋弟等人，都设计过不少有特色的漫画封面书刊。版画加漫画的表现手法，在那个战争年代里起到的战斗宣传作用，是十分引人注目的。

抗战结束到新中国建立以前，印刷条件较战时有明显改善，书籍装帧艺术又获得新的发展。在装帧设计者中，以钱君匋、丁聪、曹辛之等人的成就最为明显。老画家庞薰琹、张光宇、叶浅予、章西、池宁、黄永玉等也有创作。丁聪的装饰画以人物见长，曹辛之则以隽逸典雅的抒情风格吸引了读者。

2. 印刷

从晚清开始发轫的新式印刷技术，到了民国时期已基本上替代了传统的雕版印刷，成为时代的主流。抗战前的20余年时间，是我国印刷业快速发展的时期。一方面，国外先进的印刷设备和印刷技术很快被引进过来；另一方面，一些有实力的印刷企业开始尝试印刷技术的民族化改进与创新，并取得了一定的成绩。印刷技术作为一种重要的出版生产力要素，推动了民国时期出版业的向前发展。

印刷的用途虽然多种多样，但在民国时期，主要集中在书刊生产领域，用于其他商品的比例不大。也许正因为如此，那一时期独立的专事印刷的机构不多，多数印刷厂则直接隶属于出版机构，或者印刷厂兼营出版。商务印书馆、中华书局、世界书局、大东书局、正中书局等大出版机构，无不有自己的印刷厂，其生产设备、生产能力、生产水平等，始终保持国内领先地位。

大书局办印刷，对于其出版经营意义重大。一方面，印刷业本身就是一条重要的生财之道，有利于摊薄出版经营风险；另一方面，印刷对出版活动也是一个极大支持，它保证了季节性强的教科书的及时供应和预约出版的大型丛书的如期完成。

民国时期，凸版铅印占据绝对主导地位，但与此同时，平版胶印、珂罗版印刷、雕刻铜版、电镀（电铸）铜版、照相锌版、凹凸印、照相凹版等一些国外新兴的印刷方式，都在国内的书刊生产中有不同程度的应用。其印刷水平之高，时人曾评价说："凡外国印刷之能事，国人今皆能自任之而有余，其技术之精者，直可与外来技师抗衡。"①不过，国内印刷所需要的机器设备、纸张油墨等，绝大多数依赖进口。

五、书刊发行

民国时期的书刊发行，基本上沿袭着清末已成形的销售格局，略有些发展变化。当清末最后十年的商务印书馆发展成为全国最大的出版机构时，它在上海总部设发行所和门市，在全国其他各大城市普设分支机构的发行销售模式，为民国时期次第崛起的中华、世界、大东、开明、正中等各大书局所效法。分支机构等于一个个发行网点，对开拓地方图书市场，推销本版图书，尤其是对本版教科书的征订与发行，起到了应有的作用。有关读者信息的调查，有关与教育界的联络，有关大型图书的预订与发放等，都是分支机构的职责之所在，从不同方面支持着总馆或总局的出版活动。

然而，设分局需要房屋和人员，非有雄厚资金不办，因而大书局这一销售模式，对资本短缺的中小书局并不适宜，像儿童书局、现代书局之类的中型出版机构，顶多在全国中心城市或销路较好的地区设立三五个不等的分店；许多小书局连在上海的门市都没有，遑论在各地设分店了。

各书局发行所的业务，批发与零售兼顾。发行所既然零售，便充有门市的功能。过去商务印书馆、儿童书局等少数书局，在本市发行所之外，另还觅地开设门市售书。从史料看，20世纪30年代以前我国书店门市卖书，基本上都不开架。到"一·二八"之后，商务印书馆总经理王云五致力于恢复营业，为了吸引读者，改闭架为开架，风气才渐开。以竭诚服务读者为宗旨的战前生活书店门市部，设在上海福州路复兴里，布置方式一如图书馆，各类图书按图书分类法陈列，售书大厅中设有座椅，方便读者随意取阅和坐看。此外，还设有推荐书台，所荐之书不限于本版，且都有比较详细的介绍，体现了一个新书店的服务读者的精神。

各书局批发业务的对象，既有本埠同业，更多的还是外埠同行。批发折扣因书、因店、因时而异。

批销方式有现金批发，多数的还是赊销。民国时期的书业界，"吃倒账"的现象司空见惯。零售店欠账进货，卖后给钱，一年三节是双方结算的日期，信誉好的尚能按时结算，信誉不好的则是长期拖欠。

邮购业务受到出版者的高度重视。在民国时期，大一些的出版机构都设有专门人员，负责读者的联络和邮购工作，其中以生活书店的成绩最为出色。创建初期的生活书店无力开设分店，便在邮购上大做文章，其邮购部人员一度多达20余人，是它抗战前业务最繁忙的部门。生活书店先后建立起的5万邮购用户，覆盖到海内外众多通邮地区，遍及个人、图书馆、机关和团体读者，很好地发挥了渠道甚至是主渠道的作用。

---

① 贺圣鼐、赖彦予：《近代中国印刷术》，《装订源流和补遗》，384页，中国书籍出版社，1993年。

为了提高图书销售额，民国时期上海的一些出版机构的发行所或门市店，除了销售本版书外，同时还为学校、学术团体、图书馆等机关单位开展外版书刊的代购代销，为内地书店同业开展上海版书刊的配购批发的业务。现代书局就曾开展过这项业务，而上海杂志公司专业化的杂志贩卖与批发更是在出版界产生了一定的影响。抗战后期，重庆的十余家中小民营出版机构组织成立"新出版业联合总处"，下属各书店之间展开广泛合作，在重庆和成都分别设立了第一联营书店和第二联营书店，在西安开设特约分店，联合销售图书，联合刊登广告，编印联合书目等。联营书店当时也提出了"出版分工，发行统一"的方针，给参加的中小出版社的发行增加了活力。1949 年 9 月，联营书店在上海召开股东大会，扩大股东出版社到 55 家，成为中国历史上第一家发行专业机构。联营书店于 1951 年与三联、中华、商务、开明联合成立了"中国图书发行公司"。

六、书业广告

我国古代的出版商在没有大众传媒可供选择的情况下，曾设法利用书中的牌记、题识、刻书目录等手段招徕读者。这些手段可视为我国出版业早期的书业广告。近代以来，作为发布、沟通书业信息重要工具的书业广告，开始借助一些新型的大众传媒，成为近现代书业活动的一个重要组成部分。20 世纪初叶，带有浓厚商业特征的民营出版社登上了书业活动的中心舞台，并逐渐取代原来的官书局和教会出版机构，成为我国出版业的主体。民营出版业"在商言商"的性质，加速了我国这一时期书业广告的近代化进程。

从我国出版史的整体来看，民国时期是我国现代出版业确立和快速发展时期，也是书业广告蓬勃兴起和最为活跃精彩的历史时期。当时的一些大的出版机构如商务印书馆、中华书局、世界书局等，几乎做到了出新书必然广而告之的地步，中小型的书局书店也大多结合自身实力和书刊品种规模，设法利用各种方式进行广告宣传。当时的出版机构不仅充分重视利用报纸、期刊等新兴的大众传媒进行宣传，也注意广泛开发诸如本版书封面与附页、图书目录、图书样本、包装纸、信封袋、广告牌、招贴画等载体进行推销；不仅为出版流程中的编、印、发诸业务环节频频广而告之，还在媒体报端刊载有诸如人事招聘、招股集股、股东会议、新局开幕、旧址搬迁、支店开张、联合营业、周年纪念、版权声明、商标征集、旧货拍卖、多种经营等其他一些业务内容的广告；广告中既不乏产品导入期的大量图书预约广告和新书出版预告，更多的还是产品生长期和成熟期的在版销售广告，同时也包括不少产品衰竭期的廉价销售广告。

一些较大的出版机构如商务印书馆、中华书局、开明书店、生活书店、良友图书印刷公司等，为确保广告效果的优质高效，还先后设立有专门的推广部门。广告机构的设置，为广告活动的开展提供了强有力的组织基础和人员保障。事实上，我们从民国时期一些大出版机构所做的诸多有特色、有个性的书业广告中，确实不难体会出组织者在广告运作过程中的匠心。从广告媒体的选择到主次书刊的区分，从读者对象的把握到广告说辞的诉求,从广告版式的设计到时间进度的安排,从广告名目的巧立到名人号召力的借用,从自我形象的定位到广告风格的确立,均能找到一些可圈可点的广告范例。

七、书评活动

在我国古代的写作传统中,文论和史评素称发达,序跋和题记的历史也源远流长,这些文体都与近代意义上的书评有很多相似之处。书评作为一种文体在我国的出现,是伴随着近代报刊的产生而产生的。甲午战争前的中文报刊处于初发期,少见有影响的书评。戊戌变法和辛亥革命推动了书报刊出版的繁荣,也有力地促进了书评活动的发展。梁启超和章太炎是这两个时期的领军人物,他们曾以其如椽之笔歆动时代潮流,他们所写的书评同样影响深远。五四新文化运动引发了人们对新知识、新思想的巨大需求,有力地奠定了我国出版业发展的社会基础。在随后的二三十年时间里,书评与出版共生共长。一方面,书评在揭示图书特点、沟通书业信息、指导读者购阅、引导文化趋向、推动学术研究、弘扬出版文化等方面发挥了应有的作用;另一方面,书评在推动出版业发展的同时反哺自身,书评媒体增多、书评队伍扩大、书评理论研究和书评实践活动交互式发展。

民国时期的书评媒体相当宽泛,既有相当数量的专门书评期刊,亦有不少大众的或专业的报刊开辟了书评栏,还有一些书评文章结集出版。据不完全统计,我国1949年前创办的书评期刊合计82种,其中在20世纪一二十年代创办了6种,1930年代创办了41种,1940年代创办了35种。《申报》、《大公报》、《中央日报》、《解放日报》、《新华日报》等一些大报,都分别在不同时期设立过书评栏目。如天津的《大公报》,1933年9月邀约袁同礼等人开设了《图书周刊》副刊,主要评介中外新旧图书,同时报道学术界和出版界的消息。撰稿者多系名家、专家,主要评价教育、史学、经济、政治等学科的大部头著作。《图书周刊》共出78期,于1948年12月31日停刊。再如中国共产党在革命根据地创办的第一张大型中央机关报——《解放日报》,从1946年6月4日起增设"书报评介"栏目,评介了诸如《吕梁英雄传》、《洋铁桶的故事》、《上饶集中营》、《王贵与李香香》等革命书籍。民国时期期刊上刊登书评的也不少见,各大学学报上的学术书评,各专业门类杂志上的专业书评,不尽枚举。书评作品结集的有:刘西渭的《咀华集》和《咀华二集》,常风的《弃馀集》,冯亦代的《书人书事》,唐湜的《意度集》等。由于书评文章的增多,为了方便人们查找,30年代甚至出现了专门的书评索引。1934年7月由广州大学图书馆出版的、郑慧英所编的《书评索引初编》,可能是中国较早的单行书评索引。一些综合性的报刊篇目索引中,也常收录有书评条目。

民国时期,许多书评作者治学严谨,学养深厚,本身就是某一领域的专家学者或文艺大家。如胡适,撰文评述过的书籍多至百余种,"他的书评很多是评论当时重要学术著作的。如《读〈中古文学概论〉》、《评王国维的〈曲录〉》、《评〈东西文化及其哲学〉》等等,在当时产生过相当大的影响。他对《红楼梦》、《西游记》、《水浒传》、

《三国演义》的考证和评论，则是他研究中国古典文学的重要结果。如鲁迅，书评创作产量同样丰富，"根据统计，鲁迅翻译作品和古籍整理的序跋以及为他人的集子写的序跋，就有160多篇，占鲁迅全部杂文的1/10"[①]。鲁迅的书评，风格激烈冷峻，语言干练犀利，爱憎分明。

其他如闻一多，所评之书偏重于文艺，尤其以诗歌作品居多，其思维之新颖，见解之独到，激情之张扬，具有很强的感染力。叶圣陶作为一代教育大家和出版大家，多写有关教育书籍的书评和书业书评，文字短小而精悍，阐述细致而入微，善于把握作者的思想感情和作品的精髓，注重图书的导读和对读者的启发引导，"想尽种种方法，让不读书的读书，少读书的多读书，读了书的善于读书"[②]。茅盾在评论某一图书时，往往要联系作品产生的时代背景和社会状况，和作者本人的其他作品以及别人的同类作品进行比较，由远及近，由彼及此，具有知识性和普及性，有助于读者了解作品。少若（吴小如）的书评，形式不拘一格，文笔清新流畅，思辨周密，文采斐然。钱钟书的书评，论评精辟，说理透彻，旁征博引，公正客观，特别是他作为一个中国学者为欧美专家所写的英文书评，常被后人称赞。冯亦代的书评选题精粹，文字简洁生动，雅俗共赏。

在民国时期的书评理论和实践活动中，尤其要谈到萧乾。萧乾以作家、记者、翻译家身份名世，但他平生写的第一本书，却是专著《书评研究》。这是他在燕京大学的毕业论文，1935年由商务印书馆出版。该书也是我国书评史上第一部学术专著，全书七万余言，系统阐述了书评的任务、性质和作用。萧乾不仅是书评理论的积极探索者，也是书评创作的热心写作者和书评实践活动的大力组织者。萧乾本人的书评写作，有系统理论作指导，入手早，起点高，说理透彻，文字流畅。在书评组织活动中，从1935年至1949年，萧乾在他五度主持《大公报》副刊期间，广泛团结书评家，不辞劳苦地培养和组织了我国第一批职业书评队伍，常风、李影心、刘西渭（李健吾）、杨刚、黄照、宗珏、刘荣恩、陈蓝等，是这支队伍中的主要骨干。他们在《大公报》发表书评的数量和质量，堪称中国现代书评史上的一个高峰。萧乾在编辑书评时确立的"持论客观，不捧不骂"的原则，保证了评论的独立性和公正性，也是其书评实践和书评理论相一致的表现。他通过编书评特辑、专辑，组织了几次声势浩大的关于书评的讨论，深入了书评的理论性研究，加强了作家、书评家、读者之间的沟通和交流，为书评大造了声势，对于促进社会对书评的关心和重视，导之向健康的道路发展，发挥了积极的作用。他所采用的"集体评论"和"评者与作者对话式"书评方法，成功地营造了一种朋友间肝胆相照、坦诚无私的谈心氛围，给文坛留下了深刻印象，给被评作家更是留下了抹不去的记忆。所有这些，都在民国书评史上留下了至可宝贵的一页。

---

① 吴道弘：《书评例话》，16页，中国书籍出版社，1991年。
② 1950年9月15日在第一届全国出版会议上的开幕辞。

第七节　著名出版家

在民国时期出版人物史林中，有职业出版人，如张元济、沈知方、李小峰、汪孟邹等，但更多的还是一些作家、学者、教授、社会活动家兼作编辑出版人，甚至只是某个人生阶段曾经客串出版，如陈独秀、鲁迅、巴金、胡适、徐志摩、茅盾、顾颉刚等，都属于这种类型。现代出版制度为他们在编辑出版领域的进退出入，提供了条件和可能。这是一种重要的出版现象，值得认真关注。本节主要选择在民国出版史上有重要影响的，也是后人论述与研究较多的一些出版人物，分别为之列传。这些人，我们往往把他们冠以出版家或编辑家之名，那是因为，在他们各自的出版活动中，曾对出版文化事业作出了杰出的贡献。他们的编辑出版实践，是那个时代出版水平的代表；他们在编辑出版活动中表现出来的精神追求，是那个时代出版境界的高点。他们的人生轨迹，他们的出版追求，他们的大家风范，给后继者以感悟，以借鉴，以效法。

一、张元济

张元济（1867—1959），字筱斋，号菊生，浙江海盐人。他是前清翰林，思想趋新，参与戊戌变法，变法失败后受到"革职永不叙用"的处分。但仕途挫折没有改变其最初的志向，反促使他反省而转向"出版救国"的道路。

1902年，时任商务印书馆经理夏瑞芳以高薪邀张元济加入，张元济接受了邀请，并与夏瑞芳约定："吾辈当以扶助教育为己任。"普及教育、开启民智成为张元济投身出版业的动力，也是他一生事业的目标。

张元济是一个传统的学人，又曾"沉溺西学"。这使他在投身出版业时，能站在调和中西文化的时代制高点上，为商务印书馆擘画未来的出版方针，那就是"知新温故，二者并重"。

张元济主持商务印书馆编译所，所做的第一个大项目就是编印"最新教科书"。为了编印教科书，张

张元济

元济四处网罗人才，商务印书馆编译所从无到有，编译人员到1921年，多达168人，蒋维乔、庄俞、高梦旦等一批优秀的编辑人才，正是应张元济邀请加入商务印书馆编译所的。在编写"最新教科书"期间，张元济亲自参与，与其他编辑共同讨论，编辑作风十分精审，所以1904年出版后大获成功。"最新教科书"的成功，从经济和人才上为编译所的发展奠定了坚实的基础。

除了编印新式教科书以外，张元济还十分重视译介西学名著，影印出版古籍，以及出版工具书。在出版方针的设计上，重视汉译名著的出版，这是他早在进入商务印书馆之前主持南洋公学译书院期间的出版方向。进入商务主持编译所之后，他仍然坚持这一出版方向，出版了一系列严复翻译的名著，如《群己权界论》（1903年）、《社会通诠》（1904年）、《法意》（1904年）等，翻译外国学术名著成为商务印书馆的一大出版特色，保持至今。除翻译出版外国学术名著以外，小说的翻译出版在当时的商务也是有一定地位的，如1903年开始出版的《说部丛书》共4集，322种，包括林纾翻译的外国小说。此外，张元济任编译所所长期间，为商务印书馆开辟了杂志出版、工具书出版的新天地，杂志包括《东方杂志》（1904—1949年）、《教育杂志》（1909—1948年）、《小说月报》（1910—1931年）等，工具书有《辞源》等，这些都显示了张元济作为出版家的远见卓识。

影印古籍，为张元济早就留心之事。商务若从事古书影印，藏书的丰富是必备条件之一。1904年，张元济就创立了涵芬楼（最初没有得名），作为商务编译所参考查阅的内部藏书楼。为保存文献、抢救文化遗产和营业上影印古书计，张元济大量搜罗典籍，丰富涵芬楼的馆藏。1907年，商务上海闸北宝山路总厂落成，积累的书搬进编译所三楼，成为一个图书馆。1909年，图书馆命名为"涵芳楼"，次年底改称"涵芬楼"。1924年5月，在宝山路总厂的对面，专门建造了占地2 600平方米的五层大楼，将涵芬楼的藏书全部迁入。1926年商务印书馆成立30周年，董事会决定将涵芬楼改名东方图书馆，并对外开放。善本书藏于三楼，仍名涵芬楼，聘请孙毓修主持。据粗略统计，涵芬楼曾藏有宋本129种，元本179种，稿本71种，抄本460种，名人批校本288种，超过了号称"百宋一廛"的清代藏书家黄丕烈。涵芬楼搜罗的丰富，为商务印书馆大规模影印古书提供了善本的保障。

虽然张元济与王云五都是中西学养兼备，但是相比较而言，张元济的中学修养好过西学，而王云五的西学修养好过中学。影印出版大部头古籍，是张元济主持商务印书馆时形成的一个主要的出版方向，他不仅参与选题规划，而且亲自参与整理古籍。他在其中担当的角色不仅是一位大出版家，也是一位大学问家，在整理古籍方面显示出卓越的版本学家素质。他运用传统的版本、校勘之学，辑印《涵芬楼秘笈》、《四部丛刊》、《续古佚丛书》等大部古书，为商务印书馆在文化界、读书界赢得良好的声誉和可观的营业收入。1926年从监理位置上退休后，张元济更以全副精力辑印古籍，其中最著名的是《百衲本二十四史》。1948年8月，张元济当选为中央研究院第一届院士，隶人文历史学科。当选的原因是"主持商务印书馆数十年，辑印《四部丛刊》等书，校印古本史籍，于学术上有重大贡献"①。对张元济的这一评价可谓名至实归。

---

① 《大公报》1948年9月24日。

二、王云五

王云五（1888—1979），原名日祥，后改名云五，号岫庐，广东香山县（今中山县）人。商务编译所成立后，张元济等曾数次北上京城，意欲聘请胡适职掌该所。1921年夏，胡适应邀南下考察商务，最后向商务推荐了他的老师王云五以自代。同年9月，王云五便走马上任，先为商务编译所副所长，旋即任所长，1930年2月出任商务印书馆总经理，直到1946年4月就任国民政府经济部长才辞职。

在商务的25年时间里，王云五在继承前人事业的基础上，以对商务机构的重新改革和对商务生产力出版资源的重新布局，以《万有文库》、《中国文化史丛书》、《大学丛书》等一系列重大出版计划，以从国外引进科学管理为内容的先进出版方式，以更为平民化的图书出版，以更为商业化的经营，为近代中国出版模式树立了榜样，增添了光彩。他以大企业家的姿态和极大的毅力艰苦工作，尤其是在1932年"一二八"国难后商务濒于危殆之时，他以"为国难而牺牲，为文化而奋斗"为复兴口号，力挽狂澜，以"日出一书"开创了商务印书馆的鼎盛时期，使商务出版的图书占到全国出版物的52%，成为当时亚洲最大乃至世界最大的出版企业之一。

王云五

王云五靠自学成才，学习的对象全凭个人兴趣，加上对新知的强烈渴求，使他读书十分博杂，既涉及各门各类，又体现为中外兼备。王云五对新知识一直保持极大的探求兴趣，即使到晚年时，"偶然听到一种新的学问或理论为自己向所不知者，总是多方搜求有关这一问题的书籍期刊，涉猎一下，然后甘心"。他钻研检字法并在高梦旦的研究成果基础上不断改进补充，最后形成四角号码检字法，研究图书分类法而创立"中外图书统一分类法"，此外如出版领域中的化学翻印法、航空纸型、中文排字改革等其他发明和改革，都与他对新知识的敏锐吸收并加以融会贯通有很大关系。而他为商务策划出版的一系列图书，以能"激动潮流"而自豪，若非对新知识的关注和敏感，是不可能做得到的。

学而能用，善于借鉴和移植，是王云五成功的重要因素。比如，他从邻居新造房子钉门牌而找到灵感，在杜威十进分类法中加入三个符号，使中外文图书能够实现统一分类，进而创立"中外图书统一分类法"。他研究新检字法时，从一部电报号码本找到创立号码检字法的灵感。他的选题计划也有不少是移植来的，从外国的百科全书到创编中国的百科全书、从《牛津大字典》到《中山大辞典》等，这样的例子颇不鲜见。

王云五喜欢出版大型丛书，而大型出版计划往往机会风险并存。而在商务出版史上，王云五推出的大型出版计划往往成功，这与他在事前的认真计算和权衡分不开。

王云五倡导科学管理，主张采用国外先进的企业管理方式。1930年王云五出国考察，从国外聘请留学生多人回国成立科学管理研究所，自任所长，旨在提高出版效率。早在20世纪20年代，他在商务力主成立百科全书委员会，希望能尽快编出一部中国人自己的百科全书，为国争光，但是没有成功，因为当时中国的学术研究基础还不足以完成这样具有总结性的浩大工程。

三、陆费逵

陆费逵（1886—1941），复姓陆费（bì），字伯鸿，祖籍浙江桐乡。与王云五一样，他也是一个自学成才的出版家。1904年，陆费逵在武昌与友人集资1 500元开办新学界书店，担任经理，这是他踏入书业界的开始，一年后辞职。与此同时，陆费逵在武汉与革命党人刘静庵等发起成立日知会，并起草了日知会章程。1905年秋，陆费逵与日知会会员张汉杰、冯特民等接办《楚报》，因为揭露和反对粤汉铁路借款密约，得罪当局，三个月后报馆被封，陆费逵逃亡上海。他本欲赴日本留学，恰武汉的一家出版社昌明公司邀其担任上海支店的经理，从此投身书业，再也没有离开。

陆费逵到上海后不久，上海书业商会成立，陆费逵成为发起人之一，担任评议员兼书记，负责起草章程。1906年陆费逵离开昌明公司，转入文明书局工作。在这里，他编著了《修身》、《国文》、《算术》教科书，编、印、发"件件都管"，还兼任了文明小学校长，每天工作十多个小时。陆费逵的这段经历，增长了他的办事能力，历练了他的出版才干，因而得到上海书业商会商务印书馆馆方代表高梦旦的力荐，得以在1908年被商务重金延聘入馆，初任编辑员，半年后即出任出版部长兼交通部长、《教育杂志》主编、师范讲义社主任等职，受到馆方的极大重任。1912年民国甫成立，陆费逵脱离商务印书馆，和陈寅等人创办了中华书局。

中华书局自1912年1月创立至1941年7月陆费逵病逝，近30年，书局业务一直由陆费逵总揽，未曾易主。这期间国内局势动荡不安，中华书局也

陆费逵

是几度风雨，几经磨难，但最终都化险为夷，并发展成为国内最大的两家民营出版企业之一。这不能不说与主持人陆费逵的性行才学、胆识气魄有极大关系。

陆费逵既以出版家著称，也以教育家名世。陆费逵以教育家的身份从事出版业，出版教材则力求切合教学规律，出版图书则立足高品位与文化底蕴。中华书局先后出版了

一大批惠嘉学林、沾溉后世的好书,是与陆费逵的学人素养分不开的。特别是一些大部头著作如《四部备要》、《古今图书集成》、《中华大字典》、《辞海》等,更倾注了陆费逵大量心血,他在擘画组织之余,还亲自为各书撰写了《编印缘起》,叙述各书的成书经过、内容特点及文化价值。陆费逵一生著述颇丰,主要著作有《教育文存》、《世界之教育》、《青年修养杂谈》、《妇女问题杂谈》、《国民修养杂谈》及中小学教科书五十余种。陆费逵的学术功底由此可见。

中华书局成立伊始,就注定了要与商务印书馆一争高低。在竞争中,陆费逵很注意吸收商务的经验,特别是在选题思路上多所借鉴;商务一旦有新的好的策划,中华马上跟进,以致商务的许多出版物均能在中华目录中找到相对应的书刊。中华的这种"搭便车"式的借鉴决不是粗劣的模仿,而是在吸收的基础上有所改进,有所提高。

中华书局和商务印书馆同是旧时国内顶尖级的出版企业,但两家在企业运营的管理模式颇为不同。商务依据西方现代企业制度,分工严格,责任明确;而中华则给人一个"大家庭"的印象,陆费逵充当一家之主,局内许多事情都是他"一言堂"。然而几十年来,这个"大家庭"却和睦共处、团结一致、运作有效,很少因私人利益发生龃龉。

陆费逵以其在书业界的影响与威望,长期被推选为上海书业同业公会主席。任上,他多次为书业共同利益向政府交涉,其他如调解同业间的矛盾、处理版权纠纷等也当做自己份内之事,不辞劳苦。而这些工作完全是一种服务性质,陆费逵热心于此,凭借的正是一个出版家对出版事业的执著之情。

四、舒新城

舒新城(1893—1960),原名玉山,学名维周,又名心怡、遁庵,湖南溆浦人。以教育家、出版家称誉于世。纵览其一生,大致以1930年为界,分为前后两个不同的阶段。前期致力于教学实践和教育研究工作,编著各类教育书籍17种、20册,405余万言。后期则主要是从事编辑出版,编撰著述仍然是中心工作

1922年秋,中华书局掌门人陆费逵就有意约舒新城到中华书局任职,请他主持中华的教科书编纂工作,但舒新城以不愿管理事务为由婉辞。后来陆费逵又数度邀请,舒新城都未答应,因为其理想是创办私立学院,并打算编纂词典售稿来筹款。陆费逵以自己在出版界20年的经验,建议舒新城首先编辑百科性质的辞典,并答应代为出版,必要时可以购稿或预支版税。1927年4月,舒新城编辞典经济不支,陆费逵当即答应从6月份起每月垫付300元。这部辞典因之得以顺利完稿,并于1930年由中华书局以《中华百科辞典》的书名出版。陆费逵的恳挚情谊,舒新城是不可能不心知的。1928年3月,陆费逵约请舒新城主持中华书局启动多年而搁置已久的大型辞书——《辞海》的编纂工作,舒新城盛情难却,应承了下来。4月23日,舒新城赴沪与中华书局签订主编《辞海》契约。事后,陆费逵再一次旧话重提,邀请舒新城担任中华书局编辑所长职务,舒新城仍不肯爽快答应。舒新城接手《辞海》以后,先设编辑室于南京,后迁

至杭州。1928年10月，陆费逵为了解《辞海》编纂情况和筹备西湖博览会，去杭州数次，每次必老调重弹。经过多次说服工作之后，舒新城最终答应下来。1929年11月10日，双方正式签约。1930年1月1日，舒新城走马上任，开始了他人生的另一个阶段——编辑出版家的生涯。

中华书局编辑所是一个家大人多的"大摊子"，主持这项工作确非易事。随着舒新城本人的迁沪，杭州的《辞海》编辑室也随之撤销，合并到上海中华书局编辑所，另立较完整的辞典部，舒新城兼任了一年的辞典部部长，后因所内事务繁重，无暇顾及，转交他人。另外，舒新城还长期兼任中华书局图书馆馆长、中华函授学校校长等职务，事情之多之杂可想而知，好在此后的舒新城，心无旁骛，全身心地投入出版事业，把出版工作视为自己未来事业的重心和人生的园地，虽苦虽累，亦不太以为念。

谈舒新城与中华书局，不能不特别地提到《辞海》。一方面，《辞海》是中华书局局史上重彩的一笔，值得大书特书；另一方面，舒新城对《辞海》所作贡献格外突出，令人追忆感怀。1928年4月，舒新城投入《辞海》的编纂工作。在南京、杭州两地，舒新城招募人员，日夜编辑，虽然不克有成，却也积累了大量有用的资料和不少有益的经验。1930年舒新城入主中华书局编辑所后，《辞海》后来的实际工作虽由沈颐先生主持，但舒新城作为直接的领导确也没少费心血。1936年《辞海》对外发售预约，舒的日记中记下了大量出版前的琐细工作，如定稿、发排、校对、定价、样张等事务性活动，均亲自予以过问。特别是对《辞海》中涉及日军侵略的政治性条目，舒新城坚持站在爱国立场，不同意删除，深为后人称道。1944年，留守上海的舒新城在极其困难的条件下，又主持了《辞海》缩印合订本的出版工作。该合订本以剪贴代替排字，既便于读者检索，又可节省纸张、降低定价，适合当时普通读者的购买力。1947年合订本出版后，极受读者欢迎，一再重版，起了《辞海》普及版的作用。新中国建立以后，又是舒新城大力主张修订《辞海》，该建议得到毛泽东的赞同。1958年"中华书局辞海编辑所"成立，从中华书局退休的舒新城被任命为主任，继续为《辞海》的编辑工作努力。《辞海》老树新枝，新的形势下被赋予了新的内容，适应了新的要求。舒新城生前虽未看到修订版《辞海》的出版，但由于他建国前后两度主持《辞海》工作，他的名字已与《辞海》共长存。

五、邹韬奋

邹韬奋（1895—1944），名恩润，江西余江人。生活书店成立前的邹韬奋，已是一个有长达六年多编龄的资深杂志编辑，也是一个广大读者熟知和喜爱的知名刊物主编。他主编的《生活》周刊立足大众，眼光独到，"言人所欲言，言人所不敢言"，同时体现出高超的编辑技巧，深受广大读者的欢迎。然而，这份杂志也因此触犯了当局，终于在1933年以"言论偏激"而遭当局密令封闭。邹韬奋事先预计到了这一结局，并因身为民权保障同盟执行委员上了特务暗杀的黑名单，于1933年7月14日《生活》周刊尚未封闭时,不得不出走海外。好在生活书店已于此一年前成立,待他结束两年多的海外萍踪回国以后,生活书店成为他出版活动的主体,一直到他 1944 年去世为止。在此期间,邹韬奋除了先后主编《大众生活》周刊、《生活日报》、《生活日报星期增刊》、《抗战》、《全民抗战》等刊物外,还致力于书店的领导工作和职工教育工作。也是在此期间,在以爱国救亡为主旋律的激荡风云中,邹韬奋的思想一步步演进,由对国民党失望,而最终转为中国共产党的同路人。

邹韬奋在出版工作上,不仅善于编,同样还善于写。他一生勤于著述,在他短暂的 50 年生命中,留下了 600 万字的文稿、著作,生前亲手编定的单行本计 39 种。这当中有一本专论出版的书,名为《事业管理与职业修养》。这是他在生活书店《店务通讯》上相关文字的结集出版,可视为邹韬奋出版主张、观点的集中表达。在民国出版史上,从未有人像邹韬奋这样,对出版活动作过如此深入的文字思考。虽然立论的出发点是结合生活书店的工作和生活,但书中对集体与个人、民主与集中、商业性与事业性、目前利益与长远利益等基本原则的阐述,于今依然有启发意义。

邹韬奋

第八节 出版与社会文化

一、文化社团与出版

甲午战争前后,随着西学东渐的深入,在一些维新人士中逐渐形成了一种名为"群学"的社会学理论。它所宣扬的"群与学"、"群与强"、"群与治"、"群与变",以及"群与会"的言论主张,成为维新人士广泛组建各种学会社团的理论先导,中国现代意义上的社团实践活动亦由此开始起步。民国创立后,"集会、结社之自由"成了国民依法享有的正当权利,建立社团一度成为社会时尚。到了五四时期,随着新文化运动的蓬勃发展,新兴社团的组建更是呈现出百舸争流的壮观景象。嗣后的民国二十多年间,社团的发展虽说受到时局影响而起伏不定,但总体而言,民国时期的社团活动相当活跃频繁。社团数量既大,活动领域亦广,遍及经济、政治、文学、教育、新闻出版、图书文博、宗教、法律、语言、民族学、自然科学、艺术等各个行业与学科。

民国时期各种各样的文化社团，或以改造社会、探索真理为己任，或以"昌明学艺"、"交换知识"为宗旨，或以文化交流为嚆矢，或以发扬国粹为目标。虽说各社团活动的宗旨和目标有所分别，但在活动的方式与途径上，却不难找到相通之处。比如说，多数社团都热衷于书报刊的出版，通过出版活动，宣传主张，传播思想，交流知识，从而扩大自身的社会影响。查阅《民国时期总书目》中标著的出版者项，常会发现各种或熟悉或陌生的文化学术团体的名字。这些文化团体，出版非其专项职责，但它们的出版活动却构成了民国出版业多姿多彩的重要方面。《民国时期总书目》所标著的出版者多达万家，其中专门的书局书店估计不超过两千家，绝大多数都是这些学术机构和文化社团兼事出版。在期刊出版方面，文化团体更是不让专门书店，成为期刊编辑出版的主力军。期刊的时效性、连续性和学术性强的特点，更适合于文化团体用来联络同志、发布信息、探讨问题和砥砺学术。《全国中文期刊联合目录（1833—1949）》中所著录的大部分期刊，便是由各种学术机构和文化团体编辑出版的。

在各种文化社团中，活动频繁且较易引人注目的一类社团，大概要属文学团体。据茅盾在《〈中国新文学大系·小说一集〉导言》中所述，1922—1925年四年间，"先后成立的文学团体及刊物"就"不下一百余"，再加上1925年以后成立的，中国现代文学团体总共在700个以上。这些文学团体成员遍及全国各地，有的是报刊先行、社团后立，如《晨报副刊》与语丝社；有的是社团甫在酝酿，刊物即已未雨绸缪，列入计划，如创造社与《创造季刊》；有的则是社团筑巢在先、报刊引凤在后，如文学研究会与《小说月报》等。要之，文学团体的发展壮大离不开文学刊物和报纸副刊的发展。许多现代文学团体以报刊为园地，发表了大量的文学作品，培养了大批作家，形成了自己独特的流派。

追寻过去社团历史，我们很容易发现许多社团与其所办刊物之间，在名称上的重合现象。以五四时期的一些著名社团为例，如互助社与《互助》月刊、少年中国学会与《少年中国》月刊、新潮社与《新潮》月刊、觉悟社与《觉悟》不定期月刊、工学会与《工学》月刊、平民教育社与《平民教育》月刊、少年学会与《少年》半月刊、青年学会与《青年》半月刊、觉社与《觉社新刊》半月刊、浙江新潮社与《浙江新潮》周刊、批评社与《批评》半月刊、共进社与《共进》半月刊等。这样一种把出版活动与社团活动合二为一的取名策略，体现了社团组织者有意借重出版，进行自我宣传的传播意识，同时也在很大程度上反映了出版在社团活动中的重要地位。

一个社团类似于一个"圈子"，而一个没有刊物的社团，则只能是一个空头"圈子"，几乎难以产生什么影响力。今天提到学术文化史上的某个"圈子"，首先想到的便是他们的刊物。提起中国科学社，必然要说到《科学》和《科学画报》；提起中国地质学会，必然要说到《中国地质学会志》和《地质评论》。《科学》杂志在1919—1938年间，刊行了20卷。按该刊发起人任鸿隽推算，若以每卷12期，每期6万字计算，即有1400余万字；每期除了科学消息、科学通讯等不计外，以长短论文8篇计算，就有论文 2 000 篇；假定平均每人作论文 3 篇，则有六百余人的研究成果，是通过《科学》杂志与世人见面的。《中国地质学会志》是中国地质学会成立之日起，就对外发行的会刊，至 1940 年共刊行了 20 卷，共计 8 000 页，插图 1 000 余幅。刊物内容充实，质量较高，受到国内外学者的重视，到 1936 年以前，国外重要学术机关与之交换刊物的就达到了 220 处。这些刊物对推动中国科学研究所起的作用无庸多论，而对团体自身发展而言，刊物同样是人们指认和确定其贡献的主要依据。可以说，刊物是社团的主要标志之一。

刊物还是社团凝聚力之所在。社团有了自己的期刊作为阵地，就可以交流信息，互通声气，各成员间的精神纽带由此而得以联接；更为主要的是，园地的共同建设，有利于形成合力，从而产生社会影响。新潮社因为有了《新潮》的传播，少年中国学会因为有了《少年中国》的流布，才得以在当时的思想文化界掀起波澜。当《新潮》停刊时，新潮社便树倒猢狲散，就像文学研究会的机关刊物《小说月报》停刊后，文学研究会也就不复存在一样。这种情形，在过去社团活动中并非个别现象，而是带有普遍性的特征。

为了办好出版，不少社团在机构组织上，设有专门的部门，分管书刊的编辑与出版。既然专人专管，因而大多能做出一些成绩。不少文化社团不仅出版了自己的社刊，甚至还出版了本社社员著译的丛书。以 1933 年国内出版的丛书为例，《中国近现代丛书目录》上这一年著录的丛书中，明显可看出由社团编辑或出版的有：《人地学会丛书》、《上海机联会丛书》、《大众文艺社丛书》、《山东大学化学社丛书》、《日本研究会小丛书》、《中华农学会丛书》、《中华学艺社丛书》、《中兴学会丛书》、《中国计政学会丛书》、《中国民俗学会丛书》、《中国地政学会丛书》、《中国劳工学术研究社丛书》、《中国诗社丛书》、《文艺春秋社丛书》、《文友社丛书》、《外交评论社丛书》、《立达小丛书》、《民治协会丛书》、《戏剧研究会剧本小丛书》、《启明学社丛书》、《线路社丛书》、《致知学社丛书》、《绿叶社丛书》等 23 种。考察其他年份，像这样由学会或社团编辑出版的丛书，在《中国近现代丛书目录》上所在多有。这也从一个侧面反映了当时社团出版的活跃。

民国时期还有一些社团，因先前涉猎于出版，而最终发展成为专门书局书店。如民国出版史上著名的北新书局和生活书店，起初都与社团有密切关系，前者由新潮社间接演变而来，后者则是在中华职业教育社《生活》周刊基础上逐渐形成气候。中国科学图书仪器公司作为中国科学社后一时期的专门出版机构，从事科学仪器制造，并兼顾书刊的编印出版。在出版业绩上，该公司光是各种大小丛书就有：《中国科学社丛书》、《中国科学社科学画报丛书》、《中国科学社科学画报小丛书》、《中国科学社梁绍桐纪念基金出版丛书》、《中国科学社生物研究丛刊》、《中国科学社通俗科学丛书》、《儿童科学丛书》、《中国电信学会丛书》等多种；在书刊印刷上，更是讲究质量，精益求精，特别是在排印复杂算式及科学公式上，出品精良，为出版界所称道。

也有不少社团因自身出版能力薄弱而借助当时现有书局书店的出版发行力量的。少年中国学会编辑的《少年中国》月刊，前四期自行经营，从第五期起则委托上海亚东图书馆办理，《少年世界》第一期的印刷发行事务就全部托付给了亚东图书馆，《少年中国学会丛书》和《少年中国学会小丛书》则交给了全国第二大书局——中华书局。全国最大的出版机构——商务印书馆，在它的图书目录中便刊有多种以社团名义编辑的丛书，诸如：《上海图书馆协会丛书》、《中华学艺社论文集》、《中华学艺社学艺丛书》、《中华学艺社学艺汇刊》、《尚志学会丛书》、《共学社丛书》、《新中国建设学会丛书》、《广西建设研究会丛书》、《日本研究会丛书》、《民铎丛书》、《行政院行政效率研究会丛书》、《内政研究会边政丛书》、《外交研究会外交丛书》、《银行学会实务丛书》、《中华教育改进社丛书》、《中华教育改进社丛刊》、《中华学艺社自然科学丛书》、《中华农学会丛书》、《文学研究会丛书》、《文学研究会创作丛书》、《文学研究会世界文学名著丛书》、《中华学艺社文艺丛书》、《弥洒社丛书》、《禹贡学会丛书》等，共24种。文化社团与书局书店的联手，是民国时期一种重要的文化现象。社团拥有智力和知识资源，引领着时代学术文化潮流的方向，正是出版部门图书选题和作者资源的含金富矿；而书局拥有资金和经营优势，在书刊出版发行与传播上的独擅胜场。两者的互补与共济，一同铸就了文化学术创作与出版的繁荣。

二、图书馆与出版

我国近代意义上的图书馆虽然发轫于20世纪初，但真正得到大规模发展却是在五四新文化运动以后。一方面，新文化运动中大批量生产的那些反映现代政治、学术、文学、科学技术的书刊资料，使中国原有的图书管理方法已不能适应形势；另一方面，受当时社会潮流所激发，人们认识到了图书馆作为一种重要社会机关，在输进知识、广博见闻、学习研究、推动社会进步等方面所具有的强大功能。1917年以后，沈祖荣、戴志骞等一批留学海外的图书馆学家学成归国，在他们的大力倡议下，以仿效欧美图书馆精神来改革和发展中国近代图书馆事业的运动便在全国开展起来；而把西方列强退还的庚子赔款用于中国的图书馆建设，则将这一运动推向了高潮。

1925年，中华教育改进社图书馆教育委员会提议，将美国退还庚款的1/3建设图书馆8所，分布全国要地，为各该区域的图书馆模范。同时，美国图书馆协会代表鲍士伟来我国考察图书馆状况，提倡推广通俗图书馆等。1928年，全国教育会议大会通过，请当时的大学院（相当于教育部）通令各学校设置图书馆，并且每年从全校经费中提取5%以上作为购书费。有了这些经费作为保障，新图书馆运动取得了显著的成绩。

1933年，图书馆学专家沈祖荣在调查十多个城市30所图书馆后，在一份调查报告中指出，全国各高等教育机关不仅馆藏丰富，馆舍建筑也"美丽完备"；政府和当地富绅亦多热心于本地图书馆之建设。十多年蓬勃开展的图书馆运动实绩，最能从全国迅速增加的图书馆数量上反映出来。据《教育公报》1916年统计数字表明，时年全国图书馆仅260所；至1925年，中华图书馆协会统计全国图书馆数，已增至502所；1928年时，全国除甘肃等7省区、汉口及东三省行政区外，有图书馆557所；1929年全国有图书馆1 131所，1930年为1 428所，1935年增至2 520所，1936年为5 196所。

新图书馆运动规模浩大，持续时间长达20年之久。它直接导致了传统藏书楼向公共图书馆的巨大转变，从此，近代公共藏书的观念深入人心，中西结合的富有中国特色的近代图书馆组织与管理亦由此奠定基础。新图书馆运动在促进图书馆自身发展的同时，也为繁荣近代学术文化、普及民众教育作出了独有的贡献。这其中，在社会文化功能上与图书馆既有重合又有衔接的出版部门发挥了重要的作用。

出版业影响于图书馆，主要通过出版物这一间接途径。虽说图书馆藏书可通过赠送、交换等方式获得，但主要来源还是有赖于出版机构的现时供应。新图书馆运动所强调的保存文化、建设文化的主旨，体现在文献的馆藏上，一方面是古籍的供应，另一方面则是新知识出版物的流通。而国故和新知并举，正是民国时期出版物内容的两翼，从而为图书馆的文献收藏提供了绵绵不绝的源头活水。

就古籍文献出版而言，民国时期是我国系统出版古籍的高峰时期，1917—1937年间出版的《四部丛刊》（初编、续编、三编）、《续古逸丛书》、《百衲本二十四史》、《四库全书珍本》、《丛书集成初编》、《四部备要》、《古今图书集成》、《国学名著丛刊》、《二十五史》、《二十五史补编》等，都堪称为出版史上的大型工程。出版部门利用现代的出版技术，或是影印，或是铅排。特别是那些越来越稀见的孤本秘笈，通过影印的出版方式，化身为千百之后，既便利了公私藏书机构对古籍的搜求，又因传真不失原刻面貌，而使馆中收藏兼具文献和研究两方面的价值。而新技术条件下的"新印古籍"，在价格上比原版旧书低得多，这对于当时许多受经费困扰的图书馆来说，又无形中替它们减少了书费上的开支。

就新书新刊出版而言，民国时期新旧知识体系的交替，承继着晚清的余绪，开展得更加普遍和深入，尤其是五四新文化运动思潮激荡之后，各种新学科内容的出版物应和着时代的需要，雨后春笋般大量生产出来。各类稽考查找性的工具图书，各类欣赏性的文艺作品，各类趣味性的儿童读物，各类研究性的学术著作，各类致用性的科技书刊，各类普及性的民众读本，以及其他各种用途各种类型的出版物，或是通过翻译的手段，或是采用著述的方式，被出版部门生产出来，然后源源不断地进入了图书馆的采购渠道，使新图书馆运动中"建设文化"的诉求，不至于蹈虚为空谈的口号。在出版部门发行的这些形形色色的新书刊中，有不少采用了丛书的出版形式。这些丛书往往装帧一律，便于图书馆进行插架和管理，同时提供的某一学科或某一方面的知识又相对系统和全面，因而备受一般图书馆的欢迎。

当然，在强调出版业对近代图书馆事业推动作用的同时，也应看到近代图书馆事业的发展同样反哺了近代出版业的进步。近代的新图书馆运动，为出版业开辟了广阔的图书市场。新图书馆运动中新生的一大批图书馆，因为急需购买图书充实馆藏，从而成为出版业图书销售中的购买大户。据统计，1927年，全国图书馆藏书总数为3 192 250册，而至1933年，全国仅高校图书馆藏书就达4 493 616册①。图书馆旺盛的图书需求，极大地拉动了出版业赖以依存的图书市场，成为近代出版业持续发展的一个新的经济增长点。出版部门受到新图书馆运动展现出来的商机吸引，在选题开发和组织出版方面，自觉地适应市场形势，如二三十年代的古籍出版热、大型丛书出版热，都可视为出版部门对图书馆巨大需求的一种主动应对。更为重要的是，近代图书馆事业的发展无形中为近代出版业培养了广泛的读者群。

三、畅销书与社会文化

从历史上看，畅销书在我国出现的时间并不久远。作为一种被读者广为接受的阅读现象，畅销书自有其存在的前提。它与出版业大生产大流通紧密相连，是图书工业发展到一定阶段合乎逻辑的产物。而我国传统出版方式下的手工雕刻、作坊式经营，就很难出现那种万人争诵一本书的阅读文化景观。只有到了近代，随着西方铅印排版技术在我国的广泛应用，畅销书所要求的短时期内大印数印刷才成为可能。

民国时期出版业的市场化程度很高，为畅销书的产生提供了运行的出版机制。从文化的角度而言，畅销书能从同时期的其他图书中脱颖而出，在高标的销售数字背后反映出一个时代人们的社会心态，综合体现着政治、经济、文化、学术乃至时尚、趣味等方面的变化。民国时期正是一个社会潮流变革不居的动荡历史时期，为畅销书的递次演进提供了滋长的文化土壤。

1. 旧派小说的畅销

20世纪的前50年，旧派小说占领了很大的读者市场。其中涌现了政治小说、谴责小说、言情小说、社会小说、黑幕小说、社会言情小说、武侠小说、侦探小说等诸多种类。政治小说和谴责小说，在晚清一度风行，到民国时期逐渐退出潮流之外。言情小说是民国时期出产畅销书的高频领域。言情本就是市民阶层喜闻乐见的话题，民初自由恋爱的提倡、商业对文学的入侵更是助长了这种卿卿我我文风的盛行。曾开创畅销书新纪录的《玉梨魂》、《啼笑因缘》、《秋海棠》等都属此列。鸳鸯蝴蝶派小说家虽以言情小说著称于世，但他们写得最多的还是社会小说。其中《广陵潮》、《歇浦潮》都曾轰动一时。20年代，随着包办婚姻逐渐解体，言情小说的日益粗制滥造，市民开始对言情小说倒胃口了。鸳鸯蝴蝶派为重新获得读者的欢心，推出新的小说品种，再加上世界书局20年代的提倡，侦探小说和武侠小说在社会上掀起广泛的热潮。武侠小说历来以出神入化的武技、酣畅淋漓的侠义、善恶有报的痛快吸引大批的读者。民国时期，《江湖奇侠传》引起的武侠小说热潮一直没有停息过。侦探小说是鸳蝴派作家刺激读者的一

---

① 严文郁：《中国图书馆发展史》。转引自赵长林《论民国时期出版业发展中图书馆的作用》，《出版发行研究》1995年第4期。

个亮点,《福尔摩斯探案》也曾风靡一时。

2. 新文学畅销书

民国初年,反帝反封建的呼声日益高涨,人们迫切希望掀去笼罩周身的陈腐气息,迎接一个新社会的到来。五四新文化运动将民主、科学的种子撒入民间,也呼唤着反映新思想、新观念的文艺作品的出现。新文学革命是新文化运动的重要组成部分。早在1917年,一些具有远见卓识之士揭开了新文学革命的帷幕,自此,新文学作品作为一股时代潮流,取得了蓬勃发展。

20年代的文坛,历经五四新文化运动的洗礼,新文学作品纷陈迭出。因为新形式、新思想而致书籍畅销的,首推1920年3月胡适著、亚东图书馆出版的《尝试集》。《尝试集》是白话体新诗集的首开先河之作,到1953年亚东结束为止,《尝试集》总印数达47 000册。虽然胡适缺乏诗人的禀赋,《尝试集》的艺术价值也远远低于它的文学史价值,但作为新诗的开山之作,《尝试集》依然风行一时,胡适也无疑成为"第一白话诗人"。他的另一部著作《胡适文存》也很畅销,1921年12月15日初版,到1922年就印行了三版,总印数达12 000部。

新文学作家阵营中影响最大的奠基人,则非文化巨子鲁迅莫属。鲁迅的代表作《呐喊》于1923年8月由北京新潮社列入《文艺丛书》出版,收入《狂人日记》等15篇小说。1926年10月,它又列为作者所编"乌合丛书"之一,由北京北新书局出版。1930年第13次印刷时,鲁迅抽出其中的《不周山》,存作品14篇,成为定本,大量印行。

历经20年代社会思潮的急剧变动及过渡,到30年代随着国难当前、阶级矛盾和民族矛盾进一步深化,人们渐渐能够比较清醒而冷静地思索国家、社会及个人的许多重大问题。冷静思索之后是新一轮的分化组合,各种社团纷纷成立,一些影响巨大的流派形成。30年代是民国文化发展的黄金时代,政治和商业对小说的介入也十分明显。上一个时期的写实小说和抒情小说流派,分别被以"左联"为核心的左翼、远离文学党派性和商业性的"京派"和最接近读者市场的"海派"所分割。中国新文学史上最有影响的巨著,如茅盾的《子夜》、巴金的《家》、老舍的《骆驼祥子》等,几乎都在这一时期产生。这些作品具备思想内容深刻、表现技巧高超、社会影响巨大且销售业绩优良的特点,形成畅销性、艺术性、思想性交相辉映的璀璨局面。

这时在孤岛上海和其他沦陷区,徐汗、张爱玲的作品迎合了大众心理成为畅销书。徐汗的小说《风萧萧》、《北极风情画》均曾列当年畅销书榜首;张爱玲的《传奇》创下40天再版的奇迹;苏青的自传体小说《结婚十年》数年内印行十几版。而在解放区,反映劳苦大众生活的作品也很爱欢迎,如赵树理的《小二黑结婚》、《李有才板话》及《李家庄的变迁》。1943年9月赵树理最具魅力的中篇小说《小二黑结婚》出版后,在解放区和国统区不胫而走,仅在太行一个区就销售了三四万册,创下了新文学作品在农村畅销流行的新纪录,直接翻译这部作品的有约 30 个国家。

3. 译著的畅销

民国时期的翻译作品中,亚米契斯所著的《爱的教育》,前后两个译本都很畅销。此书最早译名为《馨儿就学记》,译者包天笑。包的翻译是意译加创作,塑造人物细致生动,文字流利,从容描绘,有"纡徐为妍"之致。包译本销路颇好,1926 年 7 月已出至第 8 版,这在当时的教育小说中是破纪录的。1938 年长沙商务印书馆仍在重印,前后达 18 版之多。译名为《爱的教育》的是夏丏尊译本,1926 年 3 月由开明书店出版,10 个月后就再版,两年半的时间里重印 5 版,1935 年 11 月编入"世界少年文学丛刊"时已达 20 版之多。1938 年经夏丏尊修订,至 1949 年 3 月共发行修订版 19 次,外加 1942 年 8 月的成都一版,王知伊称此书当时"各地小学都采用为课外辅助读物,十余年中,印行达一百版左右"。《爱的教育》谱写了中国翻译出版史上一页灿烂的篇章。堪与开明书店《爱的教育》并步比肩的,是 1933 年上海世界书局推出的林雪清、章衣萍合译的《苦儿努力记》。这是一部孩子们喜爱的读物,印销历年不衰,一年余就连出 4 版,至 1948 年 6 月共出 23 版之多。

1922 年 4 月,上海泰东图书局出版了郭沫若翻译的《少年维特之烦恼》,立即产生巨大的轰动,五四精神影响下的一代中国青年,在洋溢着"狂飙突进"精神的《少年维特之烦恼》中找到了知音。一年余就连出 4 版,1924 年 8 月出第 8 版,到 1930 年 8 月,泰东等书局先后印行达 23 版。据 1932 年的一个不完全统计,十年间郭译本就由不同书店重印达 30 次之多。捷克斯洛伐克的汉学家马立安·高立克认为,此书是中国 20 世纪 20—30 年代最为畅销的外国作品。

1920 年 8 月,北京晨报社出版了《杜威五大讲演》,这是影响最大的杜威讲演集译本。同年 9 月即再版,1921 年在杜威尚未离开中国之前,就已出至 10 版以上,中文译本在两年内再版过 13 次,每版印数高达 10 000 本。另外,1922 年商务推出的《阿丽思漫游奇境记》也毫无疑问应置于畅销书之列。它初版后几乎年年再版,1926 年已出 4 版,1933 年国难后再版,至 1939 年 5 月又出 4 版之多。

美国著名记者斯诺的《西行漫记》是 20 世纪 30 年代后期一部轰动世界的书。作者根据自己已有的七年记者经历,1936 年 6—10 月,不畏艰险,深入西北革命根据地进行实地采访,同中国共产党领导人交谈,真实地记录了毛泽东等中国共产党人的历史,并以明快的笔触报道了他在革命根据地所看到和所听到的一切,成为外国人了解当代中国的权威性读物之一。1937 年出版后的几周内,就销出十几万册,三个月内英国就印了 5 版,打破了有关远东时局畅销书的最高纪录。该书在中国也同样畅销,1938 年初版即告罄,以后接连数版,仅在上海一地就印了 5 万本;各种印本总计有 20 多种。

第九节　教科书、丛书、工具书与儿童读物的出版

一、现代教育与教科书出版

民国时期教育的发展，特别是国民基础教育的逐渐展开，为我国的教科书出版开辟了广阔的市场。商务印书馆、中华书局等一些大的出版机构，均因教科书而崛起，亦以教科书为营业之大宗。近代各大书局书店按出版实力排定出来的座次，也与它们在全国占有的教科书市场份额大小顺序一致。教育的普及在扩大教科书市场的同时，还带动了其他教育类图书的销售。只要翻开1949年以前商务印书馆和中华书局的图书目录，不难发现在这两大出版巨头的图书出版结构中，与教育有关的书刊如教育理论及教学参考书籍、儿童读物、成教读物、国语书刊、英语读物等，都占据着相当大的比例。

近代教育的发展在雄厚出版业实力的同时，也改变了出版部门的经营运作方式。1903年，商务印书馆开始编写小学"最新教科书"，也就在这一年，商务印书馆在汉口设立了第一个分支机构。随着"最新教科书"销量的激增，商务便在随后的几年里，把分支机构的牌子挂到了全国各大重要城镇。1912年，中华书局以"中华教科书"崛起，在成立后不久就筹建起自家的印刷所，到了1916年，中华书局更是扩大印刷规模，在上海静安寺路筹建起一个厂屋宏大、光线充足的新印刷厂。过去大出版机构这种因教科书而来的编、印、发一体化出版模式，彻底改变了传统出版业的作坊式经营，代之以分工细密的大企业管理方式运作。

在抗战以前，我国教育部门没有专门机构编写通用的教材，采用的是民间编写，政府部门审查，出版后由学校自行选用的办法。这种教科书的编写制度就是"审定制"。在采用"审定制"的时候，虽然政府当局通过课程标准的施行，也对学校教科书作程度上的统一和思想上的控制，但毕竟还允许各出版机构自由编辑课本。因此，形成了20世纪30年代前后教科书编制与出版上各树一帜、竞新立异的局面。

1937年抗战全面爆发后，由于东南各省政府部门、企事业单位和各地居民纷纷内迁，西南和西北的中小学和在校学生数量骤增，而过去承编承印各科教科用书的各大书局，受战局的影响，教科书的印刷和运输都发生了极大困难，一度造成了严重的"书荒"。这种情况，正好给国民党政府强令取消教科书的"审定制"，实行教科书的"部编制"提供了机会。从"审定制"到"部编制"，实质上是国民党借"非常时期"加强思想控制的表现。

1943年4月，国民政府指定商务等七家出版机构，在重庆组织国定本教科书七家联合供应处，简称"七联处"，承担国立编译馆主编的国定教科书的印刷发行任务。这七家分配的比例是：正中书局22%、商务印书馆22%、中华书局22%、世界书局

12%、大东书局10%、开明书店8%、文通书局4%①。

在国定本教科书占据着国统区市场主流的同时,社会上不少人对"部编制"制度本身和国定本教科书编写上存在的问题,提出了多方面的质疑,要求恢复抗战前"审定制"的呼声不绝于耳。在这种情况下,一些民营出版机构也编印了少量教科书。如开明书店1946年8月至1947年7月陆续编辑出版的《开明新编国文读本》,在当时颇受一些学校的欢迎②。

二、丛书的出版

进入民国以后,人们对丛书的认识日益加深,丛书的地位日益提高,对社会、读者、出版者的影响不断扩大。以汇集群书为归旨的丛书,具有"部头大"、"品种多"、"价格廉"的特点。这样一种特点,便于读者系统性地获取某方面知识,收藏某方面文献,且价格往往比单行本经济实惠,因而受到读者欢迎;对出版者而言,丛书集束性推出,更易建立声势,扩大影响,创立品牌,赢得声誉,若经营得法,往往就是一笔大收入,因而亦被出版者所看重。民国时期丛书出版数量远迈前代,有学者根据《中国丛书综录》及其《补正》和《中国近现代丛书目录》作过不完全的统计,民国时期丛书总数当在6 400种左右,超过了历代出版丛书数目的总和。

从丛书发展历史来看,清代的丛书已表现出综合化和专门化两个方向,民国时期的丛书在注入新的时代内容基础上,继续沿着这两个方向发展,形成综合性丛书与专科性丛书齐头并进的局面。综合性丛书大多具有卷帙大、收书多的特点,在出版上需要投入较高的先期成本。大书局经济实力雄厚,出版了不少综合性的大丛书。如商务印书馆1929年开始出版的《万有文库》一、二集,1932年开始出版的《大学丛书》;中华书局1930年开始出版的《社会科学丛书》,1934年开始出版《新中华丛书》和《中华百科丛书》;世界书局1928开始出版的《ABC丛书》;新生命书局1933年开始出版的《新生命大众文库》;生活书店1936年开始出版的《青年自学丛书》等等,都是综合性丛书的代表。

民国时期出版得更多的还是各类专科丛书。各大小书局、各文化团体、各党派组织、各学校机关所出版的形形色色、名称各异的专科性丛书,涵盖到各种学科,涉及多种领域。著名者如:哲学类的如世界书局1934年开始出版的《哲学丛书》;宗教类的如佛学书局1931年开始出版的《佛学小丛书》;心理学类的如世界书局1935年开始出版的《心理学丛书》;政治类的如中华书局1937年开始出版的《现代政治丛书》;法律类的如大东书局1931年开始出版的《暨南大学丛书》;文化类的如商务印书馆1936年开始出版的《中国文化史丛书》;文艺创作类的如上海文化生活出版社1935年开始出版的《文学丛刊》;文学资料类的如良友图书印刷公司1935年开始出版的《中国新文

---

① 朱联保:《关于世界书局的回忆》,《出版史料》1987年第2期。
② 覃必陶:《〈开明新编国文读本〉出版追忆》,《我与开明》,202 - 205页,中国青年出版社,1985年。

学大系》等。各专科丛书，有的内容通俗，有的学理艰深，满足不同读者对象和不同编辑意图的需要。民国时期专科性丛书出版的繁荣，反映着当时文化学术向纵深化、专门化方向发展的趋势。

同民国时期图书出版结构相一致，丛书出版的学科分布也很不平衡。总体来讲，人文社会科学方面的丛书比重，远远大于自然科学方面的丛书，而人文社会科学中又以文学、教育类丛书的出版为多。自然科学和技术方面的丛书，比较而言，医学和农学显得较为突出。

民国时期的中国社会，正站在一个新旧交替的转折点上，以整理审视国故为前提的古籍丛书出版和以吸纳融合新知为意图的翻译类丛书出版，可谓双峰对峙，蔚为大观。

民国时期民营出版业、图书馆等机构刻书、藏书家刻书三大系统共出版古籍26 859种，其中最突出的是《四部丛刊》与《四部备要》、《丛书集成》与《古今图书集成》等。《四部丛刊》由商务印书馆出版，1920年开始发售预约，1922年全部刊成。收古籍323种，8 548卷（4种无卷数），分订成32开线装2 100册。所收皆为善本，其中有宋本39种，金本2种，元本18种，影宋写本16种，影元写本5种，校本18种，明活字本8种，高丽旧刻本4种，释道藏本2种，其余皆出明清精刻。1936年又将初编印成便于插架收藏的16开洋装大本。1934年刊印《续编》81种，1935年至1936年刊印《三编》73种。正续三编总计收书477种，11 921卷。《四部备要》由中华书局出版，1922年开始发售预约，1927年出齐。收古籍351种，11 305卷，初以连史纸和赛宋纸两种纸张印刷，线装12开，分订2 500册，1934年又有线装5开本印行，1936年出洋装缩印本。特点是注重实用，充分选收清代学者如戴震、惠栋、段玉裁、王念孙、王引之等人的注疏本。继《四部丛刊》后，1935—1937年，商务印书馆又有《丛书集成》之辑，辑印宋、元、明、清名贵丛书100部，综计子目约6 000种，去其重复，还有4 107种，实际出书3 467种，分装4 000册。该书收编了我国古代自汉魏以来直到明清四部以外的笔记、丛钞、杂说等单本、孤本书籍，可补四部书之不足。

翻译类丛书，特别是外国名著的译介，是民国时期翻译出版的重要特色之一。有人曾对这一时期出版的冠以"世界名著"之名的丛书作了普查：商务印书馆1928年的《世界文学名著》，上海新文化学会1928年的《世界名著提要丛刊》，世界书局1929年的《世界名著丛书》，上海春潮书店1929年的《世界名著丛书》，商务印书馆1929年的《汉译世界名著丛书》，神州国光社1930年的《世界历史名著丛刊》，启明书局1931年的《世界文学名著》，上海北新书局1931年的《世界文学名著丛书》，上海湖风书局1931年的《世界文学名著译丛》，上海春光书局1934年的《世界文学名著译丛》，中国文化学会1934年的《世界名著丛书》，上海复兴书局1936年的《世界文学名著译丛》，启明书店1937年的《世界短篇名著丛刊》等。这些名著丛书，翻译的质量固然有好有坏，但若从所被选介的外国作品本身来看，很多称其为"名著"是名至实归的，这就在很大程度上保证了翻译出版的内容质量。而在风起云涌的世界名著翻译出版潮流中，

《万有文库》

最有系统、最有计划的出版活动，要算生活书店1935年开始出版的《世界文库》了。《世界文库》由郑振铎任主编，在他的号召下，文库的出版得到了当时许多著名翻译家的有力支持，参加该文库编译委员会的作家、翻译家多达百余人，被认为是"全国作家的总动员"、"1935年的伟大工作"、"文学家技巧上修养的宝库"、"大众的文粮"。第一集刊出的62种外国文学名著，囊括了法国、英国、美国、俄罗斯、德国、波兰、希腊、挪威、比利时、罗马等十个国家的作家作品。文库的出版，为读者提供了一个了解世界名著的经典范本。许多著名的学者，如胡愈之、茅盾、谢六逸、朱光潜等，都对该丛书的编纂，表示了由衷的赞叹。

三、工具书的出版

我国工具书编纂历史悠久，从两汉到明清，我国工具书的总数为597种。到民国时期，工具书作为一种重要的出版物类型，受到出版界和学术文化界的高度重视，无论是内容还是编纂方法都发生了根本性的变化，出版数量明显增多。在民国时期38年的时间里，共出版工具书1 450种，包括百科全书、字典、词典、年鉴、书目、索引等各个类型。

在百科全书出版方面。近代以来，我国出版了几部小规模的百科全书，如《日用百科全书》、《中华百科辞典》、《少年百科全书》等数种。《中华百科辞典》由舒新城主编，1930年中华书局出版。该辞典约200万字，在体式上虽为辞典，性质上则兼顾各科各系的知识，每条释文之下，依其性质照学科分为各类，内容包括政治、社会、哲学、教育、经济、文学、艺术、数学、理化、博物等各科，可以说是一部中型百科全书。

在辞书出版方面，汉语字典辞典编纂出版的成绩最为突出。由于字典辞典是知识分子、普通读者和一般学生的案头必备书，市场广阔，所以各出版机构竞相为之。商务印书馆1912年由陆尔奎、蔡文森等费时五年编纂出版了《新字典》，这是我国自《康熙字典》后第一部新型语言工具书。中华书局成立伊始，就由欧阳溥存等人着手编写《中华大字典》，1915年初版，收字48 000个，总字数400余万言，各字按部首编排，用反切和直音注音，分条解释字义，引例注明出处，对籀、古俗、讹和近代翻译新字，均作辨明。同时校正了《康熙字典》的错误4 000余条。次年，中华书局出版《中华中字典》。1918年，又出版了杨誉龙、潘延贵等编的《实用大字典》，这是以《中华大字典》为蓝本，加以增删、补遗、正误而成，流传较广。

1915年，商务印书馆出版《辞源》，由陆尔奎等人编纂，收单字1万多个，词目10万余条。这部辞典对旧学新知都有所反映，正如刘叶秋所说："既是一部革新的词典，又有一定的历史文献价值。因此出版后受到广泛的欢迎，起了不小的作用。从初版以来，至解放初期，历年重印的累积印数，多至四百余万部。直到今天，它还是我们常用的一部工具书。"① 《辞源》问世后，1931年出版续编，1939年出版正续编合订本，1949年又出版简编本。

中华书局在1915年《中华大字典》出版后，即筹划编纂另一部大型词典——《辞海》，以与商务的《辞源》相抗衡。《辞海》先期由徐元诰、范源廉主其事，后由舒新城、张相、沈颐等续其成，前后历经20年。1936年底，《辞海》出版，收字约13 000个，复词10万余条，内容包括历史上重要的名物制度、成语典故、农工商用语、古今地名、人名、名著、文艺及科学术语等。该辞典出版后颇受欢迎，一版再版，各种版本行销在100万部以上。

除了上述字词典外，当时比较有影响的字词典还有黎锦熙主编的《国语词典》、朱起凤的《辞通》、符定一的《联绵字典》、杨树达的《词诠》、张相的《诗词曲语辞汇释》。

专科辞典的出版，在民国时期也很兴盛。商务出版的专科辞典比较重要的有：《中国植物学大辞典》（1917年初版）、《植物学大辞典》（1918年初版）、《中国医学大辞典》（1921年初版）、《中国人名大辞典》（1921年初版）、《动物学大辞典》（1923年初版）、《哲学辞典》（1925年初版）、《教育大辞书》（1928年初版）、《地质矿物学大辞典》（1930年初版）、《中国古今地名大辞典》（1931年初版）。中华书局出版的专科辞典重要的有：《外交大辞典》（1937年初版）、《经济学辞典》（1937年初版）、《中外地名辞典》（1924年初版）、《地学辞典》（1930年初版）、《中外人名辞典》（1940年初版）。此外有丁福保编的《佛学大辞典》，1920年由上海医学书局出版；丁氏还编有

---

① 刘叶秋：《中国字典史略》，234页，中华书局，1983年。

《说文解字诂林》、《古钱大辞典》等。文献学家杨家骆编有《四库大辞典》、《丛书大辞典》，由中国图书大辞典馆分别于1931年和1936年出版；此后杨氏在《四库大辞典》的基础上又编有《四库全书学典》，1946年由世界书局出版。彭作桢编《古今同姓名大辞典》，1936年北平好望书局发行。潘念之等编《世界人名大辞典》，1936年由世界书局出版。谭正璧编《中国文学家大辞典》，1934年由光明书局出版。孙重沓公编《中国画家人名大辞典》，1934年在上海神州国光社出版。还有谢规等编的《中国医学大辞典》，汪仁寿的《金石大辞典》等。这些辞典均影响一时，有些至今仍重印再版，供人们参考使用。

双语词典的编译以语文词典数量最多，涉及世界上的各主要语种。英语的有：商务印书馆1916年伍光建编的《英汉双解英文成语辞典》，商务印书馆1918年李玉汶编、伍光建校订的《汉英新辞典》，商务印书馆1921年陆费执、瞿桐岗译定的《英华正音词典》，商务印书馆1923年张世鎏、陆学焕编的《英汉双解韦氏大学字典》，商务印书馆1928年黄士复、江铁主编的《综合英汉大辞典》；法语的有商务印书馆1920年谢寿昌等编的《模范法华字典》；日本语的有商务印书馆1930年葛祖兰编译的《日本现代语辞典》；俄语的有商务印书馆1930年路大华编的《新中俄大字典》；德语的有中华书局1920年马君武编的《德华字典》；西班牙语的有商务印书馆1943年O. P. Ibakez编的《班华字典》；世界语的有商务印书馆1922年孙国璋编的《世界语高等文典》（新读本）和上海曙光出版社1935年周庄萍等编的《现代中文世界语辞典》等。

在年鉴出版方面，20世纪二三十年代逐步丰富，并基本形成规模。据不完全统计，我国从1909年到1949年，共编纂出版了99种、约150回次的年鉴。大略归纳当时出版的年鉴，可分综合性的、地方性的、专科性的三类。综合性的年鉴，如1913年上海神州编译社出版的《世界年鉴》，1924年商务印书馆出版的《中国年鉴》，申报馆编印的《申报年鉴》，1931年上海大东书局出版的《世界年鉴》，1923年上海新亚书店编印的《新国民年鉴》等；地方性年鉴，如1930年无锡县政府编的《无锡年鉴》，1931年东北文化社编印的《东北年鉴》，1935年广州市政府编的《广东年鉴》，1947年华东通讯社编的《上海年鉴》，1937年湖北省政府编的《湖北省年鉴》等；专科性年鉴，如1934年商务印书馆出版的《中国经济年鉴》，1933年实业部编的《中国劳动年鉴》，1935年财政部编的《财政年鉴》，1936年内政部编的《内政年鉴》。

在书目索引出版方面，商务印书馆出版的有庄鼎彝的《两汉不列传人名韵编》（1935年），邓元鼎和王默君的《宋元学案人名索引》附异名索引（1936年）、《十通索引》（1937年），杨殿珣的《石刻题跋索引》（1941年），钱亚新的《太平御览索引》（1934年）、《佩文韵府索引》（1937年）等；开明书店也出版了为数不少的书目与索引，1935年出版《二十五史补编》，其中收录清代至民国间学者为正史艺文志所作的补辑目录达28种之多，这些目录大多首次刊行，此外有金步瀛的《丛书子目索引》（1935年）、叶绍钧的《十三经索引》（1934年）、陈乃乾和陶毓英的《室名索引》

(1934年)、陈乃乾的《别号索引》(1934年)、二十五史刊行委员会《二十五史人名索引》(1935年)、汪宏声的《中国历代年号索引》(1936年);中华书局出版有陈乃乾的《四库全书总目提要索引》(1926年)、梁启雄的《二十四史传目引得》。另外,在三四十年代,哈佛燕京学社和中法汉学研究所各自出版了一批中国古籍的索引,在近代出版界和学术界极具地位。

四、儿童读物的出版

19世纪末20世纪初,在救亡图存的时代大背景下,一些启蒙思想家和改良运动的先行者们致力于开发民智,开始注意到儿童教育的重要性,作为教育儿童工具之一的儿童读物,作为一种书刊出版类型,开始在我国出版物结构类型中占据一席之地。五四时期儿童的重新"发现",促进了儿童读物内容的大革新和数量的大发展。20世纪30年代至抗战前夕,是民国出版业的黄金年代,也是民国儿童读物出版最为繁盛的历史时期。抗战以后,救亡成为时代的主题,儿童读物也表现出相应的内容特点。

20世纪前半叶的儿童读物出版,随着时代的变化呈现出较为鲜明的阶段特征。

1. 儿童读物出版的发生期:晚清到五四时期

晚清到五四时期,是中国现代社会的萌芽期,也是中国现代儿童读物的发生期。晚清时期人们对儿童重要性的认识,是把儿童看成国家和民族的未来与希望。这种期望和视角之下的儿童读物,大多寓含着爱国与图强的使命感。为使儿童长大后能更好地完成历史重任,儿童的教育格外受到关注。在晚清的教育改革思潮中,除了教科书的革新外,人们已注意到课外读物在儿童成长中的作用。1909年商务印书馆出版的由孙毓修编辑并主撰的《童话》丛书,顺应了这一时代潮流。《童话》丛书第一集69册,每册约五千字,供七八岁儿童阅读;第二集8册,每册约1万字,为10—11岁儿童编写。因为丛书读者对象明确,兼之文字浅明,故事性强,又辅之以图画,通俗而易懂,受到小读者的热烈欢迎。赵景深说孙毓修编的这77册童话,"差不多好几万小孩读过",可见其影响之大。

《童话》丛书作为我国出版史上第一套专门的大型儿童读物丛书,是我国儿童读物发生期最重要的收获。它开辟了儿童书刊出版的新领域,凸显了儿童读物在整个出版物构成中的新趋势。中华书局1913年开始出版的《中华童话》丛书和《世界童话》丛书,1917年开始出版的《小小说》丛书,便是继其之后的仿效产品。中华书局这三套丛书,到五四运动以后还在陆续出版。《小小说》总计100种,到1921年3月前约出版了50余种。《中华童话》总计30种,到1923年6月已出22种。《世界童话》总计50种,到1923年6月出全。这三套丛书或是改编古书上的故事、寓言,或是截取说部中滑稽、神怪、义侠的材料,或是译述世界各国的童话,几乎没有一本是作家独创之作,这些都和孙毓修编的《童话》丛书相类似。

从出版的角度来说，商务印书馆和中华书局作为全国两家最大的中小学教科书出版商，在编写教科书之余，重视儿童课外读物的出版顺理成章。商务印书馆除出版大型《童话》丛书外，还出版了一些颇有影响的儿童读物单行本，如包天笑译介的《馨儿就学记》（1909年出版）、《弃石埋石记》（1912年出版）、《孤雏感遇记》（1913年出版）等。另外，这一时期商务印书馆创办的《少年杂志》（1911年创刊）、《学生月刊》（1914年创刊，1920年以后改名为《学生杂志》），中华书局创办的《中华童子界》（1914年创刊）、《中华儿童画报》（1914年创刊）、《中华学生界》（1914年创刊）等期刊，都是当时少年儿童课余校外不可多得的精神食粮。

2. 儿童读物出版的发展期：20世纪20年代

五四新文化运动之前的儿童读物出版具有强烈的功利色彩，一定程度上削弱了儿童书刊传播的广度。从我国教育史和出版史来看，真正为儿童服务的儿童读物，应该说是发端于五四新文化运动时期。表现在两个方面，首先从观念方面，源于美国教育家杜威的"儿童本位论"的教育思想，被我国文化界和小学教育界所广泛认同。其次，从语言文字方面，"白话文运动"在扫除文言文阅读障碍的同时，也把那些儿童日常生活语言所构筑的生活和心灵世界重新归还给儿童。在"儿童本位论"这一新儿童观统帅之下编写出来的白话儿童读物，因注意到了儿童的生理和心理特点，备受广大儿童的欢迎，从而为我国出版业的发展开辟了一片新的具有巨大潜力的市场。

在五四新文化运动之前，无论是商务印书馆还是中华书局，虽说都有一些儿童读物断续问世，但总的来说，数量不多，基础还十分薄弱。五四以后，少儿书刊市场显露出来的勃勃生机，使这两家大出版社几乎不约而同地把出版重点向儿童读物上倾斜，在期刊和图书两个方面都有相当大的建树。

在期刊出版方面，两家都于1922年分别创刊了专门的儿童刊物——《儿童世界》和《小朋友》。《儿童世界》坚持"儿童的"和"文学的"办刊原则，《小朋友》本着"陶冶儿童性情，增进儿童智慧"的发刊宗旨，读者对象定位明确，编辑方式注意儿童心理，文字内容讲究通俗有趣，并为孩子们提供难得的习作园地。过去成千上万的少年儿童，正是在《儿童世界》和《小朋友》的陪伴下，度过他们人生中最难忘的童年时光的。

这一时期创刊的主要儿童刊物还有：商务印书馆的《儿童画报》（1922年创刊），中华书局的《小弟弟》（1922年创刊）、《小妹妹》（1922年创刊）、《儿童文学》（1924年创刊）和《小朋友画报》（1926年创刊）等。另外，商务印书馆前一时期创办的《少年杂志》和《学生杂志》还在继续刊行着，只是栏目内容在新的教育形势下，进行了必要的改革和调整。

在图书出版方面，商务印书馆这一时期出版的大部头少儿类读物有：《儿童文学丛书》（1921年开始出版）、《少年史地丛书》（1923年开始出版）、《少年百科全书》

(1924年开始出版)、《儿童工艺丛书》(1924年开始出版)、《儿童世界丛刊》(1925年开始出版)、《少年自然科学丛书》(1925年开始出版)、《学生国学丛书》(1925年开始出版)、《儿童史地丛书》(1926年开始出版)等。中华书局从五四运动以后至1929年十年间，出版的少儿类大小丛书共12套300余种，如《儿童丛书》、《儿童文学丛书》、《儿童常识丛书》、《我的书》、《儿童艺术丛书》、《儿童报社丛书》、《儿童百科丛书》、《科学小丛书》、《儿童歌舞剧》、《儿童课余服务丛书》、《歌舞表演曲》、《学生文学丛书》等。与前一时期相比，20世纪20年代儿童图书的出版，无论是数量还是品种，都有长足的发展。儿童读物的类型，更有大的拓宽，除了各种样式的儿童文学作品如童话、故事、小说、游记、儿歌、新诗、歌剧、话剧等屡有出版外，其他如笑话、谜语、儿童工艺、生活读物、百科读物、科普读物等也有涉及。其中有些儿童读物类型还是五四以后新产生的，如歌舞表演曲、歌舞剧、话剧、儿童小说、科学文艺等，都是崭新的出版品种。

3. 儿童读物出版的兴盛期：1930—1937年

经过五四新文化运动的洗礼，到20年代末30年代初，社会对儿童重要性的认识已经完成了从少数人初期倡导到大多数人广泛接受的历史性跨越。以儿童图书馆的建设为例，1917年天津诞生了全国第一家儿童图书馆，到了1930年，全国儿童图书馆的数量已达113所，涵盖了吉林、云南、陕西等边远地区在内的21个省市。儿童图书馆数量的猛增，既是社会上儿童观念发生巨大改变的重要佐证，也是儿童读物需求量大为增加的明显标志。

书刊出版界自觉适应社会需求，有力地推动了儿童读物市场的繁荣与发展。首先是儿童书刊出版机构的增加。1935年生活书店编的《生活全国总书目》上，专门附录了一份《全国少年儿童书目》。该附录在书名之后列出了价格、出版者等著录事项。从中可知，当时参与儿童书刊出版的出版机构数量至少在50家以上。除商务印书馆、中华书局、世界书局等大出版社外，更多的是一些新起的中小型出版机构。其次是专门儿童出版机构的出现。1930年初，在上海浙江路同春坊住宅楼下一家名为"儿童书局"的出版机构开张，标志着我国儿童读物出版进入了一个新的阶段。儿童书局从创办时起至1937年止六年多的时间里，出版各类儿童读物和教育书籍达1000种左右，其中丛书20余种，期刊6种。

随着这一时期儿童领域出版力量的加强，儿童读物的数量和品种与前一时期相比，又有一个大幅度的跃升。《全国少年儿童书目》上著录的儿童读物数量达到了3 000种。

在儿童读物的出版方式上，20世纪30年代的出版者依然钟情于丛书的出版形式。商务印书馆、中华书局等大书局改变了以往零零散散的作风，加大了儿童读物出版的整体计划。如商务印书馆的《小学生文库》500册、《幼童文库》200册、《小学生分年补充读本》600册；中华书局的《小学生丛书》60册、《小学各科副课本》300册、《小朋友文库》450 册、《初中学生文库》300 册等。

与儿童图书出版情况相类似，30 年代抗战前儿童期刊的出版也颇为繁荣。1935 年上海杂志公司《杂志月报》第一号上，列出了 12 种当时正在刊行的儿童刊物，其中有老牌的《小朋友》、《儿童世界》，也有新出不久的《童年月刊》和《儿童科学杂志》等。专门为儿童阅读的报纸《儿童晨报》也出现了。

4. 儿童读物出版的战争时期

抗战时期，大后方儿童读物的出版是大后方出版的一个重要组成部分，其活动范围包括重庆、昆明、桂林、成都、贵阳以及香港等地。战时大后方先后创办了《少年先锋》、《少年战线》、《西南儿童》、《抗战儿童画报》、《抗战儿童》、《少年之友》、《新儿童》、《儿童生活》、《儿童漫画》、《儿童世界》、《开明少年》、《儿童月刊》、《儿童工作》、《抗战儿童旬刊》等刊物。1945 年 4 月，被战火中断七年之久的著名儿童刊物《小朋友》也在重庆复刊。这一时期大后方出版机构印行的儿童图书亦复不少，重要者如文化生活出版社的《少年读物丛刊》，文化供应社的《少年文库》，建国书店的《少年文艺丛书》，作家书屋的《儿童文库》等。

沦陷区的少儿出版活动也在极其艰难的环境下，顽强地开展着。特别是在"孤岛"上海，从 1937 年 11 月上海四周沦陷直至 1941 年 12 月"珍珠港事件"爆发，以少年出版社与《少年读物》为两个主要出版阵地，采用或公开或秘密的方式，坚持了长达四年之久的抗日爱国宣传和儿童文学活动。

根据地出版的儿童读物，其内容显现出与同时期的大后方、沦陷区不同的特色：注重描写新的人、新的事、新的儿童精神，充满明朗向上的色调。各根据地创办的儿童刊物可考的有《边区儿童》、《西北儿童》、《青年与儿童》、《华北少年与儿童》、《儿童生活》、《儿童文艺》、《儿童画报》、《新儿童》、《儿童之友》、《江淮儿童》、《华中少年》、《少年画报》、《儿童文娱》、《儿童戏剧》、《新世纪的孩子们》、《新少年》等近 20 种之多。这些儿童刊物在战火纷飞、物质技术条件又很匮乏的根据地地区，尽管大多刊行时间不长，印刷也谈不上好，但对革命儿童文学的发展起到了重要的促进作用。

1945 年抗战胜利后，大后方的出版社陆续迁回上海，上海再度成为儿童读物的出版中心。

第十节　学术著作的出版

一、人文、社会科学图书出版

民国时期现代学术的成长在出版方面得到了充分的体现。作为对民国时期出版成就总结的《民国时期总书目》，收录民国时期出版的中文出版物，虽然略有遗漏，但大致反映了民国时期学术出版的面貌。下面是根据《民国时期总书目》中统计的人文科学以及社会科学出版图书种数绘制的表格。

民国时期社会科学出版图书统计表

学科	政治	经济	法律	文学理论	语言文字	历史学	地理学	考古学	文化理论	教育学
著作种数	14 697	16 034	4 368	2 033	3 861	4 685	2 641	300	248	9 324
学科	哲学	逻辑学	美学	伦理学	心理学	社会学	新闻出版	图书馆学	统计学	
著作种数	1 909	113	25	937	365	2 854	423	499	326	

《民国时期总书目》收录了1911—1949年出版的各类中文图书124 042种,其中上表统计的人文科学及社会科学著作总计65 642种,而1911年以前中国古代约4000年出版的古籍总数才10万种左右①。中国现代学术出版呈现出前所未有的繁荣景象,也反映了中国现代学术在这一时期的发达。

民国时期学术出版的成就还体现在这一时期中国学者自著的现代学术著作大量涌现。民国时期各学术领域虽然延续了大量翻译西方学术名著的风气,但中国学者自著的著作有了大幅度的进步。民国时期政治的相对松动,学术研究方法的融合创新以及新学术范式的确立等,都促成了学术发展的一派盎然之机。以史学和新兴的社会学为例,《民国时期总书目》收录的历史学著作共4 685种,其中除了民国时期伪政权出版的178种外,中国学者编著3 686种,翻译(包括编译)821种,其中自著的比例为78.7%。社会学(不包括人口学)2 660种,自著2 262种,翻译398种,自著的比例为85%。虽然《民国时期总书目》收录的社会学和历史学著作包含了一些机构的报告或者统计等学术性较低的书籍,但从总体上来说,中国学者在民国时期自著的著作数量增长迅速。这从一个侧面说明了中国现代学术的成熟。

这一时期,中国现代各学术领域学术经典著作的大量出现,也展示了民国时期学术的风采。像史学有邓之诚的《中华两千年史》(1-4,1934年),钱穆的《国史大纲》(1940年),陈寅恪的《隋唐制度渊源略论稿》,顾颉刚等的《古史辨》(1-6,1926-1938)等;文学、语言学有胡适的《白话文学史上卷》(1928年),王国维的《人间词话》(1926年)、《宋元戏曲史》,黎锦熙的《新著国语文法》(1924年)等;哲学有胡适的《中国哲学史大纲》(上卷),冯友兰的《中国哲学史》、《贞元六书》(1939—1946年),金岳霖的《论道》(1940年)等;社会学有费孝通的《生育制度》(1947年)、《乡土社会》(1948年)、《江村经济》(1925年)等。这些著作代表了当时的学术研究水平,是中国传统学术的现代延续。其中很多著作至今还在重印,嘉惠当代

---

① 北京图书馆编:《民国时期总书目·综合性图书》编后记,书目文献出版社,1995年。

学人。

二、自然科学图书出版

《民国时期总书目》"采取有书即录的方针"，系统收录北京图书馆、上海图书馆、重庆图书馆收录的1911—1949年出版的各类中文图书124 042种，约占民国时期出版图书的90%，基本反映了民国时期图书出版的面貌。其中科技类图书13 663种，约占11%。科技图书的分类为：

1级类目	2级类目
自然科学	数学，力学，物理学，化学，晶体学，天文学，测绘学，地球物理学，气象学，地质学，海洋学，自然地理学，生物科学
医药卫生	医学总论，预防医学、卫生学，中国医学，基础医学，临床医学，内科学，外科学，妇产科学，儿科学，肿瘤学，神经病学与精神病学，皮肤病学与性病学，耳鼻咽喉科学，眼科学，口腔科学，特种医学，药学
农业科学	农业科学总论，农业基础科学，农学（农艺学），植物保护，农作物，园艺，林业，畜牧、兽医、狩猎、蚕、蜂、水产、渔业
工业技术	工业技术总论，一般工业技术，矿业工程，石油、天然气工业，冶金工业，金属学、金属工艺，武器工业，动力工程，电子技术，无线电电子学、电信技术，化学工业，轻工业、手工业，建筑科学，水利工程
交通运输	铁路运输，公路运输，水路运输，航空（附航天）

通过对《四库全书总目》与《民国时期总书目》著录的科技图书的比较，不难看出，首先在出版数量上两者不可同日而语。后者近40年出版了科技图书13 663种，而前者囊括了清乾隆以前的历代科技典籍，仅510部，足见民国时期科技知识增长之快速。其次在出版图书类别上后者更细密。以医学和农学为例，两者同样都著录了医学和农学类别，《四库全书》在医家和农家类别下，不见属别，著录简略；而《民国时期总书目》著录的医学和农学，则分类详细，自成体系。要知道，医学和农学在我国古代还算是显学，其他类别就更毋论矣。《民国时期总书目》著录的许多新兴学科，如物理学、化学等，均为《四库全书总目》所未见，表明民国时期传统学科体系已不可逆转地向西方现代科技体系转化。

第十一节　中国共产党领导的出版事业

一、马克思主义学说的传入与出版

1. 马克思主义学说在中国的早期传播

同其他西学一样，马克思主义学说最早也是通过英美传教士所办的报刊，零星地介绍到中国来的。辛亥革命以前，西方基督教传教士创办的《万国公报》，梁启超主编的《新民丛报》，资产阶级革命派所编的《民报》等报刊，都曾陆续介绍过马克思主义学说。国内出版的单行本图书中，如《近世社会主义》、《社会主义》、《社会主义神髓》等，均译自日本作者的著作。进入民国以后，1912年上海出版的《新世界》半月刊，连载了施仁荣翻译的恩格斯的《社会主义从空想到科学的发展》，译文题为《理想社会主义与实行社会主义》。1912年10月14—16日，孙中山在上海以《社会主义之派别及其批评》为题，连续发表演说。孙中山是1896年避难英国伦敦时开始接触马克思学说的。

1915年9月，陈独秀在上海创办《青年杂志》，后改名《新青年》。《新青年》不仅提倡民主与科学，也宣传社会主义。俄国十月革命的胜利，为马克思主义在中国的迅速传播提供了国际参照和思想舆论基础。李大钊、李达、杨匏安等先驱，推动了马克思学说在中国星火燎原式的发展。

为了弥补《新青年》每期多刊长文之不足，1918年12月，李大钊和陈独秀特地创办《每周评论》，发表短文，着重时评。1919年4月6日，《每周评论》第16号发表了《共产党宣言》第二章的最后几段文字，标题是《共产党宣言》，译者是成舍我。1919年5月，李大钊主持的《晨报》副刊开辟了"马克思研究"专栏，陆续刊载马克思的《雇佣劳动与资本》等译文；《晨报》副刊"名人小史"栏目，也曾刊登《近世社会主义鼻祖——马克思奋斗生涯》等文章。1919年5月，李大钊把《新青年》第6卷第5号编成了"马克思主义研究专号"，他在这个专号上发表的《我的马克思主义观》一文，对马克思主义作了比较全面、系统的介绍。

1919年下半年，李达在上海《民国日报》副刊《觉悟》上，连续发表了《什么是社会主义》和《社会主义的目的》两文，阐述了社会主义基本原理，成为当时继李大钊《我的马克思主义观》之后，宣传马克思主义的重要文章，《觉悟》成为宣传马克思主义的一个重要园地。1918年秋至1920年夏，李达还翻译了三本日文著作，即郭泰的《唯物史观解说》、考茨基的《马克思经济学说》和高富素之的《社会问题总览》。这是较早的专门介绍马克思主义学说的论著。

1920年，《共产党宣言》第一个完整的中文全译本在上海正式出版和发行。该书由陈望道译，上海又新印刷所印刷，新青年社发行。版权页上的印刷及出版者皆署名

"社会主义研究社",书名上并印有"社会主义研究小丛书第一种"字样。初版印刷的1 000本很快赠送和销售一空。1920年9—10月间,上海的共产党发起组重印了这本书,后来又有人民出版社、平民书社、上海书店、国光书店、春江书店、新文化书房等各种排印本,书名亦有改用《马克思恩格斯宣言》及《宣言》等。

2. 中国共产党领导下的早期报刊出版

1920年以后,随着马克思主义研究会、研究小组、中国共产党发起组、中国社会主义青年团等在全国各地陆续建立,特别是中国共产党上海发起组成立后,为加强马克思学说和建党思想的传播,决定《新青年》从第8卷第1号起改为上海发起组的机关刊物。随之,各种研究和宣传马克思主义及指导工人运动的刊物纷纷问世。

《共产党》(月刊)。1920年11月7日创刊于上海,中国共产党上海发起组出版的理论刊物。李达主编。曾公开发行,但编辑部是秘密的。最高发行量5 000份。1921年7月7日出版第6期后停刊。该刊是为建立中国共产党而创办的。它介绍国际共产主义运动的经验,特别是俄国共产党的经验和列宁著作。发表了一些初步运用马克思列宁主义观点探讨中国革命道路和共产党纲领、策略等问题的文章,批驳了资产阶级改良主义和无政府主义思潮,报道了国内工人运动发展的情况。

《向导》(周报)。1922年9月13日创刊于上海,是中共中央的机关报。内容主要是政论性文章和时事评论,此外还设有专登短小精悍战斗性杂文的"寸铁"栏目,并先后增设"什么话"、"肉麻世界"、"通讯"、"读者之声"和"余录"等栏目。该刊积极宣传中共的民主革命纲领,推动国共合作建立民主统一战线,宣传马列主义、十月革命和新兴的苏维埃政权,鼓吹劳工运动并支持工人阶级斗争。刊物初时印数约1万份,赠送,不收费。发行量最多时近三万份。1927年7月18日出第201期后停刊。

《前锋》。第一次国内革命战争时期中国共产党中央委员会政治性机关刊物。1923年7月1日创刊。封面注明在广州出版,实际在上海秘密编印、发行。原定为月刊,未能按期出版。主要编撰人陈独秀、瞿秋白。以刊登论述中国及世界政治经济诸问题的长篇专论为主。曾运用调查研究材料和统计数据,剖析美、英、日等国对中国的侵略,分析中国社会现状,揭露军阀政府的专制,帮助读者理解中国共产党的民主革命纲领和统一战线策略。陈独秀执笔的《前锋露布》和专论《中国国民革命与社会各阶级》,表露了忽视无产阶级在民主革命中的领导权的错误观点。1924年2月出至第3期后停刊。

《劳动周刊》。中国共产党早期主办的第一份全国性工人报纸,中国劳动组合书记部机关报。1921年8月在上海创刊。编辑主任张国焘。以宣传劳动组合主义、促进解放全人类事业的实现为宗旨。设有"评论"、"劳动界消息"、"世界要闻"、"特载"、"来件"、"小说"、"随感录"等栏目,着重报道中国共产党建立后各地开展工人运动的情况。发行量最多时达5 000份。1922年6月9日被上海公共租界工部局勒令停刊。共出41期。

《热血日报》。中国共产党主办的第一张日报。1925年6月4日在上海创刊。主编瞿秋白，编委郑超麟、沈泽民、何味辛等。报纸以工人和市民群众为读者对象，主要刊载政治新闻，文字通俗易懂。它贯彻中国共产党第二次全国代表大会提出的反帝反封建纲领，突出宣传中国共产党领导五卅运动的政治主张。从第2期起，连续7期在第1版显著位置开辟"外人铁蹄下之上海"专栏，揭露帝国主义压迫中国人民的血腥暴行；在"舆论之裁判"专栏里，以大量事实戳穿帝国主义新闻工具对五卅运动和中国人民的诬蔑，抨击北洋政府的丧权辱国，谴责国内个别资产阶级报刊和上海总商会消极、妥协、退让的言行，报道国内各地民众对上海工人阶级的声援和苏联等国人民的支持。副刊《呼声》也配合新闻和评论刊载了许多尖锐泼辣的文艺作品，表现了无产阶级报纸高度的党性和强烈的战斗性，受到读者欢迎。此报出版仅10期销量即达3万份，投稿、来信及来访者日以百计。1925年6月27日自行停刊，共出24期。

《先驱》。中国社会主义青年团中央的第一份机关报。1922年1月15日在北京创刊，由北京的青年团组织出版。因被北洋政府查禁，从第4期起迁上海，改由社会主义青年团临时中央局主办。第8期以后，由社会主义青年团中央执行委员会主办。施存统、蔡和森等先后任主编。半月刊（常不能按期出版）。着重宣传马克思列宁主义理论，介绍苏联和国际共产主义运动的状况，译载少年共产国际和各国青年运动的材料，反映中国社会主义青年团的活动情况，并就青年团的工作方针、青年运动的方向、青年团同中国共产党的关系等问题进行讨论。1923年8月15日停刊，共出25期。

《中国青年》。中国共产主义青年团中央委员会机关刊物。1923年10月20日创刊于上海，当时是中国社会主义青年团的机关刊物。主要编辑和撰稿人有恽代英、萧楚女、林育南、任弼时、邓中夏、张太雷、李求实等。在第一次国内革命战争时期，结合青年思想、工作、学习的实际，宣传马克思列宁主义理论和中国共产党的主张，同国家主义等思潮进行斗争；文风新鲜活泼，受到广大青年读者的欢迎。第一次国内革命战争失败后，先后改名《无产青年》、《列宁青年》继续出版。

《妇女声》（半月刊）。1921年12月13日创办于上海，中国共产党领导的群众组织——上海中华女界联合会主办。该刊"专以宣传被压迫阶级的解放，促醒女子加入劳动运动为宗旨"，并从讨论妇女的切身问题中宣传马克思主义。此外，《妇女声》还讨论了知识妇女和劳动妇女相结合的问题，妇女参政、节育问题以及废娼问题等，并大量报道国内外妇女运动状况。

二、人民出版社、上海书店等党的早期出版机构

1. 人民出版社

1921年7月，中共"一大"决定，宣传工作首选要恢复秘密刊物《共产党》月刊的出版，并且继续编印《新青年》作为公开的宣传刊物，《新青年丛书》将继续出版，并且要成立党的出版机构人民出版社。同年9月1日，人民出版社在上海正式成立，这

是中国共产党自己建立的第一个出版社。

人民出版社由共产党的宣传部主任李达负责，社址设在上海成都南路辅德里625号（今成都北路七弄30号），这里既是李达的寓所，也是他办公的地方。李达在这里主编过《共产党》月刊和人民出版社的出版物，书刊的编审、校对、发行都由他担任。由于秘密工作的需要，出版物的地址印成"广州兴昌马路二十六号"。人民出版社主要出版发行马克思主义、列宁主义的理论著作和其他理论书籍。

人民出版社曾经有过一套相当完整的出书计划，准备出版《马克思全书》15种、《列宁全书》14种、《康民尼斯特丛书》11种和其他理论书籍9种，但由于多种条件限制未能出齐。据张静庐辑注的《中国现代出版史料》（甲编）中《第一次国内革命战争时期出版物简目》，所列由人民出版社出版的新书仅16种，分别为：《马克思全书》3种——《共产党宣言》、《资本论入门》、《工钱劳动与资本》；《列宁全书》4种——《列宁传》、《共产党礼拜六》、《讨论进行计划书》、《劳农会之建设》；《康民尼斯特丛书》4种——《共产党底计划》、《俄国共产党党纲》、《国际劳动运动中之重要时事问题》、《第三国际议案及宣言》，以及《李卜克内西纪念》、《两个工人谈话》、《太平洋会议与吾人之态度》、《俄国革命纪实》等4种临时性宣传小册子。人民出版社所出版的书，定价低廉，印刷质量很高，封面上套红印刷："全世界无产者联合起来！"倾向性十分明显。

1921年冬，由于白色恐怖日益严重，在上海活动困难重重，人民出版社被迫结束。1923年初，人民出版社并入广州新青年社。另外又在广州设立平民书社，专门做新青年社、人民出版社所出书籍的发行工作。

人民出版社历史不长，但它通过出版马列主义经典作家的代表作，为中国读者第一次较为系统地了解和研究马列主义创造了宝贵的条件，在马克思主义传播和出版史上具有十分重要的意义。

2. 上海书店

1923年10月，广州的新青年社与人民出版社合并后不久即宣告结束。同年11月1日，中共中央在上海创办的上海书店正式营业，店址设在南市小北门民国路（今人民路）振业里11号，新青年社的所有存书、账务和善后工作都归上海书店接管。当时上海的文化宣传工作由毛泽民负责，具体负责上海书店业务的是徐白民。

实际上，上海书店在11月1日正式营业以前就开始了编辑出版工作。如1923年10月27日出版的第44期《向导》周报上，就刊印有"分销处：上海书店"的字样。上海书店出版的《中国青年》杂志创刊号，也在10月20日就出版了。上海书店成立后，共产党的对外宣传刊物都归它出版发行。一般是秘密发行，如《向导》就是另租房子秘密发行，公开方面是代售上海各出版社的书刊。

1923年，上海书店只重印了《共产党宣言》。1924年下半年开始，书店的经济状况开始稳定下来，除承继新青年社、人民出版社的出版发行业务外，还出版了一些新书，有瞿秋白著的《社会科学讲义》（系上海大学用讲义）、《国外游记汇刊》，恽代英著的《反对基督教运动》等书。

1925年6月，由于革命形势好转，读者范围扩大，营业日增，于是又建立了中共第一个印刷机构——设在闸北香山路香兴里的崇文堂印务局，所印为《向导》、《中国青年》和上海总工会的宣传小册子、传单等。这一年，上海书店也积极出书，出版了卓恺泽编、恽代英改正的《青年平民读本》4册，供各地兴办的平民夜校青年工友学习之用；还出版了《中国青年社丛书》6种、《向导丛书》4种等。

上海书店自成立到结束的三年时间里，共出书30多种。其中自行编写的有22种，改变了以往翻译为主的出版状况。所出图书，有许多是配合当前运动的宣传品和一些以马克思主义观点编写的教材和讲义，反映了一个政党出版物的政治诉求。

1926年2月4日，孙传芳以"印刷过激书报，词句不正，煽动工团，妨害治安"的罪名，封闭了上海书店。上海书店被封后，出版发行工作转入地下，另设宝山书店于宝山路，处理上海书店未了的事务。

上海书店关闭后，中共中央认为必须再建立一个公开的出版发行机构。于是，1926年11月在武汉设立长江书店，由瞿秋白负责，苏新甫主持具体工作。

长江书店除主要销售新青年社、人民出版社、上海书店出版的书刊外，还代售其他书店的出版物。由于革命形势的高涨，读者对革命书刊需求激增，长江书店甚至一度出现供不应求、无货营业的局面。面对如此大好形势，长江书店决定重印新青年社、人民出版社和上海书店的一部分书刊，并编辑出版了许多新书。长江书店建立后，新青年社并入该店，《新青年社丛书》也改由该店编辑出版。长江书店的分店有武昌长江书店特约店、广州国光书店、成都国民书店、重庆民星书店、长沙真理书店、南昌明星书店、安庆江淮书店、万县书店、九江书店等。长江书店从1926年10月至1927年7月，共出版新书和重印图书计47种。其中既有普及读物，如《马克思主义浅说》、《资本主义浅说》等，也有理论专著，如《无产阶级之哲学——唯物论》、《社会科学讲义》等；同时还有文艺读物，如《革命歌曲》、《哀中国》等。

1927年2月，中国共产党鉴于革命形势的迅猛发展，决定在上海恢复公开的出版发行机构。考虑到《向导》、《新青年》、《中国青年》三个刊物在上海的影响，就暂时先用其名义成立三个刊物的总发行所，发行所地址设在宝山路。北伐军占领上海后不久，宝山路的总发行所，正式易名为上海长江书店。1927年3月31日的《民国日报》上，刊登了《上海长江书店正式开幕廉价启事》。启事宣布了上海书店于4月10日正式营业，并在广告中开列了几十种书目。但随之而来的"四一二"政变使这个书店很快夭折。时隔三个月后，汉口长江书店被查抄，并被禁止出售一切出版物。8月4日，长江书店在《汉口民国日报》上刊登了停业启事。

1928年，中共党组织又在上海成立了地下出版社——无产阶级书店，不久又被查封。1929年又成立华兴书局。1931年华兴书局被国民党破坏,又转办启阳书店,后又更名为春阳书店,继续发行《宣言》等马克思主义书籍。1931年,在保定成立了党的又一地下出版物机构——北方人民出版社,在一年多时间里就出版发行了两套丛书:《人民文化丛书》(又叫《大众文化丛书》)和《左翼文化丛书》。在这里,包括《共产党宣言》在内的《马克思主义的基础》一书被出版。为避敌人查扣,该社出版的书籍多为伪装本,书名常常是假名,出版社名字也常署人民书店、新生书店、新光书店等。

三、苏区出版业

秋收起义部队到达井冈山后,建立了第一个农村革命根据地。在随后的近十年时间里,工农红军在南方各省先后建立了几十个地方革命根据地,这些根据地随着苏维埃政权的建立,亦称"苏区"。中国共产党领导的出版事业在苏区红色政权的保护下,进入了一个新的发展阶段,构成了中国出版史上的重要一页。

闽西是中央苏区出版业的发祥地。这里创办了中央苏区的第一家出版发行机构——闽西列宁书局,其前身为长汀县"毛铭新印刷所"。起初主要出版介绍党的方针、政策的小册子,以及各种布告、传单、宣言、文件,各种文化教育图书等,后出版革命报纸如《红旗报》、《战线报》等,再后则出版过《闽西红旗》、《红色福建》、《红色闽赣》等报刊。列宁书局的创办,因陋就简,注重效益,管理有章,为后来临时中央政府成立后创建的中央出版局、中央印刷厂、中央发行部,以及工农红军书局等出版发行机构,积累了宝贵的经验。

1931年,中华苏维埃共和国临时中央政府在瑞金正式宣告成立。在中国共产党和苏维埃政府的领导下,苏区出版事业出现了空前繁荣的景象。1931年底,中央政府机关报《红色中华》、红军军委机关报《红星》等报刊相继创刊发行,中央出版局、中央印刷局、中央印刷厂、中央总发行部等出版发行机构相继建立。

1932—1934年是苏区出版活动中成绩最大的三年;1935年起,由于长征途中紧张的战斗生活,正常的出版活动受到影响,出版物大为减少。据叶再生编制的《苏维埃出版物通览(1927—1937)》中明确出版年份的出版物种数统计:1932年出版书、报、刊196种,为上一年出版种数的222.73%,增加了一倍多;1933年出版种数高达199种。1934年出版种数也不少,但由于受红军主力撤出苏区、开始长征影响,出版物品种降至148种。三年出版种数计543种,占十年间全部苏区出版物755种的72%,其中图书出版408种,占全部图书出版524种中的77.86%;而1935—1937三年才出版22种,仅占3%,其中图书出版16种,仅占3.05%。

苏区出版物类型多样,涵盖到布告、宣言、传单、标语、简报、文件、壁报、书籍、报纸、期刊等多种出版物形式。其中报刊的影响最大。据现存史料统计,1927—1937年苏区创办的报刊近300种。影响较大的有中共苏区中央局创办的最早的机关报——《战斗》,中华苏维埃共和国临时中央政府机关报《红色中华》,红军军委机关报《红星报》，中国共产主义青年团苏区中央局机关报《青年实话》，中共苏区中央局机关刊《斗争》，少先队中央总队部机关报《少年先锋》，中华全国总工会机关报《苏区工人》等中央一级报刊，以及《省委通讯》、《红色闽赣》、《晨光》、《火炉》等各级报刊。还有各革命根据地出版的《红军日报》、《右江日报》、《红旗日报》、《工农日报》、《湘赣红旗》、《鄂豫皖苏维埃报》、《红色东北》等等。

四、抗战时期根据地的出版事业

红军长征胜利到达陕北，建立了以延安为中心的抗日根据地。这些地区原本是文化落后的，红军进驻陕北以后，吸引大批热血青年和专家学者从四面八方涌向这里。特别是延安，各种干部学校、培训班林立，一时间成为人才济济的文化城，延安的出版事业也应运而生。

延安地处黄土高原，物资匮乏，技术落后，交通不便，出版之路极为艰难。边区纸张供应存在较大缺口，造纸工人就用马兰草土法生产的纸张来代替，不得已时甚至节制书籍的印数。油墨来源出现断绝，就以松树自烧烟灰，轧制油墨。印刷设备陈旧落后，就因陋就简地以油印、石印，甚至传统木刻的方法印书，同时派人前往西安和上海设法购买铅印及其他现代化印刷器材。发行工作在革命书刊常被封锁、根据地又遭分割的情况下，更是困难重重，甚至需要部队掩护发行工作。1939年6月，新华书店从《解放》周刊社分离，1939年9月1日在延安北门外设立第一个门市部，此后新华书店在各抗日根据地遍地开花。新华书店会同其他书店一起，以门市、邮购、送书下乡、流动供应、设代销点等多种多样的发行方式，推动了党报党刊和各类图书、杂志在陕甘宁边区各分区各县、各敌后抗日根据地、沦陷区乃至南洋等地。

延安新华书店旧址

从1936年中共中央进驻延安到1947年3月最后撤离，10年时间里，延安先后出版了约20多种报刊和400多种书籍。品种虽然不能说多，但在那种艰难的出版环境下，确也十分难得。延安主要的出版机构有解放社、新华书店、华北书店、大众读物社等，另外，八路军军政杂志社、鲁迅艺术文学院、民族问题研究会、边区文化教育研究社、解放日报文化供应部、边区音协编译出版部、敌情编委会、印工合作社等机关团体，也或多或少地出版了一些书刊、地图、年画等出版物。

与延安相较，其他敌后抗日根据地的出版事业起步要晚。相比较而言，晋察冀、晋冀鲁豫、晋绥、华中、山东、东北等根据地的出版工作，做得较为突出。如晋察冀边区的《抗敌报》，1940年11月7日改版为《晋察冀日报》，是边区创办的最早的中共中央分局机关报。晋察冀日报社也是当地最有权威的出版社,在1938—1942年4年的时间里,共发行报纸49.425万份,出版书籍杂志156种,111.3263万册。成仿吾、何干之主编的文化艺术综合刊物《五十年代》、军区政治部编辑的大型摄影画册《晋察冀画报》、英文《晋察冀杂志》,在晋察冀边区出版物中称誉一时。由邓拓编定的第一部《毛泽东选集》,也于1944年7月由晋察冀日报社出版。

五、抗战胜利后解放区的出版事业

全面内战爆发后,随着解放区范围的日趋扩大,共产党领导的解放区出版事业获得了巨大的发展。各地的新华书店,充当了解放区出版业发展的主力军。

东北是最先获得解放的地区,也是诸多解放区中出版成绩最大的地区。这一时期东北地区的出版机构,主要有东北书店、光华书店、兆麟书店、鲁迅文化出版社等。

东北书店1945年11月16日在沈阳成立,属于《东北日报》社领导。东北书店成立之初的主要任务是发行《东北日报》,同时出版图书。其出版工作,除翻印部分延安解放社和各解放区的出版物外,还结合当时的东北地区形势,编辑出版了许多新书,如《中国土地法大纲》、《受苦人翻身大联唱》、《白毛女》、《农民泪》、《地主血腥发家史》等。翻身农民的政治、文化素质亟待提高,书店便编辑出版了以农村基层干部和翻身农民为对象的杂志《翻身乐》,以青年为对象的杂志《知识》和层次较高的《东北文学》、《东北教育》和《东北画报》等。另外,东北解放区中小学课本的出版发行工作,亦由东北书店承担。随着东北解放区的扩大,教科书的发行量越来越大,1948年课本总印数为600余万册,占书籍出版用纸的一半。

尤其值得一提的是,1948年5月东北书店出版的《毛泽东选集》,可称为中国共产党出版史上的一件大事。该书1 000余页,6卷合订本,选收毛泽东从1927年3月至1946年12月的文章49篇,另加一篇新发表的《目前形势和我们的任务》。这是当时收入篇章最全、印刷装帧最好的精装本,也是当时东北书店版图书中的巨著。这部《毛泽东选集》共印行了2万部。随着解放战争形势的发展,陆续发往长春、沈阳、天津、北平、南京和上海等地。

华东新华书店是由山东新华书店和华中新华书店合并而成的。与东北书店一样,山东新华书店也是编、印、发三种业务合一的出版发行机构,三年中共编辑出版《新华文摘》和《文化翻身》(后期改称为《群众文化》)两种期刊,484种图书。其中,翻印的和自己组稿的各占一半。

华北新华书店总店于1948年6月由晋察冀新华书店和晋冀鲁豫新华书店合并而成,1945年9月,晋察冀新华书店随晋察冀边区领导机关迁往华北重镇张家口市,在冀晋、冀中、冀东、察哈尔、热河等省区建立支店,专区设办事处,县设总销处,区设分销处。在随后的一年时间里,晋察冀新华书店共计出版新书96种,57万册,其中自编的占36%;1947年出版图书、课本105种,杂志7种,总印数达60万册。另外,冀晋、冀中、冀东等分店也出版了一大批图书。另外，分属于晋冀鲁豫中央局的太行、太岳、冀南、冀鲁豫四个行署区，亦各有名称不同的书店，也出版了不少书刊。冀鲁豫书店出版发行的《平原文艺》、《演唱杂志》，冀南新华书店编辑出版的《工农兵》、《文丛》等刊物，太岳新华书店重印的《毛泽东选集》等，在当时都产生了一定的影响。

中原新华书店1948年9月1日诞生于中原解放区的河南省宝丰县大韩庄，是在中共中央中原局领导下创办起来的，后随分支机构的建立发展，改称中原新华书店总店。同年12月，中原总店进入郑州，1949年7月迁往武汉，随之易名为新华书店华中区管理处。中原新华书店起初主要是翻印马、恩、列、斯、毛的著作，以及党的建设、方针、政策、时事等方面的书籍，后来则发展到自己组稿出书。至1948年底，共出书27种，9.3万册。1949年出版书刊384种，384.1万册[①]。

1949年初，随着天津、南京、太原、武汉、西安、上海等全国各大中城市的解放，全国解放区逐渐连成一片。1949年2月23日，中共中央宣传部成立出版委员会，着手研究全国新华书店的集中统一问题。1949年7月，东北全区203个东北书店，统一改名为东北新华书店。同月，统一华北区各地新华书店，省成立分店，县成立支店，统称新华书店。至新中国成立前夕，全国已建立新华书店分支店735处，职工8 100余人。1949年12月，中央人民政府出版总署成立。署长胡愈之，副署长叶圣陶、周建人。全国新华书店统一由出版总署领导。

---

① 《中原——中南新华书店史》，34～36页，湖北人民出版社，1991年。

第十一章 新中国的出版事业

1949年10月1日中华人民共和国的成立，标志着半殖民地半封建的旧中国历史的结束，开辟了中国历史的新纪元，中国的出版事业从此翻开了历史的新篇章。

新中国的出版事业是中国共产党领导的社会主义事业的一个组成部分。半个多世纪以来，在党和政府的领导下，出版事业伴随着人民共和国的前进步伐，从小到大，由弱变强。经过六十多年的艰苦奋斗，新中国的出版事业走过了有时顺利、有时曲折的道路，取得了巨大的成绩，积累了宝贵的经验教训。特别是1978年中共十一届三中全会实现历史的伟大转折之后，随着改革开放的不断深入，出版业已经发展成门类相当齐全、实力显著增强的一支物质文明建设和精神文明建设的重要方面军，在国家经济建设和文化建设中发挥了重要的作用。

第一节 新中国出版事业的建立和发展

1948年，解放战争已取得了决定性的胜利。为了迎接全国解放的新局面，管理好新解放区特别是大城市的出版事业，中共中央就新解放区出版事业的政策以及全国解放后出版事业的集中统一等问题，多次作出指示，并采取了一系列重要措施。周恩来指示将生活·读书·新知三联书店人员主力逐渐转入解放区。中共中央专门发文，对新解放区出版事业的政策做出了具体规定。1949年2月，中共中央宣传部在解放了的北平成立了出版委员会，做了许多切实的工作，为新中国成立后我国出版事业的建立奠定了坚实的基础。

出版委员会成立之后，除了参加北平、天津的出版接管工作以及派出干部南下参加南京、上海的接管工作，还进行了以下主要工作，如准备出版《毛泽东选集》、出版中小学教科书、调研全国出版业状况、举办业务训练班等。

从1949年10月1日中华人民共和国成立到1956年，中国共产党和中央人民政府采取了一系列措施来发展人民出版事业，建立了领导出版事业的国家机关，在全国范围内组织新型的人民出版事业，出版、印刷、发行等各项工作都取得了很大的成就。

从1956年9月到1966年4月，在全面建设社会主义时期的我国出版事业，在前一阶段取得成就的基础上继续前进，但在党和国家对社会主义建设道路的初步探索所遭受的挫折中,也同样经历了一些曲折。

一、新闻出版事业管理机构的建立和演变

中华人民共和国成立后,中央人民政府政务院成立了新闻总署和出版总署,作为政府主管全国新闻出版事业的领导机构。1952年2月和1954年11月,新闻总署和出版总署先后撤销,1954年12月文化部成立出版事业管理局,作为文化部指导和管理全国出版事业的职能机构。

1. 新闻总署和出版总署

1949年10月19日,中央人民政府任命胡愈之为出版总署署长,叶圣陶、周建人为副署长(1952年4月和8月,先后任命陈克寒、萨空了为出版总署副署长)。

出版总署是由华北人民政府教育部所属教科书编审委员会、中央宣传部出版委员会和新华书店编辑部三个部分合并起来组成的。出版总署成立后的主要业务为:①建立及经营国家出版、印刷、发行事业;②掌理国家出版物的编辑、翻译及审订工作;③联系或指导全国各方面的编译出版工作,调整公营、公私合营及私营出版事业的相互关系。

根据1951年12月7日政务院第114次会议通过的《关于调整机构紧缩编制的决定》,新闻总署于1952年2月12日撤销,有关对报社的管理工作划归出版总署。

1954年11月,依照《中华人民共和国国务院组织法》第2条的规定,国务院不设立出版总署。出版总署于同年11月30日正式结束工作,所有出版行政业务划归中华人民共和国文化部管理。

2. 文化部出版事业管理局

1954年12月1日,文化部设置出版事业管理局。文化部对出版社的管理工作,主要包括以下几个方面:①监督各出版社贯彻党和国家制定的出版工作的方针、任务;②审核出版社报送的长远选题计划(如五年出书计划),对书籍进行事后审读工作,督促出版社提高出版物的质量,推动开展图书评论工作;③制订和推行出版工作中的重要制度(如编辑审校制度、稿酬制度、定价标准等);④指导和督促出版社改善经营管理;⑤对出版社进行财务监督和汇总审核的管理工作;⑥对全国的出版计划进行汇总平衡。文化部设置出版事业管理局后,大多数省、自治区、直辖市也都在文化厅(局)下设置出版处,负责出版行政管理工作。

二、新中国成立初期出版事业发展的重要措施

1. 全国新华书店的统一

1949年10月3日,"全国新华书店出版工作会议"开幕。毛泽东主席于1949年9月为这次会议题词:"认真作好出版工作",并于10月18日晚6时30分在中南海颐年

堂接见了全体与会人员。这次会议听取了中央领导讲话，讨论了有关出版工作的专项报告，最后一致通过了关于统一全国新华书店的各项决议。

1949年9月，毛泽东同志为全国新华书店出版工作会议题词

出版总署成立后，将全国新华书店出版工作会议通过的各项决议，根据机构变动的新情况加以修正，报经中央人民政府政务院文化教育委员会批准，于1950年3月25日公布了《关于统一全国新华书店的决定》，明确了"全国新华书店必须迅速走向统一、集中，加强专业化、企业化，以担任国家的出版任务，发展人民的出版事业"的方针。

由于各级党委的重视，全国新华书店的统一工作于1951年底完成。

2. 出版、印刷、发行实行专业分工

在出版事业中实行出版、印刷、发行专业分工，是新中国成立后出版总署对传统的出版业进行的一项重大改革。

在我国出版业的历史上，出版、印刷、发行一向不作专业化分工。将出版、印刷、发行分为三个独立的专业机构，无疑是出版体制上的一个重大变化，为了实现出版、印刷、发行的专业分工，出版总署召开了一系列会议，于1950年10月28日公布了《关于国营书刊出版印刷发行企业分工专业化与调整公私关系的决定》。

该《决定》提出:"为进一步发展国营出版事业,提高出版物的质量,加强计划性,减低生产成本,避免重复浪费,增加工作效能,国营出版印刷发行企业应首先实行分工与专业化。全国各级新华书店兼营出版印刷业务者,从目前起应即着手划分为三个独立的企业单位,即出版企业、印刷企业和发行企业。"

3. 第一届全国出版会议

出版总署决定召开的"第一届全国出版会议"于1950年9月15日至25日在北京举行。参加会议的代表中,不仅有来自全国各地区的公营、公私合营和私营的出版、发行、印刷、期刊业代表,以及中央与地方出版行政机关的代表、中央人民政府有关各部的代表、印刷工会的代表,甚至还有书报摊贩的代表。此外,还特邀了一部分出版界的老前辈和关心出版事业的专家学者参加。

这次会议一共开了11天,全体会议开了8次,出版、发行、期刊、印刷、工会、行政等各种分组会议开了100多次。会议最后通过了关于发展人民出版事业的基本方针的决议和关于改进和发展出版工作,改进和发展书刊发行工作,改进期刊、书刊印刷业的五项决议。

在"第一届全国出版会议"召开的同一天,中央人民政府政务院总理周恩来签署公布了《关于改进和发展全国出版事业的指示》,这是中华人民共和国成立后中央人民政府发布的关于出版工作的第一个纲领性文件。

4. 建立和壮大国营出版社的力量

新中国成立初期,出版总署将建立和不断壮大国营出版社的力量作为重要任务,在成立人民出版社后,会同中央人民政府教育部建立了人民教育出版社。接着,又按照分工专业的方向,建立了若干规模较大的国营专业出版社以及以某一部分特定读者为对象的综合出版社;对私营出版社中具备公私合营条件的,在自愿的原则下,进行公私合营。

截至1956年年底,全国共有出版社97家,其中国营出版社80家,公私合营出版社17家(私营出版社社会主义改造工作已完成)。

5. 重视提高出版物质量的主要措施

出版总署成立后,对提高出版物质量十分重视,并采取了许多行之有效的措施。针对建国初期出版界的实际情况,政府出版管理部门积极倡导书刊评论,通过书评工作评介好书,批评坏书,营造健康向上的读书风气,树立严肃认真的工作作风。

1951年8月27日至9月4日,出版总署召开第一届全国出版行政会议,会议号召出版界"为提高出版物质量而奋斗"。1951年8月底至年底,中央新闻出版单位开展了消灭错误的运动,新华通讯社、人民日报社和人民出版社等单位都进行了工作检查。

在总结新中国成立初期出版工作经验教训的基础上,第一届全国出版行政会议讨论通过《关于公营出版社编辑机构及工作制度的规定》,这是新中国成立后国家出版领导机关第一次对编辑出版工作制订的规章制度,其中关于书稿应实行"三审制"的规定,作为一种行之有效的基本制度,长期为全国出版社所沿用,它对于提高编辑审稿水平和保证出版物质量,起了重要的作用。

此外,当时的出版行政机构领导还十分重视校对工作,将其视为重要的政治任务。

6. 制订出版事业"一五"计划和15年远景计划

1955年7月全国人大一届二次会议审议通过了《发展国民经济的第一个五年计划(1953—1957)》(简称"一五"计划)。出版事业作为国家建设计划中的一个组成部分,出版总署、文化部先后制订了出版事业的"一五"计划和15年的远景计划(草案),提出了奋斗的目标。

7. 处理反动的、淫秽的、荒诞的书刊图画

新中国成立后,虽然党和政府大力推动积极健康的工作事业,但反动、淫秽、荒诞的书刊图画仍在不同程度地售卖。对于人民群众,特别是青年、少年、儿童的身心健康,对于社会公共秩序的巩固,对于国家社会主义建设和社会主义改造事业的推进,都有很大的危害。因此,坚决地、有计划地、有步骤地处理这类书刊图画,是当前必须完成的一项重要的政治任务。

1955年7月22日,国务院发出《关于处理反动的、淫秽的、荒诞的书刊图画的指示》,指出:"对于反动、淫秽、荒诞图书必须坚决地严肃地处理,但在步骤上应慎重、稳妥。"全国处理反动的、淫秽的、荒诞的书刊图画的行动,从1955年8月开始,到1956年6月结束。这是新中国成立后首次进行的全国范围内大规模净化出版物市场的行动。这一行动,对于保护人民,特别是对青年、少年和儿童的身心健康,起到了重要的作用。

三、对私营出版业的社会主义改造

20世纪50年代前期,我国对资本主义性质的私营出版业(包括出版、印刷、发行业)进行的社会主义改造工作,是新中国成立初期出版事业中的一件大事。

新中国成立后,我国出版事业存在多种经济成分,其中国营经济(全民所有制的出版社、书刊印刷厂和书店)、集体经济(书报合作社、集体书店)和国家资本主义经济(国家资本与私人资本合营的出版社、书刊印刷厂和书店)从资金、干部到生产力,仅占国家整个出版事业的1/4左右;而私人资本主义经济(私人经营的出版社、书刊印刷厂、书店)和个体经济(书摊、书贩)的力量则占3/4左右。

出版总署于 1949 年 11 月成立后，采取了一系列措施，不断加强和壮大国营出版、印刷、发行事业的建设，同时根据中国共产党对资本主义工商业的利用、限制、改造政策，从 1950 年即着手对私营出版业进行必要的调整和初步的改造。1954 年 1 月，中共中央发出对于私营出版业必须积极地、有计划地、稳步地进行社会主义改造的指示后，国家加大了对私营出版业改造的力度，到 1956 年基本上完成了改造工作。通过对私营出版业的社会主义改造，改变了我国出版事业经济成分的构成，使国营经济居于绝对的领导地位，对于我国社会主义出版事业的发展具有重要的意义。

新中国成立后，国家对私营出版业的社会主义改造工作，以 1953 年为界，大致可分为前后两个阶段。

1. 第一阶段（1950—1953 年）

出版总署对私营出版业的改造工作，从 1950 年到 1953 年底，分别采取了以下措施。

一是召开有私营出版业代表参加的全国出版会议和组织参观等活动。通过这些活动，对私营出版业从业人员了解国家政策、解除疑虑、增加克服困难的信心起到了较好的作用。

出版总署有关领导与上海出版业华北、东北参观团全体团员合影（1949 年 12 月 10 日）

二是有重点地扶助私营出版业克服困难，维持生产。如上海市从 1949 年 12 月至 1950 年 9 月，由政府介绍向银行贷款的私营出版单位有 73 家，贷款额近 40 亿元。

三是推动分散的中小私营出版业在自愿原则下联营。上海有 93 家私营书店组成"上海通俗读物出版业联合书店"（简称通联书店）、34 家组成"儿童读物联合发行公司"（简称童联书店），武汉 36 家私营书店组成的"武汉通俗读物出版社"、长沙 40 多家书店组成的"湖南通俗读物出版社"、广州 40 多家书店组成的"南方通俗读物联合出版社"。这些私营出版业联营后，改变了以往分散经营、盲目竞争的状况，无疑是一个进步。

四是对具备公私合营条件的正当私营出版业进行公私合营。对于历史较久、规模较大、具备公私合营条件的正当私营出版业，在自愿原则下，进行公私合营。如开明书店、世界知识社、荣宝斋几家就是解放后最早一批进行公私合营的出版社。

五是加强对私营出版业的管理。出版总署主要采取了以下一些措施。

1951 年 8 月召开全国出版行政会议，强调提高出版物质量，提出加强对私营出版业的管理，采取措施逐步淘汰投机出版业。

在全国出版行政会议上讨论通过的《管理书刊出版业印刷业发行业暂行条例》于 1952 年 8 月 16 日由政务院正式颁布。《条例》对经营者的条件作出了明确规定，如出版业应有确定的专业方向，设有编辑机构或专职的编辑人员，等等。对不具备条件的私营出版社申请登记时不发给营业许可证。

推动在报刊上开展图书评论工作，对私营出版社粗制滥造、质量低劣的出版物给以严肃的批评，有力地发挥舆论监督作用，收到显著的效果。

出版总署发出通知，规定党和政府的政策文件一律由人民出版社出版，规定若干种出版物（如领袖著作、领袖像、地图、学校教科书等），私营出版社不得出版；并加强了对私营出版社的行政管理。

规定书刊必须标明货币定价并按定价出售，不得任意抬高书价。同一种书刊，在全国任何地区均按出版社统一定价出售，消除了私营书店任意抬高书价的投机行为。

出版总署于 1953 年 3、4 月派出 4 个检查组，用一个半月时间，到华东、中南、华北和北京地区检查出版、发行、印刷工作及出版工作公私关系问题。出版总署党组小组书记、副署长陈克寒率检查组到华东、中南两地检查。他于 4 月 18 日在上海写给习仲勋并政务院文委党组，中央宣传部、黄洛峰并出版总署党组小组的一封信中，重点谈了上海私营出版业的问题。信中说，上海私营出版社 1952 年共出版一般书籍 3 140 万册，而 1953 年第一季度就已出版 1 516 万册，"多系剪贴抄袭，改头换面而成，甚至对政策法令乱作解释，害人不浅"。"有些私营投机出版社只出一本书，就可坐吃一年。这就大大地刺激了私营投机出版社和粗制滥造出版物的发展。"

2. 第二阶段（1954—1956 年）

出版总署遵照中央的指示精神，从 1954 年开始对私营出版业、发行业和印刷业加大了改造的力度，首先抓紧了对私营出版业的改造工作。

1954 年，对一部分基础较好、经营作风正派的私营出版社，主要采取由国家投入部分资金、派入干部加强领导、促进联合经营等不同方式，将他们改造为公私合营出版社。如出版总署会同高等教育部、财经方面的若干部门、中国科学院、中国音乐家协会，改造了商务印书馆、中华书局、龙门联合书局、上海新音乐出版社等私营出版社，分别成立了公私合营的高等教育出版社、财政经济出版社、科学出版社、音乐出版社。对不采取公私合营办法的私营出版社，分别采取机构裁并、人员妥善安置的办法，将其兼营的发行、印刷业务部分，并入国营或公私合营的发行、印刷业；部分出版业务熟练的人员，转入国营出版机构工作。1954年共改造193家私营出版社，其中上海172家（有部分自动停止出版业务或转其他行业），到年底私营出版社还有97家。

1955年，文化部进一步贯彻统筹安排的方针，用公私合营、联营、合并、淘汰等办法，改造了70多家私营出版社，建立了4家公私合营出版社，到该年年底，私营出版社只剩下19家，其中上海16家，北京、天津、浙江各1家。

1956年初，除上海尚有宗教出版单位10家外，其余9家私营出版社分别并入其他公私合营出版社或转入发行业。到1956年6月，对全国私营出版业的社会主义改造工作基本完成（1956年初，全国已没有私营的报纸和期刊）。

在私营出版业中，以商务印书馆、中华书局两家历史最久、规模最大、人数最多（两家共有1 800多人）。1953年12月，商务、中华的董事会均向出版总署提出全面公私合营的申请。出版总署考虑两家原已有若干公股并早已为国家担负加工订货任务，事实上已具有国家资本主义性质，认为两家实行公私合营的条件已经成熟，拟将商务印书馆改组为高等教育出版社，中华书局改组为财政经济出版社（商务、中华的名义仍保留）。

从1954年初开始，在出版总署的直接领导下，通过认真协商，充分发动群众，商务、中华公私合营的筹备工作顺利进行，于1954年4月底大体上告一段落，5月1日，高等教育出版社、财政经济出版社正式在北京宣告成立。

对私营印刷业的社会主义改造工作，是由地方工业行政部门具体负责，在各地党政领导机关统一规划下进行的。

从1950年至1953年，出版总署对私营书刊印刷业主要采取委托印刷的形式进行加工订货；从1954年开始，出版总署和以后的文化部根据中央对私营工商业改造的政策，对有条件承印书刊的印刷厂组织他们进行联营或合并，接受国家出版社的委托加工；对于历史较久、规模较大、技术设备较好的书刊印刷厂，如上海商务印书馆印刷厂、中华书局印刷厂、北京京华印书局、上海艺文印刷厂等，均在印刷厂申请后，批准为公私合营企业；对不具备承印书刊条件的小厂，则由地方工业部门根据社会需要，组织他们转业或承印社会零件印刷。

1956年初，在全行业公私合营热潮中，上海合营了大小规模不同，包括铅印、彩印、铸字、铜模、制版等行业共2 400多家，从业人员2.5万余人；北京合营了295家，从业人员5 184人；西安合营了60家，从业人员456人，等等。到1956年6月，对私营出版业、私营图书发行业、私营印刷业的社会主义改造工作基本完成。

国家对私营出版业、图书发行业、印刷业进行的社会主义改造,同对其他私营工商业进行的改造一样,是伟大的历史性胜利。资本主义的私有制,基本上转变为国家所有,即全民所有的公有制。在实行全行业公私合营的进程中,也同其他行业一样存在有"要求过急"、"工作过粗"、"改变过快"、"形式过于简单划一"的"四过"缺点和偏差,以致在长时期遗留了一些问题。这些工作中的失误,虽然带来了一定的损失,但毕竟是次要的。"整个来说,在一个几亿人口的大国中比较顺利地实现了如此复杂、困难和深刻的社会变革,促进了工农业和整个国民经济的发展,这的确是伟大的历史性胜利。"①

四、新中国成立后至1966年的出版概况

1. 1949—1956年

从1949年10月新中国成立至1956年这个时期,伴随着国家政治安定、经济发展,出版事业也取得了明显进展。各种门类的图书在品种、数量和内容质量上都出现了新的变化。

马克思列宁主义经典著作有计划地大量翻译出版。新中国成立初期,为了满足广大群众学习的迫切需要,出版部门用旧纸型或根据旧译本零散地重印和再版了一批马列主义著作。从1953年开始,有计划、有步骤、系统地重新组织翻译出版马克思、恩格斯、列宁、斯大林的全部著作。从1949年10月至1956年,马、恩、列、斯著作共计出版241种,印行2 700多万册。

毛泽东著作从1949年10月到1956年底,共出版了48种,印行了6 200多万册,其中《毛泽东选集》第一、二、三卷共印了1 000多万册,还以少数民族文字和外国文字翻译出版了多种毛泽东著作。

在学术研究著作出版方面成就也很显著。随着社会主义建设和改造事业的发展,中国学术界对革命实践中提出的一些重大问题开始从理论上进行研究,并在马克思列宁主义指导下展开了不同意见的争论。如关于中国现阶段资产阶级和无产阶级矛盾的性质问题,关于中国历史分期问题,中国资本主义的萌芽问题,社会主义基本经济规律问题等,都出版了专门的著作或论文集。这几年中,中国历史研究著作在学术著作中占有较大比重。一部分在人民共和国成立以前就已出版过的有价值的通史、断代史、思想史和其他专史,也陆续重印或经作者修订后重新出版。以哲学、社会科学类的学术著作来说,仅1956年就出版了180多种,比前几年出版的同类著作的总数还要多。

中外文学作品的出版在这几年有很大发展。几年间,一大批反映时代风云,描写革命斗争历程的优秀作品陆续问世,其中包括丁玲的《太阳照在桑干河上》,周立波的

---

① 《中国共产党中央委员会关于建国以来党的若干历史问题的决议》(1981年6月27日中国共产党第十一届中央委员会第六次全体会议通过),人民出版社,1981年。

《暴风骤雨》，柳青的《铜墙铁壁》，赵树理的《李家庄的变迁》和马烽、西戎的《吕梁英雄传》等长篇小说，李季的《王贵与李香香》，阮章竞的《漳河水》等诗歌，贺敬之、丁毅等的《白毛女》等剧本。这批优秀作品对促进我国社会主义文艺建设，巩固民主革命胜利成果和发展社会主义事业，都起了积极的作用。

在三年多的抗美援朝运动中，全国出版部门以各种形式出版了大量宣传抗美援朝、保家卫国的图书，其中影响最大的是作家魏巍写的特写报告《谁是最可爱的人》。新中国成立后，国家对鲁迅著作的出版十分重视。1950年10月，出版总署在上海成立了鲁迅著作刊行社，由冯雪峰任社长兼总编辑，专门编校和注释鲁迅的全部著作。1952年该社并入人民文学出版社，自1956年开始出版经过校勘并有注释的新版《鲁迅全集》（《鲁迅全集》10卷于1958年10月出齐）。"五四"以来的其他著名作家的作品也出版了多种，如茅盾的《子夜》、巴金的《家》等主要作品，都重版了10次以上。此外，还编辑出版了"五四"以来各种流派作家的作品选集近50种。这一时期出版的青年作者创作的文学作品占很大比重。民间文艺作品特别是极其丰富的各地方、各民族人民的口头文学，各地方剧种和剧目，民间传说和故事等，经过整理出版，也获得丰收，仅1956年新出版的戏剧类书籍就有1 000多种，其中大部分是地方戏剧。

新中国成立初期，外国文学作品以翻译苏联的数量最多。其中译成中文品种最多的是高尔基的作品，仅1949年10月到1953年底就出版了80多种。

科学技术书籍的出版也迅速发展。1956年出版科技书籍8 698种，印行1.41亿册，比1952年种数增加2.7倍，印数增加5.5倍。这一时期，不但出版了一些水平较高的科学理论研究著作，也出版了大量和工农业生产需要密切结合的科学普及读物。

1950年到1956年，各种通俗读物出版了2.2万余种，印行7.25亿册。这些通俗读物在向文化水平较低的工农群众进行政治理论教育、普及文化科学知识等方面，发挥了重要作用。少年儿童读物也有很大的增长。连环画册一向拥有广大读者，特别适合少年儿童阅读。20世纪50年代前期，各种题材的连环画的出版有了很大发展。从1951年到1956年全国共出版连环画册1万余种，累计印数2.6亿册，新连环画册完全取代了旧连环画占领了图书市场。

这一时期，古籍的整理出版工作卓有成效。1951年人民文学出版社成立后，担任副总编辑兼中国古典文学编辑室主任的聂绀弩就任后进行的第一件工作，就是整理、校注《水浒》（七十回本），于1952年10月出版。这是新中国成立后由国家出版社最早整理出版的古典文学作品，标志着新中国古籍整理出版工作的起步。接着《红楼梦》、《三国演义》、《西游记》等古典小说，经过整理校注，都出版了新的版本，每种都发行数十万部。

1953年，毛泽东委托范文澜、吴晗组织整理、标点《资治通鉴》。参加标点校勘的都是我国著名的史学家，如顾颉刚、齐思和、张政烺、郑天挺、邓广铭等。《资治通鉴》点校本1956年由古籍出版社出版，《续资治通鉴》也于1957年出版。这两部大书是新中国成立后首次经过精心整理的大部头史学名著，其质量之高、速度之快堪称一时之盛。

随着新中国教育事业的发展，各级学校课本的出版数量也逐年增长，其中高等学校教材的大量增长，反映了新中国对培养人才和科学研究工作的重视。1952年新出版的高等学校教材仅有6种，印行2.9万册，到1956年就增加到1 066种，印行806万册。

少数民族文字图书的出版也有很大的增长。自1950年到1956年，以蒙古、藏、维吾尔、哈萨克、朝鲜、锡伯等6种少数民族文字出版的图书共有4 997种，印行4 700多万册。

在建设社会主义过程中，中国人民重视学习国外先进经验和科学成就，也重视吸收各国人民优秀的文化成果，出版工作者为此作了大量工作。据不完全统计，自1949年10月至1956年底，翻译出版了43个国家的各类书籍共15 748种，印行2.6亿多册，其中译自苏联的书籍数量最多。

翻译出版外国自然科学技术图书的数量，也比旧中国有了很大的增长，而且逐年增长的比例都较大。

2. 1957—1965年

1957年至1965年的9年间，图书出版工作在前几年的基础上继续有所发展，但在前进的道路上经历了不少曲折和反复。

这一时期，马列著作中文版出版的成绩比较突出。各种文字、各种版本的《毛泽东选集》（一至四卷）和《选读》、《语录》，毛泽东著作的专集、汇编本、单篇本大量印制。

在文学书籍出版方面，《鲁迅全集》新的注释本10卷于1958年出齐后，还出版了《鲁迅译文集》10卷。这一时期在中长篇小说的创作出版上尤为突出，如人民文学出版社出版了《保卫延安》（杜鹏程）、《青春之歌》（杨沫）、《林海雪原》（曲波）、《上海的早晨》（周而复），作家出版社出版了《三家巷》（欧阳山）、《野火春风斗古城》（李英儒），中国青年出版社出版了《红日》（吴强）、《红旗谱》（梁斌）、《红岩》（罗广斌、杨益言）、《创业史》（柳青），上海文艺出版社出版了《铁道游击队》（知侠）、《战斗的青春》（雪克），等等。这些优秀作品都脍炙人口，受到读者广泛欢迎，有的一印再印，发行数量很大。

这一时期，人民文学、工人、中国青年等出版社出版的革命回忆录和描写英雄模范人物事迹的报告文学、散文、诗集等，受到广大读者特别是青年的欢迎，《星火燎原》、《红旗飘飘》等一批革命回忆录的出版，对青年一代进行革命传统教育起了积极的作用。

1958年，毛泽东指示点校"二十四史"中的前四史，中华书局组织一批专家进行这项工作，到1965年，《史记》、《汉书》、《后汉书》、《三国志》的新点校本陆续出版，得到各方面的好评。

从1957年到1965年的这段时期，不少文学、历史、哲学方面的古代名著陆续出版，还编选出版了一批篇幅宏伟的为研究工作者需要的资料书和工具书。如《全上古三代秦汉三国六朝文》、《全汉三国晋南北朝诗》、《全唐诗》、《全宋词》、《全元散曲》、《文苑英华》、《明经世文编》等（其中部分为影印）；我国古代的重要类书《艺文类聚》、《太平御览》、《册府元龟》、《永乐大典》（730卷）等大型古籍都影印出版；资料书方面，如《中国哲学史资料选辑》、《中国古代教育史资料》、《古典文学研究资料汇编》等也出版了多种。

翻译外国学术著作方面，从1958年商务印书馆成为主要出版外国哲学、社会科学古今学术著作的出版机构后，便有计划、有目的地加强编辑、出版工作。从1958年至1965年，该馆共翻译出版外国哲学、社会科学重要著作近200种。

中外文辞书方面，1965年4月，上海的中华书局辞海编辑所出版了《辞海·未定稿》上下两卷，内部发行。由商务印书馆编辑部进行《辞源》修订工作，于1964年出版了《辞源》修订版第一分册。

外语辞书方面，商务印书馆从1958年到1965年，出版了《英汉大辞典》（修订本）、《俄汉大辞典》，还出版了外汉双语辞书和专科辞书20余种。

这一时期，高等学校教材的出版工作取得不少成果。截至1964年春季，新华书店供应高等学校理工农医各科的教材已达3 603种。高校文科教材经过几年的努力，到1965年底共编选出版73种（187册）。许多新编教材都有较高的质量，被许多院校采用，在国内外获得好评。

从1957年到1965年，这一阶段的图书出版虽然取得了不少成绩，但也经历了不小的曲折和挫折。1957年反右派斗争的严重扩大化，1958年"大跃进"刮起的浮夸风，在图书出版中也有明显的反映。1958年虽然全国出版图书高达45 495种、总印数23.89亿册（张）、总印张数51.08亿印张，是新中国成立以来数量最多的一年，但所出版图书中有相当大的数量质量较差，造成了大量积压。由于政治运动连年不断，"左"倾思想严重干扰，"百花齐放、百家争鸣"的方针得不到贯彻，造成了学术著作日渐减少，对外国当代学术思潮、文学流派的介绍几乎绝迹，出版社和作家的关系也很不正常。

3. 报刊出版

新中国的报纸出版事业，是在解放区报业和对旧报业进行改造的基础上发展起来的。

据文化部出版事业管理局统计，1949年全国出版报纸315种，总印数4.12亿份，经过国民经济三年恢复时期，到1952年全国报纸为296种，比1949年减少19种，总印数16.09亿份，比1949年增长290%，总印张数13.33亿份，比1950年增长105%。

1953年至1957年,我国实行第一个五年计划期间,报纸的发展数量很快。1957年专区、市级以上报纸出版364种、总印数24.42亿份、总印张数23.78亿印张,分别比1952年增长23%、52%、78%。

在第二个五年计划与国民经济调整时期(1958—1965年),1958年的"大跃进",全国专区、市级以上报纸出版491种、总印数39.13亿份、总印张数35.13亿印张;到1965年为343种,比1958年种数减少148种,总印数47.41亿份、总印张数40.3亿印张,分别比1958年增长21%、15%。

1950年至1965年,全国报纸的年总平均期印数增长的幅度较大。1950年为301.2万份,1957年为1 130.7万份(其中中央级报纸441.5万份,地方报纸689.2万份),1965年为2 476.6万份(其中中央级报纸929.4万份,地方报纸1 547.2万份)。

新中国成立后,中央宣传部、出版总署和有关方面采取了不少措施促进期刊工作的发展,全国新创刊了多种期刊,特别加强发展了通俗性期刊、学术性期刊,文学艺术和自然科学、生产技术等类期刊也有了不同程度的增长。

1953年至1957年,我国实行第一个五年计划期间,期刊的数量增长较快。1957年全国出版期刊634种,总印数3.15亿册,总印张数6.89亿印张,分别比1952年增长79%、54%、146%。

1965年全国出版期刊790种、总印数4.41亿册、总印张数9.35亿印张,分别比1957年增长25%、40%、36%。

五、书刊印刷业的发展

在第一个五年计划期间,我国书刊印刷业完成了对私营书刊印刷业的社会主义改造,调整了书刊印刷业的产业布局,在中央和地方建立了以国营新华印刷厂为主体的各种门类的专业书刊印刷厂。

旧中国的印刷工业主要集中在华东、华北和东北的沿海地区,上海、北京、天津、沈阳等城市占有全国印刷生产力的一半以上,而在中西部和边远省、自治区的书刊印刷生产力却很薄弱。为了改变印刷企业分布的不平衡状况,出版总署从1953年以后有步骤地在东北、中南、西北、西南几个大行政区建立了印刷发行基地,将上海、天津、北京等城市一些印刷厂的生产设备和部分技术人员迁往内地,以加强西北、西南等地的印刷力量。还从北京、上海多次组织有经验的技术工人到内地印刷厂帮助提高印刷技术。采取这些措施以后,大大促进了内地书刊印刷业的发展。经过各方面的努力,书刊印刷业有了较快的发展。据统计,1965年和1952年相比,全国书刊印刷业的工业总产值增长302%,书刊排字增长293%,书刊印刷增长245%,胶印印刷增长431%,书刊装订增长331%。1965年和1957年相比,全国书刊印刷业的工业总产值增长86%,书刊排字增长40%,书刊印刷增长84%,胶印印刷增长125%,书刊装订增长99%。

为了提高书刊印刷质量,1964年和1965年,中国印刷代表团和技术小组分别赴日本、西欧考察后，引进 K181 电子刻版机、187 电子分色机和四色胶印机等。这是我国运用电子制版技术的开始。

为了提高文字版质量，文化部出版事业管理局于 1958 年 6 月发布《关于活字及字模规格化的决定》，在全国全面地更新字模，统一活字和字模规格。经过几年的改进和创造新的印刷字体，文化部、中国文字改革委员会、教育部和中国科学院语言研究所成立了汉字字形整理组，就印刷通用字范围的铅字字形加以整理，编成《印刷通用汉字字形表》，包括印刷通用的宋体字 6 196 个，于 1964 年 11 月公布施行。从此，各字模厂生产的铅字字形得到统一。

六、图书发行工作的发展和变化

全国新华书店统一后，图书发行的网点增长很快。到 1952 年底已发展到 1 384 处，比 1950 年增长 86.5%。在第一个五年计划期间新建 2 149 处，平均每年新建 400 多处。到 1957 年底，国营书店售书点达到 3 584 处，比 1952 年增长 159%。全国除个别偏远地区外，基本上已达到全国每一个县都建有一个新华书店支店。在一些大的工厂、矿山和学校等处还设有新华书店的书亭。

在广大农村，以供销社工作为依托的图书发行工作得到加强，有力地满足了农村群众的购书需求。据 1956 年 6 月底统计，全国农村供销社已有 16 715 个基层社、6 069 个分销店，共计 22 784 个销售点售书，有 15 158 个营业员担任图书发行工作。

到 1965 年，发行到县及县以下农村的图书已达 42 316 万册，占全年发行图书总册数的 22.8%。1965 年，全国共有图书发行网点 5.2 万多处，其中国营新华书店售书点 3 911 处，农村供销社、商业部门售书点由 1958 年的 2 967 处发展到 4.8 万处。1965 年，全国销售图书 18.58 亿册，销售金额 4.25 亿元。

负责经营我国书刊进出口贸易业务的中国国际书店，于 1949 年 12 月成立，到 1956 年底止，已经和 99 个国家的书店建立了业务上的往来关系，进口了 73 个国家和地区的 51 种文字的书刊。该店将我国出版的外文图书 1 518 万册、外文期刊 8 153 万册，发行到 161 个国家和地区。

七、政治运动中出版事业的曲折和反复

1956 年，我国对生产资料私有制的社会主义改造基本完成后，国家进入全面建设社会主义的阶段。我国出版事业在前一阶段获得很大成就的基础上继续前进。但是，由于 1957 年以后的"反右"扩大化以及"大跃进"、"反右倾"等政治运动的影响，出版事业在前进的道路上经历了不少曲折和反复。1961 年中共中央提出对国民经济实行"调整、巩固、充实、提高"方针后，出版工作认真贯彻，情况逐步有了好转并取得了一些新的成绩。但 1962 年 9 月中共中央召开的八届十中全会提出对阶级斗争必须"年年讲、月月讲、天天讲"，政治上"左"倾错误的发展，文化思想领域的错误批判加

剧，至20世纪60年代中期有愈演愈烈之势，终致发展成为"文化大革命"的导火索。

1. 整风"反右"运动中的出版界

1957年4月27日，中共中央发出《关于整风运动的指示》，要求在全党进行一次以正确处理人民内部矛盾为主题，以反对官僚主义、宗派主义、主观主义为内容的整风运动，提高全党的马克思主义思想水平，改进作风，以适应社会主义改造和社会主义建设的需要。整风指示发布以后，全国出版系统各单位的中共组织即组织全体党员干部学习中央指示，根据中央要求对照检查，提高思想认识。同时，根据中央"开门整风"的指示精神，纷纷召开各种形式的座谈会，广泛听取党内外群众的意见，出现了一个群众性的当时称为帮助党整风的热潮。

在北京，文化部和出版事业管理局于5月7日至15日连续召开了5次整风座谈会，邀请各直属出版社、新华书店的负责人和部分老出版工作者参加座谈。与会者对出版工作中的党群关系，党员领导的官僚主义、宗派主义和主观主义的表现，以及出版工作中的各种矛盾等问题提出批评意见。从5月初到6月初的一个月内，除出版系统各单位纷纷召开座谈会之外，中国民主同盟和中国民主促进会两个民主党派在出版系统中的基层组织也分别开会，帮助本单位的中共党组织整风。这个时期，《人民日报》、《光明日报》、《文汇报》等报刊，发表了不少出版界召开的座谈会的主要发言和消息报道。

在上海，中共上海市委于4月下旬分别召开了各系统的座谈会，多位出版界人士在座谈会上发言，内容主要涉及出版界贯彻"双百"方针、党员干部骄傲自满的作风、体制上的京沪两地文学翻译和古籍的对口专业分工、出版社人员过多、出版社组织机构等问题。

各地在整风座谈会上对出版工作提出的批评，有的相当尖锐，但切中时弊，对帮助党整风和改进出版工作是有益的，但是也有一些意见是偏激的和夸大的，或有较大的片面性。

6月8日，《人民日报》发表题为《这是为什么?》的社论，指出有人向拥护共产党的人写恐吓信，这是"某些人利用党的整风运动进行尖锐的阶级斗争的信号"。社论号召人们"必须用阶级斗争的观点来观察当前的种种现象，并且得出正确的结论"。此后，即在全国范围内展开了一场大规模的"反右派斗争"。

各地出版系统的各个单位纷纷召开会议，批判本单位的"右派言论"。北京地区从7月15日至9月24日，文化部和出版事业管理局召开较大规模的"反右派斗争座谈会"20次，批判出版界在京的"右派代表人物"。

"反右派斗争"到1958年夏季基本结束。各地出版系统中，有一批干部和编辑、出版、发行工作人员被错划为"资产阶级右派分子"，他们当中的大多数人分别受到开除公职、劳动教养、撤职、降级、开除党籍、开除团籍等不公正的处分，造成了不幸的后果。

2．"大跃进"运动中的出版工作

1958年5月，中共中央发起"大跃进"运动，"使得以高指标、瞎指挥、浮夸风和'共产风'为主要标志的'左'倾错误严重地泛滥开来"。①

1958年初，上海人民出版社首先向全国出版社发出倡议书：保证1958年发稿347种（为上年的304%），字数2 900万（为上年的379%），上缴利润105万元，其中沪版书利润较去年增加900%。其他单位也提出了许多不切实际的高指标。

文化部抓住这一典型，于3月10日至15日在上海召开"全国出版工作跃进会议"。会议提出，在全国全面大跃进的形势下，出版工作也要来个大跃进。这次会议后，在全国出版发行系统立即掀起了一场声势浩大的"学先进，赶先进，比先进"的"大跃进"高潮。

各单位都提出了"大跃进"的目标，如：人民出版社提出"苦战两年，改变面貌，争取成为世界上宣传共产主义思想的最好的政治书籍出版社之一"。人民文学出版社提出"苦战三年，成为世界上最先进的文学书籍出版社之一，出版一批足以震动世界的巨著；装帧印刷质量3年内超过日本，赶上德国"。中华书局提出要在10年内，"用马列主义观点，从5万种古籍中选出5 000种汇编成100套丛书"，等等。

各单位提出的跃进指标中都突出表现了"一天等于二十年"的"大跃进"速度。各大出版社，如人民出版社、人民文学出版社、外文出版社、商务印书馆等都提出并切实完成"在限定日期内发稿字数完成×××，出书种类达到×××种"的要求。在"大跃进"运动的高潮中，全国不少地方办起了专区和县一级的出版机构。

在"大跃进"中，由于出版社片面追求"快"，出版数量虽然大幅度上升了，出版质量却大幅度下降了，出现了许多问题。

在"大跃进"中，全国图书发行部门也大搞群众运动。好多地方发动了报刊、书籍发行的竞赛，提出了"放卫星"、"争第一"、"夺冠军"的口号。结果，造成全国新华书店的存书积压和赊销坏账。靠行政动员发到公社、生产队的大批图书，有相当一部分并未起到实际作用。② 有些书店违反自愿购买的原则，形成了强迫摊派。产生于"大跃进"中的"公社书店"，由于归属不明确、管理跟不上等原因，很快衰落、夭折了，造成了图书的大积压、大报废和大损失。

为了切实保证和提高出版物的质量，中央宣传部于1959年5月13日召开专门讨论出版物质量问题的会议。会议重点对改进今后工作的问题进行了深入的讨论。对切实保证和提高出版物的质量提出了意见，其要点是：

第一，要正确地制定每年度的出版指标。指标的规定，既要保证出版物适当的数量

---

① 《中国共产党中央委员会关于建国以来党的若干历史问题的决议》（1981年6月27日中国共产党第十一届中央委员会第六次全体会议通过），人民出版社，1981年。

② 郑士德：《中国图书发行史》，798－799页，高等教育出版社，2000年。

的稳步增长,又要保证出版物的一定的质量;既要注意满足当前的需要,又要照顾长远的需要;既要注意普及,又要注意提高。考察一个出版社的工作是否有成绩,主要地应该看它的出版物的质量,看它出版了多少确实是为国家和人民群众所需要的好书,看它为民族文化的积累作了多少的贡献。决不能单纯看它的数量。

第二,要正确地制定选题计划。选题计划既要照顾全面,又要保证重点;制定计划,要从实际需要出发,同时根据实际的可能。计划要切实,又要留有余地。出版主管部门要认真审查选题计划并对其执行情况经常加以监督和检查。

第三,加强组稿、审稿、校稿的工作。不论新作家和老作家,他们的著作都应该保证有一定的质量。此外,还必须改进并制定编辑和审核的工作制度。从总编辑起,明确规定各个工作岗位人员的职责。必须加强社长、总编辑的政治责任。技术设计和装帧印制工作也必须重视和加强。要认识到技术错误可以造成政治错误。

第四,要积极提高编校工作人员的政治、理论和业务水平。为此,应该订出编校工作者的学习制度。学习主要是认真读书,不是漫谈讨论。

第五,各出版社之间要充分发挥共产主义协作精神,要很好地分工合作。

3. 出版事业在全面调整中继续前进

1960年冬天,"大跃进"被停止,出版业开始调整。这期间办的地区和县级出版社相继停办,图书品种、库存数量都明显回落。

1961年1月,中共中央八届九中全会通过了对整个国民经济实行"调整、巩固、充实、提高"的八字方针。出版部门认真加以贯彻,开始了全面调整工作。中央宣传部和文化部根据中央指示精神,在1961年至1963年期间,主要进行了以下一些方面的工作:

一是整顿、精减中央一级出版社和刊物。中央一级出版社在1960年反官僚主义整风运动中已初步进行了工作检查,从10月份开始,根据中央指示进一步进行整顿,整顿工作至1961年2月底结束。

通过这次整顿,比较彻底地检查了图书出版中存在的政治问题和其他问题。中央一级出版社原有42家,裁撤了2家,合并20家,继续设立的还有24家,出版社的数量减少了将近一半。中央一级出版社原有工作人员5 833人,经过整顿,精减了将近一半。

中央一级机关精减、整顿刊物的工作是在1960年下半年中央机关反官僚主义的整风运动中进行的,通过检查整顿,中央一级机关104个单位的1 254种刊物减为307种,占原有刊物种数的24.5%。通过这次整顿,检查和处理了刊物中发生的各种政治性错误,普遍审查和调整、精减了编辑队伍,检查和批判了刊物出版工作中领导上的官僚主义作风。

二是检查和处理内容有错误的图书。出版社在检查工作中发现有内容错误的图书,有些已由出版社作停售处理。文化部党组为了使出版社在处理有错误的图书时有统一的标准可以遵循，提出4点原则规定报请中央宣传部批准，于1960年12月14日通知全国出版部门执行。但至1961年3月，文化部发现个别地方的书店仍在将宣扬浮夸风、"共产风"等"五风"错误的书籍向农村基层干部宣传推荐，为此于3月15日发出通知，要求出版社对1958年以来出版的宣传农村工作政策、宣传"三面红旗"、反映农村生活的图书（特别是这方面的通俗读物和连环画册、宣传画）严肃地进行一次检查。对于其中系统宣传浮夸风、"共产风"等"五风"错误的图书，应该根据中宣部批准的处理原则，提出处理意见报请上级党委审批后作停售处理。

三是缓和图书供应紧张情况。由于出版用纸供应不足，1961年全国出版用纸量只达1957年的水平，除保证课本和报刊用纸外，分配给书籍使用的数量倒退到比1951年用纸量略高的水平；出书印数锐减，图书销售数只达1955年的水平。各地书店特别是大中城市书店在"大跃进"时期积压的存书滞销，新书品种和数量都很少，多数只能由各发行所酌情分配，因而书店中形成了新书严重供不应求的状况。

文化部出版局把妥善安排图书市场、缓和供需矛盾作为当前的主要任务，采取改进图书分配、加强计划发行、重印急需图书、挖掘存书潜力、收购旧书再售、开展租书业务及改善服务态度等7项措施，通知全国出版部门贯彻执行。经过各有关方面的努力，图书供应紧张情况有所缓和。

四是总结经验教训，制订改进出版工作的条例。文化部出版事业管理局在整顿中央一级出版社的过程中，根据中央历来的指示，初步总结了"大跃进"以来的经验教训，着手在总结经验的基础上，制订改进出版工作的各项原则和措施。经过多次讨论和修改，文化部党组于1961年3月31日向中央宣传部报送《关于提高书籍质量、改进出版工作的意见》，《意见》中提出了正确制订长远选题规划、健全编辑审核制度、坚持定期检查书籍质量、加强编辑干部的培养、合理安排编辑工作人员的时间等13项改进出版工作的措施。

4. 文化思想领域"左"倾错误的发展对出版工作的影响

1962年9月，中共中央召开八届十中全会，毛泽东在会上作了关于阶级、形势、矛盾等问题的讲话，强调阶级斗争必须年年讲、月月讲、天天讲。政治思想上的"左"倾错误因大抓阶级斗争而严重发展。八届十中全会后，中共中央决定在全国城乡发动一次普遍的社会主义教育运动。同时，文化思想领域也开展了一场日益加剧的批判运动，对一些文艺作品、学术观点和文艺界、学术界的一些代表人物进行了错误的、过火的政治批判。

与之相应，一些出版社的出版物受到了错误的批评和处理，一些出版界人士蒙受了不白之冤。中国青年出版社1962年8月出版的《红旗飘飘》丛刊第17集，发表了王超北写的回忆西安情报处与胡宗南集团作斗争的文章《古城斗胡骑》，被康生诬陷为"利用写回忆录进行反革命翻案活动"，把王超北逮捕入狱。与此同时，中国青年出版社再版了几本19世纪法国作家儒勒·凡尔纳写的科幻小说，被批判为"恶毒侮辱和咒骂非洲、太平洋各岛屿和拉丁美洲的人民，美化殖民主义者，宣扬不经过阶级斗争，统治者就可以自动让出政权的错误观点"而受到严厉指责。

1963年9月，康生又诬蔑人民出版社用三联书店名义出版的《从五四启蒙运动到马克思主义的传播》（丁守和、殷叙彝著）一书"吹捧陈独秀，为大叛徒辩护，是利用历史研究进行反党"。人民出版社党委写了书面检查报告，康生在报告上批道："人民出版社问题十分严重，王子野用了些什么人？近来有人利用历史进行反革命活动，应该警惕。"结果，这本书被停售，作者被迫写了检查。

1962年5月6日，《文汇报》发表时任上海市出版局代局长的罗竹风写的一篇《杂家——一个编辑同志的想法》（署名"骆漠"）。这篇千余字的短文，从一个编辑的来访谈起，指出编辑为作家的作品出了力，费了心血，却没有得到应有的重视和待遇。原来是关于编辑工作价值的正当讨论，却被张春桥、姚文元上纲上线，说它是"思想战线上的一次资本主义复辟"，并进而指责"出版社刮起了一股资本主义自由化的歪风"。罗竹风受到大会批判，被迫检查后，被撤销出版局代局长的职务。

这一时期，还有一些出版社出版的书籍受到批判和处理，如中国青年出版社早期出版的冯定著《平凡的真理》，被批判为"主观唯心主义的大杂烩"、"修正主义的大毒草"；湖北、江西、上海等地人民出版社出版的艾寒松著《怎样做一个共产党员》，被批判为"宣扬反对个人迷信等修正主义思想"；人民音乐出版社出版的《外国名歌二百首》及其《续编》，被批判为"选进了大量颓废的和宗教感情的歌曲"，等等。

从1964年夏季开始，在意识形态领域从文学艺术界逐步扩大到哲学、经济学、历史学、教育学等许多方面，开展了新中国成立以来文化领域内规模最大的批判运动。这种批判，以学术讨论的形式，进行政治性的批判，被当作反修防修的重要组成部分。在"左"倾错误日益严重的情况下，文化领域的批判愈演愈烈，终致发展成为"文化大革命"的导火索。

第二节 "文化大革命"时期的出版事业

1966年5月至1976年10月的"文化大革命"，使我国的社会主义事业遭到新中国成立以来最严重的挫折和损失。这场长达十年的浩劫，是从文化领域的"批判"开始的。出版事业作为文化领域的重要部门首当其冲，受到的摧残和破坏也更为严重。

一、"文革大革命"发动初期的出版界状况

1. 出版界成为被"彻底批判"的"五界"之一

1966年5月16日中共中央政治局扩大会议通过的中共中央通知，要求全党"高举

无产阶级文化革命的大旗,彻底揭露那批反党反社会主义的所谓'学术权威'的资产阶级反动立场,彻底批判学术界、教育界、新闻界、文艺界、出版界的资产阶级反动思想,夺取在这些文化领域中的领导权"。出版界成为"文革"开始后被"彻底批判"的"五界"之一,是最早受到冲击、最早被"夺权"的部门之一。

"文革"开始时,林彪、江青一伙为了篡党夺权,大造反革命舆论,煽动"怀疑一切、打倒一切",严重搞乱了人们的思想。在出版战线,他们不仅全盘否定新中国出版事业所取得的成就,诬蔑17年来的出版工作是"反党反社会主义的黑线专政",还全盘否定解放区出版工作的革命传统,全盘否定国民党统治区的进步出版工作。他们臆造出版界从20世纪30年代到60年代"贯穿着一条黑线",诬蔑长期从事出版工作的大批领导干部,说什么老解放区来的是"走资派",国民党统治区来的是"敌、特、叛",业务骨干不是"黑线人物"就是"修正主义苗子"。在林彪、江青一伙的煽动下,学术界、文艺界等各界的大批专家、学者和著名作家被任意扣上"资产阶级反动权威"、"反革命修正主义分子"、"反共老手"等帽子,列为"全面专政"的对象,一时造成极大的恐怖和严重的混乱。

2. 出版界的"夺权"斗争

"文革"开始后,林彪、江青一伙把中央宣传部、文化部的领导班子成员打成"反党反社会主义的修正主义分子",强加给他们的一条重要"罪名",就是"反对毛泽东思想,压制毛主席著作的出版发行"。

从1949年10月到1965年,《毛泽东选集》一至四卷已出版1 146万部,由于多为公费购买,需要量巨大,因纸张供应不足,印刷生产力紧张,需要分批印制,一时还不能充分满足需要;而《毛泽东著作选读》甲、乙种本已出版7 894万部(册),毛泽东著作的汇编本、单篇本已出版6.8亿多册,不仅已充分供应,在书店中已发生积压。因此,所谓"压制毛主席著作出版发行"的"罪名",完全是别有用心的借题发挥。

1967年1月10日,为安排1967年毛泽东著作的出版任务,"第二次全国毛主席著作印制计划会议"的筹备会,在北京民族饭店召开。但仅开了6天,就被人民出版社、农村读物出版社的一个"造反"群众组织造了反,会议在一片吵嚷声中草草收场。

这一造反夺权行动,得到江青、陈伯达的支持,有关"夺取出版大权"的宣言也在《人民日报》上得以发表,产生了恶劣的影响。

1月27日,由北京、上海26个"造反"群众组织组成的"全国革命造反派出版毛主席著作委员会筹备委员会"印发的"第一号通告"宣布,"筹委会"已于1月23日在北京成立,宣告"彻底砸烂旧文化部、旧出版局,出版、印刷、发行毛主席著作的一切大权归这个委员会,委员会正式成立前,由'筹委会'代行职权"。并宣称:"任何人胆敢阻挠、破坏毛主席著作的出版,以现行反革命查处。"

这一时期,全国许多省、市、自治区的出版部门,也纷纷被"造反派"夺了权,处于混乱的状态中。

3. "文化大革命"初期的出版界

(1) 许多出版机构被合并或撤销

"文革"前,全国有出版社87家(不包括副牌出版社,下同),其中中央级出版社38家,地方出版社49家,职工10 149人(其中编辑4 570人)。"文革"开始后,许多出版社被合并或撤销。到1970年底,全国出版社仅剩下53家,其中中央级出版社20家,地方出版社33家,职工4 694人(其中编辑1 355人)。留在北京从事编辑出版工作的仅有166人(其中编辑63人)。"文革"开始后,中央、国务院各部委和各省、自治区、直辖市的出版社,有的被合并或撤销,有的出版业务完全停顿。

(2) 编辑出版干部受到批判、迫害,大批人员下放"五七"干校

"文革"开始后,出版界上自出版局局长,出版社社长、总编辑,下到县新华书店经理,几乎都被打成"走资本主义道路的当权派"或"忠实执行反革命修正主义路线的黑线人物",受到批判、斗争。

"文革"后,商务印书馆被诬蔑为"宣扬封资修、大洋古的反革命修正主义黑窝点"。由于商务印书馆出版了吴晗主编的《外国历史小丛书》,曾任商务总编辑的陈翰伯成了"文革"开始后出版界首先被报纸公开点名批判的"反革命分子"。在1967年1月全面夺权的风暴中,商务印书馆的招牌还被"造反派"摘掉,一度被改名为"东方红出版社"。

中华书局由于和齐燕铭、吴晗、翦伯赞等密切的工作关系,"文革"开始后被诬蔑为"招降纳叛,为复辟资本主义制造舆论"的"大黑窝",并一度被"造反派"改名为"人民文化出版社"。总编辑金灿然虽然身患重病,也未能逃脱这场厄运,被戴上了"黑帮分子"、"党内走资本主义道路的当权派"、"反革命修正主义分子"等种种罪名。

1963年曾因《杂家》事件受到批判的罗竹风,1966年"文革"一开始就被作为上海出版系统头号"走资派"首先揪出来批斗,关进"牛棚",隔离审查。

1969年9月,文化部机关包括在京直属单位,除留少数留守人员和有出版任务的人员外,绝大多数职工连同家属都下放到湖北咸宁文化部"五七"干校。咸宁为古"云梦泽",气候炎热,最热时达45℃,下放干部除进行繁重的体力劳动外,还要无休止地搞"清理阶级队伍"、"深挖'五一六'"等所谓"斗、批、改"的运动。北京的其他出版单位和各地出版单位的大批职工也被下放。有的到"五七"干校,有的全家到农村插队落户。

(3) 大批图书被作为"封、资、修"的"毒草"封存、销毁

"文革"开始后,新中国成立后出版的大部分图书,被批判为"封、资、修"的"毒草",书店停止出售,图书馆禁止借阅,有许多书甚至被焚毁。

截至1970年底,负责中央一级出版社进发货业务的新华书店北京发行所仓库中,

封存的图书有 7 870 种，8 030 余万册。据国务院出版口调查，1970 年年底有 17 个省、自治区、直辖市汇报封存的图书总计有 33 804 万册。

(4) 出书数量锐减

"文革"开始的第一年，图书出版数量从 1965 年 20 143 种（其中新出 12 352 种），骤降到 11 055 种（其中新出 6 790 种），减少将近一半。1967 年，图书品种又猛降到 2 925 种，只有"文革"前 1965 年的 14.5%，1968 年至 1970 年，每年出书均在三四千种。

1966 年至 1970 年的 5 年内，全国 49 家出版社出版的图书（不包括马恩列斯著作、毛泽东著作、图片）总计 2 977 种，总印数 51.57 亿余册（张），大部分是 1969、1970 年两年内出版的。其中政治读物大部分是选编报刊文章，种数占 19.6%，共印 26 亿余册，约占图书总印数的 50%。

二、"文化大革命"期间出版管理机构的变化

1967 年 1 月 19 日，文化部机关被"造反派"夺了权，包括出版事业管理局在内的各部门业务工作全部陷于瘫痪。

从 1967 年 5 月直到 1976 年 10 月"文化大革命"结束，全国出版管理机构先后有"毛主席著作出版办公室"、"国务院出版口"、"国家出版事业管理局"三个部门；地方的出版管理机构也有较大变化。

1. 毛主席著作出版办公室

中央文革宣传组从 1967 年 4 月开始，就派人分别和首都出版系统的两大派群众组织联系，了解情况，酝酿成立一个业务班子。经过短时期的磋商，于 5 月 11 日成立了"毛主席著作出版办公室"。"毛主席著作出版办公室"是在一个特殊时期成立的临时性出版机构。

办公室成立后，主要做了以下一些工作：① 首先抓 1967 年完成《毛泽东选集》一至四卷 8 000 万部的出版任务。② 为《毛泽东选集》第五、六卷的出版，编制印制计划和进行物资的准备工作。③ 制定年度的毛泽东著作、毛泽东像出版计划，经中央批准后下达，并检查各地执行情况；和中央有关部委会商讨出版物资生产计划的制定和向全国分配供应工作。④ 办理毛泽东著作新版本、毛泽东新摄影像向中央报批和布置印制工作。⑤ 有关毛泽东著作正文和注释修改的执行和检查工作。⑥ 汇总毛泽东著作、毛泽东像全国出版统计。⑦ 1969 年组织有关部门在中国美术馆举办"毛主席的革命路线在出版战线的伟大胜利展览会"，于 5 月预展，10 月开始内部展出，12 月底停办。⑧ 办理中央文革临时布置的其他出版任务。⑨ 除毛泽东著作、毛泽东像出版工作外，还负责全国其他图书及课本、报纸、期刊出版用纸及印刷机械等物资的申报、分配、管理工作（自 1971 年起，地方出版用纸不再向办公室申报）。

1970年10月，根据周恩来的指示，"毛主席著作出版办公室"并入"国务院出版口"。

2. 国务院出版口

1970年5月23日，国务院批准成立"出版口三人领导小组"，领导文化部直属的出版、印刷、发行单位。同年10月，"毛主席著作出版办公室"并入出版口后，成立"出版口五人领导小组"。

出版口的机构设置为三部（政治部、出版发行部、印刷部）二室（办公室、计财室）；后出版发行部分为出版部、发行部（发行部与新华书店总店为两块牌子一套机构），机关编制为80人。

3. 国家出版事业管理局

1973年7月，国务院决定撤销出版口，成立国家出版事业管理局（简称"国家出版局"），直属国务院领导。局设领导小组，由6人组成，徐光霄任组长，下设办公室、计财室、政治部、出版部、印刷部，人员为60人。1975年4月，原文化部副部长石西民任国家出版事业管理局局长。局机关下设三部（政治部、出版部、印刷部）三室（研究室、办公室、计财室），编制100人。

4. 地方出版管理机构

"文革"开始后，各省、自治区、直辖市的出版管理机构随着本省（区、市）机构、体制的变化，出现了多种情况。如上海市于1969年8月打破社界，成立了全市统一的出版机构——上海市出版革命组（1970年10月1日改称"上海人民出版社"）；辽宁、江西、宁夏等省（区）将出版、印刷、发行工作合一，统称"新华书店"，广东、黑龙江等省统一改称"人民出版社"。1967年中央文革宣传组成立"毛主席著作出版办公室"后，许多省（区、市）也成立同样机构，多数称"××省（区、市）毛主席著作出版办公室"，也有称"出版发行办公室"或"印制发行办公室"的。有少数地方称"××省革命委员会宣传组出版组"，浙江省称"出版事业管理局"，江苏、安徽等省称"出版发行局"。1973年国家出版事业管理局成立以后，各省、自治区、直辖市逐渐改称"出版局"。

三、大量出版毛泽东著作、毛泽东像成为压倒一切的任务

"文革"期间，大量出版毛泽东著作、毛泽东像，成为全国出版部门压倒一切的重要任务。据统计，从1966年至1976年，全国共计出版图书91 869种，总印数300.17亿余册（张）。其中毛泽东著作和毛泽东像以及单张毛泽东语录、诗词就达108亿册（张）之多，占"文革"期间图书总印数的36%。

1. 中共中央作出"加速大量出版毛主席著作"的决定

1966年8月,中共中央作出"加速大量出版毛主席著作"的决定,号召全国出版、印刷、发行部门"立即动员起来,全力以赴,把出版毛主席著作作为压倒一切的任务"。有关部门纷纷采取优惠措施,表示对中央决定的支持。

为了节约纸张和印刷力量,保证毛泽东著作的印制,文化部和国家科委向国务院各有关部门所属科技出版社发出联合通知,要求各出版社对初版科技新书可出可不出的,坚决不出;再版图书暂时一律不印;有些性质相同的刊物可考虑合并,有的可减少篇幅或延长刊期,有的可暂时停办。

大量印制毛泽东著作,是"文革"时期的一种特殊现象,远远超过了实际的需要,造成了严重的浪费,但在当时的政治氛围中,这一现象无法彻底改变。出版部门依然根据一些虚假的表面现象盲目扩大印数,发行部门较普遍地存在"积压不算问题,脱销了就要犯政治错误"以及"数量越多越显出成绩"的思想,因而形成毛泽东著作、毛泽东像的出版计划年年扩大,用纸计划年年增长,纸张供应年年紧张的局面。

2. 毛泽东著作正文和注释的修改

"文革"期间,经中央文革宣传组办公室和中央文革宣传联络员通知,对毛泽东著作的正文和注释,曾经作过8次修改。改动的内容主要是删去《毛泽东选集》中刘少奇的名字,以及涉及刘少奇讲话的段落,也包括对王明等人称谓的处理。《毛泽东选集》删改后,《毛泽东著作选读》本和有关汇编本、单篇本的相关内容均作同样改动。

上述改动,均由毛主席著作出版办公室、人民出版社布置全国出版单位在内部进行,对改动部分作重新换页处理,改动较多难以换页的,在请示并得到批准后,作密件送纸厂化浆处理。

四、"文化大革命"期间的书刊出版

1. 马列著作

"文革"开始后,马列著作的翻译、出版工作被迫停顿。1970年,毛泽东提出学习马列的6本书:《共产党宣言》、《法兰西内战》、《哥达纲领批判》、《反杜林论》、《唯物主义与经验批判主义》、《国家与革命》。仅1971年一年内,人民出版社重版的《共产党宣言》等6本书就印了7 949.5万册。

1971年4月,在全国出版工作座谈会上,周恩来特别指出要重视马列著作的出版工作。

人民出版社从1972年开始,先后出版了由中央编译局重编,译文经过重新校订的《马克思恩格斯选集》4卷本和《列宁选集》4卷本。马、恩、列、斯著作的各种单篇本陆续新出和重版了多种,并增印了《列宁全集》第1—39卷。《马克思恩格斯全集》

余下的 18 卷也陆续翻译出版，至 1974 年全部出齐。

2. "革命样板戏"图书

"文革"时期，全国出版部门除了大量印制毛泽东著作、毛泽东像之外，大印"革命样板戏"图书成为第二位的"政治任务"。

"样板戏"图书的出版工作，名义上由国务院文化组主管，有事文化组再上报张春桥、姚文元，但实际上一切都由江青决定。出版口根据江青的有关意图制定了样板戏的出版规划，确定每个样板戏都出版以下 5 种图书：①普及本（大 32 开平装），内容为剧本，主要唱段（简谱）、场景、剧照，分为甲乙两种本子。②综合本（大 32 开本平装、精装 2 种），内容为剧照、剧本、主旋律曲谱（简谱）、舞蹈动作说明、舞台美术设计（人物造型图、舞台气氛图、舞台平面图、布景制作图、灯光布光图及灯光说明表等）。③五线谱总谱（8 开精装本和 16 开、大 32 开平装本）。④主旋律曲谱本（简谱）（大 32 开平装本）。⑤画册（24 开平装本）选编彩色和黑白剧照。以上均用人民出版社名义出版。① 此外，还由人民美术等出版社出版样板戏年画、四条屏和赞评样板戏的文集等。

"样板戏"图书印制规格高，印刷数量大，一部《红色娘子军》（舞剧）印了 500 万册，造成了巨大浪费。

仅北京地区从 1970 年至 1972 年 6 月底，《红灯记》等 6 种样板戏（每种均有 5 种版本）的总印数高达 3 115 万册，而 1972 年 6 月在北京的书店中积存的样板戏图书约有 150 万册，其中仅《红色娘子军》（舞剧）和《沙家浜》两书的存数就有 30 多万册。积压在全国各地的"样板戏"图书也很多。

3. 鲁迅著作和姚雪垠的《李自成》

"文革"开始后，《鲁迅全集》因注释被认为有问题而成为"禁书"，遭到了和"封资修"、"名洋古"同样的命运，在书店里绝迹。

1972 年 2 月 21 日，美国总统尼克松来华访问，周恩来要送他一套《鲁迅全集》作为礼物。但《鲁迅全集》10 卷本当时已成为"禁书"，不能送给外宾。要送只能送 1938 年出版的 20 卷本，经多方探寻，最后从鲁迅博物馆库存的纪念本中选出一套赠送。

受此事刺激，人民文学出版社新排重印了 20 卷本、无注释的《鲁迅全集》，共 600 多万字，于 1974 年初出版发行。该社还将鲁迅著作单行本 24 种经校勘后陆续重排、出版。各地一些出版社纷纷租型印制。

1975 年 10 月，鲁迅之子周海婴给毛泽东写信，就鲁迅著作的出版等问题请求毛泽

---

① "样板戏"剧本于 1971 年 10 月改由人民文学出版社出版，画册由人民美术出版社出版。

东的帮助，并提出具体建议。毛泽东看了周海婴的信，于 11 月 1 日就作了批示："我赞成周海婴同志的意见，请将周信印发政治局，并讨论一次，作出决定，立即实行。"

1976 年 4 月 23 日至 5 月 10 日，国家出版局在济南召开"鲁迅著作注释工作座谈会"，会议传达了毛泽东关于鲁迅著作注释出版"立即实行"的批示，制定了《鲁迅著作注释出版规划（草案）》，明确了各地分工承担的任务。

由于"四人帮"的干扰破坏，鲁迅著作的注释工作仍然阻力很大，困难重重，进展缓慢。"鲁迅著作注释工作座谈会"上制定的新注鲁迅著作单行本有 26 本，要求在两年内全部出齐。而直到 1977 年 9 月止仅仅出版了《呐喊》和《彷徨》两本。

1957 年的"反右"运动中，作家姚雪垠被错划为"极右派"，下放监督劳动。他在十分艰难的处境中，经过反复思考，决心动笔创作酝酿已久的长篇历史小说《李自成》。从 1957 年 10 月到 1961 年夏他克服重重困难，终于将《李自成》第一卷整理完毕，以后继续进行修改。中国青年出版社于 1963 年 7 月出版了《李自成》第一卷。

《李自成》第一卷出版后，姚雪垠从邮局寄给毛泽东一部以表达他对主席的敬重，没有想到毛泽东不仅收到书而且看了，并留下了较好的印象。"文革"开始后，毛泽东特别指示对姚雪垠加以保护，让他得以继续创作、修改《李自成》。当姚雪垠在写作中遇到困难，写信向毛泽东请求帮助时，毛泽东专门作出批示，支持他的创作活动，使姚雪垠的工作条件有了很大改善，因而加快了《李自成》的工作进度。

4. 中国古籍和研究专著

"文革"开始后，我国的古籍整理出版工作被迫停顿，已出版的大批古籍和研究专著都被打入"封、资、修毒草"的行列，书店不能出售，图书馆不能借阅，统统被当作"四旧"给"横扫"了。直到 1971 年，毛泽东、周恩来作出明确的指示后，对"二十四史"的点校工作得到恢复，古籍及研究专著的出版工作才稍有一丝转机。

1971 年 2 月 11 日，周恩来接见出版口领导小组，对出版工作作了指示，其中提出要出一点历史书。出版口一位负责人问"二十四史"是否还要标点，周恩来明确表示："要标点。"后毛泽东又对有关请示报告做出批示，同意继续标点二十四史。

由于毛泽东的批示和周恩来的关心和指示，中断了五年的"二十四史"点校工作得以恢复，并全面展开。

"二十四史"的点校工作分别在京、沪两地进行。上海分担《旧唐书》、《新唐书》、《旧五代史》、《新五代史》和《宋史》5 种，由上海人民出版社负责组织上海的专家进行，其余各史均由中华书局组织进行，所有全部史书点校后，统一由中华书局出版。到 1975 年底，北京承担各史的点校出版工作基本结束，1977 年底，《清史稿》也全部出齐。1978 年春，最后一种由上海点校的《宋史》出版，各史点校出版工作全部结束。至此，我国出版史上第一次用新式标点点校"二十四史"及《清史稿》的新整理本，历时 20 年，终于全部完成。

"文革"期间，对古籍作研究的学术专著鲜有出版。但章士钊的《柳文指要》是个例外。1971年，在毛泽东和周恩来的支持和关心下，《柳文指要》终于由中华书局出版。全书120余万字，16开本，竖排繁体，小四号仿宋体字排印，全书分为14册，线装三函，套有软质硬纸护匣，共印3 000部。

"文革"前，《红楼梦》、《水浒》、《三国演义》、《西游记》四部古典名著，据不完全统计，共出版733.6万部。"文革"开始后也被列为"禁书"，从书店中绝迹。自1972年开始，遵照周恩来的指示，《红楼梦》等四部古典文学名著重印发行，受到读者热烈欢迎，书店门市部出现了等候购书的长长队列。

从1973年下半年起，全国掀起了一场"评法批儒"的运动。全国重印和新出版了一大批"法家著作"点校本和"法家著作"注释、选译等古籍。在1975年8月开始的"评水浒"运动中，为配合运动需要，各地出版了多种版本的《水浒》。

从1966年5月到1976年10月的十年间，全国出版的古籍一共有350余种，和同时期出版的其他学术著作比较起来，数量似乎不少；但如果具体分析则可看出，除了"二十四史"、《清史稿》和周恩来批准出版的少数古籍之外，还有中华书局出版的《两宋农民战争史料汇编》、《历代天文律历等志汇编》，文物出版社出版的《经法》、《老子》、《孙子兵法》、《武威汉代医简》，人民卫生出版社出版的少数中医古籍等，这批书的种数仅占"文革"中出版的全部古籍的25%，而配合"评水浒"、"评法批儒"等政治需要出版的古籍就占75%。所以，"文革"时期的古籍出版工作，总的来说还是处于萧条和畸形的状态。

5. 中外历史、地理著译

"文革"开始后，马克思主义史学家的著作几乎全部成为"封、资、修的大毒草"，遭到诽谤、禁锢。"文革"前出版的大批历史、地理书已在书店中绝迹。

但"文革"期间的史学著述并未完全中断。在毛泽东、周恩来的直接指导和安排下，几部重要的历史著作得以修订和重印。如范文澜著《中国通史简编》和《中国近代史》（上册），郭沫若著《中国史稿》。

"文革"中，中国地理书出版的种数很少。1971年12月由商务印书馆出版的《杭州山水是怎样形成的》一书，是"文革"后出版的第一本地理读物。这是一本"文革"前出版的科普读物，原名《杭州的山和水》，经作者修订以后，只是增加了大量"最高指示"，其他没有什么增补。为怕被人认为是"宣传资产阶级的游山玩水思想"，书名特地改为《杭州山水是怎样形成的》，突出它是一本自然科学知识读物；作者署名也由真名改为"韦恭隆"（是"为工农"的谐音）。这本薄薄的小册子第一次就印了30万册，不久第二次印刷40万册，开创了地理读物发行量史无前例的纪录。这本小册子的改书名、改署名,引用"最高指示"多,印量大,很典型地显示出"文革"书籍的特征。①

遵照周恩来的指示,自1971年开始,国务院出版口组织专人,召开会议,安排出版了一批外国历史和地理书,以适应外交活动和教学研究的需要。

6. 科技图书

"文革"期间,林彪、江青两个反革命集团大肆鼓吹以政治代替生产、以哲学代替自然科学等谬论,科技图书的门类越来越窄,品种越来越少,许多基础理论、学术著作和科研成果、技术资料被打入冷宫,国外介绍新理论、新工艺、新技术、新材料、新方法的书籍不能引进出版,至于供青少年阅读的科普读物更是寥寥无几。以科学出版社为例,该社出书范围包括500多个小学科,但在"文革"期间的这几年中,每年仅出100多种,很多学科几年也出不了一种书。

"文革"前,我国翻译出版的国外科技图书最多时一年达800多种,而1976年的前几年,一年只有几十种。在"四人帮"干扰破坏的影响下,在"左"倾思潮泛滥的背景下,一个时期内,不少科技图书的前言、后记中,生拉硬套、穿靴戴帽搞所谓"突出政治","配合现实斗争",有的还大讲所谓"儒法斗争",把科技图书搞得不伦不类,面目全非。

7. 少年儿童读物

"文革"开始后,少儿读物的出版同样受到严重摧残。全国出版的少儿读物从1965年的775种、8 400万册,下降到1966年的207种、2 900万册;到1967年至1969年的三年中,少儿读物几乎绝迹。

从1966年到1976年,全国共计出版少儿读物4 591种(其中新出3 878种),总印数17.42亿册。这一时期的少儿读物,缺乏少儿特点,题材狭窄,体裁单调,童话、寓言几乎绝迹,少儿科技知识读物更是稀少。给孩子们看的政治读物印了不少,但内容多是空话、套话,政治术语一大堆,孩子们根本不爱看。少量的知识读物往往是穿靴戴帽,生搬硬套,文字呆板,内容枯燥。文艺作品则是公式化、概念化。诗歌尽是空喊口号,什么"好好学习争上游,天天向上反潮流"。小说就像是一个模子刻出来的,看头即知尾。反映少年儿童生活的作品"千人一脸,千口一腔"。

8. 辞书

"文革"开始后,几乎所有已出版的辞书都被批判、封存;正在编纂中的辞书也被迫停顿。小学开学,连一本小字典也没有,各方面反映十分强烈。周恩来了解情况后,

---

① 陈江:《"文革"时期的第一本地理读物》,《出版史料》第2辑,开明出版社,2002年。

在百忙中抽出时间，亲自过问字典的出版工作，指示尽快组织人力修订《新华字典》。在他的亲切关怀和指导下，《新华字典》的修订工作很快完成。

1973年5月，商务印书馆由于各方面对词典的需要十分迫切，经征得领导同意，用《现代汉语词典》1965年的纸型重印一批，内部发行，但是，在"批林批孔"高潮中，这个版本却受到指责、批判，宣布停售封存。

1975年5月，国家出版局在广州召开了中外语文词典编写出版规划座谈会，向国务院提交报告，提出10年编写出版160部中外语文词典的规划。报告经身患重病的周恩来批准下发后，辞书的编纂出版工作有了一些转机，全国有三分之二的省、自治区、直辖市承担了词典编写任务，《辞海》、《辞源》、《现代汉语词典》的修订和新编《汉语大词典》、《汉语大字典》等大型辞书的编纂先后上马。但是，在"文革"期间，不论修订还是新编的辞书中，都或多或少地带有极左的印记。

"文革"10年，辞书出版的数量降到了历史的最低点，除了修订出版的《新华字典》等少数几种外，新编的辞书仅有《小学生字典》、《新英汉词典》、《袖珍日汉词典》、《俄汉小词典》、《越汉医学词汇》、《科技英语常用词组》等几十种。

9. "文化大革命"期间的报刊出版

"文革"开始后，全国中央级和省、自治区、直辖市报纸的种数，由1965年的197种，猛降到1966年的49种，1967年至1976年维持在42种至53种之内；中央级报纸由1965年的20种降到1966年的7种，1967年又降至4种，以后一直到1976年基本不变；省、自治区、直辖市报纸，由1965年的323种，1966年猛降到42种，之后一直到1976年，都在38种至49种之间。

在"文革"10年中，报纸成为发动和开展"文化大革命"的舆论工具，在林彪、江青两个反革命集团的控制下，成为他们煽动极左思潮、鼓吹个人崇拜、阴谋篡党夺权的舆论工具。这个时期，报纸已失去自己的个性和特色，变为和文件、政治传单类同的东西。

"文革"开始后，全国期刊的总数，由1965年的790种（其中中央级期刊495种，地方期刊295种），降到1966年底的191种（其中中央级93种，地方98种），到1969年，只剩下《红旗》、《新华月报》、《人民画报》、《北京周报》等20种（其中中央级17种，地方3种），成为近百年来中国期刊发展史上全国期刊年出版量的最低点。"文革"开始后期刊年总印数也惊人地下降，1965年期刊的总印数为4.41亿册，总印数最低的1968年只有2 800万册，而其中《红旗》杂志就占了一半以上。

1971年召开的"全国出版工作座谈会"结束后，期刊出版工作开始有些转机。一些停刊的期刊陆续复刊，也创办了少量新期刊。但与广大读者的需要仍有较大差距，一批"文革"前出版的著名期刊迟迟未能复刊。

由于毛泽东、周恩来的督促推动，各方面读者对各类期刊需求状况的呼吁，从

1974 年起，期刊出版的数量逐年有所增加，但到 1976 年只达到 542 种（其中中央级期刊 294 种，地方期刊 248 种），还没有达到"文革"前 1965 年出版 790 种的水平。

五、"文化大革命"期间的书刊印刷和图书发行

1. 书刊印刷

"文革"开始后，各书刊印刷厂的厂长大多数被打成"走资本主义道路的当权派"。工厂管理中的各种规章制度，统统被批判为是对工人实行"管、卡、压"的"修正主义制度"，遭到废除。工厂里的生产系统被打乱，一度出现为"操作无规程、质量无标准、产量无定额、生产无计划"的"四无"状态。

在"文革"期间，大量印制毛泽东著作、毛泽东像，只需由北京一地排版、供给纸型或印版，分送各地印制，其他印刷厂排字、制版任务不多。一般政治读物品种少，印数大。国家投入资金购置了印刷设备，但生产能力没有能够得到充分的发挥。书刊印刷的畸形发展，造成了排、印、装生产力不平衡的新矛盾。据统计，1976 年书刊印刷厂的职工人数是 1965 年的 2.25 倍，铅印产量是 1.49 倍，平印是 1.6 倍，装订是 1.41 倍，只有排版产量不但没有增长，反而有所下降，1976 年的排版产量为 23.4 亿字，比 1965 年减少 24%。

"文革"的 10 年内乱，使我国的印刷技术与发达国家的差距拉大了 20 年。当发达国家已普及激光照排、电子分色、高速胶印、装订机械化、联动化的时候，我国书刊印刷业还处于手工铅排、铅印和手工装订的落后状况。

2. 图书发行

"文革"开始后，红卫兵"破四旧"，书店是最早受到冲击的单位之一。大批图书下架，门市部的大部分书架、书柜上仅陈列了少数几种书的重复样本。

"文革"前期，新华书店系统员工大量下放到"五七"干校劳动，或到农村插队落户。省级书店的业务基本停顿，市县书店一般只维持门市营业，有的门市部也时开时闭。

各地基层书店被"造反夺权"，原来的规章制度和企业经营计划，被批判为"职工头上的枷锁"，不突出政治的"管、卡、压"，统统被废除。书店的业务骨干被调走，流动资金被挪作他用。在"文革"爆发后最动乱的一个时期，许多市县书店管理失控，"造反派"推行"无计划、无指标、无考核"的"群众愿意咋办就咋办"的"三无管理"，造成进销失调、账目混乱、严重亏损的局面。

在"服务得越好越会出修正主义"的谬论影响下，书店的服务态度和服务质量大大下降。"为读者找书，为书找读者"被批判为"没有阶级观点"，有些城市书店原来设有的专家、学者接待室，被说成是"为反动学术权威服务"而统统撤去。

"文革"开始后，大量发行毛泽东著作成为发行部门压倒一切的重要任务。在极左

思潮的支配下,许多省、自治区以至市、镇的革命委员会成立后的第一件大事,就是大张旗鼓地开展"红宝书"发行运动。毛泽东著作以及毛泽东像等,通过各种形式层层分配。在城镇,基本上是公费购买,由各单位按人头分发。在农村,则以生产队为单位,按户分发,秋收后扣款。

1972年12月,新华书店总店、北京发行所、储运公司的下放干部大部分返回北京。各省级新华书店的下放干部也陆续返回。

"文革"期间,我国的出版物进出口贸易受到严重的影响。在出版物出口方面,除少数几种外文报刊可供出口外,国际书店已基本无书向外商提供。在出版物进口方面,许多单位停止或大量减少了外国书刊的订购,国家用宝贵外汇进口的许多书刊被销毁或查封。国际书店、中国外文书店、北京外文书店等单位的许多业务骨干被下放外地干校,有的地方外文书店、新华书店外文部被关闭,工作人员被遣散。但在这种极其不利的情况下,从事出版物进出口贸易的干部和职工仍然坚持工作,排除干扰,保证了国家科技与国防工业发展急需的外国书刊进口工作一天也没有中断。

六、周恩来纠正极左思潮、恢复出版工作的重要措施

"文化大革命"期间,周恩来总理对濒临灭顶之灾的出版事业十分关心,多次作出指示和采取各种措施,为纠正极左思潮、恢复出版工作费尽了心血。

1. 周恩来开始关注出版工作的恢复

周恩来具体抓出版工作的恢复是从《新华字典》的修订出版开始的。

"文革"初期,几万种图书被封存停售,连《新华字典》也难逃劫运。1970年春,小学开学后,要求供应字典的呼声很强烈。出版口领导小组提出:鉴于目前还没有一本新编字典供应读者,建议将《新华字典》的存书70万册加一《致读者》的条子"供广大革命群众批判地使用,有组织地按成本发行"。

1970年9月17日,周恩来专门召集国务院文化组、科教组、出版口、图博口、毛主席著作出版办公室等几个单位的负责人(多数是军代表)开会,研究解决学生字典供应问题。

在这次会议上,周恩来指定科教组负责组织力量,对《新华字典》进行修订,争取早日出版发行。在后来的几次会议上,周恩来询问《新华字典》的工作进度情况,还指示让参加全国出版工作座谈会的全体代表,分组审阅《新华字典》(试用本)的修改稿,提出补充和修改意见,并预报各省、自治区、直辖市的需要数量。这是中国出版史上空前的一次动员全国力量会审一本小小的字典。在周恩来的关心和指导下,《新华字典》修订工作历时半年完成,连同印刷共9个月出书。在"文革"极其困难的条件下,《新华字典》(修订第四版)终于在1971年6月正式出版,全国新华书店第一次报回的征订数高达8 482万册。

1971年1月22日，周恩来在参加国务院业务组会议后，又专门召集出版口领导小组负责人，讨论出版工作问题。他指示出版口做些调查研究，召开一个全国性的座谈会。

2. 1971年召开的"全国出版工作座谈会"

1971年3月15日，"文化大革命"开始后召开的第一个全国性的出版会议——"全国出版工作座谈会"在北京举行。

周恩来指定国务院办公室主任吴庆彤担任会议领导小组组长，自始至终主持并掌握会议的进程。会期原定两周时间，由于"文革"开始后需要解决的问题太多，许多重要问题需请示中央决定，因而一再延期，至7月22日才结束，是当时所有会议中开得时间最长的一个。周恩来在百忙中挤出时间，两次接见会议领导小组成员，听取会议情况的汇报，审阅会议起草的国务院向党中央的报告。

周恩来针对林彪、江青一伙对出版工作的干扰破坏，批判了他们鼓吹的形而上学，割断历史，否定一切，打倒一切的极左思潮。明确提出要出一批书，要广开言路。周恩来说，读马克思、列宁的书和毛主席的书是主要的，但也要读历史、地理，读哲学。强调在优先出版马列著作、毛主席著作的同时，应该做好学习马列著作和毛主席著作的参考读物、青少年读物、文学艺术读物、科学技术读物，以及经济、历史、地理、国际知识读物和工具书等各类图书，乃至少数民族文字图书的出版工作。

周恩来十分关心青少年的成长，对出版他们需要的文学艺术作品和工具书、科普读物等，都作了详细的指示。周恩来还指示，要研究制定一个出版计划，动员和组织各方面的力量写作，有些旧书可以重印，图书馆应该清理开放。在谈到出版队伍的建设时，周恩来明确提出，要正确执行党的知识分子政策，充分调动一切积极因素，为社会主义服务。

会议根据周恩来的指示精神，起草了《关于全国出版工作座谈会的报告》，并草拟了一个出版计划。但这个文件由于张春桥、姚文元的插手，写入"两个估计"（即新中国成立以来出版界是"反革命黑线专政，资产阶级知识分子占统治地位"，这些人不能用，要重新组建出版队伍），因此，不仅周恩来的许多重要指示难以贯彻落实，而且"两个估计"成为压在广大出版工作者头上的精神枷锁。

3. 批准恢复和重建一批出版单位

"文革"开始后，在极左思潮的影响下，许多出版单位或处于瘫痪状态，或被合并、撤销。

在周恩来的关心和指示下，商务印书馆、荣宝斋、人民音乐、文物、人民教育出版社先后恢复了出版业务。

1971年7月22日，郭沫若在给周恩来的一份请示报告中提出："《考古学报》、《文物》、《考古》三种杂志拟复刊，以应国内外之需要。"周恩来批示"同意"，使这几种期刊成为"文革"后最早复刊的少数期刊。

外文出版局主办的《人民画报》、《北京周报》、《人民中国》、《中国建设》、《中国文学》、《人民中国报道》6 种外文版期刊，在"文革"中由于周恩来的亲自干预，未让中央文革插手而得以保留下来。周恩来对于外文版期刊的编辑方针还作了指示，强调办刊要有的放矢，要看对象。各种刊物都要区别对待，要有分工。这一指示，对所有外文版期刊都有重要的指导作用。

4. 出版界一批老干部得到解放和使用

为了恢复出版工作，周恩来指示要落实干部政策和知识分子政策。在他的亲切关怀下，从 1971 年下半年起，国务院出版口陆续将直属出版单位大多数干部从"五七"干校调回来，从机关到各单位都有一些受批判、靠边站的领导干部恢复领导职务，如陈翰伯、王益、许力以、史育才、王仿子、陈原、楼适夷等都是这一时期先后回京恢复领导职务的。尽管当时每前进一步都很困难，而且随时都有可能遭受"四人帮"的刁难甚至迫害，但使恢复出版工作有了组织上的保证，更为粉碎"四人帮"后出版领域的拨乱反正和繁荣发展积蓄和集结了力量。①

5. 周恩来提出"宣传毛泽东思想要讲究实效"

周恩来在纠正"文革"中的极左思潮时，既要从大局出发维护毛泽东的威信，又要采取坚韧、迂回的办法巧妙斗争，适时地、恰当地抓住有利时机提出正确的口号、措施和意见，使一些别人不敢提的难题得到解决或部分解决。针对"文革"中超出实际需要大量印制毛泽东著作、毛泽东像等现象，周恩来抓住有利时机加以纠正。

1969 年 3 月 23 日，周恩来在全国计划会议上作的报告中，特别强调"宣传毛泽东思想要讲究实效"，要"贯彻节约闹革命的思想"，提出要减少毛主席著作和毛主席像的印数。

毛主席著作出版办公室根据周恩来的指示精神，向全国发出通知，提出《毛泽东选集》（一至四卷）普及本在全国城乡已普及，今后不再作统一安排；《毛主席语录》不要再印；毛泽东像原定计划，各地可根据实际需要进行调整。办公室同时向全国调查毛泽东著作、毛泽东像的存数情况。

据调查结果统计，截至 1970 年 3 月底，全国发行部门积存的《毛泽东选集》（一至四卷）2 700.5 万部，《毛主席语录》12 335 万册，毛泽东像 62 344.4 万张，供张贴的单张毛泽东语录、诗词 38 172 万张。其中，《毛泽东选集》（一至四卷）的 75%，《毛主席语录》的 65%，毛泽东像的 80%，单张毛泽东语录、诗词的 85%，都存在县城新华书店和公社代销点。

---

① 宋木文：《缅怀周总理对出版工作的关怀》，1998 年 3 月 4 日《新闻出版报》。

6. 批准中外语文词典十年出版规划

1975年5月,国家出版局在广州召开中外语文词典出版规划座谈会。会议制定了1975年至1985年编写出版中外语文词典160种的规划(草案)。7月16日,国家出版局向国务院上报了有关座谈会的报告。《报告》经几位副总理圈阅后,于7月31日送到总理值班室。当时周恩来已病重住在北京305医院,他在病床上审阅和批准了《报告》。这是周恩来生前对出版工作所批的最后一份文件。

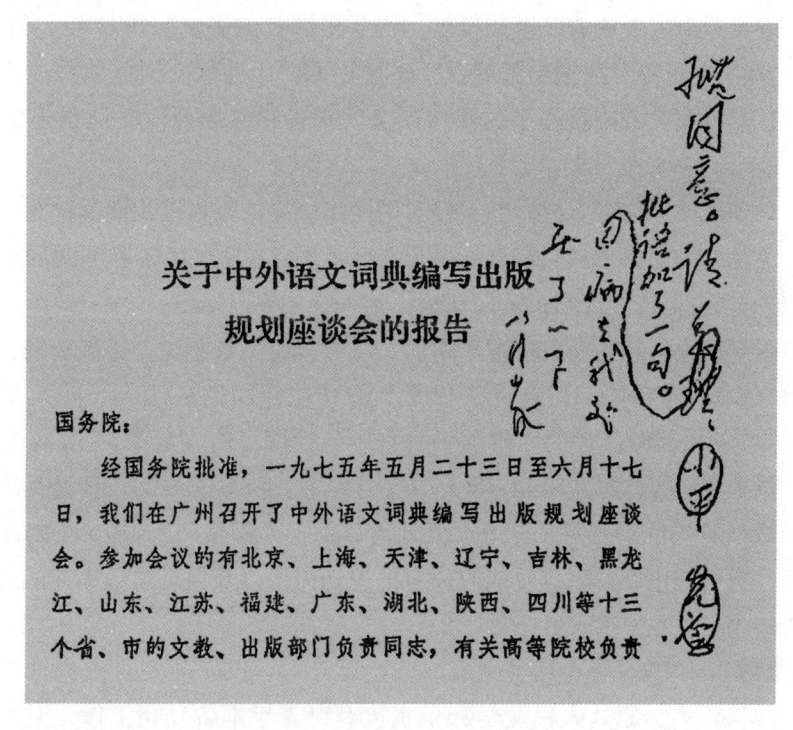

周恩来总理在《关于中外语文词典编写出版规划座谈会的报告》上的批示

七、邓小平主持全面整顿时期对出版工作的关注

1975年2月,邓小平主持中共中央和国务院日常工作后,在对多条战线进行全面整顿的同时,对出版战线的整顿也给予了关注。

1975年9月3日,中华书局编辑周妙中给邓小平写信,针对"文革"对出版工作造成的破坏,建议恢复出版各类图书。周妙中在信中说,为配合国家建设,要制定10年出书规划,大力出版或重印学术著作、工具书和古籍。她建议要组织老中青知识分子编写著作和工具书,要落实"百家争鸣"的方针,鼓励个人写作,要防止"批评的无线上纲,乱扣帽子,一棍子打死";也要防止"否定一切地对遗产抱虚无主义思想的错误"。为了完成十年出书规划，建议要做好印刷、装订、发行等工作。①

邓小平对周妙中这封写了3 000多字的长信很重视，于9月11日将这封信送给毛泽东看。毛泽东圈阅后，邓小平又将周妙中的信转给在京的中央政治局委员传阅。9月23日，中共中央办公厅根据邓小平的批示，将周妙中的信转给胡乔木。24日，胡乔木给国务院和国家出版局有关负责人写信，对贯彻邓小平的批示提出具体意见。国家出版局随即召开专门会议，进行研究和贯彻。

邓小平对一名普通编辑反映的情况和建议如此重视，并对所提建议给予支持和批示，这对此后我国出版事业的恢复和发展，产生了深远的影响。1975年5月23日至6月17日，经邓小平批准，国家出版局在广州召开了"中外语文词典编写出版规划座谈会"，于7月16日向国务院报送了这次座谈会的报告和《中外语文词典十年规划（草案）》。

邓小平对于这项工作很重视，他不仅对国家出版局的报告很快圈阅同意，还将这份报告报送在医院中的周恩来最后审批。周恩来于8月21日在病床上审阅同意，国务院于22日转发了这个报告和规划，从而保证了这一规划得以实施。

国家出版局的报告经国务院批准下达后，尽管开始困难不少，进展较慢，甚至被少数人指责为"刮业务台风"，但这项工作是具有历史意义的。粉碎"四人帮"后，在20世纪80、90年代陆续问世的大批辞书，其中包括修订的《辞海》、《辞源》和新编的《汉语大词典》、《汉语大字典》等大型汉语辞书，新编的英汉、日汉、法汉、德汉等大词典和修订的《俄汉大词典》等大型外语辞书，大都是列入1975年制定的规划中的骨干工程，它们的出版，对满足当时读者的迫切需要以及促进出版事业的长远发展繁荣都有重要作用。

《人民文学》于1966年6月"文革"开始后停刊。1971年8月中央批转《出版工作座谈会的报告》后，原《人民文学》负责人就已着手准备复刊工作，但报告送上去后，遭到江青、张春桥等多方刁难，迟迟不批，筹办刊物的班子被迫解散，复刊计划只好搁置下来。1975年夏毛泽东提出要调整文艺政策后，"四人帮"一伙对《人民文学》复刊难以再压制，便抢先谋划，企图将这块阵地抓到自己手里。

邓小平赞成《人民文学》复刊，但他对"四人帮"想攫取、把持这个阵地保持高度警惕，对"四人帮"安排的负责人选持不同意见，使"四人帮"妄图夺取《人民文学》领导权的图谋未能得逞。《人民文学》终于在1976年元旦复刊。

1975年6月29日，邓小平向胡乔木明确交代：国务院政研室一定要把中科院哲学社会科学部（简称学部）管起来；并提出，"学部要办个刊物"，由政研室指导。

遵照邓小平的指示，学部向中央呈送了创办综合性理论刊物《思想战线》的请示报告，获得批准。在刊物筹备创刊过程中，"四人帮"对它进行造谣中伤、恶毒攻击，

---

① 周妙中：《致邓小平副总理的信》，《出版史料》第2辑，开明出版社，2002年。

矛头直指邓小平。"四人帮"的黑干将迟群和"梁效"写作班子，在各种场合诬蔑《思想战线》。由于"四人帮"的阻挠、攻击，《思想战线》最终未能正式出版。

八、"批林批孔"、"评法批儒"运动中的出版工作

毛泽东 1973 年下半年几次谈到评法批儒的问题，并写了《读〈封建论〉呈郭老》的诗，着眼点是针对那些怀疑以至否定"文化大革命"的看法，提倡"社会要向前发展，反对倒退"。但他并没有提出在中央的全盘工作中突出"批孔"问题，更没有主张要发动一场大规模的"批林批孔"的政治运动。但江青等人却借此鼓动"批林批孔"、"评法批儒"政治运动，他们操纵的写作班子，连续发表大量"批孔"、"反儒"文章，借古喻今，竭力把批判"孔孟之道"引导到现实政治斗争当中，把攻击矛头一步步指向周恩来。

在此形势下，各地出版部门"选题出书紧密配合党的中心工作"，出版了多种为批林批孔运动服务的各类图书，仅国家出版局的直属出版社除大量出版了《批林批孔文章汇编》等 4 种书之外，还出版了《反动阶级的"圣人"——孔子》、《关于孔子诛少正卯问题》、《孔丘杀少正卯》、《鲁迅批孔反儒文辑》、连环画《剥开"孔圣人"的画皮》、宣传画《工农兵是批林批孔的主力军》、诗歌集《我写儿歌来参战》、歌曲集《批林批孔战旗红》。荣宝斋出版了以批林批孔为内容的书法、字画，盲文印刷厂出版了配合批林批孔的盲文读物，等等。

与"批林批孔"相呼应的，是所谓"评法批儒"运动，从 1973 年下半年起到 1976 年 9 月，全国出版部门在"评法批儒"的热潮中出版了大量的有关图书，其中有不少"四人帮"的写作组炮制的文章先在报刊上发表，然后汇编成"活页文选"或以文集、丛刊等形式出版。

据国家出版局版本图书馆收到样书的不完全统计，从 1973 年下半年起到 1976 年底止，全国共出版评法批儒图书 1 403 种，总印数 1 940 余万册（不包括批林批孔图书和各地互相租型、翻印及少数民族文字版），约占同期出版的哲学社会科学类图书的 1/4。

"四人帮"为了宣扬其"儒法斗争贯穿二千多年，一直影响到现在"的谬论，乱封的"法家"称号从墨翟、管仲、邓析到魏源、严复、章太炎达 86 人之多。其中对几个人物的著作注释特别集中重复。如关于商鞅的有 69 种（其中仅注释《更法》的单篇就有 11 种）；荀况的 40 种（其中注释《天论》的单篇有 10 种）；韩非的 69 种（其中注释《五蠹》单篇有 13 种）；秦始皇的 63 种（其中《论秦始皇在历史上的进步作用》以及类似题目的有 37 种）；桑弘羊和《盐铁论》的 36 种；曹操的 29 种；柳宗元的 48 种，其中注释柳宗元著《封建论》的单篇有 20 种。

九、"批邓、反击右倾翻案风"运动的发动和《评〈论总纲〉》等三本小册子的出版

1975年夏天开始，邓小平遵照毛泽东的指示，指导各个领域、各个部门果断有力地开展全面整顿，取得明显成效。

但邓小平对各条战线实行整顿的深入，势必要触及"文化大革命"中实行的许多"左"倾政策，逐渐发展到对这些错误政策系统的纠正。这种发展趋势，既遭到"四人帮"的强烈反对，也为毛泽东所不能容忍。这种深刻的矛盾加剧，终于导致"批邓、反击右倾翻案风"运动的发动。

1976年1月开始，"批邓、反击右倾翻案风"运动在全国大规模展开。在这前后，江青一伙通过他们控制的舆论工具，极力诽谤、攻击邓小平和一批老干部。他们把国务院政治研究室邓力群按邓小平多次讲话精神主持起草的《论全党全国各项工作的总纲》草稿，胡耀邦、胡乔木主持起草的中国科学院工作汇报提纲草稿《关于科技工作的几个问题》和国家计委根据国务院指示起草的《关于加快工业发展的若干问题》草稿，诬蔑为"邓小平授意炮制的""三株反党、反马克思主义的大毒草"，是所谓"邓小平修正主义纲领的产物"，横加罪名，发动批判。

1976年8月，张春桥、姚文元直接布置迟群、谢静宜通知国家出版局，由人民出版社出版《评〈论全党全国各项工作的总纲〉》、《评〈关于科技工作的几个问题〉》和《评〈关于加快工业发展的若干问题〉》。这三本小册子，按照迟群传达的"四人帮"的旨意，只收"北京大学、清华大学大批判组"和上海、辽宁两地的文章，并以两校大批判组的名义写了编者前言。

这三本小册子采取"内部发行"的方式。据统计，全国以汉文和蒙、藏、维、哈、朝5种少数民族文字以及盲文共计印制9 100余万册，实际发行8 000余万册。

批判《论总纲》等三本小册子虽然发行了8 000多万册，但并没有获得"四人帮"希望的"彻底批倒批臭邓小平"的结果，相反，许多人看了这三本小册子内附录的三篇文章后，却说："这是什么'毒草'？明明是香花！"

第三节　拨乱反正时期的出版事业

1976年9月9日毛泽东逝世后，"四人帮"加紧夺取党和国家最高领导权的阴谋活动。10月6日晚，以华国锋、叶剑英等为核心的中共中央政治局采取断然措施，毅然粉碎了江青反革命集团，从危难中挽救了党，挽救了革命，从而使长达十年的"文化大革命"这场灾难得以结束。

1976年10月，江青反革命集团覆灭后，出版界同全国一样，开展了揭发、批判"四人帮"罪行的斗争。

从1977年5月到1979年底，国家出版局先后在以王匡、陈翰伯为首的领导班子的

领导下，为出版界的拨乱反正做了许多工作，使"文革"中受到严重摧残的出版事业，在较短的时期内得到恢复和发展。

一、拨乱反正的重要措施

1. 揭批"四人帮"，推倒"两个估计"精神枷锁

"文革"结束后，出版界与其他领域一样，面临着拨乱反正的艰苦任务。而批判、推倒写入中共中央1971年43号文件《关于全国出版工作座谈会的报告》中的"两个估计"（即新中国成立以来出版界是"反革命黑线专政，资产阶级知识分子占统治地位"，这些人不能用，要重新组建出版队伍），成为当时广大出版工作者的共识。

国家出版局经过调研和查阅有关档案材料，查明"两个估计"是张春桥、姚文元对抗周总理指示炮制出来的。

经中央和国务院批准，国家出版局于1977年12月3日至17日在北京召开了全国出版工作座谈会。这是粉碎"四人帮"后第一次召开的全国性出版工作会议。会上着重批判了"两个估计"。王匡代表国家出版局党组所作的报告中，指出这"两个估计"是"'四人帮'在出版战线打击革命干部，打击知识分子，颠倒敌我，颠倒是非的'两根大棒'"，是"镇压广大出版工作者的'紧箍咒'，一直影响到现在，必须彻底批判，把长期压得抬不起头来的广大出版工作者解放出来"。

对"两个估计"的批判，是一次思想解放，在出版战线的拨乱反正中具有重要意义和深远影响。

2. 打破禁锢，缓解"书荒"，实施出书政策上的拨乱反正

出版领域的拨乱反正工作主要在两个方面展开：一是落实人的政策，为被打倒和错误处理的领导干部和知识分子平反冤假错案，重新安排工作；另一件是落实书的政策，把"文革"中被打成"封资修毒草"的一大批图书解放出来，重新出版，满足人民群众对书的强烈需求。

1978年2月，国家出版局研究决定，迅速组织力量重印一批中外文学作品，于"五一"节集中投放市场。3月初，出版局召集北京、上海等13个省市出版局和部分中央级出版社负责人开会，动员全国出版印刷力量，组织重印新中国建国以来出版的35种中外文学作品，计划每种印40万至50万册，由13个省、直辖市分工赶印，定于5月1日在大中城市同时发行。

当时面临最大的困难是纸张紧张，要马上拿出7 000吨纸来印1 500万册书，一时很难解决，当时的出版局领导冒着政治风险，提出借用为印毛泽东著作而准备的专用储备纸，得到中央领导支持才解决了重印35种书的纸张问题。

从5月1日开始，35种"文革"中惨遭厄运的中外古今文学作品重见天日，立即

引起了很大轰动。人们争相购阅，盛况空前。从 5 月 1 日至 3 日，北京市零售发行近 30 个品种共 30 多万册。在这样短的时间，发行的文艺书品种如此之多，在图书发行史上是前所未有的。这是出版界批判了"两个估计"之后拨乱反正的一次重大举措，既有思想政策上解放思想拨乱反正的重要意义，又在很大程度上缓解了当时的严重"书荒"，初步满足了广大读者对文化生活如饥似渴的需求。

3. 缓解出版工作中纸张紧张的突出矛盾

粉碎"四人帮"后，由于教育工作的恢复，新出和恢复出版的报、刊、图书日渐增多，对纸张的需要增长较快，而新闻出版用纸每年国家分配数均低于需要数，纸厂实际供货数又低于分配数，因此纸张的供需矛盾一直十分尖锐。

随着纸张供需的矛盾日益突出，印刷紧张的问题也跟着困扰着出版部门。印刷落后的问题集中在印刷技术落后、印刷力不足、经营管理不善三个方面。

国家出版主管部门及时将上述情况向上级反映，中央领导对此高度重视，给予明确指示，要求各部门协调解决。国家出版局会同有关部门开展计划用纸、节约用纸，消除或减少各环节的损耗浪费现象，并采取增加纸张，纸浆进口量的措施。经过多方面共同努力，逐渐扭转了被动局面，使纸张供需矛盾和印刷紧张状况得到一定的缓解。

4. 恢复在"文革"中停止执行的稿酬制度

"文革"开始后，稿酬制度被彻底废除。"文革"结束，新出和重印的图书逐渐增多，稿酬问题被提出，国家出版局在征求有关部门和部分作者意见后，向国务院上报了《关于新闻出版稿酬及补贴试行办法的请示报告》，很快得到国务院批准，从 1977 年 10 月 1 日起实行。这个办法的特点是根据作品的质量和字数一次付酬，虽然实行的是低标准（著作稿千字 2—7 元，翻译稿千字 1—5 元），但在"文革"以来稿酬停发了 11 年的情况下恢复稿酬制度，确是突破了一个禁区，是拨乱反正的一项具体成果。

5. 解放思想，突破出书内容和出书方针上的禁锢

"四人帮"造成的"书荒"十分严重，少儿读物出版园地更是一片荒芜，引起各方面强烈的反映。

1978 年 10 月 11 日至 19 日，国家出版局在江西庐山召开"全国少年儿童出版工作座谈会"。陈翰伯代局长在会上作了题为《解放思想，勇闯禁区，迎接少儿读物繁花似锦的春天》的报告，着重讲了解放思想、勇闯禁区的重要性。

这次会议，是在少儿读物领域内拨乱反正、解放思想的一次重要会议。以突破出书内容和出书方针上的禁锢为主要内容，其影响远远超出了少儿读物出版工作，对整个出版领域的解放思想、拨乱反正都起了重要的、积极的促进作用，并具有深远的影响。

6. 明确全党工作重点转移后出版工作的主要任务，提出奋斗目标

为贯彻中共十一届三中全会决定，把全党工作的着重点转移到社会主义现代化建设上来，国家出版局党组在代书记陈翰伯的主持下，于1979年3月至5月间连续召开了十多次党组扩大会议，讨论出版工作如何适应我国历史上这一伟大的历史性转折。

会议对全党工作重点转移后出版工作的主要任务是什么，着重进行了讨论，并根据历史上正反两方面的经验教训做出了正确的结论。

明确了全党工作着重点转移后，出版工作的主要任务是：坚持百花齐放、百家争鸣的方针，通过不断地提高出版物的质量和增加新书的品种，完整地准确地宣传马列主义、毛泽东思想的科学体系，广泛地传播科学文化知识，为提高整个中华民族的科学文化水平，为社会主义现代化建设服务。这是一个总的要求，由于分工不同，各出版社要有自己的出书重点，不能把为现代化服务一律化。

会议还讨论了切实提高图书质量的问题。指出关键还是要提高出版物的质量。要在保证质量的前提下，来考虑增加品种和印数。同时采取坚决的措施，消灭可出可不出的书，反对、杜绝重复浪费和粗制滥造，把有限的纸张和印刷力用到出版读者真正需要的有较好质量的图书上去。

国家出版局为了尽快把出版工作搞上去，十分重视推动出版部门制订出书规划，使出版工作配合国家经济和文化建设有计划地进行，并注意各部门的分工协作，充分发挥社会主义出版事业的优越性。1978年1月19日，国家出版局召开直属出版社规划动员会议，提出局、社两级均建立规划小组，制订一年、三年和八年的出书规划，提出"三年实现初步繁荣，八年达到全面繁荣"的奋斗目标。

7. 解放地方出版社的生产力

从20世纪50年代开始，在计划经济的体制下，地方出版社的数量不多，中央有关领导部门规定了地方出版社出书执行"三化"，即"地方化、通俗化、群众化"的方针。根据这个规定，地方出版社只能出版一些"字大、图多、本薄、价廉"的通俗小册子；只能向本地作者组稿，不能任意向外地作者组稿。随着出版事业的发展，地方出版社的增多，许多地方出版社已有改变这一方针的要求，特别是在中共十一届三中全会以后，出版工作进入新时期，在解放思想、实事求是的思想路线的指导下，地方出版社要求改变"三化"方针的呼声更为强烈。

在此情况下，国家出版局研究了大家的意见，确立了地方出版社"立足本地，面向全国或兼顾全国"的方针，使地方出版社出书突破了"三化"的限制。

关于地方出版社"立足本地、面向全国"方针的确立，是国家出版局对新时期出版事业发展作出的有深远影响的一项重要决策，也是出版界实践中共十一届三中全会路线的重要成果。实践证明，解放地方出版社的出版生产力，有力地促进了全国出版事业

的繁荣发展。

8. 大力加强科技图书出版工作

粉碎"四人帮"后,为了缓解科技书的"书荒"现象,大力加强科技图书出版工作,成为拨乱反正中的一项重要任务。

在国家主管部门的大力推动下,在出版、发行工作部门的努力下,全国科技图书出版工作发展迅速。到 1979 年,全国共出版科技图书 4 200 多种,比 1976 年出版的种数增加了将近一倍。出版了《竺可桢文集》、陈景润的《初等数论》等著名科学家的著作,翻译出版了《爱因斯坦文集》等外国科学家的著作,还出版了一批应用科学技术著译和科学普及读物。

9. 整顿和加强图书发行工作

1977 年 10 月,国家出版局在武汉召开"全国图书发行工作座谈会",将整顿图书发行部门作为拨乱反正的一项紧迫任务,提出要从领导班子、发行队伍、业务秩序、服务态度、经营管理、网点建设六个方面,一一加以整顿。

经过一年的整顿工作,情况有了好转。1978 年,全国书店的销售总额达 9.29 亿余元,较 1976 年增长 39%,创历史最高纪录,而且基本达到了进销平衡。全国书店的劳动生产率、利润率、费用率、周转率等经营指标也都超过或接近历史最好水平。

1979 年 4 月,国家出版局在北京召开全国图书发行工作会议,着重讨论了书店工作如何适应全党工作着重点转移的问题。会议提出继续搞好整顿,大力提高发行质量等要求,进一步推动图书发行工作取得更好的成绩。

10. 书刊印刷工作贯彻执行调整、改革、整顿、提高方针

粉碎"四人帮"后,经过两年多的拨乱反正,书刊印刷生产力有了增长,但随着书刊印刷需求的增长,书刊印刷能力总体依然不足,成为新时期出版事业中一个突出的薄弱环节。

1979 年 8 月 27 日至 9 月 10 日,国家出版局在太原召开全国书刊印刷工作会议。对有关改进和加强书刊印刷工作的一些最紧迫的问题进行研究,提出了一系列有针对性的建议,确立了调整、改革、整顿、提高的方针。

二、1977—1979 年的出版工作

1. 恢复和新建了一批出版机构

1976 年底,全国出版社(不包括副牌,下同)有 75 家,其中中央级出版社 40 家,地方出版社 35 家。1977 年至 1979 年的 3 年内,有部分出版社恢复了"文革"前的建制,新建了一批出版社。到 1979 年底,全国出版社达到 129 家,其中中央级出版社 63

家，地方出版社66家。

一些名牌社恢复了"文革"前的格局，如1979年8月，国家出版局宣布商务印书馆与中华书局分立，两家恢复"文革"前出版社的建制。

2. 图书出版

1977年至1979年，全国出版图书45 085种（其中新出36 074种），总印数111.54亿册（张），总印张数425.64亿印张。"四人帮"造成的严重"书荒"现象已有明显改变。

"文革"结束后的头几年，我国出版了一些新编的马列著作和毛泽东著作的选读本，突出了马克思主义体系的三个组成部分。

1977年4月15日，《毛泽东选集》第五卷由人民出版社出版，各种文字、各种版本的总印数近2.2亿册。1982年4月10日，国家出版局发出通知，称根据中央宣传部通知，《毛泽东选集》第五卷内容因有些提法（包括出版说明和注释）不符合中共十一届三中全会精神，决定予以停售。

粉碎"四人帮"后，国家出版局在王匡主持下，于1977年9月11日向中央报送了《关于鲁迅著作注释出版工作的请示报告》。报告经中央批准后，在胡乔木、林默涵的领导和主持下，鲁迅著作出版工作的进度大大加快，进展顺利。有注释的增订新版《鲁迅全集》（16卷）于1981年在鲁迅100周年诞辰前夕，由人民文学出版社出版，全书的注释有2.3万多条，近240万字，比1958年版的《鲁迅全集》大为增加。

1976年12月，《李自成》第二卷由中国青年出版社出版。曾得到毛泽东帮助的姚雪垠，在"文革"结束后又得到邓小平的关怀，生活创作条件得到了极大改善，得以专门创作。

《李自成》第三卷于1981年6月出版，一至三卷总印数超过了400余万部，第四、五卷于1999年8月出版，姚雪垠用了42年的心血和精力创作的这部五卷12册、320万字的巨著终于全部完成。

编纂出版大部头的百科全书，是衡量一个国家和一个时代科学文化发展水平的一个重要标志。我国从近代以来，不少有识之士纷纷倡议编纂中国的百科全书，并作过多次尝试，均遇难而止。新中国成立后，当时的出版总署曾考虑出版中国百科全书，稍后拟定的《科学文化发展12年规划》也曾把编辑出版百科全书列入其中，1958年又提出开展这项工作的计划，但都未能实现。

"文革"结束后，姜椿芳等同志提出了编辑出版《中国大百科全书》的建议，受到各方面重视和邓小平等中央领导人的支持。1978年5月21日，国家出版局党组联合了中国科学院、中国社会科学院，以三家党组联名的名义向中央正式提出了编纂《中国大百科全书》的请示报告，很快得到批准。随后成立了以胡乔木为主任的总编辑委员会，姜椿芳被任命为中国大百科全书出版社的总编辑，中国的百科全书事业从此开始起步。

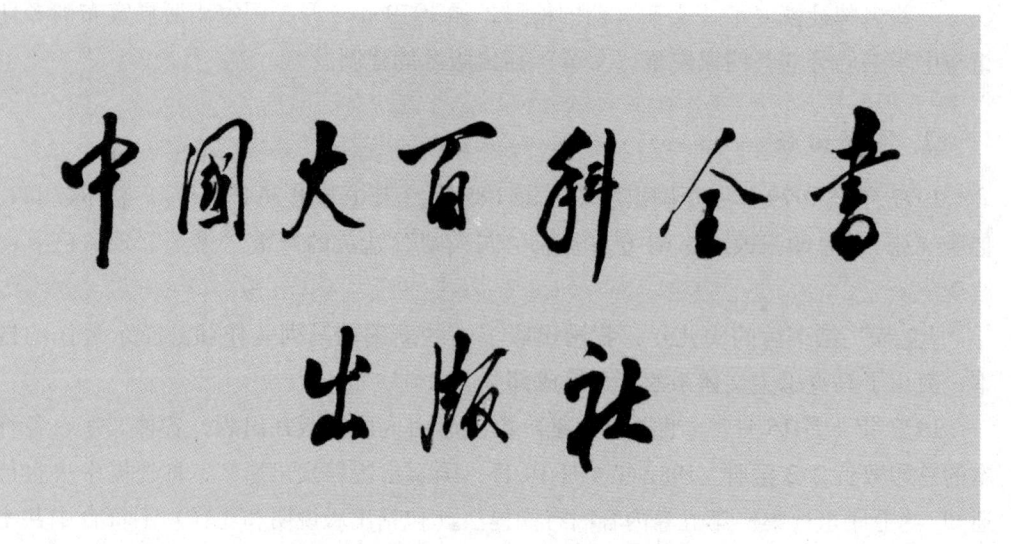

邓小平同志为中国大百科全书出版社题写的社名

中国大百科全书出版社在十分艰苦的条件下创业，经过一段时间的摸索、研究，决定以天文卷作为开路卷。在全国天文学家和出版社编辑出版人员的紧密合作下，天文卷于1980年12月问世，受到国内外学术界的肯定评价。《中国大百科全书》第一版共74卷，1.3亿字，前后历时15年，终于在1993年8月全部完成，结束了中国没有百科全书的历史。

在中国影响最大的两部综合性大型辞书——《辞海》和《辞源》，虽然早在20世纪50年代后期就开始重新修订，但全书修订本正式出版，都是在1979年之后。

为向建国30周年献礼，1978年底，成立了新的《辞海》编委会，编委会采取大协作、大集中、大会战的方法。来自上海、北京、南京、杭州等地70多个单位的专家学者1 000多人，和参加校对、通读的人员170多人，相对集中，全力以赴，日夜奋战，新版《辞海》终于在1979年9月21日由上海辞书出版社出版，如期向建国30周年献上了一份厚礼。《辞海》1979年修订本出版后，全国的需求量极大，一年印五六十万套都不能满足需求，长时间求大于供。

《辞源》的修订工作从1976年1月开始，由商务印书馆编辑部同广东、广西、湖南、河南4省（区）协作进行。4省（区）分别成立专门机构，以商务印书馆1964年出版的《辞源》修订稿第一册和未出版的其他各分册初稿或资料为基础，和商务印书馆编辑部共同编辑、审定。《辞源》修订本分为4卷，第1卷于1979年7月出版，全书于1983年12月出齐。经过修订，基本上保持了原来的特点：以语词为主，兼收百科；以常见为主，强调实用；结合书证，重在溯源。

始自1975年的两部大型汉语工具书——《汉语大词典》和《汉语大字典》的编写工作，在最初几年遇到了很大困难。为此，《汉语大词典》编写领导小组组长陈翰伯、

《汉语大字典》编写领导小组组长许力以分别向胡耀邦写报告汇报情况并提出分别在上海和四川成立大词（字）典编纂处的请求。胡耀邦同志及时批复了报告，对编写工作给予了有力支持。对于编写工作中存在的多种困难，教育部也于11月22日向有关省市教育部门发出通知，作出若干具体规定，使两部大型汉语词书的编写工作进入了一个新的阶段。经过十多年的努力，《汉语大字典》8卷于1990年10月由四川辞书出版社、湖北辞书出版社全部出齐；《汉语大词典》12卷（另附录、索引1卷）于1994年4月由汉语大词典出版社全部出齐。

1978年春，国家出版局收到国务院转来邓小平的一份批件，指示落实《藏汉大辞典》的出版。辞典主编张怡荪一辈子致力于该项工作，历尽艰辛。在接到邓小平批示后，有关部门采取了有效措施，解决组建一个修订班子，提供办公处所、经费，如何管理等问题。

在有关方面的大力支持和全体编纂人员的努力下，1985年9月1日于西藏自治区成立20周年之际，《藏汉大辞典》由民族出版社出版。全书收词5.3万多条，以语词为主，兼收百科。这部辞典反映了藏族文化的各个方面，收词范围广泛，解释比较详细，具有较高的实用价值和学术价值。[①]

粉碎"四人帮"后，1977年邓小平刚刚恢复工作就提出要把教材编写工作先抓起来，以使1978年秋季入学的大、中、小学新生都有新教材使用。

遵照邓小平等同志的指示精神，教育部和国家出版局及时召开会议，制定计划，组织教材编写工作，编出了供小学、中学和大学新生用的各种新教材。印刷、发行部也积极配合，增拨纸张，突击印刷，及时发运。经过各方面的共同努力，1978年度共计出版发行了大学、中专、技工教材468种，1.2亿册，中、小学教材157种，18亿册，基本上实现了邓小平提出的"1978年秋季开课时，大、中、小学新生都要使用新教材"的要求。

3. 报刊出版

1979年，中央级和省、自治区、直辖市报纸共有59种，全年总印数130.82亿份，总印张数123.03亿印张。和1976年相比，中央级报纸增加10种，省、自治区、直辖市报纸增加6种。中央级报纸的总印数、总印张数比1976年增长了49.3%、47.9%。

1979年，期刊出版的种数增加十分迅猛，特别是科学技术类期刊增加更快。全年出版期刊1470种（其中科技类期刊占75%），用纸7万吨，比"文革"前出版期刊种数最高的1964年（856种）增加71.7%。

[①] 张怡荪于1983年在成都逝世。生前留有遗嘱，把自己多年为编纂《藏汉大辞典》而收集的藏文书籍全部捐赠给四川省民族研究所。

第四节　改革发展时期的出版业

一、出版事业发展概况

改革开放以来，随着科学技术的发展和国民生活水平的迅速提高，我国出版事业进入了一个前所未有的发展阶段，取得了令世人瞩目的成就。出版社的数量翻了两番多，出版物的种类、数量呈爆发式增长，而音像制品和电子出版物也是日新月异，成为重要的出版物形态。

1. 图书出版的繁荣景象

我国对图书出版社实行的是审批制，因此出版社数量的多少与市场需求之间的关系不大，与产业发展的快慢之间的关系也不大。总体看1978年至2000年间，我国图书出版社的数量增长是比较快的，出版社总量翻了两番多。1995年以后出版社数量基本是零增长甚至是负增长，稳定在500多家。

图书出版社建立的审批制方式，使图书出版社的结构（包括地域和规模等）都是按照一定的计划分布的，是从均衡发展的思路出发的。因此，全国各省、自治区、直辖市都有一定数量的出版社，中央各个部委也都有自己的出版社，并且许多出版社的编制都是经过中央或省、自治区、直辖市的机关机构核准的，所以出版社的规模结构相差也不大。在发展过程中，结构均衡成为制约出版社发展的因素之一，出版社的各种结构开始不断调整，但是地区分布由于受到主管主办等限制，自由调整的难度很大，而出版社的出版规模结构差异却逐渐显现。

从地区分布看，北京地区出版社最多，特别是1982年以前，北京地区出版社的数量超过其他地区出版社数量的总和。从20世纪80年代初期开始，地方出版社开始走上裂变之路，许多地方人民出版社的教育、少儿、文艺、科技、古籍等编辑室从出版社内分离出来，组建独立的出版社。此外大学出版社纷纷建立。地方出版社的数量迅速增加，从1983年开始，地方出版社总量超过北京。2000年在全国528家出版社中，北京地区出版社总量达213家（不包括副牌社）。

从出版规模结构看，近20年来一直处于剧烈的调整之中，其中显著的特点是地方人民出版社在裂变中被削弱，许多老牌的中央出版社的发展也比较缓慢，而一些专业出版社、大学出版社及教育出版社的规模扩张迅速。

2000年，全国出版图书14.3万种，与20年前相比，出版社的出版规模已经发生了显著变化。

从码洋指标看，全国经济实力最强的出版社主要是以出版教材教辅为主的教育出版社。这反映出出版产业与教育的发展密不可分的关系和对教育的依赖。

图书品种是一个国家图书生产能力和出版业是否发达的重要标志,是一个国家科学技术与文化是否发达与活跃的重要标志。改革开放以来,随着我们各项事业的飞速发展,图书出版也进入了一个前所未有的发展阶段。1980 年至 2002 年,全国年出版图书品种翻了三番多。

图书印数是图书出版重要指标,1980 年以来,图书印数和印张的总体发展趋势是逐年增长的,图书总印数由 1980 年的 45.93 亿册增长到 2000 年的 62.74 亿册,其中 1996 年至 1999 年图书年总印数曾经超过 70 亿册。

图书总印张稳步增长,1980 年全国图书总印张 195.74 亿印张,到 2000 年增长到 376.21 亿印张,几乎翻了一番。

由于我国一直实行的是"保本微利"书刊定价政策和长期实行严格的国家定价体系,因此在相当长的时间内书刊的价格是很稳定的,也是偏低的。这不仅适应了国民低收入、低消费的要求,也有国家对出版补贴的支持。图书定价逐渐与市场接轨后,书价逐年上升,2000 年图书每印张的平均定价比 1984 年增加了 10 倍。图书定价的增长与其他物价的变化及国民收入的增长基本是同步的。

改革开放后图书的出版,不仅彻底扭转了"书荒"的局面,基本上可以满足不同层次人民群众对图书的不同需要,而且在各个学科都出版了一批可以代表我国科学技术、文化艺术巨大发展,体现出版繁荣与自由,体现中国文化多样性的标志性图书。在马列主义、毛泽东思想方面,出版了《马克思恩格斯全集》、《毛泽东选集》全五卷、《邓小平文选》等。马列主义、毛泽东思想及邓小平理论著作的出版,其影响重大,意义深远。在哲学社会科学、文化教育、文学艺术著作方面有大批的精品问世,如新版《孙中山全集》、《鲁迅全集》、《张岱年全集》、《冰心全集》、《宗白华全集》、《孙冶方选集》、《薛暮桥选集》、《中国通史》(范文澜、蔡美彪等著)、《中国美术全集》、《乾隆版大藏经》、《敦煌石窟艺术》、《李可染书画全集》、《齐白石全集》、《随想录》、《平凡的世界》、《白鹿原》等。在科学技术著作方面,有《杂交水稻育种栽培学》(袁隆平等著)、《机械工程手册》、《实用儿科学》(诸福棠、吴瑞萍、胡亚美主编)、《工程控制论》(修订版,钱学森、宋健著)、《值分布论及其新研究》(杨乐著)、《泌尿外科》(吴阶平主编)、《中国矿床》(宋叔和等著)、《高士其全集》、《转移核糖核酸——结构、功能与合成》(王德宝等著)、《中国针灸四大通鉴》(邓良月等主编)、《肾脏病学》(王海燕等著)、《李四光文集》等。在工具书出版方面,更是成就辉煌,除了《辞海》、《辞源》、《新华字典》、《现代汉语词典》修订出版外,还有新编的 8 卷本《汉语大字典》、74 卷本《中国大百科全书》全部出齐、13 卷本《汉语大词典》、2 卷本《藏汉大词典》、93 卷本《中国医学百科全书》、2 卷本《英汉大词典》、25 卷本《中国农业百科全书》,等等。

2. 报刊出版的发展与成就

改革开放以来,我国报纸出版也得到了前所未有的发展,不仅报纸的品种数量、报纸的发行量都有很大的增长，而且报纸的形象和报纸的内容也有巨大的变化。

1980年全国出版报纸188种，2000年出版2 007种，增加了近10倍，报纸总印数由1980年的140.4亿份增长到329.6亿份，增加了1.3倍，总印张由141.7亿印张增长到799.8亿印张，增加了4.6倍。

在1993年以前，图书用纸量一直高于报业用纸，但是转折出现在1993年，报业用纸首度超过图书，并且走上大发展之路。

报业用纸量的激增，从生产方面讲主要有几个原因。其一是报纸品种的剧增。其二是报纸版面的剧增。1979年，除《人民日报》是一张半以外，其他所有的报纸都是对开一张（四版）或四开一张①，但是到2000年，除一些专业报或市县报外，多数报纸都不断扩版，许多报纸十几版、几十版、个别报纸上百版。其三是报纸的刊期缩短。

随着报纸数量的增加和国民阅读兴趣的转移，报业市场也在不断地变化，如一些全国性的报纸发行数量逐年减少，区域性报纸的发行量却逐年增加，一些综合性报纸发行萎缩，专业化报纸的发行量却稳步上升，等等。

与图书、报纸一样，1980年以后期刊业进入高速发展期，主要的标志是期刊的品种和印数。1980年全国期刊品种2 191种，总印数为11.2亿册，2000年发展到8 725种，总印数达到29.4亿册②，分别增加了2.98倍和1.63倍。

期刊在地区间分布的差异是很大的，期刊品种数最多的是北京地区。北京地区拥有期刊数占全国的1/4左右。其次是上海。其他省区如江苏、湖北、广东、黑龙江、辽宁的期刊数量也位居前列。

从期刊的分类看，自然科学技术类期刊的数量最多，占我国期刊总数的一半以上，体现了我国对自然科学技术的重视。从1980年以来期刊结构调整的历程看，哲学社会科学类和综合类期刊的增长速度高于其他期刊，在期刊总量中的比例不断提升，而自然科学技术类、文学艺术类、画刊在总量中的比例却逐年减少，文化教育和少儿读物类相对稳定。

改革开放以来期刊市场可以说是风云变幻。国民的阅读兴趣不断地变换，在期刊上的表现极为突出。1981年，全国平均期印数在100万册以上的期刊18种，其中哲学社会科学类5种，文学艺术类7种，自然科学技术类3种，其他少年儿童、画刊和综合类各1种。1985年期刊的出版迎来第一个高峰，不仅期刊的总印数达到空前的25亿册，而且平均期印数100万册以上的期刊也多达26种。其中通俗文学类期刊占有极大比例。20世纪90年代以后，通俗文学刊物的数量逐年减少，以青年为主要对象的青年类刊物在90年代后也大幅下滑，相反一些面向中小学生学习的刊物发行量大幅度上升，一些妇联办的面向家庭和妇女的刊物成为市场新秀。

---

① 《中国出版年鉴（1980）》。
② 据《中国出版年鉴（2001）》和《中国新闻出版统计资料汇编》2001版。

3. 音像及电子出版业的兴起与发展

"文化大革命"结束以后，随着科学技术的发展和国民生活水平的迅速提高，录音设备、录像设备逐步普及，音像制品发展迅猛，成为重要的出版物形态之一。

电子出版物是指以数字代码方式将图文声像等信息编辑加工后存储在磁、光、电介质上，通过计算机或者具有类似功能的设备读取使用，并可复制发行，用以表达思想、普及知识和积累文化的大众传播媒体。电子出版物出现在20世纪90年代初期，90年代中期随着计算机的普及而快速发展。

1979年以前，全国只有中国唱片总公司一家录音制品出版单位，没有录像出版单位。20世纪80年代，是中国音像出版单位大发展时期，到1990年，全国共有专业音像出版社190家，图书出版社音像出版部94家①，共计284家。此后，一方面音像市场持续不景气，另一方面国家对音像业不断清理整顿，音像出版单位数量发展缓慢。

电子出版单位成立的时间较晚。1993年7月新闻出版署批复同意河北省出版公司出版电子、音像制品，这是新闻出版署正式批准成立的第一家有电子出版物出版权的出版单位。此后我国电子出版物出版单位数量发展很快，1996年全国电子出版社有36家，1999年全国电子出版社有64家，2002年电子出版单位达到111家。

音像制品的发展与技术发展的关系是极为密切的。从录音制品看，密纹唱片在20世纪90年代中期以后不再生产，取而代之的是激光唱盘（CD）的快速发展。从录像制品看，录像带在20世纪90年代后期出版数量锐减，激光视盘（LD）逐渐绝迹，代之而起的是VCD和DVD。高密度激光视盘（DVD-V）和高密度激光唱盘（DVD-A）在1999年尚未纳入统计范畴，但是到2000年，全国高密度激光视盘的出版数量就达到了294种，131万张，高密度激光唱盘的出版数量有8种，1.2万张。

全国音像制品的主要生产地区是北京、上海和广东。北京出版数量多主要是由于中央部委所属的出版单位多，无论是录音制品还是录像制品的总量都位居前列。上海主要是录音带出版数量大，如2000年上海生产盒式录音带1 563种，占全国出版总量的25.3%。广东则是录像制品出版走在前头，如2000年广东生产的DVD-V107种，占全国生产总量的36.4%，VCD1045种，占全国总量的14.7%。

电子出版物出现是在20世纪90年代初期，1991年武汉大学出版社出版了《国共两党关系通史》电子版，清华大学出版社出版了《英汉计算机词汇》电子版，这被认为是中国最早的电子出版物，当时主要是软磁盘形式，出版的数量很少。1992年"中文科技期刊篇名数据库"等CD-ROM光盘出版，以后CD-ROM逐渐成为电子出版物的主流。1998年全国出版电子出版物1 078种，2000年全国出版电子出版物2 254种，

---

① 刘忠德在全国压缩整顿音像单位工作会议上的报告，见新闻出版署办公室编《新闻出版工作文件选编》(1990-1991)，427页，知识出版社，1992年。

其中 CD-ROM 2 222 种。①

4. 外文、盲文出版机构与出版物

外文出版机构主要是以外国语言文字出版物出版为主的机构，有图书出版社、报社和杂志社（编辑部）。它们每年出版大量的外文出版物。

1978 年以前，专业外文出版社只有外文出版社和新世界出版社两家。1979 年以后，我国专业的外文出版社得到发展，1989 年外文图书出版社数量曾经多达 10 余家。后经调整，到 2001 年，全国专业的外文图书出版社还有 7 家，全部集中在中国外文出版发行事业局。

1976 年全国有外文期刊 6 家，主要是对外宣传类的综合性期刊。1976 年以后，不仅外文期刊的数量有很大的发展，而且外文的类型也有很大的变化。特别是随着改革开放和各项事业的不断发展，外文刊物得到迅速恢复与发展。科技类外文期刊发展更快，到 1990 年，全国外文期刊已经有 125 种，共出版 156 个文版。2002 年全国外文期刊 150 余种，其中主要是自然科学技术类。

外文报纸出版比外文期刊的出版时间晚、数量少。我国最主要的外文报纸是《中国日报》（China Daily），它创办于 1981 年，是新中国成立以来第一份全国性英文日报。到 2001 年，它已经发行到 150 多个国家和地区，发行量超过 30 万份。

改革开放以来外文图书的出版取得了很大的成就，据不完全统计，1980 年至 1987 年共出版外文图书 5147 种，语种多达 45 种，除了英、法、西班牙、德、日、俄、阿拉伯等较大的语种外，还有柬埔寨、尼泊尔、古加拉提等小语种。② 进入 20 世纪 90 年代后，外文图书出版平稳增长。2000 年，仅中国外文出版发行事业局系统每年出版的外文图书就有 1 000 种左右，约 10 个文种。外文图书的种类也很多，不仅有毛泽东、周恩来、刘少奇、朱德、邓小平、陈云、江泽民等著作的外文版，还有政治理论读物和介绍中国社会主义建设成就和中国基本知识的图书。有中国文学艺术精品图书，如《鲁迅短篇小说选》、《红楼梦》、《西游记》等，有科学技术类和中医中药图书，如《配位场理论方法》、《中医饮食疗法》、《中医基础理论》等。此外还有儿童读物。

二、出版体制与出版管理制度改革

改革开放后，长期按事业性单位运作、只管生产不管经营的中国出版社开始进行体制改革。中国出版业体制改革的过程实际上就是中国出版业市场化探索的过程。在这个过程中，政府的职能逐渐从微观转向宏观，与此同时，出版社的经营意识日益增强，行业的开放度也随着改革的深入不断提高。

出版体制包括出版管理体制、出版所有制体制、出版分配体制、经营体制等诸

---

① 据新闻出版总署计划财务司编《中国新闻出版统计资料汇编》2001 版。
② 新中国对外文化交流史略编委会编：《新中国对外文化交流史略》，488 页，中国友谊出版公司，1999 年。

多方面。

1. 出版管理体制改革

出版管理体制分为宏观管理体制和微观管理体制，1980年以来，伴随着国家政治体制和经济体制改革的深入，出版业两个层次的改革一直在进行。

出版宏观管理体制主要有两个层面的改革。

一是出版管理机构的建立与改革。"文化大革命"后期，1973年7月国家出版事业管理局成立，此后，各省、自治区、直辖市也相继成立了出版局。全国出版行政管理系统建立起来。1982年5月，在国务院机构改革中，国家出版局划归文化部，改称文化部出版事业管理局，此后一些省（市、区）的出版局或撤销或与文化局合并，或改为出版总社，其行政管理的能力降低，与快速发展的出版业形成了矛盾。1986年为提高出版管理能力，国务院恢复国家出版局为国务院直属机构。1987年1月，成立中华人民共和国新闻出版署。随着新闻出版业的发展，新闻出版行政管理的任务越来越重，2001年国务院决定，新闻出版署升格为新闻出版总署，新闻出版行政管理的职责进一步增加，各级新闻出版行政管理机构进一步加强。

二是出版管理与出版经营单位政企分开，管办分离。由于历史的原因，"文化大革命"以后组建的地方新闻出版管理机构，基本上是事业编制，既从事出版管理工作，又承担出版经营的任务。党的十四大以后，转变政府职能，政企分开逐渐成为出版界的共识，越来越多的地方开始把地方的新闻出版局与地方出版总社在编制、机构上进行区分，新闻出版局脱离事业单位纳入政府系列。2000年以后，随着各地出版集团的纷纷建立，新闻出版局与出版社、新闻出版局与出版集团或出版总社分开的进程加快。

出版微观管理体制的改革大体分为三个阶段。1988年以前为第一阶段，出版社实行党委领导下的社长、总编辑负责制。在经过近10年的运转之后，这种管理体制与整个社会政治、经济改革不适应，因此1988年5月中央宣传部、新闻出版署联合颁布了《关于当前出版社改革的若干意见》，提出："党委领导下的社长、总编辑负责制已不适应当前出版改革的要求。要逐步实行社长负责制。"2001年新闻出版总署根据中央的精神，印发了《关于贯彻落实〈关于深化新闻出版广播影视业改革的若干意见〉的实施细则》，提出："出版集团属于事业性质，实行党委（党组）领导下的管委会负责制，党委（党组）书记兼管委会主任。"[①] 2002年中央又提出出版社也要实行党委领导下的社长（总编辑）负责制。但是多数出版社实行的仍然是社长负责制。

2. 出版单位经营体制改革

出版单位经营体制改革主要经过以下几个阶段。

---

① 新闻出版总署2002年591号文件。

一是调整地方出版单位的经营方针。1979年,国家出版局在长沙召开了全国出版工作会议,针对地方出版社要求改变"三化"方针的呼声,国家出版局代局长陈翰伯明确表态:"地方出版社的同志要求立足本省,面向全国或兼顾全国,可以试行。地方出版社出书不受'三化'限制。"① 1983年,在中共中央、国务院《关于加强出版工作的决定》中,这一方针得到充分肯定。地方出版社经营方针的调整,极大地激发了地方出版社的出版生产力。

二是由生产型向生产经营型转变。1984年6月,文化部出版局在哈尔滨召开了全国地方出版社工作会议,会议提出要使出版社由单纯的生产型逐步转变为生产经营型。这一改革措施的实行,使出版社逐渐由生产导向型向市场导向型转变。1984年12月,国务院发出了《关于对期刊出版实行自负盈亏的通知》,提出除一些重要科研期刊、文学艺术期刊、外文和少数民族期刊继续试行补贴外,其他各种期刊,要实行独立核算、自负盈亏,一律不得给予补贴。

三是由"大锅饭"向承包制、目标责任制转变。1983年中共中央、国务院《关于加强出版工作的决定》中就提出:"编辑部门的改革,一项重要的内容是抓责任制。"1984年在哈尔滨召开地方出版社工作会议,提出:"出版社编辑部应当建立联系奖惩的考核制度。要实行岗位责任制,要规定先进合理的定额,超额奖励;同时实行若干以提高图书质量为主要考核内容的单项奖。"此后,出版社纷纷试行承包责任制。承包的主要内容包括出书品种、质量、数量和利润。在实际的操作当中,绝大多数出版社把利润指标分解到人,其不良后果很快显现出来,片面追求经济效益,买卖书号,编校质量下降,为此1992年1月新闻出版署署长宋木文在全国新闻出版局长会议上明确提出:"编辑室和编辑个人不要搞承包,因为不利于保证社会效益。"② 此后,许多出版社用目标责任制代替了承包制。

3. 协作出版与自费出版改革

协作出版又称合作出版、委托出版,是20世纪80年代中期出现的一种出版形式,指供稿单位取得出版社的同意,使用该出版社的书号和名义出书,同时还承担编辑、印刷、发行等工作。这种形式能弥补出版社编辑、印刷、发行力量之不足,从而能增加出书、缩短周期,它不失为对出版社的一种有益补充。协作出版的图书主要是各类学术著作以及社会急需的推广科研成果的读物,专业面窄、印量较少,在教学科研上确有需要的品种,协作的单位必须是国家企事业单位、党政机关、人民团体和教育科研单位,不能接受个人和集体的协作出版业务,同时要求对协作出版的图书要全面负责,不准

---

① 《出版工作》1980(1),7页。
② 新闻出版署办公室编:《新闻出版工作文件选编》(1992),13页,中国ISBN中心,1995年。

"卖书号"①。

协作出版对80年代图书出版的发展与繁荣作出了贡献，它弥补了出版社自身力量的不足，使很多的著作得以出版，缓解了出书难的问题。但是，协作出版有如脱缰的野马，逐渐失去了控制，许多内容低级、庸俗甚至色情淫秽的图书，通过协作出版出笼，搞臭了协作出版的名声。从1986年开始出版行政管理机关多次对协作出版进行整顿，1993年11月，在严禁"买卖书号"的背景下新闻出版署做出了暂停协作出版的规定。此后协作出版业务没有正式恢复合法身份。

协作出版的开展，一个重要的结果是培养了一大批的"书商"。从80年代中期开始，他们通过协作出版、代印代发等方式，参与图书出版，到90年代以来，一些"书商"开始组建公司，以公司的形式与出版社合作，形成了一支庞大的民营书业力量。

自费出版也是出版改革过程中出现的一种出版方式。20世纪80年代初期，伴随着改革开放的步伐，国民的创作热情高涨，要求出版的图书很多，但是现有的出版力量严重不足，出现了出书慢、出书难等问题。为了解决这些问题，1984年12月，文化部党组在给中央宣传部的报告中提出，批准有条件的出版社承担自费出版任务。1985年6月，文化部就出版社兼办自费出版做出专门的规定：自费出版是一条补充的出书渠道，书稿主要限于非营利性的学术著作，出版社可以根据情况收取适当的管理费。自费出版者可以是单位，也可以是个人等。此后，自费出版的形式一直延续下来。

4. 图书价格体制改革

1976年以来，图书定价制度主要有三次较大的改革，使图书的定价逐渐过渡到由出版社根据市场和成本自主决定。

第一次是1984年11月，文化部下发了《关于调整图书定价的通知》，提出在"保本微利"的原则下，调整图书定价的管理体制和定价标准，规定地方的图书定价由地方管理，中央一级出版社图书定价在一定的标准幅度内由各出版社自己决定，使出版社对图书价格有了相对灵活性。

第二次改革是1988年，新闻出版署先后转发了《同意印数在3 000册以下学术著作和专业著作可参照成本定价》的通知和《关于改革书刊定价办法的意见》，确定了图书定价按定价利润率定价的办法，把图书的定价权进一步下放给出版社。这次图书定价改革"标志着适应于商品经济的具有中国特色的出版物价格体系的初步建立"。② 第三次是1993年，国家物价局、新闻出版署联合下发了《关于改革书刊价格管理的通知》，规定大中专教材和中小学课本实行国家定价，与课本配套的教辅、党和国家重要文献由出版单位定价但经新闻出版主管部门和物价部门批准或备案，其他出版物由出版单位自

---

① 1985年5月文化部《关于开展协作出版业务的补充通知》，《图书出版管理手册》，249页，辽宁大学出版社，1991年。

② 吴江江、石峰、邹书林等著：《中国出版业的发展与经济政策研究》，165页，湖北人民出版社，1994年。

行定价。至此，符合市场经济规律的出版物定价体系正式建立。

三、印刷复制工作

出版物的复制主要分为两种类型，一是传统的书报刊等纸介质出版物的印刷，二是音像制品、电子出版物等磁、光、电介质出版物的复制。尽管这两类出版物的形态各异，复制方式和复制技术也不相同，但是他们在整个出版产业链中处于同一个环节，在政府的管理中由同一个部门管理，因此又具有共同性。

改革开放以来，我国的书刊印刷业发展很快，主要表现在印刷业规模不断扩大，印刷能力大幅度提高，印刷技术快速发展，中国印刷业告别了铅与火，进入了光与电的时代。

"文革"结束以后，出版业迅速恢复与发展，图书出版、报刊出版数量增长迅猛，对书刊印刷提出了新的要求。为此，1979年国家出版局在太原召开了全国书刊印刷工作会议，提出要加强管理，在挖潜、革新、改造上下功夫，要扩建、新建一些印刷厂，增加印刷机械等。此后，各地印刷厂发展很快，到1991年，全国书刊印刷厂发展到349家，与1981年相比几乎翻了一番。到2001年，全国书刊印刷两级定点企业达到1160家，比1991年翻了一番还多。

在印刷厂数量大量增加的同时，书刊的印刷能力也逐年提高。图书的印刷周期大大缩短。2000年以后，图书印刷彻底告别了印刷难的问题，图书印制周期大大缩短，图书出版周期可以在一周以内。

改革开放以前，我国的书刊印刷基本处于手工铅排、落后铅印、手工装订时代，1983年6月中共中央、国务院《关于加强出版工作的决定》提出：要建立若干印刷发行基地，积极推广书刊印刷的新技术，对排版、印刷、装订的装备和器材，要努力增加品种，提高质量，降低成本，要逐步把我国印刷技术从手工排版、铅字印刷的落后状况，转移到采用先进技术装备的基础上。为加强印刷设备引进与技术改造，有关部门成立了印刷技术装备协调小组，统一领导协调印刷工业的技术革新、技术改造，同时拨付大量资金，支持印刷业技术改造。用了10年左右的时间，使我国印刷业发生了一场深刻的变革。

1. 照相排字技术

改革开放初期，我国即把照相排字技术作为发展方向高度重视。早在1974年8月，国家科技委员会就集中北京大学等单位的科研人员，研制中文照相排字机，定名为"七四八工程"。以王选为代表的科研人员，经过广泛的调查研究，提出了一个高起点的研制方案：瞄准照相排字机的世界先进水平，直接研制激光输出记录的照排机。科研人员根据汉字的特点，没有采用国外的字形存储方法，而是开发了具有中国特色的汉字信息压缩和复原技术。

1979年，王选主持研制成功汉字激光照排系统的主体工程，从激光照排机上输出了一张八开报纸底片。1981年后，他主持研制成功的汉字激光照排系统、方正彩色出版系统相继推出并得到大规模应用，成为我国自主创新和用高新技术改造传统行业的杰出典范。他带领队伍针对市场需要不断开拓创新，先后研制成功以页面描述语言为基础的远程传版新技术、开放式彩色桌面出版系统、新闻采编流程计算机管理系统，引发报业和印刷业三次技术革新。

王选（1937－2006）

2. 照相制版技术

制版技术在20世纪80年代以后，完成了三大转变，一是照相实现了"以干代湿"。湿印使用的感光材料是现用现涂的湿法碘化银火棉胶，20世纪五六十年代这是主要的制版方法。到20世纪80年代以后，在大型印刷厂中，软片完全取代了湿版，完成了中国照相制版历史上的"以干代湿"的转变。二是从人工分色到电子分色。在照相制版技术不够发达的情况下，彩色制版大多是采用人工分色，1964年我国开始引进电子扫描分色机，到20世纪80年代，全国的电子分色机数量大增，电子分色制版成为彩色制版的主流。1998年电子分色已经占到彩色制版的100%。[1] 三是从绘石版到PS版。20世纪70年代中期，中国印刷科学技术研究所在国内率先研制成功了胶印预涂感光版，简称PS版，1977年北京市印刷二厂批量生产，开始广泛应用。到20世纪80年代初期，上海、四川、陕西、广东等地相继生产PS版。1985年中国印刷科学技术研究所又研制成功PS版生产线，PS版使用更加普遍，最终取代平凹版。[2] 从20世纪90年代开始，直接制版技术开始逐步推广。

3. 胶印技术

20世纪70年代，我国开始采用照相制版胶印书刊，从80年代开始，胶印印刷得到迅速的发展，1978年全国胶印印刷量为954万色令，到1985年即翻一番，达到2 000万色令，到2001年更达到12 534万色令，到1998年，全国的书刊印刷中，胶印印刷占97%，报纸印刷中，胶印占100%。[3]

4. 装订技术

从20世纪70年代开始，随着印刷机械的发展，印、装之间的矛盾日益突出，书刊装订能力只能满足印刷能力的75%左右。从80年代开始，通过引进、消化、吸收、改

---

[1] 杨方明：《新中国书报刊印刷业五十年的巨变》，《中国出版年鉴（2000）》。
[2] 王子野：《当代中国的出版事业》（中），313－319页，当代中国出版社，1991年。
[3] 杨方明：《新中国书报刊印刷业五十年的巨变》，《中国出版年鉴（2000）》。

造等方式，逐步实现装订的机械化、联动化。

以激光照排技术为龙头，又在电子分色、胶印印刷和装订联动等多个相依存的重要技术领域获得突破性进展，催生了我国印刷技术从"铅与火"向"光与电"的历史性转变，实现了自毕昇以来印刷技术的第二次革命。

改革开放以后，音像制品及电子出版物的复制也有巨大的发展，经过不到20年的发展，已发展成为磁介质、光存储介质并存的复制产业大军，成为民营、国有、外资等多种所有制投资主体竞相进入的重要产业。

改革开放以前，我国只有人民唱片厂、上海唱片厂和中国唱片厂，复制能力也只有1 000多万盒。到20世纪80年代中期，全国的复制加工厂达到数百家，复制能力显著提高。进入21世纪以后，我国光盘产业已形成相当的规模，已初步成为全球复制业的加工生产基地之一。

从复制技术的发展看，20世纪70年代，以磁介质的有声盒式录音带为主。从80年代开始，录像带复制开始出现，同时复制速度大幅度提高。到90年代，光存储介质的光盘开始登场，逐渐取代磁介质载体，到90年代末期，光盘成为主要的音像制品载体形态。DVD和DVD－R等高技术含量的光盘生产逐年增多。

四、出版物发行工作

出版物发行包括图书发行、报刊发行、音像制品发行及电子出版物发行等。由于不同出版物的发行特点不同，也由于许多行政的力量，出版物的发行渠道被分割为图书发行渠道、报刊发行渠道、音像制品发行渠道等几个互相平行的渠道和市场体系。

早在1952年邮电部、出版总署对邮电局和书店在书报刊发行方面的交叉现象进行分工，决定从1953年1月1日开始，定期出版物（包括报纸和杂志）的发行工作由邮电局负责，不定期出版物（包括课本、一般图书和图片）的总发行由书店负责，书店可以从邮电局批入定期出版物经营零售业务，邮电局可以从书店批入不定期出版物经营零售业务。[①] 此后图书的发行由书店、书摊担负，报刊发行由邮电局及邮局办的报刊亭经营，逐渐形成了两个独立的市场体系。20世纪90年代以后，书店、书摊经营报刊，特别是期刊的现象逐渐增多，一些邮政网点也开始经营图书，但是两个发行系统之间的界限依然是明显的。

20世纪80年代初期，音像制品开始进入市场时的发行渠道主要是商业网点，而不是图书和报刊发行网点。1984年，随着国民对音像制品需求的增加，文化部出版局提出各地新华书店要积极创造条件，逐步开展此项业务[②]，书店系统逐渐参与音像制品发行，同时专门经营音像制品的音像店逐渐发展起来，并成为音像制品发行的主要渠道，

---

① 王子野：《当代中国的出版事业》（中），396页，当代中国出版社，1993年。
② 1984年3月文化部出版局批转新华书店总店《关于发行录音录像制品的意见》，国家出版局办公室编《出版工作文件选编》（1984－1985），163页。

音像制品发行系统形成。

1956 年出版业社会主义改造完成以后，私营图书发行网点退出历史舞台，图书发行业由国有和集体所有一统天下。

1980 年以后，随着对集个体从事图书发行政策的松动，图书发行网点从数量到结构出现新的变化，图书发行网点数量开始增加，到 1984 年达到创纪录的 113 503 个。发行册数也有大幅增长，图书发行册数最高的时期是 1996 年至 2000 年，年图书发行册数超过了 70 亿册，其中最高的 1998 年竟到达了创纪录的 77 亿册。

北京图书大厦

1980 年以前，报刊发行主要由邮政局所及其所办的零售网点承担。1980 年以后，随着改革开放的不断深入，报刊出版单位自办的发行网点和其他力量所办的报刊发行网点开始出现。但邮政系统由于历史的原因，一直是报刊发行的主渠道。报刊发行的数量，据邮政系统的统计，1980 年全国邮发报纸 159.8 亿份，邮发期刊 13.1 亿册，1986 年全国邮发报纸 222.4 亿份，邮发期刊 19.8 亿册。[①] 此后邮发报刊受到自办发行和其他发行力量的冲击，开始出现下降的趋势。到 2002 年，全国邮发报刊 6 172 种，208.4 亿份（册），占全国出版报刊种数的 60%，发行数量的 40%。

音像制品发行网点数量没有统计资料。音像制品的发行数量逐年增长，特别是随着"扫黄打非"的持续开展，市场秩序不断好转，正版音像制品的销售增长很快。

20 世纪 80 年代以来的出版物发行改革，是出版改革中最具成效、步伐最大的环节。其中最值得关注的有两点，一是在 80 年代初期，把民营资本引入图书发行业，其

---

① 《中国报刊发行史料》第一辑，421-422 页，光明日报出版社，1987 年。

次是在21世纪初期，出版物发行领域向国外资本开放。从长远来看，这两次改革对中国出版物发行业的影响是根本性的。

1983年中共中央和国务院《关于加强出版工作的决定》，用法规的形式肯定了集个体书店的存在。此后，图书发行业的大门一点一点向民营资本开放，民营网点逐年增加，在图书发行领域的作用日渐重要。

从统计资料看，全国图书发行网点总量从1984年以来，基本上是一条下滑的直线，发行网点逐年递减，相反，集个体网点基本上是一条缓步上升的曲线。民营书店的发展不仅表现在网点数量上，也表现在图书发行上。1996年，全国图书发行行业累计批发总额352.8亿元，其中批给集个体书店32.2亿元，占9.13%；2001年全国批发总销售额614.93亿元，其中集个体书店70.07亿元，占11.39%。很多人认为，民营图书发行企业的市场占有率远远不止10%左右的份额，特别是在一般图书领域，可能要达到50%左右。

民营资本进入图书发行领域，对中国出版业的影响不仅是图书发行网点的增加和国民购书便利程度的改善，更重要的是实现了中国出版业由单一国有经济向多种经济形式的转变。

随着我国对外开放的不断深入，出版物分销领域开始对外开放试点。1993年6月新闻出版署批准云南省新华书店与新加坡泛太平洋出版有限公司合资兴办云南新华有限公司，经营图书、音像出版物的零售业务[1]，此后发行领域的对外开放有限度对外试点，并试办了一些合资发行企业，其中影响最大的是1997年建立的上海贝塔斯曼文化实业有限公司。2001年12月中国加入世界贸易组织，并承诺在3年的时间内逐步开放出版物分销，外资可以通过各种方式逐步进入书报刊的零售、批发等发行领域，2003年新闻出版总署正式出台了外资进入图书发行领域的规定，出版物分销对外开放进入全新阶段。

报刊出版管理与发行管理一直处于割裂状态，报刊的出版归新闻出版行政管理机关负责，报刊的发行由邮政管理机构负责，实行"邮发合一"的体制。1980年以后，随着报刊数量的增加和报刊发行量的提高，单一的"邮发合一"形式难以适应市场和出版的要求，邮政部门也难以承受巨大的发行压力，报刊发行体制开始改革。1985年，邮政部门提出了保证各级中共党刊和重要期刊的发行工作，对于其他期刊实行由出版单位负担经济补偿和多渠道发行的办法[2]，此后，报刊自办发行的数量逐年增加，民营经济也逐渐进入报刊发行并成为重要的发行渠道。

五、出版市场管理与"扫黄""打非"

改革开放以来，出版市场管理主要可以分为两类：一是对合法出版物的分销管理，

---

[1] 新闻出版署办公室编《新闻出版工作文件选编》(1993)，478页，中国ISBN中心，1995年。
[2] 王子野：《当代中国的出版事业》（中），471页，当代中国出版社，1993年。

这一部分出版物随着社会主义市场经济秩序的逐步完善，管理的任务也逐步地减少。二是对非法出版物的管理，这一部分由于出版管理体制等多方面的原因，管理的任务依然相当繁重。

1. 出版市场管理

实行改革开放以后，出版的市场化进程逐渐加快，但是政府部门对出版市场的管理却相对滞后，在出版行政管理机构中既没有出版物市场管理的部门，也没有专门的针对市场管理的法规。直到20世纪80年代后期，有关出版市场管理的法规才出台。从有关的法规看，一是明确了新闻出版行政管理机关是出版市场管理的主体，二是出版市场管理的范围不仅包括图书，还包括报纸、期刊、音像等出版物，不仅包括出版物的发行，也包括出版物的印刷等。1999年，新闻出版署颁布了《出版物市场管理暂行规定》（2003年重新修订为《出版物市场管理规定》），这是国家出版行政管理机关颁布的第一个比较全面的有关出版物市场管理的法规。2001年，新闻出版署升格后，在其内设机构中，专门设立了出版物市场监管局，以加强对出版物的管理。至此，适应市场经济体制的出版物市场管理制度才初步确立。

2. "扫黄""打非"工作的开展及取得的主要成就

从20世纪70年代末期开始，非出版单位编印、翻印图书的现象即已出现。80年代以后，这种现象不仅没有得到扼制，反而愈演愈烈。在非法出版物中，含有色情、淫秽、封建迷信及其他违禁内容的出版物越来越多，不仅扰乱了出版市场，侵害了合法出版、发行者的利益，而且还毒害、腐蚀人们的思想，对社会的稳定构成严重的威胁。1986年以后，国务院以及新闻出版、文化、公安、工商等部门，就曾多次发文，要求严厉打击非法出版活动。在1989年政治风波前后，非法出版活动起了推波助澜的作用，为此，1989年7月李瑞环（主管意识形态的中共中央政治局常委）在全国宣传部长会议上传达了中共中央政治局常委会的指示：对"扫黄"问题，"要下决心，下力量抓出成效，绝不手软"。① 8月中共中央、国务院在北京召开了全国整顿清理书报刊和音像市场电话会议，成立了由国务院副秘书长刘忠德任组长，中共中央宣传部副部长李彦、新闻出版署署长宋木文任副组长的全国整顿清理书报刊和音像市场工作小组②，以后该小组简称为全国"扫黄""打非"工作小组（2001年，小组的成员单位包括国务院办公厅、中宣部、中央政法委、公安部、铁道部、交通部、文化部、新闻出版署等15个），其日常办事机构为全国"扫黄""打非"工作小组办公室，设在新闻出版署，全国各

---

① 中国出版工作者协会、中国出版科学研究所编：《中国出版年鉴（1990－1991）》，114页，中国书籍出版社，1993年。

② 中国出版工作者协会、中国出版科学研究所编：《中国出版年鉴（1990－1991）》，115页，中国书籍出版社，1993年。

省、自治区、直辖市及地市县也相继成立了"扫黄""打非"领导小组。从此，全国性的、有组织的"扫黄""打非"工作持续开展起来。

中共中央和国务院十分重视"扫黄""打非"工作，从1995年起到2002年，"扫黄""打非"工作连续8年被写入中共中央政治局常委会的工作要点和政府工作报告，中共中央办公厅、国务院办公厅连续8年转发《"扫黄""打非"行动方案》，这些都为"扫黄""打非"工作提供了重要保证和巨大支持。

在党中央、国务院的关怀、支持下，"扫黄""打非"捷报频传。据不完全统计，仅1994年至2001年上半年的7次"扫黄""打非"集中行动中，全国就收缴非法书刊8 697万册（其中盗版占76%），非法音像制品2.2亿多件（其中盗版占95.5%），淫秽色情出版物990余万件。

但是由于"扫黄""打非"工作的复杂性和艰巨性，"扫黄""打非"工作将长期地坚持下去。

六、出版产业的形成与发展

从经济学的意义上讲，产业与事业是对应的。产业一般指经营组织，构成产业的部门或组织在经济上实行独立核算、自负盈亏，其目的是创造利润。事业则是公益或公众性的组织，构成事业的单位或组织所需经费是由国家拨付的，他们不实行经济核算，不以盈利为目的。

我国的出版业具有事业性和产业性双重性质，也可以说我国出版业由出版事业和出版产业组成。一方面，在社会主义市场经济体制下，出版业各个环节之间的联系是以货币为纽带的，出版者与读者之间的联系也是靠货币，出版社依靠国家的拨款，出版单位不仅在经济上独立核算、自负盈亏，而且还要向国家交纳各种税金，为国家的经济积累做出直接的贡献。另一方面，出版业与其他产业不同，它承担着文化建设和舆论宣传的重任，它不能完全按照经济规律来进行生产，一些虽然没有经济效益甚至要赔本的出版物，从弘扬、延续民族文化传统出发，从提高民族文化素质出发，从全党全国工作大局出发，出版单位也有出版的义务。同时，国家也没有把出版作为单纯的产业看待，给予出版业的许多优惠政策是其他产业所不曾有的。

按照我国出版体制改革的思路，我国的出版单位将分为公益性的出版事业单位和经营性的出版产业单位两类，除少数出版单位外，绝大多数出版单位将改制为企业。

我国出版产业的发展大体经历了这样几个时期：第一是萌芽期，1977—1985年；第二是形成期，1986—1994年；第三是发展期，1995年至今。

1978年中国共产党十一届三中全会以后，恢复了"解放思想、实事求是"的正确思想路线，全党全国的工作中心转移到经济建设的轨道上来，这为出版产业的发展提供了可能。1979年11月，中共中央宣传部发文，要求出版社、杂志社加强经营管理，实行自负盈亏。这是我国出版产业观念的萌芽。

进入20世纪80年代以后,出版产业发展的进程进一步加快。1984年9月在哈尔滨召开的全国地方出版工作会议上,1985年在北京召开的全国出版局(社)长会议上,出版行政管理部门一再地明确:书店、印刷厂是企业单位,出版社是事业单位,但是实行企业管理。要求所有的出版单位加强经济核算,加强经营管理等,要从单纯的生产型向生产经营型转变,有力地推动了出版由事业向产业的转变。

到1985年,我国的出版产业发展到了崭新的高度。无论是出版产业的规模还是实力,都有较大的发展。

从20世纪80年代中期以后,我们国家的经济体制改革不断深化,出版业也不断地采取改革措施,以适应国家经济体制改革的要求,这些措施把出版业一步一步地推向市场,出版产业基本形成。

出版产业形成的主要标志有以下几点。

第一,产业理论在出版业形成共识。从"文化产业"、"产业部门"到"出版产业"概念的正式使用,表明新闻出版工作者对于出版的产业属性的认识逐渐统一。为了适应出版产业发展的要求,1994年3月,新闻出版署正式提出了"出版产业"的口号。

第二,出版业的规模和经济实力有了很大的发展。出版业的产值在国民经济中的比重越来越大,人民群众对出版物的消费支出在生活消费支出中的比例越来越大。1994年,全国出版图书首次超过了10万种,图书的总印数达到了近70亿册。全国出版队伍达到近50万人。1994年全国出版系统实现利润12.55亿元,是1979年的3.87倍。全国图书销售金额达到近135亿元,是1979年的7.9倍。[①]

第三,完整的产业体系初步形成。除了书报刊出版、印刷、发行,音像制品、电子出版物的出版、复制及流通融入出版产业,独立于出版社之外的,与出版有关的各种出版服务,如排版、装帧、校对、版权代理等获得很大的发展。

1995年以来,由于对出版产业有了更加深刻的认识,走产业发展之路已经成为更多人的共识,人们更加主动地探索产业发展规律,运用产业发展规律指导出版活动,出版产业得到了迅猛发展,进入了高速发展阶段。

1997年全国新闻出版产业的总资产达1 075亿元,年总销售1 123.8亿元,年总利润99.5亿元。与39类国有独立核算的工业企业相比,新闻出版产业的利润排在第4位,总销售排在第10位;与第三产业中的其他产业相比,新闻出版产业的总销售与总利润超过了铁路、公路、水运和港口,与建筑业和邮电业十分接近。新闻出版产业已经成为国民经济的重要产业部门。

从产业内部的部门构成看,有图书出版、报纸出版、杂志出版、音像出版和电子出版物出版、网络出版,有书报刊印刷、包装装潢印刷和其他印刷,有音像制品的复制、电子出版物的复制,有出版物的发行、出版物的进出口,有出版印刷教育、出版印刷科

---

① 数字均来自《中国出版年鉴(2000)》。

研，有出版印刷物资的供销，有出版物的版权贸易，有各种出版服务等，产业的门类比较齐全。从产业的经济构成看，有国有经济、民营经济、私营经济，有中外合资、合营经济等，多种经济成分并存。

在产业发展过程中，企业的实力大大增强，企业集团开始形成。

七、出版外贸和对外交流稳步发展

1978年以前，由于受到多种因素的影响，出版对外交流受到很大制约。1978年12月中国共产党十一届三中全会以后，出版外贸和对外交流在改革开放方针的指引下走向了正常和繁荣。

1. 出版对外贸易

"文化大革命"结束以后，国际国内形势发生极大变化，国际间贸易与交流日益扩大，为了适应对外开放的要求，国家有关部门逐步调整出版物对外贸易政策，扩大出版物进出口数量，鼓励中国出版走向世界。

在调整出版对外贸易政策的同时，出版对外贸易机构也在调整和增加，1985年以前，从事出版外贸的机构基本上只有三家：中国图书进出口总公司，中国国际图书贸易总公司，中国出版对外贸易总公司。1985年以后，图书进出口机构数量逐年上升，到2000年全国出版物进出口机构和有出口权的出版社增至30多家。

在此背景下，自1978年开始，出版物的进出口逐年增加。1979年，进口书刊资料7万多种，1 500余万册。1984年，进口图书9万多种，180万册，报刊2.6万种，其他文献资料60万件。1994年，中国图书进出口公司进口各种图书10万多种，各种报纸、杂志近3万种，各种文献3万种，各种音像制品3 000多种。书刊对外发行也是连年增加，1987年，仅中国国际图书贸易总公司对外发行的书刊就有1 453万册。1997年以后，我国出版物进出口统计逐渐完善，据统计到2001年全国进口书报刊43万种次，1 682万册，6 904万美元；进口音像制品和电子出版物5 969种次，95万盒，1 072万美元。

2. 出版对外交流

出版对外交流渠道和方式很多，如出版人员往来，参加或举办国际图书博览会、国际出版研讨会，进行版权转让和多种方式的合作出版，在国外建立出版印刷发行企业等等。

1978年以前，我国没有举办过国际图书博览会或展览会，改革开放以来，我国定期举办的与出版有关的国际展览有北京国际图书博览会等4个。1978年以前，我国参加的国际图书博览会数量有限，到20世纪末期我国每年参加的国际书展和在国外举办的中国书展有数十个。1978年以前，我国没有参加国际出版组织，到2000年我国参加的出版业的国际组织有国际出版商协会、国际书商联盟、世界知识产权组织等6个。我国出版代表团的足迹遍及世界五大洲的60多个国家和地区，同时，我国也热情接待过来自世界各地60多个国家和地区的国际出版友人。我国在国外建立了几十个出版发行机构，同时在我国国内建立的国外出版机构的办事处和中外合资出版发行印刷机构有数百个。

此外，我国参加的国际出版会议也逐渐增多，不仅参加国际出版会议，而且还多次成功举办国际出版会议，通过国际会议使出版对外交流日益深入。

出版对外交流的另一个重要方式是开展对外合作出版，如版权转让、合作出版、合资出版等。积极发展对外合作出版，不仅对于我国图书进入国际市场，扩大对外宣传的影响，增进文化交流有着重要意义，同时也有利于多创外汇，吸收外国的先进技术和经验。

20世纪80年代初期，对外合作出版发展很快。从1979年开展对外合作出版以来，到1981年8月，在两年多的时间里，我国有40多家出版社和国外12个国家和地区的70多家出版公司签订了120多项合同，计划合作出版400多种书刊。90年代以来，每年我国对外合作出版项目都在2 000项以上。这些对外合作出版项目，主要以版权转让、合作出版和合资出版三种方式进行，均有非常成功的实践。

通过版权贸易，一批优秀的中国图书版权转让到了国外，20年来我国输出到国外的图书以有关中国传统文化、中医中药、语言等图书为主。如：《中国哲学大纲》、《中国佛教史》、《中医内科学》、《中国保健推拿图谱》、《中医辨证学》等。同时反映我国当代政治经济文化发展的图书也有输出，如1984年向英国柏格曼出版社（PERGAMON PRESS）输出了《邓小平文选》的英文版，第一次把邓小平理论传播到西方。

大批世界各国的优秀图书版权也被引进到中国。其中20世纪80年代初期中国大百科全书出版社从美国购入版权出版的《简明不列颠百科全书》是引进较早的图书。此外还有《爱因斯坦全集》、《廊桥遗梦》、《青年近卫军》、《静静的顿河》、《第二次世界大战丛书》，等等。[①]

20世纪70年代末80年代初，合作出版在中国的出版对外交流中是较常采用的方式。如1980年，上海人民美术出版社与南斯拉夫评论出版社合作出版《中国》大型摄影画册，文字编辑和图片摄影由中方负责，南斯拉夫与欧洲、美洲、亚洲的12个国家合作，以英、意、法、日、塞尔维亚等多种文字在国外发行。这本由300多幅照片组成的画册，生动地再现了我国古代文明的精华和现代社会主义建设的成就，发行10万册，推动了出版对外交流。又如1979年，人民美术出版社和日本讲谈社合作出版大型彩色旅游摄影画册《中国的旅游》。这套大型画册共有5卷，用中文和日文同时出版，摄影、编辑等工作也由两国的有关人员共同完成。

---

① 辛广伟：《版权贸易与华文出版》，河北人民出版社，2001年；李丽、渠竞帆：《中国版贸历史闪回——与世界拥抱的步履》，《中国图书商报》2006年8月25日。

合资出版在20世纪80年代以后发展迅速，前期主要合资出版某一种图书，图书出版后，合资出版的关系结束；后期主要是合资设立出版、印制、发行机构，合资期限较长，在出版对外交流中的影响巨大。1988年，中国图书进出口总公司和英国柏格曼图书出版公司合资创办了国际学术出版社（后改名为万国学术出版社，1998年双方合作期满停办），编辑出版发行有关中国的科学技术书刊、资料、文献，以英文版为主。进入20世纪90年代以后，合资的出版、印刷、发行机构进一步发展，如1993年，人民邮电出版社和艾阁萌/UDI香港有限公司合资成立"童趣杂志社"，出版《米老鼠》连环画中文月刊。1993年，商务印书馆与商务印书馆（香港）有限公司、台湾商务印书馆股份有限公司、商务印书馆新加坡分馆和商务印书馆（马来西亚）有限公司合资建立商务印书馆国际有限公司，出版面向海外的语文学习工具书、知识性丛书、华人学校教科书和弘扬中华文化的系列书籍，经营中外文书刊、与文教有关的音像制品及电子出版物的出版、印制、发行、销售等业务。

此外，在音像、印刷领域，也有许多中外合资机构。

第五节　出版法规建设

一、出版法规的制定与完善

新中国成立之初，有关部门制定了出版事业中的一些基本法规以及出版工作中应遵守的统一规定。如《管理书刊出版业印刷业发行业暂行条例》、《关于处理违法的图书杂志的决定》、《出版总署关于查禁书刊的规定》、《文化部关于书籍、杂志使用字体的原则规定》等。这些基本法规，对出版机构的设立，出版内容的性质，都做出了明确的规定，对出版社的工作流程、审稿提出了原则要求，对出版物的形式要素也有严格限定，从而有力地促进了出版工作的规范、有序，推动了出版事业的健康发展。

改革开放以后，我国出版法制建设的力度不断加大，法制建设的步伐不断加快，已经基本上形成了一个以法律为核心，以行政法规为基础，以部门规章及规范性文件等为有效补充的出版法制体系。在规范出版市场秩序，保障作者、出版者、读者等各方权益，促进出版业健康、持续发展等方面，发挥了重要的作用。

1. 出版法律

出版法律是出版法制建设的根本。出版法律可以分为三个方面：一是宪法有关出版方面的规定，二是刑法、民法等法律有关出版方面的规定，三是著作权法等出版方面的专门法律。

宪法是国家的根本大法，在国家整个法律体系中具有最高的权威和最大的效力，是制定其他法律的依据，也是出版法规的基础。1978年以后，我国多次对宪法进行修改和补充，宪法的基本原则是制定出版法规的依据。宪法与出版业的直接的关系主要体现在其序言和第 22 条、第 35 条及第 47 条。宪法序言规定了国家的国体和政体，在相关的条款中，规定了公民有言论出版自由。宪法还规定公民有进行科学研究、文学艺术创作和其他文化活动的自由，国家发展为人民服务、为社会主义服务的文学艺术事业，新闻广播电视事业，出版发行事业，图书馆、博物馆、文化馆和其他文化事业，开展群众性的文化活动。

在国家的许多法律如刑法、民法、保密法、妇女儿童保障法、广告法、语言文字法中，也有关于出版的专门条款。如《民法通则》规定，公民、法人享有著作权，公民享有姓名权、肖像权等。

新中国成立以来，在相当长的时期内，没有著作权法。"文化大革命"结束以后，著作权立法问题提上议事日程。经过十多年的艰苦努力之后，1990 年 9 月，《中华人民共和国著作权法》正式获得通过（2001 年 10 月著作权法重新修订）。此后，全国人民代表大会常务委员会又通过了《关于惩治走私、制作、贩卖、传播淫秽物品的犯罪分子的决定》（1990 年 12 月 28 日通过）、《全国人民代表大会常务委员会关于惩治侵犯著作权的犯罪的决定》（1994 年 7 月 5 日）等法律。

2. 行政法规和部门规章

出版业的行政法规和部门规章的数量很多，长期以来，行政法规和部门规章担当了新闻出版行政管理部门依法管理的主要依据。行政法规从立法机构看主要是国务院和新闻出版署；从行政法规和部门规章的管辖范围来看，可以说涵盖了出版业的方方面面。

由国务院发布的行政法规主要有 6 个条例，即：《计算机软件保护条例》（1991 年 5 月通过，2001 年 12 月被新条例取代）、《中华人民共和国著作权法实施条例》（1991 年通过，2002 年 8 月被新条例取代）、《音像制品管理条例》（1994 年 8 月通过，2001 年 12 月被新条例取代）、《中华人民共和国地图编制出版管理条例》（1995 年 7 月）、《出版管理条例》（1997 年通过，2001 年 12 月被新条例取代）、《印刷业管理条例》（1997 年通过，2001 年 8 月被新条例取代）等条例。在出版法没有出台的背景下，由国务院颁布的一些条例，在某种程度上具有"出版法"的性质。

由新闻出版署颁布的部门规章数量更多，如出版环节有：《期刊管理暂行规定》（1988 年 11 月新闻出版署发布）、《报纸管理暂行规定》（1990 年新闻出版署发布）、《互联网出版管理暂行规定》（2002 年 6 月新闻出版总署、信息产业部发布）；在印刷复制环节有《出版物印刷管理规定》（1997 年 8 月新闻出版总署发布）、《音像制品复制管理办法》（1996 年 2 月新闻出版署发布）；在出版物发行方面有《社店业务关系的规定》和《社厂签订合同的原则》（1980 年 8 月国家出版局颁布）、《出版物市场管理规定》（新闻出版总署 2001 年发布）。

3. 法规性文件

法规性文件在我国的出版法制建设中具有特殊的作用，特别是在出版改革的过程中，有许多重要的改革措施，都是通过法规性文件体现的。如 1980 年国家出版局制定、中央宣传部批准的《出版社工作暂行条例》，1983 年中共中央、国务院发布的《关于加强出版工作的决定》，1994 年中共中央办公厅、国务院办公厅颁布的《关于加强和改进书报刊影视音像市场管理的通知》，等等。

我国的出版立法，特别是在著作权的立法方面，虽然起步比较晚，但是进展很快，"在短短十几年的时间里，我国走过了一些发达国家通常需要几十年甚至上百年才能完成的立法路程，建立起既符合我国国情又与国际公约、国际惯例相协调的著作权法律体系"。① 当然出版立法也存在明显的不足，一是出版专门法律偏少，法律法规的层级较低，现在出版业只有一部法，其他都是条例和部门规章。二是部门规章和规范性文件数量太多，每年出版行政管理机关发布的各种规章和文件数以百计，出版从业人员难以完全了解与掌握。

二、著作权保护制度与著作权法的实施

1. 著作权保护和稿酬制度

新中国成立后，人民政府重视知识分子在国家建设中的重要作用，而且关心保护创作者的权益问题，开始了制定保护版权法律的工作。

1950 年 9 月，出版总署召开第一届全国出版会议通过的《关于改进和发展出版工作的决议》中，明确提出保护著作权的要求。

1954 年 2 月，出版总署将拟订的《保障出版物著作权暂行规定》（初稿），向法制委员会、文化部、中国科学院、作家协会以及主要新闻、出版单位广泛征求意见后作了修改，于同年 5 月 15 日报政务院文化教育委员会审核。但这项工作后来未能继续进行下去。

稿酬是著作权中著译者取得合法权益的一个重要组成部分。1950 年 11 月 24 日，经出版总署批准，新华书店总管理处发出《书稿报酬暂行办法》（草案），规定书稿报酬分为"定期报酬"和"定量报酬"两种，以中国人民银行折实储蓄单位为支付单位（按北京挂牌计算）。这个办法全国公营出版社实行到 1952 年。

从 1953 年到 1958 年 7 月以前，出版社一般实行的是按印数定额付酬的办法。"按定额付酬"是学习苏联的办法。1954 年，出版总署陈克寒副署长提出要制订一个能体现按劳付酬原则的稿酬办法，因为版税制、卖稿以及苏联的印数定额等办法都有缺点。

---

① 陈昭宽：《新中国著作权保护五十年回眸》，《中国出版年鉴（2000）》，25 页。

从 1954 年 3 月开始，出版总署出版管理局组织人民、文学、美术、教育、通俗读物、青年、工人、卫生、机械工业等出版社成立专门小组，制订《关于文学和科学书籍稿酬的暂行规定》。当年 11 月出版总署撤销后，由文化部出版事业管理局继续进行。经过多方征求意见，反复讨论修改，到 1955 年 5 月基本完成。这个《暂行规定》的主要原则和办法有下列几点：其一，适当地提高著作的稿酬，主要是初版的稿酬；其二，提高专门性的学术研究著作和儿童读物、剧本、诗的稿酬；其三，扩大稿酬标准的等级距离，按质量分等计酬，以鼓励提高著作和翻译书稿的质量；其四，调整各类书稿分类的印数定额，印行量大的书籍印数定额也大，并实行随着印数的增加而逐步递减稿酬的办法；其五，相对地降低翻译书稿的稿酬。由外国文字译成汉文的译稿稿酬相当于同类著作稿酬的 50%。《暂行规定》提出，中央一级国营、公私合营出版社出版的文艺和科学书籍的稿酬，按 10 类计算，著作稿每千字稿酬从 1953 年的 6 元—15 元提高到 10 元—35 元左右，特殊研究性科学著作最高为每千字 50 元。这个稿酬暂行办法，后来由于 1957 年反右派斗争等原因未能批准颁布。文化部出版事业管理局继续对"暂行办法"进行修改，出版局副局长王仿子提出建议：取消印数定额，将稿酬分为"基本稿酬"（按字数与质量）和"附加稿酬"（按印数，并有递减，后改名为"印数稿酬"）的新方式。这个建议被文化部采纳，于 1958 年形成"基本稿酬加印数稿酬"的办法。

1958 年 7 月 14 日，文化部报经中央批准，颁发《关于文学和社会科学书籍稿酬的暂行规定》（草案），先在北京、上海两地有关出版社试行。但试行仅一个多月，上海市首先提出稿酬标准过高，认为"著译者的收入标准与一般劳动人民的工资标准相差悬殊，脱离群众的现象非常严重，对提倡业余创作和培养业余作者容易产生追求稿费、滋长个人名利思想，甚至引起一部分工农作者不满意体力劳动等不良后果"。决定将上海出版的报刊、出版物的稿酬按文化部颁发的稿酬标准减半支付。9 月 28 日，北京各主要报刊、出版社也群起响应，决定自 10 月 1 日起，一致实行降低稿酬标准一半左右的办法。

从 1958 年 8 月到 1966 年 4 月，国家制定的稿酬标准经历了上上下下的多次反复。这种反复是与国家的整个政治形势的变化密切联系的。凡是政治生活气氛宽松的时候，著译者的稿酬标准就正常，反之，就处于极不正常的状态。1966 年 1 月 3 日，中共中央同意并批转了文化部党委《关于进一步降低报刊图书稿酬的请示报告》，其中提出："稿费是工资以外的额外收入。社会主义制度下的稿酬，仅属奖励补助性质。"这样，稿酬已不是著作权保护意义上的作品使用报酬了。

2. 版权管理与版权保护机构建设

新中国成立初期，我们就很重视版权保护工作，早在 1949 年 11 月中共中央宣传部出版委员会就版权保护问题给各地新华书店发出通知，要求各地新华书店非经作者和原出版者同意，不得任意翻印外版书籍。但在相当长的时期内，我们既没有成文的版权法，也没有专门的版权管理机构，版权保护制度没有建立起来。①

"文化大革命"结束以后，国际上对中国版权保护的指责增加，国内作者要求保护版权的呼声也在增加，在这样的背景下，中国版权保护制度的建设被逐步地提到议事日程上。

1985年6月，文化部向国务院提交了《关于设置国家版权局的报告》，提出在文化部出版局的基础上加以必要的扩充，成立国家版权局，作为政府管理机构。1985年7月25日，国务院批复同意设立国家版权局，与国家出版局为一个机构，两块牌子。此后，虽然出版行政管理机构的名称屡有变化，但是国家版权局的名称一直没有变。国家版权局与国家出版行政管理机构合署办公的体制也一直没有变。到2001年全国有31个省、自治区、直辖市设立了版权行政管理机构，21个省、自治区、直辖市分别在副省级城市和地市级城市建立了版权行政管理机构，中央、省市区、地市三级的版权管理体系建立起来。

除了政府的版权管理机构以外，还有民间版权保护组织，包括版权协会、版权保护中心、中国音乐著作权协会等。

3. 版权法规建设

从1977年开始，中国版权法律法规的起草工作就纳入了议事日程，版权法制建设卓有成效，用10年左右的时间，走完了发达国家近200年走过的道路。

从1977年起，国家出版局和文化部先后颁布了三个书籍稿酬规定，其中1984年的《书籍稿酬试行规定》，对作者的经济权利有具体规定。1984年4月文化部颁布了《图书、期刊版权保护试行条例》，《试行条例》是我国第一部比较全面系统地保护著作权的专门规章，它的颁布标志着我国版权法制建设迈出了第一步。

对著作权的法律规定，首先是1987年1月1日生效的《民法通则》，其第94条明确规定："公民、法人享有著作权（版权），依法有署名、发表、出版、获得报酬等权利。"1990年9月著作权法正式颁布，1991年6月1日开始实施。1997年修订的《中华人民共和国刑法》，设定了"侵犯知识产权罪"，完善了著作权法律。

为了配合著作权法的实施，国务院还颁布了多个与著作权有关的法规，如《中华人民共和国著作权法实施条例》、《著作权集体管理条例》、《实施国际著作权条约的规定》等。

1992年7月10日和7月30日，中国政府向世界知识产权组织和联合国教育、科学、文化组织递交了《伯尔尼保护文学和艺术作品公约》和《世界版权公约》的加入书，分别从1992年10月15日和10月30日成为《伯尔尼公约》和《世界版权公约》的成员国。1993年4月，我国加入了《保护录音制品制作者防止未经许可复制其录音

---

① 《中国新闻出版报》2003年5月29日1版。

制品公约》，加强对国外著作权人的保护。

此外，各部门还制定、发布了不少规章。如《著作权行政处罚实施办法》、《互联网著作权行政保护办法》，等等。

4. 版权保护的成就

我国的版权保护实行的是司法保护和行政管理两套体系。自 1991 年著作权法实施以来，版权保护逐渐走上有法可依、依法保护的路子，版权保护的成就斐然。

在司法保护方面，从 1991 年到 1999 年，人民法院受理、及时审结的著作权方面的案件 4 000 多件。① 其中不乏像新东方学校侵犯著作权这样的案例。

在行政保护方面，也是成就巨大。据不完全统计，从 1991 年 6 月著作权法实施到 1993 年底，中国各地方的著作权行政管理机关查处非法复制音像制品、图书等方面的侵权行为 150 多起。②

版权保护成就的另一个体现是版权贸易越来越活跃，1995—2002 年我国全国图书出版社从海外累计引进版权 45 561 项，向海外输出版权 4 551 项。③

第六节 出版教育与出版科研工作

一、出版教育

1. 新中国成立初期的出版教育与培训

新中国成立后，随着出版队伍的不断壮大，大批青年走上出版岗位。为了培养优秀的出版专业人才，不断提高职工队伍的素质，出版领导部门十分重视出版教育与培训，对出版、发行、印刷工作人员的教育与培训工作逐步开展起来。

新华书店的职工教育和培训工作开展得有声有色，富有成效。1951 年 3 月，新华书店总店与北京师范大学签订了《共同办理新华书店总店职工业余学校合约》，学校于 3 月 20 日成立。职工业余学校以学习和提高文化为基础，开设语文、数学、历史、地理等课程，并建立较严格的学习和考试制度。"职校"每期 3 个月，共办了两期。

总店在组织干部参加各种学习的同时，还推动各大区或省级书店根据自身条件举办各种业务训练班。当时的华北、华东、西北、华南等总分店和部分省级书店都采用这种办法对职工进行培训。对基层书店则强调岗位练兵。

1956 年 1 月，中央提出向科学进军的号召后，新华书店总店为抓好全国书店的教

---

① 陈昭宽：《新中国著作权保护五十年回眸》，《中国出版年鉴（2000）》，25 页。
② 国务院新闻办公室 1994 年编：《中国知识产权保护状况》，《著作权》，1994 年第 3 期。
③ 据 1996 – 2003 年《中国新闻出版统计资料汇编》统计。

育工作，决定设立业务研究班，培训的对象是省级书店和基层书店的经理、业务员、会计等主要骨干。

新中国成立初期，随着印刷工业的恢复和发展及其对人才的需要，印刷技术教育受到重视。印刷行业的职工教育从扫盲开始，实行正规教育与业余教育相结合的两条腿走路的方针。有条件的工厂企业相继开办了培养在职职工、不脱离生产的业余学校、夜大学等，组织职工学政治、学文化、学技术。1953年9月15日，上海印刷学校开学。这是新中国成立后第一所培养中等印刷人才的学校。其他省、市也创办了一些印刷专科学校或培训班。20世纪60年代初，一些地区的出版部门和有条件的印刷厂还创办了或在厂内附设半工半读的印刷技工学校，招收初中毕业生，半天生产，半天学习，培养目标为技术工人，毕业后由本厂吸收。

出版高等教育从1956年到1961年，先后成立的培训机构有中国人民大学新闻系的出版专业、北京大学古典文献专业和文化学院三处。

1956年6月，为培养出版编辑干部，中央宣传部决定在中国人民大学新闻系内开设出版专业，学制3年，学生由出版社保送报名。通过考试，有21家出版社的23人被录取。中国人民大学新闻系出版专业只举办了一届，但其专业化的教学方式颇具探索意义。

1958年，学术界的一些著名学者鉴于继承我国古代文化遗产的重要性，古籍整理研究后继乏人和古代文史专业基础薄弱的实际情况，强烈呼吁国家采取切实措施培养古籍整理研究专门人才，这一要求得到中央有关部门的重视。1959年，国家决定在北京大学中文系设立古典文献专业，学制定为5年（后改为4年），课程包括文学、历史、哲学各方面的内容。

1959年暑假，北大古典文献专业开始招收本科第一班学生，录取了30名新生。

1964年，古典文献专业第一届本科学生毕业，有12人分配到中华书局，此后历届毕业生中都有分配到中华书局工作的。

北京大学古典文献专业毕业的学生，大多数从事古籍整理、研究、出版工作。而且很多人著书立说，发表了论著和古籍整理成果，得到学术界的好评。①

1958年，当时任文化部部长助理、党组成员的黄洛峰受部党组的委托，负责筹建文化学院，被任命为院长、党委书记。院址设在北京西郊翠微路农业大学的旧址。

文化学院于1958年11月23日开学。它是文化部的一所党校性质的新型高等院校，承担两方面的教育任务：一方面是负责全国文化部系统科处级以上在职干部的岗位培训工作；另一方面设置正规大学的专业系科，主要是为出版、文物、群众文化三个系统培养高等专业人才。学院除开办干部轮训班外，建立了本科4个专业：马列主义基础系的哲学专业，编辑出版系的社会科学书籍编辑专业，印刷工艺系的平版印刷专业，文物博

---

① 阴法鲁：《北京大学古典文献专业的建立与中华书局》，《回忆中华书局》下编，106－112页，中华书局，1987年。

物馆系的博物馆专业,招生开学。学生大部分是招考应届高中毕业生,少数是基层单位送来深造的年轻干部。

文化学院从 1958 年 11 月建院到 1961 年 3 月,在两年多的时间内共办了 18 个干部轮训班,参加的学员有 1 250 多人,其中出版发行有 7 个组,参加的学员 656 人(以发行干部居多)。学院除建立了本科 4 个系之外,还办了一些进修班;同时经常举办各种报告会,请出版界的领导和专家来传授编辑出版工作的理论与实践经验。

由于国家处于"大跃进"后的三年经济困难时期,文化学院于 1961 年暑假后停办。这所学院存在的时间虽然很短,但在出版界有深远的影响,当年培训的学员,散布在全国各地,后来有不少人成为出版战线上的骨干力量。[1]

2. 改革开放以来的出版教育与培训

改革开放以来,出版教育大体经历了两个阶段:20 世纪 70 年代末期至 80 年代中期,出版教育的重点是成人教育与培训;从 80 年代中期以后,随着出版产业的发展对各种高层次人才需求的增加,在大力发展培训的同时,中高等出版教育迅速发展。

10 年"文化大革命","使出版队伍受到严重的破坏和摧残,编辑工作骨干力量大大削弱,青黄不接、后继乏人的现象比较普遍"。为尽快解决人才匮乏的问题,有关政府机关和各种群众团体都举办各种形式的培训班、短训班,对编辑出版、发行、印刷的职工进行技术培训。据不完全统计,仅中国出版工作者协会在 1980 到 1986 年间办的短训班就有 50 多期,培训人员 3 000 多人。[2]

为做好岗位培训工作,1996 年 5 月,新闻出版署成立教育培训中心,负责组织全国出版社社长、总编辑,中央部门在京出版社编辑室主任,中央部门在京期刊和全国重点期刊主编,国家级书刊定点印刷企业厂长,新华书店省级书店、外文书店、古旧书店和其他一级书刊批发单位经理的培训工作,多次举办培训,取得了良好的效果。

中等出版教育在"文革"期间受到冲击很大,"文革"结束之后,为了改变出版人才特别是中等印刷技术人才严重不足的局面,除了恢复中等专业学校、技工学校外,许多地方如北京市、杭州市、哈尔滨市等,还成立了职业高中。据统计,到 1990 年,全国共有 15 个省市创办了 19 所中等出版教育学校。2000 年全国有出版类(包括出版、印刷、发行等)中等教育学校 25 所,遍布全国大多数省、自治区、直辖市,每年都为新闻出版行业培养大批的出版、印刷、发行等技术人才。

"文化大革命"后,我国出版教育发展最快的当属高等出版教育,它一改"文革"前徘徊不前的局面,不仅成立了两所专门从事高等出版教育的院校(北京印刷学院、上海出版印刷专科学校),而且还在近 30 所大学内设立了有关编辑、出版、印刷、发行等专业,使我国出版高等教育跨上了一个新台阶。

---

[1] 赵晓恩:《六十年出版风云散记》,151 – 160 页,中国书籍出版社,1994 年。
[2] 王子野主编:《当代中国的出版事业》(中),543 页,当代中国出版社,1993 年。

1978年，北京印刷学院正式建立，印刷高等教育从此展开。1983年，武汉大学设立发行专业，正式招收本科生，我国发行高等教育正式开办。

1984年教育部批准在北京大学、复旦大学、南开大学建立编辑专业，从1985年起北大、复旦、南开开始招收编辑专业本科生。

从1978年北京印刷学院建立，到1985年在北大等3所高校招收编辑专业本科生，标志着我国出版高等教育的基本框架已经构建起来，出版工作的三大环节均有相应的高等教育设置。此后，围绕这三大环节，又派生出了许多相关的高教专业，如科技编辑、新闻编辑等，一些院校还试招编辑专业的硕士研究生或试办双学位班。

20世纪90年代中叶以后，随着出版产业的高速增长，编辑出版高等教育成为高校热门专业，一些院校的编辑出版专业不断扩招，增设编辑出版专业的高等院校数量不断增加。据不完全统计，到2002年，全国设有编辑出版专业本科的大学有27所。招收编辑出版专业大专生的学校也有不少。

3. 出版教育迅速发展的根本原因及存在问题

出版教育迅速发展的原因是多方面的。一是出版产业的快速发展需要大量的出版人才。出版物数量的增加，出版机构的扩充，需要大量的新闻、编辑、出版人员的支持。二是出版产业的整体效益较好，能够吸引更多的考生报考编辑出版专业，同时也使得出版单位可以向出版教育进行投入。三是产业内部竞争加剧，出版教育成为提高竞争力的手段。出版单位和出版从业者为提高竞争能力，不得不更加重视出版教育，投入更多的资金和资源。这也是推动出版教育发展的内在因素。

尽管出版教育的发展很快，但是也面临不少的问题。虽然出版教育已经有50多年的历史，大规模的出版高等教育也有20年了，但是总体看来，在本科专业课程设置和教材编写方面，还显得不够成熟。不少教材内容比较陈旧，需要更新。

出版教育的快速发展，也对出版教育的师资提出了更高的要求：一方面是开设编辑出版专业的高等院校数量增加，要求有大批的教师；二是出版业的快速发展，对从事出版教育的教师的素质提出了更高的要求。培养一支既有一定的理论素养又对出版业有较深入的了解的出版教师队伍，是出版教育可持续发展的保证。

二、出版科研工作

1. 出版科研工作的起步与发展

新中国成立之初，我们主要是引进和翻译出版苏联出版工作的科研成果。

从1953年至1957年，生活·读书·新知三联书店、时代出版社、商务印书馆、中国人民大学出版社等出版单位先后翻译出版了苏联出版的有关出版专业的专著20余种。出版总署还多次邀请苏联国际书店经理介绍苏联出版业概况。1956年9月30日至11月16日，文化部组织的中国出版界赴苏联参观访问团，到苏联作为期一个半月的参观访问。参观团回国后，根据访问记录，编印了《苏联的出版事业》一书，详细介绍了苏联的出版、发行、印刷等情况和工作经验，印发全国出版界学习参考。

对苏联出版事业工作经验的学习了解，不仅促进了当时我国出版事业的建设，而且也推动了我国出版科研工作的起步和发展。

自 1958 年之后，高等院校和京、沪两地出版社开始有组织地开展自身的出版科研工作。

1958 年下半年，中国人民大学新闻系出版班 10 位学员集体编写了一册《中国人民出版事业简史》，共 4 章，分别介绍了我国解放前和 1949 年 10 月至 1958 年期间出版事业的建设情况，约 4 万字。

文化部出版事业管理局为了向国外介绍我国出版事业情况，由倪子明执笔写了《中国书籍出版事业概况》（初稿），分为 4 部分：全国解放前书籍出版事业发展简况；中华人民共和国成立到国民经济恢复时期的中国出版事业；第一个五年计划时期出版事业的建设；书籍的品种和质量情况（下限到 1956 年）。这篇近 2 万字的概况文字简明扼要，材料充实，叙述清楚，实际上是一篇雏形的中国出版简史。这本小册子后来成为编写中国出版史的重要参考资料。

1958 年，上海市出版局也组织力量编写《十年来上海的出版工作》一书，到当年年底，已写成初稿十余万字，有部分章节已油印成册征求意见。这一工作后来虽然未能继续进行下去，但留下的史料，却为后来编写上海出版事业的历史提供了方便。

新中国成立到"文革"前的 17 年，出版科研的出版方面，以出版史研究的成果最为突出。在出版史方面，有张静庐辑注的《中国近代出版史料》和《中国现代出版史料》7 编、8 册，约 250 万字。图书史方面有：刘国钧著的《中国书史简编》、《中国古代书籍史话》，王利器编的《中国书史》，皮高品著的《中国图书史讲义》。印刷史方面有：美国学者卡特著、吴泽炎译的《中国印刷术的发明和它的西传》，张秀民著的《中国印刷术的发明及其影响》，张秀民、龙顺宜编著的《活字印刷史话》等。

1966 年 5 月，"文化大革命"开始后，出版事业遭到严重的摧残和破坏，许多科研成果及资料荡然无存，出版科研工作自然也无从谈起了。

2. 出版科研工作的显著进步

1983 年，中共中央、国务院《关于加强出版工作的决定》明确提出"要建立出版发行研究所，充实印刷技术研究所，加强出版、印刷、发行的科研工作"，有力地推动了出版科学研究工作迅速展开。20 多年来，出版科学研究取得了令人瞩目的成就。

首先是出版科学研究机构纷纷建立。出版科学研究机构主要有两大类，即以印刷技术为主要对象的印刷科学技术研究机构和以出版理论为主要对象的出版科学研究机构。

在 1978 年全国科学大会和石家庄全国印刷科研会议的推动下，许多地方相继建立了印刷科学技术研究机构，出现了一个罕见的印刷科学研究机构建立热潮。1980 年全国的印刷科学技术研究所达到了 14 个。此后，印刷科学研究机构的建设速度相对放慢，到 2000 年全国印刷科学技术研究所有 17 个。

1985 年经国务院批准，我国第一个专门从事出版科学研究的科研机构——中国出版发行科学研究所（1989 年更名为中国出版科学研究所）正式成立。此后，天津、黑龙江等省市也建立了出版研究所（室）。20 世纪 80 年代后期以来，伴随着出版产业的快速发展，关注出版研究的人逐渐多了起来，各种类型的出版研究机构相继建立，涉及范围日益广泛，不仅包括综合的出版研究机构，还有更多的细分的研究机构，如期刊研究、报纸研究、传媒研究、版权研究等研究机构，到 2000 年全国各类出版科学研究机构大约有 10 家。

中国出版科学研究所

出版科学研究队伍也在不断壮大。出版科学研究队伍由专职科研人员和兼职科研人员两部分构成。1990 年，全国从事出版科学研究的专业队伍（包括研究机构和学术界、教育界专门从事出版科研的人员）250 余人；全国从事印刷科学技术研究的专业印刷技术队伍 842 人。兼职科研队伍很大，1990 年全国从事出版科学的业余研究队伍就有近 500 人。20 世纪 90 年代以来，伴随着科研体制改革的发展，专业的出版科研机构数量发展缓慢，但是高等院校、出版企事业单位自己设立的各种研究机构发展却较快，因此专业出版、印刷科研队伍的人员总量还在增长，特别是高校和企事业单位内专职从事出版科学研究的人员数量在增加。

从20世纪80年代初期开始,有关出版群众团体和出版研究机构就组织多种形式的理论研讨会,对出版、印刷、发行、编辑、版权、校对等领域的诸多历史、现实和理论问题开展广泛的研讨活动,有力地推动了出版科学研究事业的发展。

其中影响和规模最大的,是由中国出版工作者协会、中国出版科学研究所和中国编辑学会将各自独立召开的学术讨论会整合后举办的全国出版理论研讨会。

出版科研机构的建立,科研人员数量的增加和出版科研活动的广泛开展,促进了科研成果数量的增加和质量的提高。全国每年完成的省级以上的出版、印刷等科研项目就有数十项,出版的学术著作上百部,各种学术论文数千篇。为了鼓励出版科学研究活动的广泛开展,政府和有关组织设立了出版科学研究奖励制度,主要有科学技术进步奖和优秀出版科研论文奖。

科学技术进步奖主要奖励印刷技术研究,兼有少量的出版研究方面的软科学项目。1985年国家颁布了《中华人民共和国科学技术进步奖励条例》,1987年新闻出版署成立后开始评选科学技术进步奖。至2000年,新闻出版署共举办13次(没有1988年的数字)科学技术进步奖的评选,共有387项科研成果获奖。

优秀出版科研论文奖由中国出版科学研究所、中国出版工作者协会等设立,奖励对象主要是出版理论研究论文。

第七节 出版社团的建立与发展

出版社团是出版界的群众团体,是出版业发展与成熟的标志之一。改革开放20多年来,伴随着出版业的发展与社会改革的不断深入,出版社团的类型越来越多,社团在出版业发展中的地位与作用越来越重要。

一、中国出版工作者协会

成立中国出版工作者协会是全国出版工作者多年的愿望。从新中国成立初期到"文革"开始之前,有关部门几次动议,成立中国出版工作者协会,但因各种原因一直未能实现。

中共十一届三中全会后,经过拨乱反正,出版界出现了转机,胡愈之、陈翰伯等老一辈出版家抓住机遇,在大力抓好出版界恢复工作的同时,又提出筹建中国版协的建议。1979年4月19日,以国家出版局党组名义向中央宣传部上报《关于成立中国出版工作者协会的请示报告》,很快得到胡耀邦和中央宣传部的批准。中国版协成立大会于同年12月在湖南长沙召开的全国出版工作座谈会闭幕的次日举行,"三十春秋梦终圆",全国出版工作者要求成立中国版协的愿望终于成为现实。在成立大会上,全体代表一致选举胡愈之为第一届中国版协名誉主席,陈翰伯为主席。中央宣传部副部长廖井丹应邀到会讲话。

中国出版工作者协会于 1979 年 12 月 20 日在湖南长沙成立。图为出席成立大会的代表合影（局部）

  中国出版工作者协会至今已经召开过五次会员代表大会，陈翰伯、王子野、宋木文、于友先分任第一至第四届中国出版工作者协会主席。中国出版工作者协会成立初期，会员分为团体会员和个人会员两种。1993 年第三次会员代表大会对会员资格进行了调整，规定实行团体会员制，取消了个人会员。把团体会员扩大为中央级出版单位和印刷、发行、期刊行业代表以及地方出版工作者协会。① 2000 年 1 月在中国出版工作者协会第四次会员代表大会上，对会员资格再次进行了调整，按照大出版的思路，吸纳其他出版社团为团体会员。中国编辑学会、中国期刊协会、中国书刊发行业协会、中国音像协会、中国印刷技术协会等社团都以团体会员身份加入了中国版协，这样图书、期刊、音像、印刷、发行和出版学术研究等专业社团联接成一个有机整体，展示出大出版的格局。②

  20 多年来，中国出版工作者协会承担大量工作，如进行出版队伍的教育与培训，制定《中国出版工作者职业道德准则》，评选、表彰和奖励先进出版工作者，主办"中国图书奖"，举办出版学术研讨活动，开展对外的合作与交流等。

二、中国印刷技术协会

  中国印刷技术协会是一个包括书报刊印刷厂、商品包装印刷厂和有价证券印刷厂等

---

① 《中国出版年鉴（1980－2000）》光盘。
② 中国出版工作者协会秘书处编：《中国版协通讯》2000（1），5 页。

在内的全行业的技术协会,于 1980 年 3 月成立。

中国印刷技术协会成立初期的会员分团体会员和个人会员两种。1999 年第五次会员代表大会通过的章程,把会员分为个人会员、团体会员(省、自治区、直辖市与印刷相关的协会)和单位会员(印刷及相关的企事业单位)。[①]

中国印刷技术协会自成立以来,开展了不少工作。主要有:从 1986 年起设立中国印刷技术协会"毕昇奖"作为我国印刷界最高的个人奖励。奖励长期从事印刷事业,为振兴我国印刷工业,推动印刷技术进步而勤奋工作,并在印刷科学技术研究生产等方面做出重大成就的人员。组织学术技术交流和开展技术教育。积极开展对外交流与合作,多次组织代表团到国外访问或参加业务活动。

三、中国编辑学会

中国编辑学会是一个全国性的、群众性的学术团体,1992 年 10 月在北京正式成立。中国编辑学会的主要任务是组织书刊编辑的理论和学术研究活动,开展学术交流,推荐编辑学、编辑业务、编辑史和编辑管理方面的著作,编辑出版学术刊物,举办书刊编辑人员培训班、进修班及有关业务咨询活动,与国外的编辑出版学会建立联系,开展国际间的学术和信息交流等。

1993 年以来,中国编辑学会在推动中国的编辑学研究方面进行了大量的工作,产生了广泛的影响。

四、中国期刊协会

1992 年 5 月,经过有关部门的批准,中国期刊协会正式成立。其宗旨是团结期刊工作者,加强期刊界与社会各界及广大读者的联系,维护会员的合法权益。其主要的工作是宣传贯彻党和政府对期刊工作的方针政策,协助有关行政管理机关进行行业规划,协调行业内部关系,培养和训练期刊工作者,提高从业人员素质,编辑出版有关资料等。

除了中国期刊协会外,一些专业期刊也组织了期刊协会或研究会,许多地方也建立了期刊协会。

五、中国音像协会

中国音像协会是由全国从事音像生产经营的事业、企业单位及个人自愿结成的具有法人资格的行业性非赢利社会团体,成立于 1994 年 4 月。协会致力于维护本会会员的合法权益,协助解决会员在工作中遇到的实际问题;培训专业人员,交流业务信息,提供咨询服务;组织全国性音像出版物的展销和评奖;举办各种联谊和学术活动,开展与

---

① 中国印刷技术协会编:《中国印刷年鉴(2000)》,60 页,中国印刷年鉴社。

海外同行及有关国家组织的联系，参加有关音像业的国际交流活动。

六、中国书刊发行业协会

1991年3月，中国书刊发行业协会正式成立。中国书刊发行业协会的基本任务是：沟通会员与党和政府之间的联系，积极发挥行业协会的桥梁和纽带作用；组织会员进行自我教育、自我管理、自我协调；倡导会员单位积极发行有利于经济和社会发展的优秀书刊，拒绝发行非法出版物。

协会成立后做了大量的工作，如制定《全国书刊发行公约》，规范承办每年一次的全国书市，举办每两年一次的"中国书刊发行奖"评选活动，奖励在书刊发行工作中做出突出贡献的人员。在国外举办中国图书文化展，组织会员到国外进行考察等。

七、中国版权研究会与中国版权协会

1990年3月，经国家有关部门批准，中国版权研究会正式成立。中国版权研究会的主要工作是：举办版权学术活动；举办版权培训班和报告会；为版权制度的建立和完善提供意见和建议；开展国际学术交流活动；收集国内的版权研究文献；提供有关资料；提供版权法律咨询等。

随着国内外版权保护发展状况的变化，特别是随着我国版权法制建设的日益完善，版权研究会已经不能适应形势的变化与需要。2002年5月，中国版权研究会更名为中国版权协会，由学术团体变为版权领域的专业团体。中国版权协会的主要业务范围是学术交流、专业培训、反盗维权、社会服务、国际合作、书刊编辑等。旨在协助版权管理机关推动著作权法的实施，打击侵权盗版，维护权利人的合法权益。

第八节 港澳台地区的出版业

一、香港地区的出版业

香港地区的出版历史可以追溯到19世纪40年代，当时在香港创办了《政府宪报》（1842年）、《遐尔贯珍》（1853年）、《孖剌西报》（1857年）、《循环日报》（1872年）[1]，1882年在香港出现了第一家出版社——凯利和沃尔什出版社，主要出版英文图书。[2]

1937年抗日战争爆发以后，内地的文化人陆续向香港转移，内地一些著名报刊在香港出版香港版，如《立报》、《大公报》、《申报》等，内地的出版社也陆续把职工和

---

[1] 叶裕彬、余鸿建、刘吉良、须汉兴编著：《香港印刷业的发展历程和现状》，4页，印刷工业出版社，1997年。

[2] 李静：《翻开香港的出版史》，《青年参考》2004年4月27日。

设备转移到香港，纷纷在香港建立分支机构，如商务印书馆、中华书局、生活书店、新知书店、读书出版社等①，香港出版业呈现了空前繁荣。1945年抗日战争胜利以后，香港出现了第二次出版高潮，《华商报》、《星岛日报》、《星岛晚报》、《工商日报》、《成报》、《大公报》等先后复刊，1947年5月《文汇报》因被国民党查封而迁往香港。在图书出版社方面，共产党领导的新民主出版社、中国出版社相继在香港创办，生活书店、桂林文化供应社、读书出版社、新知书店等也回到香港。1948年10月，生活书店、读书出版社、新知书店三家出版社联合成立临时管理委员会，1949年3月改称"生活书店·读书出版社·新知书店三联书店"。

1. 图书出版业

1949年以后的香港图书出版业，大体可以分为三个阶段，第一阶段是1950年至1960年代末，第二阶段是1970年代初至1997年香港回归，第三阶段是1998年以来。

1950年以后，随着香港人口、经济高速增长及中文教育的普及，中文出版社迅猛发展，出版及销售逐渐取代英文出版物。② 除在1949年以前已经建立的三联书店、新民主出版社等以外，20世纪50年代初期，又建立的出版社有人民出版社（以翻译世界名著及出版现代作家的文艺创作为主）、友联出版社（集研究、出版、印刷、发行于一身）、高原出版社（学术著作、文学及青少年课外读物）、亚洲出版社（文学、翻译、人物传记）、香港文化服务社（中文教科书）等。到50年代中后期，随着新武侠小说的兴起，伟青书店、三育图书公司、环球出版社等大量出版武侠小说，成为当时出版的特点。

50年代末期到60年代初期，香港出版业的另一个变化是外国出版公司开始进入香港出版市场，朗文出版公司、牛津大学出版社、麦克米伦出版公司、联邦出版社等先后在香港设立发行机构或出版机构，供应英文教科书。

70年代到香港回归，香港的出版业步入了繁荣时期。1984年，香港有大大小小的出版社266家，共出版新书1 100种。③ 到1996年，香港出版新书达7 200多种。1988年香港联合出版（集团）有限公司建立，包括三联书店（香港）有限公司、中华书局（香港）有限公司、商务印书馆（香港）有限公司等多家子公司。联合出版集团以图书、杂志的出版、发行、零售、印刷为主要业务，同时经营音像制品和电子出版物、文物、书画、文房四宝、邮票等，是香港最大的出版印刷发行集团。

1997年香港回归到祖国的怀抱，香港出版业获得了更大的发展机遇。香港的图书、

---

① 王仿子：《1937—1949年的香港出版业》，《中国出版史料》第2卷，433—464页，山东教育出版社、湖北教育出版社，2001年。

② 2000年香港地区，80%—90%为中文出版物，只有10%—20%为英文出版物。见陈怡《香港出版业的历史、现状和未来》，《中国出版》1997（2）。

③ 曹芷：《1984年香港出版业简况》，《出版工作》1978（10）。

报刊和整个出版业的规模有很大的发展,年出版图书超过 10 000 种。

2. 图书发行业

20 世纪 50 年代初期香港的图书发行是落后的,没有专业的发行渠道,香港出版社出版的图书大都是出版社自己发行,内地来的图书由三联书店香港分店及新民主出版社统一发行。到 1966 年,随着香港出版业的发展,建立独立的发行机构条件已经成熟,一家专门代理香港图书发行的公司——利通图书公司成立,立即有 20 多家出版社委托其发行。除利通图书公司外,从事图书发行的还有利源书报社(早期以杂志发行为主,后进入图书发行)、艺美图书公司、艺文图书公司和友成书业公司(均以发行台湾图书为主)等。①

香港图书主要零售业态有:大型连锁书店——面积一般为 1 000 平方米左右,常年流通图书品种约在 5 万—7 万种;独立书店——中、小型的书店;二楼书店——将店铺设在二楼的书店;图书销售点——设于地铁站的连锁便利书店,超级市场、百货公司等中的商场书店以及遍布街头的书摊;网上书店。②

3. 报刊出版业

香港报业很发达,1996 年香港每日印行中文报纸 38 种,英文报纸 12 种。在中文报纸中有 31 家以报道香港和世界新闻为主,4 家集中报道财经新闻,其余则专事娱乐影视圈消息。香港回归前,平均每千人拥有报纸超过 300 份,在亚洲仅次于日本,而两倍于世界的平均数量。

香港 1996 年定期出版 625 种(中、英文)期刊。刊物类别主要包括综合时事新闻、社区生活、教育、财经、一般兴趣(娱乐为主)、嗜好、赛马、宗教、各行各业、校园生活等。香港的大众传播业实行的是自由市场经济的注册登记制,由于竞争激烈,刊物的生存难度很大。有 17% 的刊物出版不到 6 个月就停刊了,能够持续出版 20 年以上的仅占 9% 左右。③

4. 出版社团

香港的出版行业团体不少,在维护行业利益、引导行业自律等方面发挥了重要的作用。香港主要的行业团体有:

香港出版商会。1994 年成立,香港最有代表性的行业协会,有 600 多个会员,包括香港最重要的出版机构和行业团体。

香港图书文具业商会。1920 年成立,是香港历史最悠久的行业社团,有 500 多个

---

① 沈本瑛、马汉生主编:《世界出版业港澳卷》,世界图书出版公司,1998 年。
② 王宏凯:《香港的图书零售业》,《中国出版》1991 (11)。
③ 赵从旻:《香港印刷出版业的现状及其他》,《出版研究》1997 (7)。

会员。

二、澳门地区的出版业

澳门虽然地方不大，人口不多，但是出版历史却很有特点，中国现代意义上的报纸首先出现在此。

澳门的出版事业虽然历史悠久，但发展缓慢，到了20世纪80—90年代才有了显著的进步。澳门的图书出版机构不多，主要有澳门基金会、《澳门日报》出版社、法律翻译办公室、澳门国际名家出版社、澳门出版社、文化司出版部和星光出版社等几家，出版的书籍涵盖澳门政治、经济、文化教育、历史、文学等各个领域，具有本地色彩，图书种类数以百计，为澳门留下许多宝贵的文化财产。1996年底已出版新书300种，出版社达30余家。①

2003年度参与出版的机构有164个。澳门期刊的数量不多，2003年共有月刊3种，季刊3种，周刊1种。

澳门的报纸数量不多，1949年以前创办的中文报纸主要有：《大众报》（1933年创办，1982年增出葡文版，成为澳门目前唯一同时用中、葡文双语出版的报纸）、《市民日报》（1944年创办）、《华侨报》（1937年创办）。1950年以后，又有一些报纸创办，主要有1958年8月15日创办的《澳门日报》，后成为澳门规模最大、销售最广的报纸。1963年创办的《星报》，1978年创办的《正报》，1991年创刊的《现代澳门日报》。

澳门的葡文报纸有《号角报》、1963年创刊的《澳门人报》（日报）、1982年创刊的《澳门晚报》（日报）、1982年创刊的《澳门论坛报》（周报，另出中文版）、1987年创刊的《澳门商业报》（周报）。澳门的外文报刊发行量都很小，每期不过发行数百份，所有报纸加起来也只有2 000多份。②

三、台湾地区的出版业③

1945年8月，台湾回到祖国的怀抱后，中文出版业发展较快。中文报刊、出版社陆续创办，中文图书开始出版，大陆出版界也陆续进入台湾。1949年12月，国民党政府撤退到台湾以后，台湾出版业进入了一个新的发展时期。1949年以后的台湾出版业，可以1987年为界，分为两个阶段。

第一个阶段是1950年至1987年，这期间，台湾国民党政府对出版管制严厉，出版界对此进行了多次抵制和抗争。台湾出版业就是在这种管制与抗争中不断发展起来的。

---

① 解路英：《澳门的新闻出版事业》，《新闻出版交流》1999（2）。林更生：《澳门出版业的概貌与特点》，《出版广场》1999（4）。沈本瑛、马汉生主编：《世界出版业港澳卷》，世界图书出版公司，1998年。

② 甘险峰：《报业管窥》，《新闻出版交流》1998（6）。中国新闻社香港分社编：《港澳台及海外华文报刊名录》，海天出版社，1993年。

③ 本部分所使用的资料，除注明以外，均来自辛广伟著《世界出版业·中国台湾卷》（世界图书出版公司，2000年版）和《台湾出版史》（河北教育出版社2000年版）。

第二个阶段是1988年至2004年，以国民党政府解除戒严和解除报禁为标志。1986年10月国民党中常会通过了包括实施"国家"安全法令、解除戒严、取消党禁、实施新民间社团组织法令在内的改革决议。1987年7月15日，解除了实行了38年的戒严令。1988年元旦开放"报禁"，把台湾的出版业带入了一个新的发展阶段。

1. 图书出版

台湾对出版社的设立限制主要是资本金的数量。20世纪50年代，开办出版社的资本金根据发行人所在地不同，要有2 300至30 000银元。因此在台湾开办出版社还是比较容易的，出版社的数量也是发展迅速，到"解严"的1988年，全岛出版社的数量已经超过3 000家。与出版社数量同步增长的是图书出版品种。1953年台湾出版图书总数还不到1 000种，但是到了1988年，图书品种已经超过了10 000种，在30余年的时间里增加了10倍。

1988年以前，台湾著名的出版社由两部分组成：一部分是由大陆迁入台湾而组建的出版社，如台湾商务印书馆、台湾中华书局、正中书局、世界书局等，他们的部分员工是大陆的出版社来台的，不仅使用了原来出版社的名称，很多还带来了原出版社的纸型。还有由大陆赴台的文化人以及台湾当地文化人创办的出版社，如三民书局、红蓝出版社、重光文艺出版社、文星书店、纯文学出版社、远流出版社、联经出版事业公司、时报文化公司，等等。

"解严"和解除"报禁"，使台湾的图书出版获得了更快的发展，标志之一是图书出版社的数量增长。2000年出版社更超过7 000家。标志之二是图书品种激增。在1986年以前，台湾年出版图书一直在1万种以内徘徊，1994年超过2万种达到24 483种，2001年台湾图书出版品种超过了4万种大关。

在出版社数量、图书品种增长的同时，台湾出版业的结构也发生着深刻的变化，一些大社、老社停滞不前，寻求突破，而一些新兴的出版社，像久大文化、风云时代、探索文化等发展很快。出版的集团化开始出现，如1996年麦田、猫头鹰、商周三家出版社组建了城邦出版集团。外国出版公司也开始进入台湾市场，像牛津大学出版社、朗文出版公司、麦格劳·希尔公司等纷纷在台湾设立分公司。

2. 期刊出版

1950年台湾有杂志社144家，1967年杂志品种首次超过1 000种。解除戒严和"报禁"的1988年，杂志的数量增长了700多种，以后数量逐年攀升，到1997年已有5 676种。

台湾杂志的发展具有很强的时代特征。在20世纪50年代，台湾杂志以文学、文化教育、政论及财经工商类数量为多，比较著名的杂志有《自由中国》、《大陆杂志》、《文学杂志》等。到60年代，研究性杂志和政界人物创办的杂志增加，财经工商类增加,这一时期著名的杂志有《文星》、《传记文学》、《皇冠》等。70年代—80年代,政论类、生活类、女性杂志的发展迅速,同时社科类杂志也有显著的增长,著名的杂志有《天下》、《妇女杂志》、《台湾政论》、《美丽岛》等。到90年代以后,财经类杂志已经成为数量最多的杂志种类,著名的杂志有《时报周刊》、《商业周刊》、《新新闻周刊》等。

3. 报纸出版

1945年台湾光复以后,台湾报业曾经出现过短暂的繁荣,1949年报纸曾达到40家。1949年国民党对台湾报业采取了严厉的管制措施,报刊发展受到严重影响。因此直到1988年1月解除"报禁"之前,报纸的数量基本没有增加,长期是31种,解除"报禁"后的1990年,报纸数量猛增到221种,1996年达到362种,2000年达到了445种。

台湾的报纸一直有党营(公营)和民营之分,在50—60年代,党营报纸力量很大,几乎是一统天下。当时最主要的报纸是由大陆迁台的《中央日报》和在台湾创办的《台湾新生报》和《中华日报》。到了80年代,党营报纸的霸主地位不再,民营的《联合报》、《中国时报》成为台湾最有影响的报纸。

4. 音像出版

50多年来,台湾的音像出版业发展很快,音像出版社的数量猛增。1959年时全岛有音像出版社9家,到1996年发展到1 587家,成长起来了一批具有代表性的音像出版社,如滚石唱片公司、巨石公司、福茂公司、喜马拉雅公司、吉马唱片公司等。与进入台湾的国际著名唱片公司展开了激烈的竞争。

5. 书刊发行

1949年国民党政府迁台后,随着出版业的发展,书刊发行机构增多,在50年代至60年代,远东、新亚、辰雨、黎明等书报社是发行的主力。70年代,台湾英文杂志社有限公司(简称台英公司)把直销引进了书刊发行行业,开创了书刊发行的新时代。80年代,金石堂实业公司(简称金石堂)把台湾的发行引进了连锁时代,光统图书百货、新学友等的加入,使台湾书刊连锁成为主要发行渠道。80年代末诚品书店的出现,进一步提升了台湾发行的品质。

6. 出版社团

台湾的出版社团很多,在图书出版方面主要有台湾图书出版事业协会(1973年4月成立)、台北市出版商业同业公会(1975年7月成立)、台湾图书评议委员会(1997年8月成立)。杂志出版方面有台湾杂志事业协会(1950年5月成立)和台北市杂志商业同业公会（1996年12月成立）。图书发行方面有台湾图书发行协进会（1987年10月成立）。报纸出版方面有台湾省报纸事业协会（1972年10月成立）和中国新闻杂志出版事业发行人协会（1996年12月成立）。其他还有台湾著作权人协会（1976年10月成立）、台湾新闻通讯事业协会（1963年1月成立）等。

参考文献要目

［清］孙毓修：《中国雕版源流考》，万有文库本。
张静庐辑注：《中国近代出版史料》（初编），上杂出版社，1953年。
张静庐辑注：《中国近代出版史料》（二编），群联出版社，1954年。
张静庐辑注：《中国现代出版史料》（甲编），中华书局，1954年。
张静庐辑注：《中国现代出版史料》（乙编），中华书局，1955年。
张静庐辑注：《中国现代出版史料》（丙编），中华书局，1956年。
张静庐辑注：《中国出版史料》（补编），中华书局，1957年。
张秀民：《中国印刷术的发明及其影响》，人民出版社，1958年。
张静庐辑注：《中国现代出版史料》（丁编），北京，中华书局，1959年。
李书华：《中国印刷术起源》，香港新亚书院，1960年。
北京图书馆：《中国版刻图录》，文物出版社，1961年。
范文澜：《中国通史》，人民出版社，1964年。
史梅岑：《中国印刷发展史》，商务印书馆，1966年。
蔡景峰等：《中国古代科学技术成就》，中国青年出版社，1978年。
郭沫若：《中国史稿》，北京人民出版社，1979年。
翦伯赞：《中国史纲要》，人民出版社，1979年。
潘吉星：《中国造纸技术史稿》，文物出版社，1979年。
方汉奇编著：《中国近代报刊史》，山西教育出版社，1981年。
胡道静：《中国古代的类书》，中华书局，1982年。
姚名达：《中国目录学史》，上海书店，1984年。
陈彬和：《中国书史》，文史哲出版社，1984年。
魏隐儒、王金雨：《古籍版本鉴定丛谈》，印刷工业出版社，1984年。
李龙牧编著：《中国新闻事业史稿》，上海人民出版社，1985年。
杨绳信：《中国版刻综录》，陕西人民出版社，1987年。
施廷镛撰，张秀民校：《中国古籍版本概要》，天津古籍出版社，1987年。
谢灼华：《中国图书和图书馆史》，武汉大学出版社，1987年。
《新华书店五十年》编辑组：《新华书店五十年》，新华书店总店，1987年。

裘锡圭：《文字学概要》，商务印书馆，1988 年 8 月。
〔美〕钱存训：《印刷发明前的中国书和文字记录》，印刷工业出版社，1988 年。
沈福伟：《中西文化交流史》，上海人民出版社，1988 年。
魏隐儒：《中国古籍印刷史》，印刷工业出版社，1988 年。
张秀民：《中国印刷史》，上海人民出版社，1989 年。
来新夏：《中国古代图书事业史》，上海人民出版社，1990 年。
李致忠：《古书版本学概论》，书目文献出版社，1990 年。
李致忠：《历代刻书考述》，巴蜀书社，1990 年。
刘少泉：《中国图书馆事业史》，四川大学图情系油印，1990 年。
上海新四军历史研究会印刷印钞分会：《活字印刷源流》，印刷工业出版社，1990 年。
〔美〕钱存训：《中国科学技术史（纸和印刷）》，科学出版社，1990 年。
严帆：《中央革命根据地新闻出版史》，江西高校出版社，1991 年。
曹之：《中国古籍版本学》，武汉大学出版社，1992 年。
王勇：《中日汉籍交流史论》，杭州大学出版社，1992 年。
朱联保编撰：《近现代上海出版业印象记》，学林出版社，1993 年。
王余光：《中国文献史（第一卷）》，武汉大学出版社，1993 年 3 月。
罗树宝：《中国古代印刷史》，印刷工业出版社，1993 年。
王子野主编：《当代中国的出版事业》（上、中、下册），北京，当代中国出版社，1993 年。
曹之：《中国印刷术的起源》，武汉大学出版社，1994 年。
孙钦善：《中国古文献史（上）》，中华书局，1994 年 2 月。
李致忠：《宋版书叙录》，书目文献出版社，1994 年。
周少川：《中华典籍与传统文化》，广西师范大学出版社，1996 年。
周少川：《古籍目录学》，中州古籍出版社，1996 年。
陈力：《中国图书史》，文津出版社，1996 年。
李致忠：《中国古代书籍史话》，，商务印书馆，1996 年。
谢水顺等：《福建古代刻书》，福建人民出版社，1997 年。
彭斐章：《中外图书交流史》，湖南教育出版社，1998 年。
王余光、吴永贵、阮阳：《中国新图书出版业的文化贡献》，武汉大学出版社，1998 年。
王余光：《中国新图书出版业初探》，武汉大学出版社，1998 年。
于友先主编：《新中国出版 50 年》，人民美术出版社，1999 年。
曹之：《中国古籍编撰史》，武汉大学出版社，1999 年。
宿白：《唐宋时期的雕版印刷》，文物出版社，1999 年。

周少川：《藏书与文化》，北京师范大学出版社，1999年。

张树栋、庞多益、郑如斯著：《中华印刷通史》，印刷工业出版社，1999年。

张定华等编著：《中国抗日战争时期大后方出版史》，重庆出版社，1999年。

刘杲、石峰主编：《新中国出版五十年纪事》，新华出版社，1999年。

史金波、雅森·吾守尔：《中国活字印刷术发明和早期传播》，社会科学文献出版社，2000年。

叶树声、余敏辉：《明清江南私人刻书史略》，安徽大学出版社，2000年。

李瑞良：《中国古代图书流通史》，上海人民出版社，2000年。

史金波、雅森·吾守尔：《中国活字印刷术的发明和早期传播－西夏回鹘活字印刷术研究》，社会科学文献出版社，2000年。

辛广伟著：《台湾出版史》，河北教育出版社，2000年。

郑士德：《中国图书发行史》，高等教育出版社，2000年10月。

肖东发：《中国图书出版印刷史论》，北京大学出版社，2001年4月。

傅璇琮、谢灼华主编：《中国藏书通史》，宁波出版社，2001年。

叶再生著：《中国近现代出版通史》，华文出版社，2002年

钱存训：《书于竹帛》，上海书店出版社，2002年4月。

黄镇伟：《坊刻本》，江苏古籍出版社，2002年。

曹之：《中国古籍版本学》，武汉大学出版社，2002年。

赵晓恩：《延安出版的光辉》，中国书籍出版社，2002年。

刘国进：《中国上古图书源流》，新华出版社，2003年。

黄润华、史金波：《少数民族古籍版本》，江苏古籍出版社，2003年。

黄镇伟编著：《中国编辑出版史》，苏州大学出版社，2003年。

肖东发主编：《中国编辑出版史》，辽海出版社，2003年。

陈玉申：《晚清报业史》，山东画报出版社，2003年。

李瑞良：《中国出版编年史》，福建人民出版社，2004年。

李致忠：《中国典籍史》，上海人民出版社，2004年。

李致忠：《古代版印通论》，紫禁城出版社，2004年。

张树栋等：《简明中华印刷通史》，广西师范大学出版社，2004年。

宋原放主编，汪家熔辑注：《中国出版史料》（近代部分），山东教育出版社、湖北教育出版社，2004年。

宋原放主编，陈江辑注：《中国出版史料》（现代部分，第一卷），山东教育出版社、湖北教育出版社，2004年。

宋原放主编，吴道弘辑注：《中国出版史料》（现代部分，第二卷），山东教育出版社、湖北教育出版社，2004年。

姚福申：《中国编辑史》（修订本），复旦大学出版社，2004年。

高信成：《中国图书发行史》，复旦大学出版社，2005 年。

徐雁：《中国旧书业百年》，科学出版社，2005 年。

袁亮主编，中国出版科学研究所、中央档案馆编：《中华人民共和国出版史料》（1949—1960 年），北京，中国书籍出版社，1995—2005 年。